【修订版】

细说汉字

——1000 个汉字的起源与演变

左民安◎著

华 语 教 学 出 版 社

图书在版编目（CIP）数据

细说汉字（修订版）/ 左民安著 . — 北京 : 华语教学出版社，2021.11（2024.3 重印）

ISBN 978-7-5138-2182-7

Ⅰ . ①细… Ⅱ . ①左… Ⅲ . ①汉字—通俗读物 Ⅳ . ① H12-49

中国版本图书馆 CIP 数据核字（2021）第 172165 号

细说汉字（修订版）

出 版 人 王君校
作　　者 左民安
责任编辑 颜小虎
装帧设计 黄　浪
排版制作 孟庆磊
出　　版 华语教学出版社
社　　址 北京西城区百万庄大街 24 号
邮政编码 100037
电　　话 （010）68995871
传　　真 （010）68326333
网　　址 www.sinolingua.com.cn
电子信箱 fxb@sinolingua.com.cn
印　　刷 北京中科印刷有限公司
经　　销 全国新华书店
开　　本 16 开（710 × 1000）
字　　数 600（千） 37.5 印张
版　　次 2021 年 11 月第 1 版
2024 年 3 月第 7 次印刷
标准书号 ISBN 978-7-5138-2182-7
定　　价 108.00 元

（图书如有印刷、装订错误，请与出版社发行部联系调换。联系电话：010-68995871、010-68996820）

出版说明

本书是《细说汉字》的第三次修订本。

《细说汉字》自 2005 年 3 月问世以来，一直颇受读者青睐。本书的编辑、配图和排版历时一年半之久，由于所涉及的工作实在太多（仅造字就有一千五百多个），成书后还是发现了少许错误和不尽如人意之处。这是我们此次修订的主要原因。

本书在前两次修订的基础上做了如下调整：

（一）修订了书中少数文字及知识性错误，个别甲骨文、金文、小篆字形不确的，进行了重新扫描替换。

（二）由于本书系文字学专书，纯就字形立论，本次修订特别留意字形的确当，以使读者对我国文化主要载体——汉字之起源及演变，有更直观、深刻之体认，所引《说文解字》各项，是其著者。

（三）对原书的图片再次进行了筛选。

（四）考虑到本书的可读性及普及价值，本次修订本改为平装，仍选用优质纯质纸张，设计和印制均较前平装本有所提高，更具收藏价值。

由于我们的能力有限，很难做到尽善尽美，期待广大读者指正。

编　者

2021 年 10 月

目　录

序　一

左民安同志近以所著《汉字例话》*示见，予雒诵反复，不能释手。民安研究古汉语，尤于文字训诂见其功力，且能博综典籍，究其奥义。全书首列甲文、铭识、古篆、楷书、简化字，阐述形体之发展演变、形义关系；次及经典诗文，以明其用；对世人易误之形、音、义，亦均指明其因与纠正之法。条例清晰，深入浅出，其裨后学之功大矣。原稿经删裁繁芜，刊改漏失，现仅以二十余万言问世，尤其慎矣。

昔日予与民安同在北师大古汉语教研室，知其人既勤且慧，每有意见，莫不闳洽。惜共事不久，民安调宁夏任教，后闻其患有严重疾病，予甚忧之。民安不计生命之存亡，忧绝学之鲜传，毅然写成此书，能得持世教。其品德学问若是，乃多年修为之所成。

陆宗达（时年七十有九）

* 本书曾于20世纪80年代以《汉字例话》《汉字例话续编》刊行于世，现将两册合于一本，改为现书名出版，内容及序文皆保持原貌。为了方便读者查阅，将检索目录稍做调整。——编者按

序　二

宁夏大学左民安同志和我结交，是较近的事。那时他的大著《汉字例话》正编刚刚问世，蒙他寄赐一部，我快读之下，获益甚多。后来他又送来《汉字例话续编》原稿，使我对其治学方法和规模进一步有所认识，可是我们暌隔山水，殊以尚未识荆为憾。不久，民安同志偕夫人姜翠萱同志特意前来北京，得以相见，接谈间其朴实的风貌、沉潜的气质，给我以深刻印象，于是相订以学术长相交往。谁料《汉字例话续编》未及出书，民安同志溘然早逝，我们见面的缘分竟然止此。现在续编就要印行，我遵照他的遗愿写此短序，实在难于抑制深深怀念的心情。

汉语是世界上使用人数最多的语言，汉字又是起源最早的文字之一。在中国以外，还有一些古代文明也创造了文字，但大多久已失坠湮灭，只是到近代才重新被发现和释读。汉字的传统没有中断，并且影响广泛，为日本等邻国所采用，有的学者曾有“汉字文化圈”的提法。汉字称得上源远流长，异常丰富。

正因为汉字有长达几千年的历史，其衍变发展特别繁多复杂。大家知道，公元前 221 年秦始皇重新统一中国，推行以原来的秦国字体统一全国文字的政策，取得成功。随后汉代的人们，对先秦时期秦国以外的字体已经不能尽识。东汉时学者许慎作《说文解字》，对所收录的九千多个汉字加以说明解析，奠定了汉字文字学的基础。这部书兼采古文、籀文，又开启了先秦古文字的系统研究。自此以后，历朝研究文字源流的学者屈指难数，有很多贡献。尤其是北宋以后，金石学昌盛，拓展了汉字研究的领域。现代考古学在中国的建立，更使这方面的探讨获得科学依据，进入崭新的境界。

现代海内外研究汉字文字学的学者众多，著作汗牛充栋，不过很多有关作品是相当专门的，并不适合对汉字有兴趣的大众的需要。事实上，需要有关汉字的知识的人是很多的。我们在日常生活中，常常可以听到有人问某个字为什么这样写、这样读或这样讲，他们正是要求文字学的基本知识。研究汉字文字学的学者，有责任把这方面现代水平的知识提供给他们。

了解汉字不仅可以使大家更准确地使用汉字，还能够增进我们对中国古代文化的体会认识。一种文字的形成，总是和特定的文化分不开的。有的研究者通过分析汉字的形、音、义，获得了大量文化史的信息。例如过去福州程树德先生著《说文稽古篇》，抽绎推求，有许多创见。只是他仅据《说文解字》，对于考古发现的多种古文字尚少涉及。海城于省吾先生也有鉴于此，在《甲骨文字释林》自序中说："中国古文字中的某些象形字和会意字，往往形象地反映了古代社会活动的实际情况，可见文字的本身也是很珍贵的史料。"这指出了汉字研究在文化史探索方面的重要性。

写一部深入浅出的汉字文字学书，是不容易的。这一类书虽出版过不少，内容精当的仍然不多。原因是，要想写好这类书，必须在文字学这一博大宏深的学科中有多年的涵泳心得。清代的《说文》大家王筠，著作甚丰，可是他还专门写了一本《文字蒙求》，把当时水平的知识介绍给学习者。左民安同志的《汉字例话》正续编，以新颖的例举形式，将许多重要文字的源流演变，形、音、义各方面的特点，条分缕析，揭示无遗，这正和王筠的《文字蒙求》一样，是要以金针度人，而《汉字例话》的深度、广度，又远非《文字蒙求》所能比。这是现代学术的发展水平，也是民安同志的苦心孤诣所致。

由于《汉字例话》一书文笔生动，选例富于趣味，会使本来非常专门枯燥的文字学知识为众多读者所接受。借这部书把文字学传播到学习和使用汉字的社会大众中去，是作者左民安同志多年的愿望，也将使他的辛勤工作长远为大家所纪念。

李学勤

1990 年 4 月

中国社会科学院历史研究所

前　言

我们中华民族有着光辉灿烂的文化，而汉字又是纪录并推动文化发展的重要工具，所以汉字在祖国悠久的历史进程中起着很重要的作用。今天，我们仍然在写汉字、用汉字，汉字在我们伟大祖国的建设事业中必将继续发挥其应有的作用。本书的编写目的，就是通过对一千多个常用汉字的详细分析，让人们了解汉字究竟是怎么发展演变的。这些感性材料有助于人们掌握汉字的基本知识，提高正确使用汉字和阅读古代文化典籍的能力。

一、本书“汉字概说”部分，主要讲了五个方面的内容：第一，汉字的创造及其特点；第二，汉字的结构；第三，汉字的形体演变；第四，古今字、异体字、繁简字；第五，假借字的规律。这一部分内容，简明扼要地讲解了汉字的基本知识，不仅对阅读本书的“正文”会有帮助，而且还能使人们了解并掌握汉字的历史演变概况，有助于正确使用祖国的文字。

二、本书“正文”部分，共收集了一千多个有代表性的常用汉字。这些字大都是象形、指事、会意和会意兼形声的字，而且其中有些字还很容易被人们写错、读错、用错或理解错。因此，本书通过形义分析，着重指明这些字容易产生错误的原因和纠正错误的方法。

三、正文所收的每个字，都是先按这个字的形体演变的历史顺序一一排列，最多的列出五种形体，即甲骨文、金文、小篆、楷书、简化字（隶书因近似于楷书，故未列），使读者对这个字的形体演变一目了然。形体之后便是对这个字的全面而系统的解释。在解释的过程中，首先对这个字进行形体分析，然后再根据形体分析指出此字的本义，进而求索它的近引申义和远引申义，最后再谈假借义。这样，读者不仅能掌握每个字的本义和引申义的关系，而且也能从中看出汉字词义的发展规律。又，每个字的义项，都以古代诗、文的例句为证，并对这些例句的大部分进行了普通话翻译，通俗易懂。

四、本书非常重视古今词义的变化，每有变化，必加分析。比如古代的“行”，相当于现在的“走”；古代的“走”，相当于现在的“跑”。“沐浴”现在为一个词，但在古代却是两个词，“沐”是洗头，“浴”是洗澡。凡此种种，本书均一一分析清楚，便于读者理解掌握。

五、本书备有《部首检字表》，使用方便，对正文所收的一千多个字，分别编入了一三七部，并以部首的笔画多寡为序编排。一般说来，每一部内均有所属之字，但也有少数只选了部首而未选字的，原因是这一部首内目前似无可选之字，但部首本身的形与义又都非常典型，所以只选了这个部首进行分析。

为了叙述方便，本书的部首划分与一般辞书不完全相同。一个字的归部，以形为主，以义为辅，如“臣”归目部，因为“臣”本为“竖目”形；“交”归“大”部，因为“交”本为两腿相交而站立的人形（“大”为“人”形）；“丞”归“手”部，因为“丞”本为用双手救人之形。

六、本书的编写尽量做到知识性、科学性、趣味性相结合，力求深入浅出，通俗易懂。中学生、知识青年均可阅读，对中学语文和历史教师、大学文科师生以及语言工作者均有参考作用。

本书在写作过程中，曾得到过我的老师陆宗达先生的指导，又承蒙先生的关怀为本书写了序言和题了书名，出版社的编辑同志对本书的出版给予热情支持。为此，谨向诸位师友和同志表示衷心感谢。

由于作者的学识浅薄，水平有限，主观上虽做了一些努力，但恐未能如愿，书中的错误及不妥之处在所难免，敬祈专家、学者和师友批评指正。

左民安

于宁夏大学

汉字概说

任何一种文字都是代表有声语言的，这是世界上一切文字的共性。它们都是以语言为基础，依赖于语言的产生而产生，随着语言的发展而发展。我们现在所使用的方块汉字，就是以汉语为基础而产生的记录汉语的符号体系。

汉字的起源和发展，与我们中华民族的文明紧密相连，可以这样说，没有汉字就没有我们中华民族的光辉灿烂的文化。

一、汉字的创造及其特点

汉字是谁创造的？在我国历史上，历代的观点认为汉字是仓颉个人所造。比如在《路史·禅通记》中说，仓颉“龙颜侈侈，四目灵光”。在《春秋元命苞》中说，仓颉“生而能书”。简直把仓颉说成一个神通广大、法力无边、不食人间烟火的神人。

然而，考古科学的种种发现，却愈来愈多地证明汉字是广大劳动人民的创造成果。我们的祖先在新石器时代就已经创造了汉字，“在社会里，仓颉也不止一个”（鲁迅：《门外文谈》）。是千百万劳动人民在长期的劳动生活中，使汉字从无到有，从少到多，从多头尝试到约定俗成，不断地孕育、创造、选炼、发展起来的。

仓颉像，汉画像砖

关于汉字的产生年代，历来说法不一。有人说汉字产生于夏代（公元前 2100 多年），距今四千多年。也有人说汉字产生于商代（公元前 1600 多年），距今三千多年。可是 1972 年以后的最新研究成果，则是以西安半坡村遗址为汉字产生的标志。半坡遗址陈列室的那些类似文字的刻画符号，和彩陶上的花纹是根本不同的。“那些刻画记号，可以肯定地说就是中国文字的起源。或者说是中国原始文字的孑遗。”（郭沫若：《古代文字之辩证的发展》）从这些刻画符号看：第一，它们都是单个的独立体；第二，有类似笔画的结构；第三，它们尽管都是草率急就的，但已经具备了汉字的雏形。比如《说文解字》说：“家，居也。”既然是居，那就应该是人居,可是为什么“宀”（古代的屋子）内有“豕”（猪）呢？难道“家”是养猪的吗？当我们看了半坡村遗址后就会恍然大悟，原来在母系氏族社会，猪已开始家养了。由此可见，这个“家”字，在六千多年以前就已经开始孕育了，两千年以后发展成为甲骨文和金文中的“家”字。

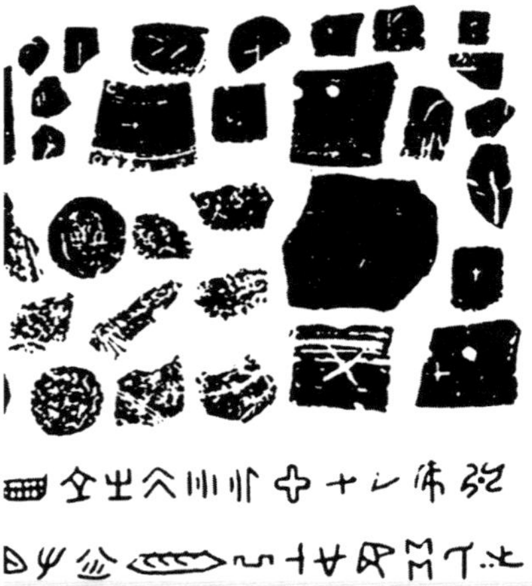
半坡遗址出土的刻画符号

1972 年中国科学院考古研究所实验室用同位素碳十四（C14）测定半坡遗址距今已有六千年左右的历史，这也正是汉字的历史。所以，我们的汉字是世界上最早的文字之一，这是我们中华民族的光荣和骄傲。

世界上的文字是多种多样的，但总的说来可以分为表意和标音两大文字体系，而汉字则属于表意文字。所谓表意文字，就是文字与语言的语音方面不发生直接联系，每一个字只是表示一个音节，不能明确表示读音，但一个字的本身就能表示一个意思。如“旦”字的上部是“日”，下部是地面（或水面），从地面上升起太阳，是表示早晨的意思。也正因为如此，同一个文字符号可以代表两种语言里的同一个词，而读音完全不同，比如方块汉字的“日”字，是画一个

《甲金篆隶大字典》中的“家”字

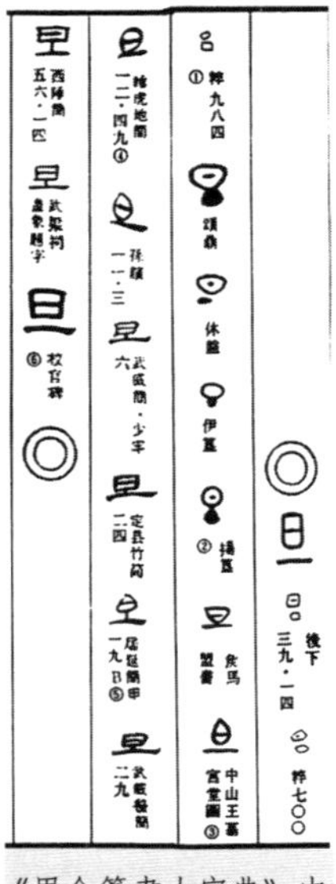
《甲金篆隶大字典》中的“旦”字

圆圈、中间加上一个圆点，很像一个太阳，而古埃及也是用这个文字符号表示太阳，只是读音不同。也正因为表意文字具有和语音不发生直接联系的特点，所以它就有可能用来代表不同民族的语言，如我们的邻邦日本、朝鲜等国家都曾经借用汉字作为他们的书面交际工具。

甲骨文中的“文”“云”“羊”“鱼”字

既然说表意文字与语音没有直接的联系，那么“形声字”中的“声”又应怎样解释呢？汉字是可以分为没有标音成分的象形、指事、会意的纯表意字和有标音成分的形声字这两大类。但即使是“形声字”的“声符”本身原来也是一个象形符号。比如“纹、雲、洋、渔”等都是形声字，它们的声符分别是“文、云、羊、鱼”。甲骨文中的“文”字就像一个人胸部刻的花纹（即为“祝发文身”的“文”），“云”字就像一朵白云的形状，“羊”字像羊头，“鱼”字像鱼形。这里的“文”“云”“羊”“鱼”都是象形字，还是与语音不发生直接联系，所以在我们现行的方块字中，即使是有百分之九十的形声字，也不妨碍它属于表意文字体系。

二、汉字的结构

我们知道，汉字是属于表意体系的文字，字形和字义有着密切的关系。倘若我们能对汉字的形体结构做出正确的分析，那么对于我们了解和掌握汉字的本义和引申义，特别是对于我们阅读古代文化典籍有着极大的帮助。

一提起汉字结构，总离不开“六书”之说。所谓六书，就是前人分析汉字结构所归纳出来的六种条例。六书这个名称，最初见于《周礼·地官·保氏》；六书的细目，始见于西汉刘歆的《七略》。用六书分析汉字的结构，是从汉代古文经学家发端的。

我国历史上关于六书的说法很多，但就其名目和名目的次序而言，主要有三家。

第一家是东汉的班固。他在《汉书·艺文志》里说：“古时八岁入小学，故周官保氏掌养国子，教之以六书。谓象形、象事、象意、象声、转注、假借，造字之本也。”

第二家是东汉的郑众。他在《周礼·地官·保氏》注中说：“六书，象形、会意、转注、处事、假借、谐声也。”

第三家是东汉的许慎。他在《说文解字·叙》里说：“一曰指事，二曰象形，三曰形声，四曰会意，五曰转注，六曰假借。”

过去的学者，通过对这三家说法的比较，大都采用了许慎的名称，这不仅因为他对六书的名称都有具体而详细的解释，同时他还有我国分析研究汉字的第一部专著《说文解字》。而在次序上呢，则大都采用班固的说法。因为汉字起源于图画，象形、指事、会意都和图画有着密切的关系，所以图画在前；而有标音成分的形声字则是在象形的基础上发展起来的，这也是符合由表意到标音的文字发展规律的，所以形声字在后；假借则只是有读音上的联系，与字义毫不相干，所以放在最后。可见，这种次序的排列是很有道理的，于是就很自然地形成了后世大家所公认的六书的名称和次序：象形、指事、会意、形声、转注、假借。

应当说明，六书是古人根据汉字结构归纳出来的汉字构造结论，而绝不能认为我们的祖先是依照这六条法则来创造汉字的。班固在他的《汉书·艺文志》中说，六书是"造字之本"，这种说法显然是不严密的。实际上，象形、指事、会意、形声才是造字之法，而转注和假借是不能产生新字的，它们仅是用字之法，和汉字的结构不发生联系。

下面对六书进行具体的分析：

（一）象形。顾名思义，象形就是像实物之形，也就是把客观事物的形体描绘出来的意思。许慎在《说文解字》中说得精湛："象形者，画成其物，随体诘诎，日月是也。"所谓"随体诘诎"，也就是随着物体的自然形状，弯弯曲曲地描绘出来。如"日""月"就很像一轮红日和一弯新月高悬太空。再看"山"的甲骨文字形，当中一峰突起，周围群峦环抱，颇有一点"远近高低各不同"的意味。"州"字也很有意思：甲骨文和金文都是三条曲线，表示波涛汹涌的流水，其中间的小圆圈或小黑点，表示水中的一块陆地。《诗经》的开卷第一首就是"关关雎鸠，在河之洲（州），窈窕淑女，君子好逑"。这个"州"，就是雎鸠在河中栖息繁衍之地。再比如，我们常说，说话提意见都要"有的放矢"，那么这个"矢"为什么当"箭"讲呢？请看甲骨文"矢"字的上部为锋利的箭镞，中为箭杆，下为搭弦的尾翎，可见"矢"就是"箭"的象形字。

甲骨文中的"日"和"月"字

甲骨文和金文中的"州"和"矢"字

从以上的字例看，象形的定义和例证是不难理解的。但这里还要说明两点：第一，有人认为象形字有"因形知义，因义知音"的优点，其实这是一种误解。我

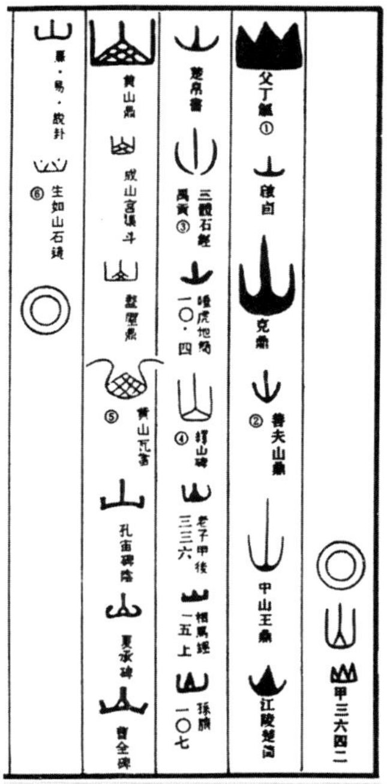
《甲金篆隶大字典》中的“山”字

们知道，思维和语言是不可分割的。因此，任何一个象形字，哪怕是最接近于图画的象形字，也必须首先通过语言读出音来，才能表达概念。那种“因形知音”的主张，其实质就是把语言和思维割裂开了。第二，既然象形字要符合“画成其物，随体诘诎”的要求，这种造字法就必然有很大的局限性。不仅书写麻烦，而且形体也往往不统一。所以，在汉字的发展过程中，象形造字法在各种造字法的比较下越来越趋于劣势，最后只能被有标音成分的、产字最多的形声法所代替。

(二)指事。许慎在《说文解字·叙》中说：“指事者，视而可识，察而见意，上下是也。”这就是说，初看起来可以认识，再细观察就能了解意义，如“上”“下”二字就是指事字。但是这个定义是相当含混的。清代的著名文字学家王筠说：“‘视而可识’，则近于象形，‘察而见意’则近于会意。”(《说文释例》)对“指事字”的理解历来分歧很大，不过多数人认为，指事字就是在象形的基础上再加上个指事符号做标记的一种字。

甲骨文中的“上”和“下”字

我们知道，牛马之类都可以用象形体表现出来。可是“甜”的意思又怎样象形呢？于是我们的祖先创造了一个“甘”字，在甲骨文里就写成口中加一点，表示在舌头上感到甜味的地方，“甜”字就是从这里演化而来的。

再比如，在上古要表示树的根，就在“木”（树）的下部加一个点儿，这个点儿就表明根部所在处，成为“本”字。要表示树的梢部，就在“木”的上部加一个点儿，这个点儿就表示树梢所在处，成为“末”字。可见“本”与“末”的含意正好相反，成语“本末倒置”也正由此而来。

综上所述，“甘”“本”“末”等字都是在象形基础上再加指事符号的指事字。另外还有纯符号指事字，比如“上”“下”在甲骨文中都是先画一横线，再在线上或线下加一个点儿，横线以上的点儿就表示这是上面，横线以下的点儿就表示这是下面。指事字在六书中是绝对少数，这是因为绝大部分字都不需要用指事的方式来表示。要说明客观物体，可以用象形来表示；要说明抽象的概念，就可以用会意来代替。

甲骨文中的“甘”字

甲骨文中的“本”和“末”字

甲骨文中的“武”和“信”字

（三）会意。许慎给会意下了这样的定义：“比类合谊，以见指㧑，武信是也。”意思就是把两个或两个以上的象形字组合在一起，表示一个新的意思，像“武”“信”二字就是会意字。再比如“步”字，在甲骨文中是脚趾朝上的两只脚一前一后走路的形象。假若两脚要从水中通过则怎样表现呢？那就再把“水”加在两脚之间，这就是徒步过水的“涉”字。如果两脚要登高呢？则又把“涉”字的水旁换成“阜”（左阝，即土坡），就成为两脚登山的样子，这又组成了新的会意字“陟”（zhì 志）。如果两脚要从高山上下来又怎么办呢？则又可以把“步”倒过来，脚趾朝下，甲骨文的“降”字就像右面的两只脚从左面的山坡上下来的样子，这又组成一个新的会意字“降”。由此可见，“步”“涉”“陟”“降”等，都是与脚（止）有关的会意字。

会意字的类型各家说法不一，我认为主要的不过五种：

1. 同体会意。是由两个或两个以上同样的象形字所组成的会意字。比如“众”字，“三人为众”，表示人多的意思。“森”字，“木多貌”。“惢”（suǒ 琐）字，“心疑也”，三心二意怎能不疑？“淼”字，“水大也”，表示水多的意思。

甲骨文中的“步”“涉”“陟”“夅”和“降”字

2. 异体会意。是由两个或两个以上不同的象形字所组成的会意字，这种会意字在整体会意字中占绝对的多数。比如“莫”字，就是“暮”字的本字，表示太阳落进草丛之中，天快黑了。再比如“休”字，甲骨文的结构左边是“人”，右边是“木”（树），就是会“人依树而息”之意。

甲骨文中的“森”字

3. 改变形体会意。这就是说，一个字可以通过它本身的增加笔画、减少笔画或改变形体来表示新的意思。如“宊”字，“家”中空了一半，就是“寂静”的“寂”字的异体字。根据这种减笔的会意方法，广东人就造了一个方言字“冇”（mǎo），把“有”字里面的两笔挖掉了，表示“没有”的意思。

4. 组合解释会意。也就是用两个或两个以上的非象形字，以象形方式组合来会意的方法。比如不“上”不“下”为“卡”，上“小”下“大”为“尖”，“四”“方”“木”为“楞”，“山”“高”为“嵩”等。

5. 反文倒文会意。是把一个字或反写或倒写而产生新的意义。比如反“从”为“比”，反“后”为“司”。再如，甲骨文中画一个人站着即为“大”，而倒过来即为“屰”(nì)，也就是“逆”字的本字，是“不顺”的意思。“人”的头朝下当然不顺了。

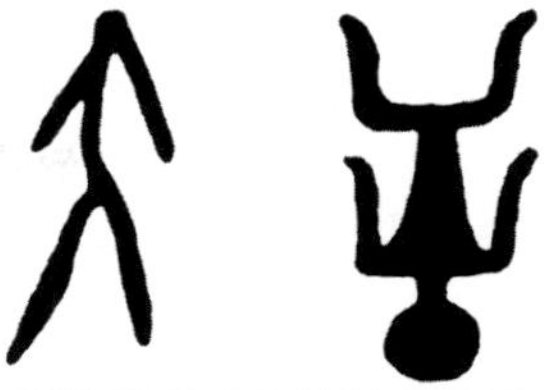

甲骨文中的“大”和“逆”字

（四）形声。形声又叫“谐声”。《说文解字》是这样下定义的：“形声者，以事为名，取譬相成，江河是也。”清朝著名文字学家段玉裁注解说：“‘以事为名’，为半义也；‘取譬相成’，谓半声也。‘江’‘河’二字以‘水’为名，譬其声为‘工’‘可’，因取‘工’‘可’之声而成其名。其别于指事、象形独体，形声合体。”这段话不仅准确地解释了什么是形声字，而且还说明了形声字和象形字、指事字在结构上的不同。

我们知道，象形法或者会意法是有很大的局限性的，世界上许多事物和抽象概念是很难用象形或会意来表示的。比如，“鱼”是整个鱼类的总称，但是鱼的种类却是成千上万，显然不能为每一种鱼造一个字。再说各种鱼的样子又很相似，文字毕竟不是图画，就是用象形字来表示的话，也是难以从字形上一一加以区别的。于是，就出现了“形声”法。用“鱼”字边表示鱼的总类，再借用原有的字作为读音来表示鱼的种类，如“鲤”“鲫”“鳝”“鳗”等。有“形”有“声”，这就产生了大量的形声字。

甲骨文中的“江”和“河”字

形声字的形符本来是象形符号，可是由于汉字的不断发展，不仅看不出象形的样子，就连表类属的意义也有不少的改变。比如“豹”是兽类，它与昆虫没有一点相似之处，但它的形符却是“豸”(zhì 志，是没有脚的虫子)。“蝙蝠”是老鼠一类的动物，可是又写成“虫”字旁。“蛟”和龙是同类，可是也加上了“虫”字边。这是同古人对自然界的认识和理解受到一定局限分不开的。

形声字越到后世发展越快。据统计，汉代的《说文解字》共收字 9 353 个，其中形声字 7 679 个，约占总数的 82%；宋代的《通志·六书略》共收字 24235 个，其中形声字 21343 个，约占总数的 88%；清代的《康熙字典》共收字 47035 个，其中形声字 42300 个，约占总数的 90%。在现在通用的新简化字中，形声字也占绝对多数。

（五）转注。许慎在《说文解字·叙》里说：“转注者，建类一首，同意相受，考老是也。”这个定义不好理解，

甲骨文中的“老”和“考”字

所以后人各有各的解释。笔者的看法是：所谓“建类一首”，就是指的同一个部首；“同意相受”，就是指几个部首相同的同义字可以互相解释。比如在《说文解字》里，“老”与“考”就是一对转注字，它们都属八卷上的“老部”。这就是“建类一首”的意思。再从意义上看，许慎的训释是“老，考也”，“考，老也”。这种互相注解就叫“同意相受”。再比如，“绩”与“缉”属于同一部首“纟”，读音相近，意义也相通，可以互相解释，所以这也是一对转注字。

（六）假借。许慎给假借字下的定义是：“本无其字，依声托事，令长是也。”也就是说，当某个新事物出现之后，在口语里已经有了这个词，但在笔下却没有代表它的字，需要借用和它的名称声音相同的字来代表（托事），这就是假借。比如“令”字的本义是“命令”“号令”等，但因其读音与“县令”之“令”相同，所以这就可以假借“命令”之“令”为“县令”之“令”。而“长”字的本义是“年长”，但因其读音与“县长”之“长”相同，所以这就可以假借“年长”之“长”为“县长”之“长”。假借全取声音相同或相近，与字义毫不相干。以下略举几例：

甲骨文中的“令”和“长”字

比如“汝”字，在《说文解字》中说：“水出弘农卢氏，还归山东入淮，从水，女声。”可见“汝”字的本义是水名。可是后来这个“汝”字就被假借为第二人称代词用了，相当于现在的“你”字。如《愚公移山》云：“汝之不惠。”这个第二人称代词的“汝”与原来当水名讲的“汝”在词义上毫无联系，仅仅是读音相同而已。所以，第二人称代词“汝”就是个假借字。

甲骨文中的“亦”字

“亦”字甲骨文的写法是在“大”字中间的两边各加一个点，《说文解字》说：“人之臂亦也，从大，象两亦之形。”从字形上看也很清楚，是站着的一个人，张开两臂，两臂下各有一个点，表示这里就是腋下，所以“亦”字的本义就是“腋”。但后来“亦”字因为读音关系，被假借为副词用了（当“也”讲），所以只好另外造个“腋”字取代了“亦”字的本义，而当“也”讲的“亦”也就永借不还了。

甲骨文中的“鼻”字

“自”字在甲骨文里像个鼻子，所以《说文解字》说：“鼻也，象鼻形。”这话是对的。“自”字本义就是鼻子，后来被假借为“自己”的“自”，于是另造了一个从“自”声“畀”的形声字“鼻”。而“自”字以后再不当“鼻子”讲了，也就只用其假借义了。

“骄（驕）”字是从马声乔的形声字。在《说文》里说：“马高六尺为骄。”这就是“骄”字的本义。后来因为读音相同，就把“骄”字借过来，当“骄傲”的“骄”用了，所以现在就只用其假借义了。此后也很少有人知道六尺高的马才叫“骄”了。

假借法的出现，完全废掉了汉字的表意性，这对后世用同音以代替压缩汉字的字数有很大的启示。这里需要再说明两点：第一，假借字在上古时代普遍使用，这与当时的字少有关。在甲骨契文和钟鼎铭文中很多是假借字，这对后世的阅读和理解带来很大困难。第二，“本无其字”就必然出现假借，但有时在“本有其字”的情况下也出现假借。当然我们不能因为古有假借现象，我们现在就去随便假借。要知道文字有广泛的社会性，如果我们任意乱借（实为写别字），只能损害文字的健康发展，造成使用上的混乱。

通过以上对六书的分析，我们可以看出，六书是后世人对文字进行分析而归纳出来的六种条例，并不是先有六书，然后再根据六书来造字的。

殷墟发现的刻有文字的甲骨文拓片

三、汉字的形体演变

从成体系的汉字算起，汉字的形体演变已有三千多年的历史了。这个演变大体上可以分为七个阶段。

（一）甲骨文。我们今天所能看到最早的成体系的汉字材料就是甲骨文。所谓甲骨文，就是殷商时代刻在龟甲和兽骨上的文字。

公元 1899 年（清光绪二十五年），在河南安阳小屯村发现了甲骨文。根据考古证明，小屯村附近就是殷王朝的首都。经过八十年的不断挖掘，获得有文字的甲骨大约有十六七万片。在考古学家的长期研究中，积累了不少的研究成果，据不完全统计，三千五百多个甲骨文字中，已经考释出两千个左右。不认识的字多是人名、地名、族名等。

甲骨卜辞

奴隶时代的殷王朝是非常崇拜神的，每逢一事，总要问卜。比如出外畋猎，设祭祈年，操戈征伐，风雨晦冥等都要问卜。从已发现的甲骨文可知，甲骨文主要是殷代王室刻在卜用过的龟甲和兽骨上的记录，所以人们通常称它为“卜辞”。郭沫若同志的

《殷契萃编》和《卜辞通纂》，就是研究甲骨卜辞的专著。

从左至右分别为盂鼎、克鼎、秦公簋上的“民”字

甲骨卜辞中所用的字是很有限的，有一些字可以肯定地说在甲骨文时期就已经有了。可是因为在卜辞中没有用到它，所以它就至今没有问世。比如“民”这个字，在周朝初年的青铜器上曾多次出现，都是用一把锥子刺瞎一只眼睛的意思，所以“民”就代表上古的奴隶。但“民”字在甲骨文中却至今还没有发现。

甲骨文的特点主要有三：

(1) 形体不固定，笔画有多有少，写法有反有正。

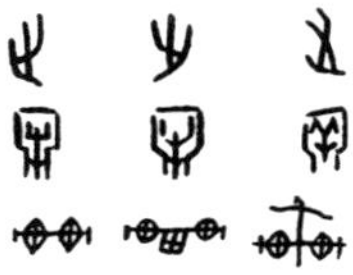

止：(是脚的象形)
牢：(是圈牛羊的地方)
车：(是战车的象形)

(2) 行文的程式不统一。从左到右的、从右到左的都有，所以读起来也相当困难。

(3) 因为文字是用石刀刻在龟甲和兽骨上的，所以笔画细而硬，而且多用方笔，圆笔很少。

甲骨文中的“册”和“典”字

另外，根据考古分析，在殷商之时除了甲骨文之外，一定还有竹书和帛书。因为在甲骨文中已经有“册”字了，很像韦编的竹简的样子，另外也有“典”字了，很像两手捧着“册”的样子，所以后世称重要著作为“经典”。那么为什么至今尚未见到殷朝的竹木简书呢？这是因为竹木在地下埋藏三千多年很可能早就腐朽了。

（二）金文。金文是指铸刻在铜器上的文字。古代人称铜为“吉金”，故称铜器上的文字为“金文”。铜器中又以钟和鼎较著名，因此金文也叫“钟鼎文”。另外还有“铜器铭文”“吉金文字”“彝器款识”等名称。

周代的文化比殷代的文化繁荣得多，典籍文物极为丰富。周人也不像殷人那样相信鬼神，所以甲骨卜辞也就让位于金文了。

金文当然殷代末期也有，但毕竟很少，所以金文主要还是指周朝青铜铭文。周代不仅铭器的数量多，而且铭器上的字数也多。比如西周第二个帝王成王诵时的令彝有 187 个字，西周第三个帝王康王钊时的大盂鼎有 291 个字，西周第十二个帝王宣王静时的毛公鼎有 499 个字。这样的洋洋大观在殷代是根本没有的。

禺方鼎和商代钟形器物上的纹饰

在西周的时代，铜器主要是王室的器皿，而对这种器皿，不允许诸侯大臣有铸造权。可是到了东周，诸侯称霸力政，青铜器物可以任意铸造，而王室之器倒是几乎绝迹了。从字的形体上看，也有很大的发展。特别到了战国的时候，南方吴、越、楚等国的文字还增加了不少类似鸟虫的装饰成分，这就是所谓“鸟虫书”“缪篆”，比如“楚”字和“王”字就是。

从内容上看，铜器上的文字主要是记载这件器物为谁所有，有的记载战功、祭祀以及受王的赏赐等。

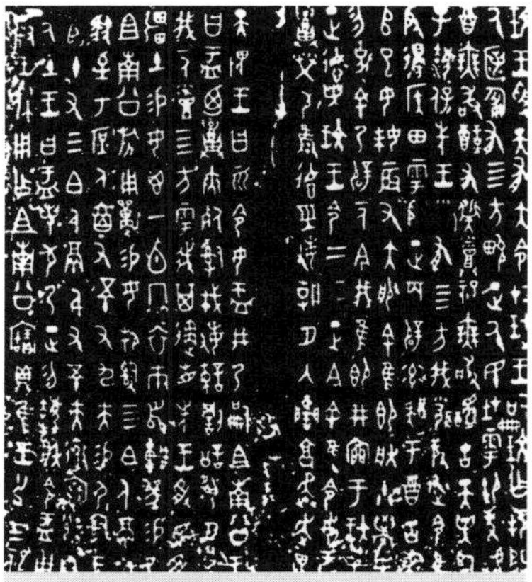

大盂鼎上的铭文

从形体上看，金文是承甲骨文而发展起来的，在笔画和结构上比甲骨文简单些，其特点主要有三：

(1) 曲笔较多，线条粗而自然，字形趋向工整。

(2) 金文一般都是先在模子上刻字，刻不好还可以修改，所以字形显得浑厚质朴，不过到周朝末年便趋向流利秀拔。

(3)字体多不固定，一个字往往有多种写法。比如“射”字像弓箭形，第三种写法的后面还有一只手。“虫”字像虫子弯曲形，第三种写法的上面还有两只眼。

另外，在新中国成立前的长沙地区还出土过帛书，是楚国墓葬品，现藏在美国的耶鲁大学的图书馆。至于简书、印玺文、陶文、货币文、兵器刻款等，新中国成立后在长沙、信阳等地曾多次发现，不过多属于草率急就的文字，远不如钟鼎文那样工整。

缪篆中的“楚”字和“王”字

（三）篆书。对于“篆书”这个名称，历来就有争论。郭沫若同志说：“篆者，掾也；掾者，官也。”（掾

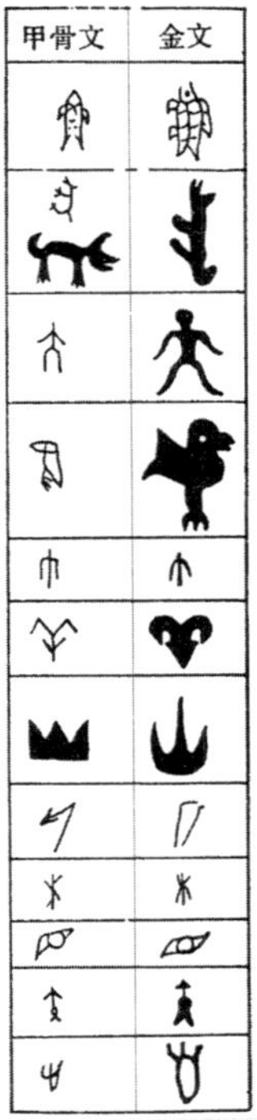

甲骨文和金文的对比

音 yuàn，古代官署属员的统称）。这就是说，所谓篆书，其实就是“掾书”，也就是“官书”。

在秦始皇时代，官事颇多，官书浩繁。在《史记·秦始皇本纪》中有这样的记载：“天下之事无大小皆决于上，上至以衡石量书。”“石”（dàn 但）是 120 斤，可见秦始皇一天要亲自过目 120 斤用竹木简写成的官文书，这些“官书”就是“篆书”。但当时还没有这个名称，直到汉代的隶书出现以后，才把以前施于官掾的文书叫作篆书。所以篆书是相对隶书而言的。篆书可分为“大篆”和“小篆”两种：

1. 大篆——许慎说：“宣王太史籀作大篆十五篇，与古文或异。”（《说文解字·叙》）班固也说：“周宣王太史作大篆十五篇，建武时亡其六篇矣。”（《汉书·艺文志》）这些说法比较可靠，因为宣王是周朝的中兴之主，他在位的四十六年，做到了“内修政事，外攘夷狄”。所以当时有对文字进行整理和统一的良好条件。

大篆的真迹就是“石鼓文”。唐初在陈仓（今陕西宝鸡）发现了十个像鼓一样的石墩子，上面刻有文字，人们称之为“石鼓文”。其内容是记载畋猎之事，并且是用韵文写成的。从字形上看与殷周古文不同，而与小篆倒是很接近。比如“是”“庶”“吾”三个字，石鼓文的写法与小篆的写法相类似。

石鼓文“是”“庶”“吾”

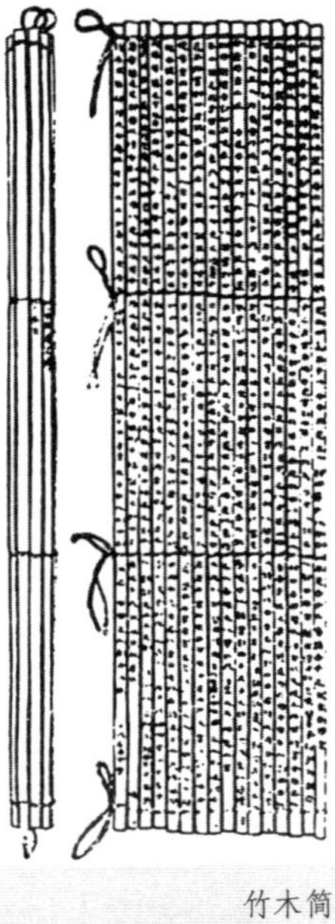

竹木简

大篆的特点：(1) 线条化达到了完成的程度，线条均匀而柔婉。(2) 结构比较整齐，打下了方块汉字的基础。(3) 同一个器物上的异体字几乎没有。(4) 笔画较繁，书写不够方便。

《说文解字》根据残存的九篇大篆，收进了 223 个“籀文”（即大篆），这也是我们现在研究大篆的重要材料。

2. 小篆——春秋战国时，各国的文字形体大不一样，这与“诸侯力政，不统于王”有关，形成了“言语异声，文字异形”的局面。许慎说：“秦始皇帝初兼天下，丞相李斯乃奏同之，罢其不与秦文合者。斯作《仓颉篇》，中车府令赵高作《爰历篇》，太史令胡母敬作《博学篇》，皆取史籀大篆，或颇省改，所谓小篆者也。”（《说文解字·叙》）这段话是说，秦统一了中国后也统一了文字，小篆是由大篆“省改”而成的。这些看法很有道理，但绝不能说小篆是出于李斯一人之手，他很可能主持过统一文字的工作。大篆变为小篆主要通过三种方式：

（1）形变：

（皮）（柳）

大篆：
小篆：

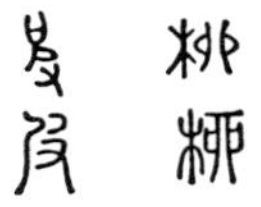

（2）讹变：

（则）（饴）

大篆：
小篆：

（3）省变：

（车）（祟）

大篆：
小篆：

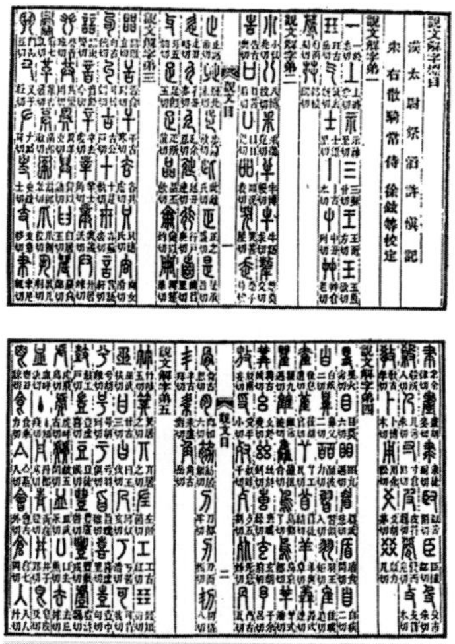
說文解字標目
漢太尉祭酒許慎記
宋右散騎常侍徐鉉等校定
說文解字弟一
說文解字弟二
說文解字弟四

《说文解字》中的目录第一页

在以上这三种变化方式中以省变为主，这是符合汉字由繁到简的发展规律的。《说文解字》是典型的小篆体，线条规整，书写美观。如《泰山刻石》《琅邪台刻石》《之罘（fú 浮）刻石》《峄山刻石》等，相传都是李斯的手笔。

（四）隶书。在秦朝初年，官书都是用小篆书写，而在民间通行的却是所谓不能登大雅之堂的“草篆”。这种草篆的特点是笔势趋直，笔画趋简，书写方便，当时的帝王秦始皇就鼓励人们写隶书的初成字草篆。

隶书是由草篆演变而成，那是肯定无疑的。但晋卫恒在《四体书势》中说，隶书为下杜人程邈所作，郦道元在《水经注》中也肯定地说隶书是程邈所创，其实这都是一种传说，不可置信。程邈很可能是最初用草篆呈文而受到秦始皇奖励的“徒隶”（管狱讼主事的小官），他绝不可能是隶书的创造者。因为字的一种形体，绝不是一个人一时所能造出来的，这与文字绝非仓颉一人所造是一个道理。

隶书始于秦朝而盛于汉朝，所以隶书也称为“汉隶”。经过西汉二百多年到东汉时隶书才算完成了。象形的面貌消失，使文字完全失去了图画色彩，变成了纯符号性的交际辅助工具。

隶书和小篆有何区别，以下做个比较：

小篆　　隶书

说文解字

通过以上的比较，我们可以看出，从小篆变到隶书，在字形上变圆形为方形，在线条上变弧线为直线，在笔画上删繁就简。这种变化就称为“隶变”。隶变是汉字发展史上一大进步，是了不起的一大飞跃。如果要把汉字的形体分为古今两大类的话，那么隶书以前叫作“古”，隶书开始而后就叫作“今”。所以隶变是古今汉字的分水岭。

峄山刻石，秦，前3世纪，山东峄山

（五）草书。《说文解字·叙》说：“汉兴有草书。”这个说法是正确的。草书是跟汉隶并行的一种字体，是汉隶的潦草写法。这种字体求快求速，笔势连绵，能够初具汉字的轮廓也就够了。卫恒的《四体书势》中说，草书是东汉章帝时（公元76—88年）“齐相杜度，号善作之”。这种观点显然是荒谬的，草书的形体也绝非一人所造。所谓“章草”，可能是在章帝时开始使用。但是它的创造者仍然是劳动人民，最初的流行也仍然是起于民间。

草书到了后来，简直越草越凶，龙飞凤舞，信笔所之。有些字除了书写者外，谁都不认识。石梁的《草字汇》，收集了晋朝大书法家王羲之的草书，单一个“书”字就有五种写法。到了唐朝，书法家张旭的“狂草”，简直有点像道士画符的样子，

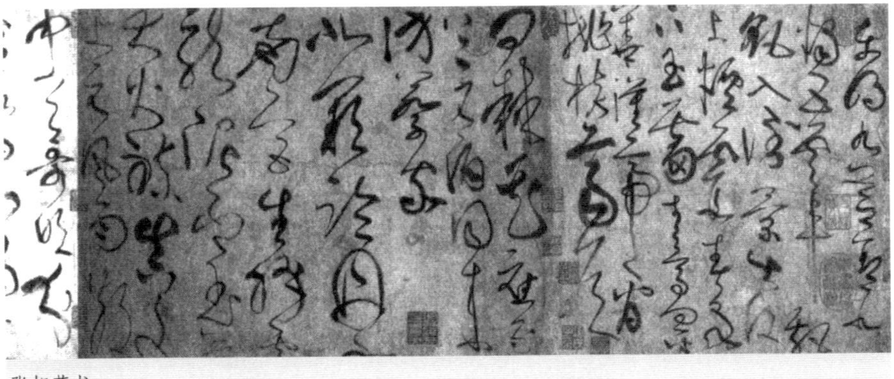

张旭草书

确实是一般人所难以欣赏的。

（六）楷书。楷书是代隶书而通行的一种字体。它是由隶书演变而来的，笔画平直，结构方正，书写方便。从笔形上看，基本上就是唐朝张怀瓘所提出来的所谓“永字八法”。一个“永”字，大体上包括了汉字的八种笔形，用现在的名称说：“侧”就是点，“勒”就是横，“努”就是竖，“趯”就是勾，“策”就是挑，“掠”就是长撇，“啄”就是短撇，“磔”就是捺，从“勒”到“趯”的弯儿就是折。现在汉字的笔形也不过有这八种。

楷书也叫“真书”或“正书”，也有人叫它“今隶”。从东汉开始使用，一直沿用到现在，有一千八百多年的历史了。

（七）行书。行书是“楷书的流动”，它形成于魏晋。《宣和书谱》说：“自隶法扫地，而真（楷）几于拘，草几于放，介乎两者行书有焉；于是兼真则谓之‘真行’，兼草则谓之‘行草’。”这话说得比较确切。它说明行书是介于楷书和草书当中的一种形体，虽然笔画连绵，但各字又是独立的，写起来比楷书快，但又比草书好认。因而从魏晋起直到现在，行书用得最为普遍，最有群众基础。

四、古今字、异体字和繁简字

在我国古代的书籍中，一个方块字往往有好几种写法，这就给我们造成了阅读和理解上的困难。为了有效地解决这些困难，我们就必须掌握有关古今字、异体字、繁简字方面的基本理论和实践技能。

（一）古今字。《墨子·公输盘》中记述：当墨子斗败了公输盘后，“公输盘

王羲之行书《兰亭集序》

不说”。“不说”，这好像是说公输盘斗输后不说话了，这样理解就错了。这里的“不说”就是“不悦”，是不高兴的意思。可是人们往往认为“悦”字是本来就有的，而只是古人在书写时经常写为“说”罢了，其实这是一种误解。须知上古是没有“悦”字的，《说文解字》中也只收了一个“说”字，没有“悦”字，其释义是：“说，释也。”可见“说”才是本字，“悦”是个后起字。所以“说”就是古字，“悦”就是今字。

为什么会产生古今字的现象呢？这是因为古代的字少，而后世又不断地发展增多。例如《大学》《中庸》《论语》《孟子》这四部书不重样的字共用了 4 466 个，东汉《说文解字》也不过 9 353 个字。可是到了 1915 年，中华书局编印的《中华大字典》共收字四万八千多个，相当于《说文解字》的五倍多。古代的字少，一个字要代表几个意义，真可谓“一身兼多职”。比如上古的一个“辟”字就兼有多种职责，它能代表“避”“嬖”“僻”“譬”“辟”这五个字用。后世人为了减少字的“兼职”现象，才在“辟”字的身上加了各种表意的形符，以示意义的区别。因此，上古的“辟”字就是古字，而后世新产生的“避”“嬖”“僻”“譬”就是今字。

在古书中，古今字的现象很多。如果我们没有这方面的基本知识，那就很难读懂古文。以下略举几例：

(1)“此世俗之所谓知也。”(《庄子·胠箧》)

——这就是人们所说的智慧啊。

(2)“大叔出奔共。”(《左传·隐公元年》)

——太叔跑到共那个地方去了。

(3)“夫晋何厭之有？”(《左传·僖公三十年》)

——那个晋国有什么饜（满足）呢？

(4)“布帛长短同，则贾相若。”(《孟子·滕文公上》)

——布帛长短一样，价钱也相似。

(5)“千乘之国，摄于大国之閒。”(《论语·先进》)

——千乘的小国，夹在大国之间。

以上这些例句中的“知”“大”“厭”“贾（賈）”“閒”等都是古字，而“智”“太”“餍（饜）”“价（價）”“间”等都是今字。如果有人认为今字才是“本字”，那就错了；如果有人拿今字去更正古字，那就更错了。

从古字变为今字，有的是用古本字做声符，再加上一个形符。如“知”“厭”“贾”变为“智”“餍”“价”；也有的是改变古本字的形符，如“閒”变为“间”。我们了解了这些古今字之间的关系，对准确地理解文言的语义很有帮助。值得注意的是，我们承认文字古今发展的事实，但绝不应该厚古薄今，不能认为只有古字才是正字，而今字是“俗体”或“破体”。有的人常常以所谓写“正字”为借口，偏偏要把“返回”

写为“反回”，把“嗜好”写为“耆好”，把“环境”写为“环竟”，这是很不应该的。

（二）异体字。两个（或两个以上的）字在音义上相同，在任何语言环境里都能互相代替，而只是写法不同，这种音、义相同而仅写法不同的几个字在文字学上就叫作“异体字”。比如：“炤”与“照”，“并”与“竝”，“睹”与“覩”，“咏”与“詠”，“谕”与“喻”等，都是异体字。

文字是劳动人民创造的，“仓颉也不止一个，有的在刀柄上刻一点图，有的在门户上画一些画，心心相印，口口相传，文字就多起来了”（鲁迅：《门外文谈》）。这一多，就很难做到形体划一。同一个概念，由于时间或地区的差异，就可能造出好几个字来。而且这种异体字，越古就越多。例如一个“兄”字，在甲骨文中就有三十五种写法，一个“贝”字，在金文中就有六十种写法。就连一个“窗”字，后世就产生了六个异体字，写作“冊”“窓”“窻”“窗”“牕”“牎”等。这些异体字根本没有必要同时存在，但是如果我们不熟悉，它就会成为阅读古书的障碍，所以我们必须对异体字加以研究和整理。

从前有不少人认为只要《说文》中有的就是正体，《说文》中所没有的就是“俗体”或“变体”，其实这是一种偏见。因为许慎本人也把一些应该收进《说文》的形体遗漏了，所以宋人徐铉又增加了不少原有的形体。

异体字的类型，大体上有以下五种：

（1）形符不同：

遍徧、猫貓、堤隄、粘黏、糕餻、唇脣等。

（2）声符不同：

筒筩、秸稭、捣擣、线綫、笋筍、验騐等。

（3）改换意义相近的形符：

辉煇、睹覩、径逕、侄姪、铲剷等。

（4）形符和声符的位置不同：

略畧、够夠、群羣、鹅鵞、案桉、惭慙等。

（5）形声字与会意字的异体：

泪淚、岩巖、奸姦、渺淼等。

异体字多了，自然造成学习上的额外负担和用字上的混乱。1955 年 12 月 22 日，文字改革委员会公布了《第一批异体字整理表》，决定精简 1055 个异体字，确定了 810 个字为使用正字。比如在以上所举的这些异体字中，每一小组的第一个字均为留用字，第二个字均为废除的异体字。比如“遍”“猫”等均为留用字，“徧”“貓”等均为已经废除的异体字。废除异体字，是我国文字改革中的一项重要工作，精简了字数，便于掌握和使用。

（三）繁简字。简体字古已有之，向上可以追溯到甲骨文时代。比如《诗经》中的“於”皆写作“于”，汉《吴仲山碑》中的“馀”就写作“余”，《正字通》中的“墳”“聽”俗作“坟”“听”。凡是所谓“俗体”，都是早在民间流行的简化字。这些俗体字尽管曾遭到过扼制，但汉字由繁趋简的潮流是阻挡不住的。今天，在我们正式使用的简化字中，有很多就是古代简体字的借用。比如：

“准”（準）《广韵》	“庙”（廟）《字汇》
“双”（雙）《集韵》	“恋”（戀）《字汇》
“声”（聲）《正字通》	“怜”（憐）隋《董美人碑志铭》
“夹”（夾）汉《曹全碑》	“扑”（撲）《集韵》
“宝”（寶）《宝应碑文》	“齐”（齊）《正字通》
“尽”（盡）《正字通》	“朴”（樸）汉《孔庙碑》
“干”（幹）汉《郑季宣碑》	“晒”（曬）《字汇补》
“灶”（竈）《五音集韵》	“痒”（癢）《集韵》
“烛”（燭）《字汇》	“笔”（筆）北齐《儁敬碑》
“画”（畫）《字汇》	“籴”（糴）《干禄字书》
“类”（類）《五音篇海》	“粜”（糶）《干禄字书》
“纵”（縱）《集韵》	“阴”（陰）《字汇补》
“肤”（膚）《广韵》	“麦”（麥）汉《西狭颂》

我们学习古代汉语和研究古代文献，不仅需要掌握简化字，而且需要掌握繁体字，掌握简化字与繁体字之间的关系。只有掌握了这种关系，才不至于产生误解。比如《后汉书·丁鸿传》有“干云蔽日”的话，如果把“干”理解为“乾湿”之“乾”的简化字“干”那就错了,因为天上的云不可能有干湿之分。这里的“干”字,是“树木参天”的意思，与“干”字繁体字毫无关系。

繁、简字之间的关系，主要有以下三种：

第一，简化字与繁体字在词义上本来毫无联系，而仅仅读音相同，但在简化时采用了笔画少的。如“蒙”与“矇”在词义上大有区别：“愚昧”谓之“蒙”，而“矇”则有“欺骗”义。后来只是因为读音的关系，才以“蒙”代“矇”了。

第二，有的简化字是借用其繁体字的一部分，但这个“一部分”又是古代的另外一个字，在这种情况下我们就要特别注意，不能用今天的这个简化字去理解古代的另外一个字。如今天的简化字“隶”（lì 力），就是取了繁体字“隸”的一部分，然而“隶”又是古代的另外一个字,是一只手抓住了一条尾巴的象形字。许慎说:“隶，及也。"《玉篇》就把"隶"直接写为"逮"。所以古代的"隶"字也就是今天的"逮"字，若不注意就会弄错。

第三，今天有些简化字，有的是古本字，如"气"（氣）、"网"（網）等；有的是古通用字，如"荐"（薦）、"痒"（癢）等；有的是古异体字，如"礼"（禮）、"线"（綫）、"泪"（淚）等。了解了这些关系，我们就可以知道古代早就有了这些简化字，只不过是为了书写方便，才选择了其中笔画少的作为今天的统一使用体。

五、假借字的规律

什么是假借字，在六书问题中已做了简要的分析，现在需要讨论的是假借字到底有些什么规律，掌握了这些规律对阅读文言文有什么用处。

（一）从汉字的形体结构来看，假借字主要有两个规律。

1．一个"独立"的字充当了另一个字的声符时，那么这两个字有时是能互相代替的。如：

（1）"（元济）起，听于廷。"（《李愬雪夜入蔡州》）

——元济起床，在庭上细听。

（2）"位尊而无功，奉厚而无劳。"（《战国策·赵策》）

——地位很尊贵，但是没有一点功绩；俸禄很优厚，但是没有一点勋劳。

例（1）中的"廷"字本来就是一个独立的字，但它充当了"庭"这个形声字的声符，就成为"庭"的假借字了。例（2）中的"奉"字本来也是一个独立的字，但它充当了"俸"这个形声字的声符，就成为"俸"的假借字了。

2．两个形声字，由于声旁相同可以互相代替。如：

（1）"为天下唱，宜多应者。"（《史记·陈涉世家》）

——替天下人倡导，响应的人一定很多。

（2）"将军身被坚执锐，伐无道，诛暴秦。"（同上）

——将军身披坚甲，拿着锐利的武器，攻打无道，诛灭暴秦。

（3）"公输盘九设攻城之机变，子墨子九距之。"（《墨子·公输盘》）

——公输盘变换了九次攻城之法，被墨子九次拒（挡）回去了。

例（1）的"唱"字，例（2）的"被"字，例（3）的"距"字，都是形声字。它们的声符和"倡""披""拒"等形声字的声符相同，所以"倡""披""拒"可以假借为"唱""被""距"。这样的假借现象在古书中是屡见不鲜的。

（二）从汉字的读音上看，两个字由于音同或者音近，虽然形体上没有什么联系，但是有时也可以产生假借现象。如：

（1）"公输盘之攻械尽，子墨子之守圉有余。"（《墨子·公输盘》）

——公输盘攻城的器械用完了，但墨子的防御之法还多着呢。

(2)“(白骨精)嘴唇往下别。”(《西游记》第二十七回)

——白骨精的嘴唇往下瘪。

(3)“像你这尖嘴猴腮,也该撒抛尿自己照照!”(《儒林外史·范进中举》)

——像你(范进)这个尖嘴猴腮的样子,也该撒泡尿照照自己。

例(1)的“圉”,例(2)的“别”,例(3)的“抛”,和“御”“瘪”“泡”同音(或音近),所以它们就充当了“御”“瘪”“泡”的假借字。

总之,不管从结构上看,还是从读音上看,假借字都离不开“音同”或“音近”这条根本原则。如果两个字读音上没有任何联系,那它们就不能假借。

怎样才能辨别假借字呢?大概离不开以下两种办法。

第一,看上下文的意思,再考虑其读音。如果根据字面的意思根本讲不通,但从读音上却能与另外一个能讲通意思的字联系起来,这就有可能是假借字。如“弃私家之事,而必汗马之劳……”(《韩非子·五蠹》)中的“必”字如果解为“必须”,则根本讲不通。从上下文的意思看,这里的“必”是“尽”的意思,那么有没有读“必”的音而又有“尽”的意思的字呢?有的,这就是“毕”字。所以“必”在这里就是“毕”的假借字。

第二,利用《玉篇》《类编》《康熙字典》《辞源》等工具书来辨别假借字。如《庄子·逍遥游》中有“立之涂,匠人不顾”的话。这个“涂”字不好解释,一查《康熙字典》就发现,其中有“涂通途”一条,“涂”就是“途”的假借字,问题解决了。

由上述可知,掌握了假借规律和辨认假借字的方法,对我们讲授古典文学、阅读古代典籍、理解古文的语义是有很大帮助的。

总之,要对我国古代的文化遗产进行研究,并正确地加以批判继承,就必须掌握文字学的基本理论和实践技能,否则就会事倍功半,困难重重,“未及升堂,焉能入室”?

一 部

①　　②　　③　　④

李白的《蜀道难》中说："一夫当关，万夫莫开。"这个"一"字就是最小的自然数。①是甲骨文的形体，②是金文的形体，③是小篆的形体，④是楷书的形体。这四种形体是一脉相承的。

"一"字讲法很多，主要有这样几种：当最少的整数用，比如一人、一马、一枪、一刀等。也可当"专一"讲，如"专心一意"。也可以当"都"讲，比如《荀子·劝学》："一可以为法则。"也就是"都可以为法则"的意思。有时还可以当无定代词"或"讲，如《孙子·谋攻》："不知彼而知己，一胜一负。"这个"一胜一负"，你若理解为"一个胜一个负"那就不妥当了，而理解为"或胜或负"才对呢。杜甫在《石壕吏》诗中有这样两句："吏呼一何怒，妇啼一何苦。"这个"一"字怎样解释呢？实际上这个"一"被借为语助词用了，没有实在意思，只是起着加强语气的作用。

"一"字是个部首字。在汉字的楷书中从"一"字的字很多，比如"丁""上""下""丘""世""亚""西""至"等等。

①　　②　　③　　④

有的人谦虚地说："我是一个'目不识丁'的人。"用"目不识丁"这个成语表明自己的学问很低，连只有两笔的"丁"字都不认得。①是甲骨文的形体，就是一个方口，这是从上面向下看，钉子的头是方形的。②是金文的形体，像钉子侧视的样子，上部大是钉子头，下部小是钉子尖，真有点秃钉子的样子。③是小篆的形体，上部不大像钉子头了。④是楷书的形体，把小篆上部的"人"字形拉平，变成了一横。

可见"丁"字的本义就是今天的"钉"，是个象形字。后来因为读音的关系，就被假借为天干的第四位，即"甲乙丙丁……"中的"丁"了。那么原当"钉子"讲的"丁"怎么办呢？这就只好在其左边加上个金字旁，表示钉子是用金属做的，写为"钉"，从象形字变成了左形（金）右声（丁）的新形声字了。

钉子是金属做的，所以坚硬，这就引申为健壮义，如王充《论衡·无形》："齿落复生，身气丁强。"再引申一步即指成年男子为"丁"，如白居易说："无何天宝大征兵，户有三丁点一丁。”（《新丰折臂翁》）这里的“丁”就是指成年男子。新中国成立前国民党抓兵，亦称为“捉壮丁”。

①　②　③　④

“万古永相望，七夕谁见同？”这个“七”字本为象形字。甲骨文①是横切一刀、竖切一刀的样子，颇像后世的“十”字。②是金文的形体，同于甲骨文。③是小篆的写法。④为楷书的写法。

仰韶文化时期骨管上的有哭、怒、笑表情的人面

《说文》：“七，阳之正也。”其实，这并非“七”字的本义。“七”的本义为“切”（切断、切开），但到后世被借为数字用了，如《庄子·应帝王》：“人皆有七窍。”这是说人都有耳、目、口、鼻七孔。中医学把喜、怒、忧、思、悲、恐、惊称为“七情”。另外，古代还曾把“七”作为一种文体，称为“七体”，这是赋的另外一种形式。比较有名的七体，如傅毅的《七激》，张衡的《七辩》，曹植的《七启》，王粲的《七释》，左思的《七讽》等。《昭明文选》还把“七”列为一门。这种七体文，最初是西汉枚乘作《七发》来启发楚太子，所以后人也就效法这种文体，作讽劝的文章。

①　②　③　④

“十年之计，莫如树木；终身之计，莫如树人。”这个“十”字原为象形字。①是甲骨文的形体。中国古时往往以一掌代表“十”，所以“丨”也正是一掌的侧视形。②是金文的形体，郭沫若认为“亦掌之象形也”，是掌的正视形，中间宽。③是小篆的写法，中间变成了一横。④是楷书的形体。

《说文》:“十，数之具也。”这是说“十”数是一个很完备的数。但许慎对“十”的形体分析为：“一为东西，丨为南北，则四方中央备矣。”这只是依据小篆的形体强做臆测，不足信。“十”是完备的数，又可以引申为“完满具足”的意思,如“十足”“十分”“十全十美”等。古籍中有时也以“十”代“什”，那是杂取各种不同事物或不同样式配合成一个整体的意思,如“什锦橱”等。又如白斑《西湖赋》:“亭连栋为十锦。”可见“十”可做“什”的通假字。

① ② ③ ④

这就是“欲穷千里目，更上一层楼”的“上”字。①是甲骨文的形体，下面一条弧线表示地面，在其上有一短横，这就表示在地面之上。②是金文的形体，把表示地面的弧线拉直，上面的一短横，也是表明在地面之上的意思。所以在六书中，“上”字是一个纯符号的指事字。③是小篆，把“上”字又美化了一下。④是楷书的写法。

“上”字因为与“尚”字同音，所以有时可做“尚”字的假借字，当“崇尚”或“尊重”讲，如《史记·秦始皇本纪》:“上农除末，黔首（黑头，即指老百姓）是富。”这里的“上”字就当“崇尚”讲。这句话的大意是：崇尚农业而革除商业等，老百姓也就富裕起来了。

① ② ③ ④

这是“烟花三月下扬州”的“下”字，其形体与“上”字正好相反。①是甲骨文的形体，上面的一条弧线代表地面，下面的一小短横是个指事符号，表明在地面之下。②是金文。③是小篆的写法。④是楷书的写法。

在古典文学中，“下”字含义很广。位低可称“下”，如柳宗元的《封建论》:“使贤者居上，不肖（不贤）者居下。”攻克亦可称“下”，比如唐著名诗人李白的《梁甫吟》:“东下齐城七十二。”这当中的“下”字就是“攻克”的意思。在古书中常见“下第”一词,一般的说“下第”就是“下等”或“劣等”的意思。可是《柳毅传》里“应举下第”中的“下第”是“落第”的意思，也就是说考进士没有考中。

① ② ③ ④

“不入虎穴，焉得虎子。”“不”字是个象形字。①是甲骨文的形体，像花萼足(花托盘)之形。②是周朝早期金文的形体，与甲骨文的形体相似。③是小篆的写法，也能看出像花萼足的样子。④为楷书的写法。

《说文》：“不，鸟飞上翔不下来也。从一，一犹天也。”许说不妥。《诗经·小雅·常棣》:“常棣（棠梨树）之花,鄂（萼）不韡韡（wěi,鲜明的样子）。”郑玄笺:“不：当作柎；柎，鄂（萼）足也。”这就说明“柎”是“不”的后起字，“柎”为花托盘，所以“不”字实为花托盘的象形字。

“不”字的本义已消失，后世多用其假借义，作否定副词用，表示“相反”义，如《诗经·魏风·伐檀》：“不稼不穑，胡取禾三百廛兮？”又可以引申为“未”义，如《孟子·梁惠王上》:“直不百步耳，是亦走也。”由“未”又能引申为“没有”义，如《诗经·王风·君子于役》：“君子于役，不日不月。”

值得注意的是，“不”字还有另外三个读音。作“否”字用时应读作 fǒu，如《汉书·于定国传》：“公卿有可以防其未然救其已然者不？”作“丕”字用时应读作 pī，为“大”义，如《诗经·周颂·清庙》:“不显（光明）不承（继承）。”做姓用时，应读作 fōu，如晋时有个叫“不准”的人。

① ② ③ ④

“梅花开五福。”这个“五”字本为象形字。①是甲骨文形体，像两股绳索交错拧在一起的样子。②是金文的形体，基本上同于甲骨文。③是小篆的写法。④为楷书的写法。

《说文》：“五，五行也。从二，阴阳在天地间交午也。”许慎这是用阴阳五行来解释文字，大都为附会之说，不足为据。“五”字的本义就是“交错”。但当“五”字被假借为数字使用之后，其“交错”义也就被“午”字所代替了，比如《仪礼·特牲馈食礼》：“午割之。”就是纵横交错地割。

请注意：在古籍中，我们经常见到“五夜”一词，如沈佺期《和中书侍郎杨再思春夜宿直》:“千庐宵驾合，五夜晓钟稀。”这里的“五夜”并非指五个夜晚或第五夜，而是指五更的时候。

① ② ③ ④

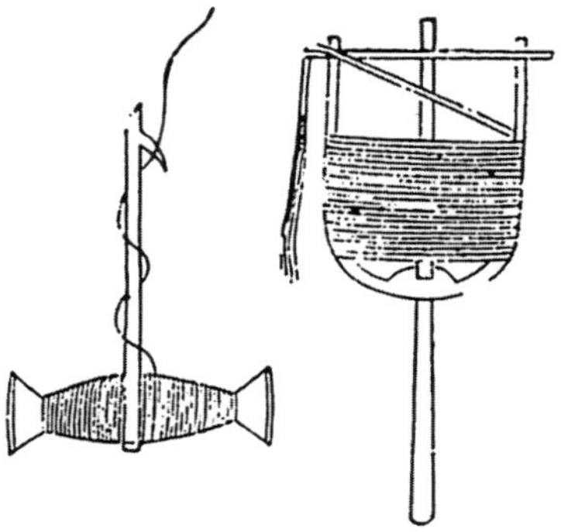

纫车和旋椎，选自《三才图会》

“屯兵戍边邑。”“屯”字本为象形字。①是甲骨文的形体，就像古代缠线的工具，中间即为线团，所以“屯”就是“纯”的初文。（在甲骨文中，“屯”字有时用为“春”字。）②是金文的形体，与甲骨文类似。③为小篆的写法。④为楷书的写法。

《说文》：“屯，难也。象草木之初生，屯然而难。”此说不妥，这是仅就小篆的形体而猜测分析的。“屯”字的本义是指缠线、丝的工具。缠线，就是线的累积，所以这就可以引申为“聚集”的意思，如《史记·吴王濞列传》：“兵屯聚而西。”就是说：聚集大军而西去。军队的驻防亦称“屯”，如《旧唐书·郭子仪传》：“自河中移屯泾阳。”所谓“移屯泾阳”，也就是说军队移到泾阳驻防。

请注意：左思《咏史》“英雄有屯邅（zhān）”句中所谓“屯邅”，是指遭遇困境。这里的“屯”字应读作 zhūn，而不读 tún。

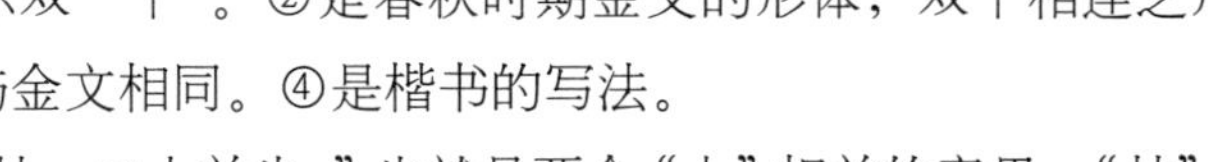

① ② ③ ④

“廿”读作 niàn，是个会意字。①是甲骨文的形体，是两个“丨（十）”连在一起的样子，表示双“十”。②是春秋时期金文的形体，双十相连之形更明确。③是小篆的写法，与金文相同。④是楷书的写法。

《说文》：“廿，二十并也。”也就是两个“十”相并的意思。“廿”也可写作“廾”，如唐石经中的二十皆写作“廾”。清赵翼所撰《二十二史札记》写作《廿二史札记》。

在绝大多数的汉语工具书中不立“廿”部，《辞海》立了“廿”（㔾）部，其实收在该部的字没有一个与数词词义有关，而只是在这些字的楷书结构中含有“廿”的笔画罢了，如共、昔、巷、恭、燕、堇（jǐn）、㒼（mán）等字。可见立这一部的目的，仅仅为了查字方便。

①　　　②

“无”字本为“無”字的或体字，表示“没有”的意思。①是小篆的写法，②是楷书的写法。在简化汉字的时候，便借用古代“无”字的或体当简化字使用。

《说文》没有单独解说“无”字，而只是在“無”字下说：“无，亡也。……奇字无。”段玉裁解释说：“凡所失者，所未有者，皆如逃亡然也。”可见“无”字的本义为“亡失”或“没有”，如《左传·宣公二年》：“人谁无过（过错）？过而能改，善莫大焉。”《左传·成公三年》：“无怨无德，不知所报。”

“无”字还可以用作副词，如《孟子·梁惠王上》：“鸡豚狗彘之畜，无失其时。”这里的“无”通“毋”“勿”，当“不可”讲。由副词再虚化，就可以成为句首助词，如《诗经·大雅·文王》：“无念尔祖。”这里的“无”字无义，实际上是要“念尔祖”。《毛传》说：“无念，念也。”“无”放在问话的末尾，常用来表示发问，相当于“否”或“么”，如白居易《问刘十九》：“晚来天欲雪，能饮一杯无？”

请注意：古代另有一个“旡”字，读作 jì。《说文》：“饮食气逆不得息曰旡。”现在有些人常常将“无”写成“旡”字，这是不对的。

①　　　②　　　③

这是“力拔山兮气盖世”的“世”字。①是金文，带着三个圆点的三竖，就是古代的三十（卅）。②是小篆，则把三个小圆点左右伸展，各变成了一小横，也是表明三十的意思。③是楷书的形体。

在上古，三十年为“一世”（《说文解字》）。后来则父子相继亦称一世，比如《左传·昭公七年》：“从政三世矣。”人的一生也可以称为“一世”，比如：“人生一世间，安能邑邑如此！”（《史记·淮南王传》）所谓“邑邑”就是忧闷不乐的意思。以上两句话是说：人在一生之中，怎么能够像这样的忧闷不乐呢？“世”有世世代代的意思，由此又可以引申为“继承”，比如“世其家”（《汉书·贾谊传》），就是“继承他的家业”的意思，这就由名词变为动词了。

请注意：在古代“世”和“代”是不同的。所谓“一世”是指人的一辈子，也指父子相继，比如“四世”是指祖孙四代。“代”却是指朝代，“四代”则指四个朝代。到了唐朝，因为唐太宗的名字叫李世民，这就要避讳“世”字，自此以后，“世”的这个意义就被“代”字所代替了。

“世”字还有个异体字“卋”，现在很少使用了。

① ② ③ ④

我们的祖先在造字时是动了一番脑筋的，三个山峰为“山”，两个山峰则为“丘”。①是甲骨文“丘”，山峰不仅少而且矮。②是金文，变成两山之间有一条大沟。③是小篆，同金文差不多。④是楷书，一点也看不出土丘的样子了。

“丘”的本义是小山。如柳宗元《钴鉧潭西小丘记》：“梁之上有丘焉，生竹树。”因丘是高出平地的，所以高出平地的坟墓，有时也称为“坟丘”或“丘墓”，如司马迁《报任少卿书》：“何面目复上父母之丘墓乎？”意思是，还有什么脸面再上父母的坟墓去祭扫呢？

我们读屈原的《九章·哀郢》：“曾不知夏之为丘兮。”这个“夏”就是“厦”，那么“丘”是什么意思呢？这个“丘”就是废墟。意思是，不知大厦已成了废墟。这个“废墟”之义是从“山丘”的形象引申出来的。

请注意：古代的“山”“岭”“陵”“丘”的含义是不同的。把石头大山称为“山”，小而尖的山叫作“岭”，大土山称为“陵”，夹在大土山之间的小土山称为“丘”。

① ② ③ ④

“墓田丙舍知何所，一夜令人白发长。”“丙”字本为象形字。①是甲骨文的形体，郭沫若认为“丙之象鱼尾”，其根据是《尔雅·释鱼》：“鱼肠谓之乙，鱼尾谓之丙。”再说从甲骨文的形体看，“丙”的形体确实像鱼尾的样子。②是金文的形体。③是小篆的写法。④为楷书的写法。

《说文》：“丙，位南方。”这是以天干配五方的说法，而并非“丙”字的本义。再者许慎认为“丙”字“象人肩”，也不妥。“丙”字的本义早已消失，后来被借为天干的第三位，处在“甲乙”之后，比如“丙夜”指“三更”，也就是夜半的时候。在五行中“丙丁”属火，所以“火”的代称为“丙丁”，如《吕氏春秋·孟夏》：“其日丙丁。”也就是说：四月属“火日”。

① ② ③ ④ ⑤

这个“亚”字是个象形字。①是甲骨文，像古代的火塘之形。原始社会有祀火之俗，也就是说在室之中央挖一个类乎十字形的土坑，在其中点上火，昼夜不灭，象征祖先所在。②是金文形体，其结构基本上同于甲骨文，但坑体显得宽大些。③是小篆，与金文相似。④是楷书的写法。⑤是简化字。

“亚”字当“火塘”讲的本义，随着风俗习惯的改变已完全消失了。而“亚”字的假借义是当“第二”或“次一等”讲。比如杜预在注《左传·襄公十九年》时说：“亚，次也。”《史记·项羽本纪》：“亚父者，范增也。”所谓“亚父”就是次于父亲的人，这是对人尊敬的称呼。古代儒家以孔丘为至圣，又认为孟轲仅次于孔子，所以就称孟轲为“亚圣”。

“亚”字当“第二”讲，现在还用，比如次于“冠军”的称为“亚军”。

请注意：如果我们要在旧《辞源》、旧《辞海》和《康熙字典》中查找“亚”字或“恶”字的话，对繁体字“亞”的笔画一定要数对，否则就难以查找。

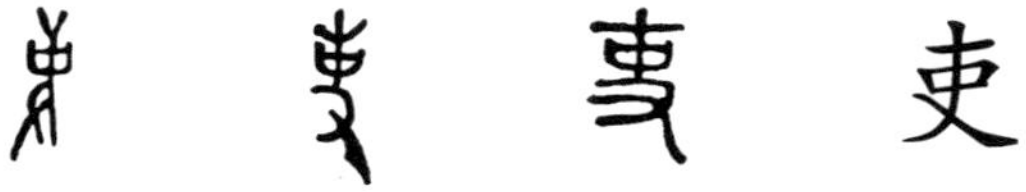

① ② ③ ④

“暮投石壕村，有吏夜捉人。”这个“吏”字本为会意字。①是甲骨文的形体，是一只左手握一把捕捉禽兽的长柄网。②是金文的形体，下部的左手改为右手，其义不变。③是小篆的形体。④为楷书的写法。

《说文》：“吏，治人者也。”“吏”字与“史”本为一字，原指管理狩猎或记录猎获物的人，后来引申为“史官”或“官吏”。所以许慎认为“吏”就是“治人者”，如白居易《和除夜作》：“我统十郎官，君领百吏胥。”章炳麟《秦政记》：“李斯、蒙恬皆功臣良吏也。”

自汉朝以后，“吏”特指官府中的小官和差役，如钱竹初《吏不可为·催科》：“官如虎，吏如猫，具体而微舐人膏。”又“吏”与“事”通，于省吾先生说：“金文吏、事同字。”如《韩非子·孤愤》：“则修智之吏废。”这里面的“吏”字实为“事”字，应读作 shì，作“事情”解。

① ② ③ ④ ⑤

“莺啼花又笑，毕竟是谁春？”这个“毕”字是个象形字。甲骨文①是一把长柄的网，即“持网畋猎”之义。②是金文的形体，比甲骨文更为复杂，但词义无变化。

③是小篆的形体，与金文相似。④是楷书繁体字，⑤为简化字。

《说文》："畢，田网也。"也就是说，"毕"是畋猎时所用的网，如《诗经·小雅·鸳鸯》："鸳鸯于飞，毕之罗之。"大意是：鸳鸯在那里飞，用长柄网捕它，用大围网捉它。"毕"既然是网，就可以引申为网罗无遗之意，就是"完毕"，如《荀子·王制》："王者之事毕矣。"再进一步就可以引申为范围副词了，即"都""全"义，如王羲之《兰亭集序》："群贤毕至，少长咸集。"就是说：群贤们都到了，年轻的年长的也都聚集在这里了。

请注意：古诗文中常见"占毕"一词，如范成大《廛居久不见山或劝作小楼以助登览又力不》："爽气助占毕。"这里的"占毕"本为"苫箪"，是指简册、书册，所以原句的大意是：空气清爽有助于读书。

① ② ③ ④

"百叶双桃晚更红，窥窗映竹见玲珑。"这个"百"字本为指事字。甲骨文①的下部是"白"字，其上加"一"是指事符号，用以与"白"相区别。②是金文的写法，与甲骨文相似。③是小篆的形体。④为楷书的写法。

《说文》："百，十十也。"这就是说十个十为一百。如《三国志·蜀书·诸葛亮传》："成都有桑八百株。"由具体的"百"数，还可以引申为"众多"的意思，如《尚书·尧典》："播时（莳，移栽）百谷。"这里的"百谷"，就是指众多的谷类。再如《孙子兵法》："知彼知己，百战不殆。"也就是说：既了解敌人也了解自己，作战多次也不会有什么危险。"百姓"一词，古今都用，一般地说，战国以后泛指不居官位的人为百姓。可是在战国以前，"百姓"往往是对贵族的总称，如《诗经·小雅·天保》："群黎百姓，遍为尔德。"大意是：众多的庶民和贵族，普遍感化于您的美德。

① ② ③ ④

这个"至"字是个会意字。①是甲骨文，最下部的一条横线表示地面，地面上插着一支箭，表示"到"的意思。②是金文，形体基本上与甲骨文相同。③是小篆，同于金文。④是楷书，从小篆直接演变而来。

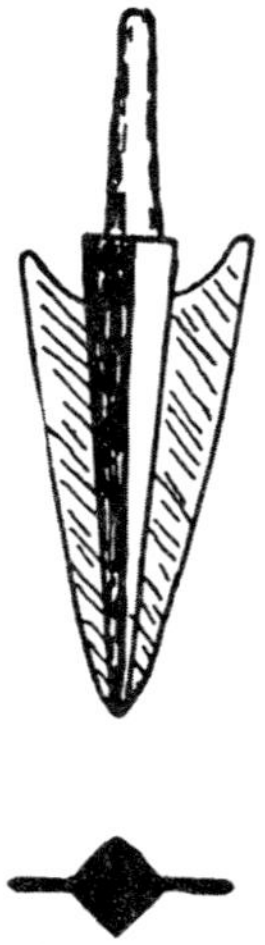

殷墟铜矢，选自周纬《中国兵器史稿》

“至”字本义是“到”或者“到达”，比如《左传·文公二年》：“秦师又至。”就是说秦国的军队又到了。从“到”的本义又能引申为“极”，是到达了顶点的意思，如《史记·春申君列传》：“物至则反。”意思是事物发展到了顶点就要走向反面。从“顶点”之义又能引申为“最”的意思，比如《荀子·正论》：“罪至重而刑至轻。”这个词义我们现在还用，比如交谊最深的朋友就称为“至交”，诚心诚意就称为“至诚”，至高无上的地位就称为“至尊”，深刻中肯的话就称为“至言”，最高尚的德行就称为“至德”，等等。

我们在阅读古书时，会见到“至行”一词，是指“最符合封建道德的品行”。请注意，这里的“行”字必须读古声“xìng（幸）”，而不能读成“行走”的“行”（xíng）。

① ② ③ ④

这是“昨夜西风凋碧树”的“西”字。甲骨文①像个鸟巢的形状，这是个象形字。金文②也基本上同于甲骨文的形体，更像鸟巢的样子了。小篆③反而变复杂了，上部加一条弯弯曲曲的曲线，这是代表鸟的形状，鸟落在巢上休息，也就是栖息的意思。所以“西”字的本义就是“棲”（现在写作“栖”）。上古根木没有“棲”字，需表示“棲”的意思时本写作“西”。至于代表方向的“西”，这就是个假借字了。到了后世为了使汉字分工明确，于是就造了一个新形声字“棲”，表示“棲息”，那么“西”字就永远表示方向了。④是楷书的写法。

在古代，主人将宾客和老师都安排在西面的座位上（面向东坐），以表示尊敬，所以对宾客和老师的尊称也可以称为“西席”或者“西宾”，如柳宗元《重赠刘连州》诗：“若道柳家无子弟，往年何事乞西宾。”这里的“西宾”就是对家塾教师的敬称。

① ② ③ ④

“君亟定变法之虑。”这个“亟”字本为会意字。①是甲骨文的形体，中间是面朝左站立的一个人，上下的两条横线表示“上极于顶，下极于踵”，可见这个字就是“极”字的初文，表示“尽头”“极点”的意思。②是金文的形体，变得复杂了，在人的两侧增加了“口”和“”。③是小篆的形体，将金文的“”改为“又”。④是楷书的写法。

《说文》：“亟，敏疾也。”其实，“敏疾”并非“亟”字的本义，其本义应为“极点”或“尽头”。后来“亟”字被假借为“急”“快”，那么当“尽头”讲的意义，就只好增加“木”字旁，这就产生了一个新形声字“極”了。后世多用“亟”的假借义当“急”讲，如《史记·陈涉世家》：“趣（cù促）赵兵亟入关。”就是说：催促赵军赶快入关。至于“亟请于武公”（《左传·隐公元年》）中的“亟”，那是“屡次”的意思，也就是说：屡次向武公请求。请注意：这里的“亟”必须读作 qì，而不能读作 jí。

乙 部

①　②　③　④

这是“甲乙相贯”的“乙”字，是个象形字。①是甲骨文，弯曲之状像肠形，所以《尔雅·释鱼》说：“鱼肠谓之‘乙’。”郭老也很肯定地说：“乙之像鱼肠，丙之像鱼尾，可无庸说。”（《甲骨文字研究》）②是金文，③是小篆，都像甲骨文的形体。④是楷书的写法，其形变化不大。

“乙”字的本义为鱼肠，但这个本义到后世根本不用了。看“乙”字的形体倒有点像鸟的形象：上部左弯者为头，中为腹，下部右弯的末端为尾。所以古人把“乙”字当“燕子”讲，比如张融《答周颙书》：“非凫（fú符）则乙。”所谓“凫”就是野鸭子。这句话的意思是：不是野鸭子就是燕子。我们读《史记·滑稽列传》时，会见到这样几句话：“从上方读之，止，辄乙其处。”这个“乙”字不能当燕子讲，而是指画“乙”字形状的符号，这种符号是旧时读书时标志暂停的地方。原话的大意是：读书时，从上面读下来，停止了，常常用“乙”形符号勾住。所以今天的编辑同志要在文章中勾进增补的字也常称为“涂乙”。至于天干第二位的“乙”字那是个假借字问题，与“乙”字的原义无关。

“乙”字是个部首字，也正因“乙”又像云气之形，所以“气”字就在乙字部。

① ② ③ ④ ⑤

这是“朔气传金柝（tuò 拓）”的“气”字，是个象形字。你看甲骨文①的三条线就像空中浮游的云气。金文②与小篆③也基本上同于甲骨文的形体，仍有云气之形象。可是到了楷书④反而变得复杂了，“气”的下部又增加了个“米”字，变成了外声（气）内形（米）的形声字，表示馈赠之义，比如《左传》：“齐人来氣诸侯。”也就是说：齐人以物来馈赠诸侯。又因馈赠的东西与食物有关，所以后来当“馈赠”讲的“氣”又加了“食”字旁，成为左形（食）右声（氣）的新形声字“餼”了，而“氣”字当“天氣”“氣味”中的“氣”用，同时停止使用“气”字。直到实行简化字的时候，有的借古体为简化字，又将“氣”字废除，写成“气”⑤了。

古代木器上的云纹图案

“气”字的本义即“云气”，比如《列子·天瑞》：“云雾也，风雨也……此积气之成乎天者也。”也就是说：云雾和风雨等，都是积云气而成的自然现象。由“云气”又可引申为“天气”和“气候”之义。至于《荀子·修身》中“治气养生”里的“气”字则与“天气”等毫无关系，那是在医学上指人的“元气”，是一种无形的气。

“气氛”一词，古今都用。在今天来说，“气氛”是指洋溢于某个特定环境中的情调和气息，比如：“这次会谈是在亲切友好的气氛中进行的。”可是“登灵台以望气氛”（《说苑·辨物》）中的“气氛”，是指云气，意思是登灵台而望云气。

人部

① ② ③ ④

这就是万物之灵的“人”。①是甲骨文，面朝左立着一个人，上端是头，向左

殷墟出土的人形泥塑，正、侧面

下方伸展的一笔是臂，中间是身子，身子以下是腿。②是金文。③是小篆，基本上与甲骨文相同，小篆的腰部弯曲更大一些。④是楷书的写法，一点也看不出“人”的样子了。

用“人”组成的词是很多的，不过有几个词是应当注意的。如《尔雅·释木》中的“核人”，就是我们后世人所说的“果仁”，在这里“人”与“仁”是通用的。若见到老中医开药方时写“枣人五钱”，可别笑话人家写错了，其实把“枣仁”写作“枣人”是有古代典籍做根据的。

我们读到张国宾的《合汗衫》第四折时，会见到“有甚么人事送些与老爷”的话。“人事”怎么还能送人呢？原来，这里是指“礼物”，意思是：“（你）有什么礼物送些给老爷？”

“人”字是个部首字，凡由“人”字所组成的字大都与人有关，比如“介”“从”“仆”“伐”“休”“伏”等字。

①　　②　　③　　④

“图穷而匕首见。”这个“匕”字读作bǐ，是个象形字。甲骨文①是面朝右而侧立的人形。《说文》认为“从反人”，这是对的。②是金文的写法，仍像人形。③是小篆的形体，颇像“比”字的一半，也是“人”的形象。④为楷书形体。

有人认为“匕”字像“匕首”之形，不妥。因为从甲、金文字看，“匕”字根本不像“匕首”，而颇肖人形，其本义为“人”。卜辞中“匕”与“妣”实为一字，女名。由人推及兽，如“牝”从“匕”，指雌兽。但后世本义消失。《说文》认为“匕亦所以用比取饭”。这是许慎根据小篆的形体及其通行词义而判定“匕”的本义是“汤匙（小勺子）”，比如《三国志·蜀志·先主传》：“先主方食，失匕箸（筷子）。”“匕”字还可以代表“箭镞”义，如《左

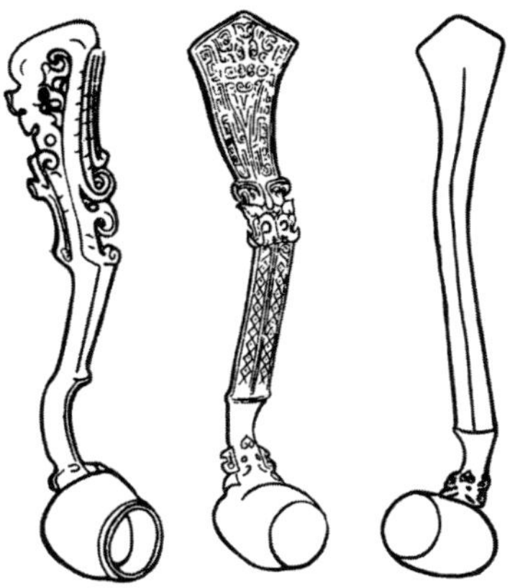

周代青铜小勺

传·昭公二十六年》:“匕入者三寸。”这是指箭头射入三寸的意思。至于“匕首”义，那是从“箭镞”义引申出来的，如柳宗元《古东门行》:“冯敬胸中函（插入）匕首。”意思是：冯敬的胸膛被短剑刺入。

请注意：古代还有一个“匕”字，是“化”字的古体字。许慎说：“，变也，从到（倒）人。”可见“匕”与“化”音义皆同。

①　②　③　④

黄庭坚有“千里鹅毛意不轻”的诗句。对这个“千”字的分析历来不一致。①是甲骨文的形体，中间实为“人”形，下部附加的短横是个指事符号，表数目，以别于“人”字，所以“千”字是个指事字，甲骨文“二千”就写作，“三千”就写作等。②是金文的形体，已不像“人”形了。③是小篆的写法。④为楷书的形体。

《说文》:“千，十百也。”这是对的。但又说“千”字“从十”，这就不妥，因为甲骨文中的“十”实为“七”，而“丨”才是“十”。

“千”字的本义古今是一致的，“十百为千”，“盈千累万”。

请注意：“千古”一词在古代有两个意思。其一，是指时代的久远，如辛弃疾《南乡子·登京口北固亭有怀》:“千古兴亡多少事，悠悠，不尽长江滚滚流。”其二，是指人死了，如《新唐书·薛收传》:“岂其一朝成千古也。”也就是“一朝永别”之义。现在仍以“千古”为哀挽死者之辞。

①　②　③

这是“仁人志士”的“仁”字，是个会意字。①是金文的形体，其上边是“人”的侧立之形，下边的“二”，据蒋善国先生说“是重文的记号”，也就是说仍然是个“人”，“人”与“人”相处就要“仁”。②是小篆的写法。③是楷书的形体。

《说文》:“仁，亲也。从人二。”许慎将“二”看作数字，恐不妥，应为重文的记号。“仁”字的本义是“对人要亲善、仁爱”，比如《庄子·天地》:“爱人……之谓仁。”

《论语·雍也》:“井有仁焉。”若理解为“井中有仁人”那就错了，这里的“仁”

是“人”的假借字，是说井中有人的意思。果核内的“果仁”，原来均写作“果人”，同样的道理，“仁”也是“人”的假借字。

① ② ③ ④ ⑤

这是“奴仆充家室”的“仆”字。“仆”字本为会意字。你看甲骨文①惟妙惟肖，是面朝左站着一个人，人头的上部有奴隶的标记（刑刀），双手捧着“箕”之类的用具，向左下方弯曲的一笔表示腿。此人身穿带有尾巴的特殊服饰（奴隶服）。这就是上古奴隶的形象。金文②的“人”移到左边，右下角是手，手上拿的“箕”已变得不像了。③是小篆形体，讹变得实在复杂，其左边的人形还在，其右边的下部是左右两手，双手捧着一件扫帚一样的东西，实际上这已经变成了左形（人）右声（菐）的形声字了。④是楷书的形体，由小篆③直接演变而来。⑤是左形（人）右声（卜）的形声简化字。

端灯奴婢画像石刻，
河南邓州市汉墓出土

“仆”的本义是“奴隶”。由“奴隶”又可以引申为“仆人”。比如徐宏祖《徐霞客游记·楚游日记》：“顾仆守衣外洞。”所谓“顾仆”，就是指一个姓顾的仆人。因“仆”为下贱之人，后来古人对自己的谦称也往往称“仆”，比如司马迁说：“仆非敢如是也。”（《报任安书》）也就是说，我不敢如此。因为仆人也往往服驾车之役，所以驾车的人也可以称为“仆”，比如《论语·子路》：“子适卫，冉有仆。”意思是：孔子到卫国去，学生冉有替孔子赶车。

请注意：以上这些全是“仆”字的义项，另外在古代已经有一个“仆”（不是简化字）字，是向前跌倒的意思。比如《史记·项羽本纪》：“卫士仆地。”也就是说卫士倒在地上。现在还说“前仆后继”，不过这里的“仆”字读为 pū（扑），绝不能读 pǔ（璞）。

① ② ③ ④

这是“介甲之士登东城”的“介”字，是个象形字。①是甲骨文，面朝右侧站立的一个人，手臂略向前下方伸展，腿部的前后四点是护身的铁甲。②是金文，一

秦始皇陵兵马俑坑一号坑出土的陶俑的铠甲

个曲背弯腰形的人，不过其甲衣已成为前后两片了。③是小篆，形体与金文基本上相同。④是楷书的写法。

“介”字的本义就是“铠甲”，比如《礼记·曲礼上》：“介者不拜。”“介者”就是指披戴盔甲的人。再比如：“急则用介胄（zhòu 宙）之士。”（《史记·韩非子传》）“胄”是头盔。这句话的意思是：紧急之时就用穿戴盔甲的武士。在《淮南子》中说的“介虫”，是说“披甲的虫子”吗？是的。不过虫子身上的甲并非铁甲，而是指其硬壳。“介”字也可以当“个”讲，比如“一介行李”也就是一个使者的意思。由“一个”之义又可以引申为藐小、微贱，比如王勃称自己是“一介书生”（《滕王阁序》），也就是谦称自己是一个微贱的书生。

请注意：在古书中常见“介弟”一词，这个“介”字有“大”义，所谓“介弟”即旧称地位高的弟弟。所以后世人们在写信时，对别人兄弟的敬称也常用“介弟”一词。

① ② ③ ④ ⑤

这是“时光从流水”的“从”字。①是甲骨文，是两个面朝左面站立的人，一个跟随一个，这就表示是前后相从之意，可见“从”字是个会意字。②是金文，③是小篆，都是二人相从的样子。④是楷书，形体就变得繁杂化了。这是因为两人相从就有行走之意，所以在形体右上部的“从”之下加了“止”（止，即脚），又在其左加上了“彳”（表示行动）。其实“彳”与“止”加在一起就是“辵”，也就是“辶”，表示行动之意。后因“从”实在太繁，所以在实行简化字的时候便借用了古体字“从”。可见“从”并不是新造的简化字，而是古体字的借用。

汉画像砖中的人物形象（局部）

“从”字的本义是“跟随”，如《史记·晋

世家》："偃从重耳在秦。"这就是说狐偃跟随着重耳在秦国。由"跟随"之义又可引申为"顺从"，如《荀子·子道》："从道不从君，从义不从父。"这里的四个"从"字均为顺从的意思。"从"字后来又引申为"自"或"由"的意思，如《史记·项羽本纪》："从此道至吾军，不过二十里耳。"也就是说：从这条道到我们的军营，不过二十里。

"从"字旧时或读 zòng（纵），如《诗经·齐风·南山》："衡（横）从其亩。"实际上这个"从"字就是"纵"字。

在称谓中用"从"字的很多，我们应当弄明白："从女"即侄女，"从子"即侄儿，"从父"即伯父、叔父，"从母"即姨母。

① ② ③ ④

这是"春风化雨"的"化"字。甲骨文①的左边是一个面朝左侧立的人，右边是一个头朝下脚朝上的倒人，可见这是个会意字，表示颠倒了，"颠倒"就是"变化"。②是金文的形体，与甲骨文相类似。③是小篆的写法。④为楷书的形体。

《说文》："化，教行也。"所谓"教行"也就是"教化"。"化"字本义应为"变化"，如《国语·晋语》韦注："化，言转化无常也。"《庄子·逍遥游》："化而为鸟，其名为鹏。"这是说：鲲变化成鸟，它的名字就叫大鹏。而"教化"之义那是从"变化"义引申出来的，如王充《论衡·佚文》："无益于国，无补于化。"也就是说：对于国家无益，对于教化无补。

请注意：陶潜《自祭文》"余今斯化，可以无恨"，这里的"化"是什么意思呢？用上述的讲法都讲不通。其实，这里的"斯"是语助词，"化"是表示"死"的委婉说法，原意为：我现在死了，可以无恨了。

① ② ③

这是"炽炭拥炉危坐"中"危"字的初文，本为象形字。甲骨文①的形体，于省吾先生认为"本象欹器之形"。"欹器"是古代盛酒用的一种祭器，空着时就倾斜，灌入一半的水就正，灌满了水就翻覆。②是小篆的形体，变为一个弯着腰的人站在

“厂（hǎn，山崖）”上，表示“高”义。③是楷书的形体。这个字实为“危”的初文，后世均写作“危”。

《说文》：“产，仰也。”“仰”有“高”义。所以“危”字的本义为“高”，如李白《蜀道难》：“危乎高哉！蜀道之难，难于上青天。”大意是：高啊，实在高啊！蜀道难行，比上青天还要难啊。太高就有“危险”义，所以“危”可引申为“危险”，如《史记·范雎蔡泽列传》：“秦王之国危于累卵。”这是说：秦王之国危险得就像把蛋累叠起来一样。至于《史记·魏世家》中所说的“骑危”，并非“骑于危险”之处的意思，而是指骑在屋脊上，因为屋脊是屋子的最高处，所以仍用“危”字的“高”义。

请注意：古代的“危”与“险”含义不同。“危”多做形容词，表“危险”义；而“险”则表示险要之地、道路险阻等，多做名词用。

① ② ③ ④

“海内存知己，天涯若比邻。”这是王勃《送杜少府之任蜀州》诗中的两个名句，这里面的“比”字是挨着或靠近的意思。你看甲骨文①就是面朝右并站着的两个人，上部是头，中部是身子，下部弯曲者是腿，其右为向下伸展的手臂。这两个人紧紧地挨在一起，这就是“比”字的本义。金文②和小篆③都是两个人靠在一块儿的形象（面部都朝右）。④是楷书的写法，由于隶变的关系，左右的两部分根本看不出是两个人的形象了。

“比”字本义是靠近、并列或挨着。也只有互相挨得很近才有比较的可能，所以这就产生了“比较”之义。如屈原《楚辞·九章·涉江》：“与天地兮比寿。”也就是与天地比寿命。由“靠近”之义又能引申为“勾结”，如成语“朋比为奸”。由

汉画像砖上的文王受朝拜图

“比较”又能引申为“比喻”，这是古代赋诗作文的一种常用的修辞手法，如白居易《与元九书》：“讽君子小人，则引香草恶鸟为比。”这个“讽”就是指用含蓄的话说明。另外“比比”连用，一般是说“处处”之意，如《红楼梦》第二回“比比皆是”，是处处都如此的意思。但是“郡国比比地动”（《汉书·哀帝纪》），这里的“比比”却是“频频”或“屡次”的意思。

① ② ③ ④

广东方言，叫儿子也称“仔”。你看甲骨文①多形象啊！右边是一个面朝右的半蹲式的大人，左边是一个小孩（子），这就表示母亲生了一个小娃娃。金文②则变换左右位置，大人不仅是生了而且是背了一个小孩。小篆③的左边是把金文左侧的大人变成了个单人旁，右边仍然是个“子”，这是直接由金文变来的。④是楷书写法，基本上与小篆相同。

“仔”的本义是幼小的，比如广东人称物之小者叫“仔”，读音为zǎi（宰），也就是“崽”的意思。从“幼小”又引申为“细小”，这就是“仔细”之义的由来。而“仔细”则往往指“细心”或“细察”之义。白居易有“世路风波仔细谙”的诗句，这个“仔细谙（ān 庵）”就是细心地观察熟悉的意思。

后世人们也常将“仔细”写为“子细”，但现在应写为“仔细”。

① ② ③

这是“付诸东流”的“付”字，本为会意字。①是金文的形体，左边是“人”，右边是“又（手）”，是“付物予人”的意思。②是小篆的形体，类似于金文，只是将右边的“又”变为“寸”，其义不变。③是楷书的写法。

《说文》：“付，与也，从寸，持物对人。”许慎认为“付”字的本义是“给予”，如《尚书·梓材》：“皇天既付中国民越厥疆土于先王……”大意是：上帝既然把中国的臣民和疆土交给了先王……

另外，“付”字还可以做单位量词用，充当“副”字的通假字，如《元曲选·来生债一》：“另是一付肚肠。”这里的“付”，就是代量词“副”字用。

① ② ③ ④

这个“北”字是个会意字。从甲骨文①的形体可以看得很清楚，是两个人背靠背地站着，所以“北”字的本义是“背离”。金文②和小篆③都可以看出是两个人脊背相靠的样子。④是楷书的形体，好像是两个人背靠背地坐着似的。

据上所述，“北”字本义是“背离”或“相背”，所以《战国策·齐策六》“士无反北之心”中的“北”字就是“背离”的意思。古时作战，打败了仗，向后逃跑总是以背对敌,所以“北”亦有“败”的意思（“北”与“败”音亦近）,如《孙子兵法·军争》：“佯北勿从。”意思是敌人假装败回，则不能盲目追赶。所谓“败北”，也是指打败仗。

在古代典籍中，经常见到“北面”一词，是“面朝北”的意思。我们可不要拿今天的“北面”“南面”去理解。古代的“北面”有两个意思：第一是古代的学生敬师之礼。老师面朝南坐，学生则面朝北聆听老师的教诲，如《汉书·于定国传》：“北面备弟子礼。”也就是说面朝北行学生之礼。第二是指古代的君主面南而坐，臣子朝见君主时则面朝北，所以对人称臣则为“北面”。“北面于燕”，也就是称臣于燕国的意思。总之“南面”为上，“北面”为下。

① ② ③

这是“僧尼”的“尼”字，是个会意字。“尼”字在甲骨文中没有单独出现过，而是作为“泥”“秜”的偏旁出现的。①是甲骨文的形体，左边是一个面朝左的人，坐在右边这个人的脊背上，表示“欺压”之意。②是小篆的写法,与甲骨文基本相似。③为楷书的形体。

《说文》：“尼，从后近之。”许慎此说不妥。因为从甲骨文形体看，是一个人坐在另一个人的脊背上，反映了奴隶社会奴隶主对奴隶的欺压，而“近”只是“尼”字的引申义。由“近”又可以引申为“亲近”“相近”,比如《尸子》:“悦尼而来远。”大意是：喜欢亲近人，就能使远方的人到这里来。当“亲近”讲的“尼”，后世多写作“昵”，如《左传·襄公二年》：“其（句首语气词）谁昵我？”这是说：有谁来亲近我？“昵昵”就是亲昵的样子，如韩愈《听颖师弹琴》：“昵昵儿女语。”

① ② ③ ④

“企望良人归。”这个“企”字本为象形字。甲骨文①是面朝左站立的一个人，下部有“止（脚）”，并有抬起脚后跟的样子。②是《说文》的古文形体，由“止”变为“足”，并移于“人”之左。③是小篆的写法，又将“足”还原为“止”，但意义未变。④是楷书的写法。

《说文》：“企，举踵也。从人，止声。”许慎认为“企”字的本义为“踮起脚后跟”，这是对的，但说“从人止声”则不妥。因为从甲骨文看是个象形字，从小篆看也是个会意兼形声的字，而绝非纯形声字。在古籍中，则多用“企”字的本义，如《汉书·高帝纪第一上》：“日夜企而望归。”就是说：白天晚上都踮起脚后跟盼望回归。由其本义又可以引申为“盼望”，如《后汉书·袁绍传》：“企望义兵，以释国难。”由“盼望”又可以引申为“赶上”，如《中说·天地》：“不敢企常。”大意是：不敢赶上董常这个人。《太平广记·杜甫传》：“扬雄、枚皋，可企及也。”就是说：对扬雄和枚皋这两个人，是可以赶得上的。

① ② ③

这个“伏”是个会意字。你看金文①左边是一个面朝左的人，他的屁股之后有一只犬（狗），犬一口就把人给拽倒了，所以“伏”的本义就是“趴下”。小篆②由金文①演变而来，仍然是左人右犬。③是楷书的写法，同于小篆。

“左人右犬”形象，元朝图案

“伏”的本义是“趴下”，如贾谊《治安策》：“伏中行说而笞其背。”这是说：使中行说这个人趴在地上，用鞭子打他的背。从“趴下”引申为“埋伏”，如《左传·庄公十年》：“惧有伏焉。”也就是说：恐怕有伏兵。那么“雌鸡伏子”的“伏”又是什么意思呢？这个“伏”是“孵”的假借字，也就是母鸡孵卵的意思。《汉书·景帝纪》：“有罪者不伏罪。”这里的“伏”又是“服”的假借字。

在古代的书籍中常见到“伏莽”一词，这是封建统治阶级污蔑农民起义军的卑称。这个词原出于《易经·同人》：“伏戎于莽。”也就是潜伏兵戎于草莽之中的意思。

① ② ③ ④

读过《诗经》的人，大都知道“坎坎伐檀兮”的诗句，“伐檀”就是“砍伐檀树”。由此可见，“伐”有“砍”的意思，从“砍”引申为“割杀”。你看甲骨文①右边是一把长戈，左边是面朝左站着的一个人，戈的长刃正砍在人的脖子上。金文②基本上同于甲骨文的形体。小篆③也是左“人”右“戈”的结构，同样是个会意字，表示砍头的意思。④是楷书的形体，是直接由小篆变来的。

“伐”的本义是“砍”,由此可以引申为攻打、讨伐。如《书经·武成》:“武王伐殷。”因“攻打”就可能取胜，取胜则有“功”，所以“伐”字又可以当“功劳”讲,如《左传·庄公二十八年》：“且旌（jīng 精）君伐。”“旌”是“表彰”义，这就是说：将要表彰您的功劳。从“功劳”又引申为“夸耀”，如《庄子·山木》：“自伐者无功。”意思是：自夸自的人则无功。

请注意：“红娘”“月老”都是媒人的代称。可是也有人把媒人称为“伐柯人”，对不对呢？《诗经·豳风·伐柯》：“伐柯如何？匪斧不克。取妻如何？匪媒不得。”这就是说：要砍倒柯树怎么办呢？没有斧子则不成。要娶妻怎么办呢？没有媒人则不得。因此，到了后世“伐柯人”就成了媒人的代称了。

战国铜鉴上的水陆攻战图

① ② ③ ④

在《史记·秦始皇本纪》中有“风雨暴至，休于树下”的两句话。你看甲骨文①也真像一个人“休于树下”的样子〔左“树”(木）右“人”〕，所以“休”字是个会意字。金文②则把甲骨文的“人”与“树”调换了位置，成为左“人”右“树”的结构，其义不变。③是小篆的写法，与金文的形体一致。④是楷书的形体，直接由小篆发展而来。

养老图（局部），中为一老者倚树而息，四川成都市博物馆藏

“休”字的本义是“休息”。《韩非子·内储说上》：“令下而人皆疾习射，日夜不休。”可是这里的“休”字就不应解为“休息”，而实际上是“停止”的意思。原话大意是：命令下达后，士兵们都迅速地练习射箭，日夜都不停止。由“停止”，后来又引申为“禁止”或“不要”义，如杜甫《戏赠友》：“劝君休叹恨。”就是劝君不要叹恨的意思。那么成语里“休戚相关”中的“休”字又是什么意思呢？“戚”是“悲哀”义，“休”字是从“休息”的本义远引申为“高兴”的意思。“同志们休戚相关”，也就是形容同志之间的关系非常亲密，高兴与悲伤都紧紧相连。

① ② ③ ④ ⑤

芟草播种，东汉德阳画像砖

你看甲骨文①，真有点“锄禾日当午”的样子：烈日当空（头上为“日”)，很多人在弯腰劳动。这就是“众”字的初造字。金文②有了变化，三人头上的“日”变成“目”了，很像是统治者的一颗铜铃似的大眼睛在监视群众劳动。小篆③上为横“目”，下为三人。④

为楷书的繁体字，“横目”之下仍然是三个人，只是中间的“人”有一笔很长，不大像“人”了。⑤是楷书简体字，仅保留了三个“人”，所以我们现在还常说“三人为‘众’”。

“众”字的本义就是许多人。如《史记·高祖本纪》：“众莫敢为。”意思是：大家都不敢做。从“人多为众”之义，又可以引申为“多”，如《史记·五帝本纪》：“众功皆兴。”

有的人在读《礼记》时见到了“众子”一词，就解释为“众先生”，这就错了。古代所谓的“众子”，一般是指长子之外的诸子或妾所生的儿子。

① ② ③ ④ ⑤

“终见降王走传车。”这个“传”字本为形声字。甲骨文①的左边是人，表义；右边是“專（手拿纺砖形）”，表声。②是金文的写法，与甲骨文大致相同。③是小篆的写法。④是楷书繁体字的写法，都与甲骨文一脉相承。⑤是简化字。

《说文》：“傳，遽也。”所谓“遽（jù）”就是“驿车”。《左传·成公五年》：“晋侯以传召伯宗。”就是说：晋侯用快马拉的驿车召见伯宗这个人。由“驿车”的本义又可以引申为“驿舍”“客舍”，如《后汉书·陈忠传》：“缮理亭传。”这里的“亭传”就是客舍。以上的“传”字均应读作 zhuàn。“传”字还可以读作 chuán，那是“传递”“传送”的意思，如岑参《逢入京使》：“马上相逢无纸笔，凭君传语报平安。”今语还有“传达”“传神”“传情”等。

请注意：“传”与“递”在古时是有区别的。“递”是说按照顺序一个传一个的意思，如《宋史·真宗纪》：“死罪以下，递减一等。”而“传”则是前传后，上传下，并没有一个接一个的意思。

① ② ③ ④

“黍稷丰登佃家喜。”这个“佃”字读作 diàn，本为会意兼形声的字。①为金文的形体，左边是“田”，右边是“人”，表示人在田中耕作。②是石文的形体，“人”移于“田”左，其义不变。③是小篆的写法，与石文相似。④为楷书的写法。

《天工开物》中的插秧图

《说文》:“佃，中也。从人，田声。”其实，“佃”字是个会意兼形声的字，其形体分析应改为“从人从田，田亦声”。“佃”字的本义不是“中”，而是人在田中耕作，如郦道元《水经注·河水一》：“佃于石壁间。”也就是说：耕种于石壁间。由“耕种田地”可以引申为“租种田地”,如《晋书·食货志上一》：“广开水田，募贫民佃之。”由“租种田地”又可以引申为“租种田地的人”，称作“佃户”，如《新五代史·楚世家》：“押佃户送租入城。”不过，《易·系辞下》中“以佃以渔”的“佃”，那可不是“耕作”“佃户”义，而是“畋”字的通假字，当打猎讲，必须读作tián。只有表示“租种土地”和“佃户”的意义才读作 diàn。

请注意：田、佃、畋三字的词义有异有同。“田”有“田地”义，而“佃”“畋”则没有。“佃”有“租田和佃户”义，而“田”“畋”则没有。只有表示耕种和打猎的意义三字才能够通用。

① ② ③ ④

甲骨文①是地平面上站着一个人，像个“立”字。金文②也基本上同于甲骨文的形体，而且其上部更像人形。原来，“位”字在甲、金文中就是“立”字，没有单人旁，到了小篆③才加上了个单人旁，表示“人立”就是“位”。于是“位”成为名词，“立”成为动词，“位”与“立”有了明确的分工。④是“位”字的楷书写法。

“位”的本义是“位置”或“方位”，如《周礼·天官·序官》：“辨方正位。”也就是辨别方位的意思。

《孙子兵法·虚实》：“四时无常位。”大意是：一年四季不是一成不变的。后又引申为“座位”，如《左传·成公十七年》：“以戈杀驹伯、苦成叔于其位。”这就是说：用戈杀驹伯和苦成叔二人在他们的座位上。由“座位”又可引申为“官位”，如《战国策·赵策四》：“位尊而无功，奉厚而无劳。”是说官位很高，但是没有功勋；拿的薪水很多，但是未付出任何劳动。

我们读文天祥的诗，会见到“未老先位置”一句。你若把“位置”一词当作今天所说的“位置”讲，那就不好理解。这里的“位置”是“安排”或“布置”的意思。

① ② ③ ④

“本是同根生，相煎何太急。”这个“何”字本为象形字。甲骨文①就像一个面朝左的人肩扛长戈，张口喘气，迈步前进的样子。②是金文的形体，更像人扛戈之形。③是小篆的形体，讹变为“从人可声”的形声字。④是楷书的形体，与小篆一样。

《说文》：“何，儋（担）也。”这个说法很对。“何”字的本义就是“肩扛”，如《诗经·曹风·候人》：“何戈与祋（duì）。”“祋”是古代的一种兵器，长一寻（八尺）四尺。这句诗的大意是：肩上扛着戈和祋。后来“何”被假借为疑问代词，如《商君书·更法》：“前世不同教，何古之法？”所谓“何古之法”，就是说：去学习哪一个古代呢？由代词又可以引申为副词，当“多么”讲，如李白《古风五十九首·其三》：“秦王扫六合，虎视何雄哉。”这是说：秦王横扫天地四方，多么像猛虎怒视啊。正因为“何”字后世多用其假借义，那么它的本义就由“荷”字代替了，如《列子·汤问》：“遂率子孙荷担者三夫。”也就是说，于是就率领子孙中能挑担子的三个人。

战国青铜器上的纹样

当“担”“扛”讲的“荷”，必须读 hè，而不能读作 hé。“荷花”之“荷”，读作 hé，又与山东菏泽的“菏”字容易混淆，需加注意。

① ② ③ ④

“向阳门第春常在，积善人家庆有余。”这个“余”字本为象形字。①是甲骨文的形体，像树木支撑的房屋之形，与“舍”字同义。②是金文的形体，与甲骨文相似。③为小篆的写法。④为楷书的写法。

龙山文化时期的房屋

《说文》："余，语之舒也。"许慎认为"余"字的本义是语气词，不妥。"余"字的本义为"房屋"，但该字本义早已消失，后世多假借为第一人称代词，如《尔雅·释诂第一》："余，我也。"辛弃疾《菩萨蛮·书江西造口壁》："江晚正愁余，山深闻鹧鸪。"《左传·宣公十七年》："余将老。"

有人认为以"余"代"多餘"的"餘"是实行简化字以后的事，这是一种误解。在古籍中经常以"余"代"餘"，如《吴仲山碑》："父有余财。"《清平山堂话本·西湖三塔记》："这奚宣赞（人名）年方二十余岁。"可见"餘"简化为"余"是早有先例的。

请注意：在一般情况下"餘"应简化为"余"，但在"余"和"餘"意义可能混淆时应简化为"馀"，如文言句"馀年无多"。这很明白，"馀年无多"就不会被误解为"余（我）年无多"了。再者"餘"作姓用时，不能以"余"代替，如后燕的餘蔚就不能写作余蔚。

①　　②　　③

我们大都读过曹操的《短歌行》："绕树三匝（zā），何枝可依？"意思是：绕树转三周，哪条枝可以依靠呢？这"依靠"之义便是"依"字的本义。甲骨文①外部是一件大衣服，左右两边不封口处即为袖口，衣内裹着一个面朝左的"人"，表明人依靠衣服取暖和蔽体。小篆②则把衣中的"人"移到"衣"的左边了，意义完全没有变，仍然是个会意字。楷书③是由小篆直接变来的。

"依"字的本义是"依靠"，如《楚辞·七谏·怨世》："余生终无所依。"从"依靠"又能引申为"傍着"，如大家所熟知的王之涣《登鹳雀楼》诗："白日依山尽。"这是说：太阳傍着高山而落下。从"傍着"又可以引申为"依恋不舍"的意思，如《楚辞·九思·伤时》："志恋恋兮依依。"后来发展为成语"依依惜别"。但是，你若把"杨柳依依"也理解为"杨柳也依依惜别"那就不合适，因为这个"依依"是指轻柔的样子。

请注意："依"和"倚"虽然都有"依靠"义，但词义轻重有别。"依"是靠近某物，意义轻；"倚"是斜靠在某物上，意义重，如《庄子·德充符》："倚树而吟。"则只能用"倚"，而不能用"依"。

① ② ③ ④

这个字就是“陷”字的初造字“臽”。你看甲骨文①就很形象，上部是一个面朝左而臂向左下方伸展的人，下部向左右上弯的曲线是一个陷阱，这表明一个人掉进陷阱的意思。金文②是人掉进“臼”（“臼”字最初就是“阱”字的象形字），与甲骨文义同，只是在“人”的中间有一个圆圈（表示阱口），说明人就是从这个阱口掉下去的。小篆③的形体近于甲骨文。④是楷书的写法，“臼”的上部分是“人”形的变体（如“危”字的上部也是“人”形的变体）。“臽”字是个会意字，其本义就是“陷”。只是因为到了后世，已看不出人掉进陷阱的样子了，所以又在其左加上了“阝”（阜），表示一层层的，可以再爬上来。这个“陷”字从此就成了左形（阝）右声（臽）的新形声字了。“臽”字再也不用了。

请注意：“臽”字与“舀”字形、音、义均不相同。“舀”读为 yǎo（咬），其上是爪（手），其下是“臼”，也就是伸手到臼中舀东西的意思。从“舀”得声的字有“蹈”“滔”“韬”“稻”等，从“臽”得声的字有“陷”“阎”“焰”等。可见“舀”与“臽”是完全不同的两个字，万万不能混淆。

“陷溺”一词在古文中常遇见，它是“淹没”义，如《后汉书·显宗孝明帝纪》：“百姓无陷溺之患。”后又引申为“受害”之义，如《新书·铸钱》：“民方陷溺，上且弗救乎？”意思是：百姓刚受害，君王不去拯救他们吗？

① ② ③ ④

这是“尔曹岂与世杰等侪”中的“侪”字，读作 chái，本为会意兼形声的字。金文①的左边为“人”，右边为“齐”，“人齐”就有“同辈”的意思。②是小篆的形体，与金文相似。③为楷书繁体字。④为简化字。

《说文》：“侪（儕），等辈也。”这是对的。但说“侪（儕）”字为“从人齐（齊）声”则不妥，因为这个字并非单纯的形声字，而是会意兼形声的字。同辈为“侪”，如仲长统《昌言·理乱》：“或曾与我为等侪矣。”这是说：有的曾经和我是同辈。又引申为“同等”，如《左传·僖公二十三年》：“晋郑同侪。”意思是：晋国和郑国是同等的。由“同等”又引申为“共同”或“一起”，如《列子·汤问》：“长幼侪居。”这是说：长幼一起居住。男女同等，就可以引申为“婚配”，如《汉书·扬雄传第五十七上》中所说的“侪男女”，也就是指婚配男女。

① ② ③

“斐然成章，卓然出众。”这个“卓”字本为指事字。①是金文的形体，其下部为“子（人）”形，其上部为子之头顶有某种标志之形，所以“卓”有“高”义。②是小篆的形体，其下部讹变为“早”字。③是楷书的写法。

《说文》：“卓，高也。早匕为卓。”许慎认为“卓”的本义为“高”，这是对的，但又说“卓”是从早从匕却是错的。《汉书·成帝纪》颜师古注：“卓然，高远之貌也。”“高远”“高超”均为“卓”义，如王充《论衡·程材》：“文辞卓诡。”这是说：文辞高超而特异（诡）。由“高”又可以引申为“直立”，如苏辙《次韵洞山克文长老》：“无地容锥卓。”这是说：连能直立一把锥子的地方都没有。由“高”还可以引申为“远”的意思，如《汉书·霍去病传》：“卓行殊远而粮不绝。”

请注意：徐积《谢周裕之》“两卓合八尺”中的“卓”字，是“桌”字的通假字。古代以“卓”代“桌”是常见的，后世则有了明确的分工，不能互相借用。

① ② ③ ④

这是“须臾即得”的“臾”字，读作yú，原为会意字。①是甲骨文的形体，其上部为左右两只手，中间是面朝左的一个人，像两只手捉持人的头部。②是金文的形体，更像捉人之形。③是小篆的写法。④为楷书的写法。

《说文》：“束缚捽抴（zuó yè）为臾。从申从乙。”许慎认为“臾”的本义为揪、拖是对的，但对该字的形体分析不妥。“臾”字的本义早已消失，后世均用其假借义，与“须”字组成“须臾”一词，表示时间很短，如范成大《晓枕》：“陆续满城钟动，须臾后巷鸡鸣。”大意是：满城的大钟陆续地敲响，一会儿后巷的雄鸡也叫了。另外，当“臾”字读作yǔ时，那是指古代的弓名，如《周礼·考工记·弓人》：“谓之夹、臾之属。”夹、臾都是古代最弱的弓。

请注意：“臾（yú）”与“叟（sǒu）”的形体极为相似，但其音、义都不同，不能相混。

① ② ③ ④

王昌龄的《闺怨》诗中有“悔教夫婿觅封侯”一句，这当中的“侯”字的原义是什么呢？你看甲骨文①的上部和左侧是支撑起来的箭棚，上古就叫“侯”，如同今天的靶子。下部是一支箭，是表示箭射中靶子了。金文②基本上同于甲骨文的形体。小篆③反而变复杂了,最上部增加了一个面部朝左的人,表示“射侯”与人有关。④是楷书的写法，把“人”移到了左侧成了单人旁。

孔子观射图

古代有“射侯”之礼，凡是能射中“侯”的就是了不起的男子。从这里就引申出有本事的人可以称“侯”，后来又变成了官职的等级，也就是古代五等爵位的第二等，如《礼记·王制》：“王者之制禄爵，公、侯、伯、子、男，凡五等。”大意是：天子制定的俸禄和爵位，共分为公、侯、伯、子、男这五等。后来又引申为有国者通称为“侯”，正如郑玄所说的：“侯，君也。”到了唐代，士大夫之间的尊称也可以是“侯”，“侯如何如何”与“君如何如何”一样，如杜甫所说的“李侯有佳句”，也就是李君有好诗的意思。《红楼梦》里所说的“侯门公府”，是指显贵之家，无封侯之意。

至于福建省的“闽侯县”的“侯”,应读为hòu(后)而不能读hóu(猴)。还请注意：“时候”“问候”“等候”“候车”“征候”等中的“候”，中间有一小竖。又“候”字不能组成新的形声字，而由“侯”字所组成的“猴”“喉”“睺”“堠”“篌”等形声字均无当中的一小竖。

① ② ③ ④

这个“侵”字变化较大。甲骨文①左边是个“牛”（如牛头的形状，两角上弯），右边的上部是一把“帚”（笤帚），右下部是一只手，这是手持笤帚给牛扫土的意思，牛头上的三个点儿是表示扫下来的尘土，可见这是个会意字。金文②的右上部是面朝右的一个人（以“人”代“牛”），左下部是一只手持帚，给那个人扫臀部扫腿，“帚”下的左右两点儿也代表扫下来的尘土，可见金文②是以“人”代“牛”。而小篆③则把“人”移到左边去，右边是以手持帚，同样表示给人打扫尘土的意思。④是楷书的写法，右边的“手持帚”省简为“⺕”了。

“侵”字的本义是打扫。因为打扫有“渐进”的意思，所以“侵”字就有“渐进”之义，如“侵晨”就是渐近早晨。《三国志·吴书·吕蒙传》：“侵晨进攻。”也就是说：天蒙蒙亮就进攻。“侵略”也像扫地一样，一步一步向前扩展，所以“侵”又有“侵犯”之义，如《三国志·蜀书·诸葛亮传》：“强不侵弱。”另外，《穀梁传·襄公二十四年》：“五谷不升，谓之大侵。”这个“侵”字什么意思呢？可千万别当“侵犯”讲，这里的“侵”字是由“侵吞”之义引申出来的，当“荒年”讲。原话是说：五谷长得不好，就叫作“大荒年”。《汉书·田蚡传》：“田蚡（fén 坟）貌侵。”这个“侵”是“寝”的假借字，是“相貌丑陋”意，原意是说：田蚡这个人相貌很丑。

①　②　③　④

这是“四时保平安”的“保”字。这个字很有意思。你看甲骨文①是面朝左的一个大人，其手臂特别长，在其背后搂抱着一个婴儿（子），关心备至，细心照料。金文②也同于甲骨文的形体，而且更像背孩子之形。小篆③则发生了较大的变化，这个“大人”变成了左边的“单人旁”，“子”的下边又加了左右两点，似乎是把小孩的腿包起来的意思。楷书④是保留了小篆的笔画，只是将曲笔变为直笔而已。

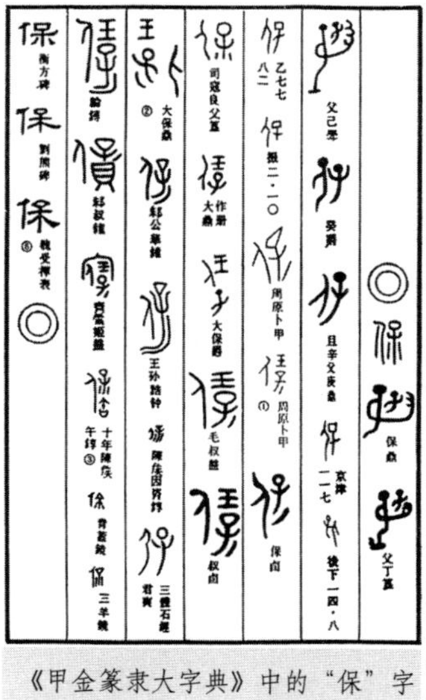

《甲金篆隶大字典》中的“保”字

“保”字的本义就是“抚养”，如《尚书·康诰》中有“保赤子”的话，通俗地说就是“抚养好初生的婴儿”。从“抚养”又能引申为“保护”，如《左传·昭公八年》：“民力彫尽……莫保其性。”大意是：民力竭尽了……没有什么办法能保住他们的性命。

《庄子·盗跖》中有：“大国守城，小国入保。”这个“保”字是什么意思呢？其实这个“保”字正是后世的“堡”字。筑“堡”就是为保卫，只是在“保”字之下增加了一个“土”字表示“堡”是用土建成的。这是一个后起的上声（保）下形（土）的形声字。自从“堡”字产生以后，二字有了明确的分工，再不用“保”字代“堡”了。

①　　②　　③

这是“秋高气爽”的“爽”字，本为会意字。①是金文的形体，中间是“人”形，两腋下似有相同的器物。②是小篆的形体，与金文的形体相似。③是楷书的写法。

《说文》：“爽，明也。”这是对的。“爽”字的本义为“明亮”“光明”，如《尚书·牧誓》中的“时甲子昧爽”，陆德明的释文：“爽，明也。”李白《酬裴侍御对雨感时见赠》：“风严清江爽。”意思为风刮得很紧，清江格外明亮。又能引申为“畅快”，如苏鹗《杜阳杂编》卷中：“龙膏酒，黑如纯漆，饮之令人神爽。”由“明”又可以引申为“开朗”，如《晋书·桓温传》：“温豪爽有风概。”大意是：桓温的性格开朗而又有风度、气概。

①　　②　　③

“世胄蹑高位，英俊沈下僚。”这个“僚”字本为“寮”，《说文》中写作“寮”。①是甲骨文的形体，像在室内燃柴之形，可见这是个会意字。②是小篆的形体，以“僚”代“寮”。③是楷书的写法。

《说文》：“僚，好貌。从人尞声。”其实，当“好貌”讲的本有“嫽”字。“僚”字的本义是指人的官职，典籍中常将“寮”代“僚”，如《诗经·大雅·板》：“我虽异事，及尔同寮。”大意是：我们虽然做不同的事，但我和你们都是相同的官职。在一起做官的人称为“同僚”“僚友”。春秋时对奴隶的一个等级也称“僚”，如《左传·昭公七年》：“隶臣僚，僚臣仆。”意思是：隶役使僚，僚役使仆。至于《诗经·陈风·月出》“佼人僚兮”中的“僚”字，那是“嫽”字的通假字。这句诗的大意是：佼人（美人）的仪容真漂亮啊！

请注意：从魏晋以后对分布在四川、陕西、云南、湖南、广东、广西等省、自治区的部分少数民族，也泛称为“僚”，不过这个“僚”必须读作 lǎo。另外，不能简化成“仃”。

① ② ③ ④

“床前明月光，疑是地上霜。”这个“疑”字本为象形字。甲骨文①是正面站着的一个人，面部转向左，张开嘴巴，像左顾右盼的样子，这就是“疑”的初造字。金文②变得复杂化了，左上部增加了“牛”，郭沫若先生认为是声符；下部为“辵”，表示行动义。③是小篆的形体，由金文演变而来。④是楷书的写法。

《说文》：“疑，惑也。”这是对的。可是“从子止匕，矢声”则不可信，因为这仅仅是依据小篆分析，再说许慎也并未讲明“疑”字的各部分在该字中的含义。

“疑”字的本义是“疑惑”“怀疑”，如《三国志·吴书·吴主传》：“无所复疑，宜为之备。”由此又可以引申为“犹豫不决”，如《商君书·更法》：“疑行无成，疑事无功。”这是说：行动犹豫则办不成事，办事犹豫则无功效。贾谊在他的《论积贮疏》中说：“远方之能疑者，并举而争起矣。”这是说：远方那些能与皇帝相比拟的人，都会一齐起来的。可见这里的“疑”字是“擬（拟）”字的假借字，应读作 nǐ。

儿 部

① ② ③ ④ ⑤

木兰要出征时说：“阿爷无大儿。”（《木兰诗》）这个“儿”字，从甲骨文①中我们可以看出，是一个面朝左站着的大头娃娃，头顶的中间是开口的。许慎说，这是“头囟（xìn 信）未合”。也就是婴儿脑囟骨还没有长在一起的意思。在大头之下，向左下方伸展的一笔是婴儿的手臂，右边弯曲的一笔代表婴儿的身子和腿。金文②的形体也基本上同于甲骨文，不过不太像人形了。小篆③的上部是个大圆头，不过下部不太像臂与腿了。④是由小篆而变来的楷书形体，从曲笔变为直笔。⑤是简化字，为了书写方便，把婴儿的“头”去掉了。

元稹《莺莺传》：“玉环一枚，是儿婴年所弄。”既然莺莺是女孩子，为什么在父母面前也自称“儿”呢？是的，古代是有这种习惯。现在有的女士给父母写信，也用“儿”自称，显得亲而且雅。

你在读《诗经》时，会见到“黄发儿齿”一句。“黄发”是指老人，这个“儿齿”不能理解为“小孩的牙齿”，那是指老人齿落后而再生的细齿（这种情况很少见）。

① ② ③ ④

这个“兀（wù 勿）”字是个象形字。甲骨文①是面朝左而侧立的一个人，其头是平顶的。金文②也同样是面朝左侧立的人形，头部逼真。③是小篆的形体。④是楷书的写法。

“兀”字的本义是“人”，在上古与“元”是同一个字，后来引申为高而上平的秃山，如杜牧《阿房宫赋》：“蜀山兀，阿房出。”这里的“兀”字就是山秃的样子。这两句话的意思是：蜀山上的树木被砍伐光了，阿房宫也就建造成了。可是“彻卷兀若无”（柳宗元《读书》）中的“兀”字就不是山秃的意思，那是形容茫然无知的样子，意思是：读完了一卷就好像什么也没有得到似的。山秃为“兀”，就是山上没有东西，所以“兀”字表示“无知”之义也是从“山秃”之义引申出来的。有人把杜甫《入衡州》诗“兀者安堵墙”中的“兀者”理解为“秃头之人”是不对的，其实这里的“兀者”是指砍去了一只脚的人。

请注意，在古戏曲中常有“兀的”一词，比如：“兀的不气杀我也！”（《赵氏孤儿》）这个“兀的”是表示反诘语气的虚词，这句话的意思是：这岂不气死我了！

① ② ③ ④ ⑤

这是“未垂矜允”的“允”字，本为象形字。①是甲骨文的形体，商承祚先生认为：“象人回顾形，殆言行相顾之意。”也就是说像一个人回头看的样子。②是金文的形体。③是石鼓文的写法。④是小篆的形体。⑤为楷书的写法。

《说文》：“允，信也。”这是说“允”字本义为“诚信”“诚实”，比如《诗经·小雅·车攻》：“允矣君子。”大意是：诚实啊君子。由“诚信”又可以引申为“得当”“公平”，如《后汉书·虞诩传》：“案法平允。”这是说：处理案子很公平。由“得当”又可以引申为“适当”“适宜”，如《左传·僖公二十八年》：“允当则归。”这里的“允当”就是“适宜”的意思。嵇康《释私论》：“体清神正，而是非允当。”这里的“允当”就当“得当”讲。至于“允”字当“允许”“允诺”讲，那是远引申义，现在多用。

① ② ③ ④

这是“元首”的“元”字。甲骨文①的下部是一个面朝左而侧立的人，最上部的一横是表示头部所在。金文②和小篆③也都是这个意思。④是楷书的写法。

“元”字的本义就是“头”，如：“狄人归其元。”（《左传·僖公三十三年》）也就是说：狄人送还了他（先轸）的头。由“头”义又可以引申为人们的首领称“元首”，比如：“元首明哉。”（《书经·益稷》）也就是说：君主英明啊。“元”字由“人头”义又可以引申为事情的开头，即为开始或第一，比如：“元年者何，君之始年也。”大意是：“元年”是什么意思呢？是君之开国第一年。

“元元”一词在古籍中常见。如《史记·孝文本纪》：“以全天下元元之民。”这个“元元之民”就是“善良之民”的意思。但“元元愁恨”（《后汉书·光武帝纪》）中的“元元”，若理解为“善良的”那就不对了，这里的“元元”是指老百姓。

有人问，为什么在清代的康熙之时，“玄色”被称为“元色”，“玄妙”改为“元妙”？这是因为康熙皇帝叫玄烨，为避皇帝之讳，所以只好把“玄”字改为“元”字（玄、元二字读音相近）。

① ② ③ ④

“木兰无长兄。”这个“兄”字是个象形字。甲骨文①是面朝左跪着的一个人，其上部是“口”，是张口祷告之意，所以“兄”字本为“祝”字的初文。②是金文的形体，与甲骨文相似。③是小篆的写法。④为楷书形体。

《说文》：“兄，长也。”据甲骨文分析，“兄”字的本义为“祝”（“兄”上从口下从人）。而“兄长”只是“兄”字的假借义。当“祝”字产生以后，“兄”字就专做“兄长”用了，如《管子·心术》：“亲如弟兄。”“兄”字的“兄长”义又可以引申为“朋友”义，如柳宗元《与萧翰林俛书》：“兄知之，勿为他人言也。”后世在写信时也常用“兄”作为尊称，如学兄、仁兄等。

“兄”字可由实词借为虚词用，其用法有二：一、读为 kuàng（况），副词，表“更加”义，如《墨子·非攻下》：“王兄自纵也。”这是说：王自己更加放纵了。二、读为 kuàng（况），连词，表“况且”意，如《管子·大匡》：“兄与我齐国之政也。”这里的“兄（况）”，表示更进一层的意思。

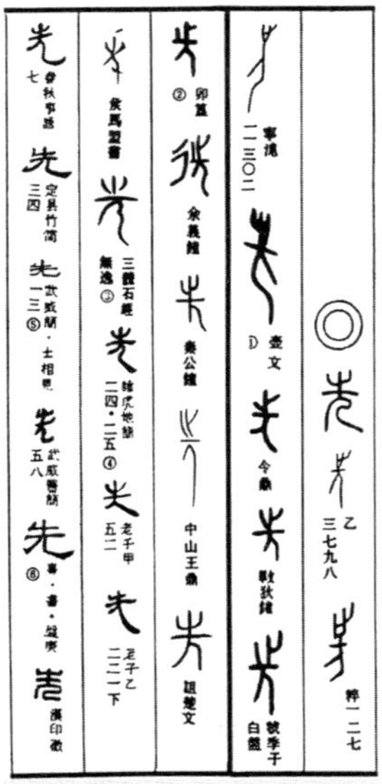

《甲金篆隶大字典》中的“先”字

① ② ③ ④

这是“沙场征战，身先士卒”的“先”字。这个字是个会意字。你看甲骨文①下部是一个面朝左的人，人头上长了一只大脚，这就表示走在人的前头的意思。“走在人的前头”，当然就是“先”了。金文②的形体也同于甲骨文，只是脚形等粗黑了一些。小篆③上部看不出人脚的样子了，下部也变得不像人形了。④为楷书的形体，变得走样了，完全没有“上脚下人”的模样了。

“先”的本义就是走在前面，如屈原《九歌·国殇》:“矢交坠兮士争先。”意思是：彼此对射时，流矢交坠，战士争先冲杀。其后又引申为时间的先后，如《史记·高祖本纪》:“先入定关中者王之。”大意是：先进入并平定关中的人称王。这个“先”字实为时间副词。

① ② ③ ④

这是“葡萄美酒夜光杯”的“光”字。“光”是什么形象呢？你看甲骨文①的下部是面朝右跪着的一个人，人头上有一把大火在照耀。火给人类带来了光明，使人类迈入了文明时代。金文②则把人头上的“火”简化了一点，其下部仍能看出弯腰屈膝的一个人。到了小篆③，其上部的“火”还有火苗上冒之形，可是其下部的人已不像了。楷书④则根本看不出“人”与“火”的模样了。

《甲金篆隶大字典》中的“光”字

“光”字本义就是光明、光亮，如《孟子·尽心上》:“日月有明，容光必照焉。”由“光亮”又引申为光彩、光荣，如《荀子·不苟》:“言己之光美。”意思是说自己的光彩。又可引申为发扬光大之意，如诸葛亮《出师表》:“以光先帝遗德。”也就是说：以发扬光大先帝所留下来的德。

时代不同，词义也往往各有差异。比如“光棍”一词，我们今天称尚未娶妻子的人为“光棍”，但在古代却多指地痞、流氓，比如《牡丹亭·闹宴》：“叫中军官暂时拿下那光棍。”这里的“光棍”就是指流氓。

① ② ③ ④ ⑤

《三才图会》中的尧画像

“小臣持献寿，长此戴尧天。”这个“尧”字本为会意字。甲骨文①的上部是两堆土，下部是面朝左的一个人，“土”本身就有“高”义，再架于人之上更有“高”义。②是《说文》中的古文形体，是两个“人”的头上均有“土”。③是小篆的形体，人的头上有三堆土，极为复杂。④是楷书繁体字。⑤为简化字。

《说文》：“尧（堯），高也。”“尧”字的本义为“高”，人中之最高明者为“尧”，所以传说中父系氏族社会后期部落联盟的领袖，史称“唐尧”，也是古代传说中最贤明的帝王。杜甫《诸将五首》：“蓟门何处尽尧封。”这里的“尧封”就是指中国的疆域。据说尧、舜时开始划定我国疆土为十二州，所以后世也常常把“尧封”当成中国的代称。

总之，古代人民对尧极为崇拜，所以古籍中的“尧天”“尧年”等词，都用来比喻理想中的太平岁月、升平盛世。

① ② ③ ④

“靡不有初，鲜克有终。”这个“克”字本为象形字。甲骨文①的上部像人头上戴的胄（头盔），下部是一个面朝左而弯着腰的人。②是金文的形体，与甲骨文相似。③是小篆的写法。④为楷书的写法。

《说文》：“克，肩也，象屋下刻木之形。”此说不妥。许慎是仅就小篆的形体而

武士像，汉画像砖

加以臆测。其实，“克”字的本义应为“胜”，表示头戴胄的武士能够取胜之意，如诸葛亮《草庐对》：“操遂能克绍。”这是说：曹操终于战胜了袁绍。由“战胜”引申为“能够”，如《尔雅·释言》：“克，能也。”柳宗元《〈贞符〉序》：“不克备究。”意思是：不能够完备地探究。后又可以引申为“克制”，如《后汉书·祭遵传》：“克己奉公。”《论语·颜渊》：“克己复礼为仁。”

后世“克”字被假借为公制中计量质量和重量的一种单位，如一公斤等于一千克，一市斤等于五百克。

① ② ③ ④ ⑤

“五月五日，龙舟竞渡。”这个“竞”字本为会意字。①是甲骨文的形体，像两个人头部皆有刑刀之形，有“竞强”之意。②是金文的形体，二人的上部皆讹变为“言”。③是小篆的形体，与金文极相似。④是楷书繁体字。⑤为简化字。

《说文》：“竞（競），强语也，一曰逐也。”殆非本义。“竞”字的本义应为“强”，如《诗经·周颂·执竞》：“执竞武王。”大意是：能慑服强敌的是周武王。由“强”可以引申“争逐”，如《商君书·错法》：“功赏明，则民竞于功。”互相争胜就可以称为“竞争”，如《庄子·齐物论》：“有竞有争。”对“竞争”一词，郭象解释得明白：“并逐曰竞，对辩曰争。”

请注意：旧时常称作诗押险韵为“竞病”，为什么呢？据《南史·曹景宗传》记载，南朝曹景宗大败魏兵而还，武帝高兴地设宴庆贺，宴饮时联句赋诗。轮到景宗时，韵已用尽，只剩下“竞”与“病”二字。景宗泰然即赋：“去时儿女悲，归来笳鼓竞。借问行路人，何如霍去病。”武帝赞叹不已。因此，后世就将“竞病”一词作为赋诗押险韵的典故了。

①　②　③　④

奏乐图，汉画像砖

“神农竟不知。”这个“竟”字本为会意字。①是甲骨文的形体，上部的“言”（上古“言”与“音”同字）为乐器之形，下部是“人”，表示人奏乐。②是古玺文的形体，上部为“音”，下部仍为“人”，其义未变。③是小篆的写法。④为楷书的写法。

《说文》：“竟，乐曲尽为竟。从音从人。”许说实为引申义。“竟”字本义为“奏乐”，后引申为“乐曲尽”义，由此又可以引申为“完结”“终了”，如《晋书·谢安传》：“看书既竟。”这是说：看书已经完毕。曹操《龟虽寿》：“神龟虽寿，犹有竟时。”由“终了”又可以引申为“终究”“究竟”，如刘禹锡《天论上》：“道竟何为邪？”这是说：“道”这个东西究竟有什么用处呢？由此又可以引申为“最终”，如《史记·屈原贾生列传》：“竟死于秦而归葬。”

边界为国境的终了，所以当“境”字未产生以前，“竟”作“境”用，如《左传·宣公二年》：“亡不越竟，反不讨贼，非子而谁？”这是说：逃走而又不逃出国境，回来而又不讨贼，不是你又是谁呢？《商君书·徕民》：“竟内不失须臾之时。”这是说：国境以内不误一点农时。这个意义后世均写作“境”。

几　部

①　②　③

这是“怎耐几番风寒”中的“几”字，读作 jǐ，繁体为“幾”，简化为“几”，是个象形字。①是小篆的形体，像短而小的桌形，可以坐、卧、靠或放置东西，一器多用。②是竹简文的形体。③是楷书的形体，与小篆相似。

战国漆木几

《说文》："几，踞几也。象形。"许说正确。据《周礼·春官》记载，上古有"五几：玉几、雕几、彤几、漆几、素几。"《孟子·公孙丑》："隐几而卧。"即伏在几上睡觉。今北方仍有炕几、桌几的用具。

在古代典籍中常见"几杖"一词，那是指几案和手杖，主要是供老年人平时靠身和走路时扶持之用，所以古以赐几杖为敬老之礼，如《史记·孝文本纪》："吴王诈病不朝，就赐几杖。"

另外，"几"字还能读作 jǐ。"几几"为"弯曲"义，如《诗经·豳风·狼跋》："公孙硕肤，赤舄（xì，以金为饰的鞋）几几。"大意是：公子王孙体肥胖，红鞋弯弯真漂亮。

"几"与"幾"本为含义不同的两个字。"幾"为"细微""庶幾"等义，多做疑问词，用来询问数目，如《孟子·离娄》："子来幾日矣？"现在"幾"借"几"做简化字，应读为 jǐ。

"几"是个部首字。在汉字中，有些字的结构中含有"几"的部分而又难以归部，就归入"几"部了。如《康熙字典》中的"凡、凯、凭"等字，《新华字典》中的"风、凤、夙、凫"等字。

八 部

① ② ③ ④

这个"八"字虽很简单，但它仍是个会意字。甲骨文①和金文②都是表示一个东西被分成两半的样子，所以"八"就是"分"的意思。小篆③好像两个"人"背靠背的样子，所以也有"分别"之义。④是楷书的形体。

"八"当"分"讲的本义后来完全消失了。当数字用的"八"那是同音假借的问题，在词义上没有任何联系。

在《礼记·郊特牲》中有"八蜡"一词。所谓八蜡，是古代奴隶主贵族在腊月祭神的名称。请注意："八蜡"的"蜡"字应当读为 zhà（诈），这是个特殊读音。

"八"字是个部首字。在汉字中凡由"八"字所组成的字大都与"分"有关，如"小""分""半"等字。

① ② ③ ④

这个“小”字也是个会意字。甲骨文①的当中是一块细长之物，其两侧是一个“八”字，就是分的意思。一物分为二物，当然就比原物小了。②是金文的形体，其义仍同于甲骨文。小篆③是由甲骨文变来的，其“分”义更为明显。④是楷书的写法。

“小”的本义与“大”相反。这个词义极易理解，但是在古书中由“小”字所组成的词我们可要认真对待，稍不注意就会搞错。比如“小年”一词，一般是指“幼年”。至于“蟪蛄不知春秋，此小年也”(《庄子·逍遥游》)，这里面的“小年”若解为“幼年”，那就错了，应当解为“寿命短促”。原话的意思是：蟪蛄连春秋都不知道，因为它的寿命太短促了。

① ② ③ ④

这个“分”字也是个会意字。甲骨文①的外面是个“八”字，当中是一把“刀”，“以刀判物谓之‘分’”，也就是说：用刀把一个东西割开就叫作“分”。②是金文的形体，中间的刀形更为形象。③是小篆的形体，与甲、金文字完全一致。④是楷书的写法。

“分”字的本义是“分开”，如：“分天下以为三十六郡。”(《史记·秦始皇本纪》）至于“四体不勤，五谷不分”（《论语·微子》）中的“分”字应解释为“分辨”，是从本义引申出来的。从“分开”之义又可以引申为“一半”的意思，如《列子·周穆王》：“人生百年，昼夜各分。”也就是说：人活一百岁，白天与晚上各占一半。

请注意：“各守其分，不得相亲”(《淮南子·本经训》) 中的“分”字当“名分”或“职分”讲。这里的“分”字你若读为 fēn（芬）就不对了，这里必须读 fèn（奋）。再比如《汉书·苏武传》：“自分已死久矣。”这里的“分”字当“料想”讲，必须读 fèn（奋）。当“格外”讲的“分”字也应读作 fèn（奋），如“月到中秋分外明”“粗茶淡饭分外香”，这两句话中的“分”都必须读作 fèn（奋），是“格外”或“特别”之义。

汉刀笔，选自周纬《中国兵器史稿》

① ② ③ ④

这是“雨我公田”的“公”字，很可能是一个象形字。关于“公”字的本义，众说纷纭。①是甲骨文的形体，据朱芳圃先生说，“公”字本为“瓮”字的初文，也就是一个大口瓮的形象，上有瓮盖。②是金文的形体，将其下部的方口变为圆口。③是小篆的写法。④是楷书的形体，从“八”从“厶”。

《说文》：“公，平分也。”恐非本义。“公”可能原为“瓮”形，后来因为被假借为“公私”“公平”等，所以只好在“公”下又增加一个“瓦”字作为义符，这就新产生了一个“瓮”字，从此以后，“公”与“瓮”便有了明确的分工。

《韩非子·五蠹》：“自环者谓之‘私’，背私谓之‘公’。”此说实为许慎所本。“公”与“私”相对，如《商君书·农战》：“先实公仓，收余以食亲。”大意是：先要装满公家的粮仓，余下的粮食再用来供养父母。由“公家”又能引申为“公正”，如《盐铁论·非鞅》：“邪臣擅断，公道不行。”也就是说：奸臣们独断专行，公正的道理就无法实现。由“公正”又能引申为“公开”“公然”等。

① ② ③ ④

“夜来风雨声，花落知多少。”这个“少”字本为指事字。上古“少”与“小”通用。①是甲骨文，仅四个小点，表示不多。②是金文的形体，是在“小”字的基础上再加上一撇（指事符号），仍表示不多。这一撇是撇向右，在甲、金文字中左右反正往往无别。③是小篆的形体。④为楷书的写法。

《说文》：“少，不多也。”这个“不多”正是“少”字的本义，如《孙子兵法·谋攻》：“敌则能战之，少则能逃之。”大意是：敌我兵力相当，就能打败它；我们兵力少，就要避开它。由“不多”义可以引申为“稍微”，如《战国策·赵策四》：“太后之色少解。”也就是说：太后的怒色稍微和缓了一些。

请注意：“少”字是个多音多义词，当读 shào（哨）时，一般是指“少年”“青年”，如孙过庭《书谱》：“老不如少。”即老年不如少年的意思。至于《史记·扁鹊仓公列传》中所说的“少腹痛”，那是指“小肚子痛”。可见“少”可做“小”的通假字，在“大小”的意义上，“少”可代“小”而用。

① ② ③ ④

“不稼不穑，胡取禾三百囷兮？”这个“兮”字本为指事字。①是甲骨文，横线之上的两点是指事符号，表示说话时声音自口中发出。②是金文的形体，与甲骨文相似。③是小篆的写法。④为楷书的形体。

《说文》：“兮，语所稽也。”“稽”本为“停留”的意思，这里是指声音延续义。“兮”字是语气词，古代多用于诗赋的句中或句尾，和现代汉语的“啊”“呀”相仿，如刘邦《大风歌》：“大风起兮云飞扬。”这是用在句中的。《诗经·卫风·硕人》：“巧笑倩兮，美目盼兮。”（倩：笑靥美好貌。盼：转目时黑白分明。）这是用在句尾的。不管在句中还是在句尾，均可以译作“啊”或“呀”。

① ② ③

白居易的《卖炭翁》：“半匹红纱一丈绫，系向牛头充炭直。”这里面的“半”字也是个会意字。金文①的上部是个“八”字，是“分”的意思；下部是个“牛”字，把一头牛分成两部分就是“半”字的本义。小篆②的形体，也基本上同于金文。③是楷书的写法，变走样了，上部的“八”变成了两点，下部的“牛”变成了两横一竖。

“半”字的本义就是二分之一，如半尺布、半文钱、半壁江山等等。由“二分之一”又可以引申为“大块”的意思，如《汉书·李陵传》：“令军士人持二升糒（bèi备）、一半冰。”这句话的大意是：命令战士每人拿着二升干饭（“糒”）、一大块冰。值得注意的是，这里的“半”字若读作bàn（办）那就不对了，应读作pàn（盼）。可见“半”字也是个多音多义词。

入 部

① ② ③ ④

“莲子心中苦，梨儿腹内酸。”这个“内”字本为会意字。①是甲骨文的形体，上为“屋”，下为“人”，入屋为“内”。②是金文的形体，与甲骨文相似。③是小篆的形体。④为楷书写法。

《说文》：“内，入也。”桂馥认为：“凡自外入为内，所入之处亦为内。”入内即为“纳”，所以“内”字的本义为“纳”，读作 nà，如《史记·秦始皇本纪》：“百姓内粟千石，拜爵一级。”这是说：老百姓若能交纳一千石粮食，就升官一级。

“内”由本义“纳”可以引申为“里面”，表方位，与“外”相对，读作 nèi。如《广雅·释言》：“内，里也。”《仪礼·士昏礼》：“主妇阖扉（关门），立于其内。”由“里面”可以引申为“内室”，如《汉书·晁错传》：“家有一堂二内。”这里的“二内”，就是指两个内室。因为妻、妾多居内室，所以“内”字有时也指“妻”“妾”，如《西游记》第六十回：“江湖中说你是条好汉，你原来是个惧内的庸夫！”由“妻”“妾”义又可以引申为“女色”，如《左传·僖公十七年》：“齐侯好内。”这是说：齐侯贪于女色。

心在胸内，所以有时“内”也指“内心”，如白居易《六年春赠分司东都诸公》：“我为同州牧，内愧无才术。”“内愧”，正如今之言“内疚”。

又 部

① ② ③ ④

这个“柳暗花明又一村”的“又”字本是个象形字。甲骨文①就像一只右手：向左上方和左下方伸展的笔画表示手指头，向右下方伸展的一长笔表示手臂。金文②就更像一只右手了，粗大的手指头（仅三个）向左上方伸展。小篆③也是三个指头向左的一只右手。④是楷书的形体，倒是与甲骨文的形体极为相似。

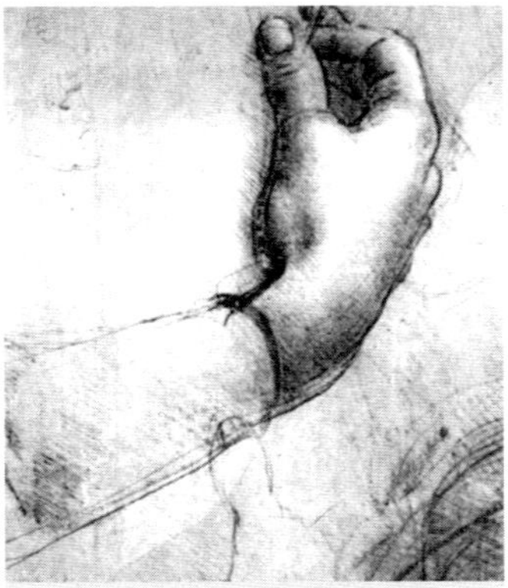

手形（局部），达·芬奇作

“又”字的本义就是“右手”。可是当有了“左右”的“右”字以后，这个“又”字就当“更”“再”讲了，表示重复或继续。比如：“野火烧不尽，春风吹又生。”（白居易《赋得古原草送别》）“又”字还可以引申为表示更进一层的意思，如《三国演义》第七回：“吾乃袁氏之故吏，才能又不如本初。”大意是：（韩馥说）我是袁氏的旧臣，才能又不如本初。由“更进一层”的意思又引申为表示整数之外再加零数的意思，如“一又二分之一”。“又”字之前的数是整数，“又”字之后的数是零数。

请注意：在《诗经》中的“又”字常常做“有”字的假借字用，如《诗经·周颂·臣工》：“亦又何求？”这里的“又”字就代替了“有”字。

“又”字是个部首字。在汉字中，凡由“又”字所组成的字大都与“手”有关，如“及”“双”“父”“友”“右”“刍”“皮”“史”“争”“受”等字。

① ② ③ ④

这是“及春当耕耘”的“及”字。这个字是个会意字，观其结构，颇为醒目。甲骨文①的左上方是一个面朝左的弯着腰的“人”，右下方是一只右手，意思是手捉住了一个人。金文②的中间也是一个面朝左而弯腰的“人”，背后伸过来一只右手捉住了腿，而且手指超过了腿。小篆③的上部也是一个面朝左的“人”，腰部弯到九十度，手臂向下伸得特别长，右下部是一只右手，好像人的脚就站在这只右手上似的。④是楷书的形体，是由小篆直接变来的。

“及”字的形体表示手捉住了一个人。之所以能够捉住，是因为追上或赶上了。因此“及”字的本义就是“追上”或“赶上”，如《左传·成公二年》：“不能推车而及。”意思是：不能下去推车，所以就被敌人追上了。由“追上”又能引申为“到”或“至”，如：“宾入及庭。”（《仪礼·礼燕》）也就是说宾客进来走到庭前。由“到”又能引申为“比得上”，如在李白的《赠汪伦》诗中有这样两句：“桃花潭水深千尺，不及汪伦送我情。”这里面的“不及”就是“比不上”的意思。

以上的“及”字都是当动词用。由动词又能发展为连词，如《诗经·豳风·七月》：“七月亨葵及菽。”“亨”就是“烹”，“葵”是一种水菜，“菽”是豆子。这句诗的意思是：七月就要烹煮葵菜和豆子。这里的“及”字就当连词“和”“与”讲。

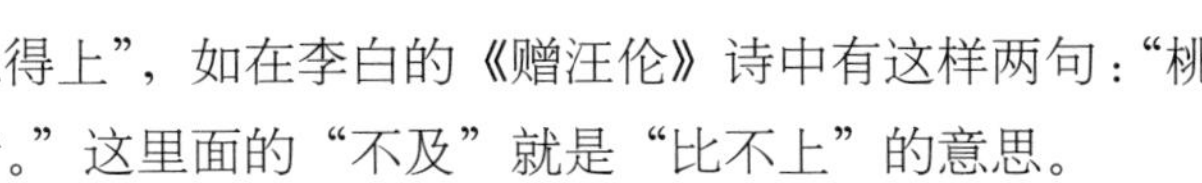

① ② ③ ④

这个“友人万里情”的“友”字是个会意字。甲骨文①是两只右手靠在一起，这就像现在的旧友重逢，二人都伸出右手，紧紧相握，表示友谊。金文②是两只粗壮的右手。③是小篆的形体，两只右手一上一下。可是到了楷书④，把小篆上部的一只右手变成了一只左手，这样书写方便，形体美观。

“友”字的本义就是“朋友”，如《荀子·性恶》：“择良友而友之。”这句话中的两个“友”字词性是不同的：前一个“友”字是名词，当“朋友”讲；后一个“友”字是动词，当“友好”讲。也就是说，要选择好的朋友和他友好。凡“友好”，大都互相亲近，因此，“友”字从“友好”之义又可以引申为“相亲近”，如：“瓒深与先主相友。”（《三国志·蜀书·先主传》）这里的“相友”也就是相亲近的意思。

在古书中常见“友于”一词，如《书经·君陈》：“惟孝友于兄弟。”这是指“兄弟相爱”的意思。另外，陶潜诗：“再喜见友于。”若把这句诗中的“友于”理解为“兄弟相爱”那就错了。这里的“友于”是“兄弟”的代称，当然也是从“兄弟相爱”之义引申出来的。所谓“再喜见友于”，也就是说：更为高兴的是又见到兄弟们。

在上古，“朋”和“友”的含义是有区别的：“同门曰朋”，即师从同一个老师的人称为“朋”；“同志曰友”，也就是说“志同道合之人”称为“友”。

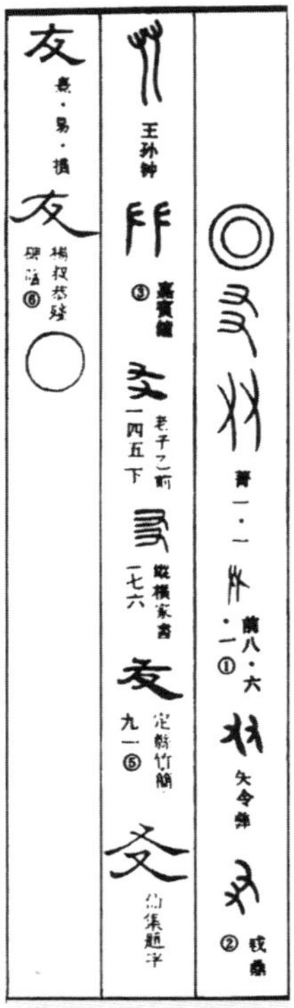

《甲金篆隶大字典》中的“友”字

① ② ③ ④

这是“比翼双飞”之“双”的繁体字“雙”。金文①的上部是嘴巴朝左的一对鸟（隹），其下是一只右手，可见这是一个会意字，是一只手捉住了两只鸟的意思，这就叫作“双”。②是小篆的形体，基本上同于金文。③是楷书的写法，与小篆的结构完全一致。④是简化字。

民间剪纸：对鸟

“双”字的本义就是“一对”，如“白璧一双”，就是“白璧一对”的意思。由

“一对”之义也可以引申为“偶”的意思，与“单”或“只”相对，如：“唐朝故事，只日视事，双日不坐。”（《宋史·礼志》）这几句话的大意是：过去唐朝的典章制度，单日坐堂办公，双日则不坐堂。凡“偶”就有比较的可能，所以“双”字又可以引申为“比较”或“匹敌”之义，如“其象无双”（宋玉《神女赋》）。也就是说：其相貌无人能与她匹敌（相比）。

① ② ③ ④

“聪明反被聪明误。”这个“反”字本为会意字。①是甲骨文的形体，左边为“厂（厓）”，右边为“又（手）”，表示用手攀援山厓而上之意。②是金文的形体，与甲骨文相似。③是小篆的写法。④为楷书的形体。

《说文》：“反，覆也。”其实，“覆”并不是“反”字的本义，而是引申义。“反”字的本义是“攀”，在经传中常写作“扳”，比如《礼记·丧大记》注中的“攀援”就写作“扳（反）援”。可见，“反”就是“扳”字的古文，是“援引”“攀登”之意。由“攀登”可以引申为“翻转”，如《荀子·非相》：“定楚国，如反手尔（耳）。”由“翻转”可以引申为“相反”，与“正”相对，如《庄子·秋水》：“知东西之相反。”至于“春往冬反”（《韩非子·说林上》）中的“反”却非“相反”义，而是“返回”义，在这个意义上，后世均写作“返”。

请注意，《荀子·儒效》中有这样一句话：“积反货而为商贾。”所谓“商贾”就是商人，“反货”就是“贩货”，可见“反”字可做“贩”字的通假字，所以这里的“反”必须读作 fàn，而不能读为 fǎn。

① ② ③

“支”是个会意字。①是《说文》中古文的形体，像手持竹枝或树枝之形。②是小篆的形体。③是楷书的写法。

《说文》：“支，去竹之枝也。从手持半竹。”张舜徽先生认为，所谓“去竹之枝”，就是“去其旁小枝条而后可用”。所谓“手持半竹”，就是手（又）拿小篆“竹”字的一半之形，即一条竹枝。可见“支”字实为“枝”字的初文，如《诗经·卫风·芄兰》:“芄兰（一种蔓生植物）之支。”这句诗中的“支”即为“枝”。由“枝条”义可以引申为“分支”义，如《新唐书·骠国传》：“有江，支流三百六十。”

“支”可做“肢”的假借字,如《资治通鉴·汉纪》：“心腹四支，实相恃赖，一物不备，则有阙（缺）焉。”

“支持”一词,今天多用为“支撑”“鼓励”“赞助”义,但古代多指“对付”义,与今天用法完全相反,如《元曲选·杀狗劝夫》:“他觉来，我自支持他，包你没事。”这里的“支持他”就是“对付他”的意思。

“支”字是个部首字，但真正属于“支”部的字却极少,《说文》中“支”部仅收了一个字，所以“支”字多做形声字的声符,如“芰”“伎”“吱”“歧”“妓”“技”“翅”等字。

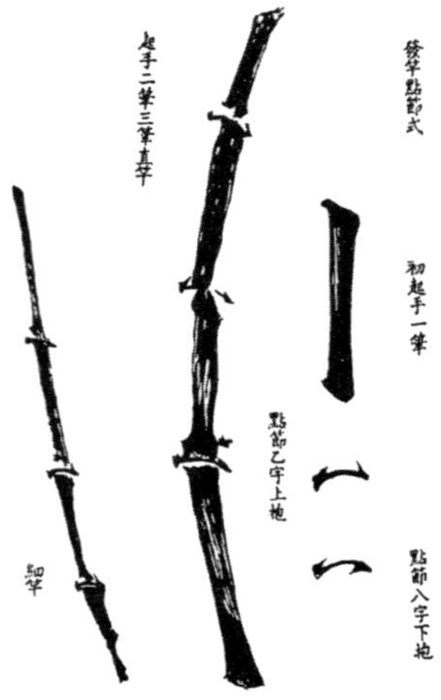

《芥子园画传》中教如何画竹的一页

① ② ③ ④

这个“父”字是个会意字。甲骨文①左边的一条竖线是工具之形（即斧石之类），右边是一只手，手拿工具表示从事野外劳动的男子。金文②也是这个意思，不过所用的工具较甲骨文的形体更粗壮。③是小篆的形体，右手之形尚能看出，但工具之形已经不见了。④是楷书的形体。

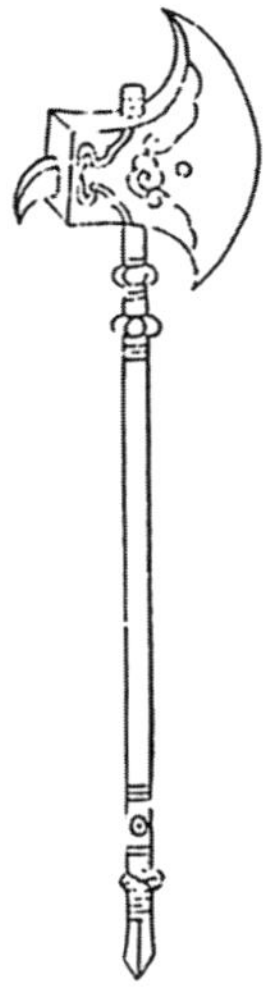
大斧，选自《三才图会》

“父”字，照郭沫若的说法，就是“斧”字的初文。手拿石斧从事艰苦的野外劳动的男子即为“父”，后则引申为“父母”之“父”。由“父母”之“父”，又可以引申为对老年人的尊称，比如“田父”“渔父”等等，不过这里的“父”字必须读为 fǔ（府）。柳宗元的《钴鉧潭西小丘记》中有这样一句话：“农夫渔父过而陋之。”也就是说：种田的、捕鱼的老人路过而看不起它。“父”字有时也可以代“甫”而用，那是古代在男子名字之下所加的美称，如《史记·齐太公世家》：“封师尚父于齐营丘。”意思是：把齐国营丘这个地方封给了师尚。“师尚”之后加一个“父”（甫）字就是给师尚的美称。

① ② ③ ④ ⑤

这个“刍”(chú 锄)字是个会意字。甲骨文①的左边是两棵草,右边是一只大手,手拔青草,“以饲耕牛”。金文②那就更形象了,手在下方,草在手上。③是小篆的形体,“手”形发生了讹变,草形犹在。④是楷书的形体,直接由小篆演变而来。⑤是简化字。

收获图(局部),汉画像砖

“刍”字的本义是拔草。又可以引申为割草,如《说文解字·艸部》:“刍,刈(yì 艺)草也。”所谓“刈草”就是割草。割草干什么呢?喂牲口。所以喂牲口的草也叫“刍”,如《庄子·列御寇》:“(牛)食以刍叔。”也就是说用草和豆子(叔即菽,豆子)喂牛的意思。也正因为喂牛的草叫“刍”,所以牛羊的回嚼就叫“反刍”。

请注意:在古书中,凡是由“刍”字所组成的词,基本上都与草有关,如“刍言”,比喻草野之人的言论,往往是指自己的言论的谦词;“刍灵”,古代送葬用的茅草扎的人马;“刍荛”,指割草和打柴的人;“刍秣”,喂养牛马的草料。

古人写论说文,很喜欢把自己的言论称为“刍议”,相当于“刍言”,表示是草野之人的浅见,这是很谦虚的话。现代人学习古人这种谦虚精神,也往往把自己文章的题目定为“××× 刍议”。这个“刍议”不一定说是草野之人的浅见,而大半是说自己的见解很粗糙浅薄。

① ② ③ ④

“史”字本来也是一个会意字。甲骨文①的上部的“中”字形,原来也是指捕捉禽兽的长柄网,下部是一只右手。金文②与甲骨文的形体相类似。③是小篆的形体,是由甲、金文字直接演变而来的,形体大同小异。④是楷书的形体,写法较小篆方便得多。

“史”字的本义是指管理狩猎或记录猎获物的人,后来引申为记录国家大事的人叫“史官”，如《左传·昭公十二年》：“是良史也。”也就是说：这个人是古代的好史官。从“史官”又引申为记载历史的书称为“史”，如《史通·叙事》：“史之烦芜。”其意思是历史是很烦杂的。

古书中常有“史乘”一词，这个“史乘”最初是指晋国的一部史书，也叫“乘”。后来称一般的史书就叫“史乘”。请注意：“史乘”中的“乘”字若读为 chèng（秤）那就错了，这里必须读为 shèng（胜）。

① ② ③ ④

“右”字本为象形字。甲骨文①就象一只右手之形，所以在上古“又”字就是右手。②是金文的形体，在“又”字之下，又增加了“口”字，变成了一个专当“右手”讲的“右”字了。③是小篆的形体，由金文直接演变而来。④是楷书的形体，把其中的一大撇的方向改到左边了。

“右”字本为“又”，是个右手之形。后因“又”字被用为“再、更”之义了，所以就在“又”下增加了一个“口”字，表示“赞助”之义，如：“天子所右，寡君亦右之。”（《左传·襄公十年》）也就是说：天子所赞助的，我也赞助之。后又因“右”字被用为“左右”之“右”，那么当“保佑”“赞助”或“照顾”讲的“右”就只好在其左增加了个单人旁，新产生了一个左形右声的新形声字“佑”来加以区别。这样一来，“右”与“佑”就有了明确的分工。在古代是以右为上的，如“右姓”就是指世家大族，“右职”是指重要的职位，“右戚”是指与帝王亲近的亲戚，“右族”是指古代有声望的大族。

请注意：古代的东方和西方，往往用左方和右方代之，如钟会《檄蜀文》：“姜伯约屡出陇右。”所谓“陇右”就是“陇西”，这与我们现在地图上标的方向正相反。现在看地图应该是右东左西。

① ② ③

这个“皮”字是个会意字。金文①的左边是一把长柄平头的铲刀，刀柄的右侧还有一个铁环，右下侧是一只手，表示手拿平头铲剥兽皮。小篆②的形体发生了讹变，只是手的部分还仍然保留着，至于平头铲的形状根本看不出来了。③是楷书写法。

“皮”的本义就是兽皮，如：“皮之不存，毛将安傅？”(《左传·僖公十四年》)也就是说：连皮都没有了，皮上的毛将在哪里附着呢？由“兽皮”又可引申为物体的表面之义，如：“以目皮相，恐失天下之能士。”(《史记·郦食其列传》)这里的“相”当“看”讲，也就是说：只从表面看，恐怕全天下的能人都会失掉的。

请注意：“皮”“革”“肤”三个字在古代的词义是不同的。“皮”和“革”都是指兽皮，不过带毛的叫“皮”，去掉毛的叫“革”，“肤”字则专指人的皮肤。

① ② ③ ④ ⑤

这是“百花争春斗艳”的“争”字。甲骨文①是上一只手和下一只手在争夺一个曲形的东西，两手相争互不相让。金文②也同样是上一只手和下一只手在争夺一件像耕田的犁具一样的东西。小篆③也是两只手在争夺一条像弯曲的木棍一样的东西。尽管这三种形体所争的东西不一样，但都有两只手在争夺的意思，前后是完全一致的。所以把这个字的本义理解为“相争”，那是没有疑问的。④是楷书的形体，相争之物变成了一竖钩。⑤是楷书的异体字，因形体的笔画少，书写方便，所以现在废除了“爭”字，而保留了“争”字。

汉画像石上的争斗图

“争夺”是“争”字的本义，如《韩非子·说林下》：“争肥饶之地。”就是争夺肥沃的土地的意思。从“争夺”引申为“争辨”,如《战国策·赵策三》:“鄂侯争之急，辨之疾。”

“争”字在西北方言中还当“差”讲，如:“比着桃源溪上路，风景好，不争多。”(辛弃疾《江神子·博山道中书王氏壁》)这个“不争多”就是“差不了多少”的意思。现在西北人说“争点儿摔倒”，也就是说差一点儿摔倒。“争”字还能当疑问副词“怎”讲，如李商隐有这样一句诗：“争拭酬恩泪得干。”这个“争拭”就是“怎擦”的意思。现在所说的“争知”也就是“怎么知道”的意思。

另外，当“争”字读 zhèng（正）时，就当“规劝”讲，这个意义后来写为“诤”了。这就产生了一个左形右声的新形声字。

① ② ③ ④

这是“言得古今千秋事”的“事”字。这个字是个会意字。甲骨文①的右上边是一个捕捉禽兽的长柄网，其左下角是一只左手，这表示手执捕猎的工具去畋猎就叫“事”。金文②的形体和甲骨文形体相类似，只是长柄网在上，手在下（由左手变为右手）。③是小篆的形体，是一只右手拿着一个柄很长的捕捉工具。④是楷书的写法，与小篆的形体基本相同。

“事”字的本义原指“捕猎”，后来就引申为不管做什么事情都可以称为“事”，如：“世异则事异。”（《韩非子·五蠹》）也就是说，时代不同，事情就各异。由“事情”又可以引申为“从事”，如李白《邺中赠王大》诗：“龙蟠事躬耕。”所谓“龙蟠”就是隐居不做官，这句诗的大意是：隐居而亲自从事农田耕作。在李格非的《书洛阳名园记后》中有这样几句话：“天下常无事则已，有事，则洛阳必先受兵。”这里的“事”字用“事情”或“从事”之义都讲不通。其实这个“事”是特指“战事”“变故”。也就是说：天下太平无事便罢，一旦有战乱，那么洛阳就一定要先受到攻击。

至于“事”当“侍奉”讲，那是由“从事”之义引申出来的，如《易经·蛊》：“不事王侯。”也就是不侍奉王侯的意思。

“事件”一词，现在一般是指历史上或社会上所发生的大的事故。可是在古代就不同了，如在吴自牧的《梦粱录》中有这样的话：“卖早市点心，如煎白肠、羊鹅事件。”这里的“事件”是专指家畜、家禽的内脏。

“事故”一词，今天一般指意外的变故或突然发生的灾祸，可是古代就不完全是这样，比如白居易的《对酒劝令公开春游宴》诗：“自去年来多事故，从今日去少交亲。”这里面的“事故”不是变故，也更不是灾祸，而是指一般的事情。

请注意：在上古，“事”“史”“吏”“使”为同一个字。

① ② ③ ④

战国青铜器上的纹样，为一个人俯身拾东西的样子

“兄弟列土，叔侄登科。”这个“叔”字本为会意字。①是甲骨文，左边的箭头之下系有绳索，像弋（yì）射之缴，

向右弯的是“弓”。②是金文的形体，与甲骨文极为相似。③为小篆的写法。④为楷书的形体。

《说文》：“叔，拾也。”也就是说，“叔”字的本义为“拾取”，如《诗经·豳风·七月》：“八月断壶，九月叔苴（jū）。”大意是：八月摘葫芦，九月拾麻籽。经传中又假借训“拾”的“叔”为“伯叔”之“叔”，即伯、仲、叔，季，排行第三，如柳宗元《哭连州凌员外司马》：“仲叔继幽沦。”也就是说：二弟和三弟相继死去。父亲的弟弟亦称“叔”，此为后起之义，如文天祥《指南录后序》：“数吕师孟叔侄为逆。”也就是说：指责吕师孟叔侄成了叛逆。因为“叔”与“季”排行第三、第四，具有“末”义，所以古籍中的“叔世”犹言“末世”，是指国家政权衰敝的年代，如《晋书·刘颂列传》：“实是叔世。”而将衰乱将亡的年代称为“季世”。

①　②　③　④

这是“受之有愧”的“受”字。从甲骨文①的形体看，上面是一只手，下面又是一只手，中间是一只“舟”，是一手“授”、一手“受”的意思，也就是一方给予、一方接受的意思。所以在上古“受”“授”是用同一个“受”字来表示的，这就叫作“施受同词”。②是金文的形体，也是“给”和“受”同一只舟的样子。小篆③则把中间的“舟”简化为“秃宝盖”了，这是为了书写方便，但是上下的两只手还是原样保留下来。④是楷书的写法，上为“爪”（手），下为“又”（手），基本上还是小篆的形体。

“受”字既当“给予”讲，也当“接受”讲，怎样区别呢？主要是看上下文的意思而定，如《三国志·吴书·吴主传》：“权辞让不受。”这是说孙权辞让不接受的意思。《韩非子·外储说左上》：“因能而受官。”这是说根据才能而授官的意思，这里的“受”字就当“给予”讲了。由此可见，上例是“接受”义而下例则是“授予”义，词义相反，不能混淆。

但到了后世，又在“受”字的左边加了提手旁，表示用手给的意思，这就产生了新的左形右声的形声字“授”字，专当“给予”讲，那么原来的“受”字就专做“接受”用了。这样二者就有了明确的分工：“授奖”“授权”“教授”等只能用“授”，“接受”“承受”“遭受”等只能用“受”。

力部

① ② ③ ④

项羽说过“力拔山兮气盖世”的话。这个“力”字是个象形字。①是“力”字的甲骨文形体，看样子就是古代耕田用的犁：上部弯曲的部分是木制的犁把，下部就是耕田的铁制犁头，古代亦称为“耒耜”。所以“力”就是犁的象形字。②是金文的形体，③是小篆的写法，不像犁的样子了，反而有点像三齿的铁叉。④是楷书。

耕地图，汉画像砖

古文字中的“力”字

耕田是要用力的，所以“力”字后来就用为“力量”的“力”了。当“力”字被用作“力量”讲以后，那么当耕田讲的“力”该怎么办呢？那就只好再造出一个形声字“犁”字来代替。这个“犁”字下部的“牛”字，就表示农业技术发展了，开始用牛耕田了，其上部的“利”字仅表读音。

许慎在《说文解字》中说，“力”象“人筋之形”。这种说法不可信。因为从古籍中找不见当“筋”讲的“力”。

“力”字是个部首字，凡由“力”字所组成的字，大都与“力量”和“行动”有关，如“男”“劳”“动”“劲”“努”“助”等。

① ② ③ ④

这是“同心协力”的“协”字，本为会意字。①是甲骨文的形体，三个“力”，也就是三个“耒耜（犁具）”之形，表示“同力”之意。②是小篆的形体，在三力的左边又加上“十”字，表示“众多的力”。③是楷书的形体。④为简化字。

《说文》:“协（協），众之同和也。”也就是“齐心协力”的意思，如《三国志·蜀书·诸葛亮传》：“与豫州协规同力。”也就是说：和刘备共同合作。由这个本义又可以引申为“和洽”，如《左传·僖公二十八年》：“君臣不协。”这是说：君臣之间不够和洽。

古代犁具

《说文》在“协（協）”字下还说：“叶，古文協，从曰十，叶，或从口。”可见“叶”字是“协”字的古文，所以“叶”亦可读 xié，有“和洽”义，如王充《论衡·齐世》：“叶和万国。”也就是说：与万邦和洽。由该义又可以引申为“共同”义。

请注意：与“协”同义的“叶”字在古代从不当作“树叶”的“叶”用，一般是用作“叶韵”“叶句”等。推行简化字以后，才借用“叶”字代替了繁体“葉”字。

① ② ③

这是“风助火势”的“助”字，本为形声字。①是金文的形体，其上部为“且”（表声），其下部为“又”，“又”就是“手”（表形），可见该字是“从又，且声”的形声字，表示“以手助”之意。②是小篆的形体，将金文的“又”移到“且”的右边，并且换作“力”，以“力”助也很有道理。③为楷书的形体。

《说文》：“助，左也。”这里的“左”就是“佐”字的本字，为“帮助”之意。可见“助”的本义为“帮助”，如《孟子·公孙丑下》：“得道者多助，失道者寡助。”大意是：坚持正义就能得到多方面的支持和帮助，违背正义必然陷于孤立无援。

“助纣为虐”，本指帮助商代纣王干暴虐之事，后世多用来比喻帮助恶人做坏事。后来有人将这个成语写作“助桀为暴”，这并不错，在《史记·田单列传》中就写为“助桀为暴”。“桀”为夏代的暴君。

请注意：“助”字可做“锄”字的通假字，表示“除去”的意思，如《庄子·徐无鬼》：“以助其色。”这是说：除去他的骄人之色。这里的“助”应读作 chú。

① ② ③ ④

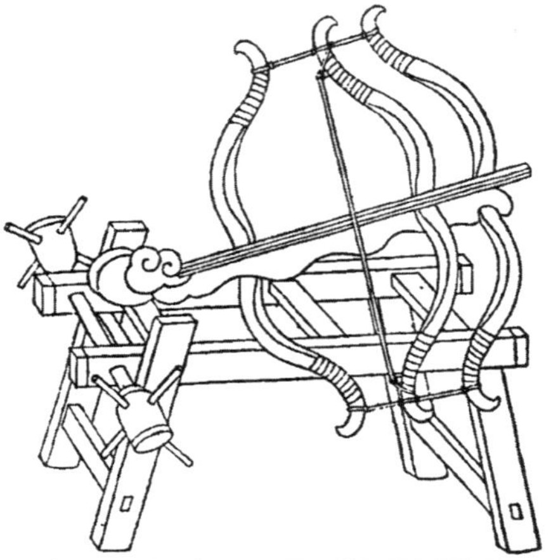

宋代三弓弩，选自周纬《中国兵器史稿》

“疾风知劲（jìng）草，烈火见真金。”这个“劲”本为形声字。丁佛言认为①是古陶文的形体，其左为“弓”（表形），其右为“巠”（表声），可见这个字是“从弓巠声”的形声字，表示弓很有力。②是小篆的形体，将“弓”移到“巠”的右边，并且换作“力”，有“力”就有“劲”，也有道理。③是楷书繁体字，④为简化字。

《说文》：“劲（勁），强也。”其实“劲”字的本义并不是指一般的强，而是指弓强，如贾谊《过秦论》：“良将劲弩，守要害之处。”“弩”是古代的一种用机械力量射箭的弓。这话的原意是：派虎将执强弓，把守要害的地方。在古书中常见“劲直”一词，那是指刚劲正直，如《韩非子·孤愤》：“能法之士，必强毅而劲直。”

请注意：“劲”字还可以读作 jìn，如使劲、用劲、干劲、冲劲、起劲等等。

① ② ③ ④

耕种图，汉画像砖，陕西绥德出土

“男”字是个会意字。甲骨文①的左边是“田”，右边是个犁铧一样的耕田工具。古代劳动人民在劳动上有所分工，这种耕田之事是由男人担任的，所以称为“男”。②是金文的形体，犁铧变得像手形。③是小篆的形体，基本上与金文相似，只是“力”字移到了“田”下。④是楷书的写法。

“男”字的本义，就是指能在田中劳动的壮年男子，如《礼记·内则》：“三十而有室，始理男事。”也就是说：男人到了三十岁成家立业，开始做男人该做的事。《史记·文帝本纪》：“太仓公无男，有女五人。”这里的“男”字不能理解为一般男女的“男”，而是特指儿子讲的，这是说太仓公无儿子，只有五个女儿。

周朝的五等爵位都是男子充任，所以“男”字就被借为五等爵位（公、侯、伯、子、男）中的第五等。这五等爵位直到清代还在沿用。

① ② ③ ④

这是“智勇双全”中的“勇”字，本为会意兼形声的字。①是金文的写法。上部为“戈”，下部为“用”。“用”亦表音，意谓“用戈者，勇也”。②是《说文》中古文的写法，上部讹变为“甬”，下部为“心”，可见“勇”与心有关。③是小篆的形体，“心”又变为“力”，说明“力”是“勇”的基础。④是楷书的写法。

《说文》：“勇，气也，从力甬声。”“勇”字的本义为“勇气”，如《左传·庄公十年》：“夫战，勇气也。”这是说：打仗，就必须凭借勇气呢。《庄子·胠箧》：“入先，勇也。”有气力、有胆量的人称为勇士，如《史记·廉颇蔺相如列传》：“臣窃以为其人勇士，有智谋，宜可使。”

在古代，“勇猛精进”是指刻苦修习、猛进不已的意思，如《无量寿经》中：“勇猛精进，志愿无惓（倦）。”

刀 部

① ② ③ ④

这就是“大雪满弓刀”的“刀”字。甲骨文①的上部是刀柄，下部是刀头，是带“刃”的部分。②是金文的形体，大体上与甲骨文相似。所以“刀”字是个象形字。到了小篆③，刀柄成了弯曲形，不过还有点刀的样子。可是到了楷书④，那就一点也不像刀的形状了。

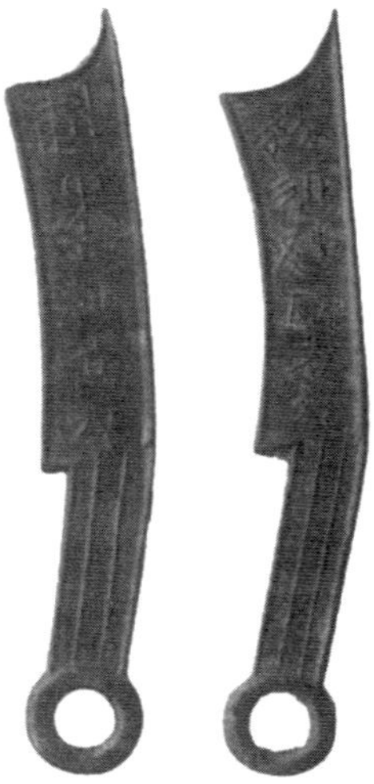

刀布

“刀”字除了其本义当“刀枪”的“刀”讲之外，还有另外的两个词义我们要注意。比如有的人在读《荀子·富国》时，把“厚刀布之敛”解释为“用厚刀割布”，那就错了。其实古代有一种金属货币样子像刀，所以称为“刀布”（“布”是古代的一种钱币）。所谓“厚刀布之敛”，就是“加重货币税收”的意思，这是其一。其二，在《诗经·卫风·河广》中有“谁谓河广？曾不容刀”的话。你可千万不要解释为“谁说黄河宽呢？连把小刀都容纳不下”。这就把“刀”字完全解释错了。这里的“刀”当小船讲，后世则常写为“舠”（dāo 刀）。

“刀”字作偏旁用的时候写作“刂”，同样也是两画，均在一个汉字的右侧，称为“立刀旁”或“侧刀旁”。凡是从“刂”的字大都与刀的作用有关，如“刑”“剁”“利”“割”“剖”“剥”等字。

① ② ③

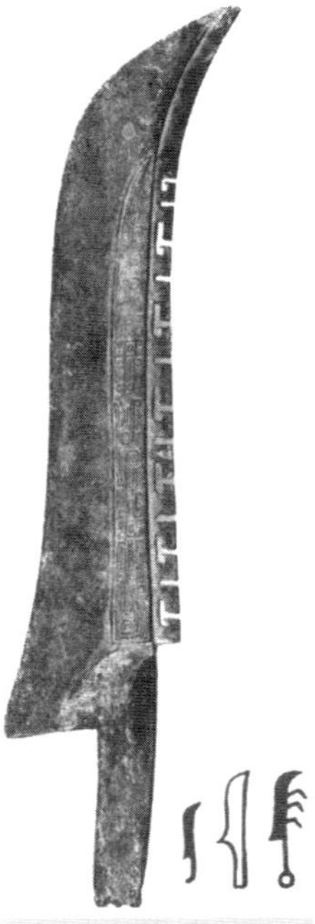

商代青铜刀，右边为早期金文中的“刀”字，河南安阳出土

这是与敌展开“白刃战”的“刃”字。甲骨文①是刀头向右歪的一把刀，在其刃部加一个点儿，作为指事符号，表明此处最锋利，即刀刃所在。所以“刃”字在六书中就属于指事字一类。小篆②则大体与甲骨文的形体相似，只不过刀头朝左歪罢了。但楷书③则看不出刀刃的样子了。

这里值得我们注意的是：“刃”字除了当刀刃讲之外，还引申为泛指刀的意思，如王充《论衡》：“童子操刃与孟贲战，童子必不胜。”意思是：一个小孩拿刀与一个勇士战，小孩一定不胜。可见这个“刃”字就当“刀”讲。再者，“刃”字本为名词，但有时也当动词用，如“左右欲刃相如”（《史记·廉颇蔺相如列传》），这里面的“刃”字就当“杀”讲，意思是，左右的人都想杀掉蔺相如。

①　　②　　③　　④

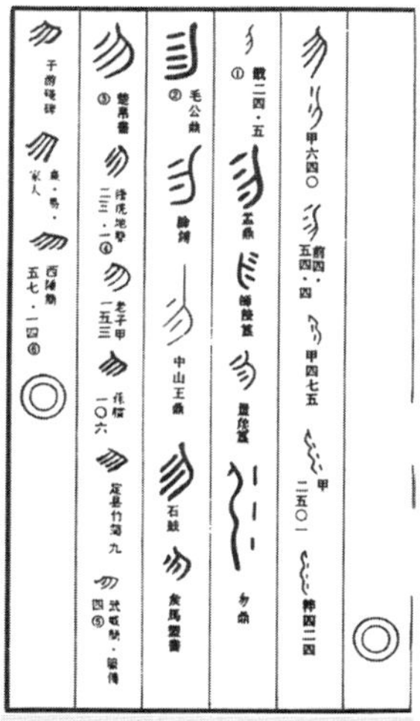

《甲金篆隶大字典》中的“勿”字

这是个“勿”字。甲骨文①是一把刀头向左弯的刀，其中的三点，是表示用刀割东西而沾附于刀上的物屑等。而这些物屑往往是无用之物，所以“勿”字的本义当“不要”讲，“勿”字是个会意字。②是金文的形体，与甲骨文基本相同。③是小篆的写法，把其中的点儿变成撇了。④是楷书的写法，是直接由小篆的曲笔变来的。

“勿”字的本义当“不要”讲，这在古代书籍中是常见的，如《孙子·军争篇》：“饵兵勿食。”所谓“饵兵”，就是用来诱敌的军队。大意是说，用来诱人上钩的军队，不要去消灭它。从“不要”又引申为否定副词“不”的意思，如《左传·庄公十二年》：“卫人欲勿与。”也就是说：卫国人想不给。

在古典文学中，经常会见到“勿勿”一词，虽然也有“匆匆”的意思，但你可别认为是“匆匆”二字之误，因为“勿勿”一词本身就有“匆匆忙忙”的意思。

①　　②　　③　　④

“丁卯毋相杂。”这个“卯”字本为象形字。①是甲骨文的形体。吴其昌认为：“卯之始义，为双刀对植之形。”“刘”字的繁体字“劉”的左上部分就是“卯”。《尔雅·释诂》：“劉，杀也。”再者，古音“卯”与“劉”同部，“卯”字的本义亦应为“杀”。②是金文的形体。③为小篆的形体，与甲、金文相似。④为楷体的写法。可见“卯”字的古今形体是一脉相承的。

《说文》：“卯，冒也。二月万物冒地而出，象开门之形，故二月为天门。”这是牵强附会的说法，不足信。“卯”字在甲骨卜辞中经常有卯几牢、卯几牛、卯几羊的说法，这是用牲之名，杀牲祭祖祭天等。所以“卯”字的本义应为“杀”。后来本义消失，被假借为地支的第四位，也是十二时辰之一，故“卯时”即上午五时至七时。因为这段时间为旧时官署开始办公的时间，所以上班点名也称为“点卯”“画卯”。早晨喝的酒，古时亦叫“卯酒”，如白居易《醉吟》：“心头卯酒未消时。”也就是说：心头的晨酒还没有消呢。

① ② ③ ④

这个“刑罚”的“刑”字非常形象。你看甲骨文①的形体，像一个人被关在水牢之中（或阱中）。到了金文②则把“人”移到了“井”外。小篆③则发生了讹变，将金文②右边的“人”变成了“刀”，好像表明用“刀”加刑；井内又加上了一个点儿作为指事符号，表示水在其中。楷书④又发生了一次讹变，把“井”错变为“开”了，“刀”变成了“立刀旁”，变得面目全非。倘若不了解这个演变过程，那就无法得知“刑”字的字形与字义有什么联系。

“刑”的本义是“刑罚”，从本义又可引申为治理，如《周礼·秋官·序官》：“以佐王刑邦国。”就是帮助国君治理国家的意思。我们读《战国策·魏策》的时候，还会见到“刑白马以盟于洹水之上”的话，这里的“刑”是“杀”的意思，“刑白马”就是杀白马的意思。

① ② ③

这个“刖（yuè 月）”字本为象形字。甲骨文①的形体多么形象，是正面站立的一个人，只有一只左脚，其右是一把锯子，把右脚锯掉了，这是古代一种极为残酷的刑罚。小篆②则变成会意字了，其左是月（肉），其右是刂（刀），割去脚，也有以刀割肉之意。有人认为“刖”字是个左声（月）右形（刀）的形声字，其实这是种误解，因为其左边根本不是“月亮”之“月”，而是“肉月旁”。③是楷书形体，是由小篆直接变来的。

“刖”字的本义就是把脚砍掉的一种酷刑，在上古亦称“剕（fèi 废）刑”，如：“王以和为诳，而刖其左足。”（《韩非子·和氏》）“和”就是和氏（人名），“诳”就是欺骗。大意是：王认为和氏在搞欺骗，所以就砍掉了和氏的左脚。由这个本义又可引申为“截断”，如《易林·艮之需》：“根刖残树，花叶落去。”这个“根刖”也就是把根截断的意思。

“刖”亦有“削”的意思。有人把“削足适履”写为“刖趾适屦（jù据）”，你可别认为人家写错了，其实原话出自《魏略》。“趾”就是脚，“屦”就是麻鞋（或鞋），这仍然是“削足适履”的意思。

① ② ③

“列星随旋。”这个“列”字本为象形字，与“歹”同字。甲骨文①的上部像枯骨破碎的裂纹，下部像死人的空骨，所以“歹”亦有“列”义。②是小篆的形体，枯骨亦有变形，并在其右增加了“刀”，表示用刀割裂。③是楷书的写法。

《说文》:“列，分解也。”这是对的。可见“列”正是“裂”字的初文，是“分解”“割裂”的意思，如《荀子·大略》:“古者列地建国。”所谓“列地”，就是割地。由“分割”又可以引申为“行列”“位次”等,如《左传·僖公二十二年》:“既济而未成列。”这是说：已经渡过了大河，但还没有来得及排成行列。由“行列”又可引申为“排列”，如《晋书·宣帝纪》：“帝列阵以待之。”意思是：宣帝（司马懿）排列阵式而等待。

“列席”一词，今义是指参加会议而无表决权，但古代的“列席”却是“设席列坐”的意思，如王勃《圣泉宴》：“列席俯春泉。”

“列”字古时还可以作“烈”字的通假字，如“烈风淫雨”在古代多写作“列风淫雨”。

① ② ③ ④

“金就砺则利。”这个“则”字本为会意字。①是金文的形体,左为“鼎”右为“刀”，表示在“鼎”上刻画。②是小篆的写法，将金文的“鼎”讹变为“贝”。③是楷书繁体字，由小篆体演变而来。④是楷书简化字的写法。

《说文》：“则（則），等画物也，从刀从贝（貝）。”许慎所说的“等画物”，就是比照样子刻画器物的意思，近于本义。但认为“从刀从貝”则不妥，因为“则”字的金文左边为“鼎”，并非“从贝”。实际上，在上古多将刑书、律法铸于大鼎，作为人们行动的准则(见《左传·昭公元年》的记载)。所以“则”字的本义为“法则”“准则”，如屈原《离骚》：“愿依彭咸（殷贤大夫）之遗则。”也就是说：愿意依照彭咸这位贤人留下来的准则行事。成语“以身作则”也正是这个意思。由“准则”又能引申为“效法”，如《史记·周本纪》：“则古公、公季之法。”这句话的意思是：要效法古公、公季（均为人名）之法。

① ② ③ ④

这是“创巨痛深”的“创”字，本为象形字。①是金文的形体，马叙伦认为“象伤物所著之血”。这是指“刀”割过后，刀上还沾了两滴血。②是小篆的写法，基本上同于金文。③是楷书繁体字，是由原来的象形字变为左声右形的形声字了。④为简化字。

《说文》：“创（創），伤也。”其实，“创”的本义应为“割”，而“伤”只能算是引申义，如《后汉书·华佗传》：“四五日创愈。”这是说：四五天伤口就好了。“创”有“突破”义，所以凡事有所突破也可以称为“创”，比如“创举”“开创”等。不过这些词中的“创”字必须读为 chuàng，而不应读作 chuāng。

请注意：王充《论衡·书虚》中有“吾君背有疽创”句，这里的“疽（jū）”是一种毒疮，所以“疽创”也就是“疽疮”。可见“创”字是“疮”字的假借字，在“疮疖”“生疮”等意义上可代“疮”而用。

① ② ③

“春色满园关不住，一枝红杏出墙来。”这个“色”字本为会意字。甲骨文①的左边是“刀”，右边是一个跪着的人，唐兰先生认为“色”是“断绝之义也”。②是小篆的形体，“刀”讹为“人”。③是楷书的写法。

《说文》：“色，颜气也。”恐不妥。“色”的本义为“断绝”，实际上也正是“绝”字的初文。《说文》释“绝”为“断丝也”。后世“色”字的本义由“绝”字来代替，而“色”被借为“颜色”义，如《后汉书·仲长统传》：“目能辩色。”由“颜色”引申为“怒色”，如《战国策·赵策四》：“太后之色少解。”也就是说：赵太后的怒色稍稍缓解了一些。至于“去声色，禁嗜欲”（《淮南子·时则训》）中的“色”，那是指“女色”。原话的大意是：要远离音乐和女色，禁止嗜好和贪欲。

请注意：在现代汉语里，“色”有时也可以读为 shǎi，如掉色、走色。另外有一种赌具叫“色子”，如“掷色子”“打色子”等，也应读作 shǎi。

① ② ③ ④

这是“删除”的“删”字，是个会意字。①是甲骨文的形体，其上部为“册”，下部为“口”（在甲骨文中，“口”常做装饰符号）。在卜辞中，该字常用为“砍”义，也就是“除掉”的意思。②是小篆的形体，其右增“刀”，表示用刀删除。③是楷书异体字，现已废除。④为楷书的写法。

《说文》：“刊，剟（duō）也。”“剟”为“刊”义，也就是“砍除”“删除”的意思，如《汉书·律历志第一上》：“删其伪辞，取正义，著于篇。”凡有“删除”，必有“节取”，所以“删”又可以引申为“节取”的意思，如《汉书·艺文志》：“今删其要，以备篇籍。”所谓“删其要”，就是“节取其要”的意思，若理解为将重要的东西都删掉那就错了。

请注意：“芟（shān）”本为“割草”的意思，“芟夷”就是削除。可是后世也将“芟夷”写作“删夷”，如鲁迅《且介亭杂文末编》：“删夷枝叶的人，决定得不到花果。”

① ② ③ ④

这是“风满利剑平胡虏”的“利”字。这个字是个会意字。①是甲骨文的写法，其左是成熟了的庄稼，穗子向左边下垂；右边是一把“刀”，就是用刀割庄稼；“禾”“刀”之间的两个点儿，就是在收割时谷粒脱落的样子。用刀割禾，说明刀的锋利，可见“锋利”之义也正是“利”字的本义。金文②左边的“禾”右边的“刀”均未变，只是掉下来的谷粒排列得更规整了。小篆③同于金文的形体，仅把金文中的两个点儿去掉了。楷书④把“刀”字变为“立刀旁”了，这也是符合汉字结构合理的要求。

汉画像砖中的收获图拓片（局部）

“利”在上古做“锋利”义用较多，如《韩非子·难一》：“矛之利，于物无不陷也。”这就是说：矛的锐利，任何东西都能被戳穿。当你读王充《论衡·物势》时，就会见到“辩口利舌”的话，“舌头”也能“锋利”吗？这就讲不通了。这里的“利”字是指说话干净利落，语言“锋利”，使对方无法招架。当然，这也是从刀剑之锋利引申出来的。至于“利益”之“利”，那是从“收禾而得利”中引申出来的，如《商君书·算地》：“利出于地，则民尽力。”此“利”即指利益。那么《史记·越王勾践世家》中“逐什一之利”的“利”也当“利益”讲吗？不对了。这个“利”当“利润”讲，这句话是说：追求十分之一的利润。

① ② ③

“春到塞外。”这个“到”字本为会意字。①是金文的形体，左边为“至”，右边为“人”，“人至为到”。②是小篆的形体，讹变为“从至刀声”的形声字了。③是楷书的写法。

《说文》：“到，至也，从至刀声。”许慎认为“到”字的本义为“至”，这是对的。但其形体分析不妥，因为“到”字最初并不从“刀”，在金文中是从“人”。“到”的本义为“到达”，如《论语·宪问》：“民到于今受其赐。”也就是说：老百姓到今天还得到他的好处。《三国志·吴书·吴主传》：“蒙到，二郡皆服。”这是说：吕蒙到达以后，二郡都降服了。

《庄子·外物》：“草木之到植者过半，而不知其然。”这里的“到植”就是“倒植”，可见“到”可做“倒”的通假字，是“颠倒”的意思。在现代汉语中，“到”“倒”二字有明确分工，不可混淆。

① ② ③ ④

这是“舍得一身剐”的“剐”字，读 guǎ。①是甲骨文，左为“刀”形，右为“骨”形，以刀剐骨即为“剐”。这是个形声兼会意的字。说它是形声，那是右形左声；说它是会意，就是用刀剐骨。②是小篆的形体。③是楷书繁体字。④是简化字。

《说文》中的“剐”作“冎”，训其义为“剔人肉置其骨也”。其实，“冎”字是“骨”字的本字。古代有一种残酷的死刑，这种刑罚也叫“凌迟”，如陶宗仪《说郛》：“遂擒赪（chēng），钉于车上，将剐之。”大意是：于是捉住了赪这个人，把他钉在车上，将要剐死他。关汉卿《窦娥冤》：“剐一百二十刀处死。”这也是用了“剐”字的本义。

① ② ③ ④

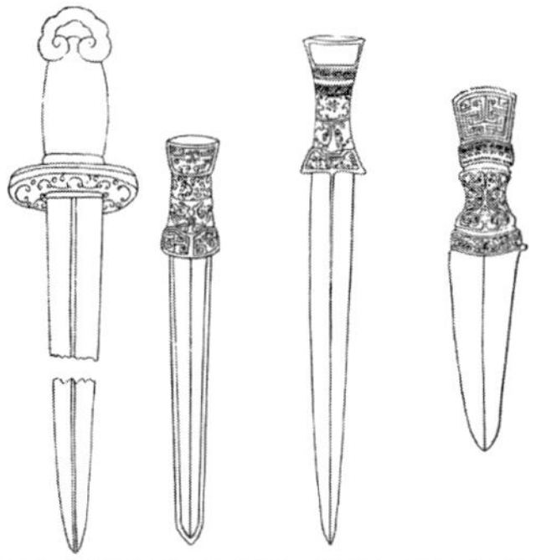

周代玉具剑，选自周纬《中国兵器史稿》，清高宗藏

这是“剑拔弩张”的“剑”字，本为形声字。①是金文的形体，左表义右表音。②是小篆的形体，将金文的义符“金”换成了义符“刃”，变成了右形左声的形声字了。③是楷书繁体字，基本上与小篆相同，只是把“刃”换成了“刀”，其义不变。④是简化字。

《说文》：“剑（劍），人所带兵也。”这是说人所经常佩带在身上的兵器。剑，有两面长刃，中间有脊，柄很短。《史记·项羽本纪》：“项籍少时，学书不成，去；去学剑，又不成。”这里的“剑”字是指“剑术”。

请注意：在古书中常见到“剑首”一词，有人理解为“剑锋”，那是不对的。实际上，“剑首”是指镶嵌在剑柄上端的装饰品，常以玉或金属制成，扁圆形，其上镂有美丽的花纹。比如《庄子·则阳》中所说的“剑首”，即剑柄上端与剑身连接处的两边突出部分。

① ② ③ ④

这个“契”字本为象形字。甲骨文①的左边是三横一竖，右边是“刀”，这是用刀契刻之形。②是小篆的形体，也基本上同于甲骨文的形体。③是楷书的写法，因为“契”是指刻木，所以下面加上了个“木”字。后来楷书④又发生了讹变，下部变成了个“大”字，这是没有道理的。

“契”字的本义就是“刻”。在《六书正伪》中说：“象刀刻画竹木以记事者。别作契，契为后人所加。”这话是对的。另外，当“刻”字用的“契”，有时还加“金”字旁，表示用金属刀雕刻之意，写为“锲”。

“契”字从“刻”这个本义引申为“契约”，如《韩非子》中所说的“符契之所合”，就是指“契约”或“凭证”。古代符契刻字之后，剖为两半，双方各收存一半以做凭证。古代国君传达命令或调遣兵将时，常用“符契”这种凭证。

“契”字到了今天，人们往往把右上方的“刀”字写为“刃”字，其实那是不对的，“契”字从“刀”而绝不从“刃”。这正如有的人偏偏要把“ 染”字错写成“染”一样，非要误添一个点儿不可。这些要引起我们的注意。

① ② ③ ④

“罚以劓刑。”这个“劓”字读作 yì，本为会意字。①是甲骨文的形体，左为鼻（自）形，右边为“刀”，表示用刀割鼻子。②是金文的形体，“自”讹变为“臬”，但意义未变。③是小篆的形体，由金文直接变来。④为楷书的形体，从鼻从刀，比金文、小篆更为合理。

《说文》：“劓，刑鼻也。”此说甚是。“劓”字的本义就是“割去鼻子”。“劓刑”是古代的五刑之一，如《尚书·吕刑》：“劓罚之属千。”“属”是“条目”义，这是说：割鼻之刑的条目有一千条。《韩非子·内储说下》：“王怒曰：‘劓之！’”意思是王发怒道：“割去他的鼻子！”由“割鼻”义可以引申为“割除”，如《尚书·多方》：“劓割夏邑。”“邑”为“国都”义，但这里指的是“国家”。这句话的大意是：灭掉夏朝这个国家。

卜 部

① ② ③ ④

这是“问卜”的“卜”字。上古人，特别在殷商之时，凡是年成的丰歉、战事的胜负、天气的阴晴等必先占卜。所谓占卜，即把乌龟的甲刮光，再进行钻凿，并放在火上烤，这样在龟甲上就会出现或横或纵的裂纹，根据这种裂纹再来分析是凶还是吉。甲骨文①就是龟甲上裂纹的形象（有纵有横）。金文②即表示有带弯曲的裂纹。小篆③干脆就把斜形的裂纹改为一横，但不管如何变都是象形字。④是楷书的形体。

“卜”的本义就是“占卜”。柳宗元在他的《非国语·卜》中说：“卜者，世之余伎也。”所谓“余伎（技）”，就是低等而无用的技艺。

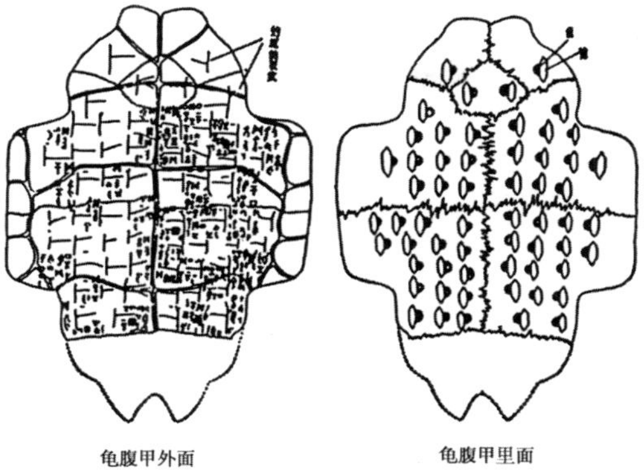

占卜用的龟甲

从“问卜”还能引申为“猜测”“估计”的意思。

请注意：“卜”与“筮”（shì试）是不同的，烤龟壳判断凶吉为“卜”，用蓍（shī诗）草的排列判断凶吉叫“筮”。有人把“卜”字写为“⺊”，这是不对的，那个点儿不能穿过竖。

“卜”字是个部首字，凡由“卜”字组成的字，大都与占卜之义有关，如“占”“贞”等字。

① ② ③

这是“占卜”的“占”字。金文①的上部是个“卜”字，下部是个“口”字，这就表明卜过了，再用口加以解释，这就叫“占”，所以“占”字也是个会意字。小篆②和楷书③是从金文发展而来的，其形体基本相似。

《左传·僖公十五年》：“史苏（人名）占之曰‘不吉’。”这里面的“占”字就是用的本义。从这个本义还能引申出预测的意思，在龚自珍的《送钦差大臣侯官林公序》中有“占天下之变”的话，就是预测天下的变化的意思。

“占”（zhàn战）字读去声时，就是“占有”的意思，如《晋书·食货志》：“男子一人，占田七十亩。”用作占有之义时，后世又造了一个新形声字“佔”，以示与“占卜”的“占”字相区别；为了书写方便，现在简化为“占”。

① ② ③ ④

这个“兆”字本为象形字。金文①中间的一条线，及两侧的两个“卜”字形的线，都是用火灼龟甲时所出现的裂纹的形象，卜者即根据裂纹来判断凶吉，每卜都是从正反两面发问，“合两卜为一兆”。②是《说文》中古文的写法。③是小篆的形体，是在古文的基础上又增加了一个“卜”字，反而繁杂化了。④是楷书的写法，又删去了小篆形体中的“卜”字。

《说文》：“𠧞（兆），灼龟坼（chè，裂开）也。……象形。”许慎认为“兆”的本义就是灼龟甲时所出现的裂纹，这是对的。比如《史记·文帝本纪》：“卦兆得大横。”所谓“大横”，就是一种卦名。由此又可以引申为“征兆”“预兆”，如《商君书·算地》：“此亡国之兆也。”就是说：这是国家灭亡的预兆啊。至于《尚书·吕刑》中所说的“兆民赖之”里的“兆”，那是个数词，当“百万”或“亿万”讲，与“兆”字的本义毫无关系，是个假借字。

①　②　③　④　⑤

这是“慈竹贞松”的中“贞”字。甲骨文①的上部是个“卜”字，下部是个“鼎”字(也有上部没有“卜”字的)。“鼎”字指上古做饭用的三足大锅，在这里仅表示火具，即“用火具而卜”为“贞”。金文②的上部仍用“卜”字，下部的“鼎”就更像实物了（不过“鼎”下仅出现了两足）。小篆③则把“鼎”改为“貝”了，主要是为了书写方便。④是楷书的形体。⑤是简化字。

“贞”的本义是“占卜”，如《周礼·春官·天府》：“以贞来岁之媺（měi 美）恶。”就是说：以占卜明年之善恶（吉凶）。后来又假借为“坚贞”或“有操守”之义，如成语“坚贞不屈”。另外，封建社会中的一种压迫妇女的道德观念，专指妇女不能改嫁为“贞”，就是所谓“贞节”，如《史记·田单列传》：“贞女不更二夫。”即贞节的妇女不嫁第二个丈夫的意思。

冫部

①　②　③　④

这个“冬”字本来就是“终了”的“终”字。你看甲骨文①多么形象，就像一段丝或者一根绳索，两头都打上结，表示两个末端，也就是“终结”的意思。而冬季又是一年四季中最末的一个季节，所以就借用这个“冬”字来表示。那么再要表示“末了”的意思又该怎么办呢？就另外在“冬”字旁边加上表义的“糸（丝）”，造出了一个新形声字“终”字。到了金文②，形体有所变化，把一个“日”字包在绳索当中，表示太阳光不太温暖了，所以也就是冬天的意思。小篆③的形体改变较大，把金文当中的“日”去掉了，又在其下增加了一个“仌”（冰）字；这样改颇有意思，不见太阳而只见冰，当然就是滴水成冰的寒冬了。④是楷书的形体，为了书写方便，把小篆③下部的冰块改为两个点儿了。

“冬冬”连用，则与“冬天”之义毫无关系，那是后起的象声词，如陆游《二月二十四日作》诗：“棠梨花开社酒浓，南村北村鼓冬冬。”后来人们又造了一个上形（鼓）下声（冬）的新形声字“鼕”，表示敲鼓的声音，但是笔画实在太多，书写不便，因此在简化汉字时，把“鼕鼕”废除了。

① ② ③ ④

《甲金篆隶大字典》中的“冰”字

这就是“冰清玉润”的“冰”字。甲骨文①像严寒之下而突起的冰块，可见“冰”字原来就是个象形字。②是金文的形体，与甲骨文相似。可是到了小篆③变化可就大了，在“冫”（冰）旁边又加了个“水”字，表示冰是由水凝结而成。④是楷书的写法。

“冫”本来就是“冰”的象形字，如《说文》：“仌，冻也，象水凝之形。”也就是说：仌是冻的意思，像水凝结后的形状。这是个部首字。一个字凡有“冫”作为组成部分，大都有寒冷之意，如“寒”“冬”“冷”“冻”“凌”“冽”“凉”“凛”等字都含有“冫”的部分，所以也都有“冰冷”的意思。

我们在阅读古典诗词时常会见到“冰镜”一词，假若你把这个“冰镜”理解为用“冰”做的镜子那可就不对了。其实这个“冰镜”在古代专指明月，如孔平仲的《八月十六日玩月》诗：“团团冰镜吐清辉。”就是说：圆圆的明月吐清辉。

另外在过去常有“喜盼冰人来”的话。这个“冰人”是什么人呢？其实并不是“冷冰冰”的人，而是指“媒人”（《晋书》）。

请注意：“氷”是“冰”的异体字，已不用。“冰”字在古代还可以代“凝”字用，应读为 níng（宁），这是因为冰有凝结的特性，如《新唐书·韦思谦传》：“涕泗冰须。”这个“冰须”并不是冰块的胡须，而是说鼻涕凝结在胡须上。这个“冰”字不当名词用，而是当动词凝结讲。

① ② ③ ④

这是“冶铸营造”的“冶”字，本为会意字。①是金文的形体，左上部的二短横为金属块，下部为“火”，右边的“刀”表示以火熔化金属而铸造刀器之意。②是古玺文的形体，左边的两条短横和右边的两个三角形，均为熔化的金属块。③是小篆的形体，把原来的两横讹变成了冰块形（因金属块和冰块均能熔化或融化，所以可以互代），又将原来的两个三角形讹变为“台”。④是楷书的写法。

《说文》：“冶，销也。”段玉裁说：“销者，铄金也。”可见“冶”字的本义就是“熔炼金属”的意思，如《史记·平准书》：“冶铸煮盐。”也就是说：冶炼铸造和煮盐。由“冶炼”可以引申为“铸造工人”。如《庄子·大宗师》：“今之大冶铸金。”由“冶炼”又可以引申为“造就”，如王安石《上仁宗皇帝言事书》：“冶天下之士而使之皆有君子之才。”“冶”字当“艳丽”讲，是假借义，如古乐府《子夜歌》：“冶容多姿鬓，芳香已盈路。”这里的“冶容”指艳丽的容貌。

汉画像石上的冶炼图

请注意：“冶”字在古代还常做“野”字的通假字，如《南方草木状》：“冶葛，毒草也。”古乐府《子夜四时歌》：“冶游步春露。”“冶葛”就是“野葛”，“冶游”就是“野游”。

① ② ③ ④

这是“寒风凛冽”的“冽”字，是个会意字。甲骨文①的上部是枯骨形，下部为冰水状，即“冽之古文”。②是小篆的形体，变成左为“水”、右为“列”的形声字了。③是楷书。④是现在的写法。

《说文》:“洌，水清也。”这并不是本义，而是后起义。甲骨文中“洌”通“烈”，“洌雨”犹言“暴雨”。后世的“冽”多为“寒冷”义，如《素问》:“风寒冰冽。”“冽冽”，就是寒冷的样子，比如左思《杂诗》：“秋风何冽冽，白露为朝霜。”

欧阳修《醉翁亭记》:“酿泉为酒,泉香而酒洌。”请注意，这里的“冽”字不是“寒冷”义，而是指酒味清醇而言。

“冽”字在古籍中多作“洌”,后世也通“冽”。“洌”多为“水清”“酒清”义,“冽”多为“寒冷”义。

厂 部

① ② ③

“厂”字在古代是独立的字，而并不是“厰”字的简化字。这个“厂”字应读作 hǎn（喊）。金文①是个外形（厂）内声（干）的形声字。“厂”像突出的石岩，下面可以住人。②是小篆的形体。③是楷书的写法。

“厂”与“广”在上古文字中常常混用,如“廈”“廚”等字也可以写作“厦”“厨”。不过现在就不能通用了，必须写作“厦”“厨”。

“厂”字是个部首字，凡是由“厂”字所组成的字，大都与房屋或山崖有关，如“厨”“厰”“原”“厓”“历”等。

① ② ③ ④ ⑤

这个“历”字的上古形体很有意思。甲骨文①的上部是两棵“禾”，表示一行一行的庄稼，下部是一只脚（止），脚趾朝上，脚后根朝下，表示脚步从一行一行的庄稼中走过。金文②的左上边增加了个“厂”字，表明在山崖之前种有一行行整整齐齐的庄稼。小篆③把甲骨文和金文合并，虽然字形复杂了，但是表意更为全面，表示人的脚步从山崖前的庄稼田中一步一步地走过。楷书④的形体是直接从小篆变来

汉画像砖图形

的。⑤是简化字，这就变成了一个外形（厂）内声（力）的新形声字了。

“历”字的本义是“经过”，如司马迁在《报任安书》中说：“足历王庭。”也就是说：从匈奴君主的住处走过。由这个本义又可以引申为“逐个地”“一件一件地”，如《汉书·艺文志》：“历记成败存亡祸福古今之道。”大意是：一件一件地记载古今成败存亡祸福的道理。从这个意义出发，后世就产生了新叠音词“历历”了，如杜甫还曾以“历历”为题写了一首《历历》诗，诗中说：“历历开元事，分明在眼前。”这就是说唐玄宗开元年间的事情，一件件清晰分明地出现在眼前。成语“历历在目”，也正是由此而来。

时间的推移是一月月一年年地前进的，所以表示历法、历书的“歷”字，古人想得很周到，把“历”改为“曆”，以“日”代“止”，很有道理，如《旧唐书·历志一》：“玄宗召见，令造新曆。”这个“曆”字就是“曆法”的“曆”。由此可见，“歷”和“曆”的关系是古今字的关系，“歷”是古字，“曆”是今字。现在都简化为“历”了。

请注意：“歷”字异体字较多，如“厤”“厤”“歴”等。不管哪种写法，现在均写作“历”，便于记忆，书写方便。

① ② ③

这是“左右逢源”之“源”的本字“原”。金文①的“厂”就表示前檐突出的山崖，在这个大山崖的旁边有一股清澈的泉水涓涓不息地流出，可见“原”字是个象形字。

②是小篆的形体，变得比金文复杂得多，由原来的一股泉变为三股。③是楷书的写法，比小篆简单，与金文相似。

“原”字的本义就是“源泉”，如《左传·昭公九年》:“木水之有本原。”这就是说：木有本，水有源。从这个本义又引申为开始、起源，如《管子·水地》：“地者，万物之本原。”从“源”的“水流平缓”之义，又可引申为平坦之地称为“平原”。我国古代的伟大诗人屈原的名和字是连在一起的（名“平”,字“原”)。他的《九歌·国殇》：“平原忽（辽阔）兮路迢远。”就是说：平原辽阔路途遥远。

在上古根本没有“源”字。一个“原”字既表示“水源”，又表示“平原”。到了后世，人们才在“原”字的左边加了个“三点水”，形成了左形（水）右声（原）的新形声字“源”，而本来的“原”字只代表平原等等，这样就使“原”“源”分工明确了。

关于“原”字，我们在阅读古文时要注意两个词:1.“原禽”，在古代专指“雉”(野鸡)，因为野鸡从来不到沟湿处，而都是在平原上活动。2.“原人”，是指那些貌似诚实而实际虚伪的人，这里的“原”字应该读 yuàn（愿)。

①　②　③　④

“厚貌深情，人莫能知。”这个“厚”字本为形声字。①是甲骨文的形体，上部为“厂（厓)”形，下部像一个敞口尖底的酒坛形，表声。②是金文的形体，其下部更像一个尖底的酒坛形。③是小篆的形体。④是楷书的写法,其下部又讹变为“子”,这就不好理解了。

《说文》:“厚，山陵之厚也。”这个说法基本正确。厚与薄是相对的，如《荀子·劝学》：“不临深溪，不知地之厚也。”这是说：不靠近深深的山谷，就不能知道大地的厚度。由“厚”又可以引申为“深”“重”,如“无可厚非”“隆情厚谊”等。“刻薄”的反面就是“厚道”,如《史记·绛侯周勃世家》:“勃为人木强敦厚。”所谓“木强”，就是指性格质朴而刚强。原话的大意是：周勃的为人，质朴刚强而又厚道。“厚”由“深”义又可引申为酒的“醇厚”，即酒味很浓。

请注意：现在所说的“厚颜”，一般是指脸皮厚，不知羞耻。可是古代的厚颜，却多谓“难为情”，如孔稚珪《北山移文》:“岂可使芳杜厚颜，薜荔蒙耻？”另外,“厚”往往因受“原”字形体的影响而写成“厚”（多了一撇)，那就错了。

匚 部

①　②　③　④

这个“匚”（fāng 方）字今天已经不用了，可是由它组成的字倒有好几个。①是甲骨文的写法，像口朝左的竹筐子。②是金文的形体，更像竹筐的样子，只是其口转向右边。小篆③则变成单线的了。④是楷书的写法。

“匚”字是个部首字，一个字若有“匚”作为组成部分，那么这个字在古代往往与“筐”及能盛东西的器具有关，如“匮”“匣”“匡”“匠”等。

①　②　③

“也”字本为象形字。①是金文的写法，很像古代的一种盥器“匜（yí）”。这种盥器与盘合用，用匜倒水，以盘承接之。②是小篆的写法，与金文相似。③是楷书的写法。

《说文》：“也，女阴也。象形。”许慎认为“也”字是女子外阴的象形字，这种说法不对。“也”字本为盥器之形，是“匜”的初文，比如《左传·僖公二十三年》：“奉也（匜）沃盥。”这句话的大意是：(怀嬴）捧着倒水的匜伺候他洗脸。“也”字后来被借作虚词用了，因此又造出一个“匜”字来代替“也”。

战国朱绘陶匜

“也”字做语气词用，主要是放在句尾，表示判断或肯定，如《韩非子·五蠹》：“皆守株之类也。”大意为：这都是守株待兔之类的人呢。有时“也”字也放在句中，多表示语气的停顿，以提起下文，如《荀子·天论》：“天不为人之恶寒也辍冬。”就是说：老天绝不会因为人们厌恶寒冷而停止冬季的到来。

① ② ③ ④ ⑤

“一心抱区区，惧君不识察。”这个“区”字原为“瓯（ōu）”字的初文，是一种小盆之类的容器，是个象形字。①为甲骨文的形体，像盆内盛有很多东西（品）。②是金文的写法。③为小篆的形体。④为楷书繁体字。⑤为简化字。

《说文》:“踦區，藏匿也。”是说能装东西的器具。《说文》:“瓯（甌），小盆也。”可见“区”与“瓯”本为同义。段玉裁说，因为“区（區）之义内藏多品，故引申为区别”。如贾思勰《齐民要术序》：“具为区处。”也就是说：都分别做了处置。又因为“区”本为“小盆”义，由“小”又可以引申为“区区”义，也正是“小”的意思，如贾谊《过秦论》：“然而秦以区区之地，致万乘之权。”大意为：但是秦国就靠那么一点地方，就能达到施行皇帝的权力。

请注意:“区”当古代的量器名用时，就必须读为 ōu。如《左传·昭公三年》:“齐旧四量:豆、区、釜、钟。”这是说：齐国曾经用过四种量具，就是豆、区、釜、钟。四升为豆，四豆为区。区做姓用，也读作 ōu。

① ② ③

这个“独具匠心”的“匠”字是个会意字。金文①的外框“匚”是口朝右可以装木工用具的方口箱子，其中的“斤”就是木工用的斧头，所以在上古只有木工才叫“匠”。②是小篆的形体。③是楷书形体，都是从金文的形体演变而来的。

“匠”字的本义就是木工，亦称“木匠”，如:“匠石运斤成风。”（《庄子·徐无鬼》）也就是说：一位姓石的木匠抡起斧头一阵风。可是到了后来，具有专门技术的人都可以称为“匠”，如《韩非子·定法》：“夫匠者，手巧也；而医者，齐（同“剂”）药也。”大意是：那些匠人都是手巧的人，而医生能够配药才行。

古诗文中常有“匠心”一词，如张祜《题王右丞山水障》诗:“精华在笔端，咫尺匠心难。”这里的“匠心”犹言“造意”，是指文学艺术上的构思。另外，“匠心”也有“工巧的心思”之意，比如现在还说“匠心独运”等。

《甲金篆隶大字典》中的“匠”字

① ② ③ ④

这是“曲突徙薪”的“曲”字。①是甲骨文的形体，像一种弯曲的东西，中间有纹饰。②是金文的形体，与甲骨文相类似。③是小篆的形体，像能装东西的器物之形，可见“曲”本为象形字。④为楷书的写法。

《说文》：“曲，象器曲受物之形也。”“曲”字的本义就是“弯曲”，与“直”相对，如《礼记·经解》：“犹衡之于轻重也，绳墨之于曲直也。”大意是：如同秤之对于轻和重，木工划直线的工具之对于弯曲和笔直呢。又如《史记·李斯列传》：“不问可否，不论曲直。”由“弯曲”又可以引申为“偏邪”“不正直”，如《韩非子·有度》：“能去私曲。”也就是说：能革除私人的偏邪。

于省吾先生说：“又乐章为曲，谓音宛曲而成章也。”就是说乐曲之“曲”，也是从声音的委宛而得名，如宋玉《对楚王问》：“是其曲弥高，其和弥寡。”大意是：所以说乐曲的格调越高，能和着唱的人就越少。不过，这里的曲应读作 qǔ，不能读 qū。

① ② ③

这是“销声匿迹”的“匿”字，本为会意字。①是金文的形体，外部像受物之器具形，其内藏着一个面部朝右的人，表示隐藏的意思。②是小篆的形体，内部的人变为“若”。（“若”字的金文形体，像人在理顺头发的样子。）③是楷书的写法。

《说文》：“匿，亡也。”这是对的。在《广韵》中也说“匿”为“藏也，微也，亡也”。比如《商君书·垦令》：“过举不匿。”所谓“过举”就是指错误的行为。这句话的大意是：错误的行为不隐藏。由“隐藏”又引申为“隐瞒”，如《三国志·魏书·司马朗传》：“疑朗匿年。”这是说：怀疑司马朗隐瞒了年龄。

“匿名信”就是不署真姓名的信件。但是把《旧唐书·王锷传》中的“匿名书”理解成不署作者真姓名的书，那就错了。其实古代的“匿名书”就是今天的“匿名信”。

广 部

①　　②　　③

这并不是“廣”字的简化字“广”，而是个象形字“广（yǎn 眼）”字。金文①很像靠近山崖而做成的房子。②是小篆的形体。③是楷书的写法。

“广”字的本义是靠近山崖而做成的房子，如：“开廊架崖广。”（韩会《陪杜侍御游湘西两寺》）

这个“广”字是个部首字，凡是由“广”字所组成的字大都与房屋或场所有关，如“庑”“库”“店”“庙”“府”“庭”等。

①　　②　　③　　④　　⑤

这是“普天同庆”的“庆”字。甲骨文①的左边是“文”，右边是一只头朝上的“鹿”，这是表示身上有花文（纹）的极为美丽的鹿。可见“庆”字本是个会意字。②是金文的形体，“文”移于鹿的腹部，变为“心”。③为小篆的形体，由金文的鹿尾变为“夂（脚）”。④为楷书繁体字。⑤为简化字。

《说文》：“庆(慶)，行贺人也。”恐非本义。由甲骨文得知，“庆”的本义应为“美鹿”，而“行贺”只能是引申义。后世本义消失，多用其“庆贺”“祝贺”等引申义，比如《三国志·吴书·吴主传》：“蜀遣卫尉陈震庆权践位。”大意是：蜀国派遣陈震去庆贺孙权登上帝位。由“庆贺”又可以引申为“奖赏”，如《管子·牧民》：“严刑罚，则民远邪；信庆赏，则民轻难。”这是说：严明刑罚，

带花纹的鹿，汉画像砖

那么老百姓就会远离邪念；奖赏讲信用，那么老百姓就会敢于赴难。

请注意：在古籍中，常用“羌”字做句首语助词，但有时则用“庆”字，可见“庆”可做“羌”的通假字。不过这里的“庆”应读作 qiāng，而不读 qìng。李学勤先生说，马王堆帛书《五十二病方》中的“庆良”即“蜣螂”，这是“庆”通“羌”的确证。

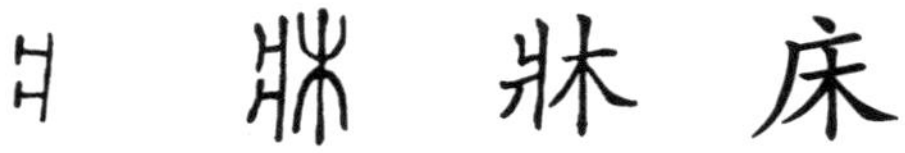

① ② ③ ④

这个“床”字是个象形字。甲骨文①就像竖起来的一张床，床腿朝左，床面朝右，也就是“爿”字的初文。②是小篆的形体，右边增“木”，因为床是由木所制的，这就变成会意字了。③是楷书繁体字，由小篆变来。④是借用古代的俗体字作为简化字。

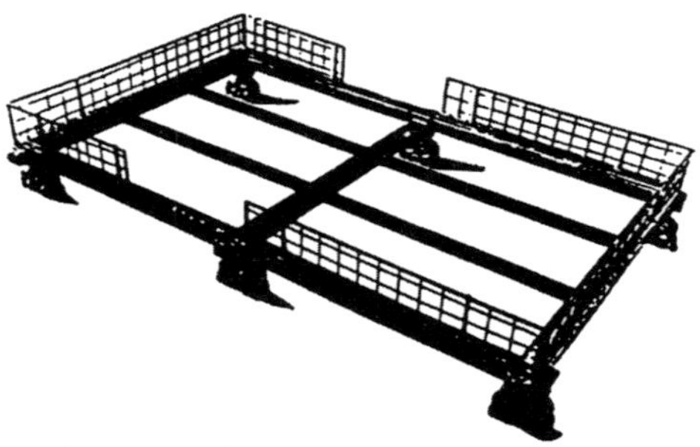

战国短脚木床，河南南阳出土

《说文》：“牀，安身之坐者。”“床”的本义也就是供人睡卧的用具，如《诗经·小雅·斯干》：“乃生男子，载寝之床。”就是说：于是生了男子，就给他睡觉的床。“床”由“人睡卧的用具”这个本义，又可以引申为“安放器物的架子”，像琴床、笔床等，如徐陵《玉台新咏序》：“翡翠笔床。”就是指用翡翠做的笔架。

请注意：古代所说的“床裙”，也就是现在的“床围”；古代所说的“床帷”，也就是现在的“床帐”。古今的叫法不同而已。

① ② ③ ④

这是“年庚相当”的“庚”字，本为象形字。甲骨文①就像中间有长柄，左右有两耳可以摇的乐器。②是金文的形体，更像有两耳的乐器。郭沫若认为：“庚，盖钲之初字矣。”即古代的“庚”，就是后世的“钲（乐器）”。③是小篆的写法。④是楷书的写法。

《说文》：“庚，位西方，象秋时万物庚庚有实也。”此说不妥。“庚”字的本义是一种乐器。当“庚”字被假借为天干第七位时，则又造出新形声字“钲”来代替这种乐器的名字。

“庚”字的常用义是天干的第七位和当“年龄”讲，如“年庚”就是指年龄，“同庚”就是指同龄。

在古书中常见“庚癸”一词，实际并非指天干，而是军粮的隐语，如《左传·哀公十三年》杜预注：“庚，西方，主谷；癸，北方，主水。”所以后世也就把“庚癸”作为军粮的代称。另外，“庚”字还可以当“赔偿”讲，如《礼记·檀弓下》：“请庚之。”也就是说：给赔偿（庄稼）。

① ② ③ ④

“庞然大物也，以为神。”这个“庞”字本为会意字。甲骨文①是在屋子下面有一巨龙，意味着这屋子实在高大。②是小篆的形体，其中的“龙”形变得不像了，笔画极为复杂。③是楷书繁体字，与小篆极为相似。④是简化字。

《说文》：“庞（龐），高屋也。”这个本义后世已经消失，而多用“高大”这个引申义，如王夫之《小云山记》：“大云庞然大也。”这是说：大云山实在是高大呀。由“高大”又可以引申为“杂乱”，如《旧唐书·李勉传》：“汴州水陆所凑，邑居庞杂。”大意是：在汴州水陆所聚合的地方，城市所居极多而又杂乱。

战国透雕龙纹玉佩

请注意：《诗经·小雅·车攻》：“四牡庞庞，驾言徂东。”“言”为语助词，无义。这两句诗的大意是：四匹公马高大而强壮，驾着车子往东奔驰。不过这里的“庞”不能读 páng，而必须读作 lóng。

① ② ③ ④

“庶民无忧。”这个“庶”字本为会意兼形声的字。①是甲骨文的形体，上部为“石”，下部为“火”，以火烤石，石热能够烙烤食品，也可将热石投入水中煮水，所以于省吾先生说：“庶即‘煮’之本字。”其形体分析应为“从火从石，石亦声”。

②是金文的形体，类似于甲骨文。③为小篆的形体，“石”讹变为“广”，其内部的“火”又讹变为“光”。④为楷书的写法。

《说文》：“庶，屋下众也。”不妥。其实在甲骨文中当“众”讲的“庶”，则应在“庶”下再加一个“众”字，这个字后世不传了，所以就以“庶”字代替。这样“庶”就有“众”义了，如《庄子·渔父》：“以伤庶物。”这是说：伤害了众物。由“众”又可以引申为“民众”，如《史记·秦始皇本纪》：“庶心咸服。”这是说：民众之心都顺从了。《左传·昭公三十二年》：“三后之姓，于今为庶。”大意是：夏商周三代帝王的后代，到今天则成为平民了。

“庶”字转化为虚词则为副词，多表示希望，如《左传·桓公六年》：“庶免于难。”这是说：希望免于难。

① ② ③ ④

这是“蓬生麻中，不扶而直”的“麻”字。金文①的上部是“厂”，表示屋檐形，其内不是“林”字，而是挂着一缕一缕的纤麻，晒干才能用，所以这个字是个会意字。小篆②也同于金文的写法。后世人认为麻是草属，所以又在上部增加了一个草字头，变成了上形下声的新形声字“蔴”。楷书③写起来实在不便，后来在实行简化字时，又把草字头去掉了。所以，④是楷书简化字，也就是今天的通用形体。

“麻”的本义，就是可做绳索的大麻，如《管子·牧民》：“养桑麻，育六畜，则民富。”又可引申为麻布丧服，如《礼记·杂记下》：“麻者不绅。”“绅”是系在衣外的大带子，大意是：穿麻布丧服则不能系上大带子，这是古代的制度。人们多爱读《聊斋志异》，在《吕无病》篇中有“衣服朴洁，而微黑多麻”的话。里面的“麻”字与丧服无关，“多麻”是衣服不平滑的意思。人的脸上有“麻子”，也说明脸上不平滑，这是借“大麻”的“麻”字代替“痳子”的“痳”，这是个假借字问题，与“大麻”之“麻”的本义无关。

子 部

① ② ③ ④

这是“伢子（小孩）争分守岁钱”的“子”字。甲骨文①就是一个小孩之形，头上长了三根头发，真像《三毛流浪记》中的三毛形象。②是金文的形体，是一个刚出生的婴儿，上部是头，左右是两臂，两腿是用小被裹在一起的样子。小篆③也同于金文的形体。④是楷书的写法。

“子”的本义就是“婴儿”，如《荀子·劝学》：“干越夷貉之子，生而同声，长而异俗。”意思是：古代干越夷貉等民族的婴儿，刚出生时哭的声音都一样，可是长大后风俗习惯就不同了。从“婴儿”的本义又可以引申为“儿子”，如《列子·汤问》：“子又生孙，孙又生子。”那么《韩非子·说林上》中所说的“卫人嫁其子”，又是什么意思呢？若理解为“卫国人儿子出嫁”那就成为笑话了，这里的“子”是指女儿。

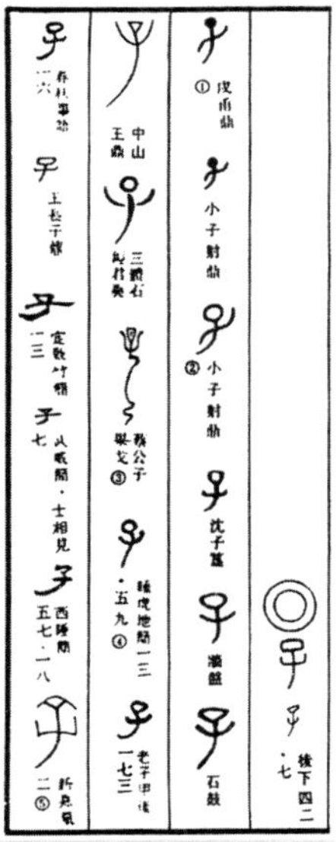

《甲金篆隶大字典》中的“子”字

另外，古代对男子的美称或尊称亦可称“子”，如墨子、庄子、荀子、韩非子等。《左传·僖公三十年》：“吾不能早用子，今急而求子。”也就是说，我过去没有用您，今天有急难之事前来求您。古代五等爵位的第四等为“子”，即公、侯、伯、子、男中的“子”。这五等爵位直到清代还在沿用。

“子息”一词在古书中经常见到，一般当“儿子”讲。可是贾思勰《齐民要术序》：“乃畜牛羊、子息万计。”这里的“子息”不是指“儿子”，而是用作动词变为“孳养生息”之义。

“子”字是个部首字，凡由“子”字所组成的字，大都与小孩有关，如“孕”“孩”“孙”“孝”“学”等。

① ② ③

这个“怀孕”的“孕”字是个会意字。甲骨文①的外部是面朝左侧立的一个人，腹中有“子”，诚有“十月怀胎，一朝分娩”的样子。②是小篆的形体，其上变为“乃”字，根本没有人形了，只是下部的“子”还依然存在。③是楷书的写法，直接由小篆演变而来。

“孕”字的本义是“怀胎”，如：“孕妇十月生子。”（《庄子·天运》）有时也指“胎”讲，如“怀孕”“有孕”等。至于“包孕”一词那是用其比喻义，是指像胎儿一样被裹在其中，如在语法中，大句子里面又包有小句子，语法学家往往称为“包孕句”。“孕育”一般是指在母体中孳养婴儿的胚胎，有时也比喻从既存事物中培养出新生事物。

① ② ③ ④ ⑤

这是“笑看老翁又增孙”的“孙”字。这个字是个会意字。甲骨文①的左边是“子”，是小儿形，右边是绳索形。绳索就有系联之义，也就是说系于“子”下者就是“孙”。金文②的左上部是“子”，右下部也是绳索之形。③是小篆的形体，其右的绳索之形变成了“系”字，表示系联，也正是“子子孙孙，无穷匮也”的意思。④是楷书的写法。⑤是简化字。

《甲金篆隶大字典》中的“孙”字

“孙”字的本义是“儿子的儿子”，由此引申和类推，就有“孙”“曾孙”“玄孙”等。

古书中常有“孙竹”一词，如“孙竹之管”（《周礼·春官·大司乐》），这就是说用“孙竹”做成的管乐器。所谓“孙竹”就是竹的枝根（即竹鞭）末端新生的竹。

请注意：当“孙”字读 xùn（迅）的音时，那是当“逊”字用了。这有两个义项。第一是“恭顺”义，如：“朕不孙。”（《史记·晋世家》）也就是国君自己说：我不恭顺。第二是“逃跑”义，如：“孙于齐。”（《左传·庄公元年》）也就是逃到齐国去的意思。

① ② ③ ④

这是“朝气蓬勃”的“勃”的本字“孛”，读作 bèi，又读 bó，本为象形字。甲骨文①的下部是子（小孩），上部是长发。这就表示小孩生长迅速，寓有“蓬勃兴盛”

之意。(上部也可解作“丰”字,《说文》:“丰,草盛丰丰也。”“丰”古音读如蓬。“孛”与“蓬”为双声字。)②是帛书的写法,类似甲骨文。③是小篆的形体,上部发生了讹变。④是楷书的形体。

《说文》在分析“孛”字的形体时说:“人色也,从子。”这是根据《论语·乡党》中的“色孛如也”得出“人色也”的结论。其实“孛”字的本义应为“蓬勃”或“旺盛”,所以后世也多用“勃”字来代替,如徐宏祖《徐霞客游记·滇游日记》:“烟气郁勃。”也就是说:烟气很浓又很盛。“孛”字由“盛”义又可引申为星芒四出扫射的现象,所以彗星的别名也叫“孛星”,如《尔雅·释天》:“孛星,星旁气孛孛然也。”

《甲金篆隶大字典》中的“孝”字

① ② ③ ④

这个“孝”字也挺有意思。甲骨文①像长着长头发的老人。金文②的上部是面朝左长着长头发的驼背老人,“老人”之下有“子”(小孩),老人的手按着小孩的头,是小孩用头扶持老人行走,真是个“孝子”啊。小篆③也基本上同于金文,只是老人的手不像了。④是楷书的写法,完全失去了象形的意味。

“孝”的本义是对老人“孝顺”,如许慎的《说文解字·老部》:“孝,善事父母者。”这就是说:善于侍奉父母就称为“孝”。

在古书中有“孝鸟”一词。难道小鸟也会孝敬老鸟吗?据说乌鸦能够反哺,小乌鸦能独立生活之后,就觅食给老乌鸦吃,所以崔豹的《古今注·鸟兽》中说:“乌,一名孝鸟。”

① ② ③

“室中更无人,惟有乳下孙。”这个“乳”字本为象形字。甲骨文①就像一个母亲面朝左而跪坐着,两手环抱一个娃娃,胸前的一点为乳房,表示给娃娃喂奶。②是小篆的形体,其右边的曲笔是“女”形之讹变。③是楷书的写法。

《说文》:“人及鸟生子曰乳,兽曰产。”许慎的说法不妥。其实,“乳”字的本义应为“喂奶”“吃奶”,是动词,“生子”只能算引申义,如贾思勰《齐民要术·养羊》:“羊羔乳食其母。”这是说：小羊羔从母羊那儿得到奶吃。李商隐《行次西郊作》：“皇子弃不乳。”大意是：不给皇子奶吃，而且把他扔掉了。从“吃奶”可以引申为“乳房”，如魏学洢《核舟记》:“袒胸露乳。”由此又可以引申为“生子”，如王充《论衡·气寿》：“妇人疏字（生子）者子活，数乳者子死。”大意是：妇女生的孩子稀，则孩子容易活；孩子密，则容易死。

① ② ③

这是“孟冬之月”的“孟”字，本为会意字。①是金文的形体，好像器中有一个婴儿（子），表示给初生婴儿冲洗。②是小篆的形体，下部写作“皿”。③为楷书的写法。

沐浴图，云南纸马

《说文》:“孟，长也。”其实，其本义是“始”“首先”，“长”只是“孟”字的引申义。也就是说，初生婴儿，首先就要洗个“降生澡”。由“始”之义可以引申为排行第一，如《史记·鲁周公世家》:“见孟女，说（悦）而爱之。”所谓“孟女”，就是第一个女儿。“第一”就有“老大”“长”之义，如“孟兄”就是长兄。每个季度的第一个月也可以称“孟”，如曹操《步出夏门行·冬十月》：“孟冬十月，北风徘徊。”所谓“孟冬”也就是冬季的第一个月，即十月。

请注意：在《诗经·郑风·有女同车》中有“彼美孟姜”一句诗。若将“孟姜”理解为哭长城的孟姜女那就错了。春秋时齐为大国，并且齐姓姜，所以“孟姜”是指齐国国君的长女。

① ② ③ ④ ⑤

我们应当有“学而不厌，诲人不倦”的精神。①就是“学”字的甲骨文形体。朱芳圃先生说，上部像左右两手结网之形，“结网为复杂之技能，非传授不能获得”，这个“获得”就是“学”的意思。金文②的下部加了“子”更明白了，就是教孩童学习之意。小篆③的形体大体上同于金文。④是楷书的写法（繁体）。⑤是现在用的草体楷书化的简化字。

从以上的形体分析看，“学”字是个会意字，其本义就是“学习”的意思。从“学习”引申为“学问”，如：“其学甚博。”（《韩非子·外储说左上》）是说他的学问很渊博的意思。从“学习”这个动词，又引申为名词“学校”。比如王安石《上仁宗皇帝言事书》：“古者天子诸侯，自国至于乡党皆有学。”是说古代天子诸侯自国都到乡（一万二千户）至党（五百户）都有学校。

另外，“學（学）”字在上古还可以当“教”讲，凡当“教”讲的“學”字都应当读作 xiào（效）。后来为了从字形上加以区别，便在“學”字的右边加上了一个“攴”字（表示打），写作“斅（敩）”，表示“斅”是“教”的意思，如《书·盘庚》：“盘庚斅于民。”即盘庚教给老百姓的意思。这个“斅”就应该读作 xiào（效）。

弓 部

① ② ③ ④

唐代大诗人杜甫说“挽弓当挽强”，只有强弓才弹性强，力量大，射得远。从甲骨文①看，左边是弓背，右边是弓弦，真像古代的武士所用的强弓，所以“弓”字是个象形字。②是金文的形体，只有弓背而省掉了弓弦。小篆③大体与金文相似，还有弓的样子。可是楷书④就看不出弓形了。

“弓”的形状是弯曲的。“弓鞋”是指古代缠足妇女所穿的鞋，呈弯曲形，如郭钰有“草根露湿弓鞋绣”的诗句。“弓腰”是指古代舞女的弯腰状，如“舞袖弓腰浑忘却，蛾眉空带九秋霜”（《酉阳杂俎》）。

有人说“步弓”是古代射箭用的“大弓”，这就是“指鹿为马”了。其实“步弓”是古代一种量田的工具，一弓等于五尺，这种弓根本不能用来射箭。

“弓”字是个部首字，凡是由“弓”为部首所组成的字大都与弓矢有关，如“弦”“弹”“张”“弛”“弩”等。

① ② ③ ④

这是“引人入胜”的“引”字，是个指事字。①是甲骨文的形体，是一张大弓，弓背上有一小画作为指示符号，表示是引弓之处。②是金文的形体，与甲骨文相类似。③是小篆的形体，将原来弓背上的一小画变为独立的一竖画。④为楷书的写法。

《说文》：“引，开弓也。”这是对的，如卢纶《和张仆射塞下曲》：“将军夜引弓。”开弓使弦满，相距益长，因此可引申为“延长”“长久”之意，如《诗经·小雅·楚茨》：“子子孙孙，勿替引之。”“替”为“废”义。这句话的意思是：子孙后代，要永远保持祭礼。拉满弓，不发箭，“引而不发”可以做示范，这就可以引申为“引导”“带领”之义，如《史记·魏公子传》：“公子引侯生坐上坐。”这是说：魏公子引导侯生坐在上座。“引子”一词是指戏曲的开始部分，中医的药引也叫“引子”。

① ② ③ ④

这是“孤鸿应弹坠荒丘”的“弹”字。甲骨文①是一张弓，在弓上有一个小圆圈，就是弹丸的形象。小篆②变成了笔画繁多的左形（弓）右声（單）的形声字“彈”。③是楷书的写法，基本上同于小篆。④是简化字。“弹”的本义就是“弹弓”，如《战国策·赵策四》：“左挟弓，右摄丸。”也就是说：左手夹着弹弓，右手拿着弹丸。这个弹（dàn 旦）字本为名词，可是当它做动词用的时候，就应读为 tán（坛），有“发射”的意思。比如《左传·宣公二年》：“从台上弹人，而观其避丸也。”这就是说：晋灵公这个昏君，在台子上用弹弓射人，来观看人们东奔西跑地躲避弹丸，以此取乐。

请注意：在古典史籍中的“弹射”一词，大都是表示用弹丸射击之义，如陆龟蒙《练渎》诗：“弹射尽高鸟，杯觥醉潜鱼。”可是《三国志·蜀书·孟光传》里“弹射利病”中的“弹射”，那也是用弹丸射击的意思吗？错了。这里的“弹”字应读为 tán（坛），这个“弹射”是“指摘”之义。

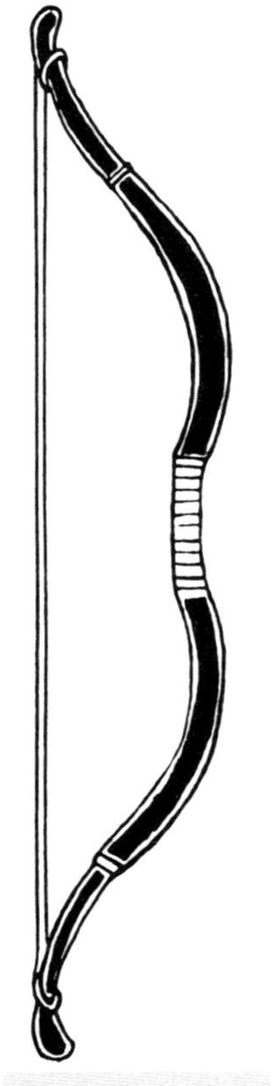

宋代的弓，选自周纬《中国兵器史稿》

马 部

① ② ③ ④ ⑤

杜甫说:"射人先射马。"这个"马"字是个象形字。甲骨文①是头朝上,背朝右,尾朝下的一匹马。金文②的形体也与甲骨文大致相似,颈上的鬃毛鬣鬣可见。小篆③的形体则与金文非常接近,不过不太像马形了。④为楷书的形体,根本没有马的样子。因为这个字笔画较繁,所以就产生了简化字⑤的形体,仅有三画,书写方便。

在古书中用马字的地方很多,需要我们仔细分辨。《礼记·投壶》中有"为胜者立马"的话,这个"马"字可不是"马牛"之"马",而是"码"字的假借字,也就是古代计算时所用的"筹码"。原话的意思是:为胜者立下筹码。

成语"马首是瞻","瞻"就是"看",有人把这个成语理解为"只看马头",这就不对了。《左传·襄公十四年》:"鸡鸣而驾,塞井夷灶,唯余马首是瞻。"意思是说:鸡一叫就把战车驾好,把井填上了,把灶平了,就看我的马头冲向何方,用以决定你们行动的方向。现在就用"唯……马首是瞻"的话来比喻服从某一个人的指挥或乐于追随某一个人。

汉画像石中的奔马

"马"字是个部首字,凡是由"马"字组成的字大都与马或牲口有关,如"驭""驹""驾""骄""驴""骡"等。

① ② ③ ④ ⑤

这是"驾驭"的"驭"字,是个会意字。甲骨文①上部是一匹头朝上的马,下部是一只手,表示用手驾驭马的意思。金文②的结构位置有所变化,其左是马,其右是手拿马鞭之形,也是驭马之意。③是小篆的形体,左为马,右为手,是由甲骨文演变而来，因为其右是手，而并非手执鞭形，是以手驭马之意。④是楷书的形体，是由小篆直接演变而来的。⑤是简化字。

汉画像石中的驭马图

“驭”字的本义是驾驭车马，现在赶马车的人仍然称为“驭手”。由“驾驭”之义又引申为“控制”，如：“岂是安上驭下之理乎！”(《晋书·姚泓载传》)大意是：难道说这就是安慰尊长和控制属下的道理吗？

请注意：“御、禦、驭”这三个字在古代是有区别的。在抵御的意义上，上古一般写作“御”，而后来则写作“禦”。在驾驭的意义上，“御”和“驭”是相通的，但也有细微差别：“御”一般是指驾车马的人，“驭”多指驾驭车马的动作。另外，“御”字有“侍奉”“进献”和与皇帝有关的事物的意义，但“禦”和“驭”没有这方面的意义。

① ② ③ ④

这是“为渊驱鱼”的“驱”字，本为形声字。①是石鼓文的形体，左“区”右“攴”，表示“扑打”“驱赶”。②是小篆的形体，将“攴”改为“马”，亦有道理，同样是表示赶马的意思。③是楷书繁体字。④为简化字。

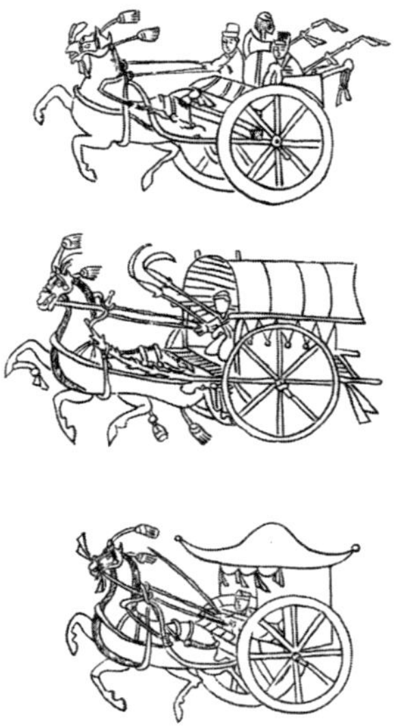

汉画像砖上的几种马车车型

《说文》：“驱（驅），马驰也。”其实“驱”字的本义应是“赶马”，如《史记·越王勾践世家》：“乘坚驱良。”意思是：乘坐坚固的车子，驱赶着骏马。由“赶马”的本义又可以引申为“驱逐”，如贾思勰《齐民要术·种麻》：“麻生数日中，常驱雀。”大意是：麻刚生出地面的几天内，要经常地驱逐麻雀（别让麻雀将麻苗吃了）。《礼记·月令》：“驱兽，毋害五谷。”也就是说：把野兽驱逐了，别让它们损害五谷。由“驱逐”又可以引申为“逼迫”，如陶潜《乞食》：“饥来驱我去。”这里的“驱”字就当“逼迫”讲。

① ② ③ ④

这是“白驹过隙”的“驹”字，本为形声字。①是金文的形体，左边是“句”，表声，右边是“马”，表形。②是小篆的形体，“马”移于左边，其义不变。③是楷书繁体字。④为简化字。

安阳妇好墓中出土的两件商代小型玉马

《说文》：“驹（駒），马二岁曰驹。”可见古代的驹有齿龄的限制，到了后世则称小马为“驹”，如《诗经·小雅·角弓》：“老马反为驹。”少壮的骏马亦可称“驹”，古代也常以驹比喻少年英俊的人，如《后汉书·赵熹传》：“名家驹，努力勉之。”也就是说：（你是）名家的英俊少年，应当努力勤勉。

古籍中的“驹齿”并非指马驹的牙齿，而是指儿童的乳齿，因为驹有“小”义，如《北齐书·杨愔传》：“此儿驹齿未落。”也就是说：这孩子还没有掉奶牙呢。

① ② ③ ④

这是“驾轻就熟”的“驾”字，本为形声字。①是石鼓文的形体，其左为“马”，表形，其右为“加”，表声。②是小篆的写法，“加”移于“马”上，其义不变。③是楷书繁体字。④为简化字。

《说文》：“驾（駕），马在轭中，从马加声。”“驾”字的本义就是把车套在马身上，如《诗经·小雅·采薇》：“戎车既驾，四牡业业（强健的样子）。”大意是：兵车已经套好，四匹雄马非常健壮。由此又可以引申为“驾驶”，如《韩非子·难一》：“驾往救之。”这是说：驾车前去救他。后世又特

马车，汉画像砖

指“皇帝的车”，由车又引申为特指“皇帝”，如《旧唐书·王希夷传》：“召至驾前，年已九十六。”

在古籍中常见“驾长（zhǎng）”和“驾娘”等词，“驾长”是指行船的梢工，“驾娘”是指操舟的妇女，因操舟撑船均有“驾驶”意。

幺 部

① ② ③

“幺”字读作 yāo，是个象形字。①是周朝早期金文的形体，像一小束丝的样子。②是小篆的写法，与金文的形体相似。③是楷书的形体。

《说文》：“幺，小也，象子初生之形。”许慎认为“幺”字的本义为“小”是正确的，但是说它“象子初生之形”则不可信。许氏之所以有此解，是因为“幼”字从“幺”。徐灏说：“丝（yōu）从丝省，而幺从丝省。丝训微，析之则其形愈微。故凡物之小者皆谓之幺，因之子初生亦曰幺也。丝于虯切，幺于尧切，亦一声之转也。”徐氏颇有见地地将“幺”字的形、音、义阐发得清楚明白，令人信服。

“幺”字的本义为“小”，如《尔雅·释兽》注称最后出生的小猪为“幺豚”。苏轼《异鹊》诗：“家有五亩园，幺凤集桐花。”这里的“幺凤”即指传说中体型较小的凤鸟。“幺钱”即指汉代径七分、重三铢的小钱。顾炎武《日知录·幺》中说：“谓一为幺是也。”因为“一”是最小的整数，所以至今人们还称一为幺。今山东莱阳一带称最后出生的小孩或小动物为“小幺郎”，湘西及四川一带称幼子为“幺儿”。

“幺”是个部首字。在汉字中，凡由“幺”所组成的字多有“小”义，如“丝”为“微”义，“幼”为“小”义，“幽”为“深暗而狭小”义，“幾”为“微”义等。

纟 部

① ② ③ ④ ⑤

这个“糸”字是个象形字，简化成“纟”。甲骨文①就像一小把丝拧在一起，防止乱了。②是金文的形体。③是小篆的写法。④是楷书形体。⑤是简化字。

这个“糸”字不读 sī（司），而应读为 mì（密），本义是“细丝”。宋朝研究《说文解字》的学者徐锴说：“一蚕所吐为‘忽’，十忽为‘丝’；‘糸’，五忽也。”可见这种丝是极细的。

“糸”字是个部首字，凡由“糸”所组成的字大都与丝及织的行为有关，如“经”“纤”“纫”“纱”“纶”等等。

① ② ③ ④ ⑤

白居易有这样的诗句：“浔阳地僻无音乐，终岁不闻丝竹声。”这个“丝竹”的“丝”字是个象形字。甲骨文①就是两小把蚕丝扭在一起之形。金文②与甲骨文的形体相类似。小篆③是从金文演变而来的。④是楷书的写法。⑤是简化字。

汉画像砖上的纺织场面，屋顶上悬挂的是一团丝

“丝”的本义是“蚕丝”，如李商隐《无题》诗：“春蚕到死丝方尽，蜡炬成灰泪始干。”在《盐铁论·散不足》中有这样的话：“古者，庶人耋（dié，七十岁）老而后衣丝。”这里面的“丝”字可不能理解为单纯的蚕丝，而是指丝织品。这句话的大意是：古代的老百姓要到

七十岁以后才能穿丝织品。又因为丝很细小，所以可以作一种计算长度、容量、重量的微小单位，如一丝为千分之一分。后来引申用来形容细微之极，如丝毫不差、一丝不苟等。

在古诗中，我们经常会见到“丝桐”一词，如在王粲的《七哀诗》中有这样两句：“丝桐感人情，为我发悲音。”琴多用桐木制成，上安丝弦，可以弹奏，所以称琴为“丝桐”。假若单说“丝”字，也往往指古代的弦乐器（胡琴、琵琶等）；单说“竹”字，往往指古代的管乐器（笛、箫等）。

① ② ③ ④ ⑤

这是“纠缠不休”的“纠”字，本为象形字。①是甲骨文的形体，像瓜蔓或两股绳索纠缠在一起的样子。②是金文的形体，更像纠缠的样子。③为小篆的形体，与甲、金文相似。④为楷书繁体字，增加表意的“纟”旁，变成了会意兼形声的字。⑤为简化字。

《说文》：“丩，相纠缭也。一曰瓜瓠结丩起。象形。”许说正确。“丩”“纠”实为古今字，其本义为“纠缠”，引申为编织，如《诗经·魏风·葛屦》：“纠纠葛屦，可以履霜？”大意是：麻绳编织的夏布鞋，怎能穿着踩冰霜？

在古籍中，“纠纠”可做“赳赳”的通假字，比如“赳赳武夫”，在《后汉书·桓荣传》李贤注引谢承所说的话就写作“纠纠武夫”。

请注意：“纠纷”一词，现在多指“纷扰”“争执”。但在古籍中则多指“交错杂乱”的样子，如李华《吊古战场文》：“河水萦带，群山纠纷。”

① ② ③ ④

“蔑彼名级。”这个“级”字本为会意兼形声的字。①是甲骨文的形体，左边是手捕捉了一个人的形象，即为“及”字，既表意也表该字的读音，右边是“阜”，表示山阜有层次，也有“台阶”之意，于省吾先生认为该形体是“级”字的初文。②是小篆的形体，将“及”移到了右边，“阜”又变为“糸”。③为楷书繁体字。④为简化字。

《说文》："级（級），丝次第也。"这是说"级"的本义为"丝的等级"。其实在甲骨文中，右边的"阜"表示山阜有层次，有"台阶"义，如姚鼐《登泰山记》："道皆砌石为磴，其级七千有余。"再如徐宏祖《徐霞客游记·楚游日记》："在石隙中转折数级下。"由"台阶"又可以引申为"等级"，如《史记·秦始皇本纪》："百姓内（纳）粟千石，拜爵一级。"也就是说：老百姓若能交上千石粮食，就可以提官一级。再如颜延之《陶征士诔》："蔑彼名级。"这是说：轻视那名誉和等级地位。至于古籍中所说的"斩首数十级"或"斩虏数百级"（《汉书·赵充国传》），这里的"级"是指"首级"，也就是人头，因为人头是人身上的第一级，故称"首级"。

① ② ③ ④ ⑤

"剪不断，理还乱。"这个"乱"字本为会意字。①是金文的形体，其上部为"爪（手）"，下部为"又（手）"，中间是在笠（hù，绞绳器）上的乱丝，这就表示用双手理乱丝。②是战国诅楚文的形体，右边增加了"乙"，其义未变。③是小篆的形体。④为楷书繁体字。⑤为简化字。

"乱"字的本义为"治理乱丝"，后来引申为"无秩序"，如《史记·项羽本纪》："楚军大乱，坏散。"又引申为"乱世""不太平"，如《韩非子·难一》："法败则国乱。"也就是说：法律败坏了，国家也就乱了。请注意，按"乱"的本义，也可引申为"治"，所以《说文》说："乱（亂），治也。"如"乱臣"一词，既有贬义，也有褒义，如《尚书·泰誓》："予有乱臣十人。"这里的所谓"乱臣"，也就是古代统治阶级称善于治国的能臣。又如《尚书·顾命》："其能而乱四方。"所谓"乱四方"，即为治理四方。

① ② ③ ④

这个"幽情系难解"的"系"字是一个象形字。甲骨文①的上部是一只手，下部抓着两缕丝，是挂起来的意思。金文②比甲骨文繁杂了一些，又多了一缕丝，但仍不失悬挂之意。小篆③减掉了两缕丝，书写时方便多了。④是楷书的形体，基本上与小篆相同。

"系"字的本义是"挂"或"悬"，如《荀子·劝学》："系之苇苕。"这是说：

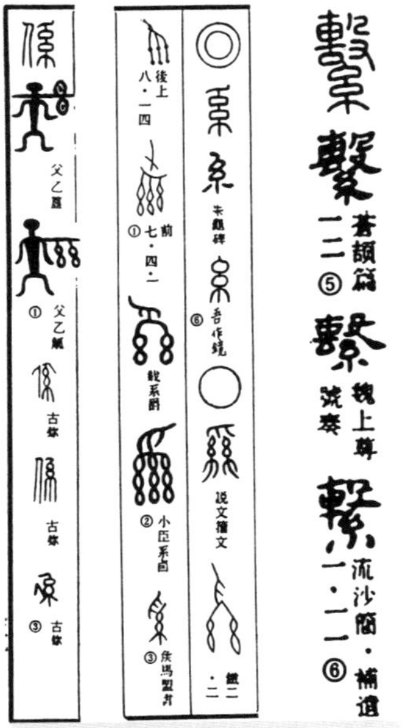

《甲金篆隶大字典》中的“系”、“係”和“繫”字

蒙鸠鸟把自己的巢悬挂在芦苇穗之上。从“悬挂”又可以引申为“拴绑”，如《淮南子·精神》：“系绊其足。”从“拴绑”又能引申为“相继”或“连接”之义，如《晋书·郤冼传》：“圣明系踵。”这就是说：圣明之人才，接踵而来。后来，“系”字又可以引申为“系统”“世系”等。

“系”字又可以读为 jì(纪)，当读这个音的时候，它的词义表示“打结”，如：“把鞋带系（jì 纪）上。”

请注意：在古代有“系、係、繫”三个字，它们的用法是有区别的。在“连接”“拴绑”的意义上，这三个字可以通用。在相互“关联”的意义上，一般都是写作“繫”或“係”，而不写作“系”。但“世系”“系统”的意义则应写作“系”而不写作“係”或“繫”。另外，“係”字在古白话中还可以当判断词“是”字用，如《水浒传》第三回：“捕捉打死郑屠犯人鲁达，即係经略府提辖。”这就是说：捕捉并打死郑屠的犯人鲁达，实际上就是经略府的提辖。“係”当“是”的用法，这是“系”“繫”二字所没有的。在废除异体字的时候，“係”“繫”二字均已废除，现在不论用在什么地方，全用一个“系”字。

① ② ③ ④

这个“经正而后纬成”的“经”字原是个象形字。金文①的下部是织布时撑线用的“工”，上部的三条曲线就是织布的“经线”之形。②是小篆的形体，为了使其“经线”的词义更为明确，所以又在其左增加了表意部分“纟”，这样“经”字就变成了左形右声的形声字了。③是楷书的写法。④是简化字。

元代纺纱织布机

织女像

“经”字的本义是指织布的纵线，是与“纬”相对的，如：“经正而后纬成，理定而后辞畅。”（《文心雕龙·情采》）其大意是：经线正，纬线才能成；文章的内容定好了，文辞才能流畅。后来从“经纬”之义又可引申为南北东西之义，南北谓之“经”，东西谓之“纬”，如：“国中九经九纬。”（《考工记·匠人》）若没有“经”也就谈不上“纬”，所以“经”是主要的。人体气血通路的主干也称为“经”，如“经脉”“经络”等。也正因其重要，所以记载一定阶级最高思想道德标准的书籍就称为“经典”，如《旧唐书·经籍志上》：“四部者，甲乙丙丁之次也，甲部为经。”也就是说，旧时在图书目录中以甲乙丙丁为次序，甲部的书籍均为儒家的经典。

至于“经理宇内”（《史记·秦始皇本纪》）中的“经”字，那是“管理”的意思，所谓“经理宇内”，也就是“管理国家”之义。在《公羊传·昭公十三年》中有“灵王经而死”的话，这里的“经”字是“颈”字的借字，是“缢颈”之义，当上吊讲。

“经济”一词现在是指国民经济的总称。可是“以道德经济为己任”（《宋史·王安石传论》）中的“经济”不能理解为钱财，而是“经世济民”或“治理国家”的意思。

① ② ③ ④

“独怜幽草涧边生，上有黄鹂深树鸣。”这个“幽”字本为会意字。甲骨文①的上部是两缕细丝，下部是“火”，以微火烧细丝，发出微光。②是金文的形体，与甲骨文相似。③是小篆的形体，其下部讹变为“山”。④为楷书的写法。

《说文》：“幽，隐也。从山中幺幺，幺幺亦声。”许慎根据小篆的形体，误认为下部从“山”。“幽”字的本义为“昏暗”，如屈原《离骚》：“路幽昧以险隘。”这是说：道路昏暗不清而又很艰险。由此又可引申为“隐晦深奥”，如柳宗元《答韦中立论师道书》：“参之《离骚》以致其幽。”大意为：参照《离骚》而使之达到隐晦深奥。此后又可引申为“幽静”“幽情”，如王羲之《兰亭集序》：“一觞一咏，亦足以畅叙幽情。”

请注意：现在所说的“幽默”，是英语 humour 的译音，意思是说某人的语言或行为生动有趣，并且有较深的含义。但是，我国古籍中的“幽默”却是“寂然无声”的意思，如《楚辞·九章·怀沙》：“孔（很）静幽默。”大意为：非常寂静，没有任何声音。

① ② ③ ④

这是“绝处逢生”的“绝”字，本为会意字。①是金文的形体，用“刀”断“丝”，表示断绝。②是小篆的形体，左为“丝”，表形，右为“色”，表声，并且“色”的本义也是“断绝”，这就变成会意兼形声的字了。③是楷书繁体字。④为简化字。

《说文》：“绝（絶），断丝也。”可见“绝”字的本义为“断”“断绝”，如《淮南子·天文训》：“天柱折，地维绝。”这是说：擎天的大柱折了，系地的大绳也断了。由此可以引申为“极”，极美的女子称为“绝色”，如《拾遗记·吴》：“（孙亮）爱姬四人，皆振古绝色。”“极妙”亦称为“绝妙”，有“高超”之意，如《三国志·魏书·华佗传》：“佗之绝技，凡此类也。”

“断绝”的裂纹总是横的，所以“横渡”“穿过”也可称“绝”，如陆游《夜泊水村》：“老子犹堪绝大漠。”也就是说：老汉还能够横穿过大沙漠。

① ② ③

“丹心素节本无求。”这个“素”字本为会意字。①是金文的形体，其中间为白缯（丝织品）之形，下部两侧为双手，是表示双手执白缯。②是小篆的形体，双手被省掉了，其上部更像缯的下垂形，其下部的“丝”表示白缯是用丝织成的。③是楷书的写法。

《说文》：“素，白致缯也。”“素”的本义是致密而没有颜色的丝织品，如古诗《上山采蘼芜》：“新人工织缣（jiān，细绢），故人工织素。”大意是：新人擅长织细绢，故人擅长织白而细的缯。由“白缯”可以引申为“白的”“没有染色的”，如《礼记·玉藻》：“……天子素服，乘素车。”这是说：……天子穿素衣，乘坐不带颜色的车子。由此又可引申为“朴素”或“纯朴”，如陶潜《移居》：“闻多素心人。”意思是：听说很多人都是心地纯朴的人。

请注意：古籍中常有“素衣”一词，有时指古代礼服的白色中衣，有时指白色的凶服，有时指白色的衣服，多比喻清白的操守。到底为何义，要根据文意而定。

① ② ③ ④

“吾离群而索居。”这个“索”字本为象形字。甲骨文①就像一条大绳，上端像大绳三股分开的样子。②是楚帛书的形体，像双手搓绳的样子。③是小篆的形体，已发生了讹变。④为楷书的写法。

《说文》：“索，草有茎叶，可作绳索。”从甲骨文的形体看，“索”的本义就是“大绳”，如《小尔雅·广器》：“大者谓之索，小者谓之绳。”司马迁《报任安书》：“关木索，被箠（chuí）楚受辱。”大意是：戴上木枷，蒙受鞭刑的耻辱。“索”最初是狩猎或农事中的工具，因此又可引申为“求取”义，如杜甫《少年行》：“指点银瓶索酒尝。”由“求取”引申为“寻找”“搜索”，如《后汉书·杜林传》：“吹毛索疵。”《史记·秦始皇本纪》：“乃令天下大索十日。”“索”字又有“尽”义，如《韩非子·初见秦》：“士民病，蓄积索。”

① ② ③ ④

这是“夜以继日”的“继”字，本为象形字。①是金文的形体，像丝连续之形，故有“继”义。②是小篆的形体，左边又增加“糸”，右边仍为丝的接续。③是楷书繁体字。④为简化字。

《说文》：“继（繼），续也。”“继”字的本义为“连续”“接续”，如《离骚》：“吾令凤鸟飞腾兮，继之以日夜。”由此又可以引申为“继承”，如《荀子·儒效》：“工匠之子，莫不继事。”大意是：工匠的儿子们，没有不继承父业的。又可以引申为“延续”，如《晋书·刘聪载记》：“观渔于汾水，以烛继昼。”“延续”就有“增加”之义，所以“继”又有“增益”义，如《墨子·非命上》：“绝长继短，方地百里。”

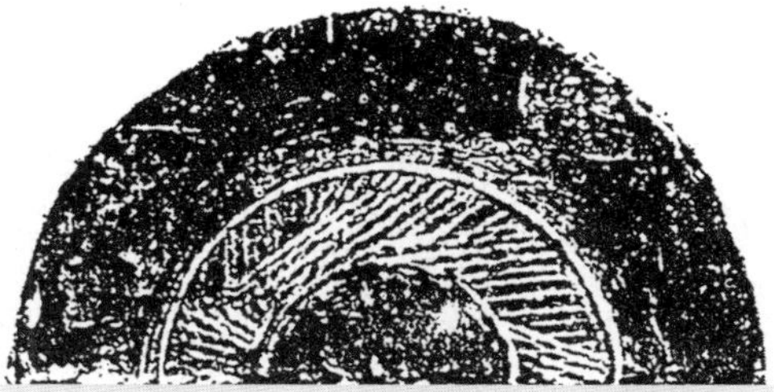

春秋绳纹瓦当

① ② ③ ④

这是“悬灯结彩”之“悬”字。金文①的左边是一棵树（木），其右是用一条绳索吊着一个人头，眼睛圆睁。小篆②则发生了较大的变化，其左是倒“首（头）”，还有弯弯曲曲的头发下垂,其右是个“系”字,表示“吊”的意思。③是楷书的写法，在小篆的基础上又增加了一个“心”字，表示“牵挂”或“提心吊胆”之意。小篆本为会意字，而现在变成一个上声（縣，县）下形（心）的形声字，这就复杂多了。④是简化字。

“悬”字的本义就是“吊挂”,如:“悬流飞瀑,近三百许步。”(《水经注·庐江水》)这是说庐山倒挂的飞流瀑布，有三百多步长。由“吊挂”之义又可引申为“牵挂”，如“悬心”“悬念”等。“牵挂”也往往与“遥远”有关，所以“悬”字又有“远隔”之意，如庾信的《拟咏怀》诗：“遥看塞北云，悬想关山雪。”由“遥远”之义又可以引申为“久延不决”的意思，如“悬案”等。

“悬河”本来是形容瀑布，如：“悬河注壑，二十余丈。”(《水经注·清水》)可是后世则多形容说话滔滔不绝或言辞流畅奔放，如“悬河泻水”“口若悬河”等。

① ② ③ ④

这是“率师夜袭”的“率”字，本为象形字。①是甲骨文的形体，中间为网形，其两侧的四点像水流下，可见“率”本为鱼网之形。②是金文的形体，四点外撇，像提网时水滴外溅。③是小篆的形体。④为楷书的写法。

《说文》:“率，捕鸟毕（畢）也。象丝网，上下其竿柄也。”“毕（畢)”是古时畋猎用的长柄网。许慎认为“率”为“鸟网”，其实是鱼网，由鱼网引申为鸟网倒是可能的。由“网”引申为“捕捉”，如张衡《东京赋》:“悉率百禽。”这是说：用网子捕捉各种禽（鸟兽的总称）。由“捕捉”可以引申为“带领”，如《左传·宣公十二年》:“率师以来，惟敌是求。”这是说：率领着军队前来，只是寻找顽敌。由动词“带领”可以引申为带兵的人,即“主将”,如《荀子·富国》:“将率不能则兵弱。”到了后世，在这个意义上均写作“帅”。

请注意:在《史记·商君列传》中有“有军功者，各以率受上爵”，这里的“率”为“标准”“规格”之义，必须读作 lǜ。现在还说效率、生产率、出勤率等。

①　②　③　④　⑤

“执辔赴疆场。”这个“辔”字读作pèi，本为会意字。①是甲骨文的形体，上部是“车”，下部是三条马缰绳，表示这一辆车套了三匹马。②是金文的形体，与甲骨文相似。③是小篆的形体，由缰绳形讹变为丝形，中间一条变为“口”，与“车”相连。许慎说：“軎(wèi)，车轴端也。”④是楷书繁体字。⑤为简化字。

骖车过桥，汉画像砖

《说文》：“辔，马辔也。”“辔”字的本义就是驾驭牲口所用的缰绳，如《诗经·郑风·大叔于田》：“执辔如组，两骖如舞。”大意为：拉着像丝带子一样的缰绳，两匹骖马飞驰就像跳舞。《诗经·秦风·小戎》：“四牡孔阜，六辔在手。”“孔”为“很”义，“阜”为“高大”义。诗的大意为：四匹公马高又大，六条马缰手中拉。

“辔头”是指马的笼头、嚼子之类，如《木兰诗》：“南市买辔头。”

士　部

①　②　③　④

这是“身先士卒”的“士”字，是个象形字。①是甲骨文的形体，像禾苗立于地上。②是周朝晚期金文的形体。③是小篆的写法。④为楷书的写法。后三种形体均在甲骨文的基础上增加一横。

“士”字的本义众说纷纭。《说文》：“士，事也。”许慎认为本义为“事”。《释名·释言》：“事，傳也；傳，立也。”《汉书·蒯通传》注：“东方人以物臿（插）地中为事。”所以吴承仕说：“事，谓耕作也。……盖耕作始于立苗，所谓插物地中也。人生莫大于食，事莫重于耕，故士为插物地中之事。”可见，“士”字即为插苗地中，而耕作插苗古为男子之事，所以“士”就引申为“男子”的美称，如《诗经·郑风·女曰鸡鸣》：“女曰鸡鸣，士曰昧旦。”“士”又可以引申为“兵士”义，如屈原《楚辞·九歌·国殇》：“旌蔽日兮敌若云，矢交坠兮士争先。”《吕氏春秋·简选》注：“在车曰士，步曰卒。”但后世则不分乘车或徒步，均称为士。至于王充《论衡·刺孟》里“有士于此”中的“士”，那是“仕”的通假字，指做官。

“士”是个部首字，在汉字中，凡是从“士”的字往往与男性有关，如“壻(婿)”字从“士”，《说文》解为：“夫也。”“壮”字从“士”，《礼记·曲礼》解释说：“三十曰壮，有室。”“有室”即有妻，也是指男子。《说文》《康熙字典》等多数汉语工具书的“士”部与“土”部分立，但《辞海》则将“士”部合进“土”部。

宀 部

① ② ③ ④

半坡村的房屋复原图，新石器时期

这是个“宀”(mián 棉）字，在古代就是代表房子的意思。甲骨文①和金文②都有房子的样子。小篆③则变成圆顶房子了，真像辽阔草原上的“蒙古包”。楷书④就不太像房子了。

“宀”字的本义就是房屋。许慎的《说文解字》说：“交覆深屋也，象形。”这话是对的。

“宀”字是个部首字，通常称为“宝盖头”，一般不单独使用。

在汉字中，凡由“宀”所组成的字大都与房屋有关，如“室”“宅”“家”等。

① ② ③ ④

这是“六合同春”的“六”字，原为象形字。甲骨文①很像房舍的侧视形，两

半坡遗址的房屋（想象图）

旁有房檐突出。②是金文的形体，与甲骨文基本相似。③是小篆的写法，已失去房屋之形。④是楷书的写法。

“六”字的本义为“房舍”，与“宀”是一个字。而《说文》解“六”为“从入从八”，这是依据小篆的形体分析而致误。后来“六”字当“房舍”讲的本义消失了，而被假借为数目字用了，如“六月飞霜”等。

请注意：“六”字当山名和市、县名用时，则大都读作 lù，如“六安”（市名，在安徽省）、“六合”（区名，在江苏省）。

① ② ③ ④ ⑤

这是“家安邦宁苍生乐”诗句中的“宁”字，原是个会意兼形声字。①是甲骨文的形体，像在一个房间内放置了一个器皿表示很稳重很安宁的意思。下面“丁”字是表示读音的，因为“丁”与“宁”音近。到了金文②则在“皿”上增加了一个“心”，这是表意部分，“心安”就是“安宁”的意思。正如朱芳圃先生所说：“古人以心为形之主，心安则形静，故金文增心为义符。”（《殷周文字释丛》）③是小篆的形体，与金文相类似。④是繁体字，直接由小篆楷化而来。因为这个字笔画繁多，书写不便，所以形体⑤就截取上下两头，产生了新简化字“宁”。

“宁”字的本义就是“安宁”，如柳宗元《捕蛇者说》：“虽鸡狗不得宁焉。”大意是：即使是鸡狗也都不得安宁。《史记·陈涉世家》：“王侯将相宁有种乎？”这里的“宁”字，就不是“安宁”的意思了，而是当疑问副词用，即有“难道”之意。其意思是：王侯将相难道说是天生的吗？

请注意：在古代还有一个“宁”（zhù 注）字，也可写为“贮”“伫”，是贮藏、积聚的意思。它与“安宁”之“宁”没有任何关系，只是形体相同。

① ② ③ ④

这个“宁”（zhù 注）字是个象形字。甲骨文①像贮藏东西的处所，四周是墙壁。②是金文的形体，基本上与甲骨文相同。小篆③变得更为美观，好似一个六边形的仓室。④是楷书的写法。

“宁”的本义是指贮藏东西的地方。《说文解字》说：“宁，辨积物也。”由此义又引申为古代群臣朝见君主之处，即殿上屏风与门之间的地方，如《礼记·曲礼》：“天子当宁而立，诸公东面，诸侯西面。”这就是说：在群臣朝见天子的时候，天子立于宁中，诸公则面朝东而立，诸侯则面朝西而立。

“宁”本与“贮藏东西”有关，既然是“东西”就往往有“贝”字作为组成部分。所以后来就在“宁”的左侧增加了表意的“貝”字，这就变成了左形（貝）右声（宁）的形声字“貯”了。“宁”算是古字，“貯”算是今字。后世凡是“貯藏”义均写作“貯”，而不写“宁”了。“貯”字后来又被简化为“贮”，这正是今天的写法。

至于“宁夏”“安宁”的“宁”字，那与“宁（zhù 注）”字毫无关系，音、义均不相同。“宁（níng）”字是“寧”字的简化字，当“平安”“安定”讲，如《易经·乾》：“万国咸宁。”就是万国都安定的意思。“安宁”的“宁”字还可以读作nìng（拧，去声），如《楚辞·渔父》：“宁赴湘流，葬于江鱼之腹中。”也就是说：宁愿跳进湘水，葬在鱼的腹中。

① ② ③ ④

这个“向”字，本为象形字。甲骨文①就像一座房子，在墙壁上开了一个窗子。金文②和小篆③都同于甲骨文。④是楷书的形体，已经看不出房子的墙壁上有窗户的形象了。

“向”字的本义是朝北的窗户。《诗经·豳风·七月》：“塞向墐户。”也就是说，把朝北的窗子塞好，把门缝堵好，准备过寒冬了。从这个本义又引申为“方向”或“朝向”的意思，如《史记·项羽本纪》：“沛公北向坐，张良西向侍。”后又远引申为“从前”之义，如司马迁《报任安书》：“向者仆常厕下大夫之列。”“仆”是古人谦虚的自称，相当于“我”，“厕”在古代多当“置身于”讲。这话的大意是：从前我常置身于大夫之列。

《史记·游侠列传》：“向其利者为有德。”这个“向”字是什么意思呢？其实这是“享受”之“享”的假借字，原意是：享受其利的算是有德的。

① ② ③ ④

“方宅十余亩，草屋八九间。”这个“宅”字本为形声字。甲骨文①就像一座房子，中间像“十”形的部分为“乇（zhè）”字的初文，表声。②是金文的形体，与甲骨文基本相似。③是小篆的写法。④为楷书的写法。

《说文》：“宅，所托也。”这是对的。这也正如《尔雅》所说：“宅，居也。”《玉篇》也说：“人之居舍曰宅。”可见“宅”字的本义就是“住所”“住处”，如《韩非子·诡使》：“无宅容身。”“宅”本为名词，又可以引申为动词，当“居住”讲，如《尚书·禹贡》：“四隩既宅。”就是说：四方可居住的土地。

请注意：《礼记·杂记上》中所说的“大夫卜宅与葬日”里的“宅”字，若理解为“住所”，那就错了。这里的“宅”是指“葬地”或“墓穴”。大意是：大夫选择墓地和下葬的时间。

① ② ③

在《墨子·公输》中说：“宋莫能守，可攻也。”这也就是说，宋国没有办法防守，可以攻取。为什么“守”字要这样写呢？你看金文①外面是房屋，屋内有一只大手，这就有“防守”或“把持”之意，所以“守”字是个会意字。小篆②屋内是个“寸”字，实际上古代的“寸”字也完全是“手”形，所以小篆②是直接由金文①演变而来的。③是楷书的写法，同于小篆的形体。

“守”字的本义为“防守”，后又引申为“守候”之意，如《韩非子·五蠹》：“守株，冀复得兔。”也就是说：守候在树下，希望再得到一只兔子。这就是成语“守株待兔”。

阅读古籍，常遇到“守拙”一词，你若认为这是“安于笨拙”或“守住笨拙”之意，那就全错了。在古代，封建士大夫自诩清高而不外出做官，这就叫“守拙”，如陶渊明《归园田居》：“开荒南野际，守拙归园田。”

① ② ③ ④

在陆游的《东阳道中》诗中有“先安笔砚对溪山”一句。这里的“安”字是“安放”之义，并非“安”字的本义。从甲骨文①看，“安”字的外面是一座房子，房中坐着一位面朝左的女子，把房门一关，真是既平安又舒适，“女居室中为‘安’”。金文②也是室中有一女,可见“安”字是个会意字。小篆③的形体也同于甲、金文字。④是楷书的写法，“宀”下有一“女”。

“安”的本义是“平安”，如《荀子·王霸》：“国安则无忧民。”就是说：国家平安了,则老百姓也就无忧无虑了。后又可引申为“习惯于”，如《汉书·艺文志》:“安其所习，毁所不见。”

“安身”就是容身、立足的意思，如《三国演义》中所说的：“取彼荆州为安身之地。”但是你可不能类推，如《左传·昭公元年》：“君子有四时：朝以听政，昼以访问，夕以修令，夜以安身。”这里的“安身”是当“休息”讲。有时“安”字还可当疑问代词用，如《史记·陈涉世家》：“燕雀安知鸿鹄之志哉？”这是说：小燕雀怎么能知道大雁的宏志呢？这个“安”可当“怎么”讲，与“安”字本义无关，这是个假借字的问题。

① ② ③ ④

“汉儒专言训诂，宋儒专言义理。”这个“宋”字本为会意字。①是甲骨文的形体，其外为房屋形，屋内有木支撑。②是金文形体，与甲骨文相似。③是小篆的形体，与金文极相似。④是楷书的写法。

《说文》：“宋，居也。从宀从木，读若送。”可见“宋”字的本义与“家”字的本义相似，都是居住的地方。这个本义后来消失了，被借为周代的诸侯国名，在今河南商丘一带。后又做朝代名，如北宋、南宋等。现在广泛用作姓。

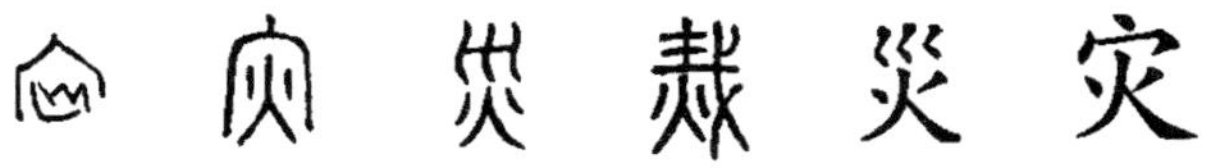

①　②　③　④　⑤　⑥

“灾异数见，不可不忧。”这个“灾”字本为会意字。甲骨文①的外部是房屋之形，内部是“火”，火焚房屋为“灾”。②是《说文》中的或体字，实际就是从甲骨文演变而来，本为正体，《说文》却误为或体。③是“灾”字的籀文形体，上部的“川”字中间有一横，表示川被堵塞就要决口成灾，下部又有“火”，水火无情，当然更是灾害之意。④为小篆的形体，变成一个形声字了（“火”为形，其余的部分为声）。⑤是楷书体，是由籀文演变而来，成为后世的书写正体了。⑥为当今的简化字，实际上是甲骨文形体的借用，仍表示火烧房屋，是会意字。

《说文》认为“烖”就是“天火”。实际上“灾”字的本义是“火灾”，如《左传·桓公十四年》：“御廪灾。”也就是说：一定要防备粮仓着火。后来又指“天灾”，如《汉书·食货志下》：“古者天降灾戾（恶气）。”这是说：古时天降灾难。后来“灾”的含义扩大，泛指一切灾害，如水灾、风灾、雹灾、旱灾、虫灾等等。

①　②　③　④

“万变不离其宗。”这个“宗”字本为会意字。①是甲骨文的形体，外部是房舍，其内有祭祖的灵石，表示这里就是宗庙。②是金文的形体，房舍之内是“示（灵石）”，仍为祭祖之义。③是小篆的形体。④为楷书的写法。

《说文》：“宗，尊祖庙也。”如《诗经·大雅·凫鹥》：“既燕（宴）于宗。”这是说：已经在祖庙宴饮。由此又可以引申为“祖宗”，如《左传·成公三年》：“使嗣宗职。”大意是：使我继承祖宗传下来的职位。后又引申为“宗族”，如《史记·秦始皇本纪》：“车裂以徇，灭其宗。”“徇”是对众宣示。也就是说：车裂其身以示众，并灭掉了他的宗族。上古以宗为本，所以“宗”也能当“本”“主旨”讲，如《老子》：“言有宗。”这是说：言论要有所本。

“宗师”一般是指受人尊崇、奉为师表的人，如“一代宗师”。但《汉书·平帝纪》中所说的“宗师”却为官名，这种官掌管宗室子弟的训导。

① ② ③ ④

这个“官”字是个会意字。甲骨文①的外部是“宀”，即上古的屋形，其内是“弓”。“弓”与“王（斧）”类似，在古代均为有镇压之权的标志。可见屋内挂“弓”，是表示权威之所在，也就是“官府”的意思。②是金文形体，与甲骨文很相似。③是小篆的形体，屋内之“弓”已经变得不像了。④是楷书的写法。

执钺小吏，汉画像砖，河南唐河县出土

“官”的本义是“官府”，如柳宗元《童区寄传》：“愿以闻于官。”就是说：希望把这件事报告给官府。后来从“官府”的本义又引申为“官位”或“官职”等，如《荀子·正论》：“量能而授官。”也就是说，根据一个人的才能的大小而授予官职。后来又可引申为“官吏”义。王充在《论衡》中说：“百官共职于下。”以上的“官”字全是做名词用，但在古书中也有“使动”用法，即“使……做官”之义，如曹操在《论吏士能行令》中说：“故明君不官无功之臣。”大意就是，圣明的国君是不任用那些无功之臣做官的。

值得注意的是，在两汉以前，“官”与“吏”的概念是不同的：“官”一般是指行政机关或指职务，“吏”则是专指“官吏”。比如荀况的著作中所提到的“官人”，就是指政府里的人，“官”的本身并没有官员的意思。可是到了汉朝以后，“官”就不是指行政机关了，而多指一般的官员，“吏”则是指低级的官员。当然，“官”字的行政职务的意义还在沿用。

① ② ③ ④

这是“一筹定乾坤”的“定”字。甲骨文①的外面是个房子，房内上为“口”下为“止”（脚），其实就是个“正”字。“正”字的本义就是脚站得端正，不偏不斜。那么在室内不偏不斜即为“安定”或“定居”之义，可见“定”字也是个会意字。金文②的形体则同于甲骨文，只不过“正”上的“口”变成了实心的，其义未变。③是小篆的写法，室中就是个“正”字。④是楷书的写法，“宀”下的“正”字变成了“疋”了，形体有所改变，但其义仍未变。

“定”的本义是“安定”或“平定”，如《诗经·小雅·节南山》：“乱靡有定。”就是说战乱还没有平定。后又引申为“决定”或“肯定”，如《荀子·解蔽》：“吾虑不清，则未可定然否也。”大意是：我还没有考虑清楚，还没有肯定可否。

“定情”一词在古代则往往指男女结合成为夫妻，汉朝繁钦有《定情诗》，唐朝乔知之有《定情篇》，都指结婚。

①　②　③　④　⑤

“欲把西湖比西子，淡妆浓抹总相宜。”这个“宜”字本为象形字。①是甲骨文的形体，其外形就像古代祭祀时盛牛羊等祭品的礼器，中间的两个“A”字形代表祭品（牛羊肉）。②是金文的形体，较甲骨文复杂了一些。③是《说文》中古文的写法，其外部变为“宀”字，像一个罩子。④为小篆的形体，较前者简单了一些。⑤为楷书的形体。

《说文》：“宜，所安也。从宀之下，一之上，多省声。”许慎所谓的“所安也”，并非“宜”字的本义，而是引申义。“宜”本为用牲之法，后转为祭名，如《尚书·泰誓传》：“祭社曰宜。”祭品是美味佳肴，故引申为此义，如《诗经·郑风·女曰鸡鸣》：“与子宜之。”大意是：给您美味佳肴。由合乎口味的佳肴又可引申为“合适”，如王符《潜夫论·相列》：“曲者宜为轮。”这是说：弯曲的适合做车轮。由“合适”又可以引申为“应该”，如诸葛亮《前出师表》：“不宜妄自菲薄。”也就是说：不应该过分地看轻自己。柳宗元《非国语下·命官》：“官之命，宜以材耶，抑以姓乎？”也就是说：要任命官吏，应该看他的才能大小呢，还是看他姓什么（指出身什么门第）？

①　②　③　④　⑤

这个“宝”字较复杂。甲骨文①上部是一座房屋，屋内有“貝”有“王”（“王”是大斧头，代表政权）。这就是说，当时认为有“权”有“貝”是最可宝贵的。可见这是个会意字。金文②又在甲骨文的基础上增加了“杵”和“臼”之类的舂米用具，这是生活的必需品，所以都是“宝贝”。③是小篆的形体，“王”和“貝”都在，只是把“杵”和“臼”变成了“缶”字。④是楷书的写法，基本上同于小篆。⑤是简化字，“宀”（屋）内有“玉”就是“宝”，这就成了一个新的会意字。

“宝”字本义当“宝贝”讲，后来对美玉也总称“宝”，比如《国语·鲁语上》：“以其宝来奔。”这个宝即“玉”。古时银钱货币亦称“宝”，如“元宝”“通宝”等等。

旧时在给朋友写信时，常用“宝眷”一词，这是对他人家属的敬称。

① ② ③ ④

“传闻之事，恒多失实。”这个“实”字本为会意字。①是金文的形体，其上部为“宀”，即房屋之形，屋内有“贯（钱财）”。②是小篆的形体，与金文形体相似。③是楷书繁体字。④为简化字。

《说文》：“实（實），富也。从宀从贯（貫）。”“实”字的本义应为“充实”或“充满”，如《商君书·去强》：“仓、府两实，国强。”大意是：粮仓和钱库都充实，那么国家就强盛。果子是饱满的，所以由“充实”又可以引申为“果实”“种子”，如鲍照《梅花落》：“念其霜中能作花，露中能作实。”由此又可以引申为“真实”“不虚”，如《汉书·司马迁传》：“不虚美，不隐恶，故谓之实录。”王充《论衡·问孔》：“世之儒生不能实道是非也。”这是说：世上的儒生不能诚实地说出是与非。“实”字远引申义，就是做副词用，表示“的确”“确实”，如《史记·李斯列传》：“实无反心。”也就是说：确实没有反叛之心。

请注意：“实际”与“实质”的含义是不同的。“实际”是指客观事物真实的情况，也指人们的行动，即实践；“实质”是指本质，即事物、论点或问题的实在内容。

① ② ③ ④

这是“审时度势”的“审”字，本为会意字。①是金文，上为屋形，中间的“釆”是“辨别”之意，其下从“口”表“审讯”，总之该字为“屋中行审”的意思。②是小篆的形体，中间变为“番（蹯）”字。“番”本为野兽足迹之形，古人据野兽的足迹而辨别之，故亦有“审察”之意。③为楷书繁体字。④为简化字，由会意变为形声。

《说文》：“宷，悉也，知宷谛也。”这是对的。可见“审”的本义为“审察”“细究”，如贾谊《治安策》：“莫如先审取舍。”大意是：不如先搞清楚该取什么该舍什么。

要审察就应详尽细密，所以“审”字又可以引申为“周密”，如王充《论衡·问孔》：“用意详审。”蔡邕《贞定直父碑》：“其接友也，审辨真伪，明于知人。”由此又可以引申为“慎重”，如《淮南子·人间训》：“不如择趋而审行之。”也就是说：不如选择趋向而慎重地行动。审察要有结果，所以“审”字可以引申为“果真”“确实”，如《汉书·王商传》：“审有内乱杀人。”也就是说：果真有内乱杀人之事。

① ② ③ ④

“渭城朝雨浥轻尘，客舍青青柳色新。”这个“客”字本为会意字。①是甲骨文的形体，郭沫若认为是“客”之古字，上部的外面是房屋之形，屋内右边有一个面朝左的人，其左边有一只大脚，表示外人到了的意思。②是金文的形体，房内变为“各（格）”字，为“到达”之义，仍表示外人到了的意思。③是小篆的形体，与金文相似。④为楷书的写法。

《说文》：“客，寄也。从宀各声。”许说不妥。因为“寄”是引申义。“客”字的本义是“自外而来的人”，如《史纪·秦始皇本纪》：“李斯上书说，乃止逐客令。”大意是：李斯上书劝说皇帝，要停止执行驱逐外来人的命令。由此而引申为“寄居他乡的人”为“客”，如杜甫《羌村三首》：“柴门鸟雀噪，归客千里至。”因杜甫长期寄居他乡，现已归故里，所以称“归客”。由“外来人”之义又可以引申为“客人”，如《古诗十九首》：“客从远方来。”

请注意：“客气”现指“谦让”“有礼貌”。可是古代的“客气”，多为“虚骄之气”或“假心假意”，如《左传·定公八年》：“虎曰：‘尽客气也。’”意思是：阳虎说，都是假心假意的。

① ② ③ ④

“室雅人和。”这个“室”字本为会意兼形声的字。甲骨文①的上部为房屋之形，其内为“至”，既为读音，也表示“止息”之义。②是金文的形体，与甲骨文甚似。③是小篆的形体。④为楷书的写法。

《说文》：“室，实也，从宀至声。室、屋皆从至，所止也。”许慎说“从宀至声”，可见“室”为形声字；但又说“所止也”，“室”又是会意字。其实原话应改作“从宀从至，至也声”。“室”字的本义为“房屋”，如《诗经·小雅·斯干》：“筑室百堵，西南其户。”大意是：建造的房屋百堵墙，西南各有它的门窗。由“房屋”可以引申为“房间”“内室”，如《后汉书·陈蕃传》：“尝闲处一室，而庭宇芜秽。”由此又可以引申为“家”，如杜甫《石壕吏》：“室中更无人，惟有乳下孙。”由“家”又可以引申为“妻”“妻室”，如《礼记·曲礼上》：“三十曰壮，有室。”所谓“有室”，就是娶了妻。

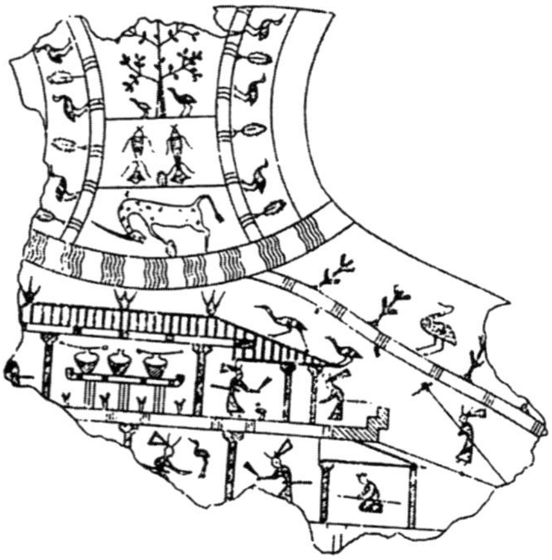

战国刻纹铜缶纹样，下方展现了当时室内生活的情景

请注意：《诗经·唐风·葛生》：“百岁之后，归于其室。”这里的“室”是指“坟墓”。这句诗的大意是：熬到百年之后，来到你的墓穴和你同眠。

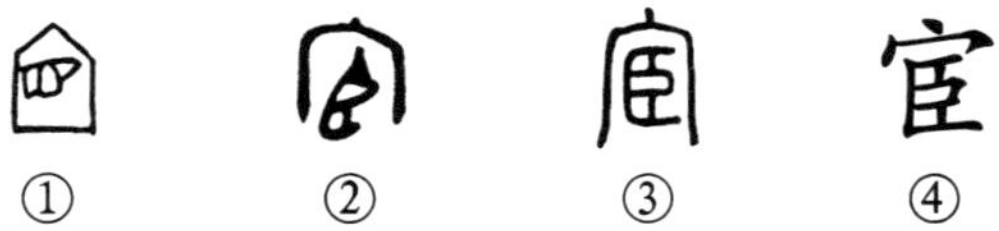

“宦海风波，实难久恋。”这个“宦”字读作huàn，本为会意字。①是甲骨文的形体。外面像宫室外部轮廓，与“宀”同。“臣”“目”初本一字，“臣”为奴隶，这就表示室内是奴隶。②是金文的形体，从“宀（房屋形）”从“臣（竖目形）”。③是小篆的形体，与金文极相似。④是楷书的形体。

《说文》：“宦，仕也。从宀从臣。”当“仕”讲应是“宦”字的引申义，并非本义。“宦”的本义应为“帝王的奴仆”，如《国语·越语上》：“卑事夫差，宦士三百人于吴。”大意是：低贱地去侍奉吴王夫差，送了三百人给吴国当奴仆。由“奴仆”可以引申为“管家”，引申为“做官”，如《儒林外史》：“宦海风波。”所谓“宦海”，就是指旧时官场有险恶，就像在海浪之中沉浮不定。由“做官”又可以引申为“宦官”，如《新唐书·李石传》：“方是时，宦寺气盛。”所谓“宦寺”，就是指宦官。原话的大意是：正在这时，宦官专横。又如《三国志·蜀书·后主传》：“宦人黄皓（hào）始专政。”也就是说：宦官黄皓开始掌握政权。

请注意：另有个“宧（yí）”字，指房屋的东北角，与“宦”字形体近似，不可混淆。

① ② ③ ④ ⑤

“高髻云鬟宫样妆，春风一曲杜韦娘。”这个“宫”字本为会意字。甲骨文①的外形像一座房子，内部的两个“口”表示内部有几个房间，正如罗振玉所说：“象有数室之状。”②是金文的形体，与甲骨文极为相似。③是小篆的形体。④为楷书异体字，⑤为楷书规范体。

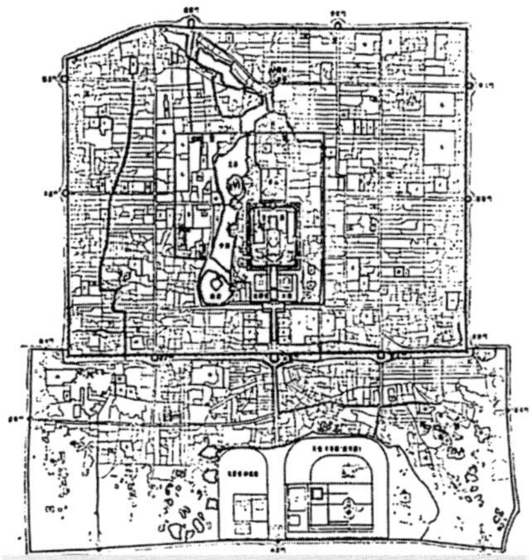

北京紫禁城平面图

《说文》：“宫，室也。”“宫”字的本义为“室”，如《墨子·号令》：“父母妻子，皆同其宫。”《尔雅·释宫》：“宫谓之室，室谓之宫。”后来则专用为帝王的“皇宫”“宫殿”，如王建《宫词》：“宫人早起笑相呼，不识阶前扫地夫。”所谓“宫人”，就是宫殿中的“宫女”。“宫”亦可当“宗庙”讲，如《诗经·召南·采蘩》：“于以用之？公侯之宫。”大意是：什么地方用着它？公侯的宗庙要用它。

“宫刑”亦称为“腐刑”，即割去男子的生殖器、破坏妇女的生殖功能或禁闭于宫中，如司马迁《报任安书》：“诟（gòu）莫大于宫刑。”也就是说：耻辱没有比宫刑更厉害的了。

请注意：“室”与“宫”上古无别，后世“宫”专指宫殿，“室”则指房舍之内的房间。

① ② ③ ④

这个“宰”字也是会意字。甲骨文①在“宀”（屋）内有“辛”，“辛”字本为平头刀之形，也就是说在屋内以刀操劳即为“宰”，所以“宰”本为奴隶。②是金文的形体，没有什么变化。③是小篆的形体，笔画较甲、金文多了几笔。楷书④是直接由小篆演变而来的。

“宰”的本义是“奴隶”。后来奴隶头也称“宰”，又引申为帮助国君管理朝政的即为“宰相”（“宰辅”一般亦指“宰相”）。“宰官”你可别认为是“宰相”，其实一般的官员都可以称为“宰官”，如苏轼的《纵笔》诗：“父老争看乌角巾，应缘曾观宰官身。”不过到了后世，县令亦可称“宰官”。要操劳家务，古代就免不了要杀猪宰羊，所以宰也有“杀”义。颜师古注《汉书》说：“宰，为屠杀也。”厨夫也可以称为“宰夫”。

请注意：“宰”字是“宀”下从“辛”，而不是从“幸”，可不要写错了。

① ② ③ ④

汉瓦当中的“家”

贺知章的名诗《回乡偶书》“少小离家老大回”，这个“离家”当然是指“人”离家了。可是甲骨文①却以“屋内有豕（猪）”为“家”。从这个字可以看出，在上古人们的牧业是从养猪开始的，可见猪对人之重要。“家”字是个会意字，你看金文②那就更形象了，外面是屋，屋内有一只头朝下的猪。小篆③是屋内有“豕”（猪）。④是楷书的写法，与小篆大体相同。

“家”的本义即家庭。《韩非子·显学》：“儒者破家而葬，服丧三年。”这是说：儒家主张倾家荡产举行丧礼，守孝三年。“家”字有时也作谦称，如和外人谈起自己家中的长辈，则称家兄、家父（或家尊）等。

“家法”本为族权下家长用来统治家族的法规，后来则引申为家长责打奴仆或子女的用具，如：“叫丫鬟取家法过来，待我赏他个下马威。”（李渔《蜃中楼·抗姻》）至于“一回家和衣睡，一回家披衣坐”（《西厢记》）里的“家”是个虚字，“一回家”即“一会儿”的意思。

① ② ③ ④ ⑤

这是“宾至如归”的“宾”字，本为会意字。甲骨文①的外部是房屋之形，中间跪着一个人，人下有“止（脚）”，表示走进来祀神之意。②是金文的形体，其下部又增加了“贝”。③是小篆的形体，发生了较大的讹变。④为楷书繁体字的形体。⑤为简化字。

《说文》："宾（賓），所敬也。""敬"为"宾"字的引申义，而本义应为"祀神"。卜辞中有"王宾"的话，也就是"王来祭天"之意。由"祀"可以引申为"敬"，对客有敬意，故能引申为"客人"，如《荀子·礼论》："宾出，主人拜送。"《仪礼·士冠礼》："主人再拜，宾答拜。"后又可引申为"服从"或"归顺"，如《史记·五帝本纪》："诸侯咸来宾从。"也就是说：诸侯都来归顺。"宾"字还可以当"排斥""抛弃"讲，实为"摈"字的假借字，如《庄子·徐无鬼》："先生居山林……以宾寡人。"

请注意：古代的"宾"与"客"有别，"宾"多指"贵宾"，"客"为"一般的客人"，或指"门客""食客"等。

① ② ③ ④

这是"夜宿荒滩头"的"宿"字，是一个会意字，很像一幅画。你看甲骨文①的外面就是一座房屋的形象，屋内的右边是一条席子，席子的上面仰面躺着一个人，这是表示住宿的意思。金文②的各组成部分同于甲骨文，只是席子变成了三角形，人与席子调换了一下位置，但意思没有变。小篆③的席子变成了"百"，没有象形的样子了。④是楷书的形体，它是直接由小篆变来的。

"宿"字的本义就是住宿，如《荀子·儒效》："暮宿于百泉。"后来由"住宿"又引申为"夜"，如贾思勰《齐民要术·水稻》："净淘种子，渍（zì字）经三宿。"这就是说：把稻种淘净以后，再泡三夜。"夜"本身就含有过去了的意思，所以"宿"字又可以引申为"素来就有"的意思，如"宿愿""宿志"。《战国策·魏策二》："田肦，宿将也。"这个"宿将"就是有经验的老将。

不过还要注意：如果说"星宿""二十八宿"的"宿"字，那只能读xiù（秀）。另外，说"我住了一宿"，就可以读xiǔ（朽），相当于"宵"字。

① ② ③ ④

这是"寅吃卯粮"的"寅"字，本为象形字。①是甲骨文的形体，就像一支箭（矢）形。②是金文的形体，矢变得复杂了一些，左右为两只手，表示用双手奉矢之形。③是小篆的形体，箭头讹变成"宀"，完全失去了双手奉矢之形了。④为楷书的写法。

《说文》："寅，髌也。正月阳气动，去黄泉，欲上出，阴尚强也。象宀不达，髌寅于下也。"这段话牵强附会，迂曲难解。"寅"字的本义是"箭"或"双手奉矢"。

箭有“射进”义，所以《尔雅·释诂》:“寅，进也。”由“进”又可以引申为“进礼”“虔敬”之义，如《尚书·无逸》：“严恭寅畏。”“寅畏”即“敬畏”义。

古书中常见“寅吃卯粮”的话。农历以干支纪年，“寅”是地支的第三位，“卯”是地支的第四位，寅年就吃了卯年的粮食，比喻入不敷出，预先借支，如《官场现形记》第十五回：“就是我们总爷，也是寅吃卯粮，先缺后空。”

“寅”字被借为地支用字之后，则完全失去了本义。又可指十二时辰之一“寅时”，即凌晨三时至五时。

① ② ③

这是“宜将剩勇追穷寇”的“寇”字。①是甲骨文的形体，外面是一座大房子，里面的左边是面朝左站着的一个人，右边的“支”就是一只手举着有杈的棍子（或鞭子）打人，这种关起门来行凶的人不是好人，所以称为“寇”，如“匪寇”“盗寇”等，可见“寇”字是个会意字。②是小篆的形体，也还能看出在房内打人的意思。但是到了楷书③就大变样了。

从上面的字形分析可以得知，“寇”字的本义是“盗匪”的意思。但是我们必须注意，古代为反抗统治阶级而起来闹革命的劳动人民，也往往被诬蔑为“寇”，如：“大臣背叛，民为寇盗。”（《左传·僖公十九年》）从“寇盗”又引申为入侵者，如杜甫有一首《复愁》诗，其中有“万国尚防寇”一句，这里面的“寇”字就是指入侵者。抗日战争时，中国人民对日本侵略军就称“日寇”。

有人把“张冠李戴”写成“张寇李戴”，这是由于不了解两个字的区别。其实，“冠”字上部的“秃宝盖”在甲、金文字中就是人的帽子形，下面的“元”也是“人”形，其中的“寸”就是“手”形，是以手拿帽子给人戴的意思。所以“冠”的本义就是帽子，它与“寇”字的形、音、义完全不同。

① ② ③

“耿耿不寐，如有隐忧。”这个“寐”字本为会意兼形声的字。甲骨文①的外部是房屋之形，内部有一个人，表示在室内睡觉。根据罗振玉的分析，其内的“木”表示该字的读音。②是小篆的形体，其内部的就寐之人变为睡床之形，“木”讹变为“未”，有床则有“睡觉”义。③是楷书的形体。

《说文》:“寐，卧也。”“卧”本是“趴下”义，由此可引申为“睡觉”义。“寐”字的本义更准确地说应是“睡着了”，如《诗经·邶风·柏舟》：“耿耿不寐，如有隐忧。”大意是：心情不宁难入睡，胸中隐藏无限忧愁。《诗经·卫风·氓》:“夙兴夜寐，靡有朝矣。”这是说：起早又晚睡，没有一朝能休息。

在古籍中常见“假寐”一词，这是指不脱衣服坐着打盹，如《左传·宣公二年》：“尚早，坐而假寐。”这是说：离上朝的时间还早，（赵宣子）便穿着官服坐着打盹。

请注意：在上古睡、寐、眠、卧、寝的含义不同。“睡”是坐着打盹，相当于“假寐”；中古以后“睡”指睡觉，与“寝”同义。“寐”是睡着了。“眠”的本义是闭上眼睛，可以引申为睡眠。“卧”本指趴在几上睡觉，可引申为躺在床上，不一定睡着。“寝”是躺在床上睡觉，也可指病人躺在床上，不一定睡着。

① ② ③

这是“深秋鸣寒蝉”的“寒”字。“寒”字在甲骨文中尚未发现。金文①的形体结构较为复杂，其外部是一个房屋，屋内的中间是面朝左站着的一个人，一只大脚踩着两块冰（即两横），真是寒从脚起，虽然在人的周围塞上了四把草，这又能挡住多少寒气呢？小篆②是继承金文的写法，各个组成部分也基本上没有什么变化。③是楷书的形体，变得完全走样了。

“寒”的本义就是“寒冷”，如《荀子·劝学》:“冰，水为之，而寒于水。”大意是：冰是水凝结成的，但它却比水寒。寒能使人发抖，而忧惧也能使人发抖，所以“寒”字亦有“害怕”义，如《战国策·秦策四》：“梁氏寒心。”也就是说：梁氏（魏国）很害怕。逢贫必寒，所以“贫困”也可以称“贫寒”，如《史记·范雎蔡泽列传》:“范叔一寒如此哉！”“寒玉”一词是古代常用的，泛指美玉。但是李群玉的《引水行》“一条寒玉走秋泉”中的“寒玉”也当“美玉”讲吗？错了。这里的“寒玉”是指“水”。“仪冠凝寒玉”中的“寒玉”又是什么意思呢？这里却是指清俊的容貌。

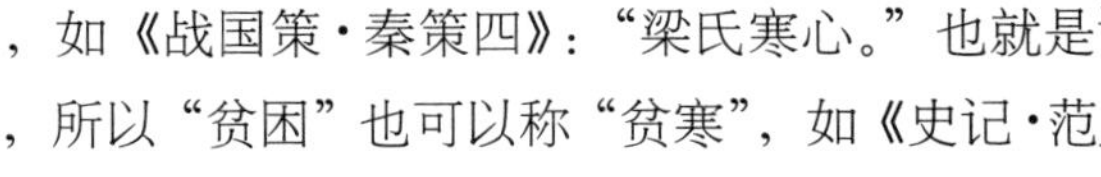

① ② ③ ④ ⑤ ⑥

“寝兴目存形，遗音犹在耳。”这个“寝”字本为会意字。①是甲骨文的形体，外部是房屋之形，内部有一把扫帚，表示扫净卧室而就寝。②是金文的形体，与甲骨文相似。③是小篆的形体，室内除了手（又）持扫帚之外，又增加了“人”，“就寝”之义甚明。④是楷书的形体。⑤为楷书异体字，将“人”换成了“爿”。同样为“就寝”之义。⑥为简化字。

《说文》：“寑，卧也。”“寝”字的本义为“卧”“就寝”，如《诗经·小雅·斯干》：“下莞上簟，乃安斯寝。”大意是：下有蒲席，上有竹簟，于是可以安稳地就寝。诸葛亮《后出师表》：“寝不安席，食不甘味。”由“卧”可以引申为“横躺着”，如《荀子·解蔽》：“见寝石，以为伏虎也。”“寝”亦可做“寝室”解，如蒲松龄《聊斋志异·画皮》：“乃以蝇拂授生，令挂寝门。”这是说：于是将驱蚊蝇的掸子交给王生，叫他挂在寝室的门上。因为“寝卧”而停止了活动，所以可以引申为“息”“止”义，如王褒《四子讲德论》：“秦人寝兵。”也就是说：秦国停止了军事行动。

另外，“相貌丑陋”古亦可称“寝”，如《新唐书·郑注传》：“貌寝陋。”这是说相貌难看。

① ② ③

这是“寡不敌众”的“寡”字，是个会意字。你看了甲骨文①的形体，也许就会了解个大概的意思：外面是一座房子，里面只有一个人（头上还长着长头发，有身子和手臂），这当然就有“少”的意思了。小篆②则把房内之“人”变得更复杂了，变成了上“頁”下“分”。③是楷书的形体，是由小篆变来的，从组成的各个部分来说，基本上没有变化。

“寡”字的本义就是“少”，如《商君书·农战》：“夫农者寡，而游食者众，故其国贫危。”这个“寡”字就是“少”的意思。房内只有一个人为寡，所以老而无夫的人亦称为“寡”，如《墨子·辞过》：“振孤寡。”“振”同“赈”，就是“救济”的意思。这句话也就是说救济孤寡之人。

由“少”义也可引申为古代君主的自称，或者臣子对他国的国君称自己的国君，如寡人、寡君、寡小君等。

请注意：“寡”与“少”是同义词，“少”和“多”相对，而“寡”的词义更广一些，它除了与“多”相对外，还可以与“众”相对。“少”字一般则不与“众”相对。

夕 部

① ② ③ ④

“夕阳无限好，只是近黄昏。”这个“夕阳”的“夕”字是个象形字。甲骨文①的形体，多么像个半月形。可见“夕”与“月”在金文中很可能就是一个字。金文②则中间去了一小竖，但仍是半月形，中间的那一小竖可能代表光，有光为“月”，而无光则为“夕”。小篆③同于金文，只是下部不封口了。楷书④的外形类似于月亮，但中间少一画，是月而又残缺不全无光无色，所以“夕”就是“傍晚”之义。

“夕”字的本义为“日暮”，如《诗经·王风·君子于役》:“日之夕矣，牛羊下来。”是说太阳落山了，牛羊要回家。从日落、傍晚又引申为“夜”，如《后汉书·第五伦传》:“竟夕不眠。”就是整夜没睡。“夕”为白昼之末，所以一个月的最后一旬也称为“月之夕”，一年的最后一季为“年之夕”。白居易《秦中吟·不致仕》:“朝露贪名利，夕阳忧子孙。”这里的“朝露”和“夕阳”若解释为“早晨的露水”和“傍晚的太阳”那就错了。这个“朝露”“夕阳”是代表“年轻时”和“晚年”，原诗的意思是：年轻时追逐名利，晚年时忧虑子孙（的未来）。

“夕”字是个部首字。在汉字中凡由“夕”字所组成的字大都与月或夜有关，如“多”“夙”“夜”等字。

① ② ③ ④

这是“夙（sù 速）夜匪懈”（昼夜不息）的“夙”字。你看甲骨文①的左上方是个月形，月下跪着一个人，扬起双手表示劳作。多勤劳啊！天不亮就起来干活。金文②的左边仍为月形，右边是一个人。小篆③左边为月形，但其右边的“人”形已经讹变得很不像了。楷书④则把“月”（夕）变到“凡”中了，根本看不出月下有人形，变成了纯文字符号。

“夙”字的本义是“早晨”，如《汉书·武帝纪》:“夙兴以求。”意思是：天一亮就求索。既然“夙”当“早晨”讲，那么“夙怨”就是“早怨”吗？这就不对了。因“夙”字又可以引申为“过去”或“旧”的意思，所以“夙怨”就是“旧怨”。

有的人把“夙怨”写为“宿怨”，当你见到以后不要认为错了，其实“夙”也可以假借为“宿”，“夙怨”可以写作“宿怨”，“夙儒”也可以写作“宿儒”。

至于“夙兴夜寐”四字，有人把它理解为“早晨起来，晚上睡下”，其实这是不对的。“夙兴夜寐”是说人很勤劳，“起早睡迟”的意思。

① ② ③ ④

“梅开五福，竹报三多。”这个“多”字是个会意字。在甲骨文①中，很像是重叠的两个“夕”字。许慎说：“重也，从重夕，夕者相绎也，故为多。”其大意是：昼夜更替永远不停，所以这就是“多”的意思。金文②和小篆③也都是两个“夕”字。④是楷书的写法，它与前几种形体均相似。

“多”字的本义与“少”相对，后来又引申为“有余”的意思，如“二百多”即“二百有余”之意。《史记·商君列传》：“反古者不可非，而循礼者不足多。”这里的“多”是什么意思呢？若当“多少”之“多”讲，根本讲不通，其实这个“多”是“称赞”的意思，是“多”的本义的远引申。这两句话的原意是：反古的不应该责难，而循礼的也不值得称赞。请注意：“多方”一词，往往当“多方面”讲，可是在《庄子·天下》中有“惠施多方，其书五车”的话，这个“多方”是什么意思呢？若是释为“多方面”那就错了。其实这个“方”字是指“学术”，“多方”是说“学识广博”。原话的意思是：惠施这个人学识广博，他的书有五车。

① ② ③

“夜来风雨声，花落知多少。”在甲骨文中至今还没有发现“夜”字。金文①就像正面站着一个“人”（类似于“亦”字的甲骨文形体），人的右臂下的一点表示这里就是“腋”下。他左臂下是个“月”，表示月亮已经升到人的腋下那么高了，这就是“夜间”到了。小篆②大致同于金文，其左臂之下也是月形。楷书③变化较大，已经很难看出“夜”的意思了。

“夜”的本义就当“晚上”讲，与“白天”相对，如岑参的诗：“忽如一夜春风来，千树万树梨花开。”这个“一夜”就是“一晚上”。我们在阅读古典文学作品时，常会见到“夜台”一词，如李白《哭宣城善酿纪叟》诗，其中有这样两句：“夜台无李白，沽酒与何人？”这里的“夜台”是专指“墓穴”，是墓穴的代称。为什么“墓穴”叫“夜台”呢？这是因为人进了墓穴，就等于永远是长夜，所以“夜台”又称“长夜台”，也就是暗喻死去。

请注意：“夜”还有一个异体字“亱”，因“夜”与“月”有关，而与“旦”义不合，所以在废除异体字时就把含有“旦”字的“亱”给废除了，现在只能写“夜”字。

① ② ③ ④ ⑤

这是“梦笔生花”的“梦”字，本为会意兼形声字。①是甲骨文的形体，右边是一张床形，左边是一个人躺在床上，手抚额头在做梦。这个突出眼眉的人形也表声。②是楚帛书文字的形体，基本上失去了原形。下部增加了“夕”，表示夜晚做梦。③是小篆的形体。④为楷书繁体字的写法。⑤为简化字。

《说文》：“梦（夢），不明也。”做梦时大脑不清醒，故谓不明。可见“梦”字的本义即为“做梦”，如《论语·述而》：“久矣吾不复梦见周公。”这是说：我很久没有再梦见周公了。由“做梦”可以引申为“虚幻”义，如《荀子·解蔽》：“不以梦剧乱知，谓之静。”这是说：不以梦中虚幻、嚣烦干扰认识，这就叫作静。

“梦呓”是指说梦话，也比喻荒唐的言论，如张岱《陶庵梦忆序》：“又是一番梦呓。”

请注意：《说文》将“夢”与“㝱”分为二字，其实在上古本为一字，只是写法稍有不同。《说文》：“㝱，寐而有觉也。”许慎以“㝱”为本字。

夂部

① ② ③ ④

这个“夂（zhǐ 纸）”字是个象形字。甲骨文①很像脚根朝上、脚趾朝下的一只左脚。金文②那就更像一只左脚了。③是小篆的形体，与甲骨文①的形体相类似。楷书④就根本没有脚的样子了。

“夂”字的本义是“脚”，不过这个字现在不再单独使用了。值得注意的是，“夂”字与“父”“久”“攴”等字的形、音、义都不同，千万不能相混。

这个“夂”字是个部首字，凡由“夂”字作为组成部分的字大都与脚有关，如“降”“各”“夏”“麦”“舞”等字。

① ② ③ ④

这个“各”字是个会意字。甲骨文①的上部是一只脚趾朝下的脚，其下部的“口”字表示门口，整个字表示人从外面走进来的意思。②是金文的形体，③是小篆的形体，都与甲骨文相似。④是楷书的写法。

“各”字的本义现在已经消失，现在多用“每个”或“各个”之义。“各得其所”的成语古今都用，一般表示每个人都得到适当的安置，如《汉书·东方朔传》：“元元（善良）之民，各得其所。”这两句话是说：善良的老百姓都得到了适当的安置。可是在上古“各得其所”就不是这个意思了，如：“交易而退，各得其所。”（《易经·系辞下》）这两句话的大意是：交易完了而回去，每个人都如其所愿。可见成语的含义也有时代的区别。

① ② ③ ④ ⑤

这是个“麦”字。从甲骨文①的形体看，其上部是一棵小麦形，麦穗朝左，麦下就是一只脚趾朝下的脚（倒“止”）。凡是脚都有“走”的意思，所以这个“麦”字本来就是“来去”之“来”的本字，而“来”倒是“麦”的本字。可是在卜辞中使用“麦”字较少，而使用“来”字极多，所以这就发生了互换现象，把原来当“小麦”讲的“来”，变成了“来去”之“来”；把本来当“来去”讲的“麦”，变成了“小麦”的“麦”。这一交换再也没有还原过。金文②仍然是上为“麦”形，下为一只脚。小篆③也没有大变，下部仍为脚形。④是楷书形体。⑤为简化字。

小麦，选自《三才图会》

在古典文学中，我们常会碰到“麦秋”一词，你若理解为“秋麦”那可就不对了。蔡邕在《月令章句》中说得对：“百谷各以其初生为春，熟为秋，故麦以孟夏为秋。”所以“麦秋”是指“麦熟”。这样罗隐《寄进士卢休》诗中“麦秋梅雨遍江东”的话就很好理解了，这是说，麦子快成熟的时候，江东的梅雨季节也就到了。

① ② ③

这个“夏”字的上古形体较为复杂。从金文①看，其上为“头”，中间为“躯干”，两侧为“手”，其下为“足”，实际上就是人形。②为小篆的形体，也是人形，但已经发生了讹变，人的身躯部分没有了，只是一只大脚还在。③是楷书的形体，它是从小篆演变而来的，根本看不出人的形象了。

“夏”字的本义是“人”。《说文》讲的有道理：“夏，中国之人也。”所谓“中国”，即指黄河流域及中原一带。所以古代中国人也称为“华夏”。作为一年之中的第二季“夏”，是假借字的问题，与“夏”字的本义无关，如晁错《论贵粟疏》：“春耕，夏耘（除草），秋获，冬藏。”在《楚辞·九章·哀郢》中有“曾不知夏之为丘兮”的话，这个“夏”是什么意思呢？是“夏季”？是“华夏”？都讲不通。其实这个“夏”字在这里是代替了“厦”字，“丘”即为“废墟”。这句原话的大意是：何曾料到郢都的大厦都变成了废墟。这是屈原对楚国统治集团误国废邦的痛恨之词。

① ② ③ ④

李白《高句骊》诗：“翩翩舞广袖。”这个“舞”字是个象形字。我们看甲骨文①的中间是正面立着的一个人，左右两手执牛尾而舞，正如后世头插雉翎翩翩起舞的意思。金文②发生了较大的变化，除了基本上保留甲骨文的形象之外，又在其左下加上了“彳”，在其右下加上了“止”，合起来是“辵”，表示动的意思——起舞当然要动的。小篆③则又比金文简化了一些，在舞人之下，加上了左右的两

汉画像砖上的乐舞图

只脚，这也正表明舞蹈必须用脚。④是楷书写法，直接由小篆楷化而来，笔画繁杂，但至今仍未简化。

“舞”字的本义是“跳舞”，如《韩非子·五蠹》：“执干戚舞。”也就是说：拿着武器跳舞。从跳舞又引申为“舞弄权术”，如《汉书·张汤传》：“舞智以御人。”这是说：玩弄智谋权术而控制人。

夊部

① ② ③ ④ ⑤

“百川东到海，何时复西归，少壮不努力，老大徒伤悲。”这个“复”字很形象。甲骨文①的上部的中间是窖穴的上视形，可住人，其两端是两个出入通道，下部是一只脚，表示可以出入，可见这是个会意字。②是金文形体，左边增加“彳”，表示行动，这就变成了左形右声的形声字了。③是小篆的写法，直接由金文变来。④为楷书繁体字。⑤为简化字。

《说文》对“复（復）”字的释义是：“往来也。”这是对的。“复”字的本义是“回来”或“返回”，如屈原《九章·哀郢》：“至今九年而不复。”从“回来”义又可以引申为“报复”义，如《左传·定公四年》：“我必复楚国。”就是说，我一定要报复楚国。《史记·司马相如传》中所说的“王辞而不复”，这里的“复”字不应理解为“回来”或“报复”，而是当“回答”讲，是王推辞而不回答的意思。

“复”字后来由实词转化为虚词，即做副词用，当“又”或“再”讲，如“日复一日”“年复一年”等。

请注意：繁体字“複”“復”及“答覆”的“覆”现已简化成“复”，但是“覆”字用在“颠覆”“倾覆”“覆盖”“覆没”“覆亡”“覆辙”等词中时，仍用“覆”，不用“复”。

① ② ③ ④ ⑤

这是“何处望神州”的“处”字，本为会意字。①是金文形体，像一只蹲踞的老虎形，下部右边的“几”形可能是虎足的变形。②是小篆的形体，将金文的“虎”字头又去掉了。③也是小篆的形体，又增加了“虎”字头。④是楷书繁体字。⑤为简化字。

《说文》:“处(処)，止也。”其实“止”并非本义，而是引申义。“处”字的本义应为“居住”，如屈原《九章·涉江》中所说的“处乎山中”，也就是居住于山中的意思。由“居住”可以引申为“停止”，如《孙子兵法·军争》：“日夜不处。”就是说：日夜不停地前进。

请注意：古书中常有“处决”一词，若一律理解为执行死刑那就错了。古籍中的“处决”大都是“安排”“决断”的意思，如《新唐书·李辅国列传》：“外事听老奴处决。”这个“处决”就是“处置”“裁决”义。

①　　②　　③

这个“夔”字读作kuí，本为象形字。①是金文的形体，是传说中的山中怪物，上部为有角的头，中部有尾，下部是一只脚。②是小篆的形体，变得虽很复杂，但仍能看出上为首下为足。③是楷书的写法。

《说文》:“夔，神魖（xū）也，如龙，一足；从夂，象有角、手、人面之形。”“夔”的本义，很可能就是传说中的山中怪物。许慎说的“一足”，是拘泥于字形的侧视而生的误解。《韩非子·外储说左下》：“夔（夔为舜臣）非一足也，一而足也。”这是说：夔不是只有一只脚，而是说有夔这样一个人也就够了。神话殆演变成了史实，晚周的思想家又加以附会。在商周时代的“彝”器上多雕铸其状作为文饰。

“夔夔”一词，义为“敬惧的样子”，如《尚书·大禹谟》：“夔夔斋栗。”“斋”为恭敬，“栗”为害怕。

“夔牛”则为古代传说中的一种高大的野牛，如《山海经·中山经》：“岷山……多夔牛。”郭璞说：“今蜀中有大牛，重数千斤，名曰夔牛。”这种牛似乎谁也没有见过。

亼部

这个“亼（jí集）”字，是小篆的形体，至今在甲、金文字中还没有发现过。这是个会意字，三画聚合在一起，表示“集”的意思。《说文解字·亼部》:“亼，三合也。”实际是“集”字的异体字。

这个字现在不单独使用了,仅作部首字用。凡由“亼”字所组成的字,大都有“集”或遮盖之器以及装东西的用具之义,如“仓”“舍”“合”“会”等字。

① ② ③ ④

“今兹美禾,来兹美麦。”这个“今”字本为会意字。①是甲骨文的形体,当是“吟(jìn 噤)”字的初文,闭口不言为“吟”。②是金文的形体。③是小篆的写法。④为楷书的写法。

《说文》:“今,是时也。”这并非“今”字的本义,而是假借义。“今”字的本义“吟(噤)”已经消失了。

“今”后世多用作表示“现在”“当前”等,如陶潜《归去来兮辞》:“觉今是而昨非。”这是说:认为现在是对的,而过去错了。

“今上”一词在古书中常见到,那是指封建时代臣子称当代的皇帝,如《史记·魏其武安侯列传》:“孝景崩,今上初即位。”这是说:汉景帝刚刚去世,汉武帝初即位。

请注意:“今昔”一词古今都用,指“现在和过去”,但古代的“今昔”多指“昨天夜晚”,如《史记·龟策列传》:“今昔汝渔何得?”就是说:昨晚捕鱼得到什么了?

① ② ③ ④ ⑤

舂米,上角为谷仓,汉画像砖,四川彭州市出土

这是“稻菽满仓”的“仓”字。从甲骨文①看,也很有点粮仓的意味,其上是仓的屋顶,中间是粮仓的一扇门,下部是仓的基石,这种一扇门的仓在山东胶东一带是很常见的。金文②与甲骨文相似,只是中间的那扇门变形了。小篆③也与甲骨文的形体相接近,只是中间的那扇门与甲骨文的门相

反，门枢由右边移到了左边。楷书④则看不出粮仓的样子了，门与基石变成了“君”字。后因这个字太繁，所以简化为“仓”。⑤的形体是“倉”字的草书楷化。

“仓”的本义是藏粮食的地方，如高诱注《吕氏春秋·仲秋纪》说：“圆曰囷，方曰仓。”“仓”与“囷”都是装粮食的，但形状不同，名称也不同。值得注意的是，在古代“仓”能代替“舱”“苍”“沧”，如杨万里的《初二日苦热》诗：“船仓（舱）周围各五尺。”《礼记·月令》：“驾仓（苍）龙（青色大马）。”《汉书·扬雄传五十七上》：“东烛仓（沧）海，西耀流沙。”再者，在古代“仓”与“库”是有严格区别的，装粮食的叫“仓”，装其他物品的称为“库”，绝不相混。

另外，“仓”与“仑”是不同的两个字，但有人经常把“仓”字误写为“仑”字，本来是写“抡铁锹”，却错成了“抢铁锹”。只要记住下面这个规律，问题就解决了：“仓”是“倉”的简化字；如果一个字有“侖”作为组成部分，那么这个“侖”都应简化为“仑”，如“論”“輪”“綸”“掄”就应简化为“论”“轮”“纶”“抡”等。由此可见，“仓”与“仑”是不能混淆的。

① ② ③ ④

“有朋自远方来，不亦说（悦）乎？”这个“乎”字与“兮”字相类似，也是个指事字。甲骨文①横线之上的三点是指事符号，表示说话时气息或声音自口中发出。②是金文的形体，与甲骨文基本相似，只是上部多了一横。③是小篆的形体。④为楷书的写法，自古至今一脉相承。

《说文》：“乎，语之余也。”许慎将“乎”字解做语气词。“乎”字也就是“呼”字的初文。

“乎”字最主要的用法是做语气词，基本有两种情况：第一，用在句末表示感叹语气，相当于现代汉语的“啊”或“呀”，如《论语·宪问》：“使乎！使乎！”也就是说：好一个使者啊！好一个使者啊！第二，用在句末表示疑问、反诘语气，相当于现代汉语的“吗”，如《论语·宪问》：“岂其然乎？”这是说：难道真的是这样的吗？

“乎”字放在句中，有时做介词用，相当于“于”，如《荀子·劝学》：“学至乎没（殁，死亡）而后止也。”大意是：学到死那天然后停止呢。

① ② ③ ④

这个“令”字也挺有意思，你看甲骨文①上部的三角形之物是屋顶（或大伞盖），下面是面朝左而跪坐着的一个人，像是在发布命令。金文②基本上同于甲骨文的形体，其中的人形惟妙惟肖。③是小篆的形体，下面的“人”已讹变了。④为楷书形体，根本看不出“屋”下的人形了。

“令”字本义是“命令”，如《诗经·齐风·东方未明》：“倒之颠之，自公令之。”大意是：已经累得快要爬不起来了，从贵族老爷那里又发出了命令。从“命令”之义又能引申为“使”的意思，如《史记·孙子吴起列传》：“臣能令君胜。”就是我能使你胜的意思。至于“县令”之“令”，那是个假借字的问题，即借“命令”之“令”为“县令”之“令”。另外，旧时表示尊敬常在称呼之前贯以“令”字，如“令尊”是称对方的父亲的敬词，“令堂”是称对方的母亲的敬词，“令兄”是称对方的哥哥的敬词，“令弟”是称对方弟弟的敬词，“令妹”是称对方妹妹的敬词，“令郎”或“令嗣”是称对方的儿子的敬词，“令爱”（或作“令嫒”）是称对方的女儿的敬词，“令坦”是称对方女婿的敬词。这些都是旧时书信中常用的敬称。

① ② ③ ④

汉画像砖中的宴饮图

郑玄注的《仪礼·士丧礼》说：“会，盖也。”一点不错。你看金文①的上部就是个盖子的形状，下部是个底儿，中间像装的一些东西。上有盖子，下有底儿才能合，所以“会合”二字到了后世就成了一个词。②是小篆的形体，其下部发生了讹变，底儿变成了“日”字。楷书③的笔画繁多，后来又产生了简化字④“会”。

“会”的本义为“盖子”，是名词，

后又引申为动词“聚会”或“会合”，如阮籍的《咏怀》诗：“嘉宾四面会。”也就是说：贵宾从四面八方会合到这里。从“会合”又引申为“会面”，如《史记·留侯世家》：“与上会留。”就是说：与皇帝在留这个地方会面。那么《史记·陈涉世家》中“会天大雨”的“会”字又是什么意思呢？它在这里成了副词，是“恰巧”的意思，原话是说：恰巧这天下大雨。

请注意，“会”字当算账讲则应读 kuài，如“会计”“财会”。秦和西汉时称江苏苏州一带为“会稽”（kuài jī）。

①　②　③　④

古代食器

这是“敬献合欢璧”的“合”字，是个象形字。甲骨文①像盛饭的食器，上部是盖子，下部是食器底，一盖一底即为一合。金文②和小篆③都与甲骨文的形体相类似。楷书④也是与前面的形体一脉相承，没有多大变化。从字形的分析可以看出，“合”字的本义是“关闭”的意思。

“合”字从本义的“关闭”可引申为“融洽”。由“融洽”又可引申为“匹配”，如《诗经·大雅·大明》：“天作之合。”就是说：这是老天爷给匹配的。由“匹配”引申为“适合”，如白居易《与元九书》：“文章合为时而著，歌诗合为事而作。”也就是说，文章要适合于时代的要求而写，诗歌要适合于事务的要求而作。

“合”字也是一个多音多义词，当它读为 gě（葛）时，那就是容量单位，如市制“十合（gě 葛）为一升”。这里的“合”字你若读为 hé（何）那就错了。

①　②　③　④

在甲骨文中“令”和“命”同字。你看“命”字，甲骨文①的上部也是一个屋顶（或大伞盖），下部是一个面朝左跪坐的人在发布命令，可见这个“命”字是一个会意字。

金文②的左下角又增加了一个“口”字，这就表示用口发布。③是小篆的形体，是由金文直接演变而来。④是楷书的写法，其右下角的“人”形竟变成“卩”了。

“命”字的本义就是“命令”，如：“从命而利君谓之顺，从命而不利君谓之谄(chǎn 产)。”(《荀子·臣道》) 这就是说：听从命令而有利于国君，这就叫作忠顺，听从命令而不利于国君，这就叫作奉承。在上古，最高统治者要人民把“命令”视同“生命”，所以“命”字又可以引申为“生命”或“性命”，如在《论语·雍也》中记载颜渊“不幸短命死矣”。再者，历代反动统治阶级用以欺骗劳动人民，宣扬吉凶祸福等一切遭遇都是神的意志和命令，所以这就有了“天命”一词，如：“死生有命，富贵在天。”(《论语·颜渊》)

请注意：在古代“命”和“令”的词义是有区别的。“命”字专指上级对下级下达命令，而“令”则有时还表示“使”的意思。“肏”字是“命”字的异体字，后来被废除不能再用了。

① ② ③

这是“客舍青青柳色新”的“舍”字。我们看金文①的上部就像屋顶 (两面坡)，中间的“干”形部分就是顶柱与横梁，下部“口”即为砖石砌的墙基。由此可见，“舍”的本义就是房屋，亦称房舍。②是小篆形体，其他各部分均同于金文，仅“干”形的第二横改为向上弯曲。这不仅美观，而且也很像庙宇中的斗拱，这样的房屋是很结实的。楷书③的形体基本上同于金文。

“舍”的本义是房屋，又可引申为“客舍”的意思。如《庄子·说剑》：“夫子休就舍。”大意是，夫子要休息请到客舍里去。从名词“房舍”又可以引申为动词“住宿”，如《庄子·山木》：“夫子出于山，舍于故人之家。”这个“舍”就是“住宿”的意思。至于《左传·僖公二十三年》的“辟（避）君三舍”中的“三舍”，若有人理解为“三个房舍”那可就错了。这里的“舍”是指行军三十里为一舍，“三舍”就是九十里。

摩梭人野外风篱建筑

“舍”字到了后世，凡是当“舍弃”讲时，就在其左增加了一个提手旁，造出了一个新形声字“捨”。可是后来又因“捨”字笔画多，书写不便，所以又被简化为“舍”。这是“返老还童”，又变回去了。

① ② ③ ④

战国青铜器上的狩猎纹样

这是“禽兽多出没”的“禽”字，这个字原为象形字。甲骨文①的上部是个网形，下部是网具的柄，可见“禽”本为捕捉禽兽的工具。②是金文的形体，从象形字变成了上声（今）下形（网形）的形声字，反而变繁杂了。③是小篆的形体，变得更为繁杂了，其上部的“今”字与楷书的“今”字有所不同。④是楷书的写法，基本上与小篆相同。

“禽”字的本义是捕捉禽兽的工具，后来又引申为鸟兽的总称，如《三国志·魏志·华佗传》：“吾有一术，名五禽之戏。”大意是：我有一种锻炼身体的方法，名字就叫“五禽戏”，也就是模仿虎、鹿、熊、猿、鸟这些“禽”（鸟兽）的动作。“禽”字亦可专指鸟类，如《尔雅·释鸟》：“二足而羽谓之禽，四足而毛谓之兽。”也就是说：两只脚而长羽毛的叫作“禽”，四只脚而长细毛的叫作“兽”。至于《史记·秦始皇本纪》中所说的“禽灭六王”，不是“禽鸟”灭了六王的意思。这个“禽”字后世写作“擒”，加了个“提手旁”，表示活捉之意，如杜甫《前出塞》：“射人先射马，擒贼先擒王。”

请注意：“禽”与“犊”（小牛），古代常常连用，写作“禽犊”，这个词多指馈赠礼物。所以“禽犊”也可以作为取悦于人的东西，如《荀子·劝学》：“小人之学也，以为禽犊。”这就是说：小人的学问，是用来夸耀自己，像以禽犊之物赠送别人一样地来取悦于人。

彳 部

① ② ③ ④

这是个“彳（chì 斥）”字，是个象形字。甲骨文①是“行”字的左半边（“行”字的甲骨文形体是个十字路口）。金文②的形体与甲骨文基本相同，可是小篆③就变得不太像了，楷书④那就根本没有路口的形象了。

“彳”字一般不单独使用，它经常与“亍（chù 处）”字连在一起组成一个词“彳亍（chì chù）”，表示“小步”或者“走走停停”的意思，如：“彳亍中辍。”（潘岳《射雉赋》）这是说：小步走而后又停下来。“彳亍上滩舟。”（李贽《观涨》）这是说：走走停停地上了滩舟。

“彳”字是个部首字，凡是由“彳”字所组成的字大都与行为或动作有关，如“行”“御”“徒”“徙”等。

① ② ③ ④ ⑤

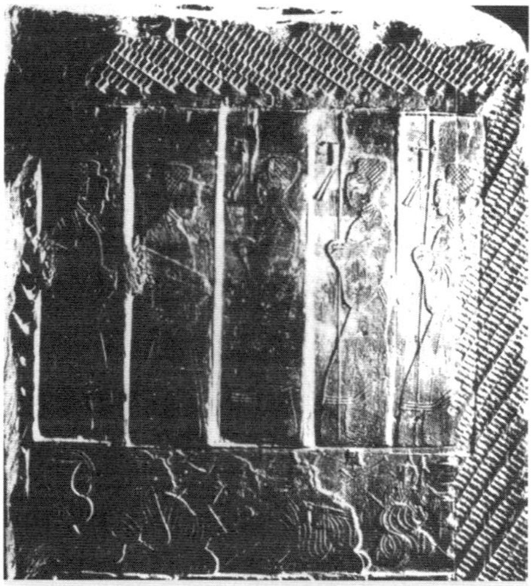

执戟卫士，汉画像砖，陕西临潼出土

这是“保卫”的“卫”字的繁体字“衛”，是个会意字。甲骨文①的上部是脚趾朝左的一只脚，下部是脚趾朝右的一只脚，中间的“口”字形表示一个区域或者一个城市。那么脚步在其周围巡回，就是“保卫”的意思。金文②的形体更为形象，中间的圆圈表示区域或城市，周围的四只脚真像是哨兵或卫士所留下的足迹。这个金文的形体比甲骨文的形体繁杂了一些，可是到了小篆③更繁杂了，其中间是沿用了甲骨文的形体，左右两侧增加了个“行”字，表示这个区域或城市四通八达。同时，这个“衛”字从原来的会意字变成了外形（行）内声（韋）的形声字了。④是楷书的写法，直接由小篆演变而来。⑤是简化字。

“卫”字的本义就是“保卫”或“保护”，如“朋友相卫”（《公羊传·定公四年》），“以卫王宫”（《战国策·赵策四》）。从“保卫”之本义又可以引申为“卫士”或“卫兵”，如《左传·僖公二十四年》：“秦伯送卫于晋三千人。”就是说：秦伯送了三千卫士到晋。可是《聊斋志异》中的“家人捉双卫来”是什么意思呢？是捉了两个“卫兵”来吗？不是的，是说家中有人捉了两头毛驴来。毛驴为什么称“卫”呢？据罗愿的《尔雅翼·释兽》记载，晋代的卫玠好骑毛驴，所以后世人称毛驴也叫“卫”。

请注意：我们现在所说的“卫生”是个医学名词，可是《庄子·庚桑楚》中所说的“卫生”却与现在的意义不同。古代的“卫生”是指养生，所谓“卫生之经”就是“养生之道”。当然现在的讲卫生也就是讲清洁，清洁了就不生病，这不也是“养生”吗？

① ② ③ ④ ⑤

“如积薪耳，后来者居上。”“先后”之“后”的本字为“後”，原为会意字。甲骨文①的上部为绳索之形，下部是一只脚趾朝下的脚（止）。林义光说：“足有所系，故后不得前。”②是金文的形体，其左又增加一个表示行走的“彳”，由原来的会意字变成了形声字。③是小篆的形体，与金文基本相同。④为楷书的繁体字。⑤为被借用的简化字。

《说文》：“后（後），迟也。”“后”字的本义为走在后面的意思，如《论语·先进》：“子畏于匡，颜渊后。”大意是：孔子在匡这个地方被囚禁了，（他的学生）颜渊最后才来。《韩非子·外储说左上》：“将后齐、燕。”意思是：将要落在齐国和燕国的后面。“后”亦可引申为时间的“迟”“晚”，如《荀子·修身》：“或先或后。”这是说：有的早有的晚。

请注意：在古书中常见“后进”一词，这绝非指进步较慢的人，而是指晚辈，比如《晋书·裴秀传》：“后进领袖有裴秀。”这是说：晚辈们的领袖是裴秀。“后事”今天多指“丧事”，如“料理后事”，但是古代则多指“后来的事情”，如《晋书·阎缵传》：“前事不忘，后事之戒。”

①　　②　　③　　④

“走林而射鸟，行畔而观鱼。”这个“行”字是个象形字。甲骨文①中间是一条大路，左右两侧又分出了两条小路。金文②的形体是东西南北都能通行的十字路口。③是小篆的形体，变得根本看不出通行道口的样子了。④是楷书的写法。

“行”字本义就是“路”，如：“遵彼微行（háng 航）。”（《诗经·豳风·七月》）也就是“沿着那条小路”的意思。因为是“路”就可以行走，所以“行”又当“行走”讲，如：“八骏日行（xíng 形）三万里。”（李商隐《瑶池》诗）这就由当“路”讲的名词变成了当“行走”讲的动词。从“行走”义，又可以引申为“离开”，如：“子明杀之，以其妻行。”（《左传·襄公二十二年》）也就是说：子明把他杀了以后，又带领自己的妻子离开了。至于《兵车行》《长干行》等中的“行”字又是什么意思呢？那是古诗中的一种体裁，也叫作“歌行体”。

我们现在所说的“行李”，一般是指出行者所携带的衣箱、铺盖等物。可是古代就不是这个意思，如：“行李之往来，共（供）其乏困。”（《左传·僖公三十年》）你如果把这里的“行李”理解成“铺盖卷”那就不对了。这个“行李”是指“使者”，原话的意思是：使者往来，我们可以供给他们一切费用。（无资曰“乏”，无粮曰“困”。）“行李”之“李”在古代也可以写作“理”，其义不变。

请注意：古代的“行”相当于现代的“走”，古代的“走”相当于现代的“跑”。

①　　②　　③

“急应河阳役，犹得备晨炊。”这里的“役”字本为会意字。①是甲骨文的形体，左边是一个面朝左站立的人，其背后是一只手执物打击，表示“役使”。②是小篆的形体。③是楷书的写法。

《说文》：“役，戍边也。”其实“戍边”是引申义，本义应为“役使”或“驱使”，如柳宗元《封建论》：“亟役万人。”“亟”应读 qì，是“屡次”“多次”之意。就是说：屡次役使万人。由“役使”可以引申为“戍边”，如《诗经·小雅·采薇》：“命将率遣戍役以守卫中国。”由“戍边”引申为“战役”“战争”，如《左传·昭公五年》：“邲之役。”也就是说：

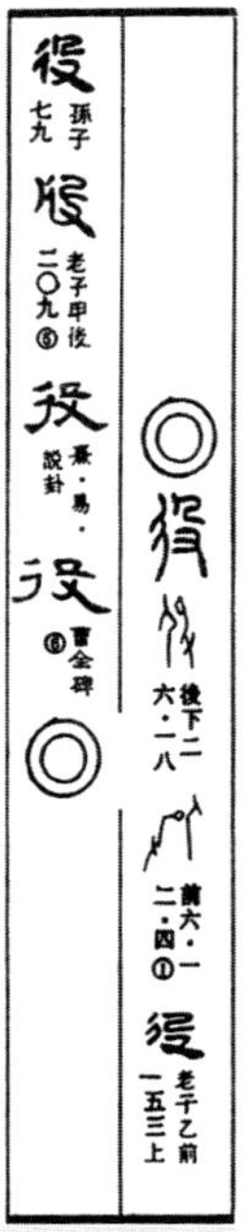

《甲金篆隶大字典》中的“役”字

在郯那个地方的一次战役。因为“役使”主要是指兵役和劳役，所以“役”字又可以引申为“劳役”，如《三国志·吴书·吴主传》：“民困于役。”这是说：老百姓贫困于劳役。

请注意：古代的“役夫”一般是指服劳役或兵役的人，但有时也用以骂人，如《左传·文公元年》：“呼！役夫！”也就是说：唉！你这个贱货！

① ② ③ ④ ⑤ ⑥

这是“贯彻于始终”的“彻”字，本为会意字。甲骨文①和金文②的左边是“鬲(食具)”，右边是“手”，这表明吃过饭以后撤去食具。③是《说文》中的古文形体，又在其左边增加了“彳”，表示移动。④是小篆的写法，原来的“鬲”“手”讹变为“育”“攴”，但词义未变。⑤为楷书繁体字。⑥为简化字。

上古时期的陶鬲

《说文》：“彻（徹），通也。”“通”是“彻”字的远引申义，本义应为“撤去”，如《左传·襄公二十三年》：“平公不徹乐。”由“撤去”又可以引申为“拆除”，如《诗经·小雅·十月之交》：“徹我墙屋。”即拆除我的墙屋。到了后世又可引申为“撤退”，如《三国志·吴书·吴主传》：“徹军还。”以上的这些用法，后世均写作“撤”。

“彻”有移动义，所以又可以由移动而引申为“剥啄下”或“剥下”，如《诗经·豳风·鸱鸮》：“迨天之未阴雨，彻彼桑土，绸缪牖户。”“桑土”即“桑杜”，指桑树的根，大意是：趁着天还没有下雨，剥下桑根把巢筑，缠绕捆绑修窗门。

“彻”的远引申义为“通”，如《列子·汤问》：“汝心之固，固不可彻。”这是说：你的心实在固执，固执得简直不可贯通。

① ② ③ ④

“寒来暑往，秋收冬藏。”这个“往”字本为形声字。①是甲骨文的形体，上部是一只脚趾朝上的脚，下部的“王（斧头形）”字表读音。可见“往”字本为上形下声的形声字。②是金文的形体，左又增加了意符“彳”，表示行动。③是小篆的形体。④为楷书的写法。

《说文》:“往,之也。”“之”当“到……去”讲。许慎的说法正确，如《史记·滑稽列传》：“至其时，西门豹往会之河上。”屈原《九歌·国殇》：“出不入兮往不反(返)。”由“去”又可以引申为“过去”“往日”，如《论语·八佾》：“既往不咎。”意思是：对过去的事不再责备。

另外，“往”由“去”义还可以引申为“送去”，如曹植《与杨德祖书》：“今往仆少小所著辞赋一通。”“仆”，男子谦称自己。也就是说：现在送去我小时候所作的辞赋一份。

请注意：在古代“去”和“往”的含义有所不同。古代的“往”相当于现在的“去”，古代的“去”是“离开”的意思，如“孟子去齐”，是说孟子离开齐国，而绝非孟子到齐国去。

① ② ③ ④

这个“得道多助”的“得”字是会意字。甲骨文①的左上方是张开的两扇贝壳，右下部是一只手，手拿极为珍贵的贝，这就表示“得到”“获得”的意思。金文②的当中是一个石花贝，其右侧是一只手，手拿贝表示获得了。但这还不够，其左边又增加了“彳”，这就是说得到了以后又拿着走了。小篆③左边的“彳”和下边的手（寸）还在，可是“贝”字却讹变成了“见”。楷书④的右上方又错变成了“日”。

“得”字的本义是“得到”或“获得”，如《后汉书·班超传》：“不入虎穴，不得虎子。”“得”字还可以引申为事情做对了的意思，如“历古今之得失”，这个“得失”就是对和错的意思。

另外，“得”字的远引申义是表示“能够”或“可以”，如晁错的《论贵粟疏》中有这样两句话：“春不得避风尘，夏不得避暑热。”这里的“不得”就是“不能”的意思。现代汉语“不得已”和“使不得”中的“得”字，也是“能够”或“可以”的意思。至于《荀子·成相》“尚得推贤”中的“得”字，那是“德”字的假借字，本应写成“德”，但作者暂时借“得”代替。

请注意《红楼梦》第九十四回：“这件事还得你去才弄的明白。”这里面的“得”字当“必须”或“须要”讲，所以应当读作 děi，如果读作 dé（德）那就错了。

① ② ③ ④

这个“御”字是个会意字。甲骨文①的左边是一条拧在一起的绳索，作为马鞭子，其右是一个面朝左的人，拿着马鞭子赶车。金文②的形体也是从甲骨文直接变来的，其右更像人形。③是小篆的形体，反而变得复杂化了。其左边增加了一个表示行动的“彳”，中间的下部又增加了一只脚（止）表示行动，右边那个面朝左的人就不太像了。④是楷书的形体，是由小篆直接变来的，根本看不出人拿马鞭子赶车的意思了。

“御”字的本义是“驾驭马车”，如：“桓公田于泽，管仲御。”（《庄子·达生》）所谓“田”就是打猎，“泽”就是沼泽。大意是说：齐桓公在沼泽地带打猎，管仲驾驭马车。由此又可引申为驾车的人叫“御”，如：“其御屡顾。”（《左传·成公十六年》）也就是说：那个赶车的人多次回头看。这种赶车的人，现在往往称为“御手”（也可以写为驭手）。赶车本身有“管理”之义，古代的帝王“管理”（实为统治）人民，所以也称为“御”，如“御驾”“御旨”“御批”等等。至于《诗经·邶风·谷风》中所说的“我有旨蓄，亦以御冬”中的“御”字却是“抵御”的意思，这就是说：我蓄有好吃的东西，也可以用来抵御寒冬。这个意义后来写作“禦”。

轩车，汉画像砖，四川新郡出土

请注意：御、驭、禦三个字的意义既有相同之处又有不同之处。“御”常指驾马的人，而“驭”字一般是指驾马车的动作。在“抵御”的意义上，上古写作“御”，后世则写作“禦”。

① ② ③ ④

“德”字是个会意字。甲骨文①的左边是“彳”（chì 斥），它在古文字中是表示行动的符号；其右部是一只眼睛，眼睛之上是一条垂直线，这是表示目光直射之意。所以这个字总的意思是：行动要正，而且“目不斜视”，这就是“德”。金文②的会意就更为全面了，“目”下又加了“心”，这就是说：目正、心正才算“德”。③是小篆的写法，仍然是会意，其右部的上方变成了“直”，“直心”为“德”，所以在古代“德”字也可以写为“悳”(悳)。④是楷书的写法。

“德”字的本义是“道德”或“品行”，如《荀子·非十二子》：“不知则问，不能则学，虽能必让，然后为德。”这就是说：一个人要做到“问”“学”“让”才能算是有“德”。从“道德”又可以引申为“恩德”，《史记·秦始皇本纪》：“刻石颂秦德。”大意是：用刻石树碑的方式来歌颂秦之恩德。至于“臣不德君”(《韩非子·外储说左下》)中的“德”字，由名词变为动词，是“感激”的意思，也就是说：我并不感激您。当然，这个“感激”之义也是从恩德变来的。

“德配”一词在古书中常用，本指“德行可与匹配”，后来则引申为对别人妻子的尊称，如旧时给朋友写信则常说：“德配康福？”也就是说：你的妻子好吗?

请注意：有人把“德”写为“德”，中间丢了一横就错了。

弋部

① ② ③

《甲金篆隶大字典》中的“弋”字

“弋”字读作 yì，是个象形字。①是周朝晚期金文的形体，像一根带杈的小木桩之形。②是小篆的形体。③是楷书的写法，看不出木桩的样子了。

《说文》：“弋，橛也，象折木衺锐著形。”许慎认为“弋”字的本义即为“木桩”，其形就像将木桩削尖而斜钉在墙上或别的地方一样，正如王筠所说：“必邪著之者，备所挂之物脱落也。”这话很有道理，农村中常斜钉一木橛于墙，可以挂东西，也可以拴牲口。

“弋”字本义为“小木桩”，如《尔雅·释宫》：“鸡栖于弋为榤(jié)。”“榤”同“桀”，也是小木桩，是鸡栖息的木架。因“弋”可以拴东西，所以将细绳拴在箭上射，也叫“弋”，如《诗经·郑风·女曰鸡鸣》："弋凫与雁。""凫（fú）"，野鸭子。因为箭上拴有绳子，射中后就可拉绳而取，所以"弋"又能引申为"取"义，如《管子·侈靡》："弋其能者。"

"弋"与"戈"形体相近，江西有个弋阳县，有人误为戈阳县；弋阳县有个戏剧曲调名叫"弋阳腔"，有人就误为"戈阳腔"，均应注意。

"弋"字在《说文》中并未立为部首，它是明朝梅膺祚新增加的部首，所以后世的《康熙字典》《辞源》《辞海》等多数常用工具书也均因之而立为部首。有些汉字的本义虽与"弋"无关，但其楷书结构中含有"弋"的部分而又难以归部，也就只好归入"弋"部，如《辞源》中的式、弑等字，《新华字典》中的忒（tè）、甙（dài）、贰等字。

丸 部

① ②

这是"弹丸之地"的"丸"字，是个会意字。①是小篆的形体，为"仄"字的反写。②是楷书的写法，形体变化大，已看不出反"仄"之形。

《说文》："圜（圆）倾侧而转者，从反仄。""丸"是圆形物，"仄"是倾侧的意思，一个圆形物能倾侧反转，其形不变，所以其写法"从反仄"（把仄字反写）。邓散木先生说得对："丸，上下左右皆圆，倾侧辗转，其形如一。"

"丸"的本义是指小而圆形的物体，如《左传·宣公二年》："从台上弹人，而观其辟（避）丸也。"这里指弹丸。因为丸是圆形的，蛋也是圆形的，所以"丸"字也可当"蛋"字用，如《吕氏春秋·本味》："丹山之南，有凤之丸。"所谓"凤之丸"就是凤的蛋。后世"丸"字多用为量词，如曹植《曹子建集·善哉行》："仙人王乔，奉药一丸。"

"丸"字是个部首字，但真正属于"丸"部的字却甚少。《康熙字典》《辞源》和《新华字典》均无"丸"部，《说文》和《辞海》立有"丸"部。《辞海》丸部中的"孰"与"埶"等字，实际上均与"丸"义无关，只是因为它们的楷书形体含有"丸"的部分而已。

尸 部

① ② ③ ④ ⑤

在《论语·乡党》中说："寝不尸。"意思是：孔子睡觉不像死尸一样，直着腿躺。但是，实际上孔子睡觉也不见得都是弯着腿的。你看甲骨文①就是一个面朝左、曲腰弯腿的人，上部是头，中间是身子，下部是腿，左侧向左下方伸展的一笔是臂，这就是"尸"字最早的形体，可见这是个象形字。金文②的形体也基本上同于甲骨文。小篆③去掉了手臂，已看不出人的形状。④是楷书繁体字，为了明确起见，"尸"下又加了一个"死"字，其实这是画蛇添足，自找麻烦。⑤是简化字，实际上又恢复了古体字，一点也看不出死人的样子了。

"尸"的本义是"尸体"，如《左传·宣公十二年》有"收晋尸"的话，也就是把晋兵尸体收回去的意思。

古书中还有"尸位"的词语，不可以理解为"放尸体的地方"。这个"尸位"，是说有的人"居其位而不尽其职"，光拿薪金而不干实事。在《尚书·五子之歌》中有"太康尸位"的话，这是骂太康只居其位而不尽其职。

"尸"字是个部首字，凡由"尸"字所组成的字大都与人或臀部有关，如"尾""尿""屎"等字。

① ② ③

你看这个"尾"字多有意思：甲骨文①是面朝左的一个人（本为尸形），屁股上长了一条大尾巴。小篆②的上部为"尸"，其下为"毛"（尾巴）。③是楷书的写法，根本看不出人长尾巴的形象了。实际上"尾"字是个象形字，特别是"毛"更像尾形。

"尾"字本义就是"尾巴"。从"尾巴"又引申为"末尾"，如"首尾相接"。从"末尾"又可引申为"在后面"，如《后汉书·岑彭传》："嚣（人名）出兵尾击诸营。"所谓"尾击"，就是从后面打的意思。当你读《尚书·尧典》时，会见到"鸟兽孳尾"的话，你可千万别理解为"鸟兽孳（zī 资）生出一条大尾巴"。其实这个"孳"就是"繁殖"，

“尾”就是“交尾”（交配），所以这句话的意思是“鸟兽交配”。

在古书中常有“尾大不掉”的话，这是比喻部属势力强大，上级就指挥不动了。此典原出自《左传·昭公十一年》，原话是：“末大必折，尾大不掉，君所知也。”

① ② ③

“八月秋高风怒号，卷我屋上三重茅。”这里的“屋”字本为会意字。①是《说文》中籀文的形体，上部为“尸”和“厂”形。《说文》：“一曰尸象屋形。”“厂”是山崖形，下部为“至”，表示在屋内止息之义。②是小篆的形体，“至”上为“尸”，去掉“厂”形。③是楷书写法。

东汉明器中的山型住宅模型

《说文》：“屋，居也。”“屋”的本义为“房屋”，如范成大《颜桥道中》：“稻堆高出屋山头。”大意为：稻子的大堆比房屋的山墙头还要高。

请注意，古书中的“屋漏”一词是常见的，若理解为房屋漏了，那就错了。“屋漏”有两种含义：一种是指古代室内西北隅施设小帐的地方；第二种是指屋的“承霤”，也叫“屋霤”“水落”，即承屋上雨水下霤于地的用具。

① ② ③

这是个“尿”字，也是一个会意字。甲骨文①是一个向左侧立的“人”，向左射出的三个点儿表示尿，这就表明这是一个男人在站着撒尿。小篆②反而变得复杂化了，变成了“尾”字下再加“水”。③是楷书的形体，把小篆中的“毛”字去掉了。

“尿”字的本义就是指人尿。在《说文解字》中写作“休（nì 溺）”，是个会意字，表明人尿的水为“尿”，在古代经籍中通作“溺”。

请注意："尿尿"在一起连用时，前一个做动词，后一个是名词。用于"尿脬"（膀胱）的"尿"应读作 suī（虽）。

① ② ③

"屎"字是个会意字。甲骨文①实在形象，面向左侧立的一个"人"，在臀部之后有五个小点儿，这就是人拉的屎。小篆②的上部"尸"也是人形，下部写作"米"，这说明人的"屎"是由"米"经消化以后变成的。③是楷书的写法，由小篆直接演变而来。

"屎"字在《玉篇》中还可以写作"矢"，变为上形（尸）下声（矢）的形声字了。"屎"的本义就是"粪"。

由这个本义加以引申，用来形容最不好的东西，如《通俗编·艺术》："今嘲恶诗曰屎诗。"

在《诗经·大雅·板》中有"殿屎"一词，其意思是"愁苦的呻吟"。请注意：这里的"屎"必须读为 xī（溪）。

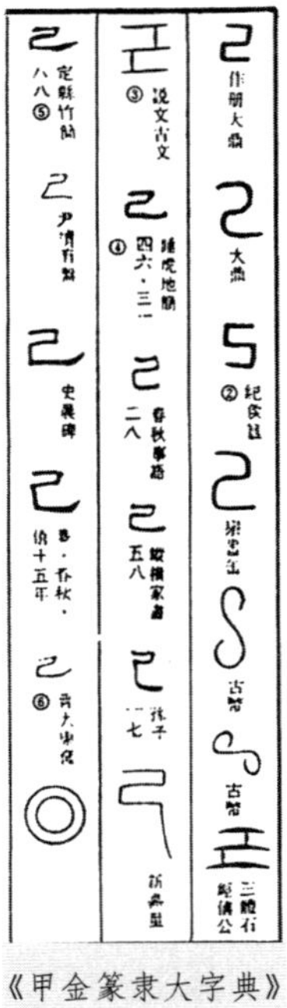

《甲金篆隶大字典》中的"己"字

己 部

① ② ③ ④

"知彼知己，百战不殆。"这个"己"字，甲、金、篆俱全，是个象形字。①是甲骨文的形体，罗振玉和郭沫若都认为"己"象系在箭上用以射飞鸟的弯弯曲曲的丝绳之形，也就是"弋"字的本字。②是金文的形体，与甲骨文极为相似。③是小篆的形体，④是楷书，均由甲骨文演变而来。

《说文》："己，中宫也。……象人腹。"此说不妥。实际上，"己"字的本义应为"缴（zhuó）"，即拴在箭上的丝绳。后来其本义消失，又因"己"与"弋"的读音相近，古音同在"之"部，所以

“己”字就被借为代表“自己”的“己”字用了，如《论语·学而》：“不患人之不己知，患不知人也。”也就是说：不怕别人不了解自己，却怕自己不了解别人呢。“己”字还可以被借为天干的第六位用，列在“甲乙丙丁戊”之后。

请注意，“己”与“巳”“已”形体相似，而形、音、义均不相同，一不小心就会搞错。有这样一个口诀便于记忆：封口“巳”，半封“已”，完全开口是“自己”。“己”字是个部首字，但隶属于“己”部中的字如“巳”“已”“异”“导”等，或封口或半封口，不能误用“己”。

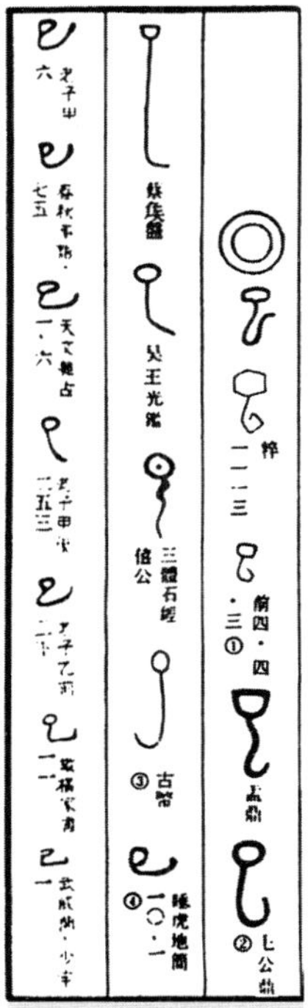

《甲金篆隶大字典》中的“巳”字

① ② ③ ④

这个“巳”字读作 sì，本为象形字。甲骨文①就是“子”，郭沫若认为：“实象人形。”②是金文的形体，与甲骨文的形体相类似，更像人。③是小篆的写法，已发生了讹变。④是楷书，由小篆的形体演变而来。

《说文》认为巳为它（蛇），象形，就是说“巳”为蛇，象蛇形。其实“巳”字的本义为“人”。“祀”字从“巳”，就像一个人跪于神前祈祷的样子。后来“巳”的本义消失了，而被借作地支的第六位，列在“子丑寅卯辰”之后，也代表十二时辰之一，“巳时”即上午九时至十一时。

请注意：“巳”字与“己”“已”二字的形、音、义均不相同，参见“己”字解。

① ② ③ ④ ⑤

“导入柳溪仙境间。”这里的“导”字本为会意字。①是金文的形体，其外部为“行”字，表示十字路口，其中的上部为“首”，代表人，下部有“止（脚）”，表示行走。其大意是：人入十字路口，需要引导。所以“导”字的本义为“引导”。②是石鼓文的形体，其下部的“止”讹变为“寸（手）”。③是小篆的形体，又将外部的“行”变成了“辵”，但意义未变。④为繁体字。⑤为简化字。

《说文》：“导（導），导引也。”许说甚确，如《北史·西域传》：“发使导路。”

也就是说：派遣使者引路。由“引导”又可以引申为“疏通”“畅通”，如《国语·周语上》：“为川者决之使导。”也就是说：治理河水的人，开决河道使水畅通。由“引导”的本义还可以引申为“启发”“开导”，如《汉书·武帝纪》：“扶世导民。”

请注意：在《后汉书·和熹邓皇后纪》中有“导官”的记载。所谓“导官”即为主导择米以供祭祀的官。其实，这里的“导”本应写作“䆃（dào）”，其下从“禾”，与米有关。可见“导”也能作“䆃”字的通假字。

① ② ③ ④ ⑤

“独在异乡为异客，每逢佳节倍思亲。”这里的“异”字本为象形字。甲骨文①就像正面站立的一个人，双手上举而护住头部。②是金文的形体，更像人护头之状。③是小篆的写法，已发生了讹变。④为楷书繁体字。⑤为简化字。

《说文》：“异（異），分也。”“分”并非“異”字的本义，而是后起义。“異”字的本义是“护翼”，正如《盂鼎》所说的“天異临子”，即以“異”为“翼”。后世大都用“异”字的“不同”义，如《韩非子·五蠹》：“世异则事异。”其大意是：时代不同，国家的政治与社会情况也就不一样。由“不同”又可以引申为“奇特”，如柳宗元《捕蛇者说》：“永州之野产异蛇。”这里的“异蛇”，也就是指奇特的毒蛇。

“异物”一般是指别的东西，或指珍奇的物品，如《汉书·曹世叔妻传》：“每有贡献异物。”也就是说：每逢有人贡献珍奇的物品来。可是《汉书·贾谊传》中的“化为异物”，却是指“死亡的人”，那是“鬼”的讳辞。

干部

① ② ③ ④

这是“大动干戈”的“干”字。甲骨文①像一根上头带杈的木棍子。金文②在其上部又加上了一个大疙瘩。看来“干”字是一个象形字，是一杆铁杈的形状，在上古就是一种武器，如《韩非子·五蠹》“执干戚（古代像大斧头一样的武器）舞”，即拿着武器跳舞的意思。小篆③也还有铁杈的样子，楷书④则把小篆上部的曲笔拉平。

上古武器，选自周纬《中国兵器史稿》

“干”的本义是武器，由此而引申为“干犯”，而“干犯”再引申为“冲”，所以杜甫《兵车行》中“哭声直上干云霄”，就是哭声冲云霄的意思。“干”与“千”的形体不同，不能搞错，“干”字的上部是一横，“千”字的上部是一撇。

在简化汉字时，以“干”代“干部”的“幹”和“乾湿”的“乾”。但值得注意的是，“乾”字有时读 qián（钱），如“乾坤”“乾隆”，这时候就不能用“干”字代替。至于“天干、地支”的“干”字，那只是同音假借，与“干”字本义毫无关系。

“干”字是个部首字，如“平”“幸”“幹”等字在《康熙字典》中均收在“干”部。

工　部

①　②　③　④

“工欲善其事，必先利其器。”从甲骨文①的形体看，“工”字就像斧头一样的工具，下部就是斧头锋利的刃部。金文②的下部更像斧头刃了。③是小篆的形体，把斧头刃变成了一横，这样就使文字符号化，书写很方便。④是楷书的写法，基本上与小篆相似。

“工”字从“工具”的本义引申为手操工具干活的人为“工”，如《左传·隐公十一年》：“山有木，工则度之。”此处的“工”即指工人。工人做工要细致而精巧，所以韩愈在《进学解》中所说的“子云相如，同工异曲”，其中的“工”字就是细致、巧妙的意思。这句话的原意是：扬雄（子云）和司马相如，虽然文风不同，但都有非常美妙的艺术技巧。

在古代所说的“工女”，是专指采桑、纺织的妇女，如鲍照的《咏采桑》：“季春梅始落，工女事蚕作。”这就是说：春末梅花开始落了，养蚕的少女开始采桑了。假若把这里的“工女”理解为后世的“女工”那就不对了。

“工”字是个部首字，在汉字中凡由“工”字所组成的字大都与工具或技能有关，如“巨”“巧”“式”等字。

① ② ③ ④

这个“壬”字本为象形字。甲骨文①就像缠线用的木制工具。金文②的中间有一个圆点，有人认为这是表示已绕上了线团，李学勤先生说：“古文字直笔常加点。”③是小篆的形体，中间的一点变成了一横。④为楷书的写法。

《说文》认为壬“象人怀妊之形”，这是从小篆的形体看，“壬”字中间一横最长，像妇女怀孕之后腹大的样子，但这个说法不足信。其实“壬”字就是“纴”字的初文。本是绕线的工具，绕线则线团不断增大，所以就引申为“大”义，如《诗经·小雅·宾之初筵》：“百礼既至，有壬有林。”大意是：百礼都已周到，而且很大很盛。另外，巧言谄媚的奸佞之人，也可称为“壬人”，如王安石《答司马谏议书》：“辟邪说，难壬人。”也就是：排除邪说，批驳奸佞之人。后世“壬”字很少单独使用，即使单独使用，也大都做天干的第九位。

① ② ③

这是“巨掌擎苍天”的“巨”字。从金文①的形体看，右边是一个正面站立的“人”，右手拿着一个量角度或量方形的工具。其实这个字本来就是“规矩”的“矩”字，“矢”为人形，“巨”为巨形，金文只不过将表示人形的“矢”移到了字的右边。②是小篆的形体，把人形部分省掉了。③是楷书的写法，基本上与小篆的形体相似。

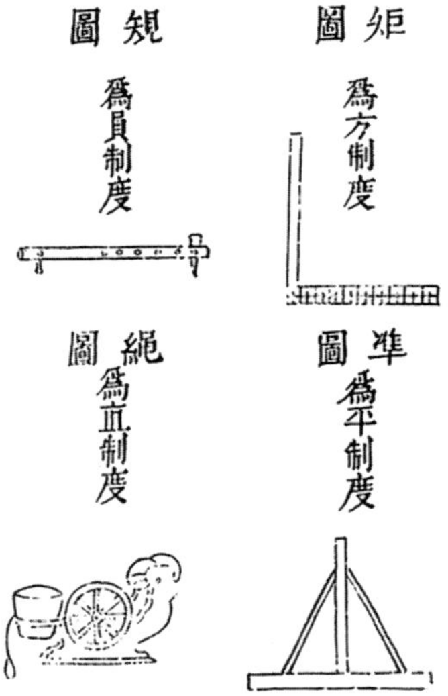

古代规矩绳准，选自《三才图会》

“矩”本为画直角或方形的工具，如《荀子·赋篇》：“圆者中（zhòng 仲）规，方者中矩。”“规”是画圆形的工具。这两句话的意思是：画圆的就要符合规的要求，画方的就要符合矩的要求。所以“规矩”就是标准。

我们现在还说，要守“规矩”，不能随心所欲地乱来。这个守规矩，也就是遵守标准的意思。

后来“矩”字被一分为二，金文①原形的“矩”只代表“规矩”的“矩”，而去掉了“矢”字的“巨”

只代表“巨大”的“巨”。这个“巨”之所以能代表“巨大”的意思，当然也是从“度量”引申出来的，如《三国志·蜀书·诸葛亮传》：“事无巨细，亮皆专之。”意思是：事情无论大小，诸葛亮都要亲自处理。由此可见，这个“巨”字就是“大”的意思，它与“细”相反，今天仍用。不过，《汉书·高帝纪上》：“沛公不先破关中兵，公巨能入乎？”这当中的“巨”字，你若理解为“大”的意思，根本讲不通。原话的意思是：（假若）沛公不破关中兵的话，你怎么能够进来呢？所以这个“巨”字是个副词，是“怎么”的意思，表示反问，实际上它就是疑问副词“讵”字的先造字。

《甲金篆隶大字典》中的“巫”字

① ② ③ ④

这个“巫”字本为象形字。甲骨文①和金文②中的“H”和“工”形，很像古代的度量工具。③是小篆的形体，“工”的左右讹变为两个“人”形。④为楷书的写法。

《说文》：“巫，祝也。女能事无形，以舞降神者也。象人两袖（袖）舞形。”其实“巫”的本义可能为古代的度量工具，后来专指能以舞降神的人。但也并非单指女巫，如《韩非子·显学》：“此人所以简巫祝也。”大意是：这个人轻视那些给人求神祝福的人。后来则特指女巫，如《后汉书·张衡传》：“巫觋（xí）之言。”“觋”是男巫。原话的意思为：女巫和男巫的话。《后汉书·襄楷传》：“多巫觋杂语。”也就是说：大都是巫婆和男巫的胡说八道。

土 部

① ② ③ ④

“太山不让土壤，故能成其大。”这个“土壤”的“土”字是个象形字。甲骨文①表示从地面上突起来的一堆土。古人非常敬重土，有了土就有农业，有了农业就有衣食，所以人们把这种堆起来的土看成是神，并向它祭献。金文②基本上与甲骨文的形体相同，只是将虚心变为实心罢了——这与青铜器的铸造有关。③是小篆的形体，④是楷书的形体。

“土”的词义很广，这里不必细说。值得注意的是，当“土”字与“桑”字结合而组成“桑土”(指“桑根”)一词时，这个“土”字应读为dù（杜），实为“杜”字假借字。

另外，当我们读范成大的《重九日行营寿藏之地》诗时，会见到“纵有千年铁门限，终须一个土馒头”这两句诗。这个“土馒头”是指“坟墓”，因为坟墓在远处一望也确像土馒头。这两句诗的意思是：即使有千年的铁门能隔住，可是最终谁也免不了有一死。

“土”字是个部首字，凡由“土”字组成的字大都与土有关，如“垣”“埋”“城”“塞”等。

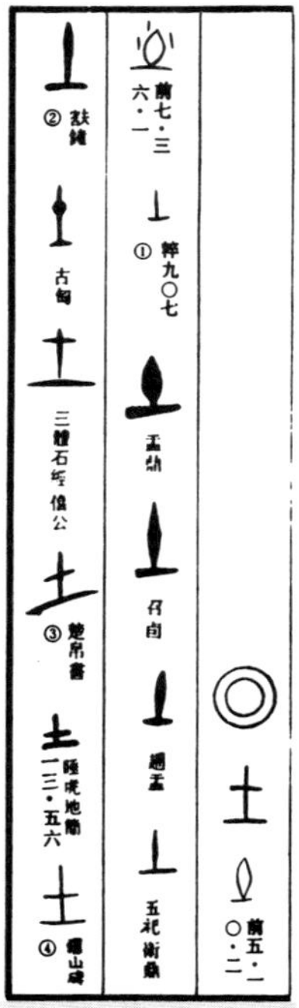

《甲金篆隶大字典》中的“土”字

① ② ③

这个“𡈼”字读作tǐng，本为象形字。甲骨文①就像一个人站在一个圆土堆上，表示挺身之意，所以“𡈼”为“挺”字的初文。②是小篆的形体，其下部是“土”，其上部是一个面朝左站立的人。③是楷书的形体。

《说文》：“𡈼，善也，从人、士。”这不妥。其下并非从“士”，而实从“土”。从“士”的字是“壬”字，即天干中的第九位。这两个字很相似，不能搞混。另外，许慎还提出第二种说法：“象物出地挺生也。”这也不对。这与他上面所说的“从人”相矛盾，再说从甲骨文和小篆的形体看，它的上部绝非土上生物之形。

“𡈼”字的本义应为“挺”，所以后世也正是用“挺”代“𡈼”，如苏轼《留侯论》：“拔剑而起，挺身而斗。”由“挺直”又可以引申为“挺拔出众”的样子，如《宋史·沈辽传》：“幼挺拔不群。”这是说：他从幼年起就和一般的人不一样。自从“挺”字产生以后，“𡈼”字也就不用了。需要说明的是，“廷”“庭”“蜓”“梃”等字中的“𡈼”本来都从“土”，现在都作“壬”，从“士”。

① ② ③ ④ ⑤

这个“爷娘妻子走相送，尘埃不见咸阳桥”中的“尘”字是个会意字。①是“尘”字的籀文形体（见《说文》），其中有三只鹿，在上面一只鹿的两侧是两个“土”字，这就表明群鹿奔跑，尘土飞扬，可见这是个会意字。小篆②则减少了一个“土”字，把余下的一个“土”移到三只鹿的脚下，这就更为形象地表明了群鹿奔跑扬起尘土的意思。楷书③是直接由小篆变来的，但笔画太多，所以后来又减少了两只鹿，变成了楷书④的形体。⑤是新简化的会意字，“小土”谓之“尘”，这是很有道理的。

飞奔的鹿，汉画像砖

“尘”字的本义就是“尘土”，如晁错《论贵粟疏》：“春不得避风尘，夏不得避暑热。”行路之踪迹是与尘土有关的，所以从飞扬的尘土又可以引申为“踪迹”义，如《宋史·南唐李氏世家》：“思追巢（巢父）、许（许由）之余尘。”也就是说：打算追随巢父和许由这两个传说中人物的踪迹。这个“追余尘”，后来就演变成今天还用的成语“步人后尘”。

在古典文学中常见到“尘网”一词。在古代，人们往往把当时的社会看成是束缚人的“罗网”，如陶潜《归园田居》诗：“误落尘网中，一去三十年。”所以“尘网”就是指当时的社会。

① ② ③

“督抚廷推，九卿共之。”这个“廷”字原为会意字。①是金文的形体，左边的曲线表示庭院，院中有“土”，右边是面朝左站立的一个人。②是小篆的写法，“土”移于人下。③是楷书的写法。

《说文》：“廷，朝中也。”此说欠妥。因为“廷”为“庭”之初文，本为人所住之庭院，其后才引申为“朝中”之意，也就是古代封建君主受朝拜和处理政事的地方，如《韩非子·孤愤》：“无能之士在廷。”《史记·廉颇蔺相如列传》：“设九宾于廷。”

这两句话中的“廷”，均指朝廷。至于《后汉书·郭太传》中所说的“县廷”，那是指地方官办理公事的厅堂，当然也是从“朝廷”之义引申出来的。

请注意，《诗经·唐风·山有枢》：“子有廷内，弗洒弗扫。”大意是：您有深宅空地，却不去洒扫整理。这里面的“廷”字仍用的是本义，指庭院。在现代汉语中，“廷”“庭”二字有了分工，“朝廷”“宫廷”用“廷”字，“庭院”“庭园”“家庭”用“庭”。

① ② ③ ④ ⑤

这个“坰”字读作 jiōng，本为象形字。①是金文的形体，是一面开口的区界形，中间的“口”表示京都所在，这就是表示京都的远郊。②是《说文》中的古文形体。③是小篆的写法，中间的“口”没有了。④也是小篆的形体，在金文形体的左边又增加表意的“土”旁，变成形声字了。⑤为楷书形体。

《说文》：“冂，邑外谓之郊，郊外谓之野，野外谓之林，林外谓之冂。象远界也。”许慎的说法是根据《尔雅》来的，《尔雅·释地》：“邑外谓之郊，郊外谓之牧，牧外谓之野，野外谓之林，林外谓之坰。”许慎缺少“牧”。总之，“坰”字的本义就是遥远的郊野，如《列子·黄帝》：“出行经坰外。”这是说：外出经过遥远的郊野。

① ② ③ ④

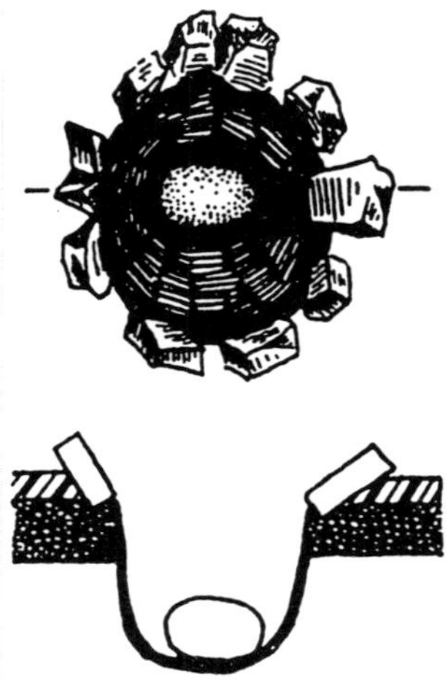

西藏卡若文化中的火塘

这是“坎坷不平”的“坎”字，本为象形字。甲骨文①就像坑坎的形状。②是小篆的形体，与甲骨文相似。③也是小篆的形体，变成左形右声的形声字。④为楷书。

《说文》：“凵，张口也，象形。”这不够确切，因为这个字的本义并不是“张口”的意思，而是像坑坎，或称坑穴，如贾思勰《齐民要术·大豆》：“坎方深各六寸，相去二尺。”这是说：所挖的坑穴方与深各需六寸，相距有二尺远。

请注意：“坎坎”一词在古诗文中经常见到，但词义有所区别。一般是做象声词用，如《诗经·魏风·伐檀》："坎坎伐檀兮。"这是说伐檀树时所发出的咔咔之声。但是《太玄·穷》中的"其腹坎坎"，并不是说腹中发出响声，而是说腹中空荡荡的。至于"怀情坎坎"，那是说非常喜悦的样子。因此判断是什么词义，要根据上下文的意思来确定。

① ② ③ ④

这个"块"字本来是个会意字。①是甲骨文的形体，其外是筐形，其内是"土"，表示土块装在筐内。小篆②则变成左形（土）右声（鬼）的形声字。"块"的本义就是"土块"，如贾思勰《齐民要术·大豆》："土和无块。"也就是说（种大豆）要把土调和均匀，而不要有土块。"一块"东西往往是孤立的、单独的，所以"块"字又能引申为"孤独"之义，如《汉书·杨王孙传》中有"块然独处"的话，这个"块然"就是孤独的样子。其后又引申为量词，如《史纲评要·南宋纪·帝昺》："赵氏一块肉。"我们今天大量使用这种词义，如"三块砖、四块石"等等。

① ② ③

这是"风尘十载归故里"的"里"字。这个字是个会意字。金文①的上部是"田"，下部是"土"。人民是"恃田而食，恃土而居"，所以有"田"有"土"，才能生活。有了这些条件，就能形成居民聚居的地方，称之为"里"。②是小篆的形体，直接由金文变来的，笔形极为相似。③是楷书形体，与小篆基本相同。

"里"的本义是古时居民所聚居的地方，如《诗经·郑风·将仲子》："无逾我里。"也就是说：不要迈过我居住的地方。从"聚居"又可引申为居民单位，先秦以"五家为邻，五邻为里"，也就是说二十五家为"里"。"里"字当居民单位讲的词义，我们今天还在沿用，如在我国南方一些大城市称某些居民单位为"里弄"；在农村，就称为"乡里"，有时也特指故乡。后来，"里"字由居住地方之义又可引申为长度单位，即五百米为一里。

另外，古代"里""裡""裹"各不相同。"裡"与"裹"是异体字，虽然这两个字都是形声字，但结构却不一样："裡"字是左形（衣）右声（里），而"裹"字是外形（衣）内声（里）。这两个字的意义是一样的，是指衣服里子、内里。在废除异体字时，则把“裡”字废除了，只保留了“裏”字。可是“裏”字笔画太多，书写不便，结果也被简化,用“里”字代替了。所以我们今天只用一个“里”字就够了。

① ② ③

这个“垣”（yuán 原）字是会意兼形声字。春秋战国时石刻文字①的右上部的小圆圈是表示围墙，还留有朝右的出入之门；左边是“土”，这就表示围墙是用土筑成的，这就是会意。说它是形声，是因为它是左形（土）右声（亘），这就叫会意兼形声。小篆②的形体变得较复杂了。③是楷书的写法，是由小篆直接演变而来的。

“垣”的本义是“围墙”（较矮的），如《管子·轻重》：“内毁室屋，坏墙垣。”这就是内毁室屋，外毁围墙的意思。后来又引申为城池或某些官署的代称，如白居易《张十八》诗：“谏垣几见迁遗补。”这个“谏垣”就是指“谏官”。这句话的原意是：几次见到谏官升为拾遗或补缺的官。

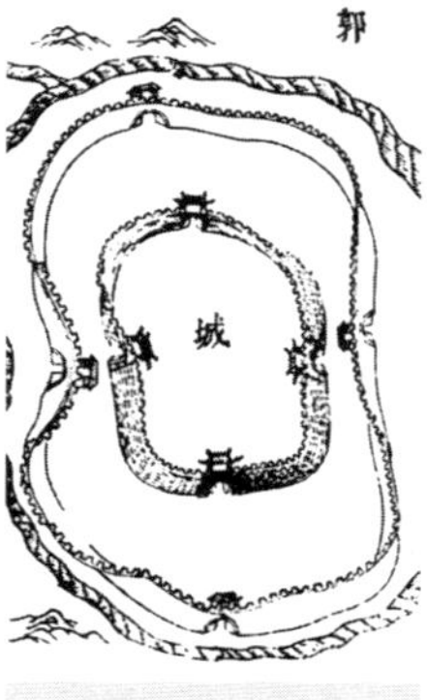

内城外郭，选自《三才图会》

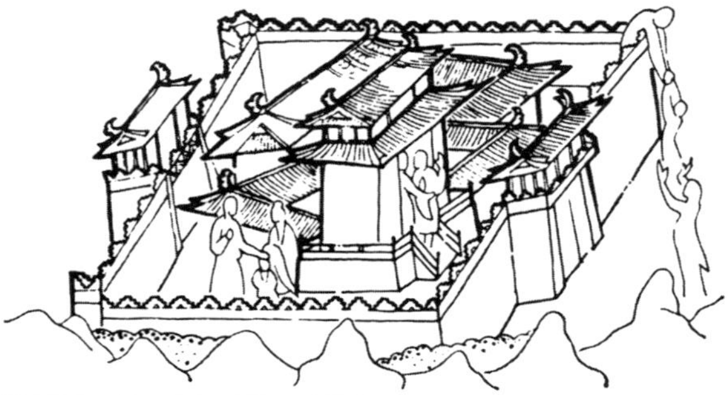

北朝壁画中的建筑纹样

① ② ③

这是“春城无处不飞花”的“城”字。金文①左边中间的圆圈表示城围，上下两端是两座城楼对峙。右边是一把锋刃朝左的大斧头（武器），是用武器保卫城池的意思。可见这个“城”字是会意兼形声，说它是会意，因为有以武器护城的意思；说它是形声，因为它是左形（城郭形）右声（成）。②是小篆的形体，将金文左边

重庆沙坪坝出土的石棺上的建筑纹样

的城郭简化为“土”字（因城楼与土有关），书写方便。③是楷书的形体，直接由小篆演变过来的。

“城”字本义是“城墙”，如李贺《雁门太守行》：“黑云压城城欲摧。”由“城墙”义又扩大为“城市”义，如《史记·吴起传》：“击秦，拔五城。”也就是说：攻打秦国，攻下了五座城市。

请注意：“城”与“郭”的含义是不同的。当“城”与“郭”分说时，那么“城”是指内城，“郭”是指外城；当“城”与“郭”连用时，“城郭”就是指城市。

① ② ③

“汉皇重色思倾国，御宇多年求不得。”这个“重”字本为会意字。金文①是在“東”（，大口袋形）之中间加一个面朝左的人形，表示人背的东西极重。②是小篆的写法，其下部又增加“土”，变得复杂了。③为楷书的写法。

《说文》：“重，厚也。从壬東声。”许慎据小篆的形体加以分析，所以误出“壬”字。“重”字的本义为与“轻”相对，表示东西重，如《史记·秦始皇本纪》：“金人十二，重各千石。”“石”为重量单位，一百二十市斤为一石。《孟子·梁惠王上》：“权，然后知轻重。”也就是说：称过了才知道轻重。由此又可以引申为“重要”“重视”，如《荀子·强国》：“重法爱民而霸。”这是说：重视法又爱护民，这就能够称霸。

“重”又可以读 chóng，作“重复”解，如《三国志·蜀书·诸葛亮传》：“删除重复。”又可作“层层”解，如陆游《九月三日泛舟湖中》：“重重红树秋山晚，猎猎青帘社酒香。”还可以做副词用，作“重新”解，如范仲淹《岳阳楼记》：“乃重修岳阳楼。”

① ② ③

这是“落红埋幽径”的“埋”字，是个会意字。甲骨文①的形体多形象啊！其下部的曲线表示挖了一个土坑，中间是“牛”（正面看牛头之形），在“牛”的两侧有四个点儿，这就表示填的土，其意就是把牛埋于地下。小篆②在形体上发生了很大的变化，其上部是草，其下是“貍”（狸），后者是一种动物，藏在草中就是“埋藏”之义。到了楷书③则又变成了一个笔画简单的后起会意字，其左是“土”其右是“里”，把东西藏在土里，当然就是“埋”的意思了。

“埋”字由藏在土中这个本义出发，又可以引申为“葬”，如蔡琰《胡笳十八拍》：“死当埋骨兮。”东西给“埋了”，当然就看不见、听不见了，所以后世也就有了“隐姓埋名”等词。

在古书中常有“埋玉”一词，比喻有才能的人的死亡等于把美玉埋在土中，同时也是表示对死者的悼惜。

今天所说的“埋怨”一词，是从《西游记》中借过来的，有“责备”或“抱怨”之义，如《西游记》第三十九回：“猪八戒高声喊叫，埋怨行者是一个急猴子。”请注意：“埋怨”的“埋”字应当读为 mán（蛮），而不应读为 mái。

① ② ③ ④

“贤智之士，邦国之基。”这个“基”字本为会意兼形声的字。甲骨文①的下部为“其（箕）”，箕中装有“土”，为起土筑墙基之义。②是金文的形体，“土”移于“其”下，意义未变。③是小篆的形体。④为楷书的写法。

《说文》：“基，墙始也，从土其声。”也就是说打地基是筑墙的开始。但许慎认为“基”字是单纯的形声字，不妥，实为会意兼形声的字，应作：“从土从其，其亦声。”“基”字的本义为“墙基”“地基”，如贾思勰《齐民要术·园篱》：“于墙基之所，方整深耕。”《诗经·周颂·丝衣》：“自堂徂基。”也就是说：从堂上来到庭阶（庭阶靠近房基）。由“墙基”又可以引申为“基础”，如《老子》：“贵以贱为本，高以下为基。”《诗经·小雅·南山有台》：“乐只君子，邦家之基。”大意是：乐哉君子，您是国家的根基。

“基”字又可以由“根基”义引申为“开始”义，如《国语·晋语九》：“基于其身。”也就是说：从自己开始。

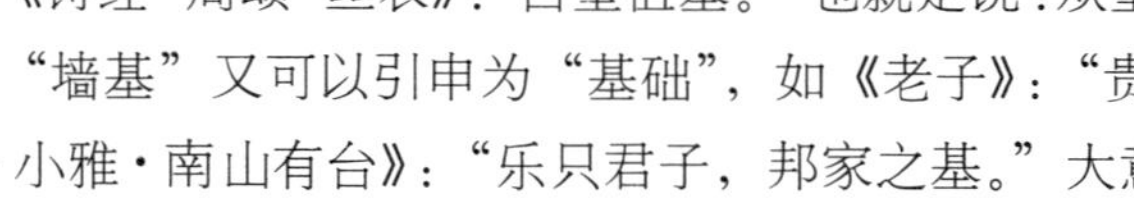

① ② ③ ④

这是“野火烧不尽”的“野”字。甲骨文①的两侧是“木”（树），中间是“土”，这就表明野外之土有山林，可见这个“野”字本为会意字。金文②也是这种形体，只不过“土”上有“林”，意思更确切。可是到了小篆③则变得复杂了，其左是上“田”下“土”，这都表明野外有田有土；右边是个“予”字，这是表声音的（古代“野”与“予”的声母相同，读音相近），这就组成了左形右声的形声字了。④是楷书的写法，直接由小篆的形体演变而来。

“野”字的本义就是“郊外”，如柳宗元《捕蛇者说》：“永州之野产异蛇。”这就是说：永州的郊外生有一种特殊的毒蛇。由“郊外”又可引申为朝廷之外、民间的也可称“野”，以与“朝”相对。如《晋书·杜预传》：“朝野清晏，国富兵强。”大意是：朝内与民间都很安定，国富兵强。野外之物一般具有野蛮、不驯的特性，如《左传·宣公四年》：“狼子野心。”由此可以引申为表示人的粗鲁、鄙野，如孔子很不喜欢他的学生子路的性格和作风，说：“野哉由（子路）也！”

在古籍中用“野”字组成的词是很多的，我们应当注意它们的确切含义，免得弄错。“野火”一般是指原野焚枯草所放的火，如白居易《赋得古原草送别》：“野火烧不尽，春风吹又生。”但《列子·天瑞》：“人血之为野火也。”这个“野火”是指磷火。再比如“野心”一词，古代多指“野性”，是难以制服之义，现在多指对名利、权位强烈而非分的欲望，如“野心勃勃”“野心家”等。可是白居易《诏授同州刺史病不赴任因咏所怀》诗中有这样一句：“野心唯怕闹。”这里的“野心”却是指“闲散之心”。

“埜”字是“野”的异体字，已经废除了，现在只应写作“野”。

① ② ③ ④

这是“塞向墐户”的“塞”字，是个会意字。甲骨文①的上部是个“宀”（房子）字，中间的两个“工”表示一堆东西，最下部是两只手，也就是用手把一堆东西塞到房子之中的意思。金文②则把甲骨文上部的“宀”改为“穴”，表示把洞塞好。③是小篆的形体，是在最下部又增加了个“土”字，这就表示把洞塞好以后再用土封上。④是楷书的形体，由小篆演变而来。

“塞”字的本义是“堵塞”，应读为sāi（腮），如韩愈《原道》：“不塞不流，不止不行。”就是说：没有塞，也就无所谓流；没有止，也就无所谓行。由“堵塞”之义又可以引申为“遏止”，如《商君书·画策》：“善治者塞民以法。”大意是：善于治理国家的人，要用法来遏止百姓们的不法行为。因为要塞住的地方也往往是要害的地方，所以从“堵塞”之义又可以引申为“要塞”之义。这里的“塞”字应当读为sài（赛），如《汉书·晁错传》：“守边备塞，劝农利本，当世急务。”大意是：守备好边疆的要塞，鼓励农民搞好农业这个根本，这都是现在追切需要搞好的事情。

请注意：“塞”字在今天若干书面语词语中，经常读为 sè（涩），如“闭塞”“塞责”等等。

① ② ③

“学书求墨迹，酿酒爱朝和。”这个“墨”字是会意兼形声的字。①是古玺文的形体。上古就有墨，李学勤先生说：“考古上墨的实物有战国末的。”汉朝以后多用松烟、石炭等原料做墨，因此“墨”字由“黑”和“土”组成。②是小篆的形体，上为“黑”，下为“土”。③是楷书的写法。

《说文》：“墨，书墨也，从土从黑，黑亦声。”“墨”字的本义就是写字用的墨，如《庄子·田子方》：“舐（shì）笔和墨。”“舐”为“舔”义，“和”为“研”义，也就是说：舔笔研墨。因为墨为黑色，所以又可以引申为“黑”，如《法书要录》：“（张芝）临池学书，池水尽墨。”也就是说：张芝靠近池边学写字，池中的水全染黑了。古代五刑之一的“墨刑”，即在脸上刺字，再涂上墨，如《尚书·伊训》：“臣下不匡，其刑墨。”即臣子不纠正君主的过失，就要处他以墨刑（亦称“黥刑”）。

请注意：《史记·屈原传》中“幽墨”一词，实为“幽默”，“墨”为“默”的通假字。但古代的“幽默”却是“寂静无声”义，而今天的“幽默”乃是英语 humour 的译音，是指语言或举动生动有趣而含义较深。

《甲金篆隶大字典》中的“疆”字

① ② ③

这是“肝胆涂疆场”的“疆”字，是个会意字。金文①的结构相当复杂，其右部有两个“田”字，而“田”字的上中下有三条横线，这就表示“田界”之义，左边的一张“弓”是丈量田地的用具，表示划定田界是要丈量的，其下有一个“土”字，表示田地与土有关。小篆②的形体与金文基本相似，只是为了结构合理、书写方便，把“土”字移到“弓”的左侧。楷书③的形体是直接从小篆变来的。

“疆”字的本义就是“境界”“边界”，如《史记·秦始皇本纪》：“圣法初兴，清理疆内。”这就是说：秦始皇的法制刚刚建立，就要清理境内。岳飞《南京上高宗书略》：“恢复故疆。”也就是恢复原来的边界的意思。从“边界”又引申为“极限”，如《诗经·豳风·七月》：“万寿无疆。”这个“无疆”就是没有极限的意思。

我们读《吕氏春秋·长攻篇》时，会见到“安危疆弱”的话，这里的“疆”字应当读为 qiáng（强），实际上是“彊”字的通用字。上古没有“强”字，需要表达这个意思时均写作“彊”，因其笔画过繁，后世才出现了“强”字。

大 部

① ② ③ ④

这个“大”字是个象形字。甲骨文①、金文②、小篆③都像人形。楷书④则把人的两臂伸平变成了一横，这样“大”字就不像人形了。

人为“万物之灵”，所以上古以人为大，这就成了“大小”之“大”了，如王充《论衡·说日》：“见日出入时大，日中时小也。”意思是：太阳刚升起和将落山时都显得大，而中午时小。从“大”又能引申为“尊敬”之义，如“大王”“大作”等。但《战国策·秦策二》“亦无大大王”中前一个“大”字是什么意思呢？这个“大”字是动词“超过”的意思，至今还在沿用，如说“你大我两岁”，也就是你超过我两岁的意思。

“大”字还可以读 tài（太）。上古没有“太”字，只有“大”字。比如《易经》中的“大极”，《春秋》中的“大子”，《尚书》中的“大誓”，《史记》《汉书》中的“大上皇”“大后”等，其中的“大”字都应读为“太”。

商代晚期大禾方鼎上的铭文“大”和“禾”字

请注意：“大夫”一词中的“大”字两读：第一，奴隶制时代的诸侯国中，国君之下设卿、大夫、士三级，秦汉以后有御史大夫、谏大夫、中大夫、光禄大夫等。以上的“大”字都与官职有关，所以只能读 dà（大），而不能读 dài（代）。第二，宋代以后称医生为“大夫”，至今仍然沿用，这个“大”字只能读 dài（代），而不能读 dà（大）。

“大”字是个部首字，凡由“大”字组成的字大都与人有关，如“夫”“夭”“夹”“奔”“奚”“爽”等。

① ② ③ ④

“大道之行也，天下为公。”这个“天”字本为象形字。甲骨文①就像正面站着的“人”形，突出了上部的方框“头”。②是金文的形体，更像人形。③是小篆的写法，上部的“一”仍表示头。④是楷书的写法。

《说文》：“天，颠也。”“颠”就是“头”，许慎释天为“头”，这是对的。但他认为“天”为会意字，又说“从一大”，就不对了，因为“天”本来就是人的象形字，不能分开。

“天”的本义是“头”或“头顶”，在头上刺字也称“天”，如《周易·睽》：“其人天且劓（yì）。”这是说：那人在额上刺了字又割去鼻子。两眉之间，称为“天庭”，如《三国志·魏书·管辂传》：“此二人天庭及口耳之间，同有凶气。”人的至高无上部分为天（头），由此又引申为自然界的至高无上也为“天”，如王充《论衡·谈天》：“古天与今无异。”就是说：古代的天与现在的天没有什么两样。

请注意：在古书中常见“天马”一词，一般多指“骏马”。可是《吕氏春秋·仲夏》注中所说的“天马”，那是指螳螂，正如《尔雅·翼》中所说，螳螂“头长而身轻，其行如飞，有马之象”，所以又称为“天马”。

① ② ③ ④ ⑤

“四方无事太平年。”在上古，“太”与“大”均写作“大”，是个象形字。甲骨文①和金文②中的“太”字就是“大”字，像正面站立的人形。③是陶文的形体，下面又增加一个曲笔，以便与“大”字相区别。④是小篆的形体，其下变为一点。⑤为楷书的写法。

《说文》中无“太”字，而是在“泰”字中收了古文的“太”字。段玉裁认为古“大”字分化出“太”字，如“大宰”俗作“太宰”，“大子”俗作“太子”。“太”字的本义为“过于”，如杜甫《新婚别》：“暮婚晨告别，无乃太匆忙。”这里的“太”就是“过于”义。由“过于”义又可以引申为“最”或“极”，如《吕氏春秋·恃君览》：“太古尝无君。”这里的“太古”也就是说最古的时候。

请注意：古代“太”“泰”“大”三个字常常可以通用，如《管子·八观》：“禁侈泰(太)，为国之急也。”大意是：禁止过分地奢侈，这是治国的当务之急。《史记·李斯列传》：“服太（泰）阿之剑。”“泰阿”，古宝剑名，这是说：佩带泰阿宝剑。另外，“太平”一词在古代往往是连年丰收的意思，如《汉书·食货志》中所说的“三登曰太平”，这里的“太平”就是指连年丰收。

① ② ③ ④

“使君自有妇，罗敷自有夫。”这个“夫”字是个象形字。甲骨文①的下部是“大”（就是正立着一个人），“大”的上部有一小横，表示头簪形。这就是说“以簪束发”，人已长成。②是金文的形体，与甲骨文类似。③是小篆的形体，其下部变得不像人形了。④是楷书的写法。

“夫”字的本义就是成年男子，如贾谊《论积贮疏》：“一夫不耕，或受之饥。”也就是说：假若一个成年男子不耕种，有人就要挨饿。

在古代诗文中，由“夫”字所组成的词是很多的，如“夫子”是古代对男子的尊称。李白《赠孟浩然》：“吾爱孟夫子，风流天下闻。”这个“孟夫子”即对孟浩然的尊称。可是在《论语》中所说的“夫子”，是学生对老师的称呼，如：“子见夫子乎？”意思是：您见过我的老师吗？

至于“夫”字当指示代词“这”“那”用，是假借字的问题，与“夫”字的本义毫无关系，如《左传·成公十六年》：“夫二人者，鲁国社稷（jì季）之臣也。”大意是：这两个人，是鲁国所依靠的大臣呢。“夫”字有时还可以当句首语气词用，如《左传·庄公十年》：“夫战，勇气也。”就是说：说起打仗来，那是要靠勇气的。这个“夫”字放在句首，表示提起议论。有时又可以放在句末表示感叹，如《论语·子罕》：“逝者如斯夫！”意思是：一去不复返的事就像这样（流水）啊！

请注意：以上这些做虚词用的“夫”字，如果读为fū（肤）那就不对了，而应当读为fú（扶）。

西周虎纹头簪

① ② ③ ④

这个“夭”字是个象形字。甲骨文①像一个人弯曲两臂。金文②的形体也基本上同于甲骨文。小篆③则把弯曲的两臂之形改为向右歪头。④是楷书的写法，把歪头状改为一撇，这是为了符合汉字的笔形要求和书写方便而改动的。

“夭”字的本义就是“屈”。《说文》说：“夭，屈也。”屈得过头了，就会折断。所以由“屈”能引申为“折”，“短命”可称为“夭折”。一件事情未能做完也可称为“夭折”，有半途而废之义。古代的“夭折”一般不是指人为的，后来又可以引申为人为的摧折，如《管子·禁藏》：“毋伐木，毋夭英。”也就是说：不要砍伐树木，不要摧折花卉。

“夭”字本读为 yāo（妖），但当它读为 ǎo（袄）时，词义也变了。刚刚出生的禽兽叫“夭”（ǎo 袄），如《淮南子·时则训》：“毋覆巢、杀胎夭。”就是说：不要把鸟巢捅翻，杀死小鸟。

请注意：古代当“夭折”“短命”讲的“夭”字，多写作“殀”，但后来“殀”字被废除了，均写作“夭”，这主要是为了书写方便。“夭”字与“天”字的形体略有不同，“夭”上是一撇，“天”上是一横。

① ② ③ ④

这是“孟子去齐”的“去”字。甲骨文①的上部是个“人”，下部是“口”（表示门口），人离开了门口即为“去”，所以“去”字的本义是“离开”，可见“去”字也是一个会意字。金文②的上部同于甲骨文，下部的门口转了一个方向，其词义并没有变。小篆③的形体同于甲骨文，只不过在“口”字的上部开了一个口，表示人走了的意思。④是楷书的形体，其上部的“大”字讹变为“土”字。

“去”的本义是“离开”，如《韩非子·外储说左下》：“阳虎去齐走赵。”就是说：阳虎这个人离开了齐国，而又跑到了赵国。（“走”在古代是“跑”的意思。）后来从“离开”这个本义又引申为“过去”的意思，如崔护《题都城南庄》：“去年今日此门中，人面桃花相映红。”这里的“去年”就是过去了的一年。从本义“离开”又能引申为“去掉”，如曹操《让县自明本志令》：“除残去秽（huì 会）。”所谓“去秽”，就是把肮脏的东西都去掉的意思。从“离开”又能引申为“相距”，如“相去万余里”，就是相距万余里的意思。就“去”字当“离开”讲这个本义而言,与今天“到什么地方去”的意思正好相反,如“我去上海”,是“我到上海去”的意思,而不是“我离开上海”。这种具有古今相反义的词是值得注意的。

① ② ③ ④

这个“交”字是个象形字。甲骨文①像正面站着一个人，两胫相交叉。金文②和小篆③也是这个样子。④是楷书的写法。

“交”字本义是“交叉”或“交错”，如屈原《九歌·国殇》:“矢交坠兮士争先。”意思是,箭交错坠落,战士们都争先恐后地冲锋陷阵。从“交错”又可以引申为“交流”,如《盐铁论·本议》:“交庶物而便百姓。”大意是:交流各种各样的物品（庶物),以方便老百姓。

“交通”一词，古今均用。现在我们所说的“交通”，是指各种运输和邮电通信的总称。可是古代就不是这个意思，如陶渊明《桃花源记》:“阡陌交通，鸡犬相闻。”所谓“阡陌”（qiān mò）是田间小路，“交通”是彼此相通之义。

至于“虎始交”（《淮南子·时则训》）中的“交”，那是“交配”的意思。这个词义是从“交流”或“结交”之义引申出来的。

请注意:“交”字在唐宋诗词中，有时还可以当“教”字用，如岑参的《叹白发》:“白发生偏速，交人不奈何。”意思是：白发偏偏生长得这样快，真教人无可奈何。这里的“交”字即通“教”字，现在不这样用了。

① ② ③ ④

这个“亦”字是个典型的指事字。甲骨文①是正面立着的一个人，两臂之下的两个点儿就是指事符号，表示这里就是腋下。金文②也是这种形体。小篆③与甲、金文字一脉相承。④是楷书的形体，中间的人形变得根本不像了。“亦”字的本义是“腋”（上古没有“腋”字）。但因为后世“亦”字被假借为虚词用了，其义大致相当于现代汉语中的“也”字，“亦”字当“腋”讲的本义就只好重新造一个新的左形（月即肉）右声（夜）的形声字“腋”来代表。从此，“亦”与“腋”有了明确的分工，“亦”字只做虚词用，而“腋”字就代替了“亦”字的本义。

“亦”字作“也”讲最为常见，如《史记·陈涉世家》：“今亡亦死，举大计亦死，等死，死国可乎！”大意是：现在逃跑也是死，举行起义也是死，同样是死，为国事而死可以吧！“亦”字由“也”字的“进一层”之义，又可引申为“特”，如《战国策·齐策四》：“王亦不好士也，何患无士？”就是说：王特别不喜欢士，哪里还担心没有士呢？

在古汉语中，“亦”字经常和“不”字连用，组成“不亦”一词，用于反问句，表示委婉的反诘语气，如《论语·学而》：“学而时习之，不亦说乎？”可译为：学习以后，按一定的时间去温习它，不是很高兴吗？

请注意：成语“亦步亦趋”的含义古今有所不同。“步”就是“走”，“趋”就是“快走”。在《庄子·田子方》里记载，颜渊对孔子说：“夫子步亦步，夫子趋亦趋，夫子驰亦驰。”大意是你慢走我也慢走，你快走我也快走，你跑我也跑。后世常用“亦步亦趋”来比喻事事模仿或追随别人。原为褒义，现为贬义。

① ② ③ ④ ⑤

这个“夹”字是个会意字。甲骨文①中间是一个大人，左右两个小人搀扶这个大人。金文②的形体也基本上同于甲骨文。小篆③左右的两个小人，已变得很小了。④是楷书的形体，是直接由小篆演变而来的。⑤是草书楷化的简化字。

“夹”字的本义是“在左右辅佐”，如《左传·僖公二十六年》：“昔周公太公……夹辅成王。”也就是说周公、太公辅佐成王的意思。从“左右辅佐”，又可引申为“从左右进攻”，如“夹击”“夹攻”等等。在两者之间也可称“夹”，如“夹缝”“夹道”等。从左右两侧又可以引申为里外两层，如“夹衣”“夹被”。这个意义后来写作“裌”或“袷”，但现在均简化为“夹”。

周公辅成王图，汉画像砖

我们读《后汉书·东夷列传》时，会见到这样两句话：“其地东西夹，南北长。”这里的“夹”字通“狭”，是“狭窄”之义，应该读作 xiá（匣）。原话的意思是：那块地方东西狭窄，南北很长。

请注意:“夹”字的繁体字是“夾”，它与“夾（shǎn 闪）”字的写法不同。“夾”字中是两个“人”，“夾”字中是两个“入”，“夾”字是偷了东西藏在怀里的意思。

① ② ③ ④

这是“星夜奔冀州”的“奔”字。这个字是个会意字。金文①的上部是一个“人”，下部是三个“止”（脚），表示一个人甩开两臂，迈开“三只脚”，当然跑得更快了。②是小篆的形体，上部的人形还在，只是下部的“止”发生了讹变，变成了三棵草形，好像一个人在草地上奔跑似的。③是楷书的形体，小篆的三棵草又变成了三个“十”字，除了书写方便以外，“十”字是毫无意义的。④是通行的规范字。

“奔”字的本义就是“跑”，如王安石《祭欧阳文忠公文》:“快如轻车骏马之奔驰。”由“跑”又可以引申为战败逃跑，如《左传·僖公五年》：“晋灭虢（guó 国），虢公丑奔京师。”意思是：晋国消灭了虢国，虢公丑就逃到京师去了。从“逃跑”又可以引申为“私奔”，这是在旧社会专指男女不依照旧礼教的规定而自相结合，如《史记·司马相如列传》:“文君夜亡奔相如。”这里的“亡”是逃跑义,“奔”即为“私奔”，大意是：卓文君深夜逃跑而与司马相如私奔。

请注意:“奔”字在过去也可以写作“逩”或“犇”，但因这两个形体较为复杂，在废除异体字时全被废掉了，现在只保留“奔”这一种写法。当然，作为人名用仍可以写成“犇”。

① ② ③ ④

这是“乘肥马，衣轻裘”的“乘”字，是个会意字。甲骨文①的下部是一棵树，树顶上站着一个人，表示乘于其上。金文②也是这个意思，其下是“木”（树）形，其上是“人”形。小篆③下部的“木”形犹在，但其上的“人”形则不太像了，不过人的左右两只脚倒是很像攀援树枝之形。④是楷书的形体，中间的“北”字之形是由小篆中人脚之形变来的。

“乘”字的本义就是“驾”，如《易经·系辞下》：“服牛乘马。”由“驾”又可以引申为“登”或“升”，如:“俱乘高台。”（《列子·黄帝》）也就是说:都登上高台。

因为“登”有“凌”义，所以“乘”字又能引申为“欺凌”之义，如：“三国必起而乘我。”（《荀子·强国》）也就是说：三个国家一定会发兵而侵犯我国。

请注意：当“乘”字做量词用时，那就必须读为 shèng（剩），如：“命子封帅车二百乘以伐京。”（《左传·隐公元年》）这里的“乘”字就当量词“辆”讲，必须读为 shèng。这句话的意思是：（郑伯）命令子封率领二百辆战车去攻打京这个地方。在古籍中还有“乘矢”“乘壶”的说法，难道说还能乘坐“箭”和“壶”吗？不是的。所谓“乘矢”，就是四支箭；“乘壶”，就是四把壶。因为古代“乘车驾四马”，所以“乘”字在这里都是数词“四”的代称，毫无“乘坐”之意。

① ② ③ ④

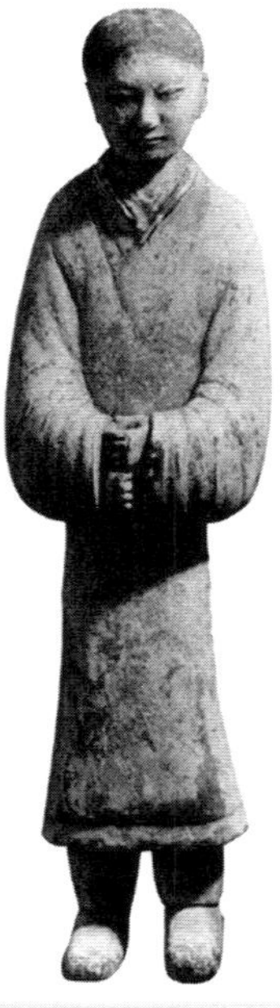

西汉加彩女陶俑

这个“奚”字是个会意字。甲骨文①的左上方是一只手（爪），手的右侧是一条绳索形，绳索之下吊了一个人，这就表示捉来了一个奴隶。金文②的形体也基本上同于甲骨文，只是“手”移到了右上方。③是小篆的写法，不太像捉住一个人的样子了。④是楷书的写法，原来的人形变成了“大”字。

“奚”字的本义就是“奴隶”，如《周礼·天官·冢宰》：“奚三百人。”“奚”字也可以特指女奴隶，如《周礼·秋官·司寇》：“凡奚隶聚而出入者，则司牧之，戮（lù 陆）其犯禁者。”大意是：凡是男女奴隶聚众出入的，都要严加管理，杀掉那些违犯奴隶主禁令的人。这是奴隶主对奴隶的血腥镇压。后来“奚”字也可以引申为“奴仆”，如《新唐书·李贺传》中所提到的“小奚奴”就是指“奴仆”。

“奚”字在古籍中，用得最多的还是其假借义，即作为疑问代词用，当“何”“胡”讲，如《庄子·逍遥游》：“彼且奚适也？”也就是说：它将到什么地方去呢？

山部

① ② ③

春山瑞松图，（宋）米芾作

“黄河远上白云间，一片孤城万仞山。”这里的“山”字就是个象形字。金文①是三个山峰组成一个“山”字。小篆②为了书写方便则将实心山变为单线的了，但三个山峰还仍然保存。③是楷书形体，基本上与小篆相同。

“山”的本义是指大山，可是有几个由“山”字组成的词还需引起注意。黄景仁的《圈虎行》中有“役使山君作儿戏”的诗句，这个“山君”是老虎的代称，因虎为山兽之王，所以称它为“山君”。原诗的意思是：耍得老虎做儿戏。

古书中所说的“山斗”一词，是指“泰山和北斗星”，这是古人比喻自己所尊崇钦慕的人，如《聊斋志异·青凤》中有“久仰山斗”的话即是。

“山”字是个部首字，凡由“山”字所组成的字大都与山岭有关，如“嵩”“崇”“峻”“巍”等。

① ② ③ ④ ⑤ ⑥

“轻气暖长岳，雄虹赫远峰。”这个“岳”字的形体原很复杂。①是甲骨文的形体，像上下多层山岳的形状，可见这是个象形字。②是古玺文的形体，由三部分组成，其上部像山峰起伏，其下左为“阜”，阜下为“土”，右为“山”，表示山岳之意。③是《说文》中古文的写法，比古玺文简化了许多，上为远丘形，下有山。④是小篆的写法，变成了“从山，从獄得声”的形声字了。⑤为楷书繁体字的写法，⑥为通用的规范字。

《说文》:“嶽，东岱，南霍，西华，北恒，中泰室，王者之所以巡狩所至。从山獄声。”其实“岳”字的本义为“高山”。我国有五大名山，即称为“五岳”，如陆机《汉高祖功臣颂》:“波振四海，尘飞五岳。”所谓“五岳”，就是东岳泰山、西岳华山、南岳衡山、北岳恒山、中岳嵩山。

在古籍中常见“岳丈”一词，即指“岳父”。为什么称“岳丈”？据说与东岳泰山有关。在赵翼《陔余丛考》卷三十七“丈人”中有这样的记载：“至妇翁曰岳丈，曰泰山，其说尤纷纷不一。或曰，晋乐广为卫玠妻父，‘岳丈’盖‘乐丈’之讹也。《释常谈》则曰，因泰山有‘丈人峰’故也……世俗以妇翁有丈人之称，而丈人又有山岳之典，遂引以为美称耳。”

① ② ③

这个“嵩（sōng 松）”字是个会意字。金文①的上部是“山”,下部是“高”,“高山谓之嵩”。②是小篆的形体，与金文基本相同。③是楷书的写法，是由小篆直接演变而来的。

“嵩”字的本义就是“山高”。后来又引申为山的专名，叫“嵩山”，在河南省，五岳中的中岳。

在古书中常见“嵩呼”一词，这是指旧时臣下祝颂皇帝高呼万岁的意思。请注意，“嵩”字也可以写作上形（山）下声（松）的形声字“崧”。

川部

① ② ③ ④

这是“百川灌河”的“川”字。甲骨文①弯弯曲曲的形状像一条河流，曲线中的四个点儿是指河流中的漩涡，所以“川”字是个象形字，它的本义就当河流讲。

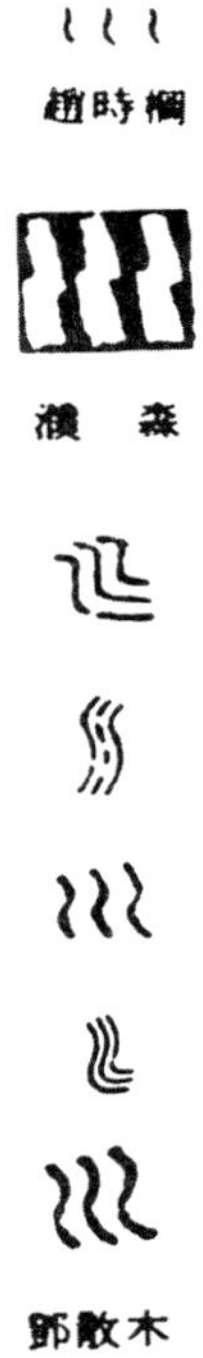

《篆刻字典》中的“川”字

金文②则把水中的“点儿”去掉了，这是为了书写方便。③是小篆形体，同于金文。④是楷书的形体。

“川”字又可以从“河流”的本义引申为“平野”或“平地”，如我们现在还说“平川广野，一望无际”。

“川”字是个部首字，凡由“川”所组成的字，大都与水有关，如“州”“邕”“巟”等字。

① ② ③ ④

“关关雎鸠，在河之洲（州）。”这个“州”字是个象形字。你看甲骨文①的形体就很清楚，自上而下的三条曲线就是“川”字，表示河流，而中间有个小圆圈，表示水中有块陆地。《说文》说：“水中可居曰‘州’。”所以“州”字的本义就是水中之陆地。金文②的形体基本上与甲骨文相同。小篆③则复杂化了，三支水流都加上了“小州”。而楷书④则把三个“小州”变成了三个点儿，这是为了书写的方便。

“州”字从“水中的陆地”这个本义引申为古代的行政区划，如两汉三国时的州比郡大，隋唐时的州则相当于以前的郡。从“州”字的本义又可引申为古代的居民组织，如在《周礼·地官·司徒》中说：“五党为州。”一党为五百家，五党即二千五百家。

在上古只有“州”字而没有“洲”字（《说文》就没有“洲”字）。可见“洲”字中的“三点水”为后世所加。请注意：在我国国内的地名中一般用“州”，如“广州”“兰州”“徐州”“郑州”“柳州”等等；在世界的地名上则用“洲”字，如“亚洲”“欧洲”“非洲”等等。

① ② ③ ④

这是“君臣邕穆”的“邕”字，读作 yōng，本为象形字。①是金文的形体，右边是“川”，左边是“邑”。②是《说文》中籀文的形体，上部为“川”，下部的两个圆圈像积水的沼泽，水入沼泽不能流通，这就表示“壅塞”的意思。③是小篆的形体，下部的沼泽之形讹变为“邑”，但意义未变。④是楷书的形体。

《说文解字注》：“邕，四方有水自邕成池者是也。”段玉裁的说法正确。“邕”字的本义为“积水不流”“堵塞”，如《汉书·王莽传》：“邕泾水不流。”也就是说：堵塞了泾水而不流通。据黄约斋《字源》说，在“邕”字的右边增加一“隹（水鸟）”字就成了“雝”。“雝”字的左边讹变为“乡”，这就成为“雍”字了，其本义为“堵塞”，如《汉书·匈奴传》：“隔以山谷，雍以沙幕（漠）。”也就是说：被山谷隔住，被沙漠堵塞。当“堵塞”讲的“雍”字，后世均写作“壅”，变成“从土雍声”的新形声字了。

口 部

① ② ③

这个“口”字是个象形字。甲骨文①和小篆②的形体都像人的嘴。③是楷书写法。

商代后期带有饕餮纹的人面钺

“口”字的本义就是“嘴”。由“嘴”之义又引申为“人口”，如：“十口之家，十人食盐。”（《管子·海王》）这个“十口”就是“十口人”的意思。

请注意：现在计算牲畜往往也用“口”，如“五口猪”等。可是古代是不用“口”的。

“口”字是个部首字，凡是由“口”字组成的字，其词义往往与嘴或方形物有关，如“吃”“叫”“中”“司”“嚣”等等。

① ② ③ ④

这是“卉中自生香”的“中”字，是个象形字。甲骨文①是直立的一面旗帜，向左弯曲的四条线是“旗游”（旗帜上的飘带），而中间的“口”形就表示中间之意。②是金文的形体，“旗游”飘向右边。③是小篆的形体，把“旗游”全省略了，中间旗杆呈弯曲形，这是一种书写上的美化。④是楷书的写法。

“中”字的本义就是“内”或“里”，如：“草中狸鼠足为患。”（柳宗元《笼鹰词》）也就是说：草里狸鼠之类足以成为祸害。由“内里”之义又可以引申为“中间”。至于“中夜哀鸣”（傅玄《短歌行》）里的“中”字，是“半”或“一半”的意思，所谓“中夜”就是“半夜”，“中途”就是“半路”。

请注意：“中”字若用为动词的时候，就不能读作 zhōng（忠）了，而必须读作 zhòng（众），如：“圆者中规，方者中矩。”（《荀子·赋》）其大意是：圆的要符合画圆形的工具的要求，方的要符合画方形的工具的要求。所以这个“中”就当“符合”讲。“百发而百中”，也就是动词“射中”之义。还有“命中”和“中伤”等等，都是当动词用，必须读为 zhòng（众）。

① ② ③ ④

这个“古”字是个会意字。甲骨文①的上部可不是“中华”的“中”字，而是“十”字，表示“多”义；其下部是个“口”字。这是说，世世代代口口相传就叫“古”。金文②的上部仍然是“十”字，下部是“口”字。小篆③和楷书④也基本上同于甲、金文字。

“古”字的本义就是“古代”，与“今”相对，如《韩非子·五蠹》：“古今异俗。”就是说：古今的风俗是不相同的。由“古代”这个本义又可以引申为“旧”“原来”之义，后世往往写作“故”。

“古老”一词一般是指历史悠久，如古老的国家、古老的民族等。但是“古老向予言”（李白《上留田行》）中的“古老”，是指老年人。

“古风”一词，大都指古代的风习，如陆游《游山西村》诗：“衣冠简朴古风存。”所谓“古风存”，也就是说古代的风习依然还在。可是“古风无手敌”（姚合《赠张籍太祝》）中的“古风”，却是指古体诗，如李白集有古风五十九首。

① ② ③ ④

这个“召”字本为形声字。①是甲骨文的形体，上部是刀形，表声，下部是“口”，表示呼唤或打招呼。②是金文的形体，与甲骨文基本相同。③是小篆的形体。④为楷书的写法，前后一脉相承。

《说文·口部》："召，評也。"在《说文·言部》又说："評，召也。"可见"召"与"評"是互训字，词义相同，都是"招呼"的意思。"召"为"招"的初文。"召"字的本义为"呼唤"，如计六奇《明季北略》："李自成召父老至武英殿，问民间疾苦。"由其本义而又可以引申为"招致""导致"。如柳宗元《敌戒》："敌存灭祸，敌去召过。"这里的"召"即为招致的意思。

请注意："召"字用为地名和姓时，不能读为 zhāo，而应读作 shào。如古邑名召陵、周代燕国的始祖召公、《诗经·国风》之一的"召南"，"召"字都读作 shào。

① ② ③ ④

这是"司令"的"司"字，是个象形字。甲骨文①的左下部是人的嘴巴之形，右边是手指朝上而又向左弯的一只右手。用手遮在口上，表示发布命令。②是金文的形体，更像是手遮口上之形。③是小篆的形体。④是楷书的形体，是由小篆直接演变而来。

"司"字的本义是"司令"，也就是发布命令。由此而引申为"主管"或"掌管"，如："命南正重以司天。"(《史记·太史公自序》) 所谓"南正"就是官员，重是人名，天指天文。这句话的意思是：命令南正重主管天文。"司"字这种意义现在还在继续沿用．如主管机器的叫"司机"，主管汽锤的叫"司锤"，主管药物的叫"司药"，主管会议仪程的叫"司仪"等。至于《山海经·大荒西经》中"司日月之长短"的"司"字，已由"主管"而引申为"观察"，所谓"司日月之长短"也就是观察日月之长短的意思。

① ② ③ ④

"四郊阴霭散，开户半蟾生。"这里的"四"字原为指事字。甲骨文①的四条横线即代表"四"，该形体沿用到战国。②是金文的形体，像鼻子出气的样子，由原来的指事字变为象形字了。郭沫若先生认为："四乃呬之初文。"③为小篆的形体，比金文稍有省略。④为楷书的写法。

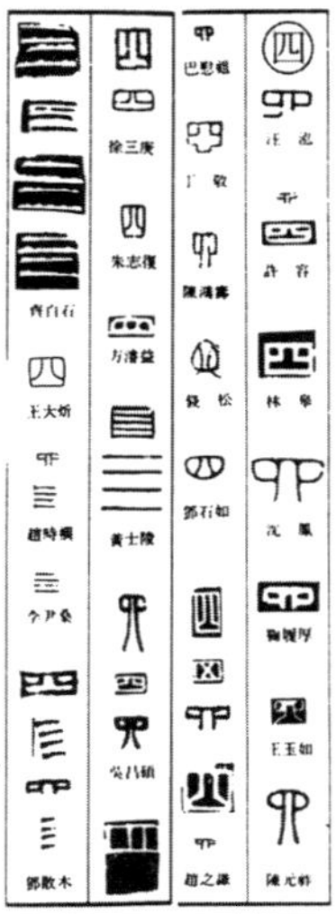

《篆刻字典》中的"四"字

《说文》："四，阴数也，象四分之形。"此说不足信。"四"字的本义应为"呬"。《尔雅·释诂》："呬，息也。"郭璞注："呬，气息貌。"也就是说，像鼻息的样子，这是对的。后来因读音的关系，就将"四"字借作数目字用了。那么代表鼻息的用字则只写作"呬"，变成了"从口四声"的新形声字了。

①　②　③

这个"甘"字就当"甜"讲。甲骨文①的外形是个"口",当中的一小横是指事符号，也就是指着舌头所在的地方，表示这里最知道甜，所以"甘"字是个指事字。小篆②像甲骨文的形体。楷书③也与甲骨文形体相似。

"甘"当"甜"讲是它的本义。"甜"字是会意字，右边是知道味道的"舌"，左边是"甘"，这就成了"甜"。"甘"除了"甜"这个本义之外，又可引申出凡美味均能称为"甘"，如《韩非子·外储说右上》："甘肥周于堂。"意思是：美味佳肴摆满堂上。从味道的甘美，又能引申为语言的"甜"，如《左传·昭公十一年》："今币重而言甘，诱我也。"就是说：现在用很多的钱和甜言蜜语来引诱我。后来又引申为"甘心情愿"的意思，如龚自珍《病梅馆记》："甘受诟厉。"是心甘情愿受斥骂的意思。

请注意："甘"与"旨"是不同的。在先秦，"甘"字除代表"甜"以外，还泛指美味，而"旨"只代表一般美味及好吃的东西。有时"甘旨"连用，是指美好的食品，如《韩诗外传》："鼻欲嗅芬香，口欲嗜甘旨。"

①　②　③　④　⑤

这个"吕"字也是个象形字。你看甲骨文①是两个方"口"，表示人（或动物）的脊骨，一块接一块地连成一串。金文②则变成了圆形，当然也还像脊骨的样子。小篆③为了使脊骨之间紧密相连，所以中间又加了一条连接线。④为楷书的写法，是直接由小篆演变而来。后来为了书写方便，则把楷书中间的那一竖笔省掉了，这就成为现行的楷书⑤的形体了。

"吕"字的本义是当"脊骨"讲，但后来又假借为古代音乐十二律中的阴律，总称“六吕”。所以要当脊骨讲的“吕”则只好又创造了一个新形声字“膂”（上声下形），自此以后，“吕”字再不当“脊骨”用了。到了后世，“吕”字也多用为姓氏字。

现在有的人仍然把“吕”写为“吕”，这是不妥当的。

① ② ③ ④

《甲金篆隶大字典》中的“舌”字

这是“舌剑唇枪”的“舌”字，是个象形字。①是甲骨文的形体，整体像舌形。②是古陶文的形体，与甲骨文相似。③是小篆的写法。④为楷书的写法。

《说文》：“舌，在口所以言也，别味也。”这是说舌头的作用，对的。但许慎又说，舌是“从干从口，干亦声”，把这个整体象形的“舌”分解为“干”和“口”两部分。段玉裁又解释说：“干，犯也。言犯口而出之，食犯口而入之。”这都是牵强附会的说法。

“舌”的本义即“舌头”，如《庄子·盗跖》：“不耕而食，不织而衣，摇唇鼓舌，擅生是非。”所谓“鼓舌”，就是卖弄口舌，多指花言巧语，含有贬义。在古籍中常见“金铃木舌”一词，所谓“木舌”是指铃铎中的锤。《国语·周语》中有“舌人”一词，有人认为这是善于说话的人，其实“舌人”是指古代的翻译官，正如韦昭注《国语》所说：“舌人，能达异方之志。”

① ② ③ ④

“彼有旨酒，又有嘉肴。”这个“旨”字是个会意兼形声的字。甲骨文①的上部是“匕”，也就是匙（汤匙）的形状，下部是“口”，盛汤入口便觉味美，这是会意。同时，“旨”也是“从口，从匕得声”的字，故为形声。②是金文的形体，与甲骨文基本相同。③是小篆的写法，将原形的“口”变为“甘”，“甘”为“甜”义，所以“味美”的意思更为明显。④为楷书的写法。

《说文》：“旨，美也。”如《礼记·学记》：“虽有嘉肴，弗食，不知其旨也。”就是说：虽然有好菜，不吃，就不知道其味的鲜美。由“味美”又能引申为“赞美”

之意，如《尚书·说命中》：“王曰：‘旨哉！’”大意是：王说，实在好啊！“旨”字还可以由口中的“味美”引申为思想中的“意味”“意思”，如《周易·系辞下》：“其旨远。”这是说：其意思是很深远的。

请注意：“旨”与“甘”是有区别的。“旨”一般是指味美好吃的食物，而“甘”除了味美之外，还有“甜”的意思，特别在先秦的作品中更是如此。

① ② ③ ④

“名下无虚士。”这个“名”字本为会意字。甲骨文①的左边是“口”，右边是“夕”。甲骨文中的“夕”与“月”本为一个字，唐兰先生认为，这就表明在月下说话的意思，也可以说是在月下呼唤名字。②是金文的形体，变作“月”下有“口”，其义未变。③是小篆的形体。④是楷书的写法。

《说文》：“名，自命也，从口从夕。夕者冥也，冥不相见，故以口自名。”“名”字的本义就是“名字”，如《庄子·逍遥游》：“北冥有鱼，其名曰鲲。”大意是：北海有一种大鱼，它的名字叫鲲。由“名字”又可以引申为“命名”，如王安石《游褒禅山记》：“其后名之曰褒禅。”这是说：从那时以后，就命名为褒禅。又可以引申为“名望”“名声”，如《史记·西门豹传》：“西门豹为邺令，名闻天下。”

请注意，《周礼·春官·外史》：“掌达书名于四方。”这里的“名”是什么意思呢？这是指“文字”，正如郑玄所说：“古曰名，今曰字。”

① ② ③ ④

这是“普天同庆”的“同”字。甲骨文①的上部是覆盘之形，表示会聚义，下部是“口”，以一口代众口，会聚众口即为同，所以“同”字是个会意字。②是金文的形体，与甲骨文基本相同。③是小篆的写法。④为楷书形体。

《说文》：“同，合会也。”基本正确。所以“同”字的本义应是“共同”，如《韩非子·说林上》：“同事之人，不可不审察也。”这是说：共同做事的人，不能不观察。由“共同”可以引申为“同一个”，如《三国志·吴书·吴主传》：“同船济水。”这是说：乘同一条船渡过河去。再引申一步就有“相同”义，如“同年”就是年岁相同，“同产”是同母兄弟，“同好”是爱好相同的人。

请注意：古时称同学为“同窗”，如关汉卿《杜蕊娘智赏金线池》：“我有个同窗故友，姓韩，名辅臣。”那么“同门”是什么意思呢？仍然是指“同学”，是说同出一师门下，如颜师古注《汉书·孟喜传》：“同门，同师学者也。”至于“同志”，古时多指志趣爱好相同，如《国语·晋语四》：“同德则同心，同心则同志。”

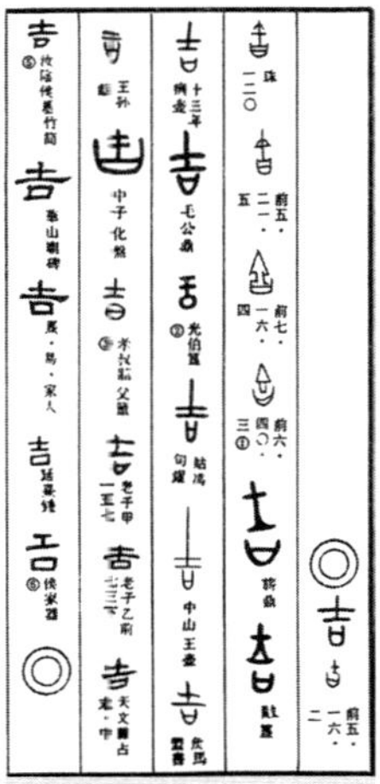

《甲金篆隶大字典》中的“吉”字

①　②　③　④

这是“吉祥如意”的“吉”字，本为会意字。①是甲骨文的形体，上部是一锐利的兵器之形，下部是装置兵器的器物，本有“宝爱”之义，所以也就可以引申为“吉利”。②是金文的写法，其上变为斧头（兵器）之形。③是小篆的形体，其上讹变为“士”。④为楷书的形体。

《说文》：“吉，善也。”“善”只能是“吉”字的引申义。而“吉利”才是“吉”字的本义，如《穀梁传·哀公元年》：“卜之不吉则如之何？”就是说：占卜的结果不吉利，那该怎么办呢？由“吉利”“吉祥”可以引申为“善”“美”等，如《尚书·泰誓中》：“吉人为善。”也就是说：善人做善事。“吉日”一词，现在多指“好日子”“吉祥之日”，可是在古籍中则往往指朔日，即阴历每月的初一。

请注意：在上古，“吉祥”多写为“吉羊”，如《积古斋钟鼎彝器款识》：“大吉羊。”这里的“大吉羊”就是大吉祥的意思。在甲骨文和金文中，很可能至今还没有发现“祥”字，大都以“羊”代“祥”。

①　②　③　④

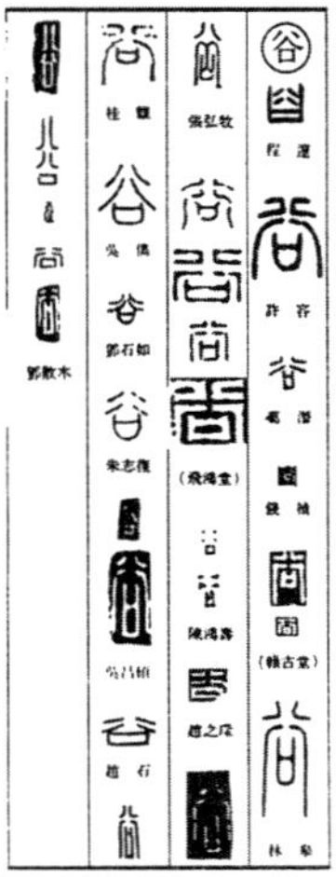

《篆刻字典》中的“谷”字

这是“山鸣谷应”的“谷”字，原为会意字。①是甲骨文的形体，上部是水形，下部是水的出口处，表示泉水从泉眼流出。②是金文的形体，与甲骨文相同。③是小篆的形体。④为楷书的写法。

《说文》：“谷，泉出通川为谷。”可见“谷”的本义就是“两山之间的水道或夹道”，如《荀子·强国》：“山林川谷美。”姚鼐《登泰山记》：“东谷者，古谓之天门溪水。”大意是：所谓东谷，就是古代所称的天门溪水。因为山谷往往是狭窄的，由此就可以引申为比喻“困境”之意，如《诗经·大雅·桑柔》：“人亦有言，进退维谷。”大意是：人们也说过这样的话，进退都是很艰难的。

另外，“谷”还可以读 yù，如“吐谷浑”，这是我国古代西北部的一个民族名，是鲜卑族的一支，曾经建立吐谷浑国。

请注意：在古代“谷”与“穀”是两个不同的字，“谷”指山谷，“穀”指粮食。实行简化字时，则在粮食这个意思上以“谷”代“穀”。

① ② ③ ④

“君不见黄河之水天上来，奔流到海不复回。”这个“君”字本为会意字。甲骨文①的上部是一只手拿着一枝笔，表示写字，其下部的“口”是文饰符号（也有人认为“口”发命令）。②是金文的形体，与甲骨文相似。③是小篆的写法。④为楷书的写法。

《说文》：“君，尊也。”其实，“尊”只是“君”字的引申义。“君”的本义是上古执笔写字的官。由“官”义又可以引申为“君主”，如《荀子·非相》：“彼后王者，天下之君也。”也就是说：那后王，就是天下的君主。由“君主”又可以引申为封号，如战国时的商鞅称商君，白起称武安君，还有春申君、信陵君等。由封号可以引申为“您”的尊称。如古乐府《孔雀东南飞》：“十七为君妇。”《三国志·魏书·武帝纪》：“能安之者，其在君乎。”这是说：能安定国家的，大概就在您（曹操）了。

请注意：“君主”一般是对国家元首的一种称呼，可是“初以君主妻河”（《史记·六国年表》）中的“君主”却是指公主，这是说：当初以公主嫁给河伯。

① ② ③ ④ ⑤

这是“逆风听蝉唱”的“听”字。甲骨文①的左边是一个大耳朵，右边是一个“口”，表示一人用口说，一人用耳听，可见这是个会意字。②是金文的形体，与甲骨文基本相似。③是小篆的写法，繁杂化了，左上方为“耳”，左下方是“壬”（站在土堆上的一个人），表音，右边是“德”字的古体字，好像是“有德者耳聪”的意思。

④是楷书的形体，直接由小篆演变而来。⑤为简化字。

《说文》："聽，聆也"，"聆，聽也"，可见许慎认为"聽"与"聆"是同义词，能够互训。其实二者是有差别的。"听"是一般的听，如《荀子·劝学》："耳不能两听而聪。"这是说：耳朵不能同时听两个方面而都听得很清楚。而"聆"字则是细听，比如段玉裁纠正许慎的说法："聆者，聽之知微者也。"很正确。谢灵运《登池上楼》："倾耳聆波澜。"这里的"聆"字即为"细听"的意思。

请注意：古代本来就有一个"听"字，应读作 yǐn。"听然"是张口而笑的样子，如司马相如《子虚赋》："无是公听然而笑。"这是说无是公这个人张口而笑的样子。至于在什么地方才能读 yǐn，什么地方应该读 tīng，这要根据上下文来判断。

① ② ③ ④

这是"周而复始"的"周"字，本为象形字。甲骨文①就像在玉片上雕刻的花纹。②是金文的写法，其下增加了"口"，可能系装饰部分。③是小篆的形体，直接由金文演变而来。④为楷书的写法。

《说文》："周，密也，从用口。"把"周密"看成"周"字的本义，把它的结构说成是"从用口"，都不妥。在结构上，"周"与"用"字无关。"周"字的本义应为"雕刻"的"雕"，也就是"雕"字的本字，后世"周"的本义为"雕"字所代替。凡雕的图像与花纹有疏有密，所以这就引申为"周密"的意思，如《汉书·张安世传》："以谨慎周密自著。"从"周密"又可以引申为"周遍"，如《史记·秦始皇本纪》："亲巡天下，周览远方。"大意是：亲自巡视天下，周遍地观察远方的形势。

请注意：贾思勰《齐民要术序》中说的"周人之急"及"周济贫乏"等，这里面的"周"字均为"救济"义，在这个意义上后来均写作"赒"。

周代玉器纹饰

① ② ③ ④

“贤人尚志。”这个“尚”字本为象形字。甲骨文①下部像一建筑物，壁有窗户，上有两横，为烟气上腾状。②是金文的形体，其下部是个“向（窗户）”字，上部未变。③是小篆的形体。④为楷书的写法。

《说文》：“尚，曾也，庶几也。”许慎认为“尚”字的本义为“曾也，庶几也”，都是做虚词用，这不妥。“尚”字的本义为烟气自窗户上腾。由此可以引申为“超过”或“高出”，如《盐铁论·相刺》：“尚于唐虞。”也就是说：超过唐尧和虞舜。由“高出”义又可以引申为“崇高”“尊重”，如《荀子·成相》：“尧、舜尚贤身辞让。”意思是：尧和舜都是崇尚贤人而亲自辞让帝位。由“崇高”又可以引申为“加在上面”，如《诗经·齐风·著》：“尚之以琼华乎而！”“琼华”为美石之名，“乎而”为语气词，大意是：再加饰琼华实在美妙无比啊！至于“尚”字的“尚且”“还”之义，那是转成虚词后的用法。

请注意：上古的“尚方”是为皇帝制造兵器等的官署名，与皇帝有关，所谓“尚方宝剑”，是指皇帝所用的宝剑。

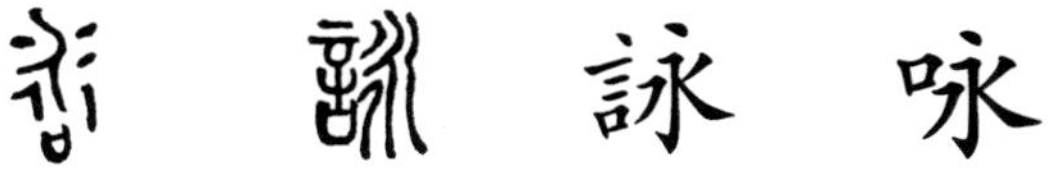

① ② ③ ④

“复登于朝，遐迩咏歌。”这个“咏”字本为形声字。①是金文的形体，从口，永声。②是小篆的形体，因“口”与“言”义相近，故以“言”代“口”，其义未变。③为楷书形体，在废除异体字时将该形体废除了，现在只使用④的写法“咏”。

《说文》：“詠，歌也。”这是对的，如《晋书·谢安传》：“安本能为洛下（洛阳）书生咏，有鼻疾，故其音浊。”班固《东都赋》：“咏殷周之诗。”由“歌唱”义可以引申为“用诗词来赞颂”，如曹操《步出夏门行·冬十月》：“歌以咏志。”也就是说：以歌来赞颂志向。再如“咏梅”“咏雪”等，也是赞颂义。

“咏怀”，也就是用诗歌来抒发情怀，如杜甫有《自京赴奉先县咏怀五百字》，阮籍也有《咏怀》诗八十二首，后世作诗也常称为“咏诗”。

① ② ③ ④ ⑤

这是“累累若丧家之犬”的“丧”字。①是甲骨文的形体，本为形声字。三个口为形符，中间的“桑”形为声符。三口则表哭丧意。②是金文的形体，其上部是个“噩”字，下部是“亡”字，“噩亡为丧”，这又变成了会意兼形声的字。③是小篆的形体，其上部的“噩”讹变为“哭”字，成了“哭亡为丧”。④是楷书繁体字。⑤为简化字。

《说文》：“喪，亡也。”可见“丧”字的本义为“丧失”“丧亡”，如《左传·哀公十五年》：“丧车五百。”再如《韩非子·五蠹》：“偃王行仁义而丧其国。”所谓“丧其国”，就是失掉了他的国家。由“丧失”又引申为“死亡”，如陶潜《归去来兮辞·并序》：“寻（不久）程氏妹丧于武昌。”由“死亡”引申为“丧事”，如《陈书·沈洙传》：“因欲迎丧，久而未返。”王安石《上仁宗皇帝言事书》：“婚丧祭养。”就是指婚姻、丧事、祭祀、供养。不过，这里的丧必须读作 sāng。

“丧明”为眼睛失明义，《礼记·檀弓上》：“子夏（孔子学生）丧其子而丧其明。”故后世常称死了儿子为“丧明之痛”。

① ② ③ ④

“下品无高门，上品无贱族。”这个“品”字本为会意字。甲骨文①中的“口”表示器物之形，从三“口”表示器物众多。②是金文的形体，其中一器呈倾斜形。③是小篆的写法。④为楷书的写法。自甲骨文至楷书一脉相承。

《说文》：“品，众庶也，从三口。”段玉裁说：“三人为众，故从三口。”“品”字本义应为“众多”，如左思《吴都赋》：“混品物而同廛（chán）。”“廛”是指在公共场所中存放货物的仓库，这句话的意思是：把混杂而众多的货物都放在同一座仓库中。由“众多之物”可以引申为“品种”义，如《尚书·夏书·禹贡》：“厥贡羽毛齿革惟金三品。”大意是：应该进贡的是羽毛、牛尾、象牙、犀牛皮和金属等多种东西。由“品种”又可以引申为“等级”，如《汉书·匈奴传》：“给缯（zēng）絮食物有品。”意思是：所供给的丝织品和食物都是有等级的。又如上品、中品、下品即指不同的等级。等级需要品评，所以又可以引申为“品评”，如《晋书·载记·苻坚》：“品而第之。”也就是说品评优劣而定其等级。后又可以引申为“品质”“品德”等等。

①　②　③　④

这是“知人则哲”的“哲”字,本为形声字。①是金文的形体，其上部为“折”，表音，下部为“心”，表意，表示“聪明”之意。②是小篆的形体，直接由金文变来。③为小篆的异体字，将“心”换成“口”，其义未变。④为楷书的写法。

《说文》:“哲，知也。从口，折声。”许慎的说法是对的。这里的“知”实为“智”，是“聪明”的意思，如《尚书·皋陶谟》：“能哲而惠，……何迁乎有苗？”大意是：既聪明而又有恩德，……何必还要迁徙流放苗民呢？由“聪明”又可以引申为“有才能的人”，如贾思勰《齐民要术序》：“舍本逐末，贤哲所非。”旧时称那些才能识见超越寻常的人为“哲人”，称那些在某方面造诣极深的人为“哲匠”。

请注意：“喆”为“哲”的异体字，早已废除了，除了人名用字之外，一般均写为“哲”。

①　②　③　④

这个“唯”字本为会意兼形声的字。①是甲骨文的形体，右边象一只鸟形，左边为一“口”，原表示鸟鸣之声。②是金文的形体。③是小篆的形体。④是楷书的形体，从形体上看一脉相承。

《说文》:“唯，诺也，从口隹声。”“唯”字的本义也就是应答之声,如《汉书·韩信传》：“信（韩信）再拜贺曰：‘唯。’”《礼记·曲礼上》：“必慎唯诺。”由此而产生了“唯唯诺诺”，如《韩非子·八奸》：“未命而唯唯，未使而诺诺。”成语“唯唯诺诺”现在多用于贬义，形容只是顺从附和，不敢表示不同意见的样子。“唯”字由应答声还可以引申为句首语气词，表示“希望”，如《左传·僖公三十年》：“唯君图之。”即希望您多考虑考虑。“唯”还可做范围副词用，当“只”讲，如《史记·鲁仲连传》：“方今唯秦雄天下。”也就是说：现在只有秦国称雄天下。

请注意，“唯”“维”“惟”三个字的本义不同：“唯”的本义是应答声，“维”的本义为绳子，“惟”的本义为“思”。但在“思”的意义上“惟”“维”通用，在范围副词“只”的意义上“唯”“惟”通用，只有做语气词时，三者都通用。

① ② ③

这是“群鸦乱噪”的“噪”字，原为会意字。金文①中有一棵树，树上有三个“口”，表示群鸟在枝头鸣叫。②是小篆的写法。③为楷书形体，左边又增加一个“口”，变成了会意兼形声的字了。

《说文》：“喿，鸟群鸣也。从品在木上。”许慎的说法很正确。“噪”字的本义就是“鸟叫”，如杜甫《羌村》：“柴门鸟鹊噪，归客千里至。”这是说：柴门之上，鸟鹊欢鸣，客（杜甫）自千里之外回到家门。从群鸟鸣叫又可以引申为“喧哗”，如《北史·流求传》：“勇者三五人出前跳噪。”

请注意：“噪”与“嗓”二字的形体极为相似，而音、义大有区别，不能相混。

① ② ③

“玉不琢，不成器。”这个“器”字本为会意字。①是金文的形体，四边有四个“口”，中间为“犬”，人喧哗为“嚣”，犬吠为“器”，所以“器”字应为“狺”（yín）字的初文。②是小篆的形体，与金文相似。③为楷书的写法。

《说文》：“器，皿也，象器之口，犬所以守之。”这是将“器”字的假借义误为本义。“器”字本义为“犬吠声”，后来其本义消失，被假借为陶器、器皿，如《老子》：“埏埴（shān zhí）以为器。”“埏埴”是调和黏土。意思是：调和黏土而制作陶器。又可泛指“器具”，如《韩非子·显学》：“冰炭不同器而久。”这是说：冰与炭不可能长久地放在同一个器具之中。从器具的作用，就可以引申为人的“才能”，如《三国志·蜀书·诸葛亮传》：“亮之器能政理，抑亦管、萧之亚匹也。”大意是：诸葛亮的才能，能管理政事，也是可以与管仲、萧何相比的。有“才能”则必将受到“器重”，如《后汉书·陈宠传》：“朝廷器之。”

① ② ③ ④

这个“嚣”字是个会意字。金文①的中间是个“頁”字，“頁”是人头，在一个头上有四个“口”。②是小篆的形体，将金文“頁”字两侧的两个“口”移到了头顶以上。③是楷书的写法，由小篆直接演变而来。④是楷书的简化字。

“嚣”字的本义是“喧哗”或“吵闹”，如：“交易市合则嚣。”（《正字通》）就是说：人只要集合到交易的场所，那必然是声音嘈杂。

“嚣尘”一词，现在是指声音很高的意思，如“甚嚣尘上”。可是古代却是指“嘈杂肮脏”，如：“子之宅近市，湫隘嚣尘，不可以居。”（《左传·昭公三年》）所谓“湫隘”就是低下狭小。这几句话的意思是：您的住宅靠近闹市，而且低下狭小嘈杂肮脏，不可以居住。“嚣张”一词，是“放肆”“跋扈”的意思，如“气焰嚣张”。

在《三国志·魏书·和洽传》中有这样两句话：“农业有废，百姓嚣然。”这里面的“嚣”字不能理解为“吵闹”，而是“敖”字的假借字，是“忧愁”的样子，它的读音是 áo（敖），不读 xiāo（宵）。

①

②

③

囊
④

“三十年前共苦辛，囊萤曾寄此烟岑。”这个“囊”字，本为象形字。①是甲骨文的形体，像一个扎住口的大口袋，口袋里面装着两只贝。②是金文的形体，像一个大口袋，里面装了一只贝。③是小篆的形体，像上下两头都扎住的大口袋，口袋内的字通“襄”，表声。④是楷书的写法。

《说文》：“囊，橐（tuó）也。”“橐”是一种口袋，所以“囊”字的本文也是“口袋”，如《诗经·大雅·公刘》：“乃裹餱粮，于橐于囊。”“餱粮”也作“糇粮”，就是干粮。大意是：于是包扎好干粮，把大大小小的口袋全装满。口袋能装东西，这就可以由“口袋”义引申为“囊括”义，如《文选·贾谊〈过秦论〉》：“有席卷天下，苞（包）举宇内，囊括四海之意，并吞八荒之心。”用口袋盛也可以称“囊”，如《宋书·沈攸之传》中所说的“囊米”，也就是用口袋盛米的意思。

请注意：“囊”与“橐”虽然都是“口袋”义，但“囊”是一头开口的口袋，而“橐”却是两头开口的口袋，装满了东西以后，就要两头都扎住。《诗经》毛传又说：“小曰橐，大曰囊。”若“囊橐”连用，则是泛指口袋。

囗 部

① ② ③ ④

这个“囗”就是“围”的本字，同时它也是个部首字，读作 wéi（韦）。①是甲骨文。②是金文。③是小篆。④是楷书。这个字很形象，就像一圈围墙。所以，在古代凡是表示周围有界限或捆缚之意的字大都从“囗”，如“囚犯”的“囚”字，“花园”的“园”字，“国家”的“国”字，“苗圃”的“圃”字，“包围”的“围”字，“羊圈”的“圈”字，等等。

请注意：在字典或词典中，部首“口”和部首“囗”虽然笔画相同，但形体的大小是有严格区别的，不可混淆。

有围墙的住宅，北朝壁画中的建筑纹样

① ② ③

这个“囚”字很形象。从甲骨文①的形体看，周围像个土坑或井形，中间是面朝右立着的一个人，人体周围的点儿是表示难受得身上冒汗。这是把罪人或者俘虏关起来的意思，所以这个“囚犯”的“囚”字，是个会意字。②是小篆的形体，方框中像一个面朝左下弯腰的人，身上的汗点儿都去掉了。③是楷书，是由小篆形体变来的，其组成部分与小篆同。

上海的站笼，1904 年

“囚”字从“囚犯”的本义引申为“拘禁”的意思，如《尚书·蔡仲之命》："囚蔡叔于郭邻。"这是说：把蔡叔拘禁在郭邻这个地方。

有人曾把《诗经·鲁颂·泮水》中"在泮献囚"这句解释为在泮这个地方献罪犯，其实不对，这里的"囚"是指俘虏。

① ② ③ ④

这个"妙手回春"的"回"字，是个象形字。甲骨文①就像流水的旋转之形。金文②仍然是水的旋转之形，只是与甲骨文旋转的方向相反。③是小篆的形体，为了符合汉字结构规整的要求和书写的方便，竟变成了大口套住小口。④是楷书的写法。

"回"字的本义就是"旋转"，如《尔雅·释天》中所说的"回风"，也就是"旋风"。"水深而回"（《荀子·致士》）中的"回"字是指旋涡，当然也有旋转之意。凡是"旋转"，随时都在改变着方向，所以"回"字又可以引申为"改变志向"之意，如柳宗元在《与韩愈论史官书》中说："虽死不可回也。"这句话可不是到死不回头的意思，其真意是：即使是死，也不可改变自己的志向。到了后世回字多用于"回来"或"回去"义，如李白的《将进酒》诗："黄河之水天上来，奔流到海不复回。"

"回"字由"旋转"或"掉转"之义又可以引申为"不走正道"的意思，当"奸邪"讲，如王安石《兼并》诗中所说的"奸回"就是"奸邪"的意思。

请注意："回""迴"二字在古代的用法不尽相同。"迴"字是个后起字，它的先造字就是"回"字。后来两字相通，但"迴"字从来不当"奸邪"讲。现在"迴""廻""囬"三种形体都不能再用了，均规范为"回"，实在方便。

① ② ③

这个"囟"字读作 xìn，原为象形字。甲骨文①像人头的形状，中间的"X"表示小儿头上的"囟门"。②是小篆的形体。③为楷书的写法。

《说文》："囟，头会脑盖也，象形。"这话是对的。"囟"就是指"囟门"，在《礼记·内则》疏中说："囟是首脑之上缝。"新《辞海》讲得清楚，"连合胎儿或新生儿颅顶盖各骨间的膜质部，在新生儿颅顶前部有一菱形的'前囟'，亦称'额囟'，出生后不久即封闭，后部有一三角形的‘后囟’，亦称‘枕囟’，出生后一年半左右封闭。”

“囟”与“烟囱”的“囱”字，“盐卤”的“卤（lǔ）”字形体近似，容易误认，需加注意。

①　　②　　③　　④

《篆刻字典》中的“因”字

“回风吹四壁，寒鸟相因依。”这个“因”字本为会意字。①是甲骨文的形体，“囗”为“席”的四方形，里面的“大”为人形，象人卧于席上。②是金文的形体，与甲骨文相似。③是小篆的形体。④为楷书的形体。从形体上看，“因”字的古今写法是一脉相承的。

《说文》：“因，就也。”此说不妥。“就”只是“因”字的引申义，而并非本义。“因”即“茵”字的初文，本义应为“席子”“褥子”。席子是人用来躺卧或依靠的东西，因此，“因”可以引申为“依靠”“凭借”义，如《左传·僖公三十年》：“因人之力而敝之，不仁。”大意是：凭借人家的力量而又去破坏他，这是不仁义的。由“凭借”又可以引申为“沿袭”，如《论语·为政》：“殷因于夏礼。”这是说：殷商沿袭夏朝的礼制。由“沿袭”又可以引申为“原因”，如“事出有因”。由此又引申为介词，当“因为”“由于”讲，如“因噎废食”，比喻因小而废大，甚至于怕做错事就索性不干了。

①　　②　　③　　④

这个“卤”字读作 lǔ，本为象形字。①是金文的形体，外部像装盐的容器，内部像装满了咸盐。②是小篆的形体，与金文极为相似。③是楷书繁体字。④为简化字。

《说文》：“鹵，西方鹹地也，从西省，象盐形。”许说不确。“卤”字与“西”毫无关系，本为容器中装的咸盐。咸卤之地不长谷物，如《宋史·刘几传》：“邠地卤。”这是说“邠”这个地方是咸卤地（不生谷物）。

在《史记·秦始皇本纪》中有“流血漂卤”的话，这里的“卤”应做何解呢？其实，

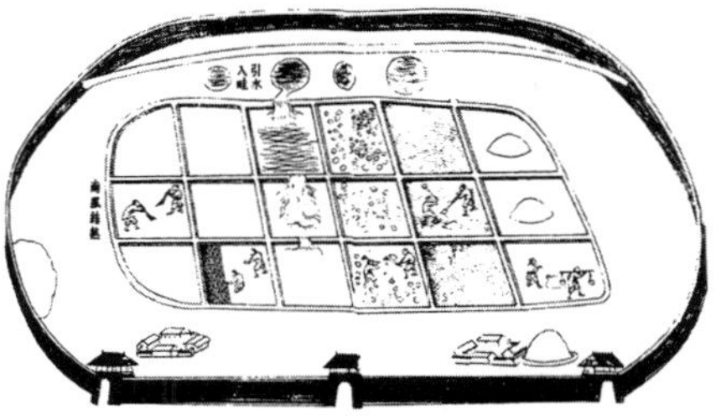

《天工开物》中的盐池插图

它是“橹”字的假借字，这是说：杀人太多，血都能把船橹漂起来。

古书中常见“卤莽”一词，多表示冒失、粗率，如杜甫《空囊》：“世人共卤莽。”这里的“卤莽”亦可写作“鲁莽”。但是，《文选·扬雄〈长杨赋〉》中所说的“夷坑谷，拔卤莽”里的“卤莽”，却是指荒地野草。所以，“卤莽”也有“荒废”义，如苏轼《渚宫》：“二王台阁已卤莽。”

① ② ③ ④

殷代鸟纹铜卣

这个“卣”字读作 yǒu，本为象形字。甲骨文①就像一个酒器之形，这种酒器一般是用青铜制成，椭圆形，大腹小口，上有盖和提梁。②是金文的形体，中间的一点表示装有酒浆之意。③是小篆的形体，似乎酒在器中晃动。④是楷书的写法。

《说文》：“卣，草木实垂卣卣然。”许慎说像草木的果实下垂的样子，这个说法不可靠。“卣”的本义应为“酒器”，如《尚书·文侯之命》：“用赉尔秬鬯一卣。”“赉”读 lài，是“赏赐”义；“秬”读 jù，黑黍；“鬯”读 chàng，是祭祀用的酒；所谓“秬鬯”就是用黑黍和香草酿的酒。原话的大意是：我赠给你香酒一樽（或谓：我赏给你中樽酒杯一个）。《诗经·大雅·江汉》：“厘尔圭瓒，秬鬯一卣。”“圭瓒”，一种玉器；“厘（lí）”，通“赉”，赐给。这是说：赐给你一个玉器和香酒一樽。

① ② ③ ④

这是“困知勉行”的“困”字，原为会意字。①是甲骨文。外边的方框像门的四旁，中间的“木”为门橛，“困”是“梱”的古文。②是战国竹简文的形体。

③是小篆的形体，与甲骨文相同。④是楷书的写法。

《说文》:“困,故庐也。”恐不妥。“困”字本义应为“门橛”,因门橛有限制的作用,因此引申为“围困”，如诸葛亮《后出师表》:“困于南阳。”也就是被围困在南阳的意思。从“围困”义又能引申为“窘迫”“困窘”，如《史记·屈原传》:“齐竟怒不救楚，楚大困。”这是说：齐国竟然生气而不去救楚国，楚国非常困窘。由此又可以引申为“贫乏”,如《史记·宋世家》:“岁饥民困。”又能引申为“生活困难”,如《尚书大传》:“行而无资谓之乏,居而无食谓之困。”由“生活困难”又可引申为“困倦”，如白居易《卖炭翁》:“牛困人饥日已高，市南门外泥中歇。”

“困”后来也做“睏”的通假字，是“疲乏想睡”的意思。

① ② ③

“不稼不穑，胡取禾三百囷兮？”这个“囷”字读作“qūn”，本为会意字。①是古陶文的形体，其外部很像囤子形，内部是“禾”，表示装有粮食。②是小篆的形体，与古陶文相似。③为楷书的形体。

《说文》:“囷，廪之圜者。从禾在囗中。”许慎的说法是对的。古代圆形的谷仓叫作“囷”，方形的谷仓叫作“仓”，如《诗经·魏风·伐檀》:“不稼不穑，胡取禾三百囷兮？”大意是：既不播种又不收割，为什么能占有三百囷的粮食呢？

“囷仓”就是泛指贮藏粮食的仓库，如《礼记·月令》:“(仲秋之月）穿窦窖，修囷仓。”也就是说：到了秋季，挖好地窖，修好仓库（准备贮菜藏粮）。因为“囷”是圆形的,所以“曲折回旋”亦可称“囷囷”,如杜牧《阿房宫赋》:“盘盘焉,囷囷焉。”

① ② ③ ④

从这个字的甲骨文①的形体看，就像一个周围有园墙，中间有树苗的苗圃，这就是个“囿”（yòu 又）字，可见“囿”字的本义就是园林，后来专指古代帝王畜养禽兽的园林。这个字因为读作“有”（去声），所以到了金文②就变成了内声（有）外形（囗）的形声字“囿”了。小篆③的形体与金文一致，其内也是个“有”字。

《农政全书》中的插图

楷书④也是直接从小篆形体变来的。

“囿”字是指帝王畜养禽兽的园林，这个字到汉代以后也称为“苑”。另外又可引申为“菜园”之意，如《大戴礼记·夏小正》：“囿有见韭。”也就是在菜园中开始生出韭菜来了。事物集聚之处也可以称“囿”，如司马相如《上林赋》：“游于六艺之囿。”但是，你若见到《庄子·天下》“辩者之囿”一句时，可不能理解为“管理辩论人的地方”。这里的“囿”字是局限或知识面狭窄的意思，这是因为“囿”有围墙，所以就有受局限或范围狭窄的意思。再如有的人写了一篇文章，他很谦虚地说：“囿于见闻，难免有错，请同志们批评指正。”这里的“囿”字也是受局限的意思。

① ② ③ ④

孔子在《论语》中说过：“吾不如老圃。”这是说：我不如种菜的老农。这个“圃”字，我们从甲骨文①的形体看，其下部是众多的方框菜田，其上部长出了两棵菜苗。所以“圃”字的本义是种植蔬菜瓜果的园子。金文②则把甲骨文的形体简化了一下，并在周围加了个方框表示围墙。到了小篆③则把其中的苗圃形讹变为“甫”,这就变成了内声（甫）外形（囗）的形声字“圃”了。楷书④则是直接由小篆的形体变来的，也是外形内声的形声字。

《农政全书》中的圃田图

《周礼·天官·大宰》：“园圃，毓（育）草木。”这就是用了“圃”字的本义。也就是说：园圃是繁育草木的地方。孟浩然《南山下与老圃种瓜》诗：“先人留素业，老圃作邻家。”这里是把老菜农称为“老圃”。

这个字的读音要注意：有的人把“圃”读为“甫”，这不完全对。因为“甫”读二音：1. 当“开始”讲或做人名用时应当读 fǔ（斧）；2. 做地名用时，则应读 pǔ（普），如“甫田”（亦作“圃田”）。可是“圃”字只是一个读音，即读 pǔ（普），而不能读 fǔ（斧）。

① ② ③ ④

这是“陷于囹圉”的“圉”字，读作 yǔ，本为会意字。①是甲骨文的形体，内部是一个面朝右跪着的人，双手戴着刑具，外部是囹圄（牢狱）之形，表示犯人被关进监牢之中。②是金文的形体，内部的人形已省掉了，仅存一刑具。③是小篆的写法。④为楷书的形体。

《说文》：“圉，囹圄，所以拘罪人。”许说甚确。实际上“圉”字也正是“圄”字的异体字。由关人之“牢狱”义又可以引申为“关马处”或“养马”，如《左传·哀公十四年》：“圉马于成。”也就是说：将在“成”这个地方养马。又可以引申为“养马人”，称之为“圉人”，古时多为奴仆，如《左传·昭公七年》：“马有圉，牛有牧。”

“圉”本有固定的范围之意，所以这又可以引申为“边境”或“边疆”义，如《左传·隐公十一年》：“固吾圉也。”也就是说：巩固我国的边疆。《诗经·大雅·召旻》：“民卒流亡，我居圉卒荒。”大意是：人民尽在流亡，我国的边境也尽遭灾荒。

寸部

① ② ③ ④

“相思不可寄，直在寸心中。”这个“寸心”的“寸”字，比喻区区之心。其实“寸”字在甲骨文和金文中做偏旁用时，与“又”（手）字并没有什么区别。你看甲骨文①和金文②的形体就是“手”（又）形。③是小篆的形体，在手下之左侧有一小横，这是离手掌一寸的地方，就叫“寸口”（试脉处）。④是楷书的形体。

“寸”的本义是指“寸口”。《说文·寸部》：“寸，十分也，人手却一寸，动脉，谓之寸口。”也就是说：一寸是十分，正如自人的手掌向后退一寸的地方叫作“寸口”。后来，“寸”字被用为长度单位了。因为“寸”很短，所以又被引申为“短小”之义，如：“谁言寸草心，报得三春晖。”（孟郊《游子吟》）“寸草”在这里象征儿女。

“寸”字是个部首字，凡由“寸”所组成的字大都与手或手的动作有关，如“对”“封”“守”等字。

① ② ③ ④

“三十侍中郎，四十专城居。”这个“专”字原为会意字。甲骨文①的右边象纺线用的“纺砖”，左边是一只手，转动纺砖而纺线。②是小篆的形体，其下的“寸”仍为“手”。③是楷书繁体字。④为草书楷化的简化字。

《说文》：“專，六寸簿也。……一曰專，纺專。”许慎第一种说法不妥，第二种说法是对的，“专”字本义就是“纺砖”。不过这个本义已经消亡了，而后世多用其“独”“独占”等意义，如柳宗元《捕蛇者说》：“有蒋氏者，专其利三世矣。”大意是：有个姓蒋的人，独占其利已经有三代了。由“独”又可以引申为“专横”，如《左传·桓公十五年》：“祭仲专，郑伯患之。”这是说：祭仲这个人专横得很，郑伯很担心。

请注意：古代的“专一”与今天的“专一”在词义上有所区别，如《史记·孝文本纪》：“今大臣虽欲为变，百姓弗为使，其党宁能专一邪？”这里的“专一”有“专擅”或“独断独行”的意思。

① ② ③ ④

“自寄一封书，今已十月后。”这个“封”字是个会意字。甲骨文①的左边的下部是一个土堆，土堆之上栽种了一棵树苗，右上部是一只手（寸），也就是说，手拿树苗往土堆上栽种就叫作“封”。金文②左边的土上的树苗还在，只是把甲骨文右上方的手改为面朝左侧立的一个人，伸着两臂表示向土中栽种树苗。③是小篆的形体，是从甲骨文蜕变而来，其右并不是侧立的人，而仍然是一只手（寸）。楷书④则把小篆左边的“树”改为“圭”，书写方便。“封”字的本义是在土上培育树木，如《左传·昭公二年》：“封殖此树。”也就是栽种、培育此树的意思。要栽种就要聚土，所以聚土筑坟也可称为“封”，如《左传·文公三年》：“封殽（xiáo 淆）尸而还。”其大意是：把在殽地战死的人筑坟掩埋好后回去。“筑坟”有将尸体封闭于土中的意思，因此“封”字又能引申为“封闭”义，如《史记·李斯列传》：“书已封，未授使者，始皇崩。”就是说：把信已经封好了，还没等递给使者，秦始皇就死了。从“封信”又可引申为单位量词，如“一封书信”“一封艾香”等。

请注意：“封”字的左边是上下两个“土”字，不能写成四画一竖。

①　②　③　④　⑤

“一车炭重千余斤，宫使驱将使不得。”这个“将”字本为会意字。①是甲骨文的形体，其左为竖起来的“几案”形（几腿朝左），右边是“肉”，表示肉放在几案上。②是金文的形体，在“肉”下又增加了两只手，表示双手捧肉放在几案之上。③是小篆的形体，两手变为“寸（手）”，其义未变。④为楷书的繁体字。⑤为简化字。

《说文》：“將，帅也。”许慎之说不妥。因为“帅”是“将”的远引申义。“将”字的本义应为“置肉于案上”，后引申为“扶”“持”，如《木兰诗》：“爷娘闻女来，出郭（外城）相扶将。”由“持”引申为“带领”，如《后汉书·蔡邕传》：“遂携将家属，逃入深山。”由“带领”引申为“将领”，如《吕氏春秋·执一》：“军必有将。”《史记·陈涉世家》：“王侯将相宁有种乎？”这里的“将”必须读作 jiàng。

另外，当“将”字当“请”“愿”讲时，应读为 qiāng，如《诗经·卫风·氓》：“将子无怒，秋以为期。”大意是：请你别生气，秋天为婚期。

①　②　③　④

陆游《杂感》：“一尊易致蒲萄酒，万里难逢鹳鹊楼。”诗中的“尊”字就是一个会意字。甲骨文①的下部是一双手，上部是一个大酒杯（或酒瓶），是赤诚献酒的意思。金文②与甲骨文的形体比较一致，只是酒器上增添了几道美丽的花纹。③是小篆的形体，在酒器（酉）之上又增加了两撇，实为酒器的盖子。④是楷书的写法，其下部由金文和小篆的双手变为一只手（寸）了，是由小篆直接演变而来。

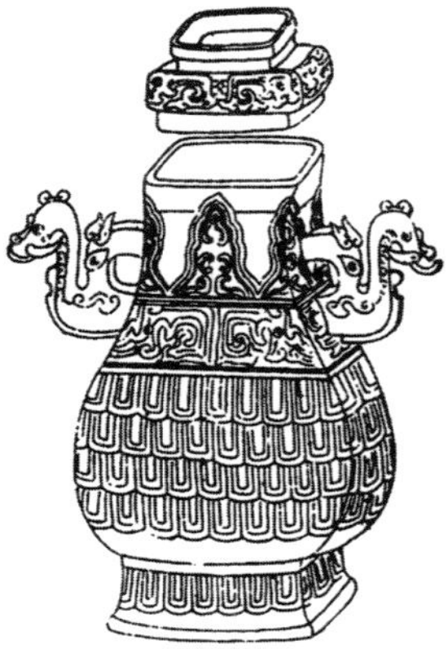

西周铜尊

“尊”字的本义就是“酒器”。在古代，向人敬酒是须非常尊重的，因此“尊”字又引申为“尊重”义，如：“始皇尊宠蒙氏。”（《资治通鉴·秦纪》）这就是说：秦始皇非常尊重蒙氏。凡器物总有个单位，所以“尊”字还有远引申义，那就是做单位量词用，如“三尊开山炮”“五百尊神像”等。

在古籍中常见“尊公”一词，如：“当为尊公作佳传。”（《晋书·陈寿传》）这里的“尊公”不是对人的敬称，而是称对方父亲的敬词，如旧时写信常说：“尊公康宁？”也就是说：你的父亲好吗？“尊公”有时写作“令尊”。

① ② ③ ④

这个“公爵”“侯爵”的“爵”字本为象形字。①是甲骨文的形体，就像古代酒器的形状，下有足，用以温酒或盛酒，盛行于商代和西周初期。②是金文的形体，更像酒器的形状，其右边又增加了一只手。③是小篆的形体，其下部讹变为从“鬯（古代祭祀用的一种酒）”，变得相当复杂。④是楷书的写法。

商代夔龙纹爵

《说文》：“爵，礼器也，象爵之形。”许说正确。“爵”字的本义就是“酒器”，是一种“礼器”，如《史记·周本纪》：“王与之爵。”也就是说：王给了他一件酒器。“爵”由“礼器”引申为“爵位”，如《礼记·王制》：“王者之制禄爵，公、侯、伯、子、男，凡五等。”《韩非子·定法》：“官爵之迁与斩首之功相称也。”意思是：官位的提升是与杀敌的功劳相称的。至于《孟子·离娄上》中“为丛驱爵”的“爵”，若理解为礼器那就错了。其实这里的“爵”是“雀”字的通假字，原话的意思是：替树林赶来鸟雀。这里的“爵”必须读作 què。

请注意：古书中常见的“爵室”一词，不能理解为有官爵的人所居之室，而是大船上的瞭望室，如《释名·释船》：“又在其上曰爵，室于中候，望之如鸟爵之警视也。”

巾 部

① ② ③ ④

这个“巾”字是个象形字。甲骨文①就像挂下来的一幅布或一条手巾。金文②和小篆③也都基本上同于甲骨文。④是楷书的写法。

“巾”字的本义是指古代擦抹用的布，类似今天所用的手巾。从手巾又引申为头巾、领巾、车巾等。在阅读文言文时，我们经常会遇到“巾帼”一词，这个“巾帼”是指古代妇女的头巾或发饰，后世则往往用“巾帼”作为妇女的代称，称女英雄为

“巾帼英雄”。

古时女式发巾

请注意：古代有关帽子之类的字有好几个，必须加以区别。“冕”是帝王、诸侯、卿、大夫等统治阶级的人物所戴的礼帽，“冠”是古代的帽子的总称，“巾”是扎在头上的织物，“弁（biàn 变）”是古代用皮革做成的帽子，“帽”是后世才有的字，今天都称为帽子。

“巾”字是个部首字，凡由“巾”字所组成的字大都与布有关，如“布”“幅”“常”“帷”“幕”“幡”等字。不过像“帚”“帝”等字的下部其实不是“巾”字，下面再做分析。

① ② ③ ④

执彗门吏，汉画像砖，河南邓州市出土

这是“敝帚自珍”的“帚”字，读 zhǒu（肘），是一个象形字。甲骨文①就像一把笤帚，上部的帚苗是扫地的部分，下端是笤帚把儿。金文②的形体更像一把扫炕或扫床的笤帚。小篆③则发生了较大的变化，已经不像笤帚的样子了，其下部手可握持的部分变成了“巾”字，因此许慎在《说文解字》中把“帚”字放在“巾”部里。其实这“帚”字与“巾”字在词义上毫无关系。④是楷书的形体，连一点笤帚的模样儿也没有了。

“帚”字的本义就是“笤帚”。笤帚可以用来扫除，所以“扫”字的繁体字就写作“掃”，表示用手（提手旁）持帚才能打扫。

你在阅读古书时，还会碰到“箒”字，这是个什么字呢？其实就是“帚”字的异体字，其上部加了个“竹字头”，表示笤帚是用竹子做的，这实在是多此一举，因“帚”字本来就是笤帚形，所以在废除异体字时，把“箒”字废除了。

① ② ③ ④

这个“帝王”的“帝”字是个象形字。甲骨文①像横七竖八的一堆木柴，准备点燃。金文②基本上同于甲骨文。小篆③比甲骨文、金文更复杂，其下部变成了

点着的木柴

“巾”，所以姑且将“帝”字放在“巾”部。其实“帝”字与“巾”字在词义上并无联系，仅是“帝”字的部分形体似“巾”。④是楷书的写法。

“帝”字本像准备点燃的木柴之形。点燃木柴是为了祭天，正如《尔雅·释天》中所说：“祭天曰燔（fán 凡）柴。”所谓“燔”就是焚烧的意思。点燃木柴，火光熊熊，象征天神之威灵。所以“帝”字的本义就是“天神”，又称为“天帝”，是整个宇宙所谓的“主宰者”。由“天帝”又可以引申为“帝王”，如“三皇五帝”。

在古代典籍中常见“帝室”一词，有人认为是指皇帝的住处。其实，“帝室”是“皇家”的意思，如《三国志·蜀书·诸葛亮传》：“将军既帝室之胄。”意思是：将军（指刘备）本来就是皇家的后代。如果要说皇帝居住的地方，在古代往往称为“帝乡”，也就是指京城。

①　②　③　④

“衣带渐宽终不悔，为伊消得人憔悴。”这个“带”字本为象形字。①是金文的形体，上下有缨头，很像一条两头下垂的长带子，中间呈弯曲形。②是小篆的形体，下部变为“巾”形。③是楷书的繁体字。④为简化字。

《说文》：“带（帶），绅也。”“绅”为腰带，可见“带”字的本义为“腰带”，如《诗经·卫风·有狐》：“心之忧矣，之子无带。”大意是：我的内心很忧愁，那人没有好衣带。

腰带、铠甲

《荀子·儒效》：“逢衣浅带。”“逢”为“大”义，“浅”为“阔”义。这是说：大的衣服、宽阔的腰带。因为“带”是长条的，所以能引申为“围绕”义，如《战国策·魏策》：“前带河，后被山。”意思是：前面有黄河围绕，后面靠着大山。因腰带经常带在身上，所以经常挂在身边亦可称为“佩带”，这就由名词转化为动词了，如《汉书·龚遂传》：“民有带持刀剑者。”

请注意：古籍中常见“带甲”一词，那是“步兵”的通称，因为步兵常带甲胄。后来也泛指披甲的将士，如《史记·苏秦列传》：“带甲数十万。”也就是说：有将士几十万人。

门 部

① ② ③ ④ ⑤

这是“执戟进辕门”的“门”字，是个象形字。甲骨文①上部是一条嵌入门枢的横木，下部很像两扇门的形象。金文②则把门上的横木去掉了，但仍保持两扇门的原样儿。③是小篆的形体。④是楷书的写法，基本上同于小篆。⑤是简化字。

“门”字自古至今皆用其“门户”的本义，如《墨子·号令》：“门常闭。”后来引申为进出口也称门，如《徐霞客游记·楚游日记》：“洞门甚隘。”就是说洞门很狭窄的意思。一门之内为一家，所以“门”也能当“家”或“家族”讲，如《秦汉史编年》：“汝勿妄言，灭吾门也。”大意是：你不要胡说，当心灭掉我们的家族。从“家族”之义，又能引申为“门类”的意思，如《旧唐书·杜佑传》：“书凡九门，计二百卷。”这就是说：这部书分为九个门类，一共有二百卷。

《营造法式》中豪华门的设计图

请注意：在古书中经常会见到“门贴”一词，那是指“对联”。古人要卖田宅和器物要写一个招贴，这个招贴也同样称为“门贴”，如《南史》中所说：“百姓那得家家题门贴卖宅？”那么“门贴”出现在一段文字中究竟当对联讲还是当卖田宅的招贴讲，这只有根据上下文的意思才能判定。

“门”字是个部首字，凡由“门”所组成的字大都与门户及其动作有关，如“闭”“间”“闲”“闸”等字。

① ② ③ ④ ⑤

“太白发句，谓之开门见山。”这个“开”字原为会意字。①是玺文的形体，外部是两扇大门，内部的“一”是门闩，下面是一双手，表示用双手拉开门闩。②是《说文》中的古文形体，与玺文基本相似。③是小篆的形体，内部发生了讹变。④为楷书繁体字。⑤为简化字。

《说文》：“開，张也。”以“张”来释“开”字的本义，不够确切。其实“开”的本义也就是“开门”，如《南史·梁本纪下》：“开门揖盗。”这是比喻引进坏人，自招祸患。由“开门”义又可以引申为“张开”义，如《庄子·盗跖》：“开口而笑者。”另外还可以引申为“分开”“开发”等。

请注意：“开明”一词在古籍中也经常见到，比如《淮南子·地形训》：“东方……曰开明之门。”“明”指太阳，日出东方，则天下大明，所以这里的“开明”就是“启明”，代表东方。另外，《山海经·海内西经》：“开明兽，身大类虎。”这里的“开明”则又是传说中的兽名。可见“开明”一词古今词义是不相同的。

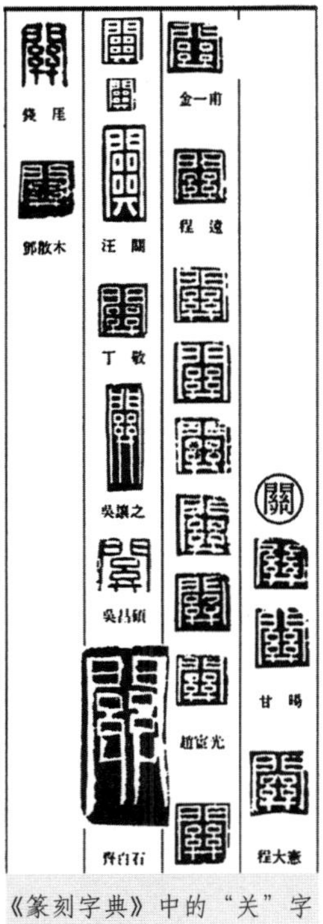

《篆刻字典》中的“关”字

① ② ③ ④

“秦时明月汉时关。”这个“关”字本为会意字。①是金文的形体，外为门形，门中有一对门闩，表示关门之意。②是小篆的写法，较金文复杂一些。③是楷书繁体字。④为简化字。

《说文》：“關，以木横持门户也。”这是对的。所以“关”的本义就是“门闩”，如《左传·襄公二十三年》：“臧纥斩鹿门之关以出。”这是说：臧纥这个人砍断了鹿门（城门名）的门闩而出去了。由“门闩”可以引申为动词“关闭”，如陶潜《归去来兮辞·并序》：“门虽设而常关。”就是说：虽然也安了两扇大门，但又常关闭着。由此又可以引申为“关口”，如李白《蜀道难》：“一夫当关，万夫莫开。”

请注意：在古籍中常用“关山”一词，一般是指关隘山川，如《木兰诗》：“万里赴戎机，关山度若飞。”但有时也指今宁夏回族自治区的六盘山，所谓“大关山”即六盘山的主峰。

① ② ③ ④

这是“城门闭，言路开”的“闭”字，是个会意字。金文①的上部左右是两扇门，下部的“✚”字就是门闩。门户紧关，插上门闩，这就是“闭”的意思。②是小篆的形体，两扇门当中加上了两条门闩，关闭得好紧，万无一失。到了楷书③，门闩讹变成“才”字了，其实“闭”字与“才”字毫无关系。④是简化字。

“闭”字的本义就是“关门”，如《史记·卫康叔世家》：“门已闭矣。”又可引申为“闭上”，如《史记·张仪列传》：“愿陈子闭口，毋复言。”意思是：希望陈子（陈轸）闭住嘴巴，不要再说了。从“闭上”又可以引申为“堵塞”，如《汉书·李寻传》：“闭绝私路。”也就是堵塞私路的意思。

现在所说的“闭关”往往指“闭关自守”，可是在古代是闭门谢绝人事的意思，如江淹的《恨赋》：“罢归田里，闭关却扫，塞门不仕。”大意是：罢官回家，关门洒扫，不外出做官。

① ② ③ ④ ⑤

这是“松下问童子”的“问”字。甲骨文①是门内有口，表示在门内发问，这是个会意兼形声的字。②是战国印文，与甲骨文相同。③是小篆的形体。④是楷书繁体字。⑤为简化字。

《说文》：“問，讯也。”这是对的。可是说“从口门声”则不妥，因为“门”字也含有意义，而并非单纯表音，所以“问”字实为会意兼形声的字。“问”字本义就是“讯问”，如《史记·晏婴传》：“晏子怪而问之。”计六奇《明季北略》：“问民间疾苦。”由“讯问”又可以引申为“问候”“聘问”（代表本国政府访问友邦）。由“聘问”又引申为“馈赠”，如《左传·成公十六年》：“问之以弓。”就是把弓馈赠给他的意思。《诗经·郑风·女曰鸡鸣》：“杂佩以问之。”所谓“杂佩”，就是古代的饰物。这是说：我解下杂佩赠送给您。

请注意：古代的“问”“讯”“诘”的含义有所区别。“问”的词义非常广泛，有“询问”“审讯”“问候”“聘问”“问难”等。而“讯”则用于审问。“诘”多用于反问、追问，如《左传·襄公二十五年》：“士庄伯（人名）不能诘。”这是说士庄伯这个人不能追问。

① ② ③ ④

这个“闲”字是个会意字。金文①上部是左右两扇大门，下部的门中挡上木头，这就是栅栏，是养马圈。小篆②基本上同于金文的形体，楷书③又基本上同于金文的形体，这三种形体一脉相承，都是会意结构。④是简化字。

“闲”字的本义是指养马的圈，如《周礼·夏官·校人》：“天子十有二闲，马六种。”这就是说：天子有十二个马圈，马六种。从“马圈”义又引申为“范围”，如《汉书·武五子传》：“制礼不逾闲。”就是说：制礼不能超出一定的范围。既然有一定范围，就有“防止”之义，如刘禹锡《天论》：“建极闲邪。”大意是：建立准则，防止邪说。可见这里的“闲”字就当“防止”讲。

李白《庐山谣寄卢侍御虚舟》：“闲窥石镜清我心。”这当中的“闲”字，如果解释为“马圈”“范围”就不通。实际上这个“闲”字又引申为“空闲”“清闲”的意思。再看宋玉《登徒子好色赋》：“体貌闲丽。”这里的“闲”字又是什么意思呢？实为后来的“娴”字，是“文雅”“雅静”之义。

喂马图，汉画像砖

“闲”字与“閒”字本为两个字，古代曾经通用过，但在整理异体字时把“閒”字废掉了，只保留“闲”字，所以“空闲”“清闲”“忙闲”等等，我们只能写“闲”而不能再写“閒”了。

① ② ③ ④

这个“间”字是个会意字。金文①门上有一弯明月，月下有两扇大门，这就表示由门隙间可以望见明月。之所以能够望见明月，也正因为两扇门之间有空隙，所以“间”字的本义就是“间隙”“空隙”。②是小篆的写法，把门上的月移到门内，表示门缝中见月光，结构合理，书写方便。③是楷书形体。④是简化字。

这个“间”字在上古写作“閒”（门里是个“月”字），本义为“间隙”“空隙”，如《史记·管晏列传》：“妻从门閒而窥其夫。”这个“从门閒而窥”就是从门缝中看的意思。当“閒”字读为 jiàn（见）的时候，可当“隔阂”讲，如《史记·秦本纪》：“君臣有閒。”由“隔阂”又可引申为“离閒”。

请注意：“閒”“間”“閑”这三个字有区别。上古根本没有“間”字，都写作“閒”。当产生了“間”字以后，人们则把读 jiān（艰）和 jiàn（见）的都写作“間”，而把读 xián（闲）的都写作“閒”。“閑”的本义是栅栏，在通常情况下，“閒”与“閑”是不相通的，只是在“空閒”的意义上有时写作“閑”。汉字简化后，“閒”字被废除了，凡是“空閒”“忙閒”等意义均写为“闲”。

① ② ③ ④ ⑤

“春眠不觉晓，处处闻啼鸟。”这个“闻”字原为会意字。甲骨文①的下部是面朝右的人形，人的头上有一只大耳朵，这就突出了“听”的意思。②是战国印文的形体，变成了外声内形的形声字，仍为“听”意。③是小篆的写法，与印文相似。④是楷书繁体字。⑤为简化字。

《说文解字注》：“闻，知声也。”“闻”的本义为“听见”，如《晋书·祖逖传》：“中夜闻荒鸡鸣。”所谓“荒鸡”，就是半夜鸣叫的鸡，古人以此为不祥。《史记·高祖本纪》：“项羽卒闻汉军楚歌。”由“听见”可以引申为“知识”“见闻”，如《史记·屈原列传》：“博闻强志。”这就是说：学识见闻广博，记忆力又很强。

“闻”有一个后起的假借义，当“嗅”讲，如李商隐《和张秀才落花有感》：“扫后更闻香。”现在仍说“用鼻子闻一闻”。

“闻”还有“声誉”“名声”义，如《诗经·大雅·卷阿》：“令闻令望。”大意是：好的声誉好的名望。

请注意：“闻”与“听”在古代是有区别的。“听”是听的行为，“闻”是听的结果。《大学》中有“心不在焉，听而不闻”的话，可见“听”“闻”有别。

① ② ③ ④

这是“辟荒植五谷”中“辟”字的繁体字“闢”。金文①的形体生动形象，其上部是关闭的两扇门，其下部是两只手，这就表示双手把门推开的意思，是个会意字。

可是到了小篆②则由会意字变成了外形（门）内声（辟）的形声字了。虽然形体变得繁杂了，但是却体现了汉字由表意向标音发展的趋势。③是楷书形体，由小篆直接演变而来。④是简化字，把整个“門”字简化掉了，写起来很方便。

“辟”字的本义就是“开”或“打开”，如：“寝门辟矣。”（《左传·宣公二年》）也就是说：卧室的门打开了。由“打开”之义又可以引申为“开辟”，如司马相如《上林赋》:“地可垦辟。”这个“辟”字就是“开垦”或“开辟”的意思。由“开辟”之义又能引申为“排除”，如“辟耳目之欲”，也就是排除耳目之欲的意思。至于“辟谣”之“辟”，那是“驳斥”之义，是从“排除”之义引申出来的。

请注意:“辟”字还可以读 bì，如“辟世”即“避世”，也就是逃避现实的意思。“辟”字又可做假借字,如《史记·魏其武安侯列传》:“辟倪两宫间。”“辟倪”就是“睥睨”的假借字，是暗中窥探的意思。又如《论语·先进》：“师也辟。”就是说：师这个人是个偏激（或孤僻）的人。总之,同一个“辟”字,到底怎样才能理解得正确，这要看上下文的意思而定。

女 部

汉代陶女图

① ② ③ ④

“唧唧复唧唧，木兰当户织。不闻机杼声，唯闻女叹息。”这个“女”字是个惟妙惟肖的象形字。甲骨文①就像面朝左跪着的一个人，上身是直立的，两臂交叉在胸前。金文②基本上与甲骨文的形体相同，只是在“女人”的头上多了一条横线，实为头簪之类的装饰品。③是小篆的形体，不如甲骨文更像跪着的人形。④是楷书的写法，变得完全没有人形了。

“女”字的本义即指“妇女”，如贾谊《论积贮疏》：“一女不织，或受之寒。”就是说：要是一个妇女不织布，有的人就要受冻。有时又特指未嫁的女子，如《诗经·周南·关雎》：“窈窕淑女，君子好逑。”意思是：体态多好的女子啊，可与君子匹配。另外也当“女儿”讲，如《木兰诗》:“不闻爷（父亲）娘唤女声。”以上各例均为名词，由名词又可引申为动词“嫁”，如《左传·

桓公十一年》:“宋雍氏女于郑庄公。”也就是说,宋雍氏嫁于郑庄公。不过这种当“嫁”讲的“女”字，应当读 nǜ。至于“女”读为 rǔ,那是代替了古代的第二人称“汝”(当“你”讲)。

有几个用“女”字组成的词，我们应当注意。在黄庭坚《送薛乐道知郧乡》诗中有这样一句：“双鬟女弟如桃李。”这句诗中的“女弟”是指妹妹。如此看来，那么姐姐可称为“女兄”了？对，你看，刘知几的《史通·浮词》中就把姐姐称为女兄。

有人曾把“女酒”理解为妇女喝的酒，这就不对了。《周礼·天官·序官》：“女酒三十人。”“女酒”指古代宫廷中能酿酒的女工，是酿酒女工的代称。

再比如，我们读刘禹锡的《石头城》诗，其中有这样的名句：“淮水东边旧时月，夜深还过女墙来。”李贺的《石城晓》诗：“月落大堤上，女垣栖乌起。”这些诗句中的“女墙”和“女垣”,都是指古代城墙上的矮墙,绝不能认为古代还有“男墙”“女墙”之分。

“女”字是个部首字，凡由“女”字所组成的字大都与妇女有关，如“奴”“好”“妥”“媚”等字。

① ② ③

捧博山炉的侍女，南朝画像砖

这是“宁缺毋滥”的“毋”字，读作 wú，本为象形字。①是金文的形体，像站立的妇女，其中的两点表示乳房，所以在金文中“母”与“毋”为同字。②是小篆的形体，将其中的两点变为一横，高亨先生认为：“毋是母字之误变。”③是楷书的写法。

《说文》：“毋，止之也。从女，有奸之者。”许慎对“毋”字的形体分析不妥。“毋”字在金文中本为“母”字，到小篆才与“母”字相区别。古人言“毋”，犹如今人称“莫”，所以便借“毋”表示禁止之意。

“毋”字的本义为“勿”或“不要”，如《诗经·小雅·角弓》：“毋教猱（náo，猴子）升木。”这是说：猴子上树不用教。《史记·项羽本纪》：“距（拒）关，毋内（纳）诸侯。”由“不要”义又能引申为“不”，如《韩非子·说林下》：“以我为君子也，君子安可毋敬也？”“毋”字还可以做“无”字的假借字，如《史记·

秦始皇本纪》："胫毋毛。"

《礼记·郊特牲》中所说的"毋追"，那是夏代的冠名，这里的"毋追"必须读作 móu duī。

古籍中所说的"毋望"，并非"不要希望"之意，而是"非常"的意思，如《史记·春申君列传》："世有毋望之福，又有毋望之祸。"

① ② ③

这个"奴"字是个会意字。金文①的左边是个"女"，右下部是一只大手（又），表示抓住了一个人。在古代战争中抓来的战俘，都沦为奴隶（不仅是女的）。②是小篆的写法，与金文基本相似。楷书③从小篆直接演变而来。

"奴"字的本义是"奴隶"，如《史记·季布传》："布为人所略卖，为奴于燕。"大意是：我季布被人抢（掠）去卖了，当了燕的奴隶。古代的奴隶中以妇女为多，所以"奴"也往往指"奴婢"，如《岁暮·感怀》诗："富豪役千奴，贫老无寸帛。"到了后世，女子表示自卑或自谦的称呼，也往往用"奴"字，如《宋史·陆秀夫传》："杨太妃垂帘与群臣语，犹自称奴。"男子对自己有时也可以贱称为"奴"，如计有功《唐诗纪事·昭宗》："何处是英雄，迎奴归故宫。"

① ② ③ ④

这个"好"字是个会意字。甲骨文①的左边是个半跪着的妇女，胸前抱着一个婴儿。金文②的左上部是一个婴儿，右边是半跪着的妇女，最上部的一小横，是妇女头上的簪饰。到了小篆③"子"与"女"的位置又同于甲骨文了，可见在古代组成汉字各部分的位置往往是不固定的。④是楷书的写法。

从"好"字的会意形式看，在古代很可能是以多子女的母亲为"好"。如果以今天的意思去理解古人的意思，认为一男（子）一女很要好，这就会成了"好"的本义，这个理解是不对的。

"好"字又可以引申为容貌美，如《战国策·赵策三》："鬼侯有子而好。"意思是：鬼侯有个女儿长得很美。从"美"又能引申为"友好"，如诸葛亮《草庐对》："外结好孙权。”也就是东面与孙权友好。

“好”字也是一个多音多义字，当“好”字读作 hào（号）的时候则有两个意思：第一，当“喜欢”讲，如《史记·郦食其传》：“沛公不好儒。”也就是说：刘邦不喜欢儒生。第二，圆形玉器或钱币，中间的孔称为“好”，孔外的部分称为“肉”。

① ② ③ ④

“忽如一夜春风来，千树万树梨花开。”这个“如”字本为会意字。①是甲骨文的写法，左边是口，右边是跪着的女人，双手交叉置于胸前，表示“从命”之意。②是石鼓文的形体，“口”与“女”位置调换，其义不变。③是小篆的形体，与石鼓文基本相同。④为楷书的写法。

《说文》：“如，从随也。”由“从随”之义又可引申为“到……去”，如《三国志·吴书·吴主传》：“权将如吴。”“如”当“像”讲，也是从“随从”之义引申出来的，如《诗经·郑风·大叔于田》：“执辔如组，两骖如舞。”大意是：拉着像丝带子一样的缰绳，两匹骖马飞驰就像跳舞。由“像”又可以引申为“及”或“不及”，如《史记·韩非传》：“斯自以为不如非。”这是说：李斯自认为自己不如韩非。由此又可以引申为假设连词“假如”，如《三国志·蜀书·诸葛亮传》：“如其不才，君可自取。”意思是：假如他没有才能，您就可以取代他。

在古籍中经常出现“如是”这一词，其义多为“如此”“这样”等。但有时也作“许可”用，如《金刚经》：“如是，如是。”就是说：可以，可以。

① ② ③ ④ ⑤

这个“妇”字也是一个会意字。甲骨文①的左上方是一把笤帚，右边跪着一个人（女），是表示手拿笤帚扫地的人就是“妇”。②是金文的形体，基本上同于甲骨文的形体。③是小篆的写法，为了书写方便，把“女”字旁移到了“帚”的左边。楷书④与小篆③的写法基本一致。⑤是简化字。

古代已婚的女子称为“妇”，如王昌龄《闺怨》：“闺中少妇不知愁。”又可以引申为“妻”的意思，如古乐府《陌上桑》：“使君自有妇，罗敷自有夫。”这里的“自有妇”，就是说本来就有了妻子。“妇”字还可以当“儿媳”讲，如《尔雅·释亲》：“子之妻为妇。”《天朝田亩制度》中所说的“凡分田，照人口，不论男妇”，这里的“妇”字不是特指，而是泛指妇女。

① ② ③ ④

这个“妥”字是个会意字。甲骨文①的左上部是一只手(爪)，右边跪着一个妇女，是制服女奴之形。金文②的形体也基本上同于甲骨文，不过其右边的妇女有点半站的样子。小篆③则手在妇女的头上，这不仅是为了结构合理，而且也更能显示制服之意。④是楷书的写法，由小篆直接演变而来。

“妥”字的本义是“制服女奴以求安”，如“北州以妥”(《汉书·武五子传》)，也就是北州稳定的意思。后来由“稳定”之义又可以引申为“妥贴”，如：“或妥贴而易施。”(陆机《文赋》)这里的“妥贴”就是指“恰当”或“合适”，“易施”是指“平稳”，这句话的意思是:有的则合适而平稳。现在说的“不妥”，也就是“不合适”的意思。

我们读杜甫的《故司徒李公光弼》诗时，有“拥兵镇河汴，千里初妥贴”两句诗。这里的“妥贴”若理解为“恰当”或“合适”那就不对了，而应当理解为“安定”，这句诗的意思是：派大兵镇守河汴，千里之地刚刚得到安定。

① ② ③ ④

“姊妹弟兄皆列土，可怜光彩生门户。”这个“妹”字本为形声字。甲骨文①的左边是“未”，表声;右边是“母”，表形。②是金文的形体，其左边未变，右边由“母”变为“女”，义近。③是小篆的写法，左右位置对调。④为楷书的形体。

《说文》:“妹，女弟也，从女未声。”许说极是。所谓“女弟”，也就是妹妹，如《诗经·卫风·硕人》：“东宫之妹，邢侯之姨。”“东宫”就是齐太子，“邢侯”就是邢国的国君。这句诗的大意是：她是齐太子的亲妹妹，也是邢侯的小姨子。

“妹夫”是指妹妹的丈夫，可是古代常称妹夫为“妹婿”，如白居易《杨六尚书新授东川节度使代妻戏贺兄嫂》：“觅得黔娄（人名）为妹婿。”这里的“妹婿”就是妹妹的丈夫。

请注意：“妹”与“妺 (mò)”是两个不同的字。前者从“未”得声，后者从“末”得声，不能相混。“妺喜”是夏桀的妻子，商汤灭夏，她与夏桀同奔南方而死。

① ② ③

“爷娘妻子走相送，尘埃不见咸阳桥。”这个“妻”字是会意字。①是甲骨文“妻”字的形体，其下部为面朝左跪着的一个妇女，头上是蓄长发之形，右上部有一只手，整个形体是“捉女为妻”，这与上古的抢亲风俗有关。②是小篆的形体，与甲骨文基本相似。③是楷书的写法。

《说文》：“妻，妇与夫齐者也。”这是对的。夫妇等齐，男子的配偶为妻，如《史记·吴起传》：“吴起取（娶）齐女为妻。”由“妻子”又可以引申为“以女嫁人”，做动词用，如《三国志·魏书·荀彧传》：“太祖以女妻彧（yù）长子恽。”也就是说：太祖把女儿嫁给荀彧的长子恽为妻。

请注意：古代的“妻孥”是妻子儿女的统称，但有时也写作“妻帑（nú）”，如《诗经·小雅·常棣》：“宜尔室家，乐尔妻帑。”大意是：弄好你的家室，使你的妻子儿女都得到欢乐。

① ② ③ ④

这个“姜”字本为会意兼形声的字。甲骨文①是一个面朝左跪坐的女人，头上戴着羊角冠，表示“很美”的意思，同时“羊”亦表声。②是金文的形体，与甲骨文相似。③是小篆的写法。④为楷书的写法。

《说文》：“姜，神农居姜水，以为姓，从女羊声。”此说不妥。因“姜”字的本义为“美”，而不是姓。再说“姜”是会意兼形声的字，而非单纯的形声字。

古代“姜”与“薑”本为二字，“姜”多作姓用，“薑”为“生薑”之“薑”。在实行简化字时，便以“姜”代“薑”了。

古书中的“薑桂”本指生薑肉桂。因其味越老越辣，所以常用以比喻人越到老年性格越刚强，如《宋史·晏敦复传》：“况吾薑桂之性，到老愈辣。”

① ②

这个“姝”字读作 shū，是个形声字。①是小篆的形体，左“女”表形，右“朱”表声。②是楷书的写法。

《说文》:“姝，好也，从女朱声。”“姝”字的本义为“美好”，如《诗经·邶风·静女》:“静女其姝，俟我于城隅。”大意是:文静美丽的姑娘啊，在城角等候我。《妙法莲华经·譬喻品》:“形体姝好。”这是说体态柔美。

“姝”字单独使用，有时可指“青年女子”，如《乐府诗集·陌上桑》:“使君遣吏往，问是谁家姝。”

① ② ③

这是“威震天下”的“威”字，是个会意兼形声的字。①是金文的形体，右边是一把类似长柄大斧的武器，左下角是一个女人，即表示“施威”之意，“戌”也表声。②是小篆的形体。③为楷书的写法。

《说文》:“威,姑也。”“威”虽可训“姑”,但并非本义。其实,“威”字的本义为“威风”“威力”，如《荀子·强国》:“威动海内。”《汉书·项籍传》:“威震四海。”又可以引申为“威严”，如《管子·八观》:“禁罚威严，则简慢之人整齐。”这是说:刑罚威严,轻视法令的人也会规规矩矩。“威严”会使人害怕,所以“威”又能通“畏”，当“怕”讲，如《诗经·小雅·常棣》:“死丧之威，兄弟孔怀。”大意为:死亡是很可怕的，只有兄弟最为关怀。

“作威作福”现在多谓妄自尊大、滥用权势的意思。可是在上古，“威”“福”本指“刑罚”和“奖赏”，如《尚书·洪范》:“惟辟作福，惟辟作威。”“辟”指天子，大意是:只有天子才有权给人以奖赏，只有天子才有权给人以惩罚。

① ② ③

这是“婚丧嫁娶”的“娶”字，是个会意兼形声的字。①是甲骨文的形体，左边是“女”，右上边是一手揪住一只耳朵，即为“取”。②是小篆的形体，与甲骨文相一致。③是楷书的写法。

《说文》:“娶，取女也。”如《左传·隐公元年》:“初，郑武公娶于申，曰武姜。”大意是:起初郑武公在申国娶妻，名叫武姜。又如《西门豹治邺》:“苦为河伯娶妇。”

“娶妻”之“娶”本可写作“取”，如《诗经·齐风·南山》:“取妻如之何?匪媒不得。”意思是:取妻靠什么?没有媒人办不成。《史记·吴起传》:“吴起取齐女为妻。”在这个意义上,后世均写为“娶”,可见“娶”字是会意兼形声的字,应为“从取从女，取亦声”。

汉画像石上的主妇与婢女

① ② ③

“婢子寒且倦，主人哦不穷。”这个“婢”字本为会意兼形声的字。①是甲骨文的形体，左边是“妾”，右边是“卑”，表示“卑贱的女子”之意。②是小篆的形体，将原甲骨文左边的“妾”换成了“女”，其义不变。③是楷书的形体。

《说文》:“婢，女之卑者也，从女从卑，卑亦声。”许慎说法甚确。在古代受剥削阶级所役使的女子称为“婢”，如《世说新语·文学》:“(郑玄）尝使一婢，不称旨，将挞之。”意思是：郑玄曾经使唤一个女婢，不称心意，要鞭打她。白居易《续古诗十首》:“豪家多婢仆，门内颇骄奢。”“骄奢”，骄横奢侈。这句诗的原意是：豪门权贵的家里养着很多女婢、男仆，门府之内非常的骄横奢侈。

古书中常见“婢子”一词，有时当婢女讲，但有时也是妇人自称的谦词，到底做何解，应根据语言环境和文意而定。

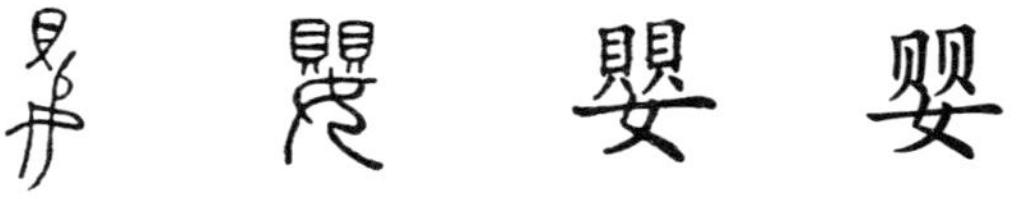

① ② ③ ④

这是“世网婴我身”的“婴”字，本为会意字。①是金文的形体，上部是“貝”，下部是“女”，表示妇女颈上挂着由贝做成的装饰品。②是小篆的形体，上部从二貝，其义未变。③是楷书繁体字。④为简化字。

《说文》:“婴（嬰），颈饰也。”这是正确的。“婴”字的本义也就是上古用贝做成的项链。由此义可以引申为“缠绕”“围绕”，如陆机《赴洛道中作》:“世网婴我身。”“世网”比喻世事，这是说：世事把我缠绕住了。由此又可以引申为“被……缠住”“为……所困”，如李密《陈情表》:“而刘夙婴疾病。”这是说：李密的祖母刘氏被疾病缠住了。

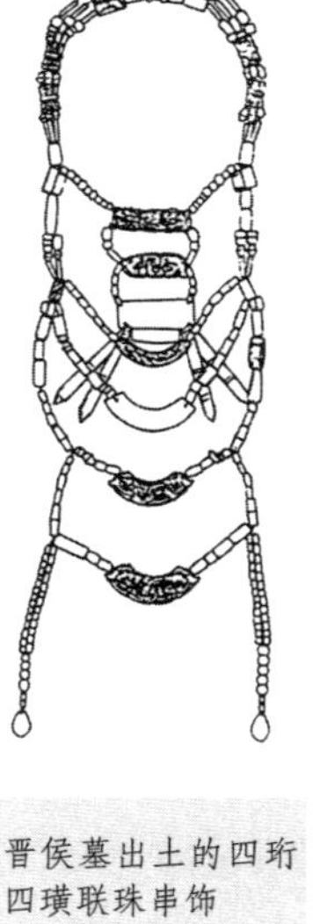

晋侯墓出土的四珩四璜联珠串饰

“婴”字由项饰的“宝贝”之义又能引申为“婴儿”义，也就是指不满一周岁的小孩，如《老子》:“如婴儿之未孩。”“孩”指小孩笑，这就是说：好像还不会笑的婴儿一样。

① ② ③ ④

“回眸一笑百媚生，六宫粉黛无颜色。”这就是“百媚生”的“媚”字。甲骨文①是面朝左跪着一个人（女），头部是一只大眼睛，眼睛的上部是弯曲的两根长眉毛，表示好看。金文②的形体基本上同于甲骨文。③是小篆的形体，变成了左形（女）右声（眉）的形声字了。④是楷书的写法，与小篆的形体结构完全一致。

“媚”字的本义是“美好”或“好看”，如司马相如《上林赋》:“妩媚孅（xiān）弱。”这是说体态美好、苗条的样子。由此又可以引申为“喜爱”，如《诗经·大雅·下武》：“媚兹一人。”也就是说：就喜欢这一个人。可是《史记》中所说的“女以色媚”中的“媚”字，若解为“喜欢”就讲不通了，这个“媚”字是“谄媚”或“讨好”的意思。这个词义现在还在用，如说“某人真像个媚态的猫”。至于“春光明媚”的“媚”字，那可是用的本义，当“美好”讲。

在古诗中，我们经常会见到“媚子”一词，一般是用来称所宠爱的人。另外，在庾信的《镜赋》中有这样一句：“悬媚子于搔头。”是说把所宠爱的人悬挂在头上吗？这就成笑话了，这个“媚子”是指美丽的首饰。

① ②

“父母早下世，兄嫂养育恩。”这个“嫂”字是形声字。①是小篆的形体，左边为“女”，右边为“叟”（“叟”即“叜”，是“搜”的本字）。可见这是一个“从女叟声”的形声字。②是楷书的写法。

《说文》:“嫂，兄妻也。”这是对的。“兄之妻”即称“嫂”，如《庄子·盗跖》:“昔者桓公小白杀兄入嫂，而管仲为臣。”

“嫂”到了后世也用为对已婚妇女的敬称，如“大嫂”。“丘”为“大”义，所以古人也常称大嫂为“丘嫂”。

① ② ③ ④

“蔼蔼绮庭嫔从列，峨峨红粉扇中开。”这个“嫔”字为会意字，读作pín。①是甲骨文的形体，其外部像房屋的形状，屋内的左边是一个面朝右的人，右边是一个面朝左的人，从形体上看是女人，为祀鬼神之意。②是小篆的形体，变成了左形右声的形声字。③是楷书的繁体字。④为简化字。

《说文》:“嬪，服也。”许慎在解释“妇”字时，也说“服也”，可见“嫔”字与“妇”字同义。由“妇”引申为“嫁”义，如《尚书·尧典》:“嫔于虞。”大意是：（把两个女儿）嫁给舜。由此又可以引申为对妻子死后的美称，如《礼记·曲礼下》:“生曰父，曰母，曰妻；死曰考，曰妣，曰嫔。”古代宫廷中的女官也可以称为“嫔”，如《左传·昭公三年》:“以备嫔嫱。”“嫱”也是宫廷女官名。

请注意:《汉书·王莽传上》“嫔然成行”中的“嫔”字，用以上的义项均解释不通。其实，这里的“嫔”字是“缤”字的通假字，是形容众多、繁盛。

① ② ③ ④

这个“嬉”字本为会意兼形声的字。①是甲骨文的形体，左边是“喜”，右边是面朝左的妇女之形，表示“喜乐”之意。②是小篆的形体，“女”讹变为“人”，并移于“喜”之左，其义不变。③是楷书的写法。④是隶变后的写法（古代“人”“女”互通）。

《说文》:“僖，乐也，从人喜声。”“僖”字的本义为“乐”是对的。但把“僖”字看成单纯的形声字倒是错的，因为“喜”旁音、义俱有，所以“僖”字的形体结构应为“从人从喜，喜亦声”，它是会意兼形声的字。

“僖”字隶变以后写作“嬉”，其本义为“戏乐”，如张衡《归田赋》:“追渔父以同嬉。”

古籍中“嬉”“笑”“怒”“骂”经常连用，据黄庭坚《东坡先生真赞》记载:“东坡之酒，赤壁之笛，嬉笑怒骂，皆成文章。”意谓苏东坡文如行云流水，无所不可，他才思敏捷，不拘形式与题材，都能随意发挥，写成好文章。

乞 部

① ② ③

“小树不禁攀折苦，乞君留取两三条。”在甲骨文、金文中，“乞”与“气”同字，均为象形字。①是甲骨文的形体，像高空飘浮的云气，不能认作“三”字。②是金文的形体，也像云气的形状。③为楷书的写法，中间减去了一横，专用作“乞求”之“乞”。

《说文》中无“乞”字。《广韵·迄韵》：“乞，求也。”如《论语·公冶长》：“乞诸其邻而与之。”大意是：到邻人那里乞求一点送给他。《三国演义》第二十一回：“乞丞相作急图之。”由“乞求”(动词)义引申为“乞丐”(名词)，如袁宏道《山居小话》：“余疑其为女乞而问曰：‘尔有丈夫乎？’乞微笑。”这里的“女乞”就是指讨饭的女子。因乞丐必贫穷，所以“乞”有时也当“贫穷”讲，如《宋书·后妃传·明恭王皇后》：“外舍家寒乞。”“寒乞”即为“贫寒”义。

请注意：“乞”字有时用如“吃”字，相当于“受”，如《清平山堂话本》：“乞了一惊。”也就是“吃了一惊”的意思，这种用法较为罕见。

心 部

① ② ③ ④

这个“心”字完全是一个象形字。你看甲骨文①很像一个心的形状。金文②略有变化，但也像一颗心。小篆③则变得不太像心的样子了。④是楷书形体。

“心”的本义就是“心脏”，又可以引申为“心思”或“心意”，如《诗经·小雅·巧言》：“他人有心，予忖度之。”古人认为心脏是在人的胸部的中间，所以又可以引申为中心、中央之义，如李白所说的“流水折江心”(《送麹十少府》)，这个“折江心”就是弯曲于江流之中央。

“心眼”一词，一般是指心底、内心，如《老残游记》第十四回：“昨日我看见老哥，我从心眼里喜欢出来。”这个词我们现在还在用，如说某某人心眼好。可是古代的“心眼”一词往往是指“见识”或“眼力”,如“心眼高妙”就是指很有见识。

“心”字是个部首字，放在左边时写作“忄”。凡由“心”字所组成的字大都与心有关，如“想”“愁”“慕”“念”“惕”等。

① ② ③

“有志者，事竟成。”这个“志”字是个形声字。①是古玺文的形体，上部是“之”，表声；下部是“心”，表形。②是小篆的形体，与玺文形体极相似。③是楷书的写法。

《说文》：“志，意也。”“意”为“志”字的本义，如《尚书·尧典》：“诗言志。”这就是说：诗歌是表达内心思想的。由“意”可以引申为“志向”，如《诗经·关雎序》：“在心为志。”又如《史记·陈涉世家》：“燕雀安知鸿鹄之志哉！”志在心中不可忘，所以又能引申为“记住”，如《新唐书·褚亮传》：“一经目，辄志于心。”意思是：只要亲眼看过，常常牢记于心中。

请注意：《史记·刘敬叔孙通列传》：“设兵张旗志。”这里的“志”是“帜”字的假借字，“旗志”就是“旗帜”。《南齐书·江祏传》：“高宗胛上有赤志。”这是说：高宗的肩胛上有个红痣。可见“志”又是“痣”的假借字。

① ② ③

这是“乐而忘忧”的“忘”字，是个会意兼形声的字。①是金文的形体，上部为“亡（失去）”，下部为“心”，表示亡失了心中记忆之事，其结构应为“从亡从心，亡亦声”。②是小篆的写法，与金文极相似。③是楷书的写法。

《说文》：“忘，不识也。”段玉裁认为：“识者，意也……所谓记忆也。”不能记忆即为“忘”，如《汉书·师丹传》：“忘其前语。”也就是说：忘记了他前面所说的话。

古籍中常见“忘形”一词，一般是指因快乐而失去常态，如蔡邕《琴赋》：“舞者乱节而忘形。”这是说：跳舞的人乐得乱了节拍而失去了正常的姿势。后世则有成语“得意忘形”，用于贬义。可是古时往往不是贬义，如《儒林外史》第十回：“牛先生，你我数十年故交，凡事忘形。”这里的“忘形”是不拘形迹，不拘身份，说明很知心。再如《新唐书·孟郊传》里的“忘形交”，也正是指知心朋友。

请注意：“忘”可做“亡”的通假字。古代当“还是”“抑或”讲的“亡其”一词，有时就写作“忘其”，如《战国策·赵策二》：“不识三国之憎秦而爱怀邪？忘其憎怀而爱秦邪？”

① ② ③ ④ ⑤

“人无远虑，必有近忧。”这个忧字本为象形字。①是金文的形体，是一个面朝左而站立的人，举手搔头，表示忧愁。②是古玺文的形体。上部为“頁（头）”，中间是“心”，下部有“夊（脚）”，仍表示人的忧愁之意。③是小篆的写法。④为楷书繁体字。⑤为简化字。

《说文》：“𢝊，愁也。”可见“愁”为“忧”字的本义。《说文》将当“愁”讲的“忧”写作“𢝊”，显然表示会意。《诗经·小雅·小弁》：“心之忧矣，宁莫之知？”大意是：心里的忧愁呀，为什么没有人知道呢？李白《梁甫吟》：“杞国无事忧天倾。”化用成语“杞人忧天”。

在古书中常见“丁忧”一词，这里的“丁”是“遭到”“遭遇”之意。所以古代称父母之丧为“丁忧”，如《魏书·李彪传》：“朝臣丁父忧者假满赴职。”

请注意：“忧”与“虑”本不同义。“忧”多为愁，“虑”为考虑，但后世“虑”也可当“愁”讲，“忧虑”成为一个复合词了。

① ② ③ ④

这是“持之以恒”的“恒”字，原为会意字。甲骨文①的中间是“月”，上下的两条横线表示界限，这就说明月亮永远在一定的范围内运行，体现永恒之意。②是金文的形体，中间又增加一“心”字，表示“心”也要“恒”。③是小篆的形体，将“月”讹变为“舟”。④为楷书的写法。

《说文》：“恆，常也。”如《晋书·袁甫传》：“阴积成雨，雨久成水，故其城恒涝也。”这里的“恒”就是“经常”的意思。由“常”又可以引申为“固定的”“永久的”，如刘禹锡《天论》：“(天) 恒高而不卑。”这是说：天永远是高的而不是低的。

“恒”字由“经常”义又可以引申为“平常”，如《战国策·秦策二》：“甘茂贤人，非恒士也。”大意是：甘茂这个人是一位贤人，不是平常的人。

请注意，《诗经·小雅·天保》：“如月之恒。”这里的“恒”是上弦月渐趋盈满的意思，必须读作 gèn，而不能读作 héng。

① ② ③

这个“提高警惕”的“惕”字，是一个会意兼形声的字。金文①的左边是个“心”，右边是“易”字，像“蜥蜴”(四脚蛇) 之形，上部是头，下部有腿有尾。说它是会意字，是认为四脚蛇要咬人，所以要当心，有“心”字表示提高警惕；说它是形声字，因为是左形（心）右声（易）。②是小篆的形体，是由金文直接演变而来。③是楷书的写法，是由小篆直接演变而来。

蜥蜴，选自《三才图会》

“惕”字的本义就是“敬畏”或“担心”，如《左传·襄公二十二年》：“无日不惕，岂敢忘职？”大意是：没有哪一天不担心的，哪里还敢遗忘呢？在古汉语中，用“惕”字所组成的复音词是很多的，大都有“恐惧”之意，如“惕厉”是“危惧”的意思，“惕息”是恐惧貌，“惕惕”是“忧惧”的意思。今天也有了双音词“警惕”。

请注意：有人把“惕”字写为“愓”或“惕”，这都是不对的。“惕”字的右边是“容易”的“易”，而“易”字没有简化，只有以“昜”做偏旁时才能简化为“𠃓”。因此可见，将“惕”写为“愓”“惕”都是错误的。

① ② ③

“恩惠及于天下。”这个“惠”字本为会意字。①是金文的形体，上部是“専”的本字，下部为“心”。徐锴说：“为惠者，心専也。”可见“専心为惠”。②是小篆的形体。③是楷书的写法。

《说文》:“惠，仁也。”其实，“仁”是引申义。“惠”字的本义应为“专心”，由此可引申为“仁爱”，如《诗经·小雅·节南山》:“昊天不惠，降此大戾。”大意是：老天没有仁爱之心，降下这个大罪。《盐铁论·忧边》:“故民流溺而弗救，非惠君也。”这是说：老百姓处于苦难之中而不去拯救，这就不是一个有仁爱之心的国君。由“仁爱”又可以引申为“恩惠”，如《韩非子·有度》:“不为惠于法之内。”意思是：不能在法令的范围内施恩。至于《列子·汤问》“汝之不惠”中的“惠”，则为“慧”字的通假字，当“聪明”讲。

后世“惠”字多作有求于人的敬辞，如“惠存”“惠我好音”等。《诗经·邶风·终风》中有这样一句：“惠然肯来。”这是说和蔼可亲地到来。后世在请柬中也常用为欢迎他人来临之语，如“敬请惠顾”“惠临指导”等。

① ② ③

“慕风而就山，慕水而就川。”这个“慕”字是个形声字。金文①的上部是个“莫”字，日落草中，表示太阳下山了。其实“莫”就是“暮”字的初文，不过它在“慕”字中只表读音，而下部的“心”字才是表意的。这样，“慕”字就成了上声（莫）下形（心）的形声字了。②是小篆的形体，与金文的结构完全一致。③是楷书的写法。“心”字如在一个字的下部，有时写作“⺗”，除了“慕”字以外还有“恭”字。从笔画的数目上看，“心”与“⺗”均为四笔，只是笔形上有些差异。

“慕”字的本义是“思慕”或“想念”，如《孟子·万章上》:“人少则慕父母。”这是说：人在少年，则要想念父母。可是“众士慕仰”(《三国志·蜀书·诸葛亮传》)中的“慕”字是什么意思呢？若解释为“想念”那就不对了，这个“慕仰”就是“敬仰”的意思。

“慕名”一词，就是仰慕他人的名气的意思，如说“慕名而来”。

文 部

① ② ③ ④

这个“文”字是个象形字。像什么呢？像一个心宽体胖的壮年人。你看甲骨文①就像正立的人形，最上端是头，向左右伸展的是两臂，下部是两腿，胸前刻有美观的花纹。金文②的形体基本上同于甲骨文，胸前的花纹更好看了。小篆③则把胸前的花纹省略了。④是楷书的形体，一点也看不出人形了。

古代黎族人的文身

“文”字本义就是指在胸前刻的花纹，我国上古人有文身的习惯。《庄子·逍遥游》:“越人断发文身。”就是说越人把头发剪断，在身上刻花纹。从“花纹”又引申为“文字”，如甲骨文的“文”字，就近于花纹之形。从“文字”又引申为“文章”，如李贽《焚书·童心说》:“诗何必古选，文何必先秦。”这里的文即指“文章”。可是古代的“文章”一词有多种含义，我们读到时须细心分析，如《诗经·大雅·荡》“无纲纪文章”中的“文章”是指礼乐法度，《楚辞·九章·橘颂》“文章烂兮”中的“文章”是指文采，而《官场现形记》“便晓得其中另有文章”中的“文章”是指暗含的意思，如同我们今天还说“其中大有文章”。

“文”字是个部首字，在旧的辞典中，凡由“文”字做部首所组成的字大都与花纹有关，如“斐”“斑”等。

爻 部

① ② ③ ④

这个“爻”字本为象形字，读作 yáo。①是甲骨文的形体，象物与物互相交叉的形状。②是金文的形体，象三物互相交叉的形状。③是小篆的形体。④为楷书的写法，与甲、金文的形体一脉相承。

《说文》:“爻，交也，象易六爻头交也。”许说“爻”字的本义为“交”是对的，但说“象易六爻头交”则不对。“爻”字仅有四画，不足六爻；再说，《周易》中的六爻均为平列，头亦不相交。

在《周易》中组成卦的符号称为“爻”，“—”代表阳爻，“--”代表阴爻。每三爻合为一卦可得八卦，以两卦相重可得六十四卦，爻的变化就决定了卦的变化。

“爻”字的本义为“交叉”义。马叙伦、蒋善国认为“爻”即“枑”字初文（枑，古代官府门前的木制障碍物)。朱芳圃认为：“盖象织文之交错，甲文网字从此。”张舜徽认为：“爻即殽之初文。”各家说法虽然不同，但其“交错”之义是一致的。

“爻”为部首字，但真正属于“爻”部的字是很少的，有些汉字只是因为它们的楷书结构中含有“爻”的笔形而又难以归部，也就只好归入“爻”部，如“爽”“肴”“爾”等字。

① ② ③ ④

这是“斑驳陆离”的“驳”字，本为会意字。甲骨文①右边是一匹头朝上的马，马的左边是“爻”，表示马身有交错的花纹。②是小篆的形体，马移到左边，其义不变。③是楷书繁体字。④是简化字。

《说文》：“驳（駁），马色不纯，从马爻声。”许慎认为马的毛色不纯是“驳”字的本义，这是对的，但又认为该字是从爻得声则不对，“爻”实为马身上的花纹形，是表意的。所以“驳”字的本义就是指“马的毛色不纯”，如《庄子·田子方》：“乘驳马。”也就是骑上五花马之意。又《诗经·豳风·东山》:“之子于归，皇驳其马。”“皇”，黄白相间的颜色。这句诗的大意是：这个姑娘嫁我时，骑着花马真漂亮。由“毛色不纯”引申为“混杂”“杂乱”，如柳宗元《天论上》:“法小弛则是非驳。”也就是说：法纪稍有松弛，那么是非就要混乱了。反对杂乱、混杂，就引申为辨正是非，列举理由，以否定别人的错误意见，如“驳斥”“辩驳”“反驳”“批驳”等。

请注意：“驾驭”的“驭”字读作 yù，与“驳”字的形、音、义都不同，不可混淆。

火部

① ② ③ ④

“烽火连三月，家书抵万金。”这个“火”字是个象形字。甲骨文①就像火苗上冒的样子。②是金文偏旁“火”（至今尚未发现金文中有独体的“火”字），从这个偏旁也足以看出火苗上冒的样子。③是小篆的形体，还保留了一点火苗上冒的样子。楷书④是直接由小篆演变而来，结构完全一致。

“火”字的本义是“火焰”，如王充《论衡·言毒》：“若火灼人。”就是像火烧人的意思。上例的“火”字当名词用，又可以引申为动词，如《礼记·王制》：“昆虫未蛰，不以火田。”也就是说：昆虫还没有冬眠，不要用火烧田。

我们在读《木兰诗》时，会见到“出门看火伴，火伴皆惊惶”的诗句。原来古代兵制，五人为列，二列为火，即十人共一火（即一灶）炊煮，同火吃饭的称为“火伴”。（见《通典·兵一》）后世引申为生活或工作在一起的同伴。“火伴”现在多写作“伙伴”。

“火轮”一词在古典诗词中也经常见到，这可不是指后世的汽船，而是指太阳。圆形为轮，所以火红的太阳就可称为“火轮”。比如韩愈《桃源图》诗：“火轮飞出客心惊。”这里的“火轮飞出”是指太阳已升得很高的意思。

“火”字是个部首字，凡由“火”字所组成的字大都与火、热或火的作用有关，如“赤”“炎”“黑”“焚”等字。

① ② ③ ④

这是“圣堂一炷香”之“炷”的本字“主”，本为象形字。①是甲骨文，其下为“木”，其上为点燃的火形。②是战国陶文的形体，最上部的一点是火苗，中间是装油的灯盏之形，最下部为灯台，所以这是一盏灯的形象。③是小篆的形体，也像灯形。④为楷书的写法。

《说文》：“主，镫（灯）中火主也。”此说正确。“主”字的本义就是“灯心”。当“主”字被借为“主人”“君主”义之后，那么当“灯心”讲的意思就只好在其左又增加一个表义的形符“火”，写作“炷”，如《新唐书·皇甫无逸传》：“无逸抽佩刀断带为炷。”大意为：皇甫无逸（人名）拔出佩刀割下带子当作灯心。

后世“主”字多用其假借义，当“国君”讲，如《商君书·君臣》：“兵强而主尊。”由此又可以引申为皇帝的女儿亦称“主”，如《后汉书·宋弘传》：“帝令主坐屏风后。”“主”亦有“主人”义，如柳宗元《钴鉧潭西小丘记》：“问其主。”

① ② ③ ④

《周礼》:“以烝，冬享先王。”这个“烝”字本为会意字。甲骨文①的上部为“禾”，中间为禾米盛于“豆（食器）”中，下部是一双手，表示祭祀。②是金文的形体，省去了“禾”与双手，只是豆中有米。③是小篆的形体，上部变为“丞”，下部增加了“火”。④为楷书的写法。

《说文》：“烝，火气上行也，从火丞声。”此说不妥。“烝”字本为会意字，非形声字,其本义应为冬祭名,如《尔雅·释天》:“冬祭曰烝。”在《春秋繁露》中也说：“冬日烝。”可见冬季祭祀就叫“烝”。古籍中“烝”与“蒸”可互相通用,“冬祭曰烝”可写作“冬祭曰蒸”。由“祭”引申为“进”，如《诗经·小雅·甫田》:“烝我髦士。”大意是：进献了我俊秀之士的本领。祭与火有关，所以用火烤也叫“烝”，如《荀子·性恶》:“故枸木必将待檃栝（yǐn guā）烝矫然后直。”“檃栝”是矫正曲木的工具。原话的大意是：弯曲的木材一定要经过烘烤，用工具矫正才能变直。用热气蒸也叫“烝”，所以“烝”也有“热气盛”的意思，如杜甫《早秋苦热堆案相仍》：“七月六日苦炎蒸。”

“烝”还有“大”和“多”意，如《诗经·大雅·烝民》：“天生烝民。”

① ② ③ ④

“赤日炎炎似火烧”的“赤”字本是个会意字。甲骨文①的上部是个“人”（大），下部是“火”，人被火烤红了。金文②与甲骨文的形体结构完全一致，只是变得笔形粗壮。③是小篆的写法，仍然是上“人”（大）下“火”。可是到了楷书④就把“大”

变成了“土”，“火”也不像火了。

“赤”字本为“被火烤红”之义，所以后世以“赤”为“红”，如贾思勰《齐民要术·种椒》：“色赤椒好。”从“红”又可以引申为“纯真”“忠诚”，如李白《与韩荆州书》：“推赤心于诸贤之腹中。”成语有“赤胆忠心”。从“红”又可以引申为“光”或“光着”，如杜甫《早秋苦热堆案相仍》诗：“安得赤脚踏层冰。”这个“赤脚”也就是光着脚的意思。“赤膊”“赤身裸体”中的“赤”字也是“光”的意思。

请注意：在古代表示红颜色的有好几个字，如“赤”“朱”“丹”“殷（yān)”“绛”“红”“绯”等。如果按照由浅及深的不同程度而排列的话，那么这七种红应该是这样：红、绯、丹、赤、朱、绛、殷。“朱”是火红，“绛”是深红，“殷”是黑红。

① ② ③ ④

“炎”字是个会意字。甲骨文①的上下两把大火，火光冲天，表示火旺。②是金文形体，同样是两把大火。③是小篆形体，同甲骨文的形体更为接近。④是楷书形体，由小篆直接演变而来。

“炎”字的本义是“火盛”，后又引申为“烧”，如《书经·胤征》：“火炎昆冈，玉石俱焚。”“昆冈”是古代传说中的产玉之山，也就是说：火烧了昆冈，玉和石全部被焚。由“烧”又可引申为“灼热”，如《水浒传》第十六回：“赤日炎炎似火烧。”假若“炎炎”当“言论美盛貌”讲的时候，那么就要读为 tán tán（谈），如《庄子·齐物论》：“大言炎炎。”这就是指言论多而美的意思。

“炎”也与“焰”通，当“火苗”讲，如《后汉书·任光传》：“火炎烛天地。”这里的“烛”字当“照”讲，这也就是火光照天地的意思。

① ② ③

“春蚕到死丝方尽，蜡炬成灰泪始干。”这个“炬”字本为象形字。甲骨文①是一个面朝左而跪坐的人，双手举着火炬。商承祚先生说：“此象人执炬火……许君殆未见炬之专字，而借苣为炬。”②是小篆的形体，借“苣”为“炬”。③是楷书的形体。

《说文》：“苣，束苇烧。”束苇而烧即做火把用，如《晋书·载记·苻坚下》：“系炬于树枝，光照十数里中。”由“火把”义，又可以引申为“焚烧”，如杜牧《阿房宫赋》：“楚人一炬，可怜焦土。”又引申为“蜡炬”义，如李商隐《无题》：“春蚕到死丝方尽，蜡炬成灰泪始干。”

后世“苣”与“炬”有了明确的分工。“苣”为蔬菜名，即“莴苣”，还有一种菜叫“苣（qǔ）荬菜”，别称“匍茎苦菜”，嫩苗可吃，叶可制农药，能防治蚜虫。“炬”专用作“火炬”“蜡炬”等。

① ② ③ ④

“日照香炉生紫烟，遥看瀑布挂前川。”这个“烟”字本为会意字。古玺文①的上部为“窗”，左下角为“火”，右下角为“手”，表示手执火而燃烧，烟自窗出。②是小篆的形体，变成了“从火，垔声”的形声字了。③是楷书异体字的写法，现已废除。④为保留使用的“烟”字，也是形声字，但其笔画较少，书写方便。

《说文》：“煙，火气也。”“烟”字的本义为“炊烟”，借指“人家”“住户”，如《史记·律书》：“鸣鸡吠狗，烟火万里。”刘禹锡《竹枝词》：“山上层层桃李花，云间烟火是人家。”

“烟花”一词多指春天艳丽的景物，如李白《黄鹤楼送孟浩然之广陵》：“故人西辞黄鹤楼，烟花三月下扬州。”可是《还牢末》“烟花新眷爱”中的“烟花”却是指妓女，“烟花”变成妓女的代称。

请注意：“烟煴”指的是天地之蒸气，这里的“烟”应读作 yīn，有时也写作“絪缊”。

① ② ③

这个“烄”字读作 jiǎo，本为会意兼形声的字。甲骨文①的上部是“人”，下部是“火”，以火焚人为“烄”。②是小篆的形体，“火”移于“交”之左，其义未变。③是楷书的形体。

《说文》：“烄，交木然（燃）也，从火交声。”许说不妥。首先，许慎把这个字看成是单纯的形声字，实际上“烄”是会意兼形声字。再者，“交”字的本义并不是“交木然”，而是在火中焚人。在上古每逢天大旱，便把女奴放在火上烧死，以乞降雨，这在甲骨文中多有记载。

①　②　③

“地火峰林焚”的“焚”字也是个会意字。甲骨文①的上部是树林，下部有一把大火（“火”字形），火烧山林谓之“焚”。②是小篆的形体，上部像篱笆之形，下部是“火”，仍然表示焚烧之义。到了楷书③又恢复了甲骨文的结构，书写也比小篆方便。

“焚”字的本义就是“烧”，如《礼记·月令》：“毋焚山林。”即不要把山林烧掉。《韩非子·难一》：“焚林而田，偷取多兽，后必无兽。”这里的“田”（同“畋”）就是打猎，“偷取”就是“苟且获得”。这段话的大意是：焚烧森林而打猎，苟且获得很多野兽，可是以后就一定没有野兽可打了。

古书中多见“焚砚”一词，就是把砚台等文具烧掉，表示以后不再写作，实际上那是说自己的文章不如人家的好。

①　②　③　④

这是“燃烧”之“燃”的本字“然”，原为会意字。①是金文的形体，左上角是“肉”，右上部为“犬”，下部为“火”，表示以火烧犬肉。②也是金文的形体，其下部更像火苗上冒的形状。③为小篆的形体。④为楷书的写法。

《说文》：“然，烧也。”其实“然”字的本义为“以火烧犬肉”。古时以犬祭天，燔烧犬肉为祀。由此可以引申为“燃烧”义，如《三国志·魏书·刘馥传》：“夜然脂照城外。”可见“然”字就是“燃”字的本字。正因为楷书“然”已看不出“燃烧”之义了，所以后人就在“然”字的左边又增一“火”字，成为新的形声字“燃”。其实，这个“火”字显得重复，因为“然”下的四点就是“火”。

“然”字还被借为指示代词用，如《荀子·劝学》：“教使之然也。”也就是说：教育使他这样呢。也可表示肯定的回答，如《论语·阳货》：“然，有是言也。”也就是说：对，我说过这话。“然”字有时也可以做形容词的词尾，如《诗经·邶风·终风》：“惠然肯来。”这是说：和蔼可亲的样子来到身边。

①　②　③

“满面尘灰烟火色，两鬓苍苍十指黑。”这个“黑”字是个会意字。金文①的上部表示像烟囱形，当中的黑点儿是表示烟囱里面的黑灰，下部是个“炎”字，这就是说，在烧火时，把烟囱里面都熏黑了。②是小篆的形体，与金文的形体基本相似。③是楷书的写法，把小篆的“火”变成了四个点儿了。在汉字中，凡是有“四点底”的字大都是“火”字变来的，这是为了结构美观，书写方便。

“黑”的本义就是“黑色”，特别是指熏黑的颜色，如《说文解字》说：“黑，火所熏之色也。”

在古书中用“黑”字组成的词很多，有些词应当引起我们的注意。比如《史记·高祖本纪》：“左股有七十二黑子。”这个“黑子”是指“黑痣”。可是庾信的《哀江南赋》“地惟黑子”中的“黑子”是比喻土地极小。“黑头”一词在古书中也常见到，是什么意思呢？是指“少年”，如司空徒《新岁对写真》诗：“市朝偏贵黑头人。”这就是说：市朝偏以青少年为贵。

请注意：“黑”字的上部并不是“里”字，书写时应注意。

①　②　③

这是“煌煌荧荧”的“煌”字，本为象形字。①是金文的形体，灯上有火形，表示“明亮”之意。②是小篆的形体，变成了“从火皇声”的形声字了。③是楷书的写法。

《说文》：“煌，煌辉也，从火皇声。”“煌煌”经常连用，其本义为“明亮”，如《诗经·陈风·东门之杨》：“昏以为期，明星煌煌。”大意是：约定会面在黄昏后，明亮的星星挂天中。由“明亮”可以引申为“光彩鲜明”，如宋玉《高唐赋》：“煌煌荧荧，夺人目精。”“精”实为“睛”，这是说：光彩鲜明晶莹，耀人眼睛。

①　②　③　④

“独有英雄驱虎豹，更无豪杰怕熊罴。”这个“罴”字本为形声字。①是《说文》中古文的形体，其上部的“能”是“熊”的象形字，下部是“皮”，表声。可见“罴”

本是“从能皮声”的形声字。②是小篆的形体，“熊”上增“网”。许慎说：“从熊，罷省声。”又成为一个新的形声字了。③是楷书繁体字。④为简化字。

《说文》：“罴（羆），如熊，黄白文（纹）。”实际上，“罴”是熊的一种，也称为马熊，如《诗经·大雅·韩奕》：“有熊有罴。”又：“献其貔皮，赤豹黄罴。”也就是说：贡献貔皮，还有赤豹和黄罴。曹操《步出夏门行·冬十月》：“熊罴窟栖。”这是说：熊罴栖于洞穴之中。

古书中还有“罴九”一词，也是一种野兽，与熊类似，在郭璞的《山海经图赞》中有记载。

① ② ③ ④

这是“战功赫赫”的“赫”字，本为会意字。①是甲骨文的形体。罗振玉和商承祚等先生都认为这是个“爽（赫）”字，中间为人形，两侧有火，照得人身火红。②是金文的形体，与甲骨文相似。③是小篆的写法。④为楷书的写法。

《说文》：“赫，火赤貌，从二赤。”“赫”字的本义为“火红色”，如《诗经·邶风·简兮》：“赫如渥赭（zhě），公言锡（赐）爵。”大意是：面容红润像赭石，公侯欢颜把酒赐。由“火红”可以引申为“显赫”，如《诗经·卫风·淇奥》：“赫兮咺（xuān）兮。”“咺”是“容光焕发”义，其大意为：显赫英俊啊，容光焕发啊。由“显赫”引申为“威仪”“发怒”的样子，如《晋书·挚虞传》：“赫如雷霆。”即发怒的样子似雷霆。《后汉书·张纲传》：“天子赫然震怒。”

“赫赫”一般是指显耀盛大的样子，但有时则是形容干旱时燥热之状，如《诗经·大雅·云汉》：“赫赫炎炎，云我无所。”大意是：天气燥热，赤日炎炎，我们实在无去处。

① ② ③

这个“熹”字是会意兼形声的字。①是甲骨文的形体，上部为鼓形，下部是“火”，上古制好鼓之后，要用微火烤干其蒙皮，所以“熹”为“烤”义。②是小篆的形体，字形较繁，但意思未变。③是楷书的写法。

《说文》：“熹，炙也，从火喜声。”许慎把“熹”字看成是单纯的形声字，不妥。其实“熹”字的结构应为“从火从喜，喜亦声”。“熹”字的本义为“烤”“炙”，由此而引申为“火旺”，如木华《海赋》：“熹炭重燔。”“火旺”就明亮，所以“熹”又可以引申为“明亮”，如《管子·侈靡》：“有时而星熹。”至于“熹微”那是“天色微明”义，如陶潜《归去来兮辞》：“恨晨光之熹微。”

请注意：“熹”与“熺”在一般情况下可以通用，但“熺”可做“饎”的通假字，当“酒食”或“熟食”讲。

① ② ③ ④

这是“星火燎原”的“燎”字，是个象形字。甲骨文①的下部是“火”，上部是“木”，“木”字上面的小点儿表示火焰。②是金文形体，类似于甲骨文。③是小篆的写法，其上部的“木”已经发生了讹变，下部的“火”依然在。④是楷书的写法，因为下面的“火”讹变为“小”，所以在其左边又增加一个“火”旁，表示“燎”与“火”有关。

“燎”字的本义是“放火焚烧草木”，如《诗经·小雅·正月》：“燎之方扬，宁或灭之？”大意是：那焚烧草木的野火正旺，难道会有人扑灭它？由“焚烧”又可以引申为“烘烤”，如《后汉书·冯异传》：“对灶燎衣。”也就是对着灶火烘干衣服的意思，不过这里的“燎”字应读作 liǎo。

请注意：在古籍中常见“燎发”一词，其实并非直指烧头发，而是比喻消灭仇敌极容易，如《隋书》：“攻如燎发，战似摧枯。”也就是说：进攻犹如火燎毛发，作战就像摧枯拉朽。又“遼”字简化成“辽”，但“燎”字右边不能写成“了”。

① ② ③

“燎毛燔肉不暇割，饮啖直欲追羲娲。”这个“燔”字读作 fán，本为会意兼形声的字。①是金文的形体，上为省略的掌（兽掌）形，下部为“火”，表示火烤兽掌。②是小篆的写法，将上部的掌变为“番（本为兽掌形）”，“火”移于左边，其义不变。③是楷书的写法。

《说文》：“燔，爇也，从火番声。”许说不妥。“爇”（ruò）为“点燃”或“放火焚烧”义，而“燔”字的本义应为“烤”“炙”。再者，“燔”字的形体结构应为“从火从番，番亦声”，而不是“从火，番声”的单纯形声字。“燔”即烤肉食，如《诗经·小雅·瓠叶》：“有兔斯首，炮之燔之。”大意是：这里有个兔子头，用泥包好煨着它，去毛加火烤着它。由“烤”引申为“烧”，如《韩非子·和氏》：“燔诗书而明法令。”古代有一种祭祀仪式，即将玉帛、牺牲置于积柴之上，焚烧祭天，称为“燔柴”，如《礼记·祭法》：“燔柴……祭天也。”

请注意：“膰”是古代祭祀时用的烤肉，有时“燔”可做“膰”的通假字，如《孟子·告子下》：“燔肉不至。”也就是说：不见送来祭肉。

① ② ③

“燕雀处居屋，子母相哺。”这个“燕”字本为象形字。①是甲骨文的形体，就像一只头朝上展翅奋飞的燕子。②是小篆的形体，与甲骨文有点相似，下部的燕尾讹变为“火”字。③是楷书的写法。

《说文》：“燕，玄鸟也。”“玄”为“黑”义，“玄鸟”就是黑鸟，因为燕子是黑色的。许说不够周密，因为有很多鸟都是黑色的。“燕”字的本义为“春燕”，如《史记·陈涉世家》：“燕雀安知鸿鹄之志哉！”“鸿”是大雁，“鹄”是天鹅。这是说：小燕子怎么能够知道大雁和天鹅的志向呢？

“燕”字可做“宴”字的通假字。一是“安闲”的意思，如《史记·万石君传》：“虽燕居必冠。”意思是：虽然安闲地在家中，但也一定要戴着帽子（表示恭敬）。二是用酒饭招待客人，如《汉书·高五王传》：“帝与齐王燕饮。”

请注意：战国时有个燕国，是七雄之一。但这里的“燕”读作 yān，不能读作 yàn。

燕，选自《本草纲目》

① ② ③ ④

“论道经邦，燮理阴阳。”这个“燮”字读作 xiè，本为会意字。①是甲骨文的形体，于省吾先生认为中间“乃言字”，上部为火形，右下为“又（手）”。②是金文的形体，中间的“言”发生讹变，但“火”形仍在。③是小篆的形体，中间为“言”。④是楷书的写法。

《说文》：“燮，和也。”其实这不是本义。该字的本义为“忧”，如甲骨文中的“夕燮”，就是说“夕有忧患”之义。后来其本义消失了，而假借义为“和”，如《尚书·洪范》：“燮友柔克。”大意是：对那些和气可亲的人，就用柔和的办法对待他们。由“和”又可以引申为“和谐”，如谢灵运《登上戍石鼓山》：“愉乐乐不燮。”所谓“不燮”，就是不和谐的意思。

请注意：“燮”字与“变”的繁体字“變”的形体极为相似，应区别清楚。

① ② ③

这个“爇”字读作 ruò，又读 rè。甲骨文①是手拿火炬焚烧草木的样子，可见这是个象形字。②是小篆的写法，反而繁化了，变成上声下形（火）的形声字了。③是楷书的写法，直接由小篆演变而来。

《说文》：“爇，烧也。”用“烧”解其本义基本正确，但许慎并没有详细说明它的具体意义。在甲骨卜辞中多次出现“爇田”一词，就是点燃火炬以驱赶老虎，准备猎取，可见这是打猎的一种方式。到了后世，“爇”字的字义扩大了，放火焚烧也可以称为“爇”，如《左传·昭公二十七年》：“遂令攻郤氏，且爇之。”也就是说，便下令攻打郤氏，并且还要放火焚烧。

① ② ③

这个“爨”字读作 cuàn，本为会意字，结构相当复杂，而且越变越繁。①是《说文》中籀文的形体，外形为大的灶门，双手堆柴于火上。②是小篆的形体，其上部又增加了双手执灶具之形。③为楷书形体，直接由小篆演变而来。

“爨”字的本义是“烧火做饭”，如《孟子·滕文公上》：“许子以釜甑爨，以铁耕乎？”大意是，许行也用锅甑做饭，用铁器耕田吗？由“烧火做饭”的本义又可以引申为“灶”，如《墨子·备城门》：“二舍共一井爨。”也就是说：两户人家共同使用一口井、一个灶。

请注意：宋杂剧和金院本中某些简短表演的名称，也常称为“爨”，如《讲百花饕》《文房四宝饕》等。另外，“饕”字的笔画很多，历来数法不一，《说文解字》和《康熙字典》都放在二十九画内，而新《辞海》却放在三十画内，我们应以新《辞海》为准。

户　部

①　　②　　③

“姊妹弟兄皆列土，可怜光彩生门户。”这个“户”字是个象形字。甲骨文①是一扇门的样子，也就是小门的意思。②是小篆的形体，与甲骨文非常相似。③是楷书的写法。

“户”的本义是单扇门，正如《说文·户部》所说：“半门曰户。”后来又引申为出入口的通称，如“门户”“窗户”等。后来又可引申为“住户”“一家一户”。

当我们读白居易《久不见韩侍郎》诗时，会见到“户大嫌甜酒，才高笑小诗”两句。这里的“户”字解作“住户”“门户”等都讲不通，其实是指“酒量”。意思是：酒量大的人是不喜欢喝甜酒的，因为不过瘾。

在《晋书·谢安传》中有“过户限，心甚喜”的话。这个“户限”是什么意思呢？户是门，那么限制门的东西是什么呢？当然是门槛了。所以“过户限”就是“过门槛”的意思。

另外，“户”是“门”，门有防止人出入的作用，所以“户”字也有“阻止”的含义，如《左传·宣公十二年》：“屈荡（人名）户之。”也就是“屈荡阻止他”的意思。

“户”字是个部首字，凡由“户”字所组成的字大都与门、窗有关，如“启”“扉”“扇”等。

①　　②　　③　　④　　⑤

“启”字的繁体字“啟”也是一个会意字。甲骨文①的左边是一只左手，右边是一扇门，手把门打开就叫“启”。金文②的左上部是“门”，右上部是一只右手，下部又增加了一个“口”字，表示把门开了一个“口”的意思，也同样是“开”。

③是小篆的形体,"又"变成了"攴","攴"(扑)有"打"的意思。④是楷书的写法。⑤是简化字。

"启"字的本义就是"开"或"打开",如《左传·昭公十九年》:"启西门而出。"也就是说:打开西门而离去。由"开"之义又能引申为"开发"或"开拓",如:"齐桓公……启地三千里。"(《韩非子·有度》)意思是:齐桓公开发土地方圆三千里。由"开发"之义又能引申为"启发",如:"启叔孙氏之心。"(《左传·昭公二十七年》)大意是:启发叔孙氏之心扉。凡"启发"就要用言语说话,因此"启"字又能引申为"陈述"之义,如在王安石的《答司马谏议书》中有这样的话:"某启:昨日蒙教。"其大意是:"(王安石)陈述:昨日承蒙指教。"其实,今天我们所说的"启事"也正是"陈述的事情",若理解为"把事情打开"那就不确切了。

请注意:在古代"啟"字还可以写作"啓""唘"等,在整理异体字时只保留了"啓"这一种写法。后来"啓"又简化为"启",因此现在只能用"启"这一种形体了。

欠 部

① ② ③

这个"欠"字也是个象形字,不用多分析你也能看出点意思来。甲骨文①是面朝右跪着一个"人",头部朝右开口处就是人张着大嘴巴,打呵欠就是如此,所以这就是打呵欠的"欠"字。小篆②就变得不像人的样子了,上部的三撇好像人的头发或张口喷出的气体。楷书③更看不出人打呵欠的形象了。

"欠"字本义是"呵欠",如白居易《江上对酒二首》:"眠多爱欠伸。"是说睡觉多了,大都爱打呵欠伸懒腰。至于"欠债""亏欠"都是假借义,与本义无关。《红楼梦》第三十四回中说:"(宝玉)犹恐是梦,忙又将身子欠起来。"这个"欠"字,是将身子抬起一下的意思。打"呵欠"就有"张开"之义,那么"张开"就有"抬起"之义,所以"欠起身"当"抬起身"讲也就好理解了。

"欠"字是个部首字,凡由"欠"字所组成的字大都与人的嘴巴的动作有关,如"吹""歌""饮""欬""歙"等。

① ② ③ ④

这是“欢天喜地”的“欢”字，本为形声字。①是战国玺印文的形体，左边是“雚”字，表读音，右边是一个面朝左而站立的人张口欢笑之形。②是小篆的写法，与玺印文相似。③是楷书繁体字。④是简化字。

《说文》：“欢（歡），喜乐也。”如《史记·魏其武安侯列传》：“丞相卒饮至夜，极欢而去。”大意是：丞相饮酒直到深夜，极尽欢乐而后才离去。由“欢乐”之义又引申为古时相爱男女的互称，是一种特指用法，如《莫愁东》：“闻欢下扬州，相送楚山头。”这里的“欢”就是指自己所爱的人，至今仍有“另觅新欢”之说。

元好问《留月轩》：“三人成邂逅，又复得欢伯。”这里的“欢伯”是酒的别名。这句诗的大意是：三个老朋友不期而遇，又正好有美酒做伴。

请注意：“欢”字在古籍中还常常写作“懽”“驩”“讙”，这都是“歡”的异体字，现在均已废除。

① ② ③ ④

“风乍起，吹皱一池春水。”这个“吹”字是个会意字。甲骨文①的左边是一个面朝右、张着嘴巴、半跪着的人，其右是个“口”，有人有口就表示“吹”。金文②的结构与甲骨文基本一致，只是“人”与“口”的位置颠倒了一下。③是小篆的形体，“口”字并无变化，但是其右边则变得没有“人”的样子了。④是楷书的形体。

“吹”字的本义是用口吹气，又可以引申为大自然界的吹风，如冯延巳有“风乍起，吹皱一池春水”的名句。

“吹”字如果读 chuì（去声）的话，那是指对竽笙等乐器的吹奏，如《礼记·月令》：“命乐正入学习吹。”就是说：命令乐师入学，学习吹奏的本领。

“吹毛”一词，在古代往往是指很容易，如“去仲尼犹吹毛耳”（《韩非子·内储说下》），就像吹毛那么容易。但是卢纶《难绾刀子歌》“吹毛可试不可触”中的“吹毛”，则是利剑名。古代要试剑是否锋利，往往是将一根头发横放在剑刃上，用力一吹头发：断了就证明这剑非常快。因此“吹毛”就变成了宝剑的代称了。“吹毛可试不可触”，就是说：宝剑只能试其快否，但是不能用手触摸它。

① ② ③

这就是“垂涎三尺”之“涎”字的异体字“㳄”。这个字很有意思，甲骨文①的右边是面朝左跪着的一个人，张开大嘴巴，其左是从口中流出了长长的口水——馋人，想吃美味但又吃不上，于是“垂涎三尺”，可见这是个会意字。②是小篆的形体，是由甲骨文直接演变而来的。③是楷书形体。

“㳄”字到了后世，一般写作形声字“涎”。请注意：“涎”字不读 yán（延），必须读为 xián（闲）。“涎”字的本义是“唾沫”“口水”，如杜甫《饮中八仙歌》：“道逢曲（麯）车口流涎。”也就是说：路上碰到拉酒曲的车子，口就流唾液了。当“涎涎”二字连用时，若读为 xián（闲），那就错了。这里必须读 yàn（砚），表示光泽的样子，如汉书童谣有：“燕燕尾涎涎。”这说明燕子的尾羽经太阳光一照，光泽耀眼，这就叫“涎涎”。

① ② ③ ④ ⑤ ⑥

这是“早饮朝露”的“饮”字，这个字很复杂。甲骨文①左下部分是个酒瓶（酉）形，酒瓶之上是个大舌头，舌头之上是人张的大口，从“口”再接一条线弯转到右边就是立着的一个人，表示一个人弯腰低头在伸舌喝酒。金文②变成酒瓶上有个三角形的酒瓶盖子，右边是面朝左站着一个人，张大嘴，其中有一个舌头表示喝。小篆③的酒瓶（酉）上是个“今”字（表声），右边变成了“欠”（“欠”原为张口形）。④为由小篆变来的楷书形体，但书写不便，后又将左边换成了“食”，这就成为楷书⑤，变为会意字。⑥是简化字。

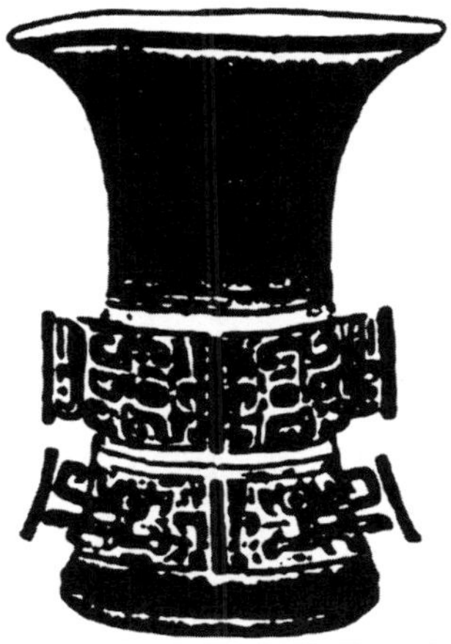

西周饕餮纹酒尊

“饮”的本义是“喝”，如《荀子·大略》：“饮而不食者，蝉也。”这是说：光喝而不吃的是蝉。后又引申为可喝的东西叫“饮”，如《史记·秦始皇本纪》：“衣服食饮与缭同。”就是说：衣着、吃喝都和缭（人名）是一样的。但“饮马长城窟”中的“饮”字，是“使马喝”的意思，马是主动者，所以必须读为“yìn”（印）。

你读《吕氏春秋·精通》时会见到“矢乃饮羽”的话，“羽”是指箭尾上的羽毛，“饮羽”是指把整个箭都射进了物体，连箭尾的羽毛都不见了,形容发箭的力量极猛。

① ② ③ ④

“贪财冒贿，欺罔视听。”这个“欺”字本为形声字。①是金文的形体，左边为“其”，表声，右边是“言”，表形。②是小篆的形体。③是小篆的异体字，言与人有关，“欠”本为人形，所以小篆即以“欠”代替了金文中的“言”，其义未变，本为以言骗人，后又以人行骗。④是楷书的写法。

《说文》:“欺，诈欺也，从欠其声。”“欺”字的本义为“欺诈”“欺骗”，如《战国策·秦策一》：“苏秦欺寡人。”《韩非子·孤愤》：“其行欺主也。”由“欺骗”可以引申为“欺负”“欺凌”，如贾谊《新书·解县》:“匈奴欺侮侵掠，未知息时。”这是说：匈奴前来欺凌侵掠，不知何时才能停止。

“欺罔”为“欺骗”“蒙蔽”义,如《南史·朱异传》:“欺罔视听。”也就是说:欺骗、蒙蔽人们的耳目。

① ② ③ ④

“流风入座飘歌扇，瀑布侵阶溅舞衣。”这个“歌”字本为形声字。①是金文的形体，左边是“言”，右边是“可”，是“从言可声”的形声字。②是小篆的异体字。③是小篆的通行体，将“言”换成“欠”，义相近，都与“人”有关。④为楷书的形体。

《说文》：“歌，咏（詠）也，从欠哥声。”“歌”字的本义为“唱”，如《诗经·魏风·园有桃》:“心之忧矣，我歌且谣。”大意是：内心有忧愁啊，我唱歌谣以解忧。古代“歌”与“谣”是不同的,《毛传》：“曲合乐曰歌，徒歌曰谣。”

“歌”字由“唱”可以引申为“歌曲”，如《尚书·尧典》：“诗言志，歌永（咏）言。”由“歌曲”又可以引申为“作歌”“编歌”,如《诗经·陈风·墓门》:“夫也不良，歌以讯之。”“夫”指统治者，“讯”为劝告义，大意是：这人不太好，作歌劝告他。

请注意：“歌女”旧时多指以唱歌为生的女子，可是蚯蚓的别名也叫“歌女”，如崔豹《古今注·鱼虫》：“蚯蚓，一名蜿蟺，一名曲蟺，善长吟于地中，江东谓之歌女。”

月 部

① ② ③ ④

甲骨文①就是“一弯皓月悬中天”的形象，所以“月”字是个象形字。金文②像甲骨文，只是中间加了一小竖，古人用以表示月中的桂树等。③是小篆的形体，变得不太像月亮的样子了。④是楷书的写法，更看不出月亮的形状了。

“月”字的本义很好理解，但是由“月”字所组成的词，则往往不太好理解，如“月吉”一词，大都指每月初一，但有时也专指正月初一。“月旦”也称为“月朔”，指每月的初一。“月华”是指“月光”或“月色”，如张若虚《春江花月夜》：“此时相望不相闻，愿逐月华流照君。”这就是说：此时此刻，只能相望而不能相闻，愿意追随着月光流照于你。至于“月题”一词，是指“马络头”，成玄英疏《庄子·马蹄》说：“月题，额上当颅，形似月者也。”

“月”字是个部首字，凡由“月”字所组成的字大都与月亮、光明有关，如“明”“朗”“朔”等字。

① ② ③ ④

《荀子·天论》说得对：“在天者莫明于日月。”也就是说，在天上没有再比太阳和月亮更明亮的了。我们的祖先也正是这样想的，所以甲骨文①是左“月”右“日”组成“明”字，可见这是一个会意字。可是到了金文②则发生了讹变，把“日”字变成了“窗户”形，月亮照在窗上即表示光明的意思，当然也是会意字。小篆③是由金文形体变来的，大致与金文同，其左也有窗户形。到了楷书④又还原到甲骨文的会意方式，用“日”和“月”组成“明”，不过日、月的位置与甲骨文相反。

“明”字的本义是“光明”，后又引申为“明显”，如《荀子·正名》：“是非之形不明。”也就是说，是非的外部表现并不明显。由物之明，又可引申为人之“明智”“英明”等，如《商君书·君臣》：“明王之治天下也，缘法而治，按功而赏。”大意是：英明的帝王治理天下，是依法而治，按功之大小行赏。至于《管子·制分》所说的“聪耳明目”中的“明”字，那是指眼睛亮、视力好。

① ② ③ ④

“有朋自远方来。”这个“朋”字本为象形字。甲骨文①就像两串贝（或玉）连结在一起的形象，郭沫若认为就是古人的“颈饰”。②是金文的形体,与甲骨文相似。③是《说文》借“鳳”字古文的形体为“朋”。④为楷书的写法。

《说文》认为“朋”就是“古文‘鳳’”，象形，此说不妥。“朋”字本为“贝”的数量的称谓，五贝为一串，两串为一朋，如《诗经·小雅·菁菁者莪》：“锡（赐）我百朋。”也就是说：赐给我一千个货币。因一朋为两串，所以可以引申为“朋友”义，如李白《陈情赠友人》：“斯人无良朋。”意思是：这个人没有好朋友。由此又可以引申为“朋党”，即有“互相勾结”之义，如屈原《离骚》：“世并举而好朋兮。”大意是：世上随声附和的人互相勾结啊。由“朋党”又可以引申为“伦比”，如《诗经·唐风·椒聊》：“彼其之子，硕大无朋。”就是说：像她那样的好姑娘，谁能比她更健壮。

“朋”字的远引义就是“齐”“同”，如《后汉书·李固杜乔传赞》：“朋心合力。”也就是齐心合力的意思。

① ② ③ ④

这是“登高而远望”的“望”字，本为会意字。①是甲骨文的形体，上部是一只大眼睛，下部是一个人面朝左站在一个土堆上，表示登高而远望。②是金文的形体，与甲骨文相似。③是小篆的形体，左上角增加了表声的“亡”，右上角为“月”，下部仍为人形，表示望月之意。④为楷书的写法。

《说文》：“望，出亡在外，望其还也。”“望”字本义应为“远望”，如《诗经·卫风·河广》：“谁谓宋远，跂予望之。”大意是：谁说宋地很远，翘起脚跟就能望见。《左传·庄公十年》：“吾视其辙乱，望其旗靡。”这是说：我看到他们的车辙都乱了，远望他们的战旗也倒了。由“远望”可以引申为“盼望”，如曹操《收田租令》：“欲望百姓亲附。”这是说：盼望百姓们依附。“望”有“远”“高”之义，所以又可以引申为“名望”“声望”，如《诗经·大雅·卷阿》：“如圭如璋，令闻令望。”大意是：好像玉硅，好像玉璋，是好名声，是好声望。

农历每月十五日亦称为“望”，因为这天太阳西下时，月亮正好从东方升起，故称作“望”。

① ② ③

“不期修古，不法常可。”这个“期”字本为形声字。①是金文的形体，其上部为“其”，表声，其下部为“日”，表形，这说明“期”字与时间（日）有关，所以从“日”。②是小篆的形体，“其”字未变，将“日”换成了“月”，因为“日”与“月”均能表时间，可以互换。③是楷书的写法。

《说文》：“期，会也，从月其声。”“期”字的本义应为“限定的时间”，如《诗经·王风·君子于役》：“君子于役，不知其期。”大意是：心上人外出服役，不知何时才算归期。《史记·陈涉世家》：“会天大雨，道不通，度已失期。”这是说：适逢天下大雨，道路不通，估计已经误了期限。由“期限”可以引申为“约会”，如《诗经·鄘风·桑中》：“期我乎桑中。”意思是：我们在桑中这个地方约会。又可以引申为“期望”“要求”等。

请注意：“期”还可以读作 jī，一周年、一整月就称为“期年”“期月”，如《左传·襄公九年》：“行之期年。”也就是说，施行了一周年。《后汉书·耿纯传》：“期月之间，兄弟称王。”这是说：在一个月之内，兄弟就称王了。

毛 部

① ② ③

这是“毛”字。从金文①的形体看，就像弯弯曲曲的毛发之形。小篆②的形体也基本上同于金文。③是楷书的写法，是由小篆的形体直接演变而来。

现在如果有人说：“某人的头发长得真好。”他听到后就很高兴。但是如果说：“某人头上的毛长得很好。”听后他会生气的。可是古代的“毛”也特指头发，如《左传·僖公二十二年》：“不禽二毛。”这个“禽”字就是后世的“擒”字，“二毛”是指头发花白的老人，可见“二毛”就是指头发黑白相间的人，这里的“毛”就指头发。

《后汉书·冯衍传》：“饥者毛食。”这里的“毛”字应如何理解呢？“饥饿者吃毛”吗？不是的，其实这个“毛”是“没”的假借字（因“毛”与“没”读音相近），这句话的原意是：饥饿的人没有饭吃。

“毛”字是个部首字，在汉字中凡是由“毛”所组成的字大都与毛发有关，如“毳”“毡”“毫”“毯”等字。

① ② ③

三毛为“毳”(cuì)。金文①和小篆②都是三毛形，楷书③是从小篆形体变来的，结构基本相同。三毛堆在一起也就表示细毛很多的意思，可见这个“毳”字是个会意字。

“毳”字本义是鸟兽的细毛，如《汉书·晁错传》：“鸟兽毳毛，其性能寒。”这句话的原意是：鸟兽身上的细毛是能耐严寒的。因丝绒很细，所以也可以称毳，如白居易《红线毯》：“太原毯涩毳缕硬。”就是说太原出的毯子涩而且丝绒发硬。

我们读《汉书·沟洫志》时，会见到“泥行乘毳”的话，“乘毳”是什么意思呢？其实这是以“毳”字代“橇”字，应读为 qiāo。

氏 部

① ② ③ ④

“氏”字本为象形字。甲骨文①是一个面朝右侧立的人，手里提着一个陶器之类的东西。金文②的形体没有大变，不过人手所提之物已上升到臂中间。③是小篆的形体，臂上的一点变成了一横，同时也失去了人形。④是楷书的写法，由小篆直接演变而来。

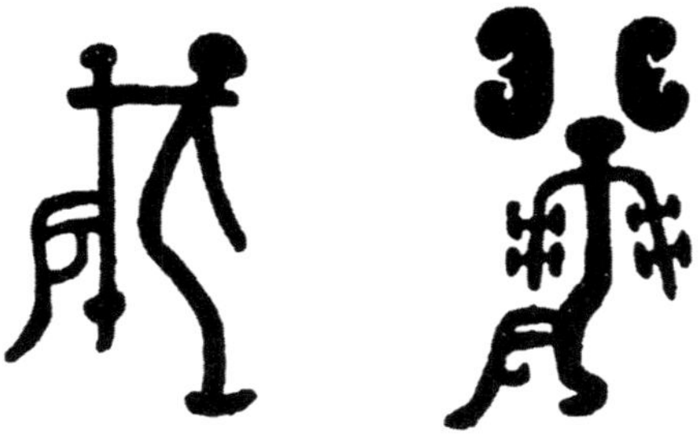

周代礼器上的指事符号，可能是当时人的族徽

“氏”字本义已经消失，后来被假借为代表“氏族”之“氏”，是古代贵族标志宗族系统的称号，为姓的支系，用以区别子孙之所由出生。古代女子称姓，男子称氏。不过女子嫁后，也往往在其父姓之后系一

“氏”字。另外，远古传说中的人物也往往称氏，如“神农氏”“伏羲氏”“夏后氏”等等。旧时对学术上很有造诣的人的尊称，多在其姓之后加一“氏”字，如“左氏”（左丘明）、“许氏”（许慎）、“段氏”（段玉裁）等。

请注意：我国古代西北部有一个民族叫“月氏”，这里的“氏”字必须读为 zhī（支）。

“氏”字是个部首字，不过在汉字中从“氏”字的字很少。

① ② ③

这个“民”字是个象形字。金文①的上部是一只眼睛，其下是一把锥子刺进了眼睛，这表明在奴隶制社会里，奴隶主用极其残酷的手段把奴隶的一只眼睛刺瞎，并强迫他们劳动。小篆②形体大变，完全看不出锥子刺眼的形象了。③是楷书的写法，是由小篆直接演变而来。

“民”的本义就是奴隶，远在《尚书·梓材篇》就有记载。从“奴隶”又可引申为被统治的人，如《穀梁传·成公元年》：“古者有四民：有士民，有商民，有农民，有工民。”在上古，“人”与“民”是有明显区别的：“人”是指统治者，“民”是指被统治者。可是到了后世，“人”与“民”就没有什么区别了，它们依照汉语由单音词向双音词发展的规律，将“人”与“民”连结在一起，变成双音词“人民”了。

“民天”一词在古文中经常见到，它并不是指“老百姓的天下”，而是指“粮食”，正如《汉书》中所说：“民以食为天。”

“民”字是个部首字，凡由“民”字所组成的字大都与百姓有关，如“氓”字等，不过在汉字中从“民”的字很少。

斗部

① ② ③ ④

“李白斗酒诗百篇”中的“斗”字是个象形字。甲骨文①就是一把长柄的大勺子，上部是勺子头，下部是勺子柄。金文②也是这个形象，只是勺柄向右倾斜。③是小篆的形体，变得看不出勺子的形状了。④是楷书的写法。

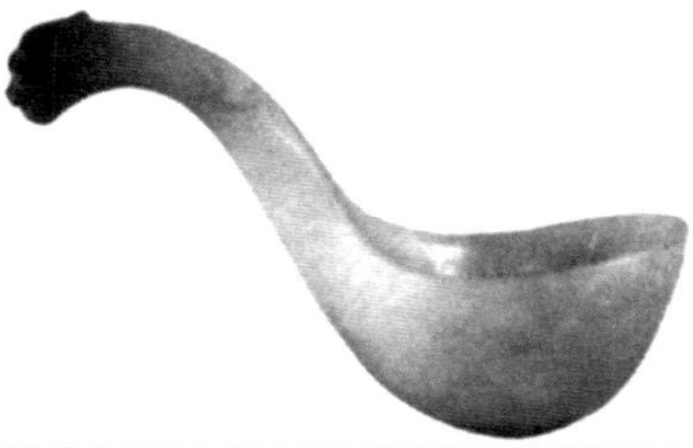
东汉白玉勺

“斗”字像一把大勺的形状，可见它并不是后世所说的量粮食的升斗之“斗”，而是古代的一种盛酒器，如《史记·项羽本纪》:“玉斗一双，欲与亚父。”大意是：玉酒器一对，打算给范增（亚父）。“斗”字从能盛东西引申为量具，十升为一斗，十斗为一石（dàn 担）。在《汉书·律历志第一上》中也有这样的记载：“十升为斗，十斗为斛（hú 湖）。”又因为甲骨文①的斗字很像一把大勺,所以天上由七颗星组成的、像一把大勺子的星群,也称为“斗”，即北斗。至于《水经注·谷水》篇中所说的“斗耸”一词，那是指高耸的样子，“斗”字实为“陡”字的借字，“斗耸”即为“陡耸”，也就是又陡又高的意思。

古代“斗争”之“斗”写为“鬥”“鬭”“鬦”等，现在规范写作“斗”，应读为 dòu，而不读为 dǒu。

请注意：在古书中经常见到“斗牛”一词，可千万别理解为斗（dòu）牛作乐的意思。如《晋书·张华传》中所说的“斗牛之间”，并不是两牛相斗之时，而是指天上二十八宿的“牛宿”和“斗（dǒu）宿”之间（“星宿”也就是星的位置）。

“斗”字是个部首字，在汉字中凡由“斗”字所组成的字大都与量器有关，如“料”“斟”“斛”等。

① ② ③ ④

“蒸庶欣欣，喜遇升平。”这个“升”字本为象形字。甲骨文①就像一把头朝上口朝左的大勺子，其口中的一点表示盛的东西，可见“升”本为量具。②是金文的形体。③是小篆的形体，变得复杂化了。④是楷书的写法。

《说文》:“升，十龠也”。“龠(yuè)”也是一种量具。段玉裁认为，“龠”应为“合”，“十合为升，十升为斗”。贾思勰《齐民要术·种谷》：“良地一亩，用子五升。”也就是说：一亩好田，要用五升谷种。至于“上升”之“升”,那是“昇”字的假借义，如《后汉书·王符传》：“以此遂不得升进。”这是说：因为这个原因，于是就不被提升。

商鞅时期的升

请注意：古代“升”“昇”“陞”的用法是有区别的。作为量具只能写作“升”；太阳升起就写作“昇”，如江淹《石劫赋》：“日照水而东昇。”在“官员晋级”的意义上，一般是写作“陞”，如王安石《本朝百年无事札子》：“陞擢之任。”这是说：提升选任官员的职责。现在不管什么情况都只用“升”字了。

① ② ③

这个“料”字是个会意字。金文①的左边是“米”的形象，右边是“斗”，上部的斗口朝左，其中的一小横是表示舀进的米，其下的“”部分表示长柄。②是小篆的写法，左边的“米”形还在，只是右边部分看不出斗的样子了。③是楷书的写法，由小篆直接演变而来。

“料”字的本义就是“量米”。由此而引申为“计算”或“统计”，如：“必料其民”。(《吴子·图国》）也就是说：一定要统计他的老百姓。由“计算”之义，又可以引申为“估计”“料想”，如“料当初”也就是“料想当初”的意思。至于“储积物料”(《宋史·河渠志一》）中的“料”，那是由被量的东西而引申为“物料”之义，这种引申属于远引申。

《庄子·盗跖》“疾走料虎头”中的“料”字是什么意思呢？这个“料”字的意思与上面所说的本义及引申义毫无关系，实际上是“撩”字的假借字，是“撩拨”或“碰触”的意思，必须读为 liáo（辽），而不能读为 liào（料）。

牛 部

① ② ③ ④

“横眉冷对千夫指，俯首甘为孺子牛。”这个“牛”字是个象形字。甲骨文①是正面看牛头的形象，两侧向上弯的部分是一双牛角，牛角之下向斜上方伸展的两笔是牛的一双耳朵。金文②的形体也基本上同于甲骨文，只是将牛耳拉平，成为一条

青铜器上的牛纹

横线。小篆③与金文的形体相类似。④是楷书写法，根本看不出牛头之形了。

“牛”的本义就是六畜之一的“牛”,如“黄牛”“水牛”“牦牛”等。

在古典作品中，用“牛”字组成的词是很多的，但有几个词要引起我们的注意。古代常用“牛酒”一词，这并不是一种酒的名字，而是古代用牛和酒做赏赐、慰劳或馈赠的物品，如《后汉书·臧宫传》：“奉牛酒以劳军营。”也就是说：奉献牛（肉）和酒犒（kào 靠）劳军队。所以到了后世，人们也常以“牛酒”作为礼物的别称。

在蔡襄的诗中有这样两句：“去年大暑过京口，唯子见过牛马走。”(《和答孙推官久病新起见过》)后一句若理解为“只有您见过牛马走路”就不对了。所谓“牛马走”也就是奔走于牛马之间的意思，这是什么人呢？就是掌管牛马的仆人，后来也就用“牛马走”作为自谦的代称，当“我”讲。上面两句诗的原意是：去年大暑，当路过京口的时候，只有您见过我。

“牛”字是个部首字，凡由“牛”字所组成的字大都与牛或牲畜有关，如“牡”“牝”“牢”“牲”“犊”等字。

① ② ③

这个“牝”(pìn 聘) 字是一个会意字。甲骨文①的左边是个“牛”，右边的“匕”是个雌性符号，从甲骨文的其他文字看，凡是表示母羊、母猪、母马、母鹿的字都有这个雌性符号。②是小篆的形体，其左仍然是“牛”，但是其右的雌性符号变得与甲骨文的雌性符号相反，像个反“刀”形。③是楷书的形体，是直接由小篆变来的。

“牝”字的本义是指鸟兽的雌性，与“牡”相对。《史记·龟策列传》:“鸟兽有牡。”当然也就有“牝”了。因为雄性与雌性正相反，而丘陵（凸出）与溪谷（凹进）也正相反，所以古代也以“牡”“牝”比喻丘陵和溪谷，如《大戴礼记·易本命》：“丘陵为牡，溪谷为牝。”

在《尚书·牧誓》中有“牝鸡无晨”的话，这是说母鸡没有打鸣报告天明的责任。可是假若母鸡要管天明之事，这就叫“牝鸡司（掌管）晨”，旧时多用这个成语比喻妇人篡权乱政。

① ② ③

这个“牟”字读作móu，原为象形字。①为金文的形体，牛头上的一横画表示牛叫时所发出的声气。②是小篆的写法，牛头之上的一横画变为“厶”，更艺术化了。③是楷书的写法。

《说文解字注》：“牟，牛鸣也，从牛，象其声气从口出。”许慎的分析是正确的。“牟”字的本义为“牛叫声”，如柳宗元《牛赋》：“牟然而鸣。”后来“牟”字假借为“取”或“营取私利”义，如《汉书·食货志下》：“如此，富商大贾亡（无）所牟大利。”大意是：像这样，富商大贾（大商人）都没有地方去营取私利。至于《诗经·周颂·思文》“贻我来牟”中的“牟”，那是“麰”（móu）字的假借义，当大麦讲。原话的意思是：赠送给我们小麦（来）和大麦。

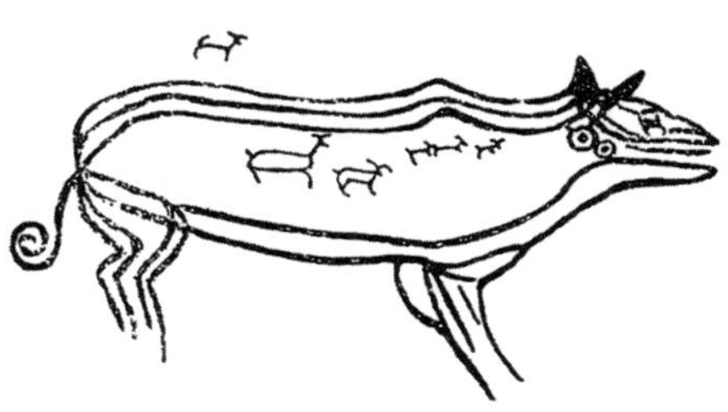

贺兰山岩画中的巨牛

请注意：“牟”字做地名字用时，一般应读为mù，如山东省烟台市牟平区。

① ② ③ ④

“一叶知秋，寸绿告春。”这个“告”字是个会意字。甲骨文①的上部是个“牛”(牛头形)，下部是个“口”字，大意是用口告诉人：“这个牛是要牴人的！”正如《说文·口部》所说的：“牛触人……所以告人也。”②是金文的形体，③是小篆形体，均与甲骨文相似。④是楷书的写法，把“牛”字的下半截去掉了，写作“告”。

斗牛图，汉画像砖，南阳汉画像馆藏

“告”字的本义是“告诉”，如《庄子·庚桑楚》：“吾固告汝曰。”意思是，我本来就告诉你说。从“告诉”又可以引申为“报告”，如：“越人斩吴王头以告。”（《史记·绛侯周勃世家》）这句话中的“告”字就当“报告”讲。

从“报告”又可以引申为“告发”或“控告”,如:“赏施于告奸。”(《商君书·开塞》)这句话是说:把奖赏施于告发奸邪的人。在《国语·鲁语上》中有这样一句话:“国有饥馑,卿出告籴(dí)。”这里的“告籴”是什么意思呢?是“告诉买粮”吗?不对,这是说请求买粮食。所以这个“告”字又当“请求”讲,是从“报告”之义引申出来的,如请求准假叫“告假”,请求饶恕叫“告饶”。

请注意,“告”“诰”“诏”三个字的用法,在古代有同有异,“告”和“诰”的原义都当“告诉”讲,后来则有区别:下告上叫“告”,上告下叫“诰”或“诏”。到了秦朝以后,“诏”字只限于皇帝下命令用。可是宋朝以后又有所变化,“诰”字只限于皇帝任命高级官吏或封爵时用。

① ② ③ ④

这个“牡”字也是个会意字。甲骨文①的左边是“牛”,右边是古文字中的一种雄性符号,从甲骨文的其他文字看,凡表示公羊、公猪、公马、公鹿的字,都有这种雄性符号。所以它们也都是会意字。金文②的左边仍然是“牛”,右边发生了讹变,把雄性符号错变成“土”字了,这就由原来的会意字变成了左形(牛)右声(土)的形声字“牡”了。③是小篆的形体,与金文的形体完全一致。④是楷书的写法。

“牡”字的本义是指鸟兽的雄性,与“牝”相对。《诗经·邶风·匏有苦叶》:“雉(zhì志)鸣求其牡。”“雉”是野鸡,这里是指母野鸡,这句诗是说:母野鸡叫是寻求雄野鸡。其原意是写一个女子听到雌雉求牡的鸣声,从而想到她的未婚夫假如能在这时来迎娶她该多好。从“牡”字的雄性之义又可以引申为特指锁簧,也就是旧时锁中可以插入和拔出的部分。至于“牡丹”的“牡”字那是个假借字问题,与“牡”字的本义毫无关系。

① ② ③ ④

这个“亡羊而补牢”的“牢”字是个会意字。甲骨文①的外面像饲养牲畜的栏圈,其中间是“牛”,也就是把牛关在栏中之义。金文②的形体与甲骨文的形体基本一致。③是小篆的写法,把牛关在栏中,在栏门上再横上一块大木头,牛跑不出来,可谓牢固了。④是楷书的写法,从“宀”从“牛”,当然仍是一个会意字。

古代生肖印中的牛

“牢”字的本义是“牛栏”，又可引申为做祭品用的牛羊猪，据《礼记·王制》篇记载：在祭祀时牛羊猪三样祭品齐全就叫作“太牢”，只用羊猪就叫“少牢”。后来“牢”字的词义有所发展，关犯人的地方也称为“牢”，如“囚牢”“监牢”等。凡是“牢”就必须“固”，所以“牢”又从名词引申为形容词，当“坚固”讲。

请注意：“牢”字是个多音多义词，当读为 lóu 时，那就当“削”讲。当读为 láo 时，那就是指官方所发给的粮食，如《后汉书·应劭传》：“多其牢赏。”这里的“牢”字就是指供应的军粮。

① ② ③

“人为万物之灵。”这个“物”字本为会意兼形声的字。①是甲骨文的形体，左为牛，右为勿，卜辞谓杂色牛为“物”。②为小篆的形体，与甲骨文相似。③是楷书的写法。

《说文》：“物，万物也。牛为大物，天地之数，起于牵牛，故从牛。勿声。”许慎的说法牵强附会。“物”的本义是指“杂色牛”，如《诗经·小雅·无羊》中有“三十维物”，传云：“异毛色者三十也。”也就是说：杂色牛三十头。由“杂色牛”可以引申为“杂色的帛”，如《周礼·春官·司常》：“杂帛为物。”由“杂色牛”又可以引申为“颜色”，如《周礼·春官·保章氏》：“以五云之物辨吉凶。”所谓“五云之物”，也就是指各种颜色的云。后世“物”也就指各种各样的东西，如《荀子·天论》：“一物为万物一偏。”也就是说：一种东西也就是万物之中的一个方面。

请注意：“物色”一词现在是指“选择”，可是古代多指“风物”“景色”，如《西京杂记》卷二：“物色惟旧。”颜延之《秋胡诗》：“日暮行采归，物色桑榆时。”

① ② ③ ④

这个“牲”字是个形声字。甲骨文①的左边是正面看的羊头的形象，上部是向下弯的一对羊角，中间是眼睛。为什么是一只眼呢？因为甲骨文已经不是图画了，

古文字中“羊”字的不同写法

古文字中“牛”字的不同写法

而仅是象征性的符号，所以也不必画得十全十美。最下部的箭头形表示羊的嘴巴。若把甲骨文①楷化，那就应该写为“羜”。“羜”字的右边是“生”，“生”的下部的一条横线是表示地面，地面之上是长出的一棵草（或树苗），这就表示生长之义。但是“生”在“羜”中仅表读音。所以这个“羜”字是一个左形（羊）右声（生）的形声字。金文②把甲骨文左边的“羊”换成了“牛”，牛的两角向上弯，羊的两角向下弯，这是“牛”和“羊”二字在甲骨文中的根本区别，这好像是一条规律。③是小篆的形体，是从金文直接演变而来。④是楷书的写法。

“牲”字本义是指供祭祀和食用的家畜。现在我们所说的“牲口”，是指牛、驴、骡、马，可是在古代是指禽兽等动物。《明史·职官志三》中所说的“牲口房”，并非牛棚马厩，而是指畜养异兽珍禽的处所。

请注意：“牺牲”一词的古今词义是不相同的，假若以今义释古义那就错了。古代的“牺牲”是宗庙祭祀用“牲”的通称，纯色牲（纯色牛或纯色羊等）叫作“牺”，体全的牛或羊等叫作“牲”，如《周礼·地官·牧人》：“凡祭祀，共（供）其牺牲。”而今天所说的“牺牲”则是舍弃、捐弃生命之义，如“牺牲生命”“为国牺牲”等。

另外，古代有一种青铜做的酒器叫“牺尊”，值得注意的是，这里的“牺”字不能读 xī（西），而必须读 suō（唆），这是一种特殊读法。

手 部

① ② ③

“娥娥红粉妆，纤纤出素手。”（《古诗十九首》）这个“手”字是个象形字。你看金文①多像一只大手，上部是五个指头，下部是手臂。小篆②也很像一只手的形象。③是楷书的写法，不太像手的样子了。

“手”字的本义就是指腕以下能拿东西能做事的部分，是名词。可是后来又引申为动词当“持”或“执”讲，如《公羊传·庄公十三年》：“曹子手剑而从之。”就是说：曹子拿着宝剑而跟着他。其实当“持”讲的手，我们今天还在沿用，如“人手一册”，就是每人各拿一本的意思。由“执”义，又可以引申为用手打击之义，如《汉书·司马相如传上》：“手熊罴。”也就是赤手空拳把熊罴打死的意思。

在古代典籍中，用“手”字组成的词很多，有些词的含义稍不注意就会搞错。比如“手刺”一词，不是手上扎了一根刺，而是指古代下级官员要去拜见高官，自己亲手写的介绍自己身份的名帖。再是“手谈”一词，不能理解为盲人的“手语”“指语”，而是指下围棋。还有“手笔”一词，现在一般是指亲手所写或所画的东西，可是在古代就复杂了，如在《官场现形记》第五十九回中说：“这是二舍妹，她自小手笔就阔，气派也不同。”这里面的“手笔”却是指排场。

“手”字是个部首字，在汉字中凡由“手”或“寸”所组成的字大都与手和动作有关，如“扶”“搜”“承”“拳”“拿”等字。

① ② ③ ④

这个“丑”字本为象形字。①是甲骨文的形体，像留有长指甲的一只手形，郭沫若认为，“丑”字“实象爪之形”。②是金文的形体，与甲骨文极为相似，只是方向相反。③是小篆的写法，上下指甲相延而成一线，其义不变。④为楷书的写法。

《说文》：“丑，纽也。”此为曲说。不过许慎认为“丑”字“象手之形”倒是正确的。“丑”字的本义消失后被借用为地支名，即地支的第二位，列在“子”字后面。与天干相配，用以纪年，如公元1985年就是农历乙丑年；用以纪月，即农历十二月；用以纪日，如《春秋·桓公八年》：“夏五月丁丑。”用以纪时，丑时即凌晨一时至三时。

请注意：“俊丑”之“丑”本写作“醜”，但因后者笔画太繁，便借“丑”代之。有人认为这种借代是实行简化字时才开始的，这是误解。在传统戏曲中扮演滑稽可笑的喜剧人物或反面人物的“小花脸”“三花脸”，本称为“醜”，但古代则常以“丑”代之。正如徐渭在《南词叙录》中所说：“丑，以粉墨涂面，其形甚醜。今省文作丑。”现在亦写作“丑”。

① ② ③ ④

“西南诸峰，林壑尤美。”这个“尤”字本为指事字。①是甲骨文，在一只右手的手指上有一点，意思是生了一个肉瘤，即“疣”，俗称“瘊子”，中医上叫“千日疮”。②是金文的写法，与甲骨文相似。③为小篆的形体。④为楷书的写法。

《说文》：“尤，异也。”这是说，“尤”字的本义为“特异”“不正常”，此说近是。“尤”实为“疣”字的初文，因为疣在人体是多余的、不正常的，所以能引申为“过错”，如《诗经·小雅·四月》：“莫知其尤。”这是说：没有人知道他的过失。由“过错”又引申为“指责”，如司马迁《报任安书》：“动而见尤。”也就是说：稍有一动就被指责。“疣”本来就是突出于皮肤的，所以又可以引申为“突出”“异常”的意思，如韩愈《送温处士赴河阳军序》：“拔其尤。”也就是说：要选拔那突出的人。由“突出”义就转化为副词“尤其”“特别”，如《汉书·辛庆忌传》：“食饮被服尤节约。”后世多用此义。

① ② ③ ④

这个“尹”字读作 yǐn，本是会意字。①是甲骨文，一竖是一支笔的形象，右边是一只手，是史官执笔办事之意。②是金文的写法，③是小篆的形体，④是楷书的形体，都是从甲骨文演变而来的，并无多大变化。

《说文》：“尹，治也。”其实“尹”字的本义并非“治理”，本义应为“长官”，如《尚书·益稷》：“庶尹允谐。”“庶”为“众”义，“允”为“确实”义，“谐”为“和谐”义。原话的大意是：众长官确实很和谐。再比如“师尹”是周官名，“令尹”是春秋时楚官名，“关尹”是古时守关之吏，“京兆尹”是古代掌治京城的官。我国在 1914 年省下设道，道置“道尹”，为一道之行政长官。由“长官”义又引申为“治理”，如《左传·定公四年》：“以尹天下。”也就是“以治理天下”的意思。

① ② ③

“似闻胡骑走，失喜问京华。”这个“失”字本为形声兼会意字。①是《诅楚文》的形体，左边是一只手，手腕的右边是个“乙”字，表示东西从手中丢失了，同时

“乙”也为声符。②是小篆的写法，与《诅楚文》极为相似。③是楷书的写法。

《说文》:“失，纵也。”这个说法是对的，因为“纵”有“舍掉”之意。可见“失”字的本义应为“丧失”“丢失”，如曹操《败军令》:“失利者免官爵。”这是说：失利的人，是要免去官爵的。由“丢失”又可以引申为“耽误”“错过”，如《尚书·泰誓》:“时哉弗可失。”就是说：时机呀，是不能错过的。由“错过”又能引申为“过失”，如柳宗元《封建论》:“失在于政，不在于制。”大意是：其过失在于政治，而不在于郡县制。

请注意，《荀子·哀公》:“其马将失。”这是说那马将要奔逃。这里的“失”字不能读 shī，而必须读为 yì，是“逸”的假借字。

① ② ③

这是“扔掉”的“扔”字，本为会意字。甲骨文①的右下方是一只右手，左方是一个曲形之物（乃），表示手扔之意。②是小篆的形体，手移到“乃”的左边。③是楷书的写法。

《说文》:“扔，因也。”不妥。“扔”字的本义就是“丢掉”“扔弃”，如《红楼梦》:“每日大家早来晚散，宁可辛苦这一个月，过后再歇息，别把老脸面扔了。”

“扔”字有时读作 rèng，那是“牵引”“拉”的意思，如《老子》:“则攘臂而扔之。”这是说：就举起胳膊，指引人们遵守礼节。另外，“扔”也有“摧毁”义，如《后汉书·马融传》李贤注：“扔，摧也。”当“摧”讲的“扔”字也读作 rèng。

① ② ③ ④

“解人之困，丞人之急。”这个“丞”字是个会意字。甲骨文①的中间是一个面朝左半跪着的人，下面有一条向上弯的曲线，像个大土坑，这就是人掉进土坑（或陷阱）的意思，人的上部左右有两只手，这就表示把人从土坑中救出来。金文②则把表示土坑的曲线去掉了，左右两手也移到了人的下部，表示用双手把人救出去的意思。③是小篆的形体，把甲骨文下部的土坑换成了陷阱（字形与“山”接近）。④是楷书的写法。

“丞”字的本义就是“救”，如扬雄的《羽猎赋》：“丞民乎农桑。”这里的“乎”字相当于“于”字，原话的意思是：用农桑之业来拯救老百姓。这里的“丞”字应当读作 zhěng（整），实际上就是“拯”字的本字。因为“丞”字当“丞相”等用了，所以就在“丞”字的左边加了个“提手旁”，写作“拯”。这样，“丞”字当“救”讲的本义就被“拯”字所取代。

“丞”字从“救”的本义又可以引申为“辅助”，如：“相国、丞相皆秦官，金印紫绶，掌丞天子助理万机。”（《汉书·百官公卿表第七上》）“掌”就是“主管”的意思，“万机”指国家的一切重要政事，这句话的大意是：相国、丞相都是秦朝所设的官，他们有金印、紫绶，辅助皇帝处理国家一切大事。到了秦汉以后，“丞”则往往指各级地方长官的副职，如副县令称为“县丞”，副知府称为“府丞”等等。至于“于是丞上指”（《史记·张汤传》）中的“丞”字，那是“承”字的假借字，当“秉承”或“承受”讲。上面这句话的意思是：在这时秉承皇帝的旨意。

① ② ③ ④ ⑤

“官不过侍郎，位不过执戟。”这个“执”字本为会意字。①是甲骨文的形体，左边是类似手铐一类的刑具，右边是一个面朝左半跪着的人，双手被手铐锁住。②是金文的形体，与甲骨文相似。③是小篆的写法，左边的刑具和右边的人都失去了原形。④为楷书的繁体字。⑤为简化字。

《三才图会》中的刑具图

《说文》：“执（執），捕罪人也。”许慎的说法正确。“执”字的本义就是“拘捕”“捉拿”，如《韩非子·外储说左下》：“卫君欲执孔子，孔子走，弟子皆逃。”再如《左传·僖公五年》：“遂袭虞，灭之，执虞公。”大意是：便立即袭击虞国，把虞国消灭，捉住了虞国的国君。由“捉拿”又可以引申为“握”，如《荀子·哀公》：“上车执辔（pèi）。”意思是：上车握住牲口缰绳。由“握”又能引申为“主持”“主管”，所谓“执牢狱者”就是主管牢狱的官，“执政”就是掌握政权的人。如《旧唐书·黄巢传》：“大诟（gòu）执政。”这是说：（黄巢）大骂掌权的人。后来，“执”字又引申为“执行”，在现代汉语中经常出现。

① ② ③ ④

“扫荡六合清，仍为负霜草。”这个“扫”字本为会意字。甲骨文①的右边是一把扫把，左边是一只手，表示扫除尘土。②是小篆的形体，扫把仍在右边，左边换成“土”，以帚扫土，仍为扫除意。③为楷书繁体字，又将“土”换成“手”，为以手持帚扫除之意。④为简化字。

《说文》:“埽，弃也。”“弃”即为“弃除”之义，正是“扫除”的意思，如《后汉书·陈蕃传》：“大丈夫处世，当扫除天下。”这是说：大丈夫生在世界上，就应当扫除天下一切邪恶。

在古诗文中常见“扫眉”一词，那是指画眉，作为女子的代称。旧时也往往把有文才的女子称为“扫眉才子”，如王建《寄蜀中薛涛校书》：“扫眉才子知多少。”也就是说：有文才的女子有多少。

什么能解除忧愁呢？古人认为酒最能解忧，所以苏轼在他的《洞庭春色》诗中就把酒称为“扫愁帚”，后世也就把“扫愁帚”作为美酒的代称了。

① ② ③ ④

“大风起兮云飞扬。”这个“扬”字本为会意字。①是金文的形体，右边是一个面朝左而弯腰站立的人，左边是一盏高座明灯，显示扬举明灯之意。②是小篆的形体，将金文中的人形变为手形，而“灯”移于右边，变作“昜”，成为会意兼形声的字了。③是楷书繁体字。④为简化字。

《说文》:“扬（揚），飞举也。”这是对的。但说“从手昜声”，则不妥，因为“昜”本含有意义。“扬”字的本义为“举”，如屈原《九章·哀郢》：“楫齐扬以容与兮。”所谓“容与”是指徘徊不前，这是说：船桨齐举而又徘徊不前啊。由“举”又可以引申为“宣扬”，如柳宗元《贞符》：“扬大功。”也就是说：宣扬大功。由“宣扬”义又可以远引申为“容貌出众”。如裴度《自题写真赞》：“尔貌不扬。”这是说：你的容貌并不出众。

请注意，《诗经·大雅·公刘》：“干戈戚扬。”若把这句话理解为“举起干戈”那就错了。“干”是盾，“戈”是长兵器，“戚”是大斧，“扬”是指“钺”，也是斧类，所以这句诗指的是四种兵器。

① ② ③

这是“抑强扶弱”的“扶”字。金文①的左边是“夫”(夫就是人),有两臂两腿,最上部的一条横线是头上横插的簪子,右下方是一只大手,表示用手扶人走路之意。②是小篆的形体,“夫”移到“手”的右边了,而且也不太像人的形象。③是楷书的写法,它由小篆演变而成。可见“扶”字是一个会意字,若把它理解为“手”形“夫”声的形声字那就错了。

“扶”字的本义是“搀扶”,如《战国策·齐策四》:“扶老携幼。”由“搀扶”又能引申为“扶植”或“扶持”,如《荀子·劝学》:“蓬生麻中,不扶而直。”由此还可以引申为“扶助”“支援”,如《战国策·宋卫策》:“扶梁伐赵。”也就是支援梁国而攻打赵国的意思。

在古典文学中,用“扶”字所组成的词很多,必须审慎地加以理解。比如我们读《汉书·霍光传》,其中有这样一句:“中孺(霍光的父亲)扶服叩头。”这个“扶服”是什么意思?其实这是一对假借字,“扶”应读为pú,“扶服”就是“匍匐”。上面那句话的原意是:中孺匍匐磕头。

① ② ③ ④

这是“抑扬顿挫”的“抑”,本为会意字。①是甲骨文的形体,其左上方是一只大手(爪),右边是面朝左半跪的一个人,这表示用手压服一个人之形。②是小篆的形体,“手”在“人”的右边,其义不变。③为《说文》中的俗体字,又在其左边增加了一个提手旁。④为楷书的写法。

《说文》:“抑,按也。”“抑”字的本义就是“按”“压”之义,如《老子》:“高者抑之,下者举之。”“抑”与“举”对文,可见“抑”有“压制”之义,由“压制”又可以引申为“约束”,如《晋书·桓伊传》:“安恶其为人,每抑制之。”这是说:谢安讨厌他的为人,经常约束他。

“抑”字后来由实词转变为虚词,做选择性连词,当“抑或”“还是”讲,如《大戴礼记·五帝德》:“请问黄帝者人邪?抑非人邪?”又可做转折连词用,当“然而”讲,如诸葛亮《草庐对》:“非惟天时,抑亦人谋也。”还可以做句首语助词用,无义,如《左传·昭公十三年》:“抑齐人不盟,若之何?”意思是:齐人不结盟,那怎么办呢?

请注意:在古代虽然“按”与“抑”都有向下压之意,但“抑”的程度重,并且常用于不太具体的含义。

① ② ③

这是“投笔从戎”的“投”字，是个会意字。甲骨文①的左边是“豆”，右边是“殳”，表示“敲击”义。②是小篆的形体，由甲骨文直接演变而来。③是楷书的写法，将“豆”换成提手旁。

《说文》：“豉，繇击也。”“投”字的本义应为“敲击”，而许慎所说的“繇击”是引申义。现在多用其引申义“投掷”，如《史记·西门豹传》：“即使吏卒共抱大巫妪（yù）投之河中。”大意是：马上派吏卒们一起抱起那个老巫婆投到河中。由“投掷”可以引申为“扔掉”，如刘希夷《从军行》：“平生怀仗剑，慷慨即投笔。”这里的“投笔”是弃文就武的意思。陶潜《辛丑岁七月赴假还江陵夜行途口》里的“投冠”，并不是说将帽子扔掉，而是比喻弃官。

“投桃报李”多比喻互相赠答，语源于《诗经·大雅·抑》：“投我以桃，报之以李。”

① ② ③ ④

“春风唤新叶，酷霜百卉折。”这个“折”字是个会意字。甲骨文①就很形象，其左是一把曲柄横刃大斧（斤），右边是一棵小树（木），木匠抡起大斧猛力一砍，把小树拦腰砍断（上部是树头，下部是树根）。金文②则把斧头移到了右边，其左下部的树根又颠倒了一下（树根朝上），这就是金文所发生的讹变。到了小篆③又发生了第二次讹变，其左边变成上下两棵草，变成用斧头砍草的意思了。等到楷书④又发生了第三次讹变，其左变成了一只手（提手旁），好像是说以手拿大斧之义。

“折”字的本义就是“折断”，如《诗经·郑风·将仲子》：“无折我树杞。”也就是不要折断我种的杞的意思。由“折断”又可引申为“死亡”，如“夭折”。由“折断”还可以引申为“曲”或“弯”，如《淮南子·览冥训》：“河九折注于海。”大意是：黄河拐了九道弯而后流到渤海。至于“损兵折将”中的“折”，那可不是“折断”或“夭折”之义，而是当“损失”讲。

“折”字是个多音多义字，如“这个锹把折了”中的“折”字，应当读作 shé（舌），不可读为 zhé（哲）。

“折枝”一词，今人作“折取树枝”之义，可是在古代却是指“按摩”“搔痒”，如《孟子·梁惠王上》：“为长者折枝。”大意是：替长者按摩搔痒。

① ② ③ ④ ⑤

“俏也不争春，只把春来报。”这个“报”字本为会意字。甲骨文①的左边是一种刑具，中间是面朝左跪着的一个人，人头的后边有一只大手，可见这就是表示押解一名罪人的意思。②是金文的形体，与甲骨文相似。③是小篆的写法。④为楷书的繁体字。⑤为简化字。

《说文》:“报(報)，当罪人也。”也就是说，“报”字的本义为“判决罪人”，如《韩非子·五蠹》:“报而罪之。”意思是:判决而治他的罪。由“判罪”可以引申为“报告”，如《史记·蒙恬列传》:“使者还报。”意思是:使者回来报告。由“报告”又引申为“报答”，如《诗经·卫风·木瓜》:“投我以木桃，报之以琼瑶(佩玉名)。”这是说:姑娘送我鲜木桃，我报答姑娘的是琼瑶。“报复”现指敌意地回击曾经伤害过自己的人，但古代不论报恩还是报仇都可称“报复”，如《汉书·朱买臣传》:“诸尝有恩者，皆报复焉。”这里的“报复”就是“报答”的意思。

古代回信亦可称“报”，如王安石《答司马谏议书》:“故略上报。”意思是:所以我简略地写这封回信。

① ② ③

这是“居尊若卑”的“卑”字，本为会意字。①是金文的形体，左上部是一个椭圆形的酒器之形，下部为一只左手，表示奉酒器之意。②是小篆的形体，原来酒器之形讹变为“甲”字。③为楷书的写法。

《说文》:“卑，贱也，执事者。”许说不妥，“贱”“执事”为引申义。其实，“卑”字本义应为“手执酒器”。因执酒器为尊者酌酒的人为低下之人，所以就引申为“卑”，如诸葛亮《出师表》:“先帝不以臣卑鄙。”这是说:先帝(刘备)不认为我卑贱见识短。由人的地位低引申为地势低，如《史记·贾谊传》:“闻长沙卑湿。”意思是:听说长沙地势低而潮湿。由“低”又可以引申为“衰弱”，如《国语·周语下》:“王室其愈卑乎。”这是说:王室越来越衰弱了。

请注意:《荀子·宥坐》中有这样的话:“卑民不迷。”这里的“卑”字实为“俾”字的通假字，当“使”讲，原意是:使民不迷。这里的“卑”必须读作 bì。

① ② ③

这个“奉”字本为会意兼形声的字。①是金文的形体，上部为“丰”，表声，也表示所捧之物，下部为两手形，表示双手捧物。②是小篆的形体，其下部为三手之形。③是楷书的写法。

《说文》：“奉，承也。”其实“承”是引申义，“奉”的本义应为“捧”，如《韩非子·和氏》：“楚人和氏得玉璞楚山中，奉而献之厉王。”又如《史记·廉颇蔺相如列传》：“臣愿奉璧往使。”所谓“奉璧”也就是双手捧着玉璧。由此又可以引申为“献”，如《周礼·地官·大司徒》：“祀五帝，奉牛牲。”由“献”可以引申为“给予”，如《左传·僖公三十三年》：“天奉我也。”也就是说：这是老天给予我的。由“给予”引申为“供给”“供养”，如王符《潜夫论·浮侈》：“以一奉百。”

另外，“奉”又可做“俸”的通假字，如《战国策·赵策四》：“位尊而无功，奉厚而无劳。”在这个意义上，后世均写作“俸”。

① ② ③ ④

这是个“承”字。甲骨文①的上部是面朝左半跪着的一个人，人的下面是两只大手，是捧着的意思，可见“承”是个会意字。金文②也基本上同于甲骨文的形体。小篆③则有所变化，即在金文的两手之间又增加了一只手。④是楷书的形体，既看不出“人”，也看不出“手”的模样了。

“承”字的本义是“捧”，如《左传·襄公二十五年》：“承饮而进献。”也就是说捧着酒一类的东西而进献的意思。从“捧”又引申为接受、承受等，如《左传·僖公十五年》：“敢不承命？”大意是：哪里敢不接受命令呢？从“接受”又可以引申为“继承”或“接续”的意思，如《后汉书·班彪列传》：“汉承秦制。”也就是说汉朝继承了秦朝的制度。

在古代史籍中，我们经常见到“承乏”一词，它是什么意思呢？一般都是在任的官吏的自谦之词。也就是说自己所任职位一时还没有适当的人选，暂由自己来补缺充数，含有自己不称职的意味。“承尘”一词在古代也常用，是什么意思呢？是特指天花板，因为天花板能“捧住”屋顶上的尘土，使之不得下落。《后汉书·雷义传》中说的“投金于承尘上”，也就是把钱藏在天花板之上的意思。

① ② ③

这是“勇担重任”的“担”字，本为形声字。①是小篆的形体，为左形右声的形声字。②是楷书繁体字，左边由“人”变成了“手”，但仍为形声字。③为简化字。

《说文》：“儋，何（荷）也。”如《战国策·秦策一》：“负书担橐。”这是说：背着书挑着大口袋。

请注意：“担”字做动词用时应读作 dān，而做名词用时应读作 dàn，如《儒林外史》第二十五回：“门口挑了一担茯苓糕来。”有时做重量单位用（一百斤为一担），也读作 dàn。《楚辞·远游》中的“担挢”一词是形容高举的样子，但这里的“担”字应读作 qiè，实为“揭”字的通假字，当“举”讲。

① ② ③

“力拔山兮气盖世。”这个“拔”字本为会意字。甲骨文①上部为左右两只手，中间是一棵树，于省吾先生认为“象两手拔木之形”，即古“拔”字。②是小篆的形体，变成了“从手友声”的形声字了。③为楷书的形体，直接从小篆变来。

《说文》：“拔，擢也。”可见“拔”就是“抽出来”“拔起来”的意思，如《三国志·吴书·吴主传》：“秋八月朔，大风……松柏斯拔。”大意是：在秋天的八月初一，天刮起大风……松树柏树被拔起来。由此又可以引申为“提拔”，如李白《与韩荆州书》：“山涛作冀州，甄拔三十余人。”这是说：山涛在当冀州的长官时，经审察而提拔了三十多人。由“拔起”又可以引申为“攻取”义，如《史记·高祖本纪》：“攻下邑，拔之。”也就是说：攻打下邑（古县名），攻取了。拔起来有“突出”之意，所以“拔萃”多指才具特出，如《后汉书·蔡邕传》：“曾不能拔萃出群。”

请注意：《诗经·大雅·绵》有“柞棫（yù）拔矣”句，这里的“拔”指的是树木高大，是说“柞树棫树高大参天”，而且“拔”字应读作 bèi，不能读作 bá。

① ② ③ ④ ⑤

“举头望明月，低头思故乡。”这个“举”字很形象，于省吾先生认为甲骨文①

就是“举”字的初文，其下是一个大人，双手举起一个小孩（子），可见这是个会意字。②是金文的形体，是四只手对举的意思。甲、金文都是会意结构，可是到了小篆③则变成形声字了，其上中是“舆”，表声，其下是三“手”，表形。④为楷书繁体字。⑤是简化字，是草书楷化体。

《说文》:“擧，对举也，从手舆声。”释义是对的。但说“从手舆声”是仅就“擧”字的小篆体分析的，不够全面。从上面所列的形体看，“举”字的本义就是“举起”或“抬起”，如《新五代史·杨行密传》:“为人长大有力，能手举百斤。”由“举起”义又可以引申为“攻下”或“占领”，如《穀梁传·僖公二年》:“五年而后举虞。”就是说：五年以后占领了虞国。“举”字还能从实词转化为虚词，即范围副词“全”义，如“举世无双”等。

请注意:古文中的“举错”，多指“起用和废置”意。但是《史记·秦始皇本纪》中“举错必当”却为“措施一定要得当”的意思。可见这里的“错”字实为“措”字的假借字。

① ② ③

“双杯行酒六亲喜，我家新妇宜拜堂。”这个“拜”字本为会意字。①是金文的形体，左为“手”，右为“頁”（很像面左而立的人形），“頁”即头的形象，这就表示举手至头为拜。②是小篆的形体，为两手之形，合掌为拜。③是楷书的写法。

《说文》:“𢷎，首至地也。……𢪘，杨雄说拜从两手下。”“拜”字的本义为恭敬的礼节，如《周礼·春官·大祝》中就有“九拜”之礼。《尚书·益稷》:“皋陶拜手稽首。”“稽首”指头要触到地面的一种礼节，这是说:皋陶行跪拜之礼。又可以引申为“拜见”“谒见”，如王充《论衡·知实》:“孔子时其亡也而往拜之。”大意是：孔子等到他不在家的时候便前去拜见他。“授给官职”亦可称“拜”，如《三国志·蜀书·诸葛亮传》:“拜亮为丞相。”也就是说：授丞相的官职给诸葛亮。

拜谒图，汉画像砖，河南南阳汉画馆藏

请注意:《诗经·召南·甘棠》:“蔽芾（fèi）甘棠，勿剪勿拜。”这里“拜”做何解呢？其实它是“拔”的通假字。诗的大意是：茂盛浓密的杜梨树，不要剪它，不要拔它。

① ② ③ ④

“昭王拥彗先驱。”这个“彗”字本为会意字。①是甲骨文的形体，像两把扫帚，上部中间的三个点儿指灰尘，总体表示以帚扫除尘灰，商承祚认为：“下扫谓之扫，上扫谓之彗。”②是小篆异体字，其上增加“竹”，表示扫帚是用竹做成，中间是扫帚的讹变之形，下边为一只手（又）。③是小篆的形体，上部无“竹”。④为楷书写法。

持帚扫地，选自宋梁楷《八高僧故事图卷》

《说文》：“彗，扫竹也。”所谓“扫竹”就是扫把。其实“彗”字的本义为“扫”，是动词，而非名词“扫把”，如《后汉书·光武帝纪第一下》：“高锋彗云。”这是说：强大的武力，就像风扫残云一样。由“扫”引申为“扫帚”，如《汉书·高帝纪》：“太公拥彗。”这是说：太公拿着扫帚。也正因为有一种流星像一把大扫帚，所以就称为“彗星”，通常叫“扫帚星”，古代也称“妖星”，如屈原《九歌·少司命》：“登九天兮抚彗星。”后世迷信者多以彗星的出现为不祥之兆。

① ② ③ ④

“探讨意未穷，回舻夕阳晚。”这个“探”字，本为会意字。甲骨文①的外形为洞穴，其内有一只大手，人手在穴中有所求，实为“探”之初文“罙”。②是金文形体，类似于甲骨文。③是小篆的写法，左边又增加了一只手，右边也比甲、金文更繁了。④是楷书的写法。

《说文》：“探，远取之也。”许慎说“远取”，很有道理，因为“探”的本身就有深的意思。所以“探”的本义应为“深掏”，如《新五代史·南唐世家》：“取江南如探囊中物尔。”大意是：夺取江南，就像从口袋里掏取东西一样容易。由“掏取”又可以引申为“探测”，如《商君书·禁使》：“探渊者知千仞之深。”这是说：探测深潭的人能知道千仞（古代七尺或八尺为一仞）之深。

请注意：古籍中常见“探汤”一词，那是比喻“小心戒惧”，如傅玄《秋胡行》：“秋胡（人名）见此妇，惕然怀探汤。”不过这里的“探”字不能读 tàn，而必须读为 tán。

① ② ③ ④

这个“搜”字本为会意字。你看甲骨文①的上部是“宀”，表示古代的房屋，屋内有一个火把，右下角是一只手，也就是说，手拿火把在屋内搜索。②是小篆的形体，仍然是由“宀”“火”“手”三部分组成。可是到了楷书③又讹变为“叟”，完全不像原来的形体了。后来因为“叟”字被假借为当老人讲，那么要表“搜索”之义，就只好在“叟”之左又增加了个提手旁，变成了左形右声的形声字“搜”了。

“搜”字的本义就是“搜索”，如《庄子·秋水》：“搜于国中三日三夜。”也就是说：在首都搜索了三天三夜。由“搜索”的本义又可以引申为“寻求”，如在左思写的《吴都赋》中有“搜瑰（guī 归）奇”的话，就是寻求珍奇之物的意思。

请注意：当“寻找”讲的“搜”，古代还可以写作“蒐”（sōu），如《宋史·李稙传》：“蒐选强壮，以重军势。”这里面的“蒐”字是“搜”的异体字，现已废除。

① ② ③ ④

“搏手困穷，无望来秋。”这个“搏”字本为形声字。①是金文的形体，左边是“干（古代的一种武器）”，表示用武器搏斗，右边的“尃”表示读音。②是石鼓文的形体，左边的“干”讹变为“牛”。③是小篆的形体，由“牛”变为“手”，有道理。④为楷书的写法。

《说文》：“搏，索持也。”段玉裁又解释说：“索持，谓摸索而持之。”许慎与段玉裁的说法均不妥。由金文的形体看，“搏”字的本义是“搏斗”，如《左传·僖公二十八年》：“晋侯梦与楚子搏。”这是说：晋侯做梦与楚子搏斗。由“搏斗”引申为“捕捉”，如《周礼·秋官·环人》：“搏谍贼。”意思是：捉住那个做间谍的坏人。由“捕捉”又可引申为“抓取”，如张衡《西京赋》：“搏耆（qí）龟。”所谓“耆龟”就是老龟。大意是：用手指抓取那个老乌龟。

请注意：“搏”与“抟（tuán）”是不同的两个字，不能相混。“抟”是把散碎的东西捏聚成团的意思，已简化成“抟”。

这是“黑云压城城欲摧”的“摧”字,本为会意兼形声的字。①是甲骨文的形体,左边从“攴”,右边为“隹(鸟)”,即扑打鸟,有摧毁之意。②是小篆的形体,“隹”上又增加了“山”,摧毁之意更为明显。③是楷书的写法。

《说文》解释“摧”字的本义为“挤”“折”等。“折”为“断”义,与“摧”义相近。“摧”字的本义为“毁坏”“摧毁”,如《汉书·贾山传》:“雷霆之所击,无不摧折者。”

“摧”字也有“悲伤”义,如古乐府《孔雀东南飞》:“阿母大悲摧。”该义实为“折断”等义的远引申义。

请注意,《诗经·邶风·北门》:“我入自外,室人交遍摧我。”这里的“摧”字不是“折断”“摧毁”之义,而是“讽刺、斥责”的意思。诗的大意是:我从外面刚回来,妻子儿女都来讽刺、斥责我。

《天工开物》中表现播种情形的插图

“夏氏之乱,成公播荡。”这个“播”字本为形声字。①是金文的形体,右边是“攴(pū)”,左边为“釆”,兽类足迹形,表声。②是《说文》中古文的形体,“釆”讹变为“番”,这就变成了“从攴番声”的形声字了。③是小篆的形体,将“攴”变为“手”,仍为形声字。④为楷书的写法。

《说文》:“播,种也,一曰布也,从手番声。”“播”字的本义为“播种”,如《诗经·豳风·七月》:“亟其乘屋,其始播百谷。”大意是:赶快修好房屋,又要开始播种百谷了。由“播种”可以引申为“传播”,如《左传·昭公四年》:“播于诸侯。”也就是:传播到诸侯当中去。由“传播”引申为“分散”,如《尚书·禹贡》:“又北播为九河。”也就是说:再向北分散为九条支流。由“分散”可以引申为“舍弃”，如刘向《楚辞·九叹·思古》：“播规矩以背度兮。”大意是：舍弃规矩而又违反法度啊！

“播”还可做“簸”的通假字，如《庄子·人间世》：“鼓筴播精，足以食十人。”“筴”为小簸箕。大意是：抖动小簸箕向神位上洒米，所得精米也足够养活十人。

请注意：“播”字的右部并未简化成“布”。

斤　部

①　②　③　④

这是“运斤（斧子）成风”的“斤”字。甲骨文①的上部是横刃朝左、下部有一条曲柄的大斧头，可见这是一个像斧子形状的象形字。所以在上古“斤”就是大斧，是一种武器。金文②是刃朝右的两把大斧子。到了小篆③虽然形体很美观，但却不像斧子了。楷书④则完全走样了。

“斤”字的本义就是大斧头，如《左传·哀公二十五年》：“皆执利兵，无者执斤。”也就是说：军队都拿着锋利的武器，没有锋利武器的就拿着大斧头。既然“斤”的本义是大斧头，那么它为什么又代表重量单位呢？有人说是因为古代做个大斧头要秤秤几斤重，这是主观臆测。其实，在最初的口语里已有了当重量讲的词，而在笔下却没有这个字，就把“斤”字借来用上了（因为读音相同的关系），并且永借不还了。那么没有代表斧的字，可怎么办呢？我们的祖先又在“斤”字之上加了一个“父”字，于是就产生了一个新形声字“斧”（上声下形）。这样，“斤”“斧”二字就各有各的职责了。

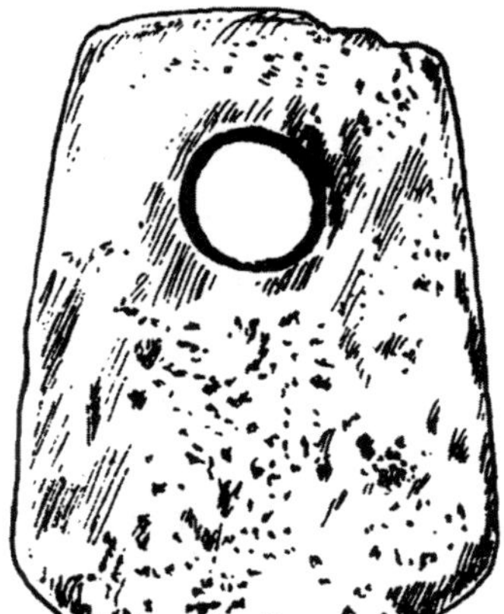

新石器时期的石斧

“斤”字是一个部首字，凡由“斤”字所组成的字往往与斧头或斧头的动作有关，如“所”“新”“断”“斯”“析”“折”等字。

① ② ③

“物类之起，必有所始。”这个“必”字本为象形字。①是金文的形体，其上部的缺口处可以捆绑斧头，其下为弯曲的斧柄。②是小篆的形体，根本看不出斧柄的样子了。③为楷书写法。

《说文》：“必，分极也。”此说不妥。因为“必”字本为“柄”的象形字，实际上也就是“柲（bì）”字的初文。“柲”就是兵器的柄，如杜预注《左传·昭公十二年》：“柲，柄也。”因为兵器的柄一定要固定牢，所以“必”字又可以引申为“定”义，这就转化为副词“必定”“一定”“定然”等，如《商君书·更法》：“治世不一道，便国不必法古。”大意是：治世并不只有一种方法，对国家有利也不一定要去效法古代。由“必定”又可以引申为“果真”义，如《史记·廉颇蔺相如列传》：“王必无人，臣愿奉璧往使。”也就是说：王果真没有人可派，那么我愿意拿上璧出使秦国。

① ② ③

“所”字是个会意字。金文①的左边是一扇门（户），右边是一把大斧头，以斧破门，表示盟誓之义。小篆②的形体基本上同于金文。③是楷书的形体。“所”字当“破门”讲的本义，到了后世已经消亡，而大都被假借为“处所”的“所”字用了，如《左传·僖公二十八年》：“公朝于王所。”就是说：公在王的住所朝见了王。现在又引申为特指机关或特种用途的处所，如医务所、派出所、招待所等等。

“所”字又可由实词引申做古汉语中的虚词，主要是用作代词，放在动词之前，组成名词性的词组，表示“……的人”“……的事物”“……的地方”等等，如《左传·襄公十四年》：“赐我南鄙之田，狐狸所居。”也就是说：给我南方边远之地的土地，那是狐狸居住的地方。

“所”字有时还可以表示大概的数目，如《史记·留侯世家》：“父去里所，复还。”大意是：老人离开一里路左右，又回来了。

① ② ③ ④

“林木茂而斧斤至焉。”这个“斧”字本为形声字。①是甲骨文的形体，右边是

“斤（斧头）”，表形，左为“父”，表声。②是金文的形体。③是小篆的形体，变为上声下形的形声字。④为楷书的写法。

上古斧形

《说文》：“斧，斫也。”许慎认为“斧”字的本义为“斫”(zhuó)。这不妥。“斫”为动词，只能是“斧”的引申义。“斧”字的本义应为名词“斧头”，如《诗经·齐风·南山》：“析薪如之何？匪斧不克。”大意是：要砍柴呀怎么办？不用斧子就不能完成。古代的兵器亦用大斧，如《三国演义》第五十二回：“道荣轮大斧来迎，战不数合，气力不加，拨马便走。”“斧”由名词引申为动词，当“砍”讲，如曹操《苦寒行》：“斧冰持作糜。”这是说：砍下的冰块用来煮粥。

请注意：“斧正”是请人修改文章的敬辞，如陈衎《与邓彰甫书》：“万祈斧正。”意思是：特别盼望给予修改。后世也有人将“斧正”写作“斧政”“削正”等，均可。

① ② ③ ④

“两潭秋水，一弯新月。”从甲骨文①的形体看，“新”字的左边是一只手举着一把曲柄斧头，右上部是一棵树的形象，这是用斧头砍柴的意思。所以“新”字是个会意字。金文②则把“斤”（斧头）移到了右边，又省去了“手”，但仍有用斧砍柴的意思。小篆③变得太繁杂了，其左边的下部又增一“木”字，表示是树木的意思，右边仍是斧头。楷书④直接由小篆楷化而来，已看不出举斧砍柴的样子了。

“新”字的本义就是“柴火”。可是后来因为被借为“新旧”之“新”用了，所以当“柴火”讲时就加上个“草字头”作为义符，变成了上形下声的形声字“薪”了，如《礼记·月令》：“收秩薪柴。”在《南史·陶渊明传》中有“助汝薪水之劳”的话，这里的“薪水”是指打柴挑水，这就是“薪水”的本义。“薪”与“水”是生活的必需品，所以到了后世，“薪水”就引申为“俸禄”，今天指工资。

“新”的含义很广，用“新”字所组成的词也很多，如“新人”“新火”“新圣”“新垣”等等。苏轼《新居》诗：“数朝风雨凉，畦菊发新颖。”这里的“新颖”是什么意思呢？“颖”字的本义是禾本植物子实带芒的外壳，所以“新颖”的原义就是指植物新生的小芽。苏轼的诗意是：几天的清晨风雨凉，畦中的秋菊发嫩芽。今天我们所说的“立意新颖”“式样新颖”，等等，是“新鲜”“新奇”之意，也都是从“新芽”的本义引申出来的。所以我们如果拿今义向古义上套，往往会套错的。只有掌握古今词义的演变，才能准确地理解词义。

午 部

①　②　③　④

“午”字就是“杵”(chǔ) 字的本字，是个象形字。甲骨文①像两头粗圆、中间有一细腰的杵形，可以用来舂米。②是金文的形体，上端向左右伸展的部分是两个把手,供两个人使用,抬起落下便于用力。③是小篆的形体,变得不像杵的样子了。到了楷书④那就更不像杵形，它是由小篆直接变来的。

“午”字的本义就是“杵”。以“杵”捣“臼”才能舂出白米,所以“午”有“抵触”或“违反”之义,如:“午其军,取其将。”(《荀子·富国》) 这个意义后来大都写作“忤”或“迕”。有“违反”义就不可能顺,所以由“不顺”又可以引申为纵横交错,如在《仪礼·特牲馈食礼》中有“午割之”一句，这个“午割”，不是“在中午割”，而是纵横交错地割。

兔捣药蟾举臼图，汉画像砖

当“午”字被借用为地支的第七位以后，那么它当“杵”用的本义又该怎么办呢？就在其左增加一个木字旁，形成了左形（木）右声(午)的形声字“杵”,自此以后“午”“杵”有了明确的分工。

“锄禾日当午”的“午”字，就是指“中午”。古人用地支计时，所谓“半夜子时，正晌午时”，后者即中午十一点到下午一点。

“午”字是个部首字，在汉字中，凡由“午”所组成的字大都与“违反”或“抵触”义有关，如“忤”字等。

爪 部

① ② ③ ④

“爪”字是个象形字。甲骨文①就像一只指尖朝下的爪形。金文②的形体与甲骨文相反，是指尖朝上。③是小篆的形体，由甲骨文演变而来。④是楷书的写法，与小篆的形体相类似。

“爪”字本为鸟兽的脚趾，如鸿爪、虎爪等。也可以做手脚指甲的通称，如《列子·天瑞》：“皮肤爪发，随世随落。”也就是说：皮肤、指甲和毛发之类的东西，将随时间的推移而不断脱落。“爪”字也可以由名词引申为动词，如柳宗元的《种树郭橐驼传》中有这样两句话：“爪其肤，以验其生枯。”这里的“爪”字实际上就是动词“抓”，也就是说：扯下一块树皮，以察看这棵树是活的还是已经死了。

请注意：“爪牙”一词古今都用，但古今的词义却有所不同，如《汉书·李广传》：“将军者，国之爪牙也。”若按我们现在对“爪牙”一词的理解去看这句话，那就成贬义了。其实这里的“爪牙”是比喻武臣为国家的栋梁，是个褒义词，只是到了后世，“爪牙”才比喻反面人物，成为贬义词，当“狗腿子”或“帮凶”讲。“爪”也可以读为 zhuǎ，如“鸡爪子、猫爪儿”等。

“爪”字是个部首字，在汉字中凡由“爪”字所组成的字大都与手或手的动作有关，如“孚”“印”“爲（为）”“采”等字。

① ② ③ ④ ⑤ ⑥

这是“为有牺牲多壮志”的“为”字，是个会意字。甲骨文①的上端是一只手，其下是头朝上、尾朝下、腹朝右的一头大象，意思是手拉大象去劳动。金文②的上部也是手（爪），其下部的大象变为腹朝左了。③是小篆的形体，越变越复杂，仅是上部的手形还有点儿像，下面的大象就不像了。④是复杂的楷书体，由小篆直接演变而来。⑤是简化了的楷书体。⑥是最新简化字。

“为”本为“役象以助劳”，也就是牵着大象去劳动的意思，其本义是“作”“干”等。这个本义我们今天还用，如“事在人为”“敢作敢为”。从“作”又可以引申为“造”“制”，

越南壁画中的象形

如《易经·系辞下》："结绳而为网罟。"所谓"罟（gǔ）"也是一种鱼网。意思是：把绳索结起来制成鱼网。由"制"之义又能引申为"治理"，如《商君书·农战》："善为国者，仓廪虽满，不偷于农。"这里的"偷"字是"怠惰"或"忽视"义。原话的意思是：善于治理国家的人，粮仓虽然已经很满了，但是仍然不忽略农业的重要。

"秦为知之，必不救也。"（《战国策·秦策四》）这里的"为"字怎样理解呢？这个"为"字当"如果"讲，是个假设连词，是一个特殊用法，很罕见。这两句话的大意是：秦国如果知道了，一定是不会去救的。

当"为"字读作 wèi（慰）时，大都做介词用：1．可当"给""替"讲，如："庖（páo）丁为文惠君解牛。"（《庄子·养生主》）就是说：厨师丁（人名）替文惠君宰割牛。2．可当"因为"讲，如《史记·留侯世家》："为其老，强忍，下取履。"也就是说因为他老了，所以强忍内心的不快，下去（给那老人）取上鞋子来。3．当"被"讲，如"为矢所伤"，也就是说被箭射伤了。

另外，"为"字还可以做句末语气词用，表示反问或感叹，如："死何含珠为？"（《庄子·外物》）也就是说：人死了以后为什么还要含一颗珠子呢？原话最后的一个"为"字，就是反问性的句末语气词。

① ② ③

《农政全书》中的丝瓜插图

"瓜熟蒂落。""瓜"字是个象形字。你看金文①中间的大瓜还结在蔓上，其向右下方伸展的一笔是瓜须的形象。小篆②的"瓜"变小了，但仍有瓜形。③是楷书的写法，这么一变就不像瓜的样子了，但仍然可以看出楷书与金、篆文字一脉相承。

"瓜"是个总称，要细分的话，瓜的种类就

很多了。古代用“瓜”字组成的词也是很多的，如“瓜代”一词在古书中时常碰到，这是说某人任职期满，由他人继任称为“瓜代”。此典出在《左传·庄公八年》：齐侯要连称和管至父二人守卫葵丘，到瓜熟时就派人接替，这就叫“及瓜而代”。另外，还有“瓜李之人，有口难辩”一说，又是什么意思呢？此典出自古乐府《君子行》：“君子防未然，不处嫌疑间。瓜田不纳履，李下不正冠。”大意是：人要防患于未然，有嫌疑的地方不去，正如在瓜田里不要提鞋（怕人疑为弯腰偷瓜），在李子树下不要整帽子（怕人疑为偷摘李子）。所以后世就把“瓜李之人”比作有嫌疑的人；把“瓜田李下”比作有嫌疑的境地。

“瓜”字是个部首字，在汉字中凡由“瓜”字所组成的字大都与瓜果有关，如“瓞”“瓣”等字。

① ② ③ ④

这个“印”字是个会意字。甲骨文①的左上方是一只大手（爪），右边是面朝左半跪的一个人，意思是要用手压服一个人之形。金文②就更明显了，上面的大手把下面这个面朝左的人按得弯腰曲背，好像在鞠九十度的躬。所以“印”字即“抑”字的本字（“印”与“抑”古声也通）。小篆③的上部仍为手形（爪），下部的“人”却错变为“卩”了。楷书④将手（爪）变到左边，“人”（卩）变到右边，根本看不出用手按人头之意了。

“印”字的本义就是“按”的意思。由“按”又引申为被按的图章叫作“印”。

请注意：秦以前的“印”都称为“玺”（xǐ 洗），可是秦始皇却规定自他以后，只有皇帝的“印”才能称“玺”，而官私所用的均改称“印”。汉代又出现了“章”或“印章”的名称。唐以后帝王的印或称“宝”，官私印中又出现了“记”“朱记”“关防”“图章”等名称。

在古书中常见“印堂”一词，这是旧时相面的人称被相面的人的额部双眉之间的部位为“印堂”。

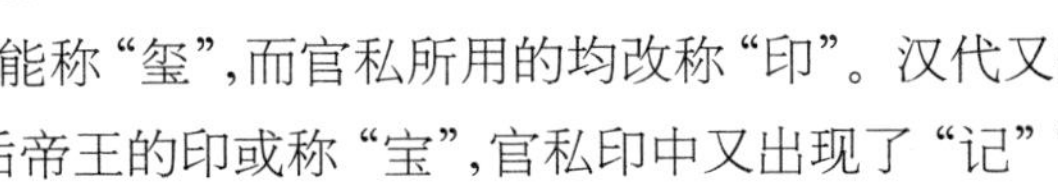

① ② ③ ④

这是“激战获孚”的“孚”字。这个字是个会意字。甲骨文①的左上方是一只手，其下是“子”形（也就是“人”形），表明手抓俘虏之义。②是金文形体，大致与甲骨文的形体相似,手下捉了一个人。③是小篆的形体,与金文的形体大致相似。④是楷书的写法，仍然上部是“爪”（手），下部是“子”。

“孚”字就是“俘”字的初文，表明捉住了一个人。后来因为“孚”字看不出有人的形象,所以在其左又增加了单人旁,也就是“俘虏”的“俘”。这样一来,“孚”字就不当“俘”讲，经常当“信用”讲，这是因为在古代交换俘虏是必须讲信用的，如《诗经·大雅·下武》：“成王之孚。”也就是说：成王的“信用”。后来又引申作“为人所信服”之义，如：“小信未孚，神弗福也。”（《左传·庄公十年》）这两句话的意思是：小信用还没有为人所信服，神是不会保佑的。“孚”字的“信服”之义今天还用，如“深孚众望”等。

“孚”有时充当“孵”的假借字，如《通俗文》中所说的“卵化曰孚”,韦昭注《国语》中也说：“未孚曰卵。”不过这种意义，后世均写作“孵”。

① ② ③ ④

“乐土乐土，爰得我所。”这个“爰”字读作 yuán，本为会意字。甲骨文①的上下是两只手,中间的一条直线是玉环（瑗）的侧视形,瑗是臣子扶人君登阶的玉璧,君臣之手各执玉璧的一边,所以“爰”有“引导”之义。②是金文的形体,变得复杂了。③是小篆的形体。④为楷书的写法。

《说文》：“爰，引也。”这是对的。“爰”字的本义为“牵引”，后来被假借为虚词用了，所以当“引导人君”讲的“爰”就增加了玉字旁写作“瑗”，当“牵引”讲的“爰”就增加了提手旁写作“援”。

“爰”作为虚词主要用做副词，相当于“就”“于是”，如张衡《思玄赋》：“爰整驾而亟行。”也可以做语气词用，如《诗经·邶风·击鼓》:“爰居爰处？爰丧其马？”大意是：哪里住呀哪里留？我的战马死在何方？在此，“爰”字无意义。

“爰爰”为“缓缓”义，如《诗经·王风·兔爰》:“有兔爰爰，雉离于罗。”大意是：野兔来去缓缓，野鸡陷于罗网。

歹 部

① ② ③ ④

这是个“歹”字。甲骨文①的上部像骨头破碎的裂纹，下部像死人的空骨，金文②和小篆③也大体与甲骨文相似，所以“歹”字的本义就是死人的残骨。因此，凡是从“歹”的字，大都与死有关，如“死”“殓”“殪”“殁”等。现在引申为“不好”，称之为“歹”，如“不识好歹”。

“歹”字是个部首字，在汉字中凡由“歹”字所组成的字，大都与坏、死有关，如“歼”“残”“殂”“殃”“殒”“殡”等字。

① ② ③ ④

古人对死去的老者或战死者是很重视凭吊的。甲骨文①的左边是残骨的形状，右边是躬身下拜的一个人，这本来就是凭吊死者之意，后即代表“死”。金文②的左边仍为残骨，而右边的人站立起来了。小篆③大体上像金文的形体。楷书④上左的“歹”字就是“不好”的意思，右边的“匕”是倒人之形，所谓“歹人”就是死人。

死去的东西就不会动了，所以加以引申，对不灵活的东西也称之为“死”，如杜甫的《乾元中寓居同谷县作歌》：“手脚冻皴皮肉死。”这里的“死”并非真死，而是不灵活的意思。

在古代，“屍”是“尸”的繁体字，在后来简化汉字时以“尸”代“屍”。不过在古典作品和史籍中，也往往以“死”代“尸”，如“求某死”就是“求某尸”的意思，而绝非要求对某某人处死的意思。

瓦部

① ②

秦瓦当

“大丈夫宁可玉碎，不能瓦全。”这个“瓦”字本为象形字。①是小篆的形体，象瓦器的形状。②是楷书的形体。

《说文》：“瓦，土器已烧之总名，象形。”许说正确。段玉裁的解释是：“凡土器未烧之素皆谓之坏(坯)，已烧皆谓之瓦。”由“瓦器”可以引申为房顶上的“瓦”。

“瓦”字是个部首字，在汉字中凡是由“瓦”字所组成的字大都与陶器有关，如“瓯”“瓶”“瓷”“甑”等字。

① ② ③

有饕餮纹饰的甗，陕西省西安市长安区出土

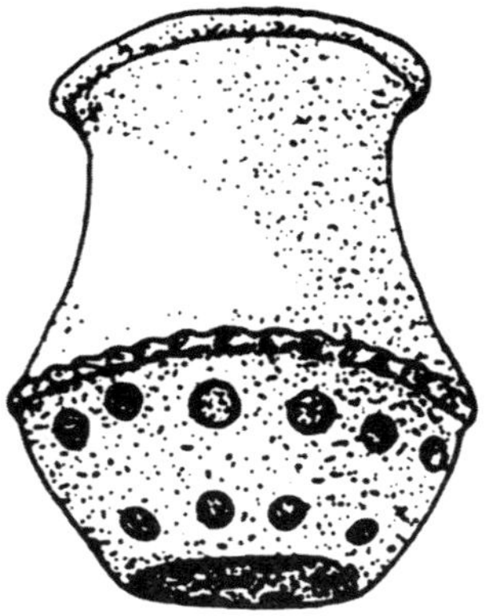

龙山文化陶甑，河南郑州出土

“长碓捣珠照地光，大甑炊玉连村香。”这个“甑”字读作zèng，是个会意兼形声字。①是《说文》中籀文的形体，中间的下部是“鬲（lì，炊具）”，两侧的曲线是烹煮时所散发的蒸气，中间的上部是“曾”，表示该字的读音。②是小篆的形体，其右边是“瓦”,表示“甑”有陶制的，这就变成了右形左声的形声字。

③是楷书的形体。

《说文》:“甑，甗也。”此说不妥，“甑”与“甗（yǎn）”并非同一种炊具。“甑”是古代的蒸食炊具，新石器时代已有陶甑，商朝和周朝又有用青铜制成的甑。甑的底部有许多透蒸气的小孔，可放在鬲或镀（fù，大口锅）上蒸煮，很像现在的蒸笼。贾思勰《齐民要术·作酱》：“于大甑中燥蒸之。”也就是说：在大蒸笼中用急火把它蒸好。

① ② ③ ④

这个“甗”字读作 yǎn，本为会意字。①是甲骨文的形体，左边是一只大鼎，右边是一只虎，表示以鼎烹虎肉。②是金文的形体，将虎头放在鼎中，更有烹煮之意。③是小篆的形体，虎头之下为“鬲”，右边又增一“瓦”字，变成了会意兼形声（右形左声）的字，复杂化了。④为楷书的形体。

《说文》：“甗，甑也。”此说不妥，因为“甗”与“甑”是两种不同的炊具。甗有青铜制的也有陶制的，上部是透底的。甑下部是鬲，上下之间有一层带孔的薄箅子，这种炊具盛行于商周时期。据《尔雅》郭璞注：“甗，山形似甑，上大下小，上可蒸，下可煮。”

王 部

① ② ③ ④

“帝王将相宁有种乎！”这个“王”字是个象形字。甲骨文①是个斧头之形，下端是斧刃。金文②也基本上同于甲骨文的形体，不过下端的斧刃更像实物，如同古代武士所拿的大板斧。小篆③的形体是由金文演变而来。④是楷书的写法。

“王”本为大斧头的形象。斧头在上古就是一种武器，有了这种武器，就表明有镇压之权。谁有这种权力呢？只有最高统治者有。所以这个最高统治者就称为“王”

或“帝王”。到了秦汉以后，帝王改称为皇帝，而“王”则成为封爵的最高一级，如“诸侯王”“藩王”“郡王”“亲王”等等。

“王”字本为名词，可是当它用为动词的时候，那就是“称王”或统治天下的意思，如：“三代不同礼而王。”（《商君书·更法》）也就是说：夏商周三代用不同的制度统治天下。请注意：当动词用的“王”，必须读去声“wàng”。

在古书中常有“王孙”一词，一般是对古代贵族子弟的通称。可是若把王延寿的《王孙赋》中的“王孙”理解为贵族子弟那就错了，因为古代楚国人也叫蟋蟀为“王孙”（方言）。

“王”字是个部首字，在汉字中凡由“王”字所组成的字大都与君王、天子有关，如“皇”“闰”等字。

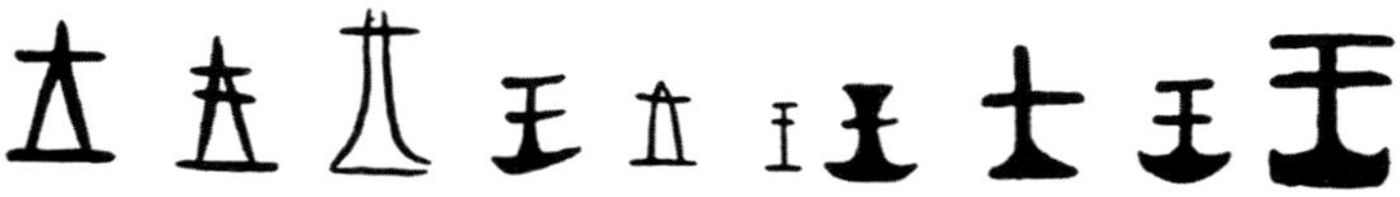

古文字中“王”字的不同写法

戈部

① ② ③ ④

这是“跃马横戈”的“戈”字。甲骨文①就是戈的象形字。金文②的上部是戈的锋利的刃，下部是戈的长柄，也是像戈的样子。可是小篆③就不像了。④是楷书的形体。

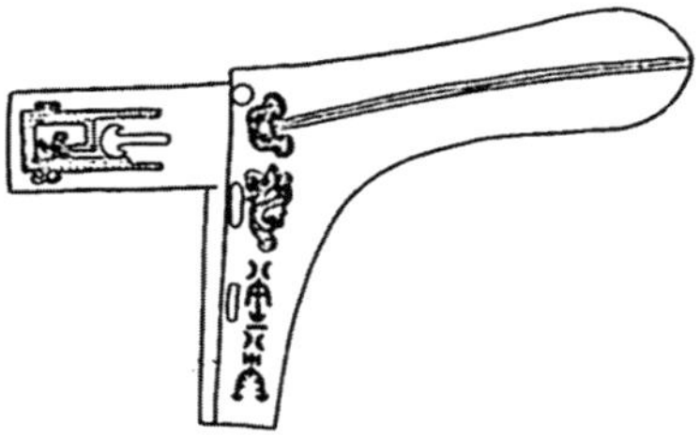

周代戈形，选自周纬《中国兵器史稿》

“戈”的本义是指古代的一种兵器，如《荀子·议兵》：“古之兵，戈矛弓矢而已矣。”就是说：古代的兵器，也不过是戈、矛、弓、箭罢了。又因为“戈”的形状像公鸡打鸣时昂着头的样子，所以汉朝人也叫“戈”为“鸡鸣”。

“戈”字与“弋”字在上古本为同字，“弋”

的写法仅少一撇，但是读音不一样。“弋”读 yì（意），江西省有个弋阳县，我们不能叫“戈阳县”，地方戏弋阳腔不能叫作“戈阳腔”。

“戈”字是个部首字，在汉字中凡由“戈”字所组成的字大都与武器或格斗有关，如“戊”“戒”“戎”“战”“戍”等字。

① ② ③ ④

这个“戊”字是个象形字。甲骨文①像一把长柄宽刃的大斧，刃部朝左，像弯月形。②是金文的形体，中间更像一把大斧之形。③是小篆的形体，没有斧头的模样了。④是楷书的写法。

“戊”字的本义就是像板斧一样的古代武器。另一个“戉”(yuè 岳)字，形体与“戊”很相似，今天写为“钺”，也是古代斧头一样的武器，我们书写或认读时不要相混。

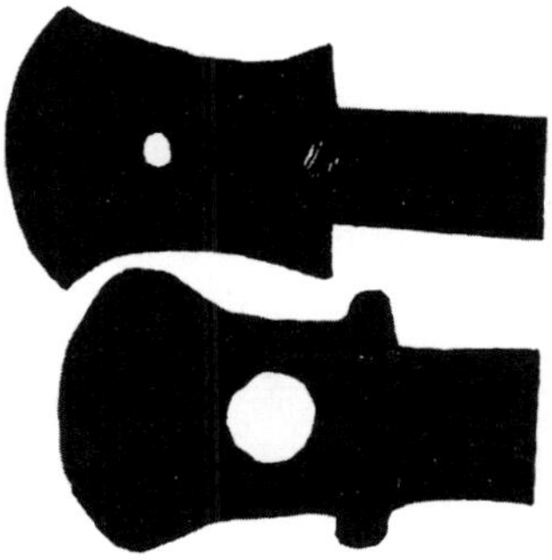

西周时期的钺，选自周纬《中国兵器史稿》

到了后世，“戊”字的本义消失了，它就被假借为天干的第五位，即“甲、乙、丙、丁、戊……”，同时它也就常用为序数“第五”的代称。

古书中常有“戊夜”一词。请注意：它与“午夜”是完全不同的两个概念。“戊夜”是指五更天，是天快要亮了的时候，而“午夜”是指夜深或半夜。《南史·梁武帝纪》中的“常至戊夜”，就是常到五更天的意思。“戊夜”有时也写作“五夜”，含义一样。

① ② ③ ④ ⑤

这是“戋戋微物”的“戋”字，本为会意字。甲骨文①像两戈相向，当为“残”的初文。②是战国楚简文字，两戈并列。③是小篆的的形体，两戈上下结构。④为楷书繁体字。⑤为简化字。

《说文》：“戋（戔），贼也。”“戋”的本义当为“相残”，其引申义为“贼”。相斗往往出现残局，所以“戋”也可以引申为“残”义，如《经典释文》：“戋，本亦作残。”

另外，“戋”字可以重叠为“戋戋”，是“众多”的意思，如白居易《买花》：“灼灼百朵红，戋戋五束素。”又可以引申为“浅少的样子”，如《聊斋志异·小官人》：“戋戋微物，想太史亦当无所用，不如即赐小人。”不过，上述的“戋戋”均读作 jiān jiān，而不读 cán cán。

后世凡由“戋”字所组成的字，大都有“浅少”义，“故水之可涉者为‘浅’，疾而有所不足者为‘残’，货而不足贵重者为‘贱’，木而轻薄者为‘栈’”（《游宦纪闻》卷九）。

① ② ③ ④ ⑤

“雁塔风霜古，龙池岁月深。”这个“岁”字本为象形字。甲骨文①就像长柄的斧钺之形，斧刃朝左，其中的两个小点表示斧刃上下尾端回曲中之透空处。②是金文的形体，原来的二小孔变成两个“止”，上下二“止”组成“步”。夏代称年为岁，取“岁星”运行一次为一岁（即一年），也相当于大自然向前跨过一步，所以“”字从“步”。③是小篆的形体，与金文相似。④为楷书繁体字。⑤为简化字。

《说文》：“岁（歲），木星也。”作为星名并非“岁”字的本义，而是假借义。“岁”字的本义应为“兵器”。不过后来它的本义为斧钺所代替，所以多用其假借义指“年”，如晁错《论守边备塞书》：“一岁而更。”也就是说：一年更换一次。由“年”又可以引申为“年龄”，如《史记·秦始皇本纪》：“年十三岁，庄襄王死，政代立为秦王。”政，嬴政，即秦始皇。

请注意：《左传·哀公十六年》：“国人望君，如望岁焉。”这里的“岁”若解释为“年”“年龄”等，都讲不通，实为“年成”或“收成”义。原话的意思是：国内的人们盼望您，就好像盼望一年的收成一样。

① ② ③ ④

“戌”字读作 xū，是古代的一种兵器，是个象形字。①是甲骨文，上部朝左的部分是平口斧头，下部是一条长柄。②是金文，斧头部分较大，但基本上同于甲骨文的形体。③是小篆的形体。④为楷书的写法。

“戌”字的本义为“兵器”，但这个本义早已不复存在。《说文》：“戌，灭也。”这个义项是从兵器的本义引申出来的。后世的常用义倒是它的假借义，即代表地支

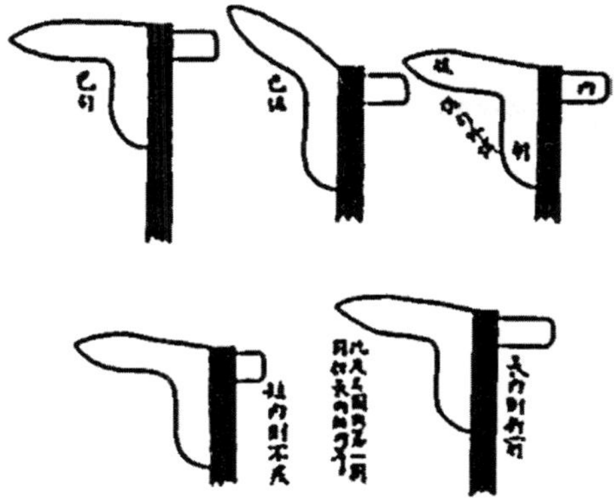

周代铜戈制造法，选自周纬《中国兵器史稿》

的第十一位；也是一日内的十二时辰之一，“戌时”相当于现在晚上的七时至九时。

请注意：“戌”“戍”“戊”三字不要混淆。从形体上看，“戌”字是“戊(wù)”字内加一小横，与“人”无关，而“戍”字是“人”字在“戈”字之下，表示武士持长戈，是“保卫”义，如“卫戍”。从读音上看：“戌”读作 xū，“戍”读作 shù。由此可见，“戌”“戍”“戊”三字的形、音、义均不相同。

① ② ③ ④

这是“从军昔戍南山边”的“戍”字，是个会意字。甲骨文①的左下部是个“人”，面部朝左而侧立，右上方是“戈”（武器），人在戈旁，就是“守卫”的意思。②是金文的形体，与甲骨文极为相似。③是小篆的写法，也是从甲骨文演变过来的。④是楷书的形体，戈的左下方是人。

“戍”字的本义是“保卫”，如苏辙的《民政策下》：“戍边之谋，始于秦汉。”这里的“戍边”就是保卫边疆的意思。其实这个“保卫”之义，今天仍在沿用，如现在称保卫城镇安全的部队为“卫戍部队”等。

请注意：“戍”字与“戌”字是不一样的。“戍”字读 shù（恕），而“戌”字是读 xū（须），是地支的第十一位，也是十二时辰之一，“戌时”就是指晚上七时至九时。再者，这两个字的写法也是不一样的，要区别清楚：“戍”字的中间是一点，“戌”的中间是一小横。

① ② ③ ④

这是“万里赴戎机”的“戎”字，是个象形字。①是甲骨文，中间左侧的“ㄔ”是“盾牌”的形象，右边是“戈”，可见“戎”也是一种兵器。②是金文形体，其中“”字是两端尖、中间圆，更像盾形。③是小篆的形体，发生了讹变，将盾牌形变为“甲”。④是楷书形体，跳过小篆，直接继承了甲、金文的写法。

《说文》：“戎，兵也。”“戎”的本义是“兵器”，如《诗经·大雅·抑》：“修尔车马，弓矢戎兵。”这里的“戎”就是指兵器。诗的原意是：修好你的车，驾好你的马，备好弓、箭、戎、兵待出发。由“兵器”义又产生了一对并列引申义。第一，引申为“战士”“军队”，如《三国志·蜀书·诸葛亮传》：“戎阵整齐。”就是说：军容整齐。第二，引申为“战争”，如柳宗元《封建论》：“黩货事戎。”这是说：贪财而从事战争。汉代班超的“投笔从戎”，也就是弃文就武的意思。

请注意：在古籍中常见“戎首”一词，多指发动战争的祸首或指挑起争端的人。至于我国古代对西域少数民族称为“西戎”，那只是“戎”字的假借义，与其本义无关。

① ② ③ ④

“美言系之，玉成其事。”这个“成”字本为会意字。甲骨文①的左下角像一块木状物，其右边是一把长柄板斧，以斧劈物，表示“成盟”（实为古代的建交仪式）。②是金文的形体，其右边的弯柄大斧实在形象。到了小篆③变化较大，从原来的会意字变成了形声字，也就是外形（戊）内声（丁）的形声字。④是楷书形体。

“成”字的本义是“成盟”“和解”，如《左传·成公十一年》：“秦晋为成。”也就是说，秦晋两国和解了。从这个意义又可以引申为“完成”，如李斯《谏逐客书》：“秦成帝业。”即秦国完成了帝业的意思。从“完成”又能引申为“成功”，如《三国志·蜀书·诸葛亮传》：“成败之机，在于今日。”这个“成”字是与“败”字相对的。从“成功”之义又能引申为“成为”，如《礼记·学记》：“玉不琢，不成器。”也就是说：玉石不经过雕琢是不能成为器物的。

“成人”一词古今都用，现在大都指“长大成人”。可是《论语·宪问》“子路问成人”中的“成人”是什么意思呢？这是指完美无缺的人。意思是：子路问孔子怎样才算一个完美无缺的人。

西周时期的大斧，选自周纬《中国兵器史稿》

还要注意一点：如果有人问“成”字是几画，你很可能说“六画”，这样回答当然也对。假若你按照六画到《康熙字典》和旧《辞源》等工具书中找“成”字那是徒劳的，而必须到七画中找，因为旧时的“成”字写为“成”，是从“丁”得声的字，所以就是七画了。

① ② ③ ④

现在的“我”字是第一人称代词，可是它的原始义却是一种像锯齿似的锋利兵器，原是个象形字。甲骨文①的上部朝左部分是三锋戈，中间是一条长柄。金文②与甲骨文有点相似，右边也清楚地看出为戈形。小篆③则不太像兵器的形象。④是楷书的形体。

《说文》:“我，施身自谓也。”也就是说:“我”是说话人对自己的称呼。很显然，许慎将“我”字的假借义误为本义了。

随着历史的发展，“我”字的原始义完全消失，后世仅用它的假借义做第一人称代词用，如李白《将进酒》:“天生我材必有用。”“我”一般为自称之词，可是有时也指“我方”“我国”，如《左传·庄公十年》:“春，齐师伐我。”这是说:（在鲁庄公十年的）春天，齐国的军队攻打我国。

请注意:“我生”一词一般指自我的行为，可是古籍中也常指“母亲”，如《后汉书·崔骃传》中有“悼我生”的话，就是悼念自己母亲的意思。

① ② ③ ④

这个“戒”字是个会意字。甲骨文①的中间是一把长戈，下部的左右两侧是紧握锋戈的两只手，以戒不备之敌。金文②的结构基本上与甲骨文相似，只是双手均在戈的左下侧。③是小篆的形体，是由金文直接演变而来，不过双手移到了戈下。④是楷书的写法，但形体发生了讹变，虽然“戈”形犹在，但双手已变为“廾”，根本没有手形了。

“戒”字的本义是“警戒”或“戒备”，如:“戒不虞。”(《易经·萃》)所谓“不虞”就是“不料”，“戒不虞”，就是警戒突然来犯之敌的意思。由“戒备”又可以引申为“警告”或“告戒”，如:“观往事，

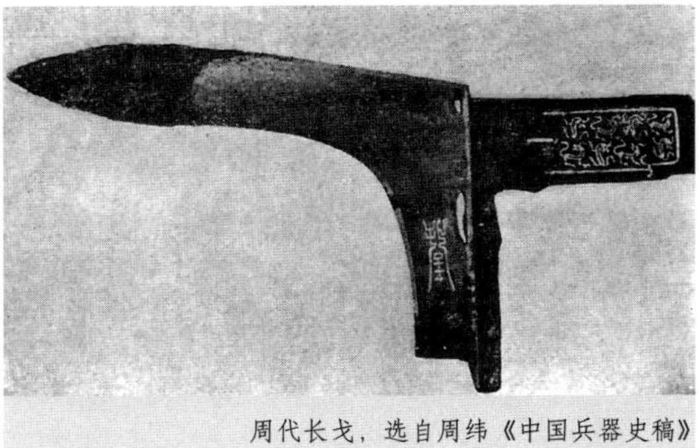

周代长戈，选自周纬《中国兵器史稿》

以自戒。”（《荀子·成相》）意思是：审查过去已做之事，借以告诫自己。“戒”字的这个意义，以后均写作“诫”。至于“北戒为胡门，南戒为越门”（《新唐书·天文志一》）中的“戒”字，那是“界”字的假借字，因为“戒”与“界”读音相同。

双手执戈为“戒”,所以“戒”字也有“禁制”之义,后又引申为“戒除”,如“戒烟、戒酒”等。

① ② ③ ④ ⑤

这是“汉皇重色思倾国”的“国”字。甲骨文①的形体就是“或”字，右为“戈”，左为“国”，以戈卫国，可见在甲骨文中，“或”与“國”是不分的。金文②左边中间的圆圈是表示国土，周围的四条短线表示国界，右边有“戈”，也是以戈卫国之意，可见这个“國”字是个会意字。到了小篆③则在“或”字之外又增加一个“囗”，表示国界，这就变成了外形（囗）内声（或）的新形声字了。④是楷书形体。⑤是简化字，“国”中有珍宝（玉），变成了书写方便的新会意字了。

战国铜器上的攻战纹样

《说文》:“国（國），邦也。”“国”字的本义是“国家”，如《商君书·更法》:“便国不必法古。”也就是说：只要有利于国家，就不一定要效法上古的治国之道。由“国家”又能引申为“国都”，如宋玉《对楚王问》：“国中属而和者数千人。”这是说：在都城中能跟着唱的人有好几千。

请注意：古代称告老还家的卿大夫为“国老”。可是辛弃疾的《千年调》词中的“甘国老”,却是指中草药中的“甘草”，李时珍在《本草纲目》中说得明白：因甘草具调和众药之功，“固有‘国老’之号”。

① ② ③ ④

“或迟或速，或先或后。”这个“或”字是个会意字。①是甲骨文的形体，左边是“戈”,中间的“口”表示城有墙垣，并有武器守卫，所以“或”字的本义就是“國家”的“國”。②是金文的形体，较甲骨文复杂了些，但字意未变。③是小篆的形体，④是楷书的形体，均从金文直接演变而来。

《说文》：“或，邦也。”可见“或”字的本义就是“国家”。到了后世，“或”字被假借为无定代词用了，表示“有的……，有的……”如司马迁《报任安书》：“人固有一死，或重于泰山，或轻如鸿毛。”这一借就不还了，所以当“国家”讲的“或”，就在“或”之外再套上个“口”，这就产生了一个外形内声的新形声字“國”，自此，“或”与“國”就有了明确的分工。

请注意，在古籍中“或”字经常代“惑”字用，如《汉书·霍去病传》:“或失道。”这是说：因迷惑而迷了路。若理解为“有的”“或者”，都是不对的。

① ② ③ ④

这个“武”字是个会意字。甲骨文①的上部是“戈”(武器)，下部是“止”(脚)，有“戈”有“止”，表示征伐动武。金文②的形体与甲骨文基本相同。③是小篆的写法，也是从甲骨文演变过来的。④是楷书的写法，只是将其中的“戈”减少了一撇，左上部又多了一横，其余并无变化。

“武”字的本义是指“军事”，与“文”相对，如《尚书·武成》:“偃武修文。”“偃”字为“停止”义,这是说停止武的,提倡文的。从“军事”义又可以引申为“勇猛”，如《诗经·郑风·羔裘》：“孔武有力。”“孔”为“很”义，这句话是说：很勇猛有力气。要搞行军打仗的武事，部队的行列一线相从，所以“武”字又可以当“脚步”讲,如屈原《离骚》：“及前王之踵武。”“踵”是脚后跟，“前王”指楚国过去强盛时期的君主。这句话的大意是：跟上前王的脚步。从“脚步”又可以引申为长度，古时以六尺为步，半步为武，如《国语·周语下》:“不过步武尺寸之间。”这是说距离很近的意思。

战国铜鉴上的攻战纹样

在写法上还要注意：“武”字的右边没有一撇，不能写成“武”字。

① ② ③ ④

这是“鏖战沙场”的“战”字，本为会意兼形声的字。①是金文的形体，左边为“單”，右边为“戈”，“單”的本义是捕捉工具，亦表声，加“戈”突出了作战之意。②是小篆的形体。③是楷书的形体。④为简化字，是一个单纯的形声字了。

《说文》:“战（戰），斗也。”“战”字的本义就是“作战”，如《孙子兵法·势篇》:“故善战者，立于不败之地。”可是扬雄《法言·吾子》中“见豺而战”，绝不是“见了豺狼就作战”的意思，而是见了豺狼就打颤，“战”字做了“颤”字的通假字。再如《史记·齐悼惠王世家》中“股战而栗”，就是害怕得两腿发抖的意思。

① ② ③

“短衣匹马随李广，看射猛虎终残年。”这个“残”字，本为会意兼形声的字。①是小篆的形体，左为“歹（残骨形）”，右为“戔”，是相重叠的两把“戈”，表示残杀之意，亦表声。②是楷书繁体字。③为简化字。

周代大钺，选自周纬《中国兵器史稿》

《说文》：“残（殘），贼也，从歹戔声。”许慎认为“殘”是个单纯形声字，不妥，应该是会意兼形声的字，即“从歹从戔，戔亦声”。“残”的本义为“杀害”“伤害”，如柳宗元《断刑论》：“举草木而残之。”也就是说：全部的草木都被伤害了。由“伤害”可以引申为“凶暴”，如《汉书·隽不疑传》：“不疑为吏，严而不残。”这是说：隽不疑这个人做了官以后，虽然很严厉，但并不凶暴。又可以引申为“残缺不全”，如《汉书·刘歆传》:“学残文缺。”由此又可以引申为“剩余”，如杜甫《奉济驿重送严公》：“江村独归处，寂寞养残生。”“残生”就是余生。

请注意：“残酷”一词，现在多用为凶狠、毒辣或剧烈的意思，可是古代则为“悲惨”“不幸”之意，如《后汉书·何敞传》：“致此残酷。”意思是：造成了这次悲惨事件。

① ② ③ ④ ⑤

“戉”是“斧钺”之“钺”的本字，读作 yuè。甲骨文①就像商周青铜兵器的形状，上部朝左的部分是钺刃（似斧头），下部是长柄，可见“戉”是个象形字。②是金文的形体，与甲骨文相似。③是小篆的形体，已经看不出钺的模样了。④是楷书，左边又增加了形符“金”，成为左形右声的形声字了。⑤是简化字。

《说文》:“戉，斧也。”“钺”的本义是一种斧类的兵器，如《史记·孙武传》:“约束既布，乃设鈇（fū）钺。”其大意是：规则已经宣布，便要准备斧钺等兵器。

《诗经·小雅·庭燎》中有“銮声钺钺”一句，你若把其中的“钺”读为 yuè，那就错了。这里的“钺”字必须读为 huì，是“噦（哕）”字的假借字，“钺钺”是指有节奏的车铃声。

① ② ③

上古仅有一个“或”字，后来发展为“國”“域”。①是“域”字的金文形体，左边“邑”的本义是“国都”，也可以引申为“区域”，所以“域”字的金文实际上是会意兼形声的字。②是小篆形体，将金文左边“邑”省略了。因此，《说文》中没有单独的“域”字，只是作为“或”字的“重文”出现的。③是楷书的写法，实际上是将金文左边的“邑”改为“土”，不仅体现了“邑”与“土”的词义相近，而且改为“土”字书写也方便。

在《说文》中“或”与“域”同字：“或，邦也。”可见“域”字的本义也是“邦国”。《三国志·蜀书·诸葛亮传》中所说的“邦域之内”，也就是指国家之内。后来“域”字的词义扩大了，引申为“疆界”等，如《周礼·地官·大司徒》：“九州之地域。”就是指九州的疆界。

请注意：我们读《诗经·唐风·葛生》时，会见到“蔹（liǎn，一种野葡萄）蔓于域”一句，有人把这句诗译为“野生葡萄遍疆域”，这就错了。因为这句诗中的“域”字不当“疆域”讲，而是“坟地”的意思，是“域”字的远引申义。原话的大意是：野生的葡萄遍坟地。

① ②

这个“戡”字读作kān，是左声右形的形声字。①是小篆的形体。②是楷书的形体，由小篆直接演变而来。

“戡”字的本义就是“砍”，《说文》：“戡，刺也。”“戡”字由“刺杀”本义引申为“战胜”“平定”义，如《尚书·西伯戡黎》：“西伯既戡黎。”也就是说：文王（西伯）已经战胜了黎国。《旧唐书·陆贽传》：“兴元戡难功。”这是说：在（唐德宗）兴元年间，（陆贽）立下了平定叛乱的大功。

① ② ③

这个“臧”字读作zāng，本为会意字。①是甲骨文的形体，左边是一只眼睛(臣)，右边是一把长柄戈，戈刺入目。上古战俘往往被刺瞎一只眼睛，沦为奴隶。②是小篆的形体，其左边又增“爿”（pán），作为声符，这就变成了会意兼形声的字了。③为楷书的写法。

《说文》：“臧，善也，从臣戕声。”此说不妥。“臧”字是会意兼形声的字，而不是单纯的形声字，而“善”是引申义。“臧”字的本义为“奴隶”或“男奴”，如《庄子·骈拇》：“臧与穀二人相与牧羊，而俱亡其羊。”这里的“臧”是男奴隶，“穀”是小奴隶。“臧获”一词是指“奴婢”。如《汉书·司马迁传》注引晋灼曰：“臧获，败敌所被虏获为奴隶者。”战胜敌人，捕捉了俘虏，天下太平，所以“臧”就可以引申为“善”义，如《诗经·邶风·雄雉》：“不忮（zhì）不求，何用不臧？”大意是：不嫉妒，不贪求，为什么说不够好？

请注意：“臧”字可做“藏”字的通假字，当“收藏”讲，如《管子·侈靡》：“天子臧珠玉，诸侯臧金石。”但这里的“臧”必须读cáng。另外，“臧”还可以做“臟”的通假字，即“内脏”义，如《汉书·王吉传》：“吸新吐故以练臧。”这里的“臧”必须读作zàng。

① ② ③ ④

“俘二百五十人，馘百人。”这个“馘”字读作guó，本为会意字。①是金文的形体，表示以戈断耳。②是小篆的形体，将“戈”讹变作“或”，成为从耳或声的形声字。③是小篆的异体字，以“首”代“耳”。④为楷书的写法。

《说文》说“聝”是“军战断耳”的意思，很对。在《诗经毛传》中说得更明确：“聝，获也。不服者杀而献其左耳曰馘。”就是说：古代在作战时，取敌人的左耳，用来计数报功。可见“馘”字的本义就是割下敌人的左耳，如《诗经·鲁颂·泮水》：“矫矫虎臣，在泮献馘。”这里面的“馘”字就用的是本义。诗的大意是：矫矫勇猛的武臣啊，在泮水献上敌人的左耳朵。《三国志·魏书·武帝纪》：“献馘万计。”献上一万个左耳朵，就表明消灭了一万个敌人。

请注意：《庄子·列御寇》中有“槁项黄馘”句，若理解为“枯槁的脖子，焦黄的左耳朵”，那就不对了。这里的“馘”应读为 xù，是指脸面。

犬 部

① ② ③ ④

“犬守夜，鸡司晨。”“犬”就是狗。甲骨文①是一只头朝上、尾朝下、腿朝左的狗。金文②就更像狗的样子了，头上左右两侧是两只耳朵，下部的尾巴向右上卷起。小篆③则不像狗的样子了。④是楷书的写法，“大”字加一点，完全失去了狗的形象。

“犬”的本义是狗，但是在古书中常用“犬”字的比喻义，如《史记·司马相如列传》：“少时，好读书，学击剑，故其亲名之曰犬子。”这个“犬子”不是指小狗，原话的大意是：司马相如小时候，喜欢读书，又学击剑，所以他的父母亲就给他取了一个小名儿叫“犬子”。可见这个“犬子”是表示爱称。至于“犬马”一词，在古书中则往往是封建时代臣下对君主的自喻，表示忠诚，甘愿负劳奔走，如李密《陈情表》：“臣不胜犬马怖惧之情，谨拜表以闻。”这里的“犬马”就是以犬马效劳于主人而自喻。

汉画像石中中的犬形图案

“犬”字是个部首字，在汉字中凡由“犬”字所组成的字大都与狗有关，如“猋”“狩”“狂”“猛”“猎”等字。

① ② ③ ④ ⑤

这是“犹豫不决”的“犹”字，本为会意兼形声的字。甲骨文①的右边是一条头朝上背朝右的狗，左边是盈尊的酒器之形，既表意也表音，本为犬守器之意。②是金文的形体，即“猷”字（《说文》中有“猶”而无“猷”），其义不变。③是小篆的写法，④为楷书繁体字。⑤为简化字。

《说文》：“犹（猶），玃属，从犬酋声。”“犹”的本义早已消失，许慎的说法是假借义，后世也多用它的假借义，即指一种猴类的动物，如郦道元《水经注·江水》：“山多犹猢，似猴而短足，好游岩树。”《尔雅·释兽》又说：“犹如麂，善登木。”既然善于爬树，就很可能是猿猴的一种。

“犹豫”一词，古今书籍中均有。段玉裁引《曲礼》正义说：“犹，玃属；豫，象属。此二兽皆进退多疑。”所以后世就用“犹豫”表示“迟疑不决”,如《三国志·吴书·吴主传》：“羽（关云长）犹豫不能去。”

请注意：古诗文中的“犹女”“犹子”，若理解为猿猴的女、子那就错了，实际上是指“侄女”“侄子”。

① ② ③ ④ ⑤

这是“狼狈为奸”的“狈”字，本为形声字。①是甲骨文的形体，头朝上的一只狈（似狼），拖着一条大尾巴，尾巴的下端有个“贝”，表读音。②是金文的形体，变上下结构为左右结构，但字义不变。③是小篆的形体，与金文一致。④为楷书繁体字。⑤为简化字。

狼狈为奸，青铜雕刻

“狽”字《说文》未收，其本义就是一种狼属的野兽。旧时有一说法，狈的前腿绝短，每行必驾两狼，无狼则不能行走。“狼狈为奸”，比喻坏人相互勾结干坏事。

《三国志·蜀书·法正传》中所说“进退狼跋”同样是“进退狼狈”的意思，可见“跋”可做“狈”的通假字，它们读音相近。

①　②　③

这个“龙”字读作máng，本为象形字。①为甲骨文的形体，像一条尾朝下头朝上的狗，腹下有长毛之状。②是小篆的写法。③为楷书的形体。

《说文》：“龙，犬之多毛者。”这就类似于今天的长毛猎犬。《诗经·召南·野有死麢》：“无感（撼）我帨（shuì）兮，无使龙也吠。”其大意是：不要动我的彩佩巾，别让狗叫惊动人。这种长毛猎犬多有杂毛，所以能引申为“杂色”，如《左传·闵公二年》：“衣之龙服。”“衣”做动词用，穿衣，也就是说：穿上杂色的衣服。这种猎犬身上的长毛多蓬松而散乱，所以又产生了“龙茸”一词，如《左传·僖公五年》：“狐裘龙茸。”也就是说：狐狸皮的皮衣蓬松柔软。不过这里的“龙”字应读作méng，而不能读为máng。另外，“龙”可以做“庞”的通假字，读作páng，当“高大”讲，如柳宗元《三戒·黔之驴》：“虎见之，龙然大物也。”这是说：虎看见了它（驴），原来是个庞然大物呢。

①　②　③

“是乃狼也，其可畜乎？”这个“狼”字本为形声字。①是甲骨文，左边的“良”字表音，右边为头朝上的狼形。②是小篆的形体，因狼似狗，所以左边变为“犬”，右边仍为“良”。③是楷书的写法。

《说文》：“狼，似犬，锐头白颊，高前广后。从犬良声。”《诗经·齐风·还》：“并驱从两狼兮，揖（yī）我谓我臧兮。”“揖”为“谦逊”义；“臧”为好、善、本领强。大意是：并驾齐驱去追逐两只恶狼啊，谦逊有礼地夸我本领高超。狼的窝内非常杂乱，所以“狼戾”“狼藉”均有“散乱”“错杂”义，如《淮南子·览冥训》：“流涕狼戾不可止。”《史记·淳于髡传》：“杯盘狼藉。”“狼藉”亦可写作“狼籍”，如《后汉书·张酺传》：“闻其儿为吏，放纵狼籍。”

在古籍中常见“狼烟”一词，实指“烽火”。古代边疆烧狼粪以报警，如段成式《酉阳杂俎·广动植》：“狼粪烟直上，烽火用之。”

① ② ③ ④

“鹰鹯猎食，雉兔困急。”这个“猎”字为形声字。①是金文的形体，左为“犬”，表意，右为“巤”，表声。②是小篆的形体，与金文相似。③为楷书的写法。④为简化字。

《说文》：“猎（獵），放獵逐禽也。”此说正确。“猎”字的本义就是“打猎”，如《诗经·魏风·伐檀》：“不狩不猎，胡瞻尔庭有县（悬）貆兮？”大意是：你不打猎，为什么看到你的房檐下挂着貆皮呢？打猎需要到处奔波，所以又可以引申为“践踏”“踩”，如《荀子·议兵》：“不猎禾稼。”也就是说：不要踏坏庄稼。在这个意义上，后世均写为“躐”。“獵”还可以做“擸”的通假字，为“揽”“理”的意思，如《史记·日者列传》：“獵缨正襟危坐。”“缨”为帽带，大意是：捋齐帽带，整好衣襟，端正地坐着。

狩猎图，战国刻纹铜奁

请注意：“猎猎”一词与打猎毫无关系，而多用为旌旗飘动之声，如李白《永王东巡歌》：“雷鼓嘈嘈喧武昌，云旗猎猎过浔阳。”

① ② ③ ④ ⑤

这个“猱”字读作náo，本为象形字。①是甲骨文的形体，是猿类动物，身体便捷，善于攀援。②是金文的形体，变得不像猿了。③是小篆的写法。④为楷书的写法。⑤为后世通行楷书体，变象形为形声。

《说文》：“夒，贪兽也，一曰母猴，似人。”关于母猴的说法不妥。“猱”的本义就是一种猿猴，如《诗经·小雅·角弓》：“毋教猱升木。”意思是猿猴上树不用教。又如《冯婉贞胜英人于谢庄》：“猱进鸷（zhì）击。”“鸷”是鹰类的猛禽，这是说：像猴子那样敏捷地进攻，像鸷鸟那样勇猛地搏击。

① ② ③

这是个“猋”(biāo)字。金文①上边是两条狗(犬),下边是一条狗,一共三条狗,它们都是头朝上,尾朝下,腿朝左,背朝右。这个“猋”字的本义就是“众犬狂奔貌”,所以是个会意字。②是小篆的写法,除笔形改变而外,整体也有变化,变成一“犬”在上,两“犬”在下(一个汉字如是三个同体相重,均为上一下二,似乎已是一条规律)。③是楷书的写法。

由多只狗拉的古赫哲人的“狗爬犁”

“猋”字由“众犬狂奔貌”的本义又能引申为迅速敏捷义,如《楚辞·九歌·云中君》:“猋远举兮云中。”大意是:很快地进入云中。至于《礼记·月令》中所说的“猋风暴雨”,我们可不能理解为“急风暴雨”,这个“猋风”实际上就是“飙风”,是指大旋风,当然也是从犬的狂奔义引申出来的。在古代,“飙风”也经常写作“猋风”,两个字可以通用。

有的人把“猋”写成“焱”(yàn 焰),那就错了,因为“焱”字是三个“火”,指火花,二者的形、音、义均不同,不要弄混了。

井 部

① ② ③ ④

“吃水不忘打井人。”自古以来,“井”与人民的生活紧密相联。甲骨文①就像一个方口水井。金文②在井的中心加了一个点儿,表示这是水的所在,所以“井”字是个指事字。③是小篆的形体,与金文相同。楷书④则把其中的点儿去掉,为了书写方便。

“井”的本义就是“水井”(凿地取水的深穴)。因为“井”是方方整整的形状,

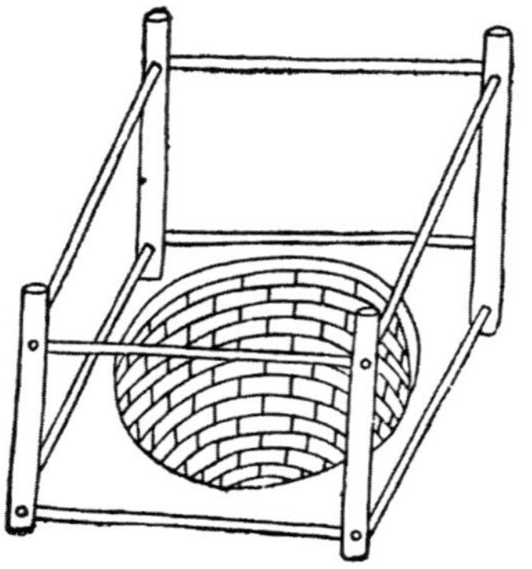

《农政全书》插图中的井

所以现在还说“秩序井然”。有时还成为重叠词，如“井井有条”，就是很有条理的意思。

唐朝大诗人陈子昂的《谢赐冬衣表》，其中有“万井相欢”的话。有人解为“万井之蛙，日夜齐鸣”，这样就要被人取笑了。要知道，古代制度八家为井，后来引申为乡里、家宅，所以这里的“万井相欢”，就是举国欢腾、万家欢乐的意思。

“井”字是个部首字，在汉字中凡由“井”字所组成的字大都与“井”义有关，如“丹”“阱”等字。

① ② ③ ④

“丹桂飘香”中的“丹桂”，就是开红花的桂花。这个“丹”字为什么是红颜色的意思呢？原由“丹砂”而得名。你看甲骨文①就像在井中有一块“丹砂”，《说文·丹部》说，外形“象采丹井”。②是金文的形体，与甲骨文类似。小篆③也大体上与甲骨文相同。④是楷书的写法。

“丹”的本义是“丹砂”，许慎说是“赤石”。因为这种东西是红颜色，所以“丹”字就当“红”讲。后世凡是由“丹”所组成的词，往往与红、朱的颜色有关，如“丹诚”就是红心，“丹干”就是朱砂，“丹唇”就是红唇等。《史记·货殖列传》：“巴蜀寡妇清，其先得丹穴，而擅其利数世。”这里的“丹穴”就是朱砂矿。

有一个学生在过年时用红笔给他的父母写了封拜年信，信写得很好，可是父母一看是红字，大为扫兴，说：“丹书不祥。”所谓“丹书”就是古代用朱笔记录的罪犯徒隶名籍。直至今日，人们仍然忌讳用红笔写信。

① ② ③

这就是“红彤彤”的“彤”字。金文①的左边是个“丹”字，右边的“彡”是表示丹砂所放射出来的红色光彩。②是小篆的形体，③是楷书的写法，都与金文相类似。

“彤”的本义就是朱红色。红色的弓就叫“彤弓”，如《尚书·文侯之命》：“彤弓一，彤矢百。”一般说，古代诸侯有大功时，天子赏赐的弓、矢都是红颜色的，所以称为“彤弓”“彤矢”。曹唐的《小游仙诗》：“细擘桃花逐流水，更无言语倚彤云。”这里的“彤云”，用今天的话说就是“红霞”。

请注意：对字的读音要准确，“彤”字应读 tóng（同），不能读“丹”。

木　部

①　②　③　④

“无边落木萧萧下，不尽长江滚滚来。”这是“木”字。甲骨文①的形体就是一棵树的样子，上部是树冠，下部是树根。金文②同于甲骨文。由此可见，“木”字就是个象形字，即象树形。小篆③只是甲、金文的直笔变成了曲笔而已。④是楷书形体，把小篆上部的曲笔变成了一横，树根的部分变成了一撇一捺，这就不太像树的样子了。

“木”字的本义就是“树”，如《韩非子·亡征》：“木虽蠹（dù 渡），无疾风不折。”就是说：树虽然被蠹虫咬坏了，但如果不是疾风还是不会折断的。由“树”又引申为“木材”义，如《荀子·劝学》：“木直中（zhòng）绳。”即“木材直合乎墨线”的意思。成语中有“呆若木鸡”的话，这个“木”就是有“呆板”之义。我们读《史记·绛侯周勃世家》时，对“勃为人木强敦厚”一句怎样理解呢？有人就把这个“木”字理解为“呆板”，这是不确切的。这个“木”字应理解为“质朴”或“朴实”的意思。

“木”字是个部首字，在汉字中凡是从“木”的字大都与树木有关，如“本”“末”“朱”“束”“析”“果”等字。

①　②　③　④

“业精于勤。”这个“业”字本为象形字。①是金文的形体，就像古代乐器架子横木上装饰用的大板，刻如锯齿之状，用以悬挂钟、鼓、磬等乐器。②是小篆的写法。③是楷体繁体字。④为简化字。

《说文》：“业（業），大版也，所以饰悬钟鼓。”这个说法是对的。古代的书册之板也可以称“业”，放置时以韦（皮条）穿捆，阅读时则解带而展，所以《礼记·曲礼》中有“所习必有业”的话，后来把读书称为“业”，如韩愈《进学解》：“业精于勤。”《孟子·告子下》：“愿留而受业于门。”也就是说：愿意留在这里而学习于门下。由“学习”引申为“学业”，如柳宗元《答韦中立论师道书》：“业甚浅近。”由“学业”又能引申为“事业”，如诸葛亮《草庐对》：“高祖因之以成帝业。”大意为：汉高祖（刘邦）凭借这个而完成称帝的大业。

① ② ③ ④ ⑤

这是“东方欲晓”的“东（東）”字。许慎曾根据小篆的形体分析说，这个字是“日”和“木”组合而成，“日”升到树木的半中腰，表示东方，其实许慎说错了。你看甲骨文①多像两头扎起来的一个大口袋，金文②就更像大口袋装满了东西，而两端也是扎起来的样子，所以“东”的本义就是代表“东西”（物）。小篆③是从金文演变来的，已经看不出是口袋的形状了。④为楷书形体。⑤是简化字，书写很方便。

“东”作为“东方”讲，是假借的问题，即假借“东西”（物）的“东”代表“东方”之“东”。因古时主人之位在东，宾客之位在西，所以主人称为“东”，如“作东”“东家”等。

请注意：繁体字“東”与“柬”的写法不同，它们的简化字也不相同，“東”简化为“东”，“柬”在某些字中（如“練、揀、煉”）简化为“东”，二字不能混淆。

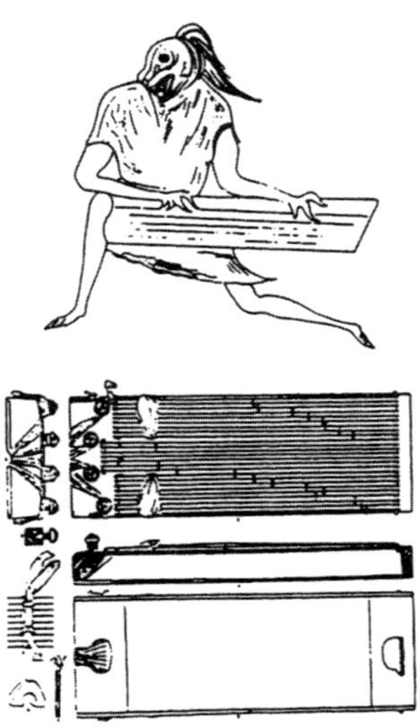

汉代文物上的弹琴场面与琴的形制图

① ② ③ ④ ⑤

“钟鼓乐之。”这个“乐（yuè）”字本为象形字。甲骨文①是“弦附木上”的形象，像古代琴的样子。正如郭沫若先生所说，“樂字之本为琴”。②是金文的形体，中间的“白”“乃象调弦之器”。③是小篆的形体，由金文直接演变而来。④是楷书繁体字。⑤为简化字，是草书楷化的形体。

《说文》：“樂，五声八音总名。”此说不妥，因为

“樂”字像琴瑟的形状，本义应为“乐器”，许慎所说的“五声八音总名”只能是“樂”的引申义。如《礼记·乐记》：“乐者，音之所由生也。”大意是：乐器，是能够发出声音的器物。因音乐能使人快乐，又可以引申为“快乐（lè）”，如《诗经·魏风·硕鼠》：“适彼乐土。”就是说：到那个安乐的地方。

请注意：“乐”字是个多音字，除了读 yuè、lè 以外，还读 yào，如《论语·雍也》：“知（智）者乐水，仁者乐山。”这是说：聪明人爱好水，仁人爱好山。这里当“爱好”讲的“乐”，应读作 yào。

① ② ③ ④

这个“朿”字读作 cì，本为象形字。甲骨文①就像树木上长的刺的形象，实为“刺”的本字。②是金文的形体，与甲骨文相似。③是小篆的写法。④为楷书的写法，中间不封口。

《说文》：“朿，木芒也，象形。”这是对的。段玉裁进一步解释说：朿“自关而西谓之刺，江湘之间谓之棘”。因朿能扎人，其形体又不明显，所以又在右边增加了“刀”，写作“刺”，于是“刺”行而“朿”废。

请注意：在古籍中常见“刺船”一词，这并非要将船刺坏，而是指撑船，如《史记·陈丞相世家》中所谓“佐刺船”，就是帮助撑船的意思。我们读《晋书·潘岳传》时，还会见到“和峤刺促不得休”的话，这是说：和峤（人名）劳苦不得安息。这里的“刺”应读作 qì，而不读 cì。又“朿”字和“束”字形体近似，前者中间不封口，后者封口，需加区别，不可混淆。

一个字凡由“朿”作为其组成部分，那么这个字大都含有尖锐或身上长刺的意义在内，如“棘”“枣”等字。

① ② ③ ④

这是“根本”的“本”字。你看甲骨文①的上部是“木”（树），下面根部的三个小圆圈是指事符号，表示这里是树木的根部所在。金文②则变成三个小黑点儿，意思一样，上为“木”，下为根。小篆③则把根部的三个点连成了一条线，同样是指事符号，表明根部所在。④是楷书形体，是“木”下加一横。由此可见，“本”

字是个指事字。后世则把“根”与“本”连在一起构成一个复音词，叫作“根本”。

《说文》:“木下曰本。”这很对,是说木（树）的下部（根）就叫“本”,这就是“本”字的本义。从“根本”之义又引申为“基础”的东西叫“本”,如《汉书·赵充国传》:“臣闻兵以计为本。”大意是：我听说用兵之事是以计谋为基础的。《管子·八观》“观左右本朝之臣”中的“本”字是什么意思呢？这是由“基础”义引申为“自己这一边”，所以“本朝”就是“自己所处的这一朝”。

① ② ③

这是“本末倒置”的“末”字。我们看金文①就像把一个“本”字倒过来的样子，真是“本末倒置”了。其实“本”与“末”也正是字义完全相反的两个字。金文①也是木（树），上部为树头，下部为树根，在树梢上加一小短横（指事符号），就表示这里是树梢（梢即有“末”义）。可见“末”字也是一个指事字。②是小篆形体。③是楷书形体，仍然是“木”上有一长横。

“末”字的本义就是“树梢”，如《左传·昭公十一年》:“末大必折。”这是说树梢太大，非折断不可。《孟子·梁惠王上》“明足以察秋毫之末”，这个“末”是指毛的尖端。“本为主，末为次”，由此又引申出不重要的东西为“末”，如成语“舍本逐末”就是。

“末”与“未”要分清楚:“末”是上横长下横短,而“未”则正好相反。“妹”“昧”“沬（mèi）”“寐”等都是从“未”，而“秣”“沫”“茉”“袜”“抹”等都是从末，两者不能混淆。

① ② ③ ④

“来日绮窗前，寒梅著花未？”这个“未”字本为象形字。①是甲骨文形体，像穗的形状，郭沫若先生认为“未”就是“穗”的本字。②是金文的写法，类似于甲骨文。③是小篆的形体。④是楷书的写法。

《说文》:“未，味也。”不妥。其本义应为“穗”，后因“未”字被假借为地支第八位用了，所以再造一个“穗”字来代替“未”所表示的本义。

“未”字的常用义为“没有”“不曾”，如《荀子·天论》:“故水旱未至而饥。”就是说：水灾、旱灾还没有来到就要挨饿了。由此又可以引申为否定副词“不”，如

《史记·范雎蔡泽列传》："知人亦未易也。"大意是：要了解人也是不容易的呢。"未"字放在句末还可以当疑问语助词用，如《三国志·蜀书·诸葛亮传》："可以言未？"意思是：可以说了吗？

请注意："未"与"末"形体很相似，前者第一横短，读作 wèi，后者第一横长，读作 mò，二字不能相混。

① ② ③ ④

"男儿重意气，何用钱刀为？"这个"用"字本为象形字。甲骨文①就像一只木桶的样子，实际上"用"字也就是"桶"字的初文。②是金文的形体，与甲骨文基本上一致。③为小篆的写法，仍由甲、金文演变而来。④为楷书的写法。

《说文》："用，可施行也，从卜从中。""可施行"并不是"用"字的本义，而是引申义。再说，"从卜中"也不对，因为"用"字是个象形字，不能再分解。而段玉裁又据许慎的说法妄做解释，说什么"卜中则可施行，故取以会意"，既推崇许说，又误象形为会意，也不可取。

《天工开物》中收获场景中的木桶

"用"的本义为"桶"，为常用之物，所以这就引申为"使用"，如《史记·秦始皇本纪》："秦用李斯谋。"这是说：秦始皇采用了李斯的计谋。由"使用"又能引申为可用的"资财"，如《荀子·天论》："强本而节用。"这是说：发展农业而节约资财。"用"字虚化后又能做副词用，当"因为"或"由于"讲，如《史记·李广传》："用善骑射……为汉中郎。"这是说：李广因为擅长骑射……所以成为汉的中郎将。

① ② ③ ④

这是"朱门酒肉臭"的"朱"字，是个指事字。我们看甲骨文①就是一棵树的形象，上为树头，下为树根，中间的一个黑点是表明这棵树（木）是红心的，所以

《说文》说："赤心木，松柏属。"由此可见，"朱"字的本义就是"红""赤"。②是金文的形体，大致与甲骨文相似，只是"木"中的一点变成了一横。小篆③同于金文，只是把树头与树根的直笔变成了曲笔。楷书④又在其左上增加了一撇。

"朱"的本义是"红"，如《韩非子·十过》："墨染其外，而朱画其内。""墨染"对"朱画"。但是《左传》中常说的"朱儒"，你若理解为"红儒"那可就错了，所谓"朱儒"就是身材矮小的人，后来就写为"侏儒"了。

古代的"朱门"本指红漆大门，而这种红漆大门开始是帝王赏赐给公侯的一种特权，一般人是无权安红漆大门的。后来则用"朱门"代表王侯贵族，后世亦称为"朱户"。

① ② ③ ④

"为报年来杀风景，连江梦雨不知春。"这个"杀"字本为会意字。①是《说文》中的古文形体，左边是一个长头发、面朝左的人形，右边是"殳"，表示一只手拿着棍棒向那个人打去。②是小篆的写法。③是楷书繁体字。④为简化字。

金文中的髡头者

《说文》："殺，戮也。"可见"杀"字的本义就是"杀死"，如《史记·秦始皇本纪》："杀之，五十万。"就是说：谁能把他（嫪毐）杀了，就能够得到五十万的赏金。由"杀死"又能引申为"战斗""搏斗"义，如《三国演义》中第四十一回："杀退众军将。""杀"还可以引申为"衰败"，如黄巢《不第后赋菊》："待到秋来九月八，我花开后百花杀。"这里的"杀"即为"衰败"义。

在古籍中常见"杀敝"一词，那是指羽毛脱落，如《诗经·豳风·鸱鸮》郑玄笺："羽尾又杀敝。"不过，这里的"杀"不能读作 shā，而必须读作 shài。

另外，"杀"字还与"煞"通，往往用在动词之后，表示"极度"的意思，如李白《猛虎行》："杨花茫茫愁杀人。"

① ② ③ ④

“兄则友，弟则恭。”这个“弟”字本为象形字。甲骨文①的中间是上下直立的“弋”，是长木橛的形状，中间缠上绳索，商承祚先生认为，这就是“梯”字的初文。②是金文的形体，与甲骨文相似。③是小篆的形体。④为楷书的写法。

《说文》:“弟，韦束之次弟也。”此说欠妥。“弟”字的本义是“梯”，因为“梯”的攀登是依次而上，所以“弟”即引申出“次第”之义，如《汉书·朱博传》:“以高弟入为长安令。”也就是说：以高的等第晋升为长安地方的行政长官。后来，“弟”字被假借为“兄弟”义，如《荀子·君子》:“杀其兄而臣其弟。”也就是说：杀了他的哥哥，而使他的弟弟为臣。当“弟”被借为“兄弟”义后，就以形声字“第”为“次第”之“第”了。弟弟敬爱兄长，亦称“弟”，如《论语·学而》:“孝弟也者，其为仁之本与？”大意是：孝顺父母，敬爱兄长，这两种品德就是“仁”的基础吧？不过这里的“弟”字，应读作“tì”，后世写成“悌”(tì)。

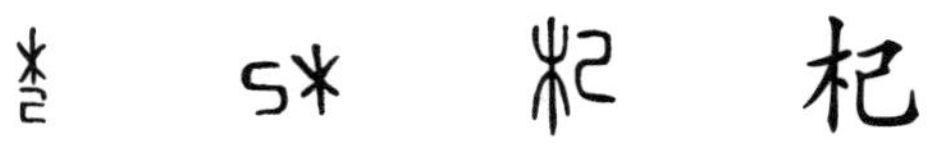

① ② ③ ④

这是“杞国无事忧天倾”的“杞”字，读作qǐ，是个形声字。甲骨文①的上部是“木”，下部是“己”。②是金文的形体，左“己”右“木”。③是小篆的形体，其结构位置与金文正相反。④是楷书的写法。

枸杞，选自《本草纲目》

《说文》:“杞，枸杞也。”枸杞是一种灌木，全身是宝，能入中药，如《诗经·小雅·北山》:“陟彼北山，言采其杞。”大意是：登上那高高的北山头，采摘那鲜红的枸杞子。枸杞的树叶颇像柳叶，所以有一种树就叫杞柳，如《诗经·郑风·将仲子》:“将仲子兮，无逾我里，无折我树杞。”这是说：将仲子啊，你不要跨越我的墙头，更不要踩断我的杞柳呀！周代有个诸侯国称“杞”，在今河南省杞县，如《列子·天瑞》:“杞国有人，忧天地崩坠。”也就是说：杞国有这么一个人，一天到晚担心地崩天坠。因此后世有成语“杞人忧天”。

① ② ③ ④

“束”字是个会意字。甲骨文①的外部的方圈是绳索之类，其中间有三根木柴，也就是用绳索捆绑木柴的意思。金文②是把方圈变为圆圈，也是捆绑木柴之意。小篆③是绳圈在内，而“木”在外，不过变成了一条“木”了。楷书④是在“木”字的中间加一个扁“口”，也仍然是“束木”之意。

“束”字的本义是捆绑，后来又引申为“管束”的意思，如“束身自爱”等。从“管束”之义又引申为“束缚”的意思，如“束手无策”“莫不束手”等。

“束”与“朿”（cì）不同。“束”字封口，“朿”字不封口。凡是从“朿”的字，往往与带尖的东西有关，如“刺刀”的“刺”，“荆棘”的“棘”，“枣树”的“枣”。只有“喇”“剌”“辣”“赖”“癞”“鯻”等，才从“束”字。

① ② ③ ④ ⑤

《农政全书》中的小麦图

我们在读《诗经·周颂·思文》时，会见到“贻我来牟（大麦）”的一句话。“贻我来牟”就是赠送我小麦、大麦的意思。这个“来”字的本义怎么是小麦呢？看了甲骨文就会了解。甲骨文①多像一棵成熟了的小麦！上部是麦穗，中间的两侧是麦叶，下部是麦根。金文②大体上与甲骨文相似，只是麦穗朝右垂（其实左右皆有）。③是小篆的形体，把麦穗变成了左右两个。楷书④则把小篆的左右两穗变成了一横，后来则借草体楷化为“来”。⑤是简化字。

“来”的本义是当“小麦”讲。后来就写作“麳”，而“来”字就被假借为“来去”的“来”了。从“来去”之意又引申为“招来”之义，如《史记·文帝本纪》：“将何以来远方之贤良？”就是说：用什么方法能招来远方的贤良呢？这里的“来”字，后来就写作“徕”。

我们读杜甫的《发刘郎浦》时，会见到这样两句诗：“白头厌伴渔人宿，黄帽青鞋归去来。”既然是“归去”，怎么又有个“来”呢？其实这个“来”字是个句尾语气词，相当于现代汉语中的语气词“咧”。

① ② ③

这个“甬”字读作 yǒng，本为象形字。金文①就像一只桶，下部为桶体，上部是可提的桶把。于省吾先生认为：“用甬本是一字。”②是小篆的写法。③为楷书的形体。

《说文》：“甬，草木华甬甬然也。”这种说法不妥。“甬”字的本义为“桶”，是古代的一种量器，如《礼记·月令》：“角斗甬。”郑玄注：“甬，今斛也。”这是说“甬（桶）”就是汉朝的“斛（量器名）”。《淮南子·本经训》：“甬道相连。”这里的“甬”字实为“通”字的通假字，所谓“甬道”就是“通道”，多指两座高楼间有棚顶的通道，也指两旁有墙的驰道或通道。至于《红楼梦》中所说的“那媳妇……刚走到甬道”，这里的“甬道”是指庭院里居中的道路，至今山东省胶东等地区还称“甬路”。

① ② ③

这就是“杳无音讯”的“杳（yǎo）”字，一看形体，就知道字义的大概。你看甲骨文①的上部是树木，根部是“日”（太阳），表示太阳已经落下去了，这就是“幽暗”的意思，所以“杳”字是个会意字。小篆②的形体与甲骨文相仿佛，上“木”下“日”。楷书③也相似。

“杳”字的本义是“暗”，如《管子·内业》：“杳乎如入于渊。”也就是说：幽暗得像进入深渊。从“幽暗”义又引申为“极远”之义，亦称为“杳冥”，如宋玉《对楚王问》：“翱翔乎杳冥之上。”也就是飞到极远之处。由“极远”又引申为“不见踪影”，如林景熙《仙坛寺西林》：“古坛仙鹤杳，野鹿自成群。”这个“仙鹤杳”可不是“仙鹤飞远”之意，而是不见踪影了。其实这个意义今天还用，如“杳无音讯”等。

如果把“杳”字倒过来，写为“杲”（gǎo 搞），它的意义与“杳”完全相反，不是“幽暗”，而是“光明”。因为“杲”字表明“日”（太阳）升到“木”（树）上，当然光明了。如梁简文帝《南郊颂》：“如日之杲。”就是说：像太阳那样光明。总之日落到树根下就是“杳”，表示幽暗，日升到树梢上就是“杲”，表示光明，二字很好区别。

① ② ③

“下帘危坐听松涛。”这个“松”字是形声字。①是金文的形体。左边是“公”，表声，右边为“木”，表形。②是小篆的形体，将金文的“公”与“木”的位置对换过来。③是楷书的写法。

《说文》：“松，木也。”也就是说“松”是树的名字，是一种常绿或落叶乔木，树龄很长。

在古籍中常见“松乔”一词，这是指古代传说中的仙人赤松子和王乔，后世大都借“松乔”指那些隐遁或长寿的人，如《旧唐书·魏徵传》：“可以养松乔之寿。”

请注意：“松树”的“松”和“松紧”的“松”本为二字，“松紧”的“松”本来写作“鬆”，原指头发散乱，在简化汉字时便以“松”代“鬆”了。

① ② ③

这是“翠柏高千尺”的“柏”字。金文①的下部是“木”，即柏树的形象，其上部是“柏球”（柏子）的样子。这本来是个象形字，可是小篆②把“柏球”讹变成“白”字，移到“木”的右边，并以“木”为形符，以“白”为声符，变成一个形声字了。楷书③则与小篆的形体相类似，也是个形声字。

“柏”字的本义就是“柏树”，也有写作“栢”的。但是《史记·河渠书》中的“柏冬日”，可别理解为“柏树到了冬天”，其实这里的“柏”字通作“迫”，是个假借字问题，“柏冬日”就是“迫近冬天”的意思。遇到这种情况，我们可以通过上下文的文意或工具书就能辨别清楚。

① ② ③ ④ ⑤ ⑥

“钻木取火，构木为巢。”这是“构”的初造字“冓”字。甲骨文①就像横竖之木的交构之状。金文②与小篆③的形体大致相似，都是从甲骨文的形体演变而来。④为楷书写法。因为“结构”“构造”等义都与“木”有关，所以到了楷书⑤则变成了左形（木）右声（冓）的形声字“構”了。但这个字笔画太繁，后来又造了一个新简化的左形（木）右声（勾）的新形声字“构”⑥。

“冓”字从“相交”的本义引申为“架”的意思，如《韩非子·五蠹》：“构木为巢，以避群害。”这是说上古人架木为巢避免群兽侵害。从这个本义还能引申为“造成”之义，如《韩非子·存韩》：“一战而不胜，则祸构矣。”这个“祸构”即祸患已经造成的意思。

“冓”字从“相交”的本义所引申出来的新义，后人往往另造新字来代替，但仍含有“双方”的意思在内，如雌雄交配为“交媾”，亲上作亲的男女结合叫“婚媾”，双方相遇叫“遘遇”，以货币交换对方的物品称为“購买”等。

① ② ③ ④

这个“析”字是个会意字。你看甲骨文①的形体，其左边就是一棵树（木），右边是一把平刃曲柄的大斧头（锛属），是用斧砍树（木）的意思。②是金文的写法，其左边仍是木，右边的大斧头变为“斤”形，不太像斧头的样子了。小篆③是直接由金文蜕变而来，形体基本相似，只是把直笔变为曲笔罢了。④是楷书的写法，也是从“木”从“斤”，没有发生过讹变。

“析”字本义就是“劈木头”的意思。如《诗经·齐风·南山》：“析薪如之何？匪斧不克。”“薪”就是木材，“匪”通“非”，“克”即成功。这话的大意是：怎样劈木材呢？非用斧头不能成功。邹阳《狱中上书自明》：“剖心析肝。”这里的“析”字的词义，也是从“劈”这个本义引申出来的，也就是“剖开”的意思。陶渊明的《移居》诗：“奇文共欣赏，疑义相与析。”这当中的“析”，是分析、辨析的意思。有人把《木兰诗》中的“朔气传金柝”误为“传金析”，那可就错了，“金柝（tuò）”是古代用金属做的军中打更用的梆子，“析”与“柝”这两个字的形、音、义完全不同，不可混淆。

① ② ③ ④

“羁鸟恋旧林，池鱼思故渊。”这个“林”字是个同体会意字。甲骨文①就像并立的两棵树。金文②的形体同于甲骨文，小篆③也是从甲、金文字演变而来的，只是把直笔变成曲笔而已。楷书④则又把小篆的曲笔改为直笔，这样书写方便。

两棵树并列表示树木众多，因此“林”字的本义就是树林。从“林”字表树木多，后又引申为表示人或事物的会聚丛集，如《汉书·司马迁传》：“士有此五者，然后可以托于世，而列于君子之林矣。”后来也常称“儒林”“艺林”，说船只多则为“帆樯林立”等。

《史记·司马相如传》中有“洒以林离”一句话，后两个字不好理解。其实今天所写的“淋漓”，在上古就写作“林离”。后世人为了表意的需要，就给这两个字加了三点水，表示水流状，这就产生了两个新形声字“淋漓”了。

① ② ③ ④

这是“硕果累累”的“果”字，是个象形字。甲骨文①的下部是“树”（木），树梢上结满了果实。②是金文的形体，是在“木”上长了一个又圆又大的果实。③是小篆的形体，④是楷书的写法，都是由金文演变而来的。

明宣德剔红荔枝圆盒

“果”字的本义就是果子，如《韩非子·五蠹》:“民食果蓏（luǒ 裸）蚌蛤。”“果蓏”就是瓜果。这是说：老百姓吃的是瓜果和蚌蛤。这个字义，后世多写为“菓”。因为果子形圆而饱满，所以“果”字又当“充实”或“吃饱”讲，如吃不饱肚子就叫“食不果腹”。

在《孟子·尽心下》中有“二女果”一句话。这里的“果”就是“婐”字，本为“侍女”义，这里引申为“侍奉”义，所以这里的“二女果”就是“两个女儿侍奉”的意思。请注意：这里的“果”字若读为 guǒ（裹）那就错了，必须读为 wǒ（我）。

① ② ③

槠子，选自《本草纲目》

“廉颇者，赵之良将也。”这个“者”字本为象形字。①是金文的形体，其上部像槠（zhū）树形，其中四点象结子之形。朱芳圃认为：“当为槠之初文。”其下部的“口”为附加之形符。②是小篆的形体，下部讹变为“白”。③为楷书的写法。

《说文》:“者，别事词也。”许慎所言并非“者”的本义，而是假借义。其本义应是“槠”，一种树名。后世多用其假借义，主要做代词用，如许慎说的“别事词”，也就是说，或指人,或指事,或指物,或指时,等等。如《商君书·说民》:“治国能使贫者富。”“者”字用在动词、形容词之后，能组成“者”字词组，这种词组可译为“……的”“……的人（事、物)”。如《史记·淮阴侯列传》:“臣闻智者千虑，必有一失；愚者千虑，必有一得。”

另外，“者”字还可以做语气词，如《史记·晋世家》:“伍奢有二子，不杀者为楚国患。”

①　②　③　④

这是“花荣堪采”的“采”字，是个会意字。甲骨文①的上部是一只手（爪),下部是一棵树，树上的小圆圈表示果子，真是枝叶繁茂，硕果累累，手在果上表示采摘。②是金文形体，大体上与甲骨文相似，只是果形省掉了。③是小篆形体，与金文基本相同。④是楷书的写法，由小篆直接演变而来。

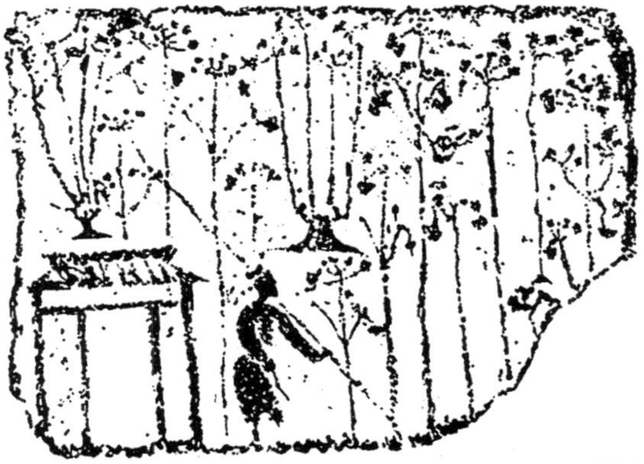

汉画像砖中的采桐图

“采”字的本义就是“采摘”，如《诗经·周南·关雎》:“参差(cēn cī）荇（xìng 杏）菜，左右采之。”“参差”，长短不齐的样子，“荇菜”，一种水生植物。诗的原意是：长短不齐的荇菜，左右两边采呀！由“采摘”之义又可以引申为“搜集”，如：“古有采诗之官。”(《汉书·艺文志》）由“搜集”之义又可以引申为“采取”，如：“采上古帝位号，号曰‘皇帝’。”(《史记·秦始皇本纪》）凡“采取”之“采”，后世也写为“採”。“采”字的上部本来就是手，可是又在其左增加一只手（扌)，真是重床叠架，实在没有必要。所以“採”字现在仍然写为“采”，这并不是新造的简化字，而实为借用古体字。

至于“衣被则服五采”(《荀子·正论》）中的“采”，那是指“彩色”，后世均写为“彩”。由“彩色”之义又可以引申为文章的词藻，如：“繁采寡情，味之必厌。”其大意是：只顾堆砌词藻而缺乏思想感情的诗文，读起来必然使人厌烦。

请注意：古代卿大夫受封的土地，称为“采邑”“采地”，如：“大夫有采以处其子孙。”(《礼记·礼运》)也就是说：大夫拥有采地，用来安置他们的子孙后代。这里的“采”字，不能读 cǎi（采），必须读 cài（菜）。

枷　枷

①　②

《三才图会》中的刑具——枷

“因嫌纱帽小，致使锁枷扛。”这个“枷”字是形声字。①是小篆的形体，左为“木”，右为“加”，是一个“从木加声”的形声字。②为楷书的形体。

《说文》：“枷，拂也。”不妥。因为“拂”（fú）是脱庄稼粒的连枷，而“枷”的本义却是脖子上戴的刑具，如《隋书·刑法志》：“凡死罪枷而拲（gǒng，手铐）。”这句话的大意是：凡是犯死罪的人，既要扛木枷，又要戴手铐。《京本通俗小说·错斩崔宁》：“将两人大枷枷了，送入死囚牢里。”

“枷锁”本为两种刑具，可是后来也专指“枷”或泛指刑具，如《隋书·刑法志》：“释枷锁焉。”《元曲选·燕青博鱼楔子》：“遇着晁盖哥哥，打开枷锁，救某上山。”

请注意：“枷”与“架”的组成部分相同，音也相近，所以“枷”有时也可以通“架”，如《礼记·曲礼上》：“不同椸枷。”“椸”读 yí，是晾衣服的竹竿。这句话的大意是：古代男女不能用同一条晒衣竿和同一个衣架（旧礼法：男女有别）。

桎　桎

①　②

这是“中罪桎梏”的“桎”字，读作 zhì，本为形声字。①是小篆的形体，为“从木至声”的形声字。②是楷书的写法，与小篆完全一致。

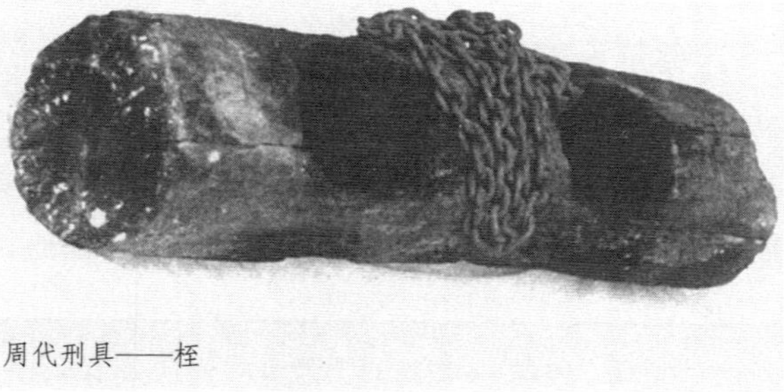

周代刑具——桎

《说文》：“桎，足械也。”也就是说“桎”字的本义为“脚镣”，如《周礼·秋官·掌囚》郑玄注：“在手曰梏，在足曰桎。”也就是说：锁在手上的手铐叫作“梏”，锁在脚上的脚镣叫作“桎”。古代“桎梏”常常连用，如《后汉书·钟离意传》：“意遂于道解徒桎梏。”也就是说：钟离意于是在路上解下了囚徒的刑具。因为桎梏是锁住人的刑具，所以“束缚”“约束”亦可称“桎梏”，如《庄子·德充符》：“以是为己桎梏邪？”大意是：把这个当作束缚自己的东西吗？

① ② ③ ④

这是个“相”字。甲骨文①的左边是“木”（树），右边是“目”（眼睛），用“目”看树木就是“相”的本义。所以“相”字是个会意字。②是金文的形体，与甲骨文的形体基本相同，只是笔画变粗了一些。小篆③与甲骨文的形体相类似。④是楷书的写法。

从以上的形体分析中可以看出，“相”字的本义就是细看或观察，如《左传·隐公十一年》：“相时而动。”也就是“见机行事”的意思。从“看”这个本义引申出来的第一个义项就是“相面”（一种迷信活动），如《史记·淮阴侯列传》：“相君之面，不过封侯。”“相面”中的“相”字是个动词，再发展引申一步就成为名词“相貌”，如荀况说：“长短、大小、善恶形相，非吉凶也。”（《荀子·非相》）这就是说：人体的长短、大小以及相貌的美丑，与此人一生的吉凶毫不相干。从本义“看”又能引申出看与被看的双方，凡是双方就有“互相”义，如《左传·隐公元年》：“不及黄泉，无相见也。”其意是不死不相见。从“互相”又引申出帮助的关系，如《论语·宪问》：“管仲相桓公。”是说管仲帮助齐桓公。从“帮助”又引申为帮助国君的人为“相”（即宰相）。由此可见，只要准确掌握本义，那么这个词的整个词义体系也就可以“鱼贯而行”了。

① ② ③ ④

这“欣欣向荣”的“荣”字原是个象形字。你看金文①就像两棵交相争荣的花草，上部的六个点儿就是鲜花竞放的形象，真是荣华昌盛。②是小篆的形体，变得相当繁杂，花朵变成了两个“火”字，其下又变成了“木”字。③是楷书的形体，与小篆的写法基本相同。④是简化字，即把两个“火”字变成了草字头，由八画简化为三画，书写方便。

“荣”字的本义是指草木开花，如：“草荣识节和。”（陶潜《桃花源诗》）也就是说：草木也知按时令节气而开花的。由“草木开花”之义又能引申为谷类秀穗，如：“黍稷无成不能为荣。”（《国语·晋语》）这里的“黍稷（jì 记）”是指庄稼。这句话的意思是：庄稼长不好，是不能秀穗的。从以上的两个义项又能引申为“茂盛”，如：“木欣欣以向荣。”（陶潜《归去来兮辞》）由“茂盛”之义又可以引申为“光荣”“荣誉”等义，如：“荣者常通，辱者常穷。”（《荀子·荣辱》）大意是：荣誉者常通达，而耻辱者常困窘。

请注意：“荣”与“荥”的形体很相似，容易搞错。如有人把河南省荥阳市读为“荣阳市”。其实这两个字的形、音、义均不相同，“荥”的下部是个“水”字，读 xíng（形）。

① ② ③

杜甫有“山家蒸栗暖”的诗句。这个“栗”字就是指栗子（或称板栗）。你看甲骨文①的形象多有意思！其下部是一棵栗子树（木），树冠上长着周身带刺的栗子（栗子壳就是全身长刺的）。小篆②的上部发生了讹变，把“栗子”变成了“𠧪”，其下是“木”。楷书③的上部又变成了“覀”，根本看不出栗子的形状了。

“栗”的本义就是“栗子”。因为栗子的皮是坚硬的，所以“栗”字又能引申为“坚硬”义，如《荀子·法行》：“（玉）栗而理。”就是说，玉石不但坚硬而且有文理。古人把害怕也叫“栗”，所以又产生了一个左形右声的新形声字“慄”，如《汉书·扬恽传》：“不寒而慄。”就是“不冷但直发抖”（指害怕的意思）。那么《礼记·聘礼》“栗阶升”中的“栗”字又是什么意思呢？这是“历”字的假借字，本为“历阶升”之意，即按一层层台阶而上。值得注意的是，古代在“战栗”的意义上，“栗”和“慄”可以通用，但在“栗子”及“坚硬”的意义上，只能写作“栗”，而不能写作“慄”。现在“慄”字已废除，规范为“栗”。

① ② ③

“开轩面场圃，把酒话桑麻。”这个“桑”字本为象形字。甲骨文①上部为树冠，下部有树根，多像一棵树！②是小篆的形体，上部的树枝形讹变为三个“又”，其本义并未变。③是楷书的写法。

《说文》：“桑，蚕所食叶木。”也就是指养蚕的桑树，如《诗经·豳风·七月》：“遵彼微行，爰求柔桑。”大意是：沿着小路向前走，寻找何处有嫩桑。

《农政全书》中的采桑图

在古书中常见“桑榆”一词，本指日落时余光所在的地方，说的是“晚暮”，后来多用“桑榆”比喻人的垂老之年，如张华《答何劭》：“从容养余日，取乐于桑榆。”

“桑梓”本指桑树和梓树，这都是古代家宅旁边常栽之树。“由木及人”，所以也常用为“父老”的代称，如《诗经·小雅·小弁》：“维桑与梓，必恭敬止。”大意是：是故乡的桑树和梓树（父老所栽的），定要敬重。后世也因之用作“故乡”的代称。

“桑间濮上”本谓桑间这地方是在濮水之上，为古卫国之地。据《汉书·地理志下》记载，互相爱慕的青年男女常在这里约会。所以旧时文人因称男女幽会为“桑间濮上之行”，亦简作“桑濮”。

① ② ③ ④

“覆巢之下，焉有完卵？”这个“巢”字读作cháo，本为象形字。①是甲骨文的形体，其下为树木之形，上部为鸟巢形。②为金文的形体，与甲骨文形体相似。③是小篆的形体，其上部像巢上有三只鸟的样子。④为楷书的写法。

云南沧源岩画中的巢居图

《说文》：“巢，鸟在木上曰巢。”这是根据小篆的形体而想象出来的，甲骨文和金文本无三鸟之形。“巢”字的本义就是“鸟窠”，如《诗经·召南·鹊巢》：“维鹊有巢，维鸠居之。”“维”字为语首助词。诗的大意是：喜鹊把巢筑好，而斑鸠飞来住进去了。由“鸟巢”可以引申为敌人或盗贼藏身之地，如《新唐书·杜牧传》：“必覆贼巢。”也就是说：一定要端了贼寇的老窠。古代有一种乐器，其下部像鸟巢的形状，所以也称为“巢笙”，如《尔雅·释乐》：“大笙谓之巢。”

① ② ③

这个“椓”字读作 zhuó，本为象形字。甲骨文①是一头腹朝左、背朝右、头朝上、尾朝下的豕（猪），腹部的小点是表示公猪的生殖器已被割下。②是小篆的形体，即在“豖”的左边加“木”，表示以木将生殖器枷掉，由原来的象形字变为会意兼形声的字。③是楷书的写法。

《说文》：“椓，击也。”许慎所说的“击”为引申义。“椓”字的本义应为“去势”，即对人施以宫刑，如《尚书·吕刑》有“劓、刵、椓、黥”等刑罚。“劓（yì）”为割鼻子，“刵（èr）”为割耳朵，“椓”为割生殖器，“黥”是在脸上刺字，也叫“墨黥”。“椓”由“宫刑”义又可以引申为“宦官”，如《诗经·大雅·召旻》：“昏椓靡共。”这是说：昏庸的宦官不慎供其职。由“椓”又引申为“敲击”之义，如《诗经·周南·兔罝》：“椓之丁丁。”大意是：打桩的响声丁丁。

阉牛图（右），汉画像砖，河南方城出土

① ② ③ ④

“望梅止渴。”这个“梅”字本为象形字。①是金文的形体，下部是梅树（木），枝上长了一个大梅子。②是古文的形体，是并栽的两棵梅树，上部均长了梅子。（前面的两种形体，实际上就是后世的“楳”字。《说文解字注》：“《召南》之‘梅’，今之酸果也。”正是指梅子。）③是小篆的形体，变成“从木，每声”的形声字了。④为楷书的写法。

梅（左）和楠（右），选自《本草纲目》

《说文》：“梅，枏也，可食，从木每声。”许慎的说法不确。“枏”是“楠”的异体字，是指一种常绿的乔木，也名“梅”，不能食。

后世的“梅”则是一种酸甜的果子,俗称“梅子”,如《诗经·召南·摽有梅》:“摽有梅,顷筐塈之。”意思是:梅子完全落了地,拿着浅筐来拾取。这是两种不同的植物,取“梅”为酸果之名,可能是假借“梅”为“楳”吧。

“梅雨”是因为正值梅子黄熟时,江淮流域常是连天阴雨,所以也叫“黄梅雨”。那么为何书中还常写作“霉雨”呢?那是因为空气长期潮湿,衣裳、器物易霉,所以“梅雨”也就被写作“霉雨”了。

① ② ③

这是“荆棘丛生”的“棘”字,读作 jí,本为象形字。①是金文的形体,就是两株酸枣树,全身都长着刺。②是小篆的形体,与金文相似。③是楷书的形体。

酸枣,选自《本草纲目》

《说文》:“棘,小枣丛生者。”“棘”的本义即指“酸枣树”,如《诗经·邶风·凯风》:“凯(大)风自南,吹彼棘薪。”意思是:大风从南方吹来,吹乱了酸枣树上的枝条。后来,凡是有刺的草木均可称为“荆棘”,如“荆棘丛生”。

“棘”字可做“瘠”字的通假字,是“瘦”的意思,如《吕氏春秋·任地》:“棘者欲肥,肥者欲棘。”至于《左传·隐公十一年》“子都拔棘以逐之”的“棘”,则是“戟”字的通假字。那是说:子都(人名)拔戟而追赶颍考叔(人名)。有时“棘”字还可以做“急”字的通假字,如《诗经·小雅·采薇》:“玁狁(xiǎn yǔn)孔棘。”“玁狁”是上古北方的一个少数民族。这是说:玁狁来犯很紧急。

请注意:“棘手”是说荆棘刺手,比喻事情难办,千万不要误读为“辣(là)手”。

① ② ③

这个“森”字是个会意字。你看甲骨文①就是一排三棵树的形象,这真是树木丛生,森林茂密。②是小篆的形体,“林”上有“木”,这并非说树上有树,而是为了美观和符合方块字结构的要求。③是楷书的写法,是由小篆直接演变而来。

“森”的本义就是树木丛生，如《说文·林部》：“森，木多貌。”今天的“木”就是古代的“树”，所谓“木多貌”就是树木众多的样子。树木众多就往往有阴森之感，所以“森”又能引申为“阴森”“森严”，如“屋内阴森”“戒备森严”等。

请注意，当“森森”连用时，若理解为“森严”那就错了。“森森”一词仍然是繁密的意思，如杜甫的《蜀相》诗：“锦官城外柏森森。”“锦官城”就是指成都，这句诗是说：成都城外，柏树茂密成阴。由此义又可以引申为阴沉可怕或寒气迫人，如“阴森森”“寒森森”等。

① ② ③ ④

这是“极目楚天舒”的“楚”字。你看甲骨文①非常形象，左右都是树木（即为“林”），中间是个“足”（脚），这就表示人足历山林，是“开发山林”之义。可见“楚”字是个会意字，但也兼有形声，因为它也是上形（林）下声（足）的形声字。（上古“足”与“疋”是一个字，都是脚形。）②是金文的形体，③是小篆的形体，④是楷书的写法，都与甲、金文字的形体一脉相承。

“楚”字的本义为“开发山林”。楚人的祖先可能最初以开发楚地为自豪，因而称自己的国家为“楚国”。由“山林”之义又引申为一种丛生灌木，称“楚”，也叫“荆”。如《说文》：“楚，丛木，一名荆也。”后来，把打人的荆条也称为“楚”，再引申一步，把“打”叫作“楚”，如：“入狱楚掠。”（《新唐书·严郢传》）也就是说：入狱而受到拷打。凡挨“打”就有痛苦，所以又引申为痛苦，如：“何其楚痛。”（《史记·孝文本纪》）其意是：多么痛苦。现在还有“苦楚”“酸楚”等词。

请注意，在古典诗文中常有“楚腰”一词，这是指女子的细腰。《韩非子·二柄》中有这样两句话：“楚灵王好细腰，而国中多饿人。”也就是说：楚灵王最喜欢细腰，所以首都有很多人不敢吃饱肚子。

① ② ③ ④

“久在樊笼里，复得返自然。”这个“樊”字本为会意兼形声的字。①是金文的形体，上部为篱笆之形，下部是一双手，表示双手编织篱笆，字的上部既表意也表音。②是小篆的形体，省掉了两只手，颇像园圃周围的篱笆的样子。③也是小篆的形体，由金文演变而来。④是楷书的写法。

《天工开物》中的插图，上方为篱笆环绕的房屋

《说文》："樊，鸷（zhì，鷙）不行也。"许慎说的是引申义。"樊"字的本义是"篱笆"，如《诗经·小雅·青蝇》："营营青蝇，止于樊。"大意是：嗡嗡飞舞的大苍蝇，停在园圃的篱笆上。由名词"篱笆"可以引申为动词"筑篱笆"，如《诗经·齐风·东方未明》："折柳樊圃，狂夫瞿瞿。""狂夫"指监工的小吏，其大意是：砍柳条给菜园筑篱笆，狂夫吓得左右瞧。篱笆有围拢作用，所以"樊"又可以引申为关鸟的笼子，如《庄子·养生主》："泽雉十步一啄，百步一饮，不蕲（qí）畜乎樊中。""蕲"通"期"，当"希望"讲，也就是说：泽地的野鸡十步吃一口，百步喝一口，绝不希望被关在笼子里。

篱笆均在边缘，所以"樊"又可以引申为"边"，如《庄子·则阳》："夏则休乎山樊。"所谓"山樊"，也就是指山边。

① ② ③ ④

汉画像砖中奔跑的鹿

古人说："鹿奔林中谓之'麓'。"这话很对。你看甲骨文①左边是"木"，右边也是"木"，两个"木"字当中有一只鹿在朝左跑，可见这个"麓"字是个会意兼形声的字。②是金文的形体，把当中的"鹿"字换成了"录"字，就由原来会意兼形声变成了纯形声的字了。小篆③由甲骨文变来，"林"字被移到"鹿"的头上，书写方便，也很美观。④是楷书的形体，与小篆大体相同。

"麓"字从"鹿奔林中"的本义引申为"山脚下"的意思，如在王夫之的《小云山记》中说："大云之北麓有溪焉。"这是说，在大云山北面的山脚下有一条小河。这个"麓"字我们现在还在用，如"天山南麓""昆仑山北麓"等。不过这里的"麓"字有山坡的意思。

攴部

① ② ③ ④

这个“攴（pū 扑）”字是个象形字。甲骨文①的右下部是一只右手，其上部是一根皮鞭（或带杈的木棍），这个字是手执皮鞭扑打之义。金文②的形体和小篆③的形体基本上同于甲骨文。④是楷书的写法。

“攴”字的本义就是“扑打”，如《说文·攴部》：“攴，小击也。”到了后世，这个“攴”字就被“扑”字代替了。

“攴”字是个部首字，在汉字中凡由“攴”字所组成的字均有“打”“击”的意思，如“攻”“牧”“效”“教”“敝”等字。

① ② ③ ④

“琴瑟时未调，改弦当更张。”这个“改”字本为会意字。①是甲骨文的形体。左边为“巳”，实象人形，右边为“攴”，一只手拿着鞭子打。郭沫若说：“殆象扑作教刑之意，子跪执鞭以惩戒之也。”②是金文的形体，与甲骨文相似。③是小篆的写法。④为楷书的写法。

《说文》：“改，更也。”这是对的。“改”字的本义为“更正”“改变”，如《荀子·臣道》：“故因其惧也而改其过。”

在古籍中常有“改容”一词，一般不做“改变面貌”解，而是“改变神色”的意思。如《后汉书·王龚传》：“龚改容谢曰：‘是吾过也。’”大意是王龚改变了神色而致歉说：这是我的过错。旧时称妇女再嫁为“改醮”，如《晋书·李密传》：“父早亡，母何氏改醮。”

① ② ③

这是“攻城不畏坚”的“攻”字。①是金文的形体，其左是个“工”字，其右是个“攴”字。“攴”字的本身就有“攻打”的意思，所以“攻”字是一个左声右

战国铜器上的攻战图

形的形声字，其本义就是攻击（或攻打）。②是小篆的写法，其形体与金文基本相似。但是到了楷书③就大变样了，表意的“攴”旁变成了“攵”（反文旁）。

“攻”的本义是“攻打”，如《孙子兵法·形篇》：“不可胜者守也，可胜者攻也。”从“攻打”引申为“抨击”，如陈亮《上孝宗皇帝第一书》：“狂妄之辞不攻而自息。”还可以从“攻打”引申为“制作”，如《左传·襄公十五年》：“使玉人为之攻之。”意思是：使雕玉的工匠替他雕刻玉石。有的人读《诗经·小雅·车攻》时说：“‘我车既攻’，就是‘我的战车已经攻上去了’的意思。”这就不对了，这里的“攻”字应解为“坚固”，这是从动词“攻击”远引申为形容词“坚固”的意思。

① ② ③ ④

“一夜连双岁，五更分二年。”这个“更”字本为形声字。①是甲骨文的形体，上部是“丙”，表声，下部是“攴”，表形，即象手握马鞭的形状。于省吾先生认为：“更即古文鞭字。”②是金文的形体，上部又增加了一个“丙”字，其义未变。③是小篆的形体。④为楷书的写法。

《说文》:“更，改也。”其实，“改”并不是“更”字的本义，而“鞭”才是本义，不过这个本义早已被“鞭”字所代替。“更”作为“改变”义用，如《商君书·更法》:“贤者更礼。”所谓“更礼”，就是更改旧礼制。由“更改”可以引申为“调换”，如晁错《论守边备塞书》：“一岁而更。”也就是说：（守边的军队）一年调换一次。“更”字还由“改变”引申为“经过”义，如柳宗元《小石城山记》：“更千百年，不得一售其伎（技）。”大意是：经过千百年，不能施展其技能。“更”字还可以读作“gèng”，那是“另外”或“再”的意思，如王之涣《登鹳雀楼》:“欲穷千里目，更上一层楼。”

请注意：古代的“更”与“改”的词义有别，“改”字除了“改变”义外，并没有“交替”或“调换”义，而“更”字却有这些词义。

① ② ③ ④

“风入园林寒漠漠，日移宫殿影枚枚。”这个“枚”字本为会意字。①是甲骨文的形体，左边像手执工具、扑打右边的树木。②是金文的形体，左边为树木之形，右边是手执一把大砍刀向树干砍去。③是小篆的形体，其右边变为“攴”，意义没有变。④是楷书的写法。

《说文》：“枚，干也。”其实，“枚”字的本义是“砍树干”，后来才引申为“树干”的意思，如《诗经·周南·汝坟》：“伐其条枚。”大意是：砍伐那楸树枝干。古人也常用树条做马鞭子，因此“枚”字又可以引申为“马鞭子”，如《左传·襄公十八年》：“以枚数阖。”“阖”为“门扇”义，这是说：用马鞭子指点着数门扇。另外，“枚”字还可以从“树干”义引申为“木片”义，如《诗经·豳风·东山》：“勿士（事）行枚。”所谓“行枚”也就是“横枚”，指古代行军时横衔在战士口中的小木片，以防止其喧哗。诗句的大意是：不要再去把兵当。后世“枚”字又能引申为量词，如谢惠连《祭古冢文》：“有五铢钱百余枚。”也就是说：有五铢钱一百多个。“枚”字后世多做量词用。

牧场图，汉画像砖

① ② ③ ④

“借问酒家何处有，牧童遥指杏花村。”这就是“牧童”的“牧”字，这个字很形象。①是甲骨文的形体，其左是一只手拿着鞭子，其右是迎面看的牛头的形象（代表牛），这就是拿鞭子赶牛，表示放牧的意思，可见“牧”字是个会意字。金文②的左边是“牛”，右边是手拿鞭子的形象，所以甲骨文的左边和金文的右边都是个“攴”字。小篆③是随金文的形体演变而来的。楷书④的左边看不出像“牛”，右边也没有手执皮鞭的模样了，不过从其组成部分来看，是完全一致的。

“牧”字的本义就是“放牧”。当然，绝不能说只有放牛才称“牧”，其实放羊、放猪、放马、放骆驼等均可以称“牧”。（在甲骨文中还有从“羊”从“攴”的“牧”字，写为“羖”。）

汉画像砖中的牧牛图

《汉书·元帝纪》中有“失牧民之术”的话，如果把这个“牧民”当成今天的“牧区的老百姓”讲，那可就不对了。其实古代的封建统治阶级称统治人民为“牧”，所以“失牧民之术”就是失去了统治人民的办法。正因如此，又可从“统治”之义引申出官名叫“牧”，如“州长”叫“州牧”。《后汉书·刘焉传》：“太仆黄琬为豫州牧。”就是说：太仆官黄琬当了豫州的州长。

① ② ③ ④

这是“效法”的“效”字，是一个会意兼形声的字。甲骨文①的左边像两腿相交、正面立着的一个人，其右是一只手，拿着一条教鞭在鞭打左边的人，这就类似在旧教育制度下用教鞭打学生，逼迫学生学习。所以“效”字是“摹仿”或“学习”的意思。②是金文形体。小篆③的形体是由甲、金文字的形体直接演变而来的。④是楷书的写法。

“效”字的本义是“效法”或“仿效”。在《左传·文公元年》中有这样一句话：“效尤祸也。”“尤”就是过失，这句话的意思是：效法过失就一定带来祸患。这个意义后来都写作“傚”。由“效法”之义又可以引申为“效果”，也就是说“效法”的结果如何，如：“此富强两成之效也。”（《商君书·徕民》）这句话的原意是：这样才能获得富强的两全其美的良好效果。至于“效力”或“效劳”，那是“献出力”或“献出劳”的意思，如：“使臣效愚计。”（《史记·苏秦列传》）这里的“效”字是“献出”的意思，后来这个意义写作“効”。

请注意：从以上的例句可以看出，在古代“效”“傚”“効”这三个字的含义是不同的，“效法”写作“傚”，“效果”写作“效”，“效力”写作“効”。后来在废除异体字的时候则把“傚”“効”二字废掉了，只保留了一个“效”字。

① ② ③ ④

古人说："教不严，师之惰。"大意是：教得不严，是老师的怠惰。"教"字是个会意字。甲骨文①右边是一只手拿了一条教鞭(或棍棒)，左下方是个"子"(小孩)，"子"上的两个叉是被教鞭抽打的象征符号，这就是古代"棍棒政策"的教育，一边打还一边唠叨："不打不成材！"金文②与甲骨文的形体相似，只不过"子"上面的部分不同而已。小篆③又同于甲骨文的形体。④是楷书形体。宋朝的理学家朱熹对古文字学不太内行，他说："文孝谓之教。"他把右边的"攴"看成"文"，这就错了。

"教"字除了"教育"这个本义之外，还有古代诸侯王公的文告一类的文体也称为"教"。古人说过："教，效也。""教"也有"效法"或"学习"的意思。上级的命令下达以后，百姓要照办，所以文告也可以称"教"，如在萧统《文选》中有傅亮为南朝宋刘裕所作的《修张良庙教》等。从"教育"又可以引申为"使"的意思，如白居易的《琵琶行》："曲罢曾教善才服。"也就是说：乐曲奏完了，能使乐师都非常佩服。

① ② ③

这是"敝帚自珍"的"敝"字，是个会意字。甲骨文①左边的中间是"巾"(上古的"巾"即为"布")，其右是手持木棍之形，意思是手持木棍抽打一块布。左边的四个点儿即为打破后掉下来的布屑。小篆②的形体与甲骨文基本相似。③是楷书的写法，直接从小篆演变而来。

"敝"字的本义是"破旧"，如："敝庐何必广。"(陶潜《移居》)也就是说：破旧的房舍何必一定要宽广呢？由"破旧"之义又可以引申为"衰败"，如："吴日敝于兵。"(《左传·哀公元年》)这句话的意思是：吴国就是因为连年作战而一天天衰败下去。也正因为"敝"有"衰败"义，那么有的东西也会因为衰败而被抛弃，如《礼记·郊特牲》："敝之可也。"就是说：把它抛掉也是可以的。

也正因为"敝"有"破旧"义，所以古代对自己或自己一方也常用一"敝"字表示谦称，如："敝邑之众。"(《左传·襄公八年》)也就是说：我们国家的老百姓。后世又有"敝人""敝舍"等谦词。

① ② ③

这是“恭敬不如从命”的“敬”字，本为会意字。①是金文的形体，其左为“口”，其右为“攴（手执鞭形）”，表示牧人吆喝羊群，所以有“戒”义。②是小篆的形体，变为从“苟”从“攴”，成为会意兼形声的字。③是楷书的形体。

《说文》:“敬,肃也,从攴苟。”许慎认为“敬”是单纯会意字,不妥。实际上“苟”与“敬”为双声,所以应析为“从攴苟,苟亦声”。“敬”字的本义为“戒慎”“严肃”，如《诗经·周颂·闵予小子》：“维予小子，夙夜敬止。”大意是：啊！我的小子，早晚都要戒慎啊。《管子·内业》:“敬慎无忒(tè)。”意思为:严肃谨慎而无差错。由“严肃”又可以引申为“尊敬”“尊重”，如《三国志·蜀书·诸葛亮传》：“甚敬重之。”就是说：非常敬重诸葛亮。

请注意，古代“敬”与“恭”的含义有所区别。在《礼记·曲礼》的疏中说:“貌多心少为恭，心多貌少为敬。”可见“恭”着重于外表，“敬”着重于内心。现在“恭敬”是一个词了。

日 部

① ② ③ ④

这就是“旭日东升”的“日”字。甲骨文①和金文②都像太阳的形状，所以“日”是个象形字。③是小篆的形体，原来中间的一点则变成了一横。楷书④是依小篆的形体写为方形。

“日”的本义就是太阳，如《诗经·卫风·伯兮》:“杲杲出日。”“杲”是“明亮”的意思，这句话的意思是：明亮的太阳出来了。从太阳的本义引申为“白昼”，如“夜以继日”。又可引申为计量时间的单位，如《诗经·王风·采葛》：“一日不见，如三秋兮。”这是说：一天不见，就好像隔了三年似的。

“日”是白天，“夕”是晚上，可是“日夕”又是什么意思呢？这要具体分析。

有时当“朝夕”讲，如韩愈《潮州刺史谢上表》：“毒雾瘴氛，日夕发作。”大意是：毒雾和瘴气，朝夕发作。可是陶渊明《饮酒》诗：“山气日夕佳，飞鸟相与还。”这里的“日夕”却是傍晚的意思。有时“日”也当“天”讲，所以“日边”就是“天边”的意思，如李白的《望天门山》：“两岸青山相对出，孤帆一片日边来。”这个“日边”不能解为“太阳边”，而是指“天边”。

“日”字是个部首字，在汉字中凡由“日”字所组成的字大都与太阳有关，如“旦”“昔”“春”“晕”“朝”“晶”等字。

①　②　③　④

《木兰诗》：“旦辞爷娘去，暮宿黄河边。”可见“旦”与“暮”是相对的，“旦”是早晨，“暮”是晚上。甲骨文①的上部是“日”，下面的部分表示地面或水面。金文②是海上看日出的样子，火红的太阳刚跳出海面，其下部水日相连，好像还有半个太阳在水中。③是小篆的形体，“日”下部分变成了一条线。④为楷书形体。

有地面有太阳，表示太阳刚出来之意，可见“旦”字是个会意字，其本义当“早晨”讲。如《汉书·楚元王传》：“不寐达旦。”也就是一夜没睡，直到早晨。“旦夕”就是“朝夕”的意思。“旦旦”，是“天天”的意思，比如柳宗元《捕蛇者说》：“岂若吾乡邻之旦旦有是哉？”大意是：哪里像我的乡邻那样天天有担惊受怕的事呢？但是，《诗经·卫风·氓》中的“信誓旦旦”，你若解释为“天天发誓言”那可就错了。这里的“旦旦”是表示诚恳的意思，“信誓旦旦”也就是誓言很诚恳。

①　②　③　④　⑤

这个“昜”字读作 yáng，本为象形字。①是甲骨文形体。朱芳圃先生认为，该字上部的“日”是“灯缸也”。也就是说，“昜”本为灯形，表示“光明”义。②是金文的形体，下部的“彡”像“灯光之下射也”。③是小篆的写法，与金文相似。④为楷书形体。⑤为简化体，仅做偏旁用。

坐羊灯，汉代

《说文》：“昜，开也。”说“昜”字的本义为“开”，似不妥。从古文字的形体看，本义应为“光明”。据《汉书·地理志下》记载，交趾郡有曲昜县，注中说：“昜，古阳字。”上古常以“昜”代“陽”，如古代铜币安阳布、安阳刀等的“陽”字大都写作“昜”。

在现代汉语中，“昜”字仅做简化偏旁，不单独使用，均写作“𠃓”，如“杨”“炀”“扬”“旸”“汤”“场”“肠”“疡”“飏”“荡”等。

请注意：有一个形体近似的“易”字，作偏旁用时并没有简化，如“赐”“锡”“踢”“惕”“蜴”等字，不能以“𠃓”代“易”。

① ② ③ ④

“年盈八旬，力鼎志坚。”这个“旬”字本为象形字。甲骨文①就像是周匝循环的形状，表示周遍循环之意。②是金文的形体，中间增加一“日”字，表示“旬”与时间有关。③是小篆的形体。④为楷书的写法。

《说文》：“旬，遍也，十日为旬。”这是对的，如《庄子·逍遥游》：“旬有五日而后反（返）。”也就是说：十五天以后再回来。《韩非子·初见秦》：“围梁数旬。”“梁”是指魏国的都城，大意是：把魏国的都城包围了几十天。“十年”也可以称为“旬”，如白居易《偶吟自慰兼呈梦得》：“且喜同年满七旬。”所谓“七旬”就是七十岁。不过，今语所说的“我比你大两旬”，可不是“我比你大二十岁”的意思，而是说“我比你大二十四岁”。这是指每十二属相循环一次为一旬。“旬”字还可以由“周遍”义引申为“周”，如“旬月”就是满一月，“旬年”就是一周年（或满十年），“旬岁”就是一周岁或一周年。

① ② ③ ④ ⑤

这是“参商不相见”的“参”字，本为象形字。①是甲骨文的形体，下部为人形，人上有三颗星，表示参星高照。②是金文的形体，星的左下方有“彡”，表示星的光芒。朱芳圃说：“参象参宿三星在人头上，光芒下射之形。”③为小篆的形体，与金文相似。④为楷书繁体字。⑤为简化字。

《说文》：“曑，商星也。”“参”字的本义为星名，读作 shēn，如《诗经·召南·小星》：“维参与昴（mǎo）。”“参”与“昴”都是星宿名。“参商”是指参星与商星，这两个星宿出现在天空的时间迥别，一出一没，所以常用“参商”来比喻人们相隔两地不能见面。如曹植《与吴季重书》：“面有逸景之速，别有参商之阔。”意思是：见面短暂，像飞奔的光阴那样快；离别后又像参星与商星那样遥远。

“参”字是个多音多义字，读 sān 时即当“三”用，如《商君书·赏刑》：“此臣所谓参教也。”“三教”指赏、刑、教三事。又能引申为“三分”，如《左传·隐公元年》：“大都不过参国之一。”意思是：大都的城墙不能超过国都城墙的三分之一。读 cān 时，为“参与”“参加”义，如《汉书·赵充国传》：“朝廷每有四夷大议，常与参兵谋。”当“参”字读 cēn 时，常与“差”组成“参差（cī）”一词，表示长短不齐的样子，如《诗经·周南·关雎》：“参差荇菜（一种水生植物），左右采之。”“参”字读 shēn 时，除用于星名外，还用于植物名，如“人参”“丹参”“党参”“玄参”。

① ② ③ ④

这是“日昃近黄昏”的“昃”字，读作 zè，本为会意字。甲骨文①像“日”在“人”侧，表示太阳西斜了。②是金文的形体，“日”在“人”的右侧。③是小篆的形体，外部又增加“厂”，表示旁有山崖。④为楷书的写法，日移于崖上。

《说文》：“昃，日在西方时，侧也。”“昃”的本义是“太阳西斜”，如《易·丰》：“日中则昃，月盈则食（蚀）。”意思是说：太阳升到正中就要西斜，月圆以后就要亏了。谢混《游西池》：“景昃鸣禽集。”“景”为日光，这是说：日光偏西了，鸣鸟就要集巢了。

古籍中常见到“中昃”“下昃”。所谓“中昃”即指未时，在下午一时至三时；“下昃”即指申时，在下午三时至五时。李白《君子有所思行》：“太阳移中昃。”也就是说：太阳移于未时（已经是下午了）。

① ② ③

“日月有恒昏，雨露未尝晞。”这个“昏”字原为会意字。甲骨文①的上部为人形，其下为“日”，太阳降至人手以下，表示黄昏时分，这与“月”在人的腋下为“夜”是同样的道理。②是小篆的形体，原来的“人”形讹变为“氏”。③是楷书的写法。

《说文》：“昏，日冥也。”这是对的。“昏”字的本义为“傍晚”，如《诗经·陈风·东门之杨》："昏以为期，明星煌煌。"大意是：约定黄昏人相见，等到明星照满天。由此又可以引申为"昏黑"，如杜甫《茅屋为秋风所破歌》："秋天漠漠向昏黑。"从"昏黑"又可以引申为"模糊"，如韩愈《与崔群书》："目视昏花，寻常间便不分人颜色。"

"昏"字还可以做"婚"的通假字，如《诗经·邶风·谷风》："宴尔新昏，不我屑以。"大意是，你们安乐新婚，对我冷淡、不理睬。"昏"还可以做"暋（mǐn）"的通假字，做"尽力"解，如《尚书·盘庚上》："惰农自安，不昏作劳。"不过这里的"昏"字必须读作 mǐn。

① ② ③ ④

"夫功者，难成而易败；时者，难得而易失也。"这个"易"字本为象形字。①是甲骨文的形体，就像头朝上的一条蜥蜴的象形字。②是金文的形体，更像蜥蜴的样子了。③是小篆的形体，与金文相似。④为楷书的写法。

《说文》："易，蜥易，蝘蜓，守宫也。"许慎之说可信。当"易"被假借为"改变"义之后，那么当"蜥蜴"讲的"易"就写作"蜴"了。后世"易"字均用其假借义。首先，"易"被假借为"交换"义，如《荀子·正名》："以一易一……无得亦无丧也。"大意是：用一个换一个……没有多得也没有丧失。《盐铁论·本议》："农商工师，各得所欲，交易而退。"现在所谓"交易""贸易"也有"交换""互通有无"之意。由"交换"引申为"改变"，如《汉书·贾谊传》："易服色制度。"《荀子·乐论》："移风易俗。""易"字还可以当"容易"讲，如《史记·淮阴侯列传》："难得而易失也。"

请注意：《荀子·富国》中"至于疆易"里的"易"是"埸"（yì）"字的通假字，当"边界"讲。"易"与"昜"形体近似，容易混淆，做偏旁用时也不能写成"昜"。

① ② ③ ④

从甲骨文①的形体看，上部是"日"，下面是干肉之形，表示在日下晒干肉。而晒干肉非一日之功，时间长久就可以引申为"往昔"之意。②是金文的形体，与甲骨文的形体正相反。小篆③是从金文变来的，只是其上部的干肉之形发生了讹变。④是楷书的写法，完全走样了。

“昔”字从晒干肉这个本义就可以引申为“从前”的意思，如《盐铁论·非鞅》：“昔商君相秦也。”即从前商鞅为秦国的相。当我们读《庄子·天运》时，会见到“通昔不寐”的话，这里的“昔”字实际上是“夜”的意思，也就是说“通夜不能入眠”。有时“昔昔”连用，则与“夕”通，如《列子·周穆王》：“昔昔梦为人仆。”也就是夜夜梦见当人家的仆人的意思。不过今天我们都是用其“往昔”义，如“今昔对比”“忆往昔”等。

① ② ③ ④

“星星点点撒夜空”的“星星”，也正如甲骨文①左右两个小方块。金文②上部的三个“日”字，更是夜空繁星的形象。甲骨文中间像小树苗的部分和金文除去三个“日”的部分就是“生”字。③是小篆的形体，与金文的形体相似。到了楷书④则去掉了两个“日”，写为“星”。

星象图，汉画像砖

“星”字的本义就是天上的星星，如《荀子·天论》：“列星随旋，日月递炤。”就是说：群星运转，日月交替着照耀。所谓“星驰”，是表明飞快之意，犹如流星一闪而过。

① ② ③ ④

这个“春光明媚”的“春”字是一个会意兼形声的字。从甲骨文①看，说它是会意，其左边的上下两部分都是“屮”（草），中间是“日”，真可谓旭日东升，绿草萌发，大地回春了。说它是形声，其左是形，“日”在春草中，表意，其右是声符“屯”（“纯”字的初文）。金文②的位置发生了较大的变化，把声符“屯”移到了中间。小篆③也基本上同于金文，只是“屯”的曲笔朝右拐。④是楷书的写法，“草”和“屯”发生了较大的讹变，成了“夫”，根本看不出原义了。

“春”字的本义就是“春季”，如《荀子·王制》：“春耕、夏耘、秋收、冬藏，四者不失时，故五谷不绝。”至于高适的诗中所说的“一卧东山三十春”(《人日寄杜二拾遗》)，这里的“三十春”不是单指三十个春季，实际是说三十年。

“春情”一词多指春日的情景，如李群玉《感春诗》:“春情不可状，艳艳令人醉。”就是说：春日的情景难以形容,娇艳的景色令人心醉。可是“游步散春情”中的“春情”，是指男女互相爱恋之情。

再者，“春秋”一词常指“一年四季”或“史书”，不过有时却指“年龄”。如张孝祥《水调歌头·和庞佑父》词中所说的“富春秋”，那就是很年轻的意思。

请注意：“舂”与“春”的形、音、义均不相同。“舂”读为 chōng（充），下部是个“臼”字，是舂米的意思。这两个字形体相似，必须加以严格区别。

① ② ③ ④

这个“昶”字读作 chǎng，本为会意字。①是金文的形体，其左是波涛汹涌的河流，右上角是个太阳，表示日长。②是金文的另一种形体，“日”移于河流的左上角，意义未变。③是小篆的形体，与金文相似。④为楷书的写法。

《说文》:“昶，日长也，从日、永，会意。”《玉篇》也说“昶”为“日长”义。由“日长”义又可以引申为“通畅”“通达”，如陆机《五等论》:“天纲自昶。”“天纲”就是国法,这是说:国法自然通畅。嵇康《琴赋》中的“和昶”也为“畅通”义。

① ② ③ ④

“军功卓著，其名显扬。”这个“显”字本为会意字。①是金文的形体，右边是一个面朝左站立的人，左上为“日”，左下为“丝”，这就像人在日下晒丝的形状。②是小篆的形体，与金文的结构基本相同。③是楷书的繁体字。④为简化字。

《说文》：“顯，头明饰也。”所谓“头明饰”，也就是头上所戴的妆饰品，其实这并不是“显”字的本义。从字形看，其本义应为夏日之下晒丝。晒丝必然显露于太阳之下,有“显露”义。由“显露”引申为“显扬”，如《汉书·李广传》中的“显名”，也就是“显扬名声”的意思。著名的学说、学派就可以称为“显学”，如《韩非子·显学》：“世之显学，儒、墨也。”就是说：世上的著名学派，是儒家和墨家。

“显”有“尊敬”义，所以旧时对先人的敬称可以称“皇”，也可以称“显”，对死去的父亲称“显考”，对死去的母亲称“显妣”。

① ② ③ ④ ⑤

这个“晋”字是个会意字。甲骨文①上为两矢，下为“日”，实为一器物，好像两矢插进器中之形。②是金文的形体，下部更像器形。③是小篆的写法，与甲骨文相似。④是楷书繁体字的写法。⑤为简化字。

《说文》:“晉，进也，日出万物进。”其实“晋”的本义应为“箭”,箭插入器中，可以引申为“插”义，如《周礼·春官·典瑞》:“王晋大圭。”也就是说：大王插大圭。当“插”讲的“晋”，后世都写作“搢”，如《商君书·赏刑》:“搢笏（hù)。”“笏”是古代大臣上朝时手里所拿的手板。又可引申为“进”义，如班固《幽通赋》:“盍孟晋以迨（dài）群兮。”“孟”为“勉励”义,“迨”为“赶上”义，原话的意思是：为什么不勉励上进而赶上大家呢？现在还说升级为“晋级”。

① ② ③ ④

我们看甲骨文①的形体，大概能得知其义，中间是个“日”（太阳），周围是个光圈。小篆②只保留了“日”字，而它的下部则加了个“軍”字表示读音，这就成了“从日軍声”的形声字了。③是楷书的形体，是直接由小篆变来的。④是简化字，仅把“車”字简化为“车”。

“晕”的本义是指日晕、月晕，如《韩非子·备内》:“日月晕围于外。”也就是说：日月的周围有一个模糊的大圆圈。凡出现这种现象，天气往往要发生变化，或刮风或下雨。因“晕”有模糊不清之意，这就引申为人的眼花、昏眩义，如姚合《闲居》中有“眼晕夜书多”的话。我们现在所说的“头晕”“晕车”“晕船”等，都是从“晕”字的本义来的。

① ② ③ ④ ⑤

“置酒望白云，商飙起寒梧。”这个“商”字原为会意字。①是甲骨文的形体，下部是祭祀时所设的灵台，其上置薪，焚烧而祭天。这是殷商人的习惯。②是金文的形体，下面增加了一个“口”。③是籀文的形体，中间又增加了两个星形，象征大火之星，即为商星（星名）。④是小篆的形体，省去星形。⑤为楷书的写法。

《说文》：“商，从外知内也。”此说不妥。“商”字的本义为“焚柴祭天”，后则引申为星名，如曹植《与吴季重书》：“别有参（shēn）商之阔。”“参商”即指参星与商星，这是说：分别后就像参星和商星一样相距遥远。商星极红，古代也称为“大火”，这是商朝人所崇尚的，因此也就以“商”名其部族，继而又名其朝代。至于当“商人”讲，那是假借义，如《史记·苏秦列传》：“力工商。”即努力从事工商之业。

请注意：在古代“商”与“贾（gǔ）”是有区别的。靠运输奔走贩卖货物的称商，靠囤积营利的称为“贾”，所以习惯上也就概括为“行商坐贾”了。后来“商贾”连用，即泛指商人了。

① ② ③ ④

“尔曹身与名俱灭，不废江河万古流。”这个“曹”字实为会意字。①是甲骨文。上部是两个“東”，下部是一个“口”，“東”本为大口袋形，口袋本身就有“多”义，更何况二“東”了（其下部之“口”在甲骨文中常常无义），所以“曹”有“偶”“辈”“群”的意思。②是金文的形体，与甲骨文基本相似，只是将下部的“口”换成“日”（从“口”和从“日”相同，上古字例习见）。③是小篆的写法，近似于金文。④是楷书，简化了许多。

《说文》：“曹，狱之两曹也。”许慎所说的“两曹”（或作“两造”，古代“曹”与“造”通假），是专指狱讼之事的原告与被告，这并不是本义。其实“曹”字的本义应为“对”或“双”，比如宋玉《招魂》：“分曹并进。”这是说：一对对地并进。由“对”又可引申为“群”，如杜甫《曲江》：“哀鸿独叫求其曹。”“求其曹”也就是“求其群”的意思。由“群”又能引申为“辈”，如杜甫《春水生二绝》：“吾与汝曹俱眼明。”“汝曹”就是你们这一辈的意思。由“群”又可引申为“类”，如古时分科办事的官署也称为“曹”，如《后汉书·百官志》：“分为四曹。”也就是分为四科的意思。

① ② ③

这是“亮晶晶”的“晶”字。甲骨文①的形体是三个太阳堆在一起。本来一个太阳就够亮的了，那么三个太阳就更亮了，所以《说文解字》说：“晶，精光也，从三日。”这种三个同样的字所组成的会意字，就叫“同体会意字”。小篆②和楷书③也是三个“日”字，所以“晶”字的本义是“光亮晶莹”的意思。

“晶”也有“明净”之意，如宋之问《明河篇》：“八月凉风天气晶，万里无云河汉明。”古人也常以“晶晶”连用，表示明亮的样子，如欧阳詹《秋月赋》：“皎皎摇摇，晶晶盈盈。”

请注意：“晶”字是三个“日”组成的，如果写成三个“曰”那就错了。

① ② ③ ④

“似曾相识燕归来。”这个“曾”字本为象形字。①是甲骨文的形体，像古代蒸食的炊器。②是金文的形体，更像炊器。上为盖，中为腹，下面还加了底，做饭用。③是小篆的形体，与金文相似。④是楷书的写法。

《说文》:“曾，词之舒也。”此说不妥。“曾”为“甑（zèng）”的本字，是一种炊器。当“曾”字被借作虚词之后，在炊器的意义上就写作“甑”了，如《后汉书·范冉传》：“甑尘釜鱼。”就是说：甑中落下了很厚的尘土，釜中能够养鱼了。这是形容贫苦人家断炊已久。

“曾”当“乃”“竟”讲，如《诗经·卫风·河广》:“谁谓河广？曾不容刀。”“刀”本作“舠”，小船，大意是：谁说黄河宽又宽？竟容不下一条小船。“曾”还可做副词用，表示加强语气，如《列子·汤问》：“曾不若孀妻弱子。”大意是：连那寡妇和小孩子都不如。不过这里的“曾”应读作 cèng。“曾”也有“曾经”义，如李白《猛虎行》：“萧曹曾作沛中吏。”这是说：萧何、曹参曾经做过沛县的官。

请注意：杜甫《望岳》“荡胸生曾云”中的“曾”，却是“層（层）”字的通假字，表示重叠义。

① ② ③

这是“朝辞白帝彩云间”的“朝”字。在金文①的左边，上下部都是“屮（草）”，中间是个太阳，右边是水。本义是太阳从地面（草地）上升起时，潮水上涨了，所以“朝”的本义是早晨，是个会意字。后来因为“朝”字右边讹变成“月”，根本看不出水的样子，所以在“朝”字的左边又增加了三点水，写作“潮”，自此以后“朝”

字再不当“潮”字用了。小篆②的形体发生了讹变，其左边的上部和中部还与金文类似，可是下部却变得不像“屮（草）”的形状了，右边的“水”形却错变为上“人”下“舟”。③是楷书的形体，其左倒与金文有些类似，而右边却是从金文的“水”旁讹变为“月”旁，书写方便多了。

“朝”字的本义是“早晨”。因在早朝时君王要升堂理政，所以就称为上朝（cháo 巢），这样又引申出“朝廷”“朝代”等等。请注意，在上古“朝”和“覲”（jìn 近）的词义是不同的：诸侯在春季朝见天子称“朝”，秋季朝见天子称“覲”，后来就不管春季还是秋季，都可称为“朝”。再到后世，子见父母也可以叫“朝”了。

另外，如果我们在古书中见到“朝那”这一地名时，这里的“朝”字不能读为 zhāo 或 cháo，必须读 zhū（朱），“朝那”是西汉时的县名，在今甘肃省平凉市的西北。

① ② ③ ④

这是“量体裁衣”的“量”字，是一个会意字。甲骨文①的上部为“日”形，下部为“東”。于省吾先生认为这是“露天从事量度之义”。②是金文形体，上部为“日”形，下部为“重”的初文。③是小篆的写法。④为楷书写法。

《说文》：“量，称轻亘也。”“量”字的本义是“衡量”，如《韩非子·有度》：“使法量功，不自度也。”由“衡量”又可引申为“量器”，如《汉书·律历志上》：“量者……所以量多少也。”又：“斗者，聚升之量也。”由名词又能引申为动词“丈量”“测量”，如《庄子·胠箧》：“为之斗斛以量之。”不过这里的“量”必须读为 liáng，而不能读作 liàng。

“量”的远引申义为“气量”，含有“抱负”的意思，如《三国志·蜀书·诸葛亮传》：“刘备以亮有殊量，乃三顾亮于草庐之中。”大意为：刘备认为诸葛亮有不平常的抱负，于是就到诸葛亮的草屋中探望三次。

① ②

这是“一暴十寒”的“暴”字，本为会意字。①是小篆的形体，表示日出时双手拨米而晒之。②是楷书的写法。

《说文》：“㬥，晞也。”可见“暴”字正是“曝”的古字，其本义为“晒”，如《汉书·王吉传》中所说的“暴炙”，也就是晒烤之义。到了后世，在“晒”的意义上均写作“曝”，应读作 pù。

凡是晒就必须露于外，所以可以引申为“显露”，如司马迁《报任安书》：“功亦足以暴于天下矣。”猛烈而又紧急也可称“暴”，如《管子·小问》：“飘风暴雨为民害。”

在古籍中常有“暴虎”一词，见于《论语》《 诗经》等书，若解释为“残暴的老虎”那就错了。其实，“暴虎”为“无车徒步搏虎”之义。

曰 部

① ② ③ ④

这是“子曰诗云”的“曰”字。甲骨文①的下部是“口”，上面的一横表示说话时从口中出来的气（也有人说，一横是代表说话时发出的声音）。金文②的形体与甲骨文相似。小篆③的形体同于金文。④是楷书的形体。

“曰”的本义就是“说”，如《孙子兵法·计篇》：“孙子曰：‘兵者国之大事。’”这里的“孙子曰”就是“孙子说”。从“说”这个本义，又可引申为“叫作”。如马融《长笛赋》：“定名曰笛。”即定名叫作“笛”。

此外，“曰”字还可以当语气词用于句首，如《诗经·秦风·渭阳》：“我送舅氏，曰至渭阳。”也可用于句中，如《诗经·豳风·东山》：“我东曰归，我心西悲。”上面两句中的“曰”都是语气词，充字数而已。

“曰”与“谓”都是表示“说”的意思，后面都有所说的话，但二者有明显的区别：“曰”字与后面所说的话紧密相连，而“谓”字则不与后面所说的话紧密相连，另外，“曰”字可以做句首或句中语气词用，而“谓”字却不能这样用。

“曰”字是个部首字，在汉字中凡是由“曰”字所组成的字大都与说话有关，如“曷”“曶”（hū 忽）、“沓”等字。

① ② ③ ④ ⑤

“读万卷书，行万里路。”这个“书”字原为象形字。甲骨文①的上部是“聿(笔)”，也就是手执笔的形象，下部的“口”表示书写之物。②是金文的形体，上部仍为“聿”字，下部变成了“者”字，这就成为“从聿者声”的形声字了。③是小篆的写法，与金文基本相似。④为楷书繁体字。⑤为草书楷化的简化字。

《说文》:“书（書），箸（著）也。”“书”的本义即为“著写”，如《史记·孙膑传》:“斫（zhuó）大树白而书之曰：庞涓死于此树下。”大意是，砍掉大树的外皮，在其白处写道，庞涓死在这棵树下。由“写”又可以引申为“文字”，如“书画并佳”等。由“写”还可以引申为被写的对象书籍，如杜甫诗：“读书破万卷，下笔如有神。”另外，由“写”还可以引申为“书信”，如杜甫诗：“烽火连三月，家书抵万金。”

请注意，“书记”一词古今都用，但词义不同。比如《后汉书·仲长统传》:“少好学，博涉书记。”这里的“书记”是指“书籍”。《新唐书·高适传》:“掌书记。”这里的“书记”是指旧时官府中主管文书工作的人。

① ② ③ ④

这是“冠冕堂皇”的“冕”字，本为会意字。①是金文的形体，上部是个大帽子的形状，其内为“目”，代表人头。这就表示人头上有帽子。②也是一种金文的形体，其下部是面朝左侧立的“人”，上部是一顶大帽子。其实，①②就是“免”字，本来就当帽子讲。可是到了小篆③，则又在其上增加了一顶大帽子。④是楷书的形体。

《说文》:“冕，大夫以上冠也。”这是说：冕，是大夫以上的贵族所戴的礼帽。《左传·哀公十五年》:“服冕乘轩。”这是说：穿着大夫的衣服，戴着大夫的礼帽，乘坐高级车子。后来又特指帝王的礼帽，如“加冕典礼”。

古代帽饰之一——进贤冠

在古代，“冠”“冕”“巾”“弁”（biàn）“帽”的含义是有明显区别的。“冠”是帽子的总称，如《楚辞·渔父》:“新沐（洗头）者必弹冠。”这是说：刚洗过头的人，必先掸一掸帽子（再戴上）。“冕”是指帝王、诸侯、卿、大夫所戴的礼帽。“巾”是指扎在头上的织品，如李白《嘲鲁儒》：“首戴方山巾。”“弁”是皮革帽子，如《左传·襄公二十五年》：“不说（脱）弁。”就是说：不脱掉皮帽子。

请注意：“冕”字的上部不是“曰”而是“冃”，如“冒”“冔（xǔ，殷代冠名）”，均属于“冃”部，是指各种帽子。

止 部

① ② ③ ④

这个“止”字是个象形字。甲骨文①多像一只脚啊！脚趾朝左，脚后跟朝右。②是金文形体。③是小篆形体，这两种形体非常类似。④是楷书的写法，由小篆直接变来。

“止”的本义就是脚，如《汉书·刑法志》：“斩左止。”将一个人的左脚砍掉，是多么残酷的一种刑罚。后来在“止”的左边加了“足”旁，这就产生一个左形（足）右声（止）的新形声字“趾”了，所以“趾”就代表脚。

因为“止”本来指“脚”，那么“停止”义与脚有关（即“脚不前行”为“止”），所以“止”又引申为“停止”义，如《韩非子·难势》：“令则行，禁则止。”又如《诗经·秦风·黄鸟》：“交交黄鸟，止于桑。”“交交”是鸟叫的声音。这句诗的意思是：交交而鸣的黄鸟，栖息在桑树之上。“止可以一宿，而不可久处。”（《庄子·天运》）这里面的“止”字实为“只”的假借字，当“仅仅”或“只是”讲，做副词用。上面这两句话的意思是：只可以住一夜，而不可以长久住下去。

请注意，在《诗经》中，“止”字还可以当语气词用，如“景行止”。所谓“景行”就是大道，这句是说：在大道上行走啊！“止”字当语气词“啊”讲，这种用法在后世的诗文中几乎没有了。

“止”字是个部首字，在汉字中凡由“止”字所组成的字大都与脚有关，如“出”“此”“步”“陟（zhì 至）”等。

①　②　③　④

这是个“之”字。甲骨文①的下部是一条横线，表示这个地方，上部是一只脚趾朝上的脚，表示“从这里出发”的意思。所以“之”字的本义是“往”的意思。②是金文的形体，③是小篆的形体，大致都与甲骨文的形体相似。④是楷书的形体，它是由小篆蜕变而来的。

“之”字的本义是“往”或“到”，如《汉书·高帝纪》：“十一月，沛公引兵之薛。”意思是：十一月，刘邦带领军队到薛地去。由于“往”什么地方去，总是先有个出发地，而这个出发地则为“这”“此”，所以“之”也当指代词“这”“此”讲，如《诗经·周南·桃夭》：“之子于归。”就是说：这个女子出嫁。至于“之”当结构助词用时，那是假借字的问题，与其本义毫无关系，相当于现代汉语的“的”字，如《诗经·召南·羔羊》：“羔羊之皮。”即指“羔羊的皮”。

①　②　③　④

“东边日出西边雨，道是无晴却有晴。”这是刘禹锡的两句名诗。“日出”的“出”字，是个会意字。甲骨文①的下部是一条上弯的曲线，表示这是一个门口或土坑口，上部是一只脚趾朝上的脚，表示一只脚从门口或土坑口走出的样子。金文②也是这个意思，只不过那个门口或土坑口偏到右边了。小篆③发生了讹变，脚像个“山”字形，下面的门口或土坑口则仍能看出个大概。楷书④则变成了两个山字的重叠形。

“出”字的本义是“出去”，后引申为“发出”义，如《商君书·更法》：“于是遂出垦草令。”即为“发出开垦荒地的命令”。又能引申为“产生”义，如《荀子·劝学》：“肉腐出虫。”苏轼的《后赤壁赋》：“山高月小，水落石出。”这个“出”字是“出现”或“显露”的意思。

①　②　③　④　⑤

这是“朝发夕至”的“发”字，本为会意字。甲骨文①左下方是一只左手，手中执一长棒，棒的左右是两只脚，这是执棒前进的意思。②是金文的形体，又在其左侧增加了一张弓，持武器前进之意更加明显。③为小篆的形体，“弓”已移到两脚之内，同时又将手持棒的形体变为“殳（shū）”（殳也为古代的一种武器），仍为持武器出发之意。④是楷书的形体。⑤为简化字。

《说文》：“发（發），射發也。”这不对。“发”字的本义是“出发”，如白居易《长恨歌》：“六军不发无奈何。”再如《战国策·齐策一》：“王何不发将而击之？”由“出发”义又可以引申为“发射”，如《史记·孙膑传》：“暮见火举而俱发。”就是说：夜间见到点燃了火把后，便一齐射箭。从“发射”又可以引申为“发射的数量”，成为量词了，如《汉书·匈奴传》：“弓一张，矢四发。”“矢四发”也正是箭四枝的意思，如今天还说“十发子弹”“五发炮弹”。

请注意：《诗经·卫风·硕人》：“鳣（zhān）鲔（wěi）发发。”大意是：鳣鱼鲔鱼跳跃着泼泼作响。“发发”在这里做象声词用时，应读作 bō bō。

① ② ③ ④

这个“疋”字读作 shū，本为象形字。甲骨文①就像一条小腿下连其足。“疋”与“足”最初当是一个字。②是古玺文的形体，其下从“止”，词义未变。③是小篆的写法。④为楷书的形体。

《说文》：“疋，足也，上象腓肠，下从止。”许慎认为“上象腓肠”，不妥。从甲骨文形体看，像小腿连接膝盖，比“足”的词义范围大得多。到了后世，该字的本义渐渐消失，而为“足”字所代替。

“疋”字是个多音多义字。除了读 shū 以外，还读 yǎ。《诗经》中的《大雅》《小雅》有时就写作“大疋”“小疋”，《尔雅》也可写作“尔疋”。当“疋”字读 pǐ 时，那就是“匹”字的异体字。“三匹布”从前均写作“三疋布”。后来在废除异体字时，将“疋”字废除了，现在均写作“匹”。

① ② ③ ④

这个“此”字是个会意字。甲骨文①的左边是一只脚趾朝上的脚（止），右边站着一个面朝右的人，这就表明人站的地方称为“此”。金文②的形体与甲骨文相同，只是把甲骨文的空心脚变成了粗壮的脚。③是小篆的形体，变得脚也不像脚，人也不像人了。④是楷书的写法。

“此”字的本义是指“人站的地方”。从这个意义又可以引申为指示代词“这”，与“彼”或“那”相对而言，如《礼记·礼运》：“是谓大同。”意思是：这个就叫作大同。在庾信的《哀江南赋》中有这样一句话：“天何为而此醉。”这里的“此”字必须解释为“这样”，这句话的原意是：天为什么这样醉呢？

① ② ③ ④

这是“漫步春芳庭”的“步”字，是个会意字。甲骨文①的上部是一只脚趾朝上的左脚，下部是一只脚趾朝上的右脚，左右脚向前走动，就叫作“步”。②是金文的形体，是两只脚趾朝上的大黑脚。③是小篆的形体，是正反两个“止”，表示前进的左右两只脚。④是楷书的形体，其上部的“止”字还在，其下的“止”完全失去脚的样子了。

“步”字的本义是“行走”，如《战国策·赵策四》：“乃自强步。”意思是：于是自己勉强走路（散步）。再者，古代抬脚两次为一步，如：“不积跬（kuǐ 傀）步，无以至千里。”（《荀子·劝学》）所谓“跬步”就是古代的半步，相当于现在的一步。这两句话的大意是：不是半步半步地积累，就无法到达千里之外。至于“步”字做长度单位使用，也是从行走时两足之间的距离引申出来的。如周代的步最大，八尺为一步；秦代稍小，以六尺为一步。

我们读任昉《述异记》时，会见到这样的话：“吴江中又有鱼步、龟步，湘中有灵妃步。”这个“鱼步”“龟步”“灵妃步”是什么意思呢？其实这些“步”字都是“埠”字的假借字，指水边停船的码头。

请注意：有不少人把“步”字的下面错写为“少”，右侧多了一个点。

① ② ③

杜甫的《石壕吏》诗：“老翁逾墙走，老妇出门看。”是说老翁跳出墙去慢慢地“走”了吗？完全不是。你看金文①的上部是一个甩开两臂的人形，下部是一只大脚（止），

奔跑的猎人，布须曼人岩画

在跑呢！所以在古代“走”就是跑的意思。②是小篆的形体，上部的人形还在，只是下部的“止”不像脚形了。③是楷书的形体。

“走”字的本义就是“跑”，如《孟子·梁惠王上》：“弃甲曳兵而走。”这是说：打了败仗的军队，丢弃了铠甲拖着兵器逃跑了。从“跑”又可以引申为“奔向”，如《史记·萧相国世家》：“诸将皆争走金帛财物之府。”大意是：诸将都争着奔向藏有金帛财物的仓库。

古代的仆人侍奉主人是要小跑的，因此仆人也往往称为“牛马走”，如司马迁在《报任安书》中说：“太史公牛马走司马迁再拜言。”这里“牛马走”的意思是像牛马一样为主人服务的仆人。可见“牛马走”就当“仆人”讲。此后，仅一个“走”字就可以引申为对自己的谦称“我”，如张衡说：“走虽不敏。”（《东京赋》）这句话的意思是：我虽不聪敏。

请注意：“走”和“行”的古今词义是不同的，古代的“走”是现代的“跑”，古代的“行”才是现代的“走”。

贝部

① ② ③ ④ ⑤

甲骨文①就像左右两扇贝壳。金文②基本上像甲骨文的形状，中间连在一起。可是到了小篆③就发生了讹变，根本看不出贝壳的样子了。④是楷书形体，类似于小篆。⑤是简化字，从楷书的行草体变来的，仅有四笔，书写方便。

今天“贝”并没有什么可珍贵的，但是在上古却是一宝，可用作货币。许慎说，到了秦朝才“废贝行钱”。

“贝”字是个部首字，在汉字中，凡是由“贝”所组成的字，大都与钱财或贵重义有关，如“财”“货”“贯”“贷”“贸”“贺”“贵”“贿”“赂”“赃”“赁”“赈”“资”“赋”“赍”“赡”等。

①　②　③　④

这是“贤能云集”的“贤”字,本为形声字。①是金文的形体，其上部为“臤”，表声，下部为“貝”，即财物，财物多为“賢”。②是小篆的形体，与金文相似。③是楷书繁体字。④为简化字。

《说文》:“贤（賢），多才也。”这里是指有道德有才能，并不是本义，而是引申义，如《荀子·王制》:“尚贤使能。”这是说：崇尚和使用有道德有才能的人。又可以引申为“多”“胜过”，如《战国策·赵策四》:“老臣窃以为媪之爱燕后贤于长安君。”大意是：我私下认为您（赵太后）爱您的女儿（燕后）胜过爱您的儿子长安君。有才能的人称“贤人”，所以旧时对他人的敬称往往冠以“贤”字，如“贤弟”“贤侄”“贤妻”等。

请注意：“贤”字可做“艰”字的通假字，如《诗经·小雅·北山》：“我从事独贤。”也就是说，惟独我从事的劳动竟如此艰苦。

①　②　③　④　⑤

“寒风起，败叶飞。”这个“败”字是个会意字。甲骨文①的左边是张开的两扇贝，其右是一只手拿了一条木棍之类的东西要打坏贝，这就是“败毁”之义。金文②反而复杂化了，比甲骨文多了一个“貝”，好像是说：破坏更多的贝，就败坏得更严重，然而笔画太繁了。小篆③把金文中的两个“贝”减掉了一个，书写方便。楷书④的形体是由小篆直接演变而来。⑤是简化字。

“败”字的本义是“破坏”，如：“法败则国乱。”（《韩非子·难一》）这是说：法要是被破坏了，那么国家就要大乱。从“破坏”或“毁坏”之义又可以引申为饮食之物变味变质，如：“清醇（chún 纯）之酎（zhòu 宙），败而不可饮。”（仲长统《昌言·理乱》）意思是：纯净的好酒，若是变质而败坏也是不能再喝的。由“败坏”之义又能引申为“衰落”或“凋残”,如“衰败”“残败”“败叶”“败柳”等等。由此又可以引申为“输”或“打败仗”等义，如“敌众败走”“一败涂地”等。

在古书中经常见到“败北”一词，除了当“战败”讲，也可以指在竞赛中失利。如柳宗元《上大理崔大卿启》中有“败北而归”的话，也就是失利而归的意思。

① ② ③ ④

“富贵不能淫，贫贱不能移。”这个“贫”字是会意兼形声的字。①是《说文》中古文的形体，其外为大屋之形，其内为“分”，分什么？什么也没有，故为“贫”。商承祚先生认为：“去贝则贫，此存分之意而取无贝之实也。”②是小篆的形体，变成形声字，其上为“分”，表声，其下为“貝”，表形。③是楷书繁体字。④为简化字。

《说文》:“贫（貧），财分少也，从贝从分，分亦声。”许慎的说法是正确的。“贫”的本义即为“贫穷”，如《商君书·去强》:“国富而贫治，曰重富，重富者强。”大意是：国家已经很富了，却要当贫国来治理，这就会富上加富，只有富上加富的国家才会强盛。由“贫穷”又可以引申为“缺少”，如刘勰《文心雕龙·练字》：“富于万篇，而贫于一字。”这是说：虽然能写就一万篇好文章，但有时也会缺少一个很恰当的字眼。

请注意：“贫瘠”一词多指土地不肥沃，但古代有时也指“贫穷的人”，如《新唐书·李大亮传》：“大亮招亡散，抚贫瘠。”也就是说：李大亮招回流散的人，抚恤贫穷的人。

① ② ③ ④ ⑤

从甲骨文①的形体看，外部像是匣椟一类的容器，其内装有“貝”，这就有贮（zhù 柱）藏之意。金文②的形体与甲骨文类似，只是其中的“貝”写得更复杂一些。小篆③把“貝”移于匣椟之外，变成左形右声的形声字了。④是楷书的写法，直接由小篆楷化而来。⑤是简化字。

“贮”字在古代词义较为单纯，就当“贮藏”讲，如贾谊《论积贮疏》：“夫积贮者，天下之大命也。”这是说贮藏财物与粮食，是天下最重要的事情。这个“贮”字有时也可代“伫”字，是“久立”或“等候”的意思。

① ② ③ ④

“每逢危栈处，须作贯鱼行。”这个“贯”字本为象形字。①是金文的形体，用一条绳索穿着一串贝。②是小篆的写法，变成了形声兼会意的字了。③是楷书繁体字的写法。④为简化字。

《说文》:“贯（貫），钱贝之贯。”“贯”字的本义就是穿钱所用的绳索，如《史记·平准书》:“京师之钱累巨万，贯朽而不可校。”后面一句是说：腐烂的穿钱绳子数也数不清。从穿钱的绳子引申为钱的数量，铜钱一千个为一贯，如《京本通俗小说·错斩崔宁》:“丈人取出十五贯钱来,付与刘官人。”由穿钱又可引申为广义的“穿连”一切东西，如屈原《离骚》:“贯薜荔之落蕊。”意思是：把薜荔这种香草的落花穿连起来。至于《左传·襄公三十一年》“射御贯则能获禽”中的“贯”,实为“惯”字的通假字，是“习惯”之意。

请注意,《史记·伍子胥列传》:“伍胥贯弓执矢向使者。”这里的“贯”实为“弯”字的通假字，应读作 wān。

① ② ③ ④

“贸迁有无，各得其所。”这个“贸”字本为形声字。①是金文的形体。其上为“卯”,表声,其下为“貝”,表形。②是小篆的写法。③为楷书繁体字。④为简化字。

《说文》:“贸（貿），易财也，从贝卯声。”此说正确。“贸”字的本义就是“交易”“交换财物”，如《诗经·卫风·氓》:“氓之蚩蚩，抱布贸丝。”大意是：小伙装得很老实，怀抱布匹来换丝。由“交易”义又可以引申为“变易”，如吴质《在元城与魏太子笺》:“先后不贸。”也就是古今不变的意思。裴骃《史记集解序》:“是非相贸。”这是是非相变易。

请注意，《礼记·檀弓下》:“贸贸然来。”这里的“贸贸”是什么意思呢？实为“眊眊”的通假字，是说人受饿后眼睛都看不清了。古书中还常见“贸首”一词，那是指双方有深仇大恨，都想得到对方的头颅才甘心，有以头换头之意。

① ② ③ ④

这是“射人先射马,擒贼先擒王”的“贼”字。金文①的左边是一只手,右边是“戈”(武器)，中间是“貝”（贵重之物），这就表示“手持戈破贝”之意。②是小篆的形体，“手”靠近“戈”，更有持戈的意思。③是楷书的写法，与小篆的形体基本一致。④是简化字。

“贼”字的本义是“毁坏”，由“毁坏”就可以引申为“害”，如《墨子·非儒》：“是贼天下之人者也。”意思是：这是害天下人的做法。由“害”义又可以引申为“杀”，如《韩非子·内储说下》：“二人相憎，而欲相贼也。”就是说：二人相互憎恨，而想互相残杀。不过，我们读《三国志·魏书·董二袁刘传》时，会见到“董卓狼戾（lì力）贼忍”。这个“贼”字解释为“害”或“杀”等都不通，其实是“残忍”之义。当然这个“残忍”义也是从“害”或“杀”等义引申出来的。这句话是说：董卓这个人凶狠残忍。

请注意：在古书中，“贼”字往往用来指奴隶或农民起义军，如《后汉书·光武帝纪》：“赤眉贼入函谷关。”这是对西汉末农民起义军的污蔑。

另外，古代“盗”“贼”二字的意义和今天的词义正好相反：“盗”是指偷东西的人，如《荀子·修身》“窃货曰盗”，而今天的普通话却叫“贼”。古代“贼”是指抢东西的人，如“寇贼”等，而现代的普通话却叫“强盗”。

殳部

①　　②　　③

这个“殳（shū书）”字是个会意字。金文①的上部是一支弯柄的武器，下部是一只右手，就是手拿武器的意思。②是小篆的形体，与金文大致相同。③是楷书的写法。

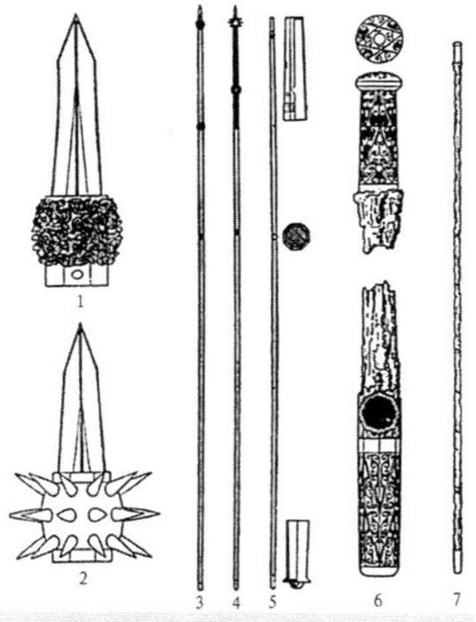

古殳形，其中1、2、3、4、5为曾侯乙墓出土，6、7为战国中山王墓出土

“殳”字的本义是一种武器，主要是撞击用，竹制，长一丈二尺，头上不用金属作刃，八棱而尖。比如《司马法·定爵》：“弓矢御，殳矛守。”就是说：弓箭可以抵御，殳矛可以防守。“殳”字是个部首字。一个字如果由“殳”字作为其组成部分的话，那么这个字则往往与“打”“杀”“撞击”有关：“殴”字当“打”讲，如“斗殴”；“毁”字也与打有关，如“击毁”等；“殺（杀）”字与“殳”有关，如“杀戮”等；“毄（jī击）”字当“打击”讲，如“毄兵”等。

①　②　③　④

这个“般”字本为会意字。①是甲骨文的形体，左边像一个器皿（盘），右边像以手执匙从器皿中取食。②是金文的形体，左边是舟形，早期古文字往往“皿”“舟”无别。③是小篆的形体，其右边讹变为“殳”。④为楷书的写法。

《说文》：“般，辟也，象舟之旋。”其实，“般”的本义应为“以匙从盘中取食”。“般”是“盤”的初文，因此又引申为“盘旋”，如《晋书·潘尼列传》：“般辟俯仰。”也就是说：盘旋俯仰。这是古代行礼时的动作姿态，这里的“般”应读作“pán”。

“般”大都用作“样”“种类”，如辛弃疾《鸥鸪天·送人》：“今古恨，几千般，只应离合是悲欢？”

“般”能做好几个字的通假字。通“搬”，如《旧唐书·裴延龄传》：“自冬历夏，般载不了。”“般载”即“搬运”义。通“斑”，如司马相如《封禅文》：“般般之兽。”通“瘢”，如《隶续·丹阳太守郭旻碑》：“加有瑕般。”

水部

①　②　③　④

《农政全书》中的水车

“双手推开窗前月，一石击破水中天。”这个“水”字是个象形字。甲骨文①的四个点之中有一条曲线，表示弯弯曲曲的水流之形。金文②和小篆③的形体基本上与甲骨文相同。④是楷书的形体，已经看不出流水之形了（一竖笔就是甲、金文字中间的一条曲线，左右部分则代表甲、金文字的四个点儿）。

“水”字的本义古今一致，不过由“水”字所组成的词，古今词义有很多是不一致的，需要注意。比如“水车”，现在是指一种提水工具，用以车水灌溉稻田，可是《南史·徐世谱传》中所说的“拍舰”“火舫”“水车”，都是指战船。再比如“水师”,在清代是指水军,如“长江水师、外海水师”等,但《国语》《国策》中也有“水师”一词，不是指水军，而是古代的官名，据韦昭说“水师掌水”。

至于“水客”，近代多指到处采购货物的商人，可是唐宋时代所说的“水客”是渔夫的代称，如梅尧臣《杂诗绝句十七首》：“买鱼问水客，始得鲫与鲂。”

“水”字是个部首字,凡由“水”字所组成的字大都与水有关,如“永”“沉”“沙”“涉”“浴”“渊”等字。

① ② ③ ④

这个“永”字是个象形字。甲骨文①就像水的主流所分离出来的一条向右的支流。金文②就更像水流的形状，“潺潺溪水”，涓涓不息。③是小篆形体，与甲、金文字的写法比较一致。到了楷书④，就变得看不出溪流的模样了。

“茫茫九派流中国”的“派”字，上古就写为“𠂢”，当水流讲，是水流的象形字。它与“永”字同字，甲、金文的形体也是①②的写法。到了后世，“𠂢”字仍保留“流水”的本义，并加了水旁写为“派”;而“永”字则由“长”义引申为“永远”“永久”之义。这样，“永”与“派”有了明确的分工。

“永”字的本义就是“水流长”，如《诗经·周南·汉广》：“江之永矣。”就是说：长江之水长流不断。由“水流长”义又可引申为“长”义，如陆云《大安二年夏四月大将军出祖王羊二公于城南堂皇被命作此诗》：“身乖路永。”“乖”是分离之义，就是说,身子分离,路途又长。由“长”又可以引申为“永远”,如《诗经·卫风·木瓜》:“匪报也,永以为好也。”“匪”通“非”,也就是说不是报答,而是永远要好。但是《尚书·舜典》“诗言志,歌永言”里面的“永”字,不是“永远”之义,而是指歌唱。这个“永”字后世写为“咏”。“永年”一词在古书中常见,如“永年之术”就是延年益寿的方法。后世人在给长辈写信时常有“躬祝永年”的话，也是“祝您长寿”的意思。

① ② ③

这个“汏”字读作 dà，本为会意兼形声的字，即“从水从大，大亦声”。①是甲骨文的形体，中间为人（大）形，身子的周围有水淋下，表示用水冲洗身子。②是小篆的形体，成为“水”与“大”的左右结构，词义未变。③是楷书的写法。

在《说文》中，“汏”作“淅”解，是淘米的意思。许慎的说法并非本义，而是引申义。其本义为“洗澡”，由“洗澡”引申为泛指“冲洗”，如吴方言的“洗”称为“汏”，洗衣裳就叫“汏衣裳”，洗头就称为“汏头”，这是北方人所罕知的。

《楚辞·九章·涉江》：“齐吴榜以击汏。”“吴榜”指吴地人所做的大桨，大意是：船夫们齐举大桨击起了水中的波浪。“汏”字由“洗”义引申为“波浪”义，不过这里的“汏”字必须读作 tài，所以在古籍中也常将“汏”写作“汰”。

①　②　③　④　⑤

这个“沈”字本为“沉”字。从甲骨文①看，是在水中沉没了一头牛（中间是牛头形），可见这是个会意字。到了金文②，左边好像是一个人颈上束着绳索，右边是水，是人沉到水中了。小篆③的形体与金文基本上一致，只是把左右部分的位置颠倒了一下。④是楷书的写法。⑤是楷书的形体发生了讹变。

“沈”字的本义就是“沉没”。后来因为“沈”字还兼地名和姓，古人又造了一个专当“沉没”讲的“沉”字，而让“沈”字专做地名或姓用了。这样，“沉”“沈”二字有了明确的分工。比如刘禹锡的《酬乐天扬州初逢席上见赠》诗：“沉舟侧畔千帆过，病树前头万木春。”这个“沉舟”就是沉没了的船。“折戟沉沙”，也不再写作“折戟沈沙”了。

至于“瀋阳”现在写作“沈阳”，这是借“沈”字当简化字用了。

请注意：“沈沈”二字连用时，多形容宫室很深的样子，这时读音也变了，应读为 tán tán（谈谈）。

①　②　③

“风急天高猿啸哀，渚清沙白鸟飞回。”这个“沙”是个会意字。从金文①看，左边是弯曲之水形，右边的四点是表示有很多沙粒，所以水边或水底的细小石子称为“沙”。②是小篆的形体，左边的“水”字没有变，右边的沙子变为“少”字了。③是楷书的形体，由小篆直接变来，同样都是会意字。

在古代文学作品中，经常会见到“沙场”一词。这个词本来是指“平沙旷野”，如应璩的《与满炳书》：“沙场夷敞，清风肃穆。”可是后来则多指战场，如祖咏的《望蓟门》诗：“沙场烽火连胡月，海畔云山拥蓟城。”这里的“沙场”即指古代的战场。至于古书上说的“沙堤”，不能理解为用沙子筑的河堤，而是专指唐代为新任宰相铺筑的沙面大路。后世所说的某人有“沙堤大权”，即指某人拥有最大的实权的意思。

① ② ③ ④

这是个“沬”（huì 会）字。从甲骨文①看得很清楚，右边是面朝左弯着腰的一个人，左下部放着一个器皿，左上方是人的手，即用手捧水在洗脸洗头。金文②也基本上是甲骨文的形象。可是到了小篆③就简化成左形（水）右声（未）的形声字了。楷书④与小篆的形体基本一致。

这个“沬”字的本义是洗脸。可是当它读为 mèi（昧）的时候，其词义与“昧”字相通，当“微暗”“无知”的意思讲。

值得注意的是：“沬”与“沫”是完全不同的两个字。后者的右边是“本末”的“末”字（下面的横画短），应读为 mò（莫），指“泡沫”“唾沫”。

《甲金篆隶大字典》中的“法”字

① ② ③ ④ ⑤

这是“泅水过河”的“泅”字，读作 qiú，本为会意字。①是甲骨文的形体，“子（人）”的周围是水，就像人潜入水中。②是古玺文的形体，左为“水”，右为“子”，表示人浮于水上。③是小篆的形体，与古玺文极相似。④是小篆的异体字，由会意字变为形声字。⑤为楷书的写法。

《说文》：“汓，浮行水上也。……古或以汓为没。”这是对的。“泅”字的本义为游水，或浮于水上，或潜于水中，如《列子·说符》：“人有滨河而居者……勇于泅。”也就是说：有一个居住在河边的人……勇于游水。

① ② ③ ④

“公私不可不明，法禁不可不审。”这个“法”字本为会意字。①是金文的形体，相当复杂。右边为“廌（zhì）”是古代神话中的一种怪兽，头上有角，见人相斗，主动地触无理者；左上部为“去”，左下部为“水”。总的意思是：古者决讼，“廌”

能“触不直者以去之”，执法公正。②是小篆的形体。③是楷书的古写体。④为楷书的后世通行体。

《说文》:“灋，刑也。”所谓“刑”，就是刑律、法令，如《韩非子·和氏》:“燔(fán)诗书而明法令。”也就是说：焚烧《诗经》和《尚书》等以严明法令。凡是“法”就要有固定的模式，由此就可以引申为“方法”，如《孙子兵法·九变》:“用兵之法。”有了某种方法就可以供别人或后人仿效,所以又可以引申为“效法”义，如《商君书·更法》:“便国不必法古。”“便”为“有利”义。也就是说：只要有利于国家，就不一定去效法古代。

请注意：在古代，“法”和“律”词义不同。“法”的含义广，多用于制度、法令；“律”的含义狭，大都指具体的条文。

① ② ③ ④

这个“彔”字本为象形字。甲骨文①就像辘轳在井中吊水的样子，在吊斗之下还有水在下滴。②是金文的形体，与甲骨文基本相似，但其下部又增加了水点的数量。③是小篆的形体，不像汲水的吊斗之形了。④为楷书的写法。

《说文》:“彔，刻木彔彔也。”此说不妥。实际上，“彔”的本义是“汲水的工具”，后世写作“辘轳”，如李璟《应天长》:“柳堤芳草径，梦断辘轳金井。”

请注意:“彔”字现在改为“录”,做“錄”的简化字，并且作为偏旁使用，如“禄”“碌”“箓”“渌”“绿”“逯”等。

《天工开物》中的辘轳图

① ② ③ ④

这是“明月松间照，清泉石上流”的“泉”字，是个象形字。你看甲骨文①的外形就像一个泉眼，泉水从中涓涓流出。金文②也像水从泉眼中流出的样子。小篆③是由金文直接变来的,其外为泉眼形,其内的“丁”字也是表示“一线如注”的细流。

古时泉布

④是楷书的写法，完全失去了泉水之形。

“泉”字本义是“泉水”。因泉水具有流动的特性，所以又引申为古代货币的名称为“泉”，如《汉书·食货志下》:“故货，宝于金，利于刀，流于泉。”其大意是：货币这东西，比金子还贵重，比刀还锋利，比泉水还要通行无阻。

请注意：“泉布”一词在古书中经常见到，若理解为“瀑布”就错了。其实在古代“泉”与“布”并为货币，所以统称货币为“泉布”。在《汉书·食货志下》中有这样的记载：“私铸作泉布者，与妻子没入为官奴婢。”这是说：假若有人私自铸造货币，那就要全家沦为奴婢。

① ②

“洗兵条支海上波，放马天山雪中草。”这个“洗”字本为形声字。①是小篆的形体，是左“水”右“先”的形声字。②是楷书的写法。

《说文》:“洗，洒足也。”也就是说，“洗”字的本义为洗脚，如《汉书·黥布传》:“汉王方踞床洗。”意思是：汉王刚坐在床边洗脚。后又引申为用水除去污垢，如王充《论衡·讥日》:“洗，去足垢；盥，去手垢。”杜甫《泛溪》:“得鱼已割鳞，采藕不洗泥。”因为“洗”就要清除干净,所以又可以引申为“弄光”“消除”,如岳飞《五岳祠盟记》:“洗荡巢穴。”

“洗”字还可以读 xiǎn，如“洗马”中的“洗”。“洗马”有二义：一是指官名，二是指马前卒。作姓用时，亦可写作“冼”。

请注意：古代的“洗”“濯”“涤”的含义有所区别。“洗”指洗脚，“涤”一般指洗刷器物，“濯”可指洗一切东西。后世则以“洗”的含义最广。

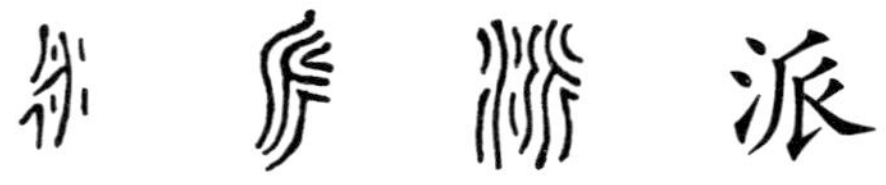

① ② ③ ④

“茫茫九派流中国，沉沉一线穿南北。”这个“派”字本为象形字。①是甲骨文，左边为“彳”，是支流的通道，右边为河的干流，干流分出一条支流进入通道，周围的四点表水形。②是金文的形体，中间的“人”字形像河流的主干分出一条支流。③是小篆的形体，左边又增加“水”旁。④为楷书的写法。

《说文》：“派，别水也。”所谓“别水”是指水的支流，如左思《吴都赋》：“百川派别，归海而会。”大意是：百川分出了很多支流，流到大海就汇聚在一起了。由“支流”义又可以引申为“派别”“流派”，如李商隐《赠送前刘五经映三十四韵》：“别派驱杨墨。”这是说：别的流派排斥杨朱和墨翟。由此又可以引申为指斥别人的不是或捏造事实诬陷人，如《红楼梦》第三十四回：“（薛蟠）又骂众人，‘谁这样编派我，我把那囚攮的牙敲了。’”

① ② ③ ④

这是“流衍四方”的“衍”字，本为会意字。甲骨文①的外部是“行”字，中间为河川，表示川流不息之意。②是金文的形体，中间是河流之形。③是小篆的形体，中间变为“水”，但不管怎样，长流水之意未变。④为楷书的形体，中间仍为“水”。

《说文》：“衍，水朝宗于海也，从水从行。”所谓“朝宗于海”，即“百川归海”义。由此又可以引申为“延展”“漫延”，如《尚书大传·虞夏传》：“至今衍于四海。”《后汉书·桓帝纪》：“流衍四方。”由“漫延”又引申为“盛多”，如杜笃《论都赋》：“国富人衍。”也就是说：国家富强，人丁兴旺。由“漫延”又引申为“平坦”，如张衡《西京赋》：“广衍沃野。”其意为：广阔而平坦的肥沃的土地。“衍沃”则是指土地平坦而肥美，如《左传·襄公二十五年》：“井衍沃。”这是说：把平坦肥沃的土地划为井田。“衍沃”后世多作“沃衍”。

① ② ③ ④ ⑤

“视酒如浆。”这个“浆”字本为会意字。甲骨文①的左下角为几案形，右下角为肉形，上部的三个点为血的溅滴之形。甲骨文中未见单独的字，“[illegible]”（shán）字的上部有的为此形。②是《说文》中古文的形体，省去了肉形，血滴变为“水”形。③为小篆的写法，又增加了肉形。④为楷书繁体字。⑤为简化字。

《说文》：“漿，酢漿也，从水，將省声。”其实“浆”字的本义为“血浆”，后来引申为一种带酸味的饮料，如《诗经·小雅·大东》：“或以其酒，不以其浆。”大意是：有的人喝他的酒，而不喝他的酸味饮料。《周礼·天官·浆人》：“掌共（供）

王之六饮：水、浆、醴、凉、医、酏。”后来，“浆”又可引申为“酒”，如《史记·魏公子列传》：“薛公藏于卖浆家。”也就是说：薛公这个人藏在卖酒人的家里。

请注意：“浆”与船桨的“桨”字形体近似，如书写潦草极易混淆。

① ② ③

这个“浴”字本来是个会意字。甲骨文①的下部是一个大器皿，中间盛有水，水中站着一个曲背弯腰面朝左的人，人的周围有四个点儿，表示人在洗澡。可是到了小篆②则发生了讹变，成了左形（水）右声（谷）的形声字了。③是楷书的形体，基本上同于小篆。

清代澡堂情形

“浴”字本义是洗澡，如《楚辞·渔父》：“新浴者必振衣。”这是说：刚洗过澡的人，必定先抖抖衣服，然后再穿上。

请注意：在古代“沐”和“浴”是不一样的。“沐”是指洗头，如《史记·屈原传》：“新沐者必弹冠。”就是说：刚洗过头的人，必定先弹去帽子上的尘土再准备戴上。而“浴”字则是指洗澡。“沐浴”连在一起就当“洗澡”讲，也可作为比喻义用，就是受润泽或得到某种恩惠的意思。

① ② ③ ④

这是“涉清流”的“涉”字。这个字是个会意字。你看甲骨文①多有意思，中间是一条弯弯曲曲的水，而水的上下两边有左右两只脚（脚趾均朝上），一前一后地趟水而过，所以“涉”字的本义就是趟水过河（徒步而渡）。金文②与甲骨文的形体基本相似。小篆③变得复杂了，左右两边都是“水”，中间是个“步”（上下两只脚）字，也表示徒步渡水之意。④是楷书的写法，左“水”右“步”，比小篆简单多了。

“涉”字本义是“徒步过水”，如屈原的《九章·哀郢》：“江与夏之不可涉。”大意是说：长江和夏水都无法徒步而过。从本义引申为“进入”或“到”，如《左传·僖公四年》：“不虞君之涉吾地也。”就是说：不料您进入了我们的国土。由“到”义又可以引申为“经历”，如“动涉岁月”即经历了很长的时间的意思。从“经历”又可以引申为“阅览”义，如《后汉书·仲长统传》：“博涉书记。”就是阅览了很多书籍。我们现在说“涉猎群书”，也是这个意思。

① ② ③ ④

“桃花潭水深千尺，不及汪伦送我情。”这个“深”字原为会意字，与“探”字出于同一个字源“罙”。甲骨文①就像一只大手在一个洞穴中探测深浅。②是金文形体，同于甲骨文。③是小篆的形体。④是楷书的写法，其左增加了“水”旁，表示水深。

《说文》中也有“深”字，那是专指水名：“深水出桂阳南平，西入营道。”而“穼(罙)”，《说文》则说“深也”，这是对的。但许慎又说：“从穴从火，从求省。”他以小篆为依据，将“罙”的内部误认为是“火”字再加上“求”的一部分所组成，这是主观臆测。

“深”字的本义就是指“水深”，与“浅”相对，如《诗经·邶风·谷风》：“就其深矣，方之舟之。”大意是：遇到了深潭，便乘上竹筏木船。由“水深”又可以引申为“时间久”，如白居易《琵琶行》：“夜深忽梦少年事。”

请注意：“深刻”一词现在为“透彻深入”义，如“对作品做了深刻的分析”等。但古代却往往指“苛刻”“严峻”，如《汉书·食货志上》：“刑罚深刻。”这是指刑罚苛刻严峻。

① ② ③ ④ ⑤

这是“如临深渊”的“渊”字。甲骨文①的外围像一个大水潭，其中有三条曲线，表示水形。金文②的右边像一个水潭，当中有“水”，但其左又加上了水旁，这就多此一举了。③是小篆的形体，基本与金文相类似。④是楷书的写法，由小篆演变而来。⑤是简化字。

“渊”字的本义是“深潭”，如《庄子·列御寇》:“夫千金之珠，必在九重之渊。”这是说：那种非常名贵的珍珠，一定是藏在极深的深潭之中。由“深潭”之义又可引申为“深远”义，如《诗经·邶风·燕燕》：“其心塞渊。”这里的“塞”字是“实在”义，这句话的意思是：其心实在深远啊！我们现在还说的“渊博”“渊源”等，也是“深远”“精深”的意思。

请注意 :“渊泉”一词, 一般是指“深泉”。可是庾信所说的“动渊泉之虑”(《贺新乐表》)，是比喻想得广泛，思虑深远。

① ② ③ ④ ⑤

“月落乌啼霜满天，江枫渔火对愁眠。”这个“渔”字是会意兼形声的字。说它是会意，因左“水”右“鱼”，是在水中捕鱼之义；说它是形声，因左形（水）右声（鱼），是个形声字。甲骨文①的右边是“鱼”，左边是“水”。金文②的形体繁杂多了，不过会意的意味更浓，上部的左边是“水”，上部的右边是“鱼”，下部是两只大手，这就表明在水中捞鱼摸虾就叫“渔”。小篆③却变得没有多少意思了，因为把金文中的双手换成一条鱼，反而造成了书写上的不便。④是楷书形体，比小篆少了一条鱼，很有必要。⑤是简化字。

捕鱼情景（局部），汉画像砖

“渔”字当“捕鱼”讲, 古代极为普遍, 如《周易·系辞下》:“以佃以渔。”这是说，既打猎(佃)又捕鱼。从这个意义又引申为用不正当的手段去夺取, 也叫“渔”。如《汉书·何并传》：“以气力渔食闾里。”这就是说：用武力去掠夺乡村的老百姓。

请注意 :“渔猎”一词本指捕鱼、猎兽，可是徐陵《在北齐与宗室书》中的“渔猎三史”，前二字若解释为“捕鱼猎兽”可就讲不通了。须知，这里的“渔猎三史”是指“涉猎三史”，也就是博览三史之意。

至于说“渔火”，那是专指渔船上的灯火，如张继的《枫桥夜泊》诗：“月落乌啼霜满天，江枫渔火对愁眠。姑苏城外寒山寺，夜半钟声到客船。”

① ② ③ ④

“渐觉一家看冷落，地炉生火自温存。”这个“温”字本为会意字。在甲骨文中，“温”“浴”很可能就是一个字。甲骨文①“人”旁的四个小点是水汽，像人在容器中洗身的样子，所以有“温”义。②是小篆的形体，左边是“水”，右边的形状仍与洗浴有关。③是楷书异体字的写法。④为楷书通行体，将“囚”改为“曰”，书写方便。

《说文》：“溫，水。”这是说“温”字本为一条河流的名字，不妥。“温”字的本义就是“暖”，如王充《论衡·寒温》：“夫近水则寒，近火则温。”由“暖”引申为“温和”，如《诗经·邶风·燕燕》：“终温且惠，淑慎其身。”“终”为“极”义，“淑”为“善”义，大意是：极温和而且恭顺，自奉谨慎善修身。“温暖”有渐渐渗透的意思，所以就产生了“温习”一词，如《论语·为政》：“温故而知新，可以为师矣。”大意是：温习旧的知识，却能有新的发现，（这样的人）就可以做老师了。

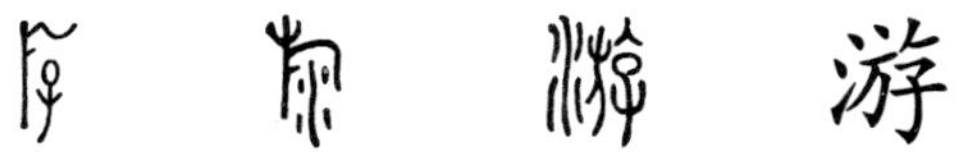

① ② ③ ④

“浮云蔽白日，游子不顾反。”这个“游”字本为象形字。①是甲骨文的形体，左边是一杆大旗，右下部是一个人，像人执着一杆旗。②是金文的形体，将人换成水形，表示旌旗之飘动像水流之形。③是小篆的形体，将甲骨文和金文合在一起，变得很繁杂。④为楷书的形体。

《说文》：“游，旌旗之流也。”许说仅为引申义，本义为“人执旗子”，由此可以引申为旗子的飘动，又可以引申为在水上漂浮，如《诗经·邶风·谷风》：“就其浅矣，泳之游之。”“泳”是在水中潜行，诗的大意是：遇到那浅的河水，水下潜泳、水上浮游，都能渡过。后来，“游”也泛指游泳，如《韩非子·难势》：“越人善游矣。”这是说：越国人是很善于游泳的。后又可以引申为“游玩”，如晁错《论守边备塞书》：“幼则同游。”由“游玩”可以引申为“交往”，如《汉书·枚乘传》：“与英俊并游。”

请注意：古代“游”与“遊”的含义有所不同。在陆地上活动，如“遊戏”“遊览”等，“游”“遊”可以通用；在水中活动，如“游泳”“浮游”等，只能用“游”。现在“遊”字已废除，只能用“游”字了。

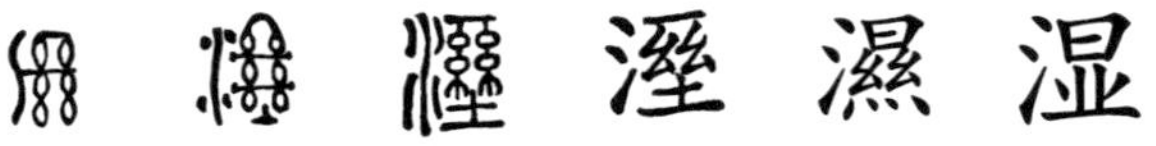

① ② ③ ④ ⑤ ⑥

“住近湓江地低湿，黄芦苦竹绕宅生。”这个“湿”字本为会意字。①是甲骨文的形体，右边本为丝接续之形，左边是“水”，意思是水将丝渗湿。②是金文的形体，在丝下增加了一个“土”字，表示土湿。③是小篆的形体。④为楷书的写法。⑤本为水名，后世则把它借来当“湿”字的繁体字用。⑥为简化字。

《说文》：“溼，幽湿也。”所谓“幽湿”，也就是渗湿的意思。由此就可以引申为“潮湿”，如《韩非子·存韩》中的“湿地”，也就是指潮湿的地方。由“潮湿”可以引申为“沾水”，如王昌龄《采莲曲》：“争弄莲舟水湿衣。”

请注意，“湿湿”连用时音就变了，应读作“qì qì”，而不能读作“shī shī”。如《诗经·小雅·无羊》：“尔牛来思，其耳湿湿。”“湿湿”是牲畜的耳朵摇动的样子。这两句诗的大意是：你的羊来了呀，（它们反刍时）耳朵频频地摇动着。

① ② ③ ④

这是“失足溺水”的“溺”字，原来写作“休”，读作 nì，本为会意字。①是甲骨文的形体，左边是个“人”，右边是“水”，表示人沉没于水中。②是小篆的形体，与甲骨文相似。③是楷书的形体。④为“休”的假借字，“溺”字本为水名，后世在“沉没”的意义上则借“溺”代“休”。

《说文》：“休，没也，从水人，读与溺同。”许说正确。“溺”的本义为“沉没”“淹没”，如《三国志·吴书·吴主传》：“范等兵溺死者数千。”这是说：吕范等部的士卒淹死在水中的有好几千人。由“沉没”可以引申为“沉湎”，无节制的意思，如《晋书·宣帝纪》：“溺于利者则伤名。”大意是：沉湎于私利的人就会损害名声。

请注意，《史记·范雎蔡泽列传》：“宾客饮者醉，更溺雎。”“更”为“轮流”义，这里的“溺”字当“小便”讲，应读为 niào（尿）。所谓“更溺雎”，就是轮流向范雎身上撒尿。

① ② ③ ④

这是“如胶似漆”的“漆”字，本为象形字。①是金文的形体，象一棵漆树的形状，其中的四个点表示有漆滴下。②是古陶文的形体，与金文相类似。③是小篆的形体。④为楷书的写法，左边又增加了“水”，表示“漆”为液体，这就成为“从水桼声”的形声字了。

《说文》：“桼，木汁……桼如水滴而下也。”许说甚是。我国使用天然漆已有数千年的历史，如《尚书·禹贡》：“厥贡漆丝。”即进贡漆与丝。《诗经·鄘风·定之方中》：“树之榛栗，椅桐梓漆。”大意是：栽上榛树和栗树，又植椅、桐、梓、漆各种树。古书中的“漆车”一词，并非指油漆的车子，而是指黑车，因为古代的漆有调成黑颜色的。

请注意：古代的“漆宅”并不是说有油漆的宅子，而是指油漆的棺材，如陶縠《清异录·丧葬》：“只赢得一座漆宅。”也就是说：只赢得了一口棺材。

① ② ③

“澡身浴德。”这个“澡”字，本为会意字。①是甲骨文的形体，中间是一只右手之形，其中的六个小点像水，表示用水洗手的意思。②是小篆的形体，变成了“从水喿声”的形声字了。③是楷书的形体。

《说文》：“澡，洒手也，从水喿声。”许慎说的“澡”字本义是正确的，但从甲骨文的形体看则为会意字，小篆变成了形声字。

“澡”字由“洗手”这个本义，可以引申为一般“洗”“冲洗”，如《史记·龟策列传》：“以清水澡之。”《三国志·魏书·管宁传》：“澡洗手足。”

在古籍中多见“澡身浴德”一语，这当中的“澡”并非“洗澡”义，而仍为“洗”义。此语最早出自《礼记·儒行》，旧时多以此谓砥砺志向，使身心纯洁清白。

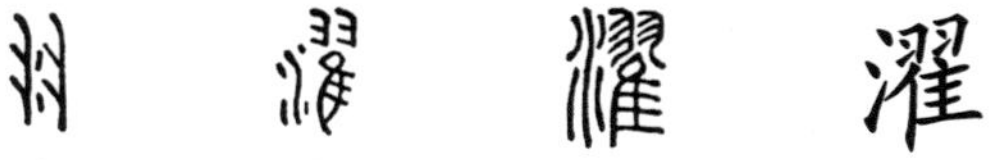

① ② ③ ④

周代铜罍

“何时此岩下，来作濯缨翁。”这个“濯”字读作zhuó，本为会意字。①是甲骨文的形体，其左右两侧是两把笤帚之形，中间是“水”，表示洗涮、洗涤。②是金文的形体，变为“从水翟声”的形声字了。③是小篆的形体，与金文极为相似。④为楷书的写法。

《说文》：“濯，浣也，从水翟声。”“濯”字的本义为“洗涤”，如《诗经·大雅·泂酌》：“挹彼注兹，可以濯罍。”“罍（léi）”是古代盛水或酒的器物。大意是：从那里打水注到这里，可以洗涤罍。《楚辞·渔父》：“沧浪之水清兮，可以濯我缨。”“缨”是帽带子。这是说：沧浪河的水多清呀，可以洗涤我的帽带子。

古籍中常见“濯濯”一词，一般是指光泽的样子，如《诗经·大雅·崧高》：“钩膺濯濯。”所谓“钩膺”是马脖子上和腹部的带子上的装饰品，这是说：钩膺光泽耀眼。

请注意：在古代，“洗”“涤”“濯”的含义是有同有异的。“洗”字本指洗脚，而后世则可以代“濯”“涤”用。而“涤”只能指洗物品、器皿，不能指洗手洗脚。“濯”字的意义最为广泛，洗衣、洗器物及洗手脚均可用“濯”字。

収 部

① ② ③ ④

这是个“収（gǒng 巩）”字，是个会意字。甲骨文①是左右两只手对举的样子。金文②和小篆③的形体也基本上同于甲骨文，都表示双手对举。④是楷书的写法。

“収”字一般都不单独使用，而只是充当一个字的部首。凡由“収”所组成的字大都与手或动作有关。“収”到了楷书里，已变为“丌”或“廾”或“六”，如“具”“戒”“兵”等。

① ② ③ ④

“欲为千金之裘，而与狐谋其皮。”这个“与”字本是会意兼形声的字。①是金文，四角是四只手，中间是个“与”字，表音，下面的“口”，表示一个器物。其大意是一双手交一件器物给另一双手。②是小篆的形体，其下部省略了“口”。③是楷书的形体，直接由小篆演变而来。④是简化字，只保留了楷书中的读音部分，书写时省事多了。

《说文》：“与（與），党与也。”所谓“党与”就是同盟者的意思。许慎的看法不妥，因“党与”并非“与”字的本义。从金文的形体分析看，其本义是“给予”“授予”义，读作 yǔ。如《史记·项羽本纪》：“与斗卮（zhī）酒。”就是给（他）一大杯酒的意思。从“给予”可以引申为“结交”，如“相与为邻”。由此又引申为“参加”，读作 yù，如“与闻其事”“ 与会者十余人”。至于《礼记·礼运》中“选贤与能”里的“与(舆)”字，可不能解释为“给予”“结交”“参加”,而是“舉”字的假借字。这句话的原意是：选拔贤才，举荐能人。

请注意，当“与”字出现在文言句尾时，大都做语气词用，如《汉书·贡禹传》：“有所恨与？”即：“有所恨吗？”这个意义后来均写为“欤”。做语气词的“与”不读 yǔ、yù，应读作 yú。

① ② ③ ④

这是“斗争”的“斗”字。甲骨文①是面对面的两个武士，头戴武士帽，伸着手互相搏斗。②是小篆的形体，变得不像人形了。③是楷书的写法。④是简化字。

“斗”字本为“升斗”之“斗”，在这里是借来作“鬥”字的简化字用，现在就按“斗争”的“斗”来分析。

“斗”字的本义是“打架，斗争”，如《史记·商君列传》：“民勇于公战，怯于私斗。”也就是说：老百姓在公战方面勇敢，在私斗方面胆怯。在韩愈《答张十一功曹》诗：“吟君诗罢看双鬓，斗觉霜毛一半加。”这里的“斗”字若解为“升斗”或“斗争”中的“斗”都不通，其实它是“陡”字的假借字，是“突然”的意思，也就是说：读完您的诗再看双鬓，突然觉得白色的鬓发增加了一半。

周代陶制摔跤手，上海博物馆藏

在古书中常见到“斗茶”一词，是以茶相斗争吗？不是的，这是古人比赛茶的好坏的意思。

请注意：“斗争”的“斗”字在古代有好几个异体字，如“鬥”“鬦”“鬪”“鬭”这四种写法，在废除异体字时把后面三种笔画繁多的形体都废掉了，可是第一种仍嫌笔画多，书写不便，所以又借“升斗”的“斗”字来代替，写、读、辨、记都方便多了。

① ② ③ ④

“但愿人长久，千里共婵娟。”这个“共”字本为会意字。①是甲骨文的形体，像左右两只手捧着一件物品。②是金文的形体，与甲骨文极为相似。③是小篆的写法。④为楷书的写法。

《说文》:“共，同也。”许慎认为“共”字的本义是“同”，这不妥。因为从“共”字的甲、金文等形体看，是双手“供奉”一件物品，所以其本义应为“供”，如《周礼·夏官·羊人》：“共其羊牲。”就是说：供给他羊的祭品。由“供给”可以引申为“恭敬”，如《史记·贾谊传》：“共承嘉惠兮，俟罪长沙。”“俟罪”指做官。大意是：恭敬地接受美好的恩惠，到长沙去做官。在“敬”的意义上，后世均写作“恭”。

请注意，《论语·为政》：“居其所而众星共之。”这句话不是“众星共居其所”的意思，这里的“共”是“拱”字的通假字，读作 gǒng，是“环绕”的意思。这句话的意思是：（北极星）安静地居于一定的位置，众多的星辰都环绕着它。

①　②　③　④　⑤

这是“振兴中华”中的“兴”字。甲骨文①的四角是四只手，中间抬着一个“井”字形的器物，可见“兴”就有抬举之义，是个会意字。金文②又增加了一个“口”字，表示用口叫喊、共同抬举之义。《说文》说：“兴（興），起也。……从同，同力也。”③是小篆的形体，中间“同”字的形体更为明显。④是楷书的写法，是由小篆③直接演变而来的。⑤是草书楷化的简化字。

“兴”字的本义就是“抬”“举”，如：“进贤兴功。”（《周礼·夏官·大司马》）意思是进贤能、举功臣。“兴”字又可以当“起”讲，与“举”义相近，如：“夙（sù诉）兴夜寐。”（《诗经·卫风·氓》）就是说：早起晚睡。由“起”又能引申为“建立”，如：“汉兴，至孝文四十多年矣。”由“建立”之义又可以引申为“发动”，如：“汉大兴兵伐匈奴。”（《史记·张汤传》）后世所说的“兴师动众”，就是由此发展而来的。

在李白的名作《庐山谣》中有这样两句诗：“好为庐山谣，兴因庐山发。”意思是：我最喜欢作庐山谣，兴致借庐山而发。这个“兴”字即为“兴致”或“兴趣”。请注意：凡是“兴趣”“兴致”“高兴”“兴味”“兴会”“兴高采烈”等中的“兴”字，均应读为 xìng（幸），若读作 xīng（星）就不对了。

①　②　③　④

这个“秣马砺兵”的“兵”字是个会意字。甲骨文①中间是一把弯柄的大斧头，朝左的箭头表示斧刃，斧柄两侧是两只手，也就是双手举斧之意。金文②的斧头转向右边，双手未变。③是小篆的形体，双手依然在，斧头已变形。④是楷书的形体，根本看不出双手举斧的样子了。过去有人说“丘八为兵”，这话是不对的。因为“兵”字的上部并不是“丘”，而是“斤”，“斤”就是上古大斧的象形字；其下也并不是“八”而是双“手”，即双手举斧为“兵”。

“兵”字的本义是“兵器”，如贾谊在他的《过秦论上》中说：“收天下之兵，聚之咸阳。”也就是说，秦将天下所有的兵器都收集起来，集中到咸阳去。由“兵器”之义又可引申为“军队”，如：“夫定国之术，在于强兵足食。”（曹操《置屯田令》）这里的“强兵”就是指强大的军队。军事也可以称“兵”，如：“兵者，国之大事。”（《孙子兵法·计篇》）意思是：军事，是国家的大事。至于“兵”当“战士”讲，那是后起意义，如《三国志·吴书·吴主传》：“将军贺达等将兵万人。”这是说：贺达将军等率领战士万人。

请注意：在上古，“兵”“卒”“士”三个字的意义是有明显区别的。“兵”大都指兵器，如枪、刀、剑、戟等；“卒”是指“步兵”；“士”是指乘战车作战的士兵。到了后世，“卒”与“士”往往连用，如成语“身先士卒”等。

① ② ③ ④ ⑤

“弃捐无复道，努力加餐饭。”这个字就是“弃捐”的“弃”字。甲骨文①的上部是“子”（小孩）形，周围的三个点儿是初生婴儿身上残留的胎液，中间是“其”形（古簸箕形），最下部是左右两只手，表示用两手拿着簸箕把初生而死的婴儿抛弃掉的样子，这就是“弃”字的本义，这是个会意字。金文②当中的簸箕变得更复杂了，上部的倒“子”（小孩头朝下）以及下部左右两侧的双手还看得很清楚。小篆③也有点类似金文的样子。楷书④则发生了讹变，把下部的双手变成“木”了，这个字笔画太繁，后来简化为⑤“弃”了。

“弃”的本义为“抛弃”，如《韩非子》：“弃私家之事。”即抛开私事的意思。

我们在阅读古典文学及史籍时，经常会碰到“弃市”一词，若把“弃市”理解为把东西扔到集市上那可就错了。“弃市”是说在闹市上执行死刑，并将尸体暴露在街头。如《史记·秦始皇本纪》：“有敢偶语诗书者，弃市。”意思是：有敢再读儒家的《诗经》《尚书》等经书的人，就要在闹市中处以死刑。

① ② ③ ④

这个“具”字是个会意字。甲骨文①的中间是个“鼎”,下部的左右两侧是一双手，手捧鼎就表示具备了。金文②的中间不是鼎，而是“贝”的繁体。贝在上古是很珍贵的东西，当货币使用，双手捧贝当然也是“具备”或“具有”之义了。可是到了小篆③就发生了讹变，把甲、金文中的“鼎”“貝”变成了“目”。④是楷书的形体，是由小篆直接变来的。

“具”字的本义是“准备”，特别是指准备饭菜酒席，如：“请语魏其具，将军旦日蚤临。”(《汉书·灌夫传》）意思是：请告诉魏其侯准备好酒席，将军明日很早（“蚤”与“早”通）就要来。又可以引申为“饭食”，如《战国策·齐策四》：“食以草具。”所谓“草具”就是很粗劣的饭食，这句话的意思是：用很粗劣的饭食给他吃。

由“具”字当动词“准备”讲的本义，又可以引申为名词“器械”，如：“令军中促为攻具。”(《三国志·魏书·武帝纪》）其大意是：命令军中急速准备进攻的器具。现在所说的“工具”“刀具”等等，也就是由此而来。要“准备”就应当准备得完全，所以“具”字又引申做副词，当“全部”讲。如：“良乃入，具告沛公。”(《史记·项羽本纪》)这话的意思是：张良就进去了,全部告诉了刘邦。说话也要说得完全，所以逐条地把话说完全也叫“具”，如：“命条具风俗之弊。”(《宋史·梁克家传》）意思是：命令逐条地陈述这种风俗的弊病。“具”当“全部”讲时,后世均写作“俱”。

请注意：“具”“俱”二字在古代的用法有同有异。这两个字都可以做范围副词用，当“全”“都”讲。但是，“俱”字的主要意义是两个以上的人同做一件事，或用作“全部”之义，一般不写作“具”；如果“具”字当“工具”讲的时候，也不能写作“俱”。

周代铜彝

① ② ③ ④

这个“彝”字读作 yí，本为会意字。①是甲骨文的形体，上为鸡形，下为双手，表示双手捧鸡而敬献。②是金文的形体，与甲骨文的形体极为相似。③是小篆的形体，上部为彑头（猪头)，中间有米、丝，这就由敬献鸡而换为敬献米、丝和猪头给祖先、神灵。④是楷书的形体。

《说文》：“彝，宗庙常器也。”其实，“彝”字的本义是“奉献祭品”，由此才引申为“祭器”，如《左传·襄公十九年》：“取其所得以作彝器。”也就是说：拿他们所得到的东西制作彝器。古代礼器、祭器是不能更动的，所以“彝”字又可以引申为“常理”“法度”等，如《诗经·大雅·烝民》：“民之秉彝，好是懿德。”“懿”为“美”义，其大意是：人民保持常性，爱好的就是这种美德。

“彝训”是指尊长对晚辈们训诲的话，如《尚书·酒诰》：“聪听祖考之彝训。”也就是说，子孙们要听从父祖之训诫。

车 部

① ② ③ ④ ⑤

“车辚辚，马萧萧，行人弓箭各在腰。”这个“车”字是个象形字。甲骨文①是车的上视形，中间的一条长的竖线是车辕，车辕的上端是“衡”（驾马处），两个圆形是车轮。金文②的形体基本上与甲骨文相同。③是小篆的形体，仅保留了一个车轮。楷书④由小篆直接变来。⑤是简化字的写法。

“车”的本义在上古专指“战车”，如《左传·隐公元年》：“命子封帅车二百乘以伐京。”大意是：命令子封帅二百辆战车攻打京城。后来一般的车子都叫“车”，如《史记·秦始皇本纪》：“车同轨，书同文。”就是说：秦始皇统一中国以后，统一了车轨（两个车轮之间的距离）和文字。至于《左传·僖公五年》所说的“辅车相依”中的“车”若理解为战车可就错了。这里的“辅”是颊骨，“车”字专指牙床。

斧车，汉画像砖，四川德阳出土

“车骑”一词在古书中较为常见，多指车马，如《三国志·魏书·王粲传》：“常车骑填巷，宾客盈坐。”请注意：这个“车骑”的“骑”字旧读为 jì（计），现规定读为 qí（其）。还请注意：古代“车”“舆”“辇”（niǎn）“轺”（yáo）是有区别的，应分辨清楚。“车”“舆”“辇”“轺”都是指车子，也可以指轿子。不过“辇”原指人力拉的车，汉以后特指皇帝乘坐的车。

“轺”是指一种轻便、快速的马车。

“车”字是个部首字，在汉字中，凡由“车”字所组成的字大都与车和车的动作有关，如“军”“轿”“轨”“转”“载”“轮”等等。

① ② ③ ④

“昨夜见军帖，可汗大点兵。”这个“军”字是个会意字。金文①的中间是“車”，其外是环绕在周围的军营。②是小篆的写法，大致同于金文的形体。③是楷书。④是简化字。

“军”字的本义是“军队”，从“军队”又引申为“驻扎”，如《史记·项羽本纪》：“军彭城东。”即驻扎在彭城东的意思。军队的编制单位亦可称“军”，如《管子·小匡》：“万人为一军。”段玉裁在《说文解字》注中说，古代一万二千五百人为一军。

“军门”一词，在古文中经常见到。如《左传·哀公十年》：“吴子三日哭于军门之外。”也就是说吴子在军队的营门之外哭了三天。可是到了清代就不同了，“军门”是对军中加提督衔的军官的尊称。至于《晋书·天文志上》中所说的“军门”，那是指星名。

另外，我们也要注意“军容”一词的不同含义。一般是指军队的武器装备等，如左思《吴都赋》：“军容蓄用，器械兼储。”到了后世，又指军队的气象、威仪和军人的仪表，如说：“我们的军队，军容整肃。”可是唐代的后期则把监视出征将帅的最高军职称为“军容”（官名）。由此可见，朝代不同，某些词的含义也往往有别。

① ② ③ ④

“斩草除根，绝其后患。”这个“斩”字本为会意字。①是战国印文的形体，左边是“車”，右边是“斤（斧钺）”，车裂斧砍均有“斩杀”义。②是小篆的形体。③为楷书繁体字。④为简化字的写法。

《说文》：“斩（斬），截也，从车从斤，斩法车裂也。”许说正确。如《汉书·高帝纪》：“拔剑斩蛇。”由“砍”“杀”引申为“断绝”，如《诗经．小雅·节南山》：“国既卒斩，何用不监？”大意是：国运已经快断绝，你为什么不察及？

请注意：杜甫《三绝句》“斩新花蕊未应飞”中的“斩”是什么意思呢？实为“崭”字的通假字，“斩新”就是“崭新”，极新。

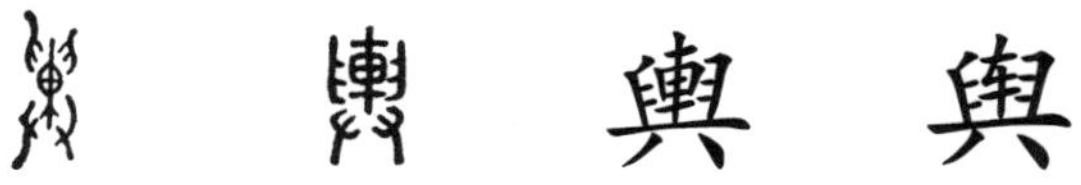

①　②　③　④

这个“舆”字是个会意字。甲骨文①的四角是四只手，中间是一件东西，这就表示四只手共举一件东西。②是小篆的形体，中间部分变为“車”形。③是楷书形体，直接由小篆演变而成。④为楷书简化字。

“舆”字的本义是“举”，如《广雅·释诂》：“舆，举也。”这就是说，在上古“舆”字当“举”讲。后来因“舆”字当中的部分变成了“车”，所以“舆”字又当“车厢”讲，如王符《潜夫论·相列》：“木材……曲者宜为轮，直者宜为舆。”大意是：木材，弯曲的适合做车轮，顺直的适合做车厢。由“车厢”之义，后来又可引申为泛指车，如《三国志·蜀书·先主传》：“出则同舆，坐则同席。”也就是说：外出时乘同一辆车，坐下时坐同一张席。

辎车，汉画像石

至于说“舆论”中的“舆”字为“众多”义，是从“众手所举”义引申出来的。因此，所谓“舆论”，就是众人之议。《左传·僖公二十八年》：“晋侯听舆人之诵。”这里的“舆人”就是指众人。不过要注意，在《考工记·舆人》中的“舆人”是指造车人，若理解为“众人”那就错了。

丮　部

①　②　③　④

这个“丮（jǐ 戟）”字是个象形字。甲骨文①是一个面朝左跪伸出双手的人形。金文②的形体简化了很多，书写方便，是面朝左而半立的人形。小篆③则不太像人形了。④是楷书的形体。

“丮”字的本义，许慎说：“持也。”不完全正确，实为“伸手做各种事情”之义。

这个字一般不单独使用，多做部首偏旁使用。凡由“丮”字所组成的字大都与各种动作或劳动有关，如“艺（藝）”“孰”等。

① ② ③ ④ ⑤ ⑥

“文采出众，武艺超群”中的“艺”字是个会意字。甲骨文①是面朝左跪着的一个人，手中拿着小禾苗正要向地里栽种。金文②与甲骨文的形体完全一致，人的形象画得很逼真。③是小篆的形体，左上部仍然是小禾苗，禾苗之下增加了一个“土”字，表示禾苗植根于土，其右边的人形则不太像了，这个字古代也就写作“埶”。又因禾苗是草属，所以楷书④的上部增加了一个“草字头”。后来因为这种形体不能显示读音，所以又在下面增加了一个声符“云”（“云”与“艺”读音相近），这就由原来的会意字变成了会意兼形声的字了。⑥是简化字，是一个上形下声的新形声字“艺”。

薅秧劳作，汉画像石，四川新都出土

“艺”字本义是“种植”，如《诗经·唐风·鸨羽》：“不能艺黍稷（jì 记）。”“黍稷”泛指庄稼，这句诗的大意是：不能种植庄稼。现在的高等农业院校还设有园艺系，这个“艺”字不是指“艺术”，而是“种植”之义，这是“艺”字本义的沿用。凡是种植得好，就是一种技能，所以“艺”字又可以引申为才能、技能，如：“博开艺能之路。”（《史记·龟策列传》）也就是“广开才能之路”的意思。凡是种植亦应有个尺度或标准，所以“艺”字又可以引申为“准则”，如：“用人无艺。”（《国语·越语下》）这句话的意思是：用人没有个准则。

现在我们所说的“艺术”等也是从“艺”字的“才能”“技能”之义引申出来的，属于远引申。

① ② ③ ④ ⑤

这是“五谷熟，天下足”的“熟”字。甲骨文①的右边是一个面朝左而立的人，左边是一宗庙之形，是人向宗庙里献祭品之意。②是金文的形体，大体同于甲骨文。

③是小篆的形体，左下部增加了个“羊”(祭品)，其右边的人形就不太像了。④是楷书的形体,把“羊”字又换成了“子”,系讹变。后来到了楷书⑤又增加了四个点儿(火)，这表明要使食物变熟要用火，这就变成了上声（孰）下形（火）的形声字“熟”了。

在古书中多用“孰”字代“熟”字，如《史记·乐书》:“五谷时孰。”也就是说：五谷是按时成熟的。当“孰”字做疑问代词用的时候，那么“生熟”之“熟”就是在“孰”字下加“火”而成为新字“熟”了。自此以后“孰”与“熟”就有了明确的分工:“孰”字当疑问代词用，如:“人非生而知之者，孰能无惑。”(韩愈《师说》)也就是说：人不是一生下来就什么都知道，谁能没有疑惑呢？而“熟”字就当“生熟”的“熟”讲了。

请注意:“孰”与“谁”都是疑问代词，但是使用范围不同。“谁”字专指人，而不能指事、物。“孰”字既能指人，也能指事或指物，如：“是可忍也，孰不可忍也？”(《论语·八佾（yì)》) 这句话的原意是：这种事他都可以狠心做出来，那什么事不可以狠心做出来呢？语义是有发展的，现在用这句话的意思是：如果这种事都可以忍耐的话，那么还有什么事情不能忍耐呢？

牙 部

① ② ③

这是“拾人牙慧”的“牙”字，本为象形字。金文①就像上下槽牙互相交错的样子。②是小篆的形体，与金文类似。③是楷书的形体。

《说文》:“牙，牡齿也。”“牡”有“壮”“大”义，所以“牙”的本义就是“大齿”，指槽牙，如《后汉书·华佗传》：“齿牙完坚。”这是说：门齿和槽牙完整而结实。在古文中,名词经常能转化为动词，牙的功能是咬，所以它也可以引申为“咬”。如《战国策·秦策三》:“轻起相牙者，何则？”这是说:那些狗跳起来互相咬，是为什么呢？有些东西的形状与牙齿相似，所以也往往附以“牙”字。古代将军的大旗边沿有齿形，就称为“牙旗”。如潘岳《关中诗》：“高牙乃建。”也就是说高树起将军的大旗。

请注意:在古籍中常见“牙郎”一词，这不是今天所说的“牙郎中（牙科大夫)”，而是指在市场沟通买卖两家而从中牟利的人。“牙”又可做“芽”的通假字，如《梦溪笔谈》：“一亩之稼，则粪溉者先牙。”大意是：种一亩田的庄稼，用粪水浇过的则先发芽。

生 部

① ② ③ ④

“离离原上草，一岁一枯荣。野火烧不尽，春风吹又生。”这个“生”字是个象形字。我们看甲骨文①，下部的一条横线是表示地平面，其上生出一棵小草芽，真有新芽破土时生机勃勃的样子。金文②的下部是一个“土”字，其上像树芽之类，刚生出地面。③是小篆的写法，其下仍为“土”字。楷书④是直接从小篆变来的，仅把小篆的上曲线变成了一撇一横罢了。

汉画像砖上的草形

“生”字的本义即“草木生长”，后来引申为“活着”“生存”。如《孙子兵法·九地》:“陷之死地然后生。”至于“生熟”中的“生”，是从草木正在生长尚未成熟而引申出来的，如《史记·项羽本纪》：“则与一生彘（zhì 治）肩。”也就是说：给他一条生猪腿。

“生”字是个部首字，凡是由“生”字作为意符所组成的字大都与生长有关，如“产”的繁体字“産”就有“生”义，“隆”字是“丰厚”义，当然与生长有关。

疒 部

① ② ③ ④

这是个“疒”字。在甲骨文①中，左边是一架病床，床脚朝左，右边是在病床上躺着一个人，周身的两个点表示出汗，由此可见这是个病人，正如许慎在《说文》中说：“倚也，人有疾病，象倚箸之形。”可是到了金文②只表示人躺在床上，身上的那些汗点都省掉了。小篆③又有所省略，好像只剩下一架病床了。到了楷书④则写为“疒”。这个字后来变为“牀”（床），其左边像床形，右边是“木”，表示病床是用木头做的。

“疒”字是个部首字，后世凡是与疾病有关系的字一般都有个“病字头”，如“疾”“疝”“疽”“痴”等等。

① ② ③ ④

周代青铜器上的射猎纹

“疾”也是一个会意字。从甲骨文①的形体看，正面站立的一个人，其右臂的腋下中了一支箭（矢），这就是受伤得病了。金文②的形体也基本上同于甲骨文，只是箭（矢）的形状有点儿改变，更接近于“矢”了。③是小篆的形体，结构大变，把左边的人变成了“疒”，这是因为人被矢伤，就要生病，所以把“疾”归于“疒”部也很有道理。这样“疾”就有“病”的意思了，当中的“矢”也同于金文的形体。④是楷书的写法，是由小篆的形体演变而来的。

“疾”的本义是“病”（被箭所伤），如《韩非子·外储说左上》:“婴疾甚，且死。”这是说：婴病得很重，将要死了。由“病”义又引申为“痛苦”，从“痛苦”又能引申为“憎恨”，如:“吾疾贫富不均。”(《资治通鉴》）意思是：我恨的就是贫富不均。由“憎恨”又可以引申为“嫉妒”，如《史记·孙膑传》：“庞涓恐其贤于己，疾之。”这就是说:庞涓恐怕孙膑比自己本事大，就嫉妒他。另外，“疾”字本由“矢”组成，矢飞甚速，所以“疾”就有“快”的意思，如“疾雷不及掩耳”“疾风劲草”等。

请注意，一般说来，“病”与“疾”有所区别，重病为“病”，轻病为“疾”。

① ② ③

这是“土地贫瘠”的“瘠”字,本为会意兼形声的字。①是《说文》中古文的形体，外部为“疒”,内部为“朿”,“朿”为木刺形，表示人瘦了则脊骨如刺，所以该字是“从疒从朿，朿亦声”的会意兼形声的字。②是小篆的形体，从月（肉）从脊，脊亦声。

虽然其形体结构与古文迥别，但仍是一个会意兼形声的字。③为楷书的写法，是合理地合并古文与小篆的形体而成。

《说文》:“膌，瘦也，从肉脊声。”许慎认为“瘠”字的本义为“瘦”，是正确的。但认为该字是个单纯的形声字则不妥，实际上这是个会意兼形声的字。“瘠”字的本义是“瘦”，如《左传·襄公二十一年》:“瘠则甚矣，而血气未动。”这是说：瘦是瘦到极点了，但是血气没有变。《史记·刘敬叔孙通列传》:“今臣往，徒见羸瘠老弱。”意思是：现在我前去，只是看到了病瘦老弱的人。由“人瘦”而引申为“土质薄”，如《国语·鲁语下》:“择瘠土而处之。”“土质薄”可以称“瘠”，“待人薄”亦可称“瘠”，如《左传·襄公二十九年》:“何必瘠鲁以肥杞？”这是说：为什么一定要薄待鲁国而厚待杞国呢？

立 部

① ② ③ ④

“西子花甲立，万枝羞不开”中的“立”字也很形象。甲骨文①上部是正面站着一个人，人脚下的一条横线表示地面，一个人站在地面上，这就表示“立”的意思。金文②就更像一个人了，下面的一条横线仍表示地面。③是小篆的形体，上部的“人”已经走样。④是楷书的写法，由小篆演变而来。

“立”的本义就是“站”，如《左传·宣公二年》:“华元逃归，立于门外。”这是说：华元逃回来了，站在门外。由“站”又引申为“设立”或“建立”，如《商君书·更法》：“各当时而立法。”大意是：都要针对当时的形势而设立法规。由“设立”又可引申为“君主即位”，如《史记·秦本纪》：“庄襄王卒，子政立，是为秦始皇帝。”这是说：庄襄王死后，他的儿子政即位，这就是秦始皇。因为人往那里“一站”总是表示时间很短，所以“立”字又能引申为时间很短的意思，做“立刻”“立即”等副词用，如《史记·项羽本纪》：“立诛杀曹无伤。”大意是：马上把曹无伤杀了。

周代站立的玉人

在读古诗文时，常会见到“立地”一词，若理解为“站在地上”就不对了。如杨万里《江山道中蚕麦大熟》诗中有“晒茧摊丝立地干”一句，这个“立地”就是“即刻”的意思，仍然表示时间很短。

“立”字是个部首字，凡由“立”字所组成的字，大都与站立有关，如“并(竝)”“端”“靖”“竢”等字。

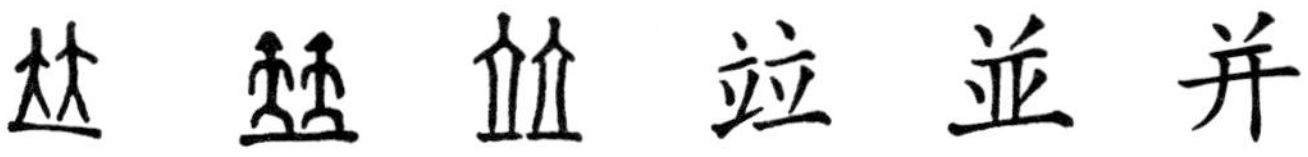

① ② ③ ④ ⑤ ⑥

这是“并驾齐驱”的“并”字,是个会意字。甲骨文①的上部是正面站着两个人，脚下有一条横线表示地面，这就表示两个人并排站在同一地面上。金文②与甲骨文的形体一致，更像并立的两个人形。③是小篆的形体，已看不出人的形状，地面也裂为两段。④是楷书的写法，变成了两个“立”字。后因这个写法太繁，所以又变成了楷书⑤的写法。⑥是被保留使用的笔画少的异体字。

“并”字本义是“并列”，如《荀子·强国》：“欲自并乎汤武。”“乎”字相当于介词“于”，这句话的意思是：想把自己和商汤、周武并列。由“并列”之义又可以引申为“兼并”，如《史记·秦始皇本纪》：“秦初并天下。”也就是说：秦始皇刚刚兼并天下。由“兼并”又可引申为“一起”之义，如《战国策·齐策二》：“渔者得而并擒之。”其大意是：打鱼的人能够把它们一起抓住。

至于“并”字当“抛弃”讲，那是假借字的问题。如《荀子·强国》:“并己之私欲。”即抛弃自己的私欲的意思。这里的“并”字通“屏”，应当读作bǐng（丙），不可读作bìng（病）。

请注意：在古代，“並（竝）”“并”“併”三个字都用，但三者并不完全通用。“并”和“併”是同义词，可以通用；“並”和“并”不是同义词（古音也不相同），不能通用。“兼并”“并合”的意义只能写作“并”或“併”，而不能写作“並（竝）”。而“一齐”或“一起”的意义，通常都写作“並（竝）”,不写为“并”“併”。当“抛弃”讲时，只写作“并”“併”。当“沿着”或“依傍”讲时，只写作“並（竝）”。

① ② ③ ④ ⑤

这是“开端”之“端”的本字“耑（duān）”，原为象形字。①是甲骨文的形体，其上部的“止”实为植物生出地面之形，其左右的两点表示植物所需的水，下部是植物的根伸于地下之形。②是金文的形体。③是小篆的写法。④为楷书古体字。

⑤为后世通行楷书体，变成了“从立耑声”的形声字了。

《说文》：“耑，物初生之题也，上象生形，下象其根也。”许说正确。《说文》另收一“端”字，解为“直也”。实际上，“耑”为“端”的古体字，本为植物发芽生长形，这就可以引申为“发端”“开头”义。如《荀子·君道》：“法者，治之端也。”也就是说：制法，是治国的开头。由“开头”可以引申为“头绪”。如《三国志·魏书·郭嘉传》：“多端寡要，好谋无决。”大意是：头绪多但缺少要领，喜欢谋划但又没有决断。“发端”要正，所以又可以引申为“正”。如《礼记·祭义》：“以端其位。”也就是说：以正其位。

“端”后世能转为副词用，当“终究”讲。如蔡伸《满庭芳·鹦鹉洲边》：“端不负平生。”也就是说：终究不负平生。

请注意：“端午”本名“端五”，是阴历五月初五日，我国传统的民间节日。有时亦可写作“端阳”“重五”“重午”。另外，在洪迈的《容斋随笔》中说：“凡月之五日，皆可称端午也。”可见“端午”也可指每月的初五日。“端”的古体字“耑”又读zhuān，是“耑（专）”的异体字。

穴 部

① ② ③

上古人“穴居野处”，这就是洞穴的“穴”字，是个象形字。这个字在甲骨文中尚未发现。①是金文的部首，其形颇像土室或岩洞。②是小篆的形体。③是楷书的形体，其形与小篆基本相同。

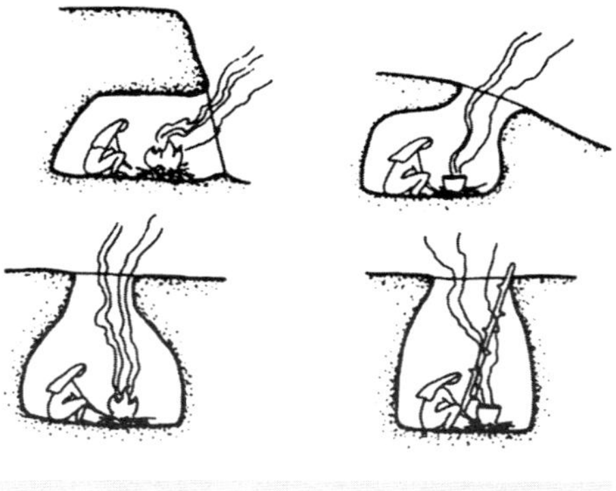

仰韶人的穴居生活

“穴”字的本义就是“岩洞”，如：“古之民未知为宫室时……穴而处。”（《墨子·辞过》）大意是：上古的人还不会建造宫室时，他们大都是挖洞而居。由“所居之洞”义又可以引申为墓圹、墓穴（葬死人的洞穴），如《诗经·王风·大车》：“死则同穴。”即死后埋葬在一起。动物的巢穴亦可称为“穴”，如成语“不入虎穴，焉得虎子”。

“穴居而野处。”(《易经·系辞下》) 这是说人类未有房屋前的生活状态。请注意，这里的“处”字应该读为 chǔ（楚），而不能读为 chù（触）。

“穴”字是个部首字，凡由“穴”字所组成的字大都与房室或窟窿有关，如“窖”“窝”“窗”“窦”等字。

① ② ③

这是“突飞猛进”的“突”字，是个会意字。你看甲骨文①的形体实在形象，上部是个洞穴，下部是一只犬，这就表明猛犬从洞中突然冲出。②是小篆的形体，仍然是犬在穴中。③是楷书的写法，与小篆基本相同。

汉画像砖上的狗

“突”字本义就是“急速地外冲”。《说文·穴部》:“突，犬从穴中暂出也。”这就是说犬从洞中突然冲出来。再如：“驰突火出。”(《三国志·魏书·武帝纪》) 就是说：骑着战马，急速地冲出火阵。由“急速外冲”之义又能引申为“突然”的意思，如:“突如其来。”(《易经·离》)“突”字又可作为“凸”字的假借字，如徐宏祖《徐霞客游记·滇游日记》:“东北一峰东突。”因为烟囱凸出屋外，所以烟囱也叫“突”，如《韩非子·喻老》:“百丈之室，以突隙之烟焚。”其大意是，一座很大的房子，也能被烟囱缝里冒出来的火所焚毁。

在古书中常有“突骑”一词，这是指冲锋陷阵的精锐骑兵。不过请注意，“突骑”中的“骑”字旧读为 jì（计），今读为 qí。

① ② ③ ④ ⑤

这是“皎月临窗”的“窗”字，本为象形字。①是《说文》中古文的形体，像窗户的形状。②是小篆的形体，也像窗户的形状，中间有木格窗棂。③也是小篆的

古代窗格图形

形体，上从“穴”、下从“悤”，变得相当复杂。④为汗简中的写法，省去了下部的“心”。⑤是楷书形体。可见“囱”原为“窗”的本字。

《说文》：“囱，在墙曰牖，在屋曰囱（窗），象形。”“窗”字本义就是“天窗”，后引申为“窗户”，沈括《梦溪笔谈·故事》：“自窗格引烛入照之。”所谓“窗格”即窗棂子。一般说古代的窗有两种，一种叫天窗，如王充《论衡·别通》：“凿窗启牖，以助户明也。”另一种叫旁窗，如《古诗十九首·之二》：“盈盈楼上女，皎皎当窗牖。”

请注意：在古代“窗”亦可代“囱”字用。如《广雅·释宫》：“其窗谓之堗（突）。”这里的“窗”应读作 cōng，实为“烟囱”的“囱”字。现在“囱”与“窗”有了明确分工，不能相互代用。

示 部

① ② ③ ④

这是个“示”字。甲骨文①很像我国上古人所崇拜的“灵石”，在这个灵石台上可以贡献祭品。金文②则有所变化，把甲骨文的灵石的底座简化为“小”字形的支架了。③是小篆的形体，④是楷书的形体，都看不出灵石的样子了。

“示”字本义为“灵石”，是名词。灵石上放置祭品，示于光天化日之下，给鬼神看并享用。所以后来又引申为动词，是“给人看”的意思，如《史记·廉颇蔺相如列传》：“相如奉璧奏秦王，秦王大喜，传以示美人及左右。”这样，又引申为“显示”“表示”等。

我们必须注意：用“示”字做偏旁与用“衣”字做偏旁是完全不同的。凡是用“示”做偏旁的字往往与精神、祭祀有关，写作“礻”，其右边是一个点儿；而用“衣”做偏旁的往往与衣物有关，写作“衤”，其右边是两点儿。当我们没有把握时，多想想这个字所代表的意思与什么有关，问题就解决了。

“示”字是个部首字，在汉字中凡由“示”字所组成的字大都与崇拜、祝愿、鬼神、祭祀有关，如“福”“祐”“祝”“祟”“神”“祀”“祭”“祈”等字。

①　②　③　④

“有如社燕与秋鸿，相逢未稳还相送。”“社”字在上古与“土”字相同，是个象形字。甲骨文①就像在地面立了一堆土。②是金文的形体，其左为“示”，其右是“土”，上立“木”。③是小篆的形体，省掉了“土”上之“木”。④为楷书的写法。

《说文》：“社，地主也。”所谓“地主”，就是指土地神，如《礼记·祭法》：“王为群姓立社曰大社，王自为立社曰王社，诸侯为百姓立社曰国社，诸侯自为立社曰侯社，大夫以下成群立社曰置社。”祭土地神的地方亦可称“社”，如《白虎通·社稷》：“封土立社。”

“社”为土地神，“稷”为谷神。古代帝王每年都要祭祀土地神和谷神，所以以后“社稷”就成了国家的代称。如《史记·孝文本纪》：“计社稷之安。”也就是说：考虑国家的安定。

“社火”一般是指旧时在节日表演的各种杂戏，可是有时也指“同伙”，比如《水浒传》第五十七回：“但是来寻山寨头领，必然是社火中人故旧交友。”

①　②　③　④

这是“祭祀天地”的“祀”字，读作 sì，本为会意兼形声的字。甲骨文①的左边是“示（灵石）”，右边是跪着的一个人，表示人跪在灵石前祈祷。②是金文的形体，与甲骨文形似。③为小篆的写法。④为楷书的写法。

《说文》：“祀，祭无巳也，从示巳声。”这不妥。《尔雅·释诂》：“祀，祭也。”“祭”才是“祀”的本义。再者，“巳”本为人形，在该字中，“巳”字并不单纯表声，而兼表意。

“祀”为“祭祀”，是供奉鬼神的迷信活动，如《盐铁论·诛秦》：“宗庙绝祀。”这是说：宗庙里断绝祭祀。过年是要祭祀的，所以商代称年为“祀”，如《尚书·洪范》：“惟十有三祀，王访于箕子。”“惟”是发语词，“有”通“又”，箕子是殷纣王的叔父，这两句话的大意是：十三年，武王访问箕子。

① ② ③

这是“祈福祈年”的“祈”字，原为会意字。①是金文的形体，容庚先生认为：“旂，从旂从單，盖战时祷于军旗之下。”②为小篆的形体，变成了“从示斤声”的形声字了。③是楷书的写法。

《说文》：“祈，求福也。”“祈”字的本义是“祈祷”，如《诗经·小雅·甫田》：“以祈甘雨。”也就是向天祈祷降喜雨的意思。又《诗经·大雅·云汉》：“祈年孔夙。”意思是：我祈求丰年很早了。明朝在北京建有大亨殿，专以祈五谷丰登，清朝仍袭用，到乾隆时才改为“祈年殿”，在今北京天坛。由向天向鬼神祈祷，引申为向人求、乞求，如《南史·刘峻传》：“闻有异书，必往祈借。”意思为：听说有特殊的书，一定前去求借。后来向人请求也往往称为“祈请、敬祈”等。

① ② ③

这是“神灵保祐”的“祐”字，本借“又”（手）代之，是个象形字。①是甲骨文形体，是一只右手。②是小篆的形体，变成了“从示右声”的形声字了。③是楷书的写法。

《说文》：“祐，助也。”也就是说求助于神灵的保祐，如《易·大有》：“自天祐之，吉无不利。”大意是：求老天保祐，有大吉而无不利。

① ② ③ ④ ⑤

这是“视死如归”的“视”字，本为会意兼形声的字。甲骨文①的上部是祭祖祭神的灵石，下部是眼睛（目），以目视灵石，故为会意，又从示得声，亦为形声。②是《说文》中的古文形体，“目”移至“示”的左边，其义不变。③是小篆的形体，由“目”变为“見”。④为楷书繁体字。④为简化字。

《说文》：“视（視），瞻也。”也就是说，“视”的本义为“看”。如《荀子·劝学》：“目不能两视而明，耳不能两听而聪。”由“看”又可以引申为“看待”，如《左传·成公三年》：“贾人如晋，荀罃善视之。”就是说：这个商人到了晋国，荀罃（人名）像贵客一样地看待他。至于《汉书·高帝纪上》“亦视项羽无东意”中的“视”,那是“示”的通假字，为“向……表示”之意。这句话的大意是：也向项羽表示没有东进的意思。

请注意，古代“视”与“见”的含义有区别：“视”是表示看的动作,不管是否看到；“见”则为看的结果，只有看到了才能用“见”。

① ② ③ ④

这个“祝愿”的“祝”字是个会意字。甲骨文①的左边表示神灵，其右是跪着一个面朝左的人，表示祈祷。金文②右边的人伸出双手，表示祈祷、求福。③是小篆的形体，其右已经看不出人的形象了。④是楷书的写法。

“祝”字的本义是“祈祷”，如《战国策·赵策》：“祭祀必祝之。”也就是说：每逢祭祀时，就一定要祈祷一番。由“祈祷”又可以引申为“祝颂”，如《庄子·天地》：“请祝圣人，使圣人寿。”就是说：祝颂圣人，使圣人长寿。由“祝颂”之义，又可以引申为“庆祝”等。

在古文中,常见“祝发（fà)”一词,这里的“祝”字是“诛”字的假借字,因“诛”当“杀”讲，“杀”就有“断绝”之义，所以“祝发”就是剃去头发的意思。至于贾公彦说“祝”当“注”讲(《周礼·天官·疡医》)，那是说“祝”是“注”的假借字，所谓“祝药”就是“注药于疮”的意思。

表现日神崇拜的象形文字

请注意：“诅咒”在上古还可以写作“诅祝”，这里的“祝”字若读为 zhù（注）那就不对了，而必须读为 zhòu（咒）。

① ② ③ ④

这是“赤心祭祖”的“祭”字，是个会意字。甲骨文①的左边是一块鲜肉形，右边是一只手，意思是手拿鲜肉举行祭祀之礼。其中的四个点儿，表示鲜肉血淋淋之形。②是金文的形体，其左上方是肉（月）形，右上方是手，下方是“示”，表示手拿鲜肉在“示”前祭祀。小篆③的形体与金文相类似。④是楷书的写法,直接由小篆演变而来。

"祭"字的本义即"祭祀"，旧社会祀神、供祖或以仪式追悼死者都可称"祭"，如"祭天""祭祖"和"公祭"等。

请注意：古代有一个姬姓国叫"祭"（亦写作鄒），这个"祭"字不读 jì（记），而必须读 zhài（债）。还要注意一点，"祭"字的左上方是"肉"（月），右上方是手，是手拿肉的意思。可是有的人经常把"祭"字写为"祭"或"祭"或"祭"，这都是错的。只要你能想到手拿肉为"祭"，那你就不会再写错了。同样的道理，如果你能把"祭"字写正确，那么"察""擦""蔡""嚓""镲"等字也就不会再发生笔画上的错误了。

① ② ③ ④

"寿似南山松不老，福如北海水长流。"这个"福"字是个会意字，表现得极为形象。你看甲骨文①的左上部是酒樽（酉）之形，其下是一双手，右上方是个"示"字，意思是双手捧着酒樽在"示"前祭献。金文②的左边是"示"，右边是一把酒樽，省略了双手。③是小篆的形体。④是楷书的写法。

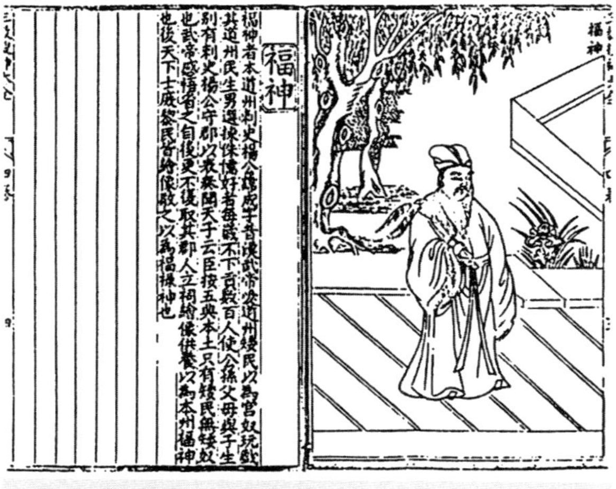

《三教搜神大全》中的福神

"福"字的本义就是"求福"，后又引申为"幸福"，与"灾祸"相对，如："祸兮福之所倚，福兮祸之所伏。"（《老子》）意思是：祸是福所依托的，福是祸所隐藏的。因"福"字最初与"祭祀求福"有关，所以祭祀用的酒肉也可以叫"福"，如："骊姬受福。"（《国语·晋语二》）也就是说：骊姬接受了祭过神的酒肉。"福"字大都做名词用，但有时也可以引申为动词，当"护佑"讲，如："小信未孚，神弗福也。"（《左传·庄公十年》）意思是：小的诚心没有达到诚信感人的地步，那么神是不会护佑他的。我们读《官场现形记》第四十回时，有这样两句话："马老爷才赶过来作揖，瞿太太也只得福了福。"前一个"福"字就是做动词用，是指旧时妇女提起衣襟行礼致敬之意。

请注意："福"的左边从"示"，而不是从"衣"，如果写为"褔"那就错了。

禾 部

① ② ③ ④

“锄禾日当午，汗滴禾下土。谁知盘中餐，粒粒皆辛苦。”这个“禾”字非常形象。你看甲骨文①的形体，像不像一棵成熟了的庄稼呢？其上端是下垂的穗子，中间有叶子，下部有根。金文②就更像成熟了的庄稼，那向左弯垂的穗子沉甸甸的。由此可见，“禾”字是个象形字。小篆③是沿甲、金形体变来的，也还像禾的样子。楷书④也大体上能看出庄稼的样子，是由小篆的形体楷化而来。

《天工开物》中表现收割庄稼的场景

“禾”的专称是指谷子，如《诗经·豳风·七月》：“禾麻菽麦。”“禾”是谷子，“菽”是豆类。“禾”有时也能指粮食作物的总称，如聂夷中《田家》诗：“六月禾未秀，官家已修仓。”这是说：六月的庄稼还没有秀穗，官府就已经把粮仓修好了。“禾”字在个别情况下也能指稻子，如黄庭坚《戏咏江南风土》：“禾舂玉粒送官仓。”把稻子舂出的玉粒（大米）送进官仓。

请注意几种粮食作物的名称区别：“禾”原指谷子，后来常用做庄稼的代称；“粟”原指谷子颗粒（小米），后来也能做粮食的代称；“谷”是庄稼和粮食的总称；“黍”是黏黄米，也称黍子；“稷”指不黏的黄米，“菽”指黄豆及豆类。

① ② ③ ④

“瑞雪兆丰年”，劳动人民辛苦一年，总盼有个好收成。这个“丰年”的“年”字是个会意字。你看甲骨文①的上部是个“禾”字，下部是一个面朝左、臂向下斜伸的人，这就表明庄稼丰收了，割下来捆在一起，顶在头上搬回家去（据叶玉森说）。金文②就更为清楚了，上部是穗子向左下垂的“禾”（庄稼），其下部也是一个面朝

手拿庄稼的农夫，选自《天工开物》

左的人，同样是将庄稼顶在头上搬运回家的意思。小篆③的上部仍为“禾”，但其下部讹变成“千”字了。④是楷书的形体，讹变得更厉害，根本看不出人头顶着禾的样子了。

“年”本为“丰收”之意，如《穀梁传·宣公十六年》：“五谷大熟为大有年。”后因庄稼收割完毕，要过一个庆丰收的节，这个节就称为“年”。以后又引申为岁数，称为“年龄”，如《史记·贾谊传》：“是时贾生年二十余，最为少。”过去给年高的长者写信，往往有“年高德韶”的话，就是“年龄大，德行好”的意思。

① ② ③ ④ ⑤

这是“齐”字，从甲骨文①和金文②的形体看，很像整齐的东西。许慎在《说文》中说：“禾麦吐穗上平也。”特别是金文②的形体，很像麦穗长得整齐的样子。③是小篆的形体，三棵小麦的中间一棵上去了，其根部的两条横线表示地平面，左右两侧的两棵没有动。这是为了适应汉字方块结构的要求才这样变的，同时这种结构比甲、金形体更为美观。楷书④则变得比小篆更为复杂，根本看不出麦穗的样子了。也正因为它太复杂，所以现在简化为“齐”，这就是简化字⑤的形体。

“齐”字本义当“整齐”讲，如《三国志·吴书·吴主传》：“曹公望权军，叹其齐肃。”这是说：曹操远望孙权的军容，为其整齐严肃而叹服。由“整齐”义又可引申为“一起”义，如刘禹锡《插田歌》：“齐唱田中歌。”

在古代，“齐”字能当后世的好几个字用，如“肚脐”的“脐”，“调剂”的“剂”，“斋戒”的“斋”等。至于究竟当哪个用，要根据上下文的意思而定。

① ② ③

“六月六，看谷秀。”这个“秀”字原为会意字。①是石鼓文的形体，上部是成熟了的庄稼，穗子下垂，下部是一个面朝左的人，手臂前伸，表示手举庄稼。②是小篆的形体，与石鼓文相似。③是楷书的形体。

《说文》：“秀，上讳。”身处汉朝的许慎不敢分析“秀”字，因为汉光武帝的名字叫刘秀，为了避讳，用“上讳”二字一笔带过。“秀”字的本义为“好收成”,又可以引申为谷物吐穗开花,如白居易《杜陵叟》:“麦苗不秀多黄死。”所谓“不秀”就是吐不出穗开不了花。由“开花”又可以引申为“美丽”“秀丽”，如欧阳修《醉翁亭记》:“望之蔚然而深秀者，琅琊也。”就是说：远望那树木茂盛而极秀丽的地方,就是琅琊山。由此又可以引申为“优秀”等,如《史记·屈原贾生列传》：“闻其秀才，召置门下。”意思是：听说他是个优秀的人才，便召唤来安置在自己的门庭之下。

手举庄稼的农夫，选自《天工开物》

“秀才”一词，一般是指汉朝以来为荐举人才所设的科目，南北朝时最重此科，唐初置秀才科，明清专用以称府、州、县学的生员。

①　②　③　④　⑤

“三人吹笙，一人吹和。”这个“和”字是个形声字。甲骨文①的右上部是连结在一起的竹管之形，下部的“口”是把能吹响的竹管汇集在一起，像笙的形状，左上部的“禾”表读音，所以“和”字本为形声字，是笙类的乐器。郭沫若说：“和字或此字之省变。”②是金文的形体，由甲骨文演变而来。③是小篆的繁体字。④为小篆的简体字。⑤为楷书，将“口”移到右边。

汉画像砖上的奏乐场景，右下方为吹笙者

《说文》：“和，相应也。”其实，“相应”并非本义。“和”的本义是“笙类乐器”，如《仪礼·乡射礼》：“三笙一和而成声。”也就是说：三人吹笙、一人吹和才能成乐。由此又可以引申为“和谐”，如《礼记·乐记》:“其声和以柔。”在唱歌时，有人唱、有人跟着唱，亦称“和”。如《后汉书·黄琼传》：“阳春之曲，和者必寡。”也就是说：唱那高雅的曲子，能跟着唱的人一定很少。不过这里的“和”应读作 hè。

请注意：“和平”与“战争”相对，可是在古代“和平”多指“和顺”义，如《礼记·乐记》：“耳目聪明，血气和平。”所谓“血气和平”，也就是说血气和顺通畅。

① ② ③

“凄清委婉，动人心魄。”这个“委”字本为会意字。①是甲骨文的形体，左边是一棵枯萎了的死禾，顶端弯曲下垂，右边是一个跪于死禾前的女人，所以“委”就是“萎”字的初文。②是小篆的形体，“禾”移于“女”上，变左右结构为上下结构，但意义未变。③是楷书的写法。

《说文》：“委，随也。”所谓“随”也，就是“随其所如”的意思。其实，“随”并不是“委”字的本义，其本义为“枯萎”，如曹植《赠丁仪》：“黍稷委畴陇（垄），农夫安所获。”这是说：庄稼都枯倒在田垄上，农民们还能收获什么呢？凡“枯萎”就含有曲折之意，所以这又可以引申为“曲折”，如《史记·天官书》：“委曲小变，不可胜道。”也就是说，曲折小变，不可胜说。凡枯萎，也就必然塌坠聚积，所以又可以引申为“聚积”，如扬雄《甘泉赋》：“瑞穰穰兮委如山。”大意为：祥瑞丰盛啊聚积如山。

请注意：“委靡”一词多指精神颓唐，但《楚辞·九思·悯上》“委靡兮成俗”中的“委靡”，则是“没有骨气”的意思，是从本义引申来的。

① ② ③ ④

“昼短苦夜长，何不秉烛游。”这里的“秉”字不用分析也可以看出个大概。甲骨文①的左边是一棵禾，穗子向右弯垂，右下部是一只手，是用手拿禾的意思。这是个会意字，所以“秉”的本意就是一把禾稻。金文②中的禾就更像向右边弯垂的大谷穗子，只不过手变到左边去了，但本义未变。小篆③中的手仍然回到右边，而且手指伸到禾中，表示拿禾稻之意。④是楷书的写法，基本上与小篆同。

成捆的庄稼（局部），选自《天工开物》

“秉”字的本义是一把庄稼，如《诗经·小雅·大田》：“彼有遗秉。”大意是说：（收割后）那边田里还有一把一把掉下的庄稼。从这个本义又引申为“手拿着”（或持着）的意思，如《古诗十九首》中“何不秉烛游”，就是为什么不拿着蜡烛夜游呢？曹丕《又与吴质书》中有“古人思炳烛夜游”一句，可别认为曹丕是把“秉”误为“炳”了。其实在古代，“秉”与“炳”是通用的，这样用不能算错。

① ② ③ ④

“落霞与孤鹜齐飞，秋水共长天一色。”这个“秋”字本为会意字。甲骨文①下为火形，上为秋虫之形，火烧秋虫，为古代焚田之习俗，在秋末进行。②是《说文》中籀文的形体，表示五谷熟了，便在田野以火焚虫，甲骨文的秋虫之形讹变为龟。③是小篆的形体，将“龟”字去掉，“火”与“禾”并列。④是楷书的形体，“火”与“禾”移位。

《说文》：“秋，禾谷孰（熟）也。”“秋”字的本义为“收获”，如《尚书·盘庚上》：“若农服田力穑，乃亦有秋。”这是说：譬如农夫，只有尽力耕种和收割，才能有收获。收获的季节即为“秋天”，如《管子·四时》：“秋聚收，冬闭藏。”由“秋”又可以引申为“年”，如《诗经·王风·采葛》：“一日不见，如三秋兮。”大意是：一天不见，好像隔了三年。

请注意，在古书中常见“秋水”一词，本指秋天的水，后来用以比喻“清澈的神色”，如杜甫《徐卿二子歌》：“秋水为神玉为骨。”有时比喻“清澈的眼波”，如李贺《唐儿歌》：“一双瞳人剪秋水。”这里的“秋水”与“秋波”同义。

① ② ③ ④

“不是一番寒彻骨，怎得梅花扑鼻香。”这个“香”字本为会意字。①是甲骨文的形体。上部为麦形（來），四个小点为麦粒下落形，下部的“口”为盛麦的器皿，表示小麦成熟后的馨香。②是古陶文的形体，其上部变成“黍”字头（即省去“黍”字下部的“氺”），下部变成了“甘”字，表示五谷的甜美芳香。③是小篆的形体，上部为“黍”，下部为“甘”，其义未变。④是楷书的写法，将小篆上部的“黍”省简为“禾”，下部的“甘”变为“曰”，其义不变。

《说文》：“香，芳也。”“香”的本义不是指一般的芬芳，而是指五谷成熟之后的香味，如《春秋》中“黍稷馨香”。后来引申为“气味美”的通称，如谢朓《思归赋》：

“晨露晞而草馥，微风起而树香。”

请注意：《群芳谱·花谱三》中所说的“香祖”，并非以香祭祖之意，而是兰花的别名。

①　②　③　④

这是个“兼并”的“兼”字。“秉”字是一只手拿一棵禾，这个“兼”字是一只手拿两棵禾。金文①就是一只很长的右手，抓了两棵禾，这当然是一个会意字了。②是小篆的形体，与金文的写法基本上相同。③是早期楷书的写法，是由小篆直接变来的，只不过将曲笔变为直笔而已。④是后期楷书的写法，根本没有一手抓两禾的样子，书写也较为简便。

“兼”的本义是一手抓两棵禾，由此而引申为同时做几件事情或者占有几样东西，都可称为“兼”。如《史记·秦始皇本纪》：“皇帝并宇，兼听万事。”现在的成语中还有“兼听则明，偏听则暗”的话。后来又引申为“兼并”之意，如曹操的《置屯田令》：“秦人以急农兼天下。”所谓“急农”就是把农业生产放在重要地位的意思。这句话的大意是：秦国是因为特别重视农业而得以兼并天下。从“兼并”又可引申为“加倍”的意思，如钱起《送原公南游》：“有意兼程去，飘然二翼轻。”这个“兼程”就是加快速度赶路之意。有人把杜甫《客至》诗中的“无兼味”误释为“没有两种味道”，实际上这是指多种菜肴，“无兼味”是没有两种以上的菜肴的意思。

①　②　③　④

这是“秦时明月汉时关”的“秦”字。甲骨文①的上部，左右是两只手，中间是一把木杵，下部是两棵禾（成熟了的庄稼）。其大意就是两手举杵舂谷，所以“秦”字的本义就是“粮食”。这个字是由很多个象形字组成的，所以是个会意字。金文②的形体基本上与甲骨文相同，只是笔画较粗。小篆③上部的“杵”更像实物之形，左右两手举杵，其下部只保留了甲、金文的一个“禾”字，书写也方便多了。④是楷书的写法，上部变成了“舂字头”，杵形不见了，下部的“禾”还在。

既然“秦”字的本义是“粮食”，那么春秋时代的秦国是否因粮多而得名呢？一点不错。陕西的八百里秦川，自古以来就是大粮仓。秦国国富兵强，所以到了汉朝，西域各国就称整个中国为“秦”。

古代有“秦镜”一词。相传秦始皇有一面“秦镜”，能照见人的五脏六腑，知道心的邪正。《西京杂记》中有“秦镜高悬”的话，这是称颂法官精明，善于断讼。

黍，选自《本草纲目》

① ② ③ ④

古人说：“稻粱菽，麦黍稷，此六谷，人所食。”这个“黍”，就是一种黏性的黄米，可做黄酒。甲骨文①的上部是黍子的形象，左下边的“水”形实际上不是水，而是黍子成熟以后脱落下来的黍子粒。所以这个字是个象形字。②是金文的写法，右边是黍形的“禾”，左边的“水”是代表脱落的黍子粒儿。小篆③又发生了较大的变化，把“水”移到了“禾”下。④是楷书体，与小篆的写法大体上相同。

“黍”的本义就是“黍米”，如《管子·轻重》：“黍者，谷之美者也。”在《吕氏春秋·权勋》中有“操黍酒而进之”的话，有人解释为“拿出用黍米做的酒给他喝”，这就错了。是的，黍子可以做酒，但这里的“黍”字是当量器讲，高诱说：“酒器受三升曰黍。”也就是说一黍能装三升。

在阅读古书时，我们常会碰到“黍尺”一词。你若理解为用黍子秸做的尺子就不对了。所谓“黍尺”，就是古代用黍子一百粒排成一行，取其长度作为一尺的标准，这就叫作“黍尺”。

① ② ③

这个“穆”字非常形象，是庄稼成熟的样子。金文①很像一棵禾向左弯曲，禾穗饱满，已经成熟，其下部三个撇儿表谷粒成熟后簌簌下落的样子。由此可见“穆”字是个象形字。可是到了小篆②就发生了讹变，“禾”不仅移到了左边，而且和穗子断开。③是楷书的形体，是由小篆直接演变而来的。

“穆”字本义是成熟了的庄稼，是禾谷，正如《说文·禾部》所说：“穆，禾也。”庄稼成熟，五谷丰登，总是值得庆贺的事，所以“穆”又引申为“美好”义，如“穆如清风”就是像清风一样和畅而美好。由“美好”又可以引申为“和睦”，如：“与夏侯尚不穆。”（《三国志·魏书·荀彧传》）其意是：与夏侯尚这个人不和睦。由“和睦”又可以引申为“和悦”之义，如《管子·君臣下》：“穆君之色。”就是说：使国君和颜悦色。

“穆穆”连用是严肃貌，如：“天子穆穆。”（《礼记·曲礼下》）就是天子很严肃的样子。至于“吴王穆然”（《文选》）中的“穆”字，是“默”的假借字，所以这句是说吴王沉默寡言。

① ② ③

“稻谷熟，天下足。”这个“稻”字是个形声兼会意的字。金文①左边的“禾”表形，说明稻子是庄稼类，右边的“舀”表声,表明“稻”字是读“舀”的音，所以“稻”字是个形声字。说它是会意，因为“禾”表庄稼类，其右边的上头是一只手拿着舂米的杵，右下部是个舂米的石臼，表示舂米的意思。小篆②的形体基本上与金文相类似，只是把舂米之“杵”省去了，“禾”“爪（手）”“臼”均在。③是楷书形体，是直接由小篆演变而来的，组成这个字的各部均同于小篆。

《天工开物》中表现舂米场景的插图

在阅读古书时，我们经常会遇到“稻粱谋”一词。这个词是什么意思呢？是指禽鸟寻觅食物，后来也用来比喻人谋求衣食，如龚自珍《咏史》诗：“避席畏闻文字狱，著书都为稻粱谋。”这里的“稻粱”就是指的衣食等生活必需品。

① ② ③ ④

“稻粱菽，麦黍稷，此六谷，人所食。”这个“稷”字读作 jì，本为象形字。①是甲骨文的形体。中间为“禾”，旁边的三个点儿是稷子（谷子）成熟的颗粒下落之状。②是《说文》中古文的形体，变成了“从禾畟声”的形声字了。③是小篆的形体，与古文相类似。④是楷书的写法。

《说文》:“稷，齋（zī）也，五谷之长，从禾畟声。”实际上，“齋”正是“稷”的先造字。“稷”字的本义是“谷子”。《尔雅》孙炎注认为“稷”即“粟”，也是指谷子。如陶潜《桃花源记》:“菽稷随时艺。”“菽”是豆类，“艺”为“种植”义，也就是说：豆类和谷类都按节气种植。由“谷类”可以引申为“谷神”，又“社”是“土地神”，所以古人认为“社稷”是最神圣的，以后就将“社稷”作为国家的代名词了。如《史记·孝文本纪》:“计社稷之安。”也就是说：考虑国家的安定。在《穀梁传·定公十五年》中有“日下稷”的话，这里的“稷”应读为“zè”，是“昃”字的通假字，表示太阳西斜了。

请注意：古代“稷”“粟”“谷”“禾”“黍”的含义有同有异。“稷”原指谷子；“粟”本指小米，后世也常用做“粮食”的代称；“谷”是庄稼和粮食的总称；“禾”本来也是指谷子，但到了后世稍有变化，常用做“庄稼”的代称；“黍”指黏黄米，也称“黍子”，可做黄酒。

① ② ③ ④

穗，选自《本草纲目》

“水荇花穗倒空潭。”这个“穗”字本为会意字。①是古陶文的形体，上部是一只手，下部是“禾”，表示手摘庄稼的穗子。②是小篆的形体，与古陶文极为相似。③是小篆的异体字，变成了“从禾惠声”的形声字，后世也就以“穗”作为书写正体了。④是楷书的写法。

《说文》:“采(穗)，禾成秀也。”“穗”字的本义就是庄稼所秀的穗子，如《诗经·王风·黍离》:“彼黍离离，彼稷之穗。”“离离”是指黍子一行一行长得茂密。其大意是：看那黍子密密层层，看那稷子秀出了新穗。植物的穗状花序亦可称为“穗”。又因为烛花、灯花形似庄稼的穗子，所以“穗”有时也指灯花、烛花，如韩偓《懒卸头》:“时复见残灯，和烟坠金穗。”这里的“金穗”就是指灯花。

矢部

① ② ③ ④

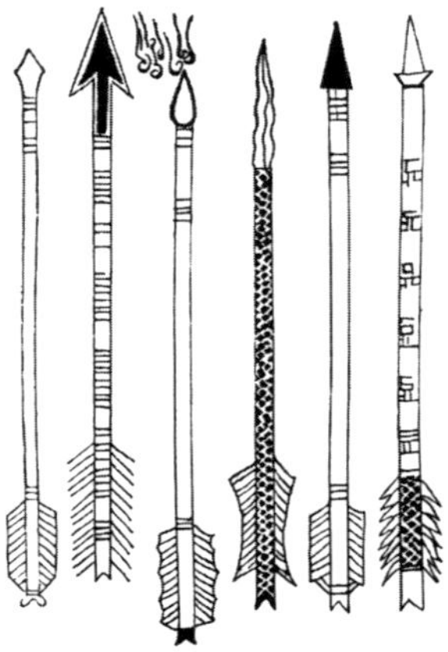

宋代的各种箭形，选自周纬《中国兵器史稿》

这是“有的放矢”的“矢”字。“矢”是什么呢？请看甲骨文①和金文②，多像箭的样子啊！上端是锋利的箭头，中间是箭杆，下端是结有雕翎的箭尾，由此可见，“矢”字就是箭的象形字。小篆③保留一支箭的形状，楷书④则完全看不出箭的模样了。

“矢”字在古代是个多义词，它除了当“箭”讲以外，还有“发誓”的意思，如《诗经·卫风·考槃》：“永矢弗谖（xuān 宣）。”就是发誓永远不遗忘的意思。《左传》中有“杀而埋之马矢之中”的话，所谓“马矢”就是马屎，因为“矢”与“屎”同音，在古代已有假借的先例。这种用字法，在文字学上就称为“避俗性的同音假借”。也就是说，在诗章中用上一个“屎”字是不太雅观的，因此便借“矢”代“屎”。

“矢”字是个部首字，在汉字中凡由“矢”所组成的字大都与箭有关，如“彘”“函”“雉”“矰（zēng 增）”等字。

① ② ③ ④ ⑤

箭在囊中，宋代兵器

这是“有备无患”的“备”字，原为会意字。甲骨文①的中间是一支箭，箭头朝下，其外是箭袋之状，本与“箙”同字，这里表示已有准备。②是金文的形体，与甲骨文相似。③是小篆的写法，已发生了讹变。④为楷书，又增加了单人旁。⑤为简化字。

《说文》：“葡，具也，从用苟省。”不妥。“备”字的本义应为盛矢器，引申为“预备”“准备”，如《孙子兵法·计篇》：“攻其无备，出其不意。”杜甫《石壕吏》：“急应河阳役，犹得备晨炊。”由“准备”

之意又可引申为“完备”，如《荀子·天论》：“养备而动时，则天不能病。”大意为：衣食完备充足，又能按时活动，那么天也不能使人生病。

另外，“备”还当长兵器讲，如《左传·昭公二十一年》杜预注：“备，长兵也。”

“备员”是充数之意，一般用作谦词，如《史记·平原君虞卿列传》：“愿君即以遂（毛遂）备员而行矣。”这就是说：请您就把我当作一个充数的人一起去吧。

请注意：“完”与“备”的含义有区别，“完”主要表示完整，而“备”却有“应有尽有”的意思。

① ② ③

这是“九夷在东”的“夷”字，本为会意兼形声的字。①是金文的形体，一支长箭上系着一条绳子，像猎取飞鸟的射具矰缴(zēng zhúo)的样子。②是小篆的写法，“矢”讹变为“大”。③是楷书的形体。

《说文》：“夷，平也，从大从弓，东方之人也。”说“平”为“夷”字的本义不妥，本义应为“带绳的箭”。再说“从弓从大”也不对，这是将绳子形、矢形误为“弓”和“大”。

“夷”字本义已消失，作“平”解是其假借义，后世也多用其假借义，如王安石《游褒禅山记》：“夫夷以近，则游者众。”这是说：地势平坦而且近，那么去游览的人也就很多。由“平”义又可以引申为“同辈”“等辈”，如《史记·留侯世家》：“诸将皆陛下故等夷。”意思是：各位将军都是陛下以前的同辈人。由“平”还可以引申为“诛锄”“削平”义等，如“夷平贼寨”“城市夷为平地”等。

请注意：《左传·成公十六年》中“察夷伤”里的“夷”字，是“痍”的通假字，当“创伤”讲。另外，“夷”字在古诗文中还常用作语助词，没有意义。

① ② ③ ④

甲骨文①很像在茶杯中装了一支箭，其实这是一个很长的箭囊（后世亦称为“箭壶”），左边有一个可以向腰间挂的“鼻儿”，其中装着一支箭。金文②的形体也大致与甲骨文相似，不过“鼻儿”移到了右上方。可是小篆③则大变样，已看不出箭囊装有箭的样子了。楷书④也是随着小篆以讹传讹，成了现在这种写法。

“函”的本义是“箭袋子”，以后则引申为“铠甲”的意思，如柳宗元《晋问》:“函人之甲。”就是说：做铠甲的人的甲。因为箭是装在函之内的，所以由“装箭”之义又能引申为“包含”或“包容”之义，如《汉书·叙传上》:“函之如海。”就是说：像海一样，能包含无数之物。“函”字从“包容”义，又能引申为“封套”义，如书套即称为“书函”。由“书函”义又能引申为“信封”义，如吴质《答东阿王书》:“发函伸纸。”就是说：拆开信封，取出信纸。由“信封”又能引申为“书信”义，如《三国志·魏书·刘晔传》：“每有疑事，辄（zhé 哲）以函问晔。”大意是：每当遇到疑难之事，总是用书信问刘晔。现在仍有“公函”“来函”之称。

① ② ③ ④

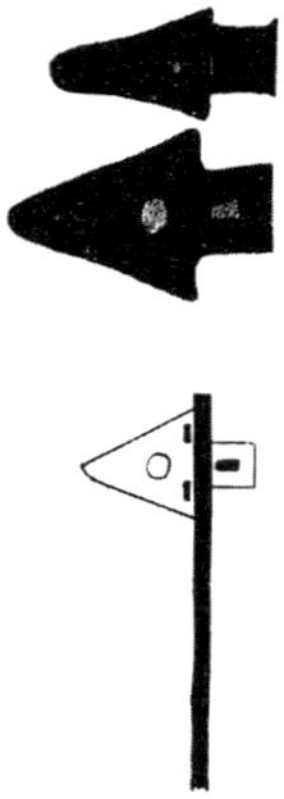

周代兵器癸，选自周纬《中国兵器史稿》

宋代的箭囊，选自周纬《中国兵器史稿》

这个“癸”字读作 guǐ，本为象形字。①是甲骨文的形体，像多锋矛的形状。②是金文的形体，更像三锋矛的形状，中间的矛柄立于地。③是小篆的写法。④为楷书的形体。

《说文》：“癸，冬时水土，平可揆度也，象水从四方流入地中之形。”许慎的说法不妥。“癸”字的本义为三锋矛，是上古的一种兵器，后来被借作天干的第十位，即甲、乙、丙、丁、戊、己、庚、辛、壬、癸。当“癸”字被借走以后，那么当兵器讲的“癸”则又造了一个新形声字“戣（kuí）”来代替，如《尚书·顾命》:“一人冕，执戣，立于东垂。一人冕，执瞿，立于西垂。”“垂”是堂的旁边，亦“堂垂”；“瞿”也是三锋矛。其大意是：一个人戴着帽子，拿着三锋矛，站在东堂的帘前；另一个人戴着帽子，拿着另一种三锋矛，站在西堂的帘前。

① ② ③ ④

“彘走丘，鸟羁林。”甲骨文①的形体多形象啊，左边是一支箭，右边是头朝上、尾朝下、腹朝左的一头猪，箭就射在猪的腹部。金文②中间的箭（矢）形还在，但是猪的形状则不太像了。小篆③则让“矢”（箭）射进了猪的四条腿中间，矢头进入猪的腹部，足以使猪致命。④为楷书的形体，是由小篆的形体演变而来，其形体也基本上同于小篆。

越南壁画中的猪形

“彘”（zhì 至）是猪的象形字，所以它的本义就代表猪，如《商君书·兵守》：“使牧牛马羊彘。”《方言八》对“彘”字的解释清楚明白：“猪，关东西或谓之彘。”这是说：猪，在关东关西，有的就叫“彘”。在《史记·货殖列传》中有“泽中千足彘”的话，有人就把“千足彘”理解为“千足的猪”，那是不对的。这个“千足彘”是指有二百五十头猪的意思，因为每猪有四足。

今山西霍州市东北有块地方在周朝就叫“彘”，公元前 841 年国人起义，周厉王逃奔至彘。这个地方之所以叫“彘”，据说是因为上古这里的野猪最多。

①　　②　　③

“兔入狗窦，雉飞梁上。”这里的“雉”字，从甲骨文①的形体看，左边是“矢”（箭），右边是“隹”（鸟），是用箭射禽类。本来猎取的禽类叫“雉”，可见这是个会意字。②是小篆形体。③是楷书形体。

在上古所猎取的禽类之中以野鸡为主，所以到后来“雉”就专指野鸡。如《庄子·养生主》：“泽雉十步一啄，百步一饮。”这是说：在水草集聚之地的野鸡，“十步一啄，百步一饮”。

雉，选自《本草纲目》

另外，“雉”字除了当“野鸡”讲之外，还借为古代计算城墙面积的单位，长三丈高一丈为一雉。如《左传·隐公元年》：“都城过百雉，国之害也。”这就是说，在春秋之时，侯伯之国的城墙为三百雉，而被侯伯所封之人的城墙不能超过一百雉，如果超过了就是国家的祸害了。其后，又加以引申称城墙为“雉”。

鸟部

① ② ③ ④

“乌”字的金文①形体，不太像乌鸦的样子，上部是头，嘴巴朝天，向右的两条曲线表示翅膀，下伸的部分是一只爪子，眼睛中没有一个黑点儿。小篆②完全是鸟的形象，还是没有眼睛。③是楷书的繁体。④是简化字。

因为乌鸦是黑色的，所以黑色的东西也泛称“乌”，如《三国志·魏书·邓艾传》：“身被乌衣。”就指身穿黑色衣服。至今还常用“乌”表黑的意思，如“乌鱼、乌鸡”等等。不过柳宗元说的“土乌能神”,这当中的“乌”字是做疑问副词用，当“哪”“怎么”讲，所以“乌能神”是“怎么能当神呢”。这种特殊用法，必须加以区别。

① ② ③ ④

这是“百鸟朝凤”的“凤”字。甲骨文①的中间是凤头（面朝左），头上有一撮漂亮的冠羽，下部有长尾有凤爪，其右为表示读音的“凡”。凤在古代被认为神鸟，其实就是孔雀。②是小篆的形体，把“凡”字上移，把“鳥”字套在中间，成为外声（凡）内形（鳥）的形声字了。③是楷书的写法，由小篆直接变来，因为写起来太麻烦，所以后来简化为“凤”④，仅有四画。

在古代把凤比作鸟中之王，如宋玉《对楚王问》：“鸟有凤而鱼有鲲（kūn 昆）。”（鲲是古代传说中的一种大鱼）正因为把凤视为神鸟或鸟中之王，所以旧时喻才德高超之人谓具有“凤德”。京都的别名也称为“凤城”，如杜甫《夜》诗中有“银汉遥应接凤城”的句子。“凤城”有时也称“丹凤城”，都是指京城，因为京都是全国城市之首，如同凤是鸟中之王。

双凤衔瑞草纹，汉代石板彩绘

凤凰亦作“凤皇”，简称为“凤”。其实“凤”与“凰”是不同的，雄的为“凤”，雌的为“凰”。

请注意：“凤”字与“风”字形体相似，很容易写错。“凤”字中间是“又”，“风”字中间是“乂”，写时必须区别清楚。

① ② ③ ④ ⑤

西周玉鸟纹

"春眠不觉晓，处处闻啼鸟。""鸟"字在甲骨文①中就像一只鸟形，鸟头朝左而侧立，还有尾和一双爪子。可见"鸟"字是个象形字。《说文》："长尾禽总名也。"就是说："鸟"是长尾巴鸟的总称（短尾巴鸟的总称为"隹"）。金文②的这只鸟点缀得更漂亮，头部加上了冠羽，翅膀和尾巴上的点儿表示彩色的羽毛闪闪发亮。小篆③则仍然像鸟的样子，头朝上，翼尾朝右。楷书④是"鸟"的繁体字。⑤是简化字，把四个点儿变成了一横。

"鸟瞰"是从高处俯视地面的景物，如"鸟瞰全城"；又引申为对事物的概括，如"世界大势鸟瞰"。"瞰"字不可读为"敢"，应读为 kàn（看）。

请注意："鸟"字与"乌"字的形体非常接近，一不细心就会写错。这两个字的最大区别就是"鸟"字的上部有一点儿，"乌"字的上部无一点儿。这是因为鸟类的眼睛是黑的，身上羽毛的颜色则往往不是黑的，所以眼睛很明显是一个小黑点儿，能看得很清楚。但是乌鸦就不同了，它的眼睛和全身一样黑，就好像乌鸦没有眼睛一样，因此"乌"字的上部就没有一点儿。记住了这一条，就不会再写错了。

"鸟"字与"乌"字的笔画往往数错，笔顺也很容易写错。"鸟"应为五画，"乌"字应为四画。

"鸟"字是个部首字，在汉字中凡由"鸟"字所组成的字大部与禽类有关，如"凤(鳳)""莺""鸡""鸣""鸭""鹅"等字。

① ② ③ ④ ⑤

这是"鸡声茅店月"的"鸡"字。甲骨文①的左边是个"奚"字，仅表示这个字的读音（"鸡"与"奚"读音相近），而右边的"鸟"字则是表意的部分，说明鸡是鸟类，由此可见，"鸡"是个左声（奚）右形（鸟）的形声字。金文②很像一只头朝左的大公鸡的形状，把表示读音部分的"奚"字省掉了。小篆③则类似于甲骨文的形体，左边还是个"奚"字，右边则把"鸟"换成了"隹"（上古时"鸟"

斗鸡场面，汉画像砖

与“隹”同义）。楷书④的形体与小篆相同，也是“从隹奚声”的形声字。可是后来到了简化字⑤就大不相同了，把“隹”字又还原为甲骨文的“鸟”字，并且把左边的“奚”字换成了简化符号“又”，这就成了新简化字“鸡”了。

请注意：为什么称“又”为简化符号呢？因为它能代表“難”“聶”“轟”“樹”“鳳”等字中被简化的部分，写成“难”“聂”“轰”“树”“凤”等。

① ② ③ ④ ⑤

鸟鸣树梢，选自《三才图会》

“春风杨柳鸣金马，晴雪梅花照玉堂。”在这副对联中，以马叫为“鸣”，其实这是后世的说法，在上古只有鸡叫、鸟叫谓之“鸣”。从甲骨文①可以看出右边是只鸟，正在引颈而鸣的样子，嘴巴是朝左边张开的。左边的“口”是表示用口叫的意思。金文②变得不太像了。③是小篆的形体，虽然时代较晚，但是右边的鸟形比金文还要像。④是楷书繁体字。⑤是楷书简化字。

“鸣”的本义是“鸟叫”，如《诗经·小雅·鹤鸣》：“鹤鸣于九皋，声闻于天。”后来从鸡、鸟的叫扩大到野兽、虫类的叫都可称之为“鸣”，如“鹿鸣”“雷鸣”。甚至又扩大为人有所发抒、互相争论称为“百家争鸣”。

在《元史·杨载传》中有“以文鸣江东”的话，这里的“鸣”字实际上是“著称”或“闻名”的意思，因为不管什么东西，其鸣叫的声音总是传得很远的，而闻名于远方、著称于四方，也都是名声传得很远的意思。

请注意：“鸣”字是个会意字，“鸟”张开“口”叫为“鸣”，可是“呜呼”的“呜”字是左形（口）右声（乌）的形声字，这两个字的形体非常相似，必须区别清楚。

石 部

①　　②　　③　　④

“远上寒山石径斜，白云生处有人家。”这是“石径”的“石”字。甲骨文①的左边像三角旗的部分是山崖，右下角的“口”形部分代表石块。金文②的山崖形省为“厂”。小篆③同于金文。④是楷书形体，基本上与小篆相同。

“石”字的本义是“石头”，后来引申为“碑石”也称“石”。如《史记·秦始皇本纪》：“刻石颂秦德。”也就是说：刻石碑来为秦始皇歌功颂德。

我们读《汉书·律历志上》时，有“三十斤为钧，四钧为石”的话，这里的“石”代表重量单位，不能读 shí，应当读 dàn（担）。

在古书中常有“石友”一词，这个“石友”是什么意思呢？这个词有两个意思：1. 比喻友情坚贞的朋友（或称“金石交”），如杜牧有“同心真石交”的诗句；2. 指砚台，比喻读书人离不开“文房四宝”：笔、墨、纸、砚。

“石”字是个部首字，在汉字中凡由“石”字所组成的字大都与石头或“坚硬”有关，如“矿”“硬”“硝”“磬”等字。

①　　②　　③

“技艺精湛，斫轮老手。”这个“斫”字读作 zhuó，本为会意字。①是甲骨文的形体，左边为“石”，右边是曲柄的大斧，这就表示用斧头打石之意。②是小篆的形体，左“石”右“斤”，与甲骨文的形、义一致。③是楷书的写法。

《说文》：“斫，击也。”许慎的说法正确。“斫”的本义为“敲击”“攻打”，如《三国志·吴书·甘宁传》：“受敕（chì）出斫敌前营。”也就是说：奉命出击攻打敌人的前营。由“击”又可以引申为“砍”“削”，如《荀子·性恶》：“工人斫木而成器。”这是说：木工砍木头而做成器具。《尔雅·释器》：“鱼曰斫之。”大意是：对于鱼，就要削去它的鳞。

请注意，在古书中常见“斫丧”一词，一般多指“摧残”“伤害”，但有时也特指沉溺酒色、损害身体，如赵翼《陔余丛考》卷四十三：“人不自爱惜，耗其精神于酒色者，曰斫丧。”

① ② ③ ④

这个“碗”字本为形声字。①是金文的形体，上部的“夗”表声，下部的“金”表义。这表明“碗”是用金属制成，本为量器。②是小篆的形体，由“金”换成了“皿”，仍为表义部分。③是楷书的写法。④为现在保留的形体，仍为形声字，由“皿”换成“石”，但意义未变。

宋代漆碗

《说文》:“盌，小盂也。”据《方言五》所载:“盂,宋、楚、魏之间或谓之碗。”“碗”本是一种敞口而深的量器，后又可做食器，如卢仝《走笔谢孟谏议寄新茶》:“一碗喉吻润，两碗破孤闷。”

在古书中常见“碗脱”一词，意思是很多人就像脱于同一模型之碗，个个如此，如《朝野佥载》:“碗脱校书郎。”这是说：唐代的那些校书郎好像都是一个模子做的。

请注意：“盌”“椀”“瓮”都作为异体字废除了，现在只用“碗”字。

① ② ③

卢纶的《宿定陵寺》诗有两个名句:“古塔荒台出禁墙，磬声初尽漏声长。”这个“磬（qìng 庆）”字是个会意字。甲骨文①左下是一只手拿着一个磬槌，上部的三角形是古代磬的形状，最上端则是磬架上的装饰品。磬是我国古代的一种乐器，用美石或玉雕成。小篆②的上部就是甲骨文①的全体，只是手执磬槌部分移到了右上边，其下又增加了表意的“石”字，表示磬为石头所制。楷书③的形体则大致同于小篆的形体。

汉画像砖上的击磬图，山东沂南出土

“磬”的本义是石制乐器，如《荀子·乐论》:“磬似水。”这是说：磬声如流水。后来又引申为寺院中和尚念经时所敲打的铜铁铸的鸣器。又因“磬”呈直角的弯曲形，所以“磬”可比喻人大弯腰似磬之状，表示十分恭敬，这就产生了“磬折”一词，如《史记·滑稽列传》:“西门豹簪笔磬折，向河立待良久。”所谓“簪笔”就是帽子上插的一种簪子，是行礼时的装饰品。这两句话的大意是：西门豹恭敬地弯着腰立在河边，等待了很久。

请注意：“磬”字与“罄”字读音相同，形体也很相似，稍一粗心就要混淆。这两个字的上部相同，但“磬”字的下部是“石”，表明是用石、玉等制成的乐器。而“罄”的下部是“缶”，表明是陶制器皿。既然是陶器，中间必定是空的，由“空”义又引申为“尽”义，如《旧唐书·李密传》：“罄南山之竹，书罪未穷。”这就是说：砍尽了南山上的竹子都做成竹简，也写不完他的罪过。上面这两句话，后世发展为“罄竹难书”的成语。由上面的分析得知，“磬”与“罄”二字的形、义均不相同。

玉 部

① ② ③ ④

这就是“抛砖引玉”的“玉”字。甲骨文①就像用一根绳子串吊着三块玉石。这是个象形字。金文②和小篆③都很像“国王”的“王”字，其实二者不一样。“王”字的小篆写法是第一、二两横近，第二横离第三横远，而“玉”字的小篆写法是“王”，三画等距离。④是楷书的写法，这是因为怕与“王”字相混，所以才加上一点写为“玉”了，以示与“王”字的区别。

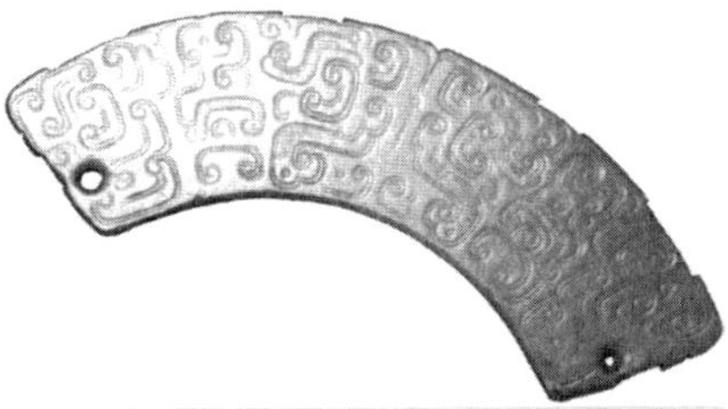

春秋时期的玉璜

因为“玉”是温润而有光泽的美石，所以古代人往往把美好的、珍贵的东西加上个“玉”字做修饰词，如“玉颜”“玉音”“玉色”“玉女”“玉体”等。如果帮助别人把某件事情办好，往往说“一定玉成其事”。

“玉”字是个部首字。在汉字中凡由“玉”字所组成的字大都与玉石或玉器有关，如“环”“琳”“珍”“珂”“瑁”“班”等字。有人说，这些字都是“王字旁”，其实应该说是“玉字旁”或“侧玉边”，因为这些字与“王”义无关，而与“玉”义却有密切的关系。

① ② ③ ④ ⑤

“抽簪脱钏解环珮。”这个“环”字本为象形字。①是金文的形体，像两个环套在一起的形象。②也是金文的形体，成为左形右声的形声字了。③是小篆的形体，与金文相似。④是楷书的繁体字。⑤为简化字。

周代龙环纹玉器

《说文》:“环（環），璧也。”许慎说的是对的。“环”字的本义是“玉环”,如《左传·昭公十六年》:“宣子（人名）有环。”以后，凡环形的东西都可以称“环”，如《宋史·舆服志四》:“锦绶铜环。”这是说：锦绣织的带子上再佩以铜环。因为“环”为圆形，所以“围绕”亦可以称“环”，如欧阳修《醉翁亭记》:“环滁皆山也。”柳宗元《永州韦使君新堂记》:“环山为城。”

请注意：“环境”一词，今天是指周围的环境，如自然环境、社会环境，可是古代却指环绕所管辖的区域，如《元史·余阙传》:“环境筑堡寨，选精甲外捍，而耕稼于中。”再如“环卫”一词，今天是指“环境卫生”，而古代是指拱卫宫禁的军队，如《新唐书》:“璘居环卫十三年。”这是说：符璘当了十三年的宫禁卫兵。

① ② ③

这个“班”字是个会意字。金文①是两块玉石之间有一把刀，这就表明用刀分玉的意思。②是小篆的形体，与金文的形体基本相同。③是楷书的写法，中间的刀形则不像了。

“班”字的本义就是“分玉”，如《说文》:“班，分瑞玉。”就是说：把一块美玉分成两半就叫“班”。后来又引申为“分发”，如:“班瑞于群后。”(《尚书·舜典》)大意是：把（作为凭证的）玉分发给诸侯。由“分发”之义又能引申为“颁布”，如《后汉书·崔骃传》:“强起班春。”也就是说：勉强出来颁布春天的政令。由“颁布”之义又可以引申为“布置”或“排列”，如“班位于天下”即“排位于天下”的意思。现在所说的“班级”中的“班”,也正是从“排列”之义引申出来的。至于《韩非子·外储说左下》中所说“班白者”里的“班”字，那是“斑”字的假借字，所谓“班白者”是指鬓发花白的老人。

请注意：“班”“斑”二字形体相似，读音相同，但词义却大有区别：“班”字中间是“刀”，表示用刀分开；而“斑”字中间是“文”，表示花纹之义。只要掌握了形体与意义的关系，就不会再搞混了。

左部

①　②　③　④

这是“左右逢源”的“左”字。甲骨文①就像左手之形，上部代表手指形，下部代表手臂形。金文②的上部及左部都代表手，下部又加上了“工”字。“工”字原像斧锛（木工器具）之形，左手执斧锛等工具，就是辅助、帮助干活的意思。所以“左”字是“佐”字的先造字。后来因为“左”只借为“左右”之“左”用了，那么代表“帮助”之义的“左”，就只好加上个“立人旁”，成为“辅佐”的“佐”了。③是小篆形体。④是楷书写法。

古代人有个习惯，人面朝东，那么东就是左面，山之东亦称“山左”。再如《晋书·温峤传》：“元帝初镇江左。”这就是“元帝初镇江东”的意思。

还需注意的是：古代尊崇右，所以右是较尊之位，“左迁”都是降级降职的意思。但是在战车上则相反，所谓“虚左”，就是把车的左边的位子空出来，让高贵的人坐上去。如《史记·魏公子列传》：“公子从车骑，虚左，自迎夷门侯生。”就是说：公子带领车骑，把左边的高位空出来，亲自去迎接夷门侯生（让侯生坐于左位上）。

“左”字是个部首字，在汉字中凡由“左”字的上部（𠂇）所组成的字，大都与手或手的动作有关，如“右”“有”“友”等字。

①　②　③　④

“东边日出西边雨，道是无晴却有晴。”这个“有”字在甲骨文中多用“又”字来代替。我们看甲骨文①就是写作“又”字。金文②的上部是一“又”字，下面的“月”

就是肉形，整体是以右手持肉的样子，这就表示“有了”。小篆③基本上同于金文，只是肉的形体更艺术化了。到了楷书④，“有”上的一横一撇移向左，肉形部分改为直笔，基本上看不出以右手持肉之形了。

在上古人看来，很可能是有了肉就有了一切，所以“以手持肉”就叫作“有”。后来词义扩大了，不管有什么东西都是“有”，与“无”是相对的。从“以手持肉”的本义又引申为五谷丰收也可称“有”，如《诗经·鲁颂·有驳》：“岁其有。”就是年景很好，获得丰收的意思。这与“有年”之义差不多，如《穀梁传·桓公三年》中说：“五谷皆熟，为有年也。”“有”字又可引申为“占有”义，如诸葛亮《草庐对》：“孙权据有江东。”这个“有”字就是占有的意思。还可做“友”的假借字，如《左传·昭公二十年》：“是不有寡君也。”如理解为“没有寡君”就错了，应是“对寡君不友好”的意思。“有”字有时用在整数和零数之间，相当于“又”，如“三十有六”，等于说“三十又六”，也就是“三十六”的意思。

请注意：在广东方言中有个“冇”字，应读为mǎo（卯），“有”字去掉中间的两横，就是“没有了”的意思，可见这是个后世新创造的会意字。

龙 部

① ② ③ ④ ⑤

这是“龙颜非常貌”的“龙”字。这个字是个象形字。甲骨文①是上为头、下为尾、左为腹、右为背的一条大龙。②是金文的形体，上部是角，角下是头，嘴巴朝左张开露出两颗锋利的牙齿，右边是弯弯曲曲的龙身。小篆③是由金文演变而来，反而更复杂了。楷书④的写法基本上同于小篆。⑤是简化字。

前蜀龙纹玉饰

“龙”字的本义，是指古代传说中一种能兴风作雨的神奇动物，如《韩非子·难势》：“飞龙乘云。”因为龙为神物，所以封建时代用龙象征帝王和帝王所用的东西，以示尊严、威赫、贵重，如“龙袍”“龙颜”“龙床”等。

古代用“龙”字组成的词很多，仅从字面上去理解就极易搞错，如李商隐《过华清内厩门》诗：“至今青海有龙孙。”这个“龙孙”若理解为“龙的子孙”那就错了,它是一种骏马的名字。可是辛弃疾《满江红》词“春正好，见龙孙穿破”中的“龙孙”不是指骏马，而是竹笋的别名。有人曾把李白“腰下有龙泉”中的“龙泉”解释为泉水名，错了，这个“龙泉”是宝剑名。

另外，有的人把“龙”字写作“尨”,这是画蛇添足。“尨”字应读为máng（忙），指杂色或多毛的狗，它与“龙”字的形、音、义均不相同。

“龙”字是个部首字，在汉字中凡由“龙”字所组成的字大都与龙或大有关，如“庞”字等。

甲部

① ② ③ ④

这个“甲”字是个象形字。甲骨文①像古代武士身上穿的铁甲片之间的“十”字缝。金文②的形体也同于甲骨文。③是小篆的形体，变得艺术化了。④是楷书的写法。

“甲”字的本义就是古代战士穿的护身衣，如《左传·成公二年》：“擐甲执兵。”“擐”（huàn 患）就是穿，意思是：穿着甲衣，拿着武器。后来又泛指铠甲，如黄巢《不第后赋菊》：“满城尽带黄金甲。”这样又可以引申为“披甲的战士”，如《左传·宣公二年》：“伏甲将攻之。”就是说，埋伏下军队将要攻击他。

从“甲”字的“护身衣”的本义又可引申为动物身上起保护作用的硬壳,如“龟甲”。再如草木萌芽时的外皮也称甲,如“孚甲”等。

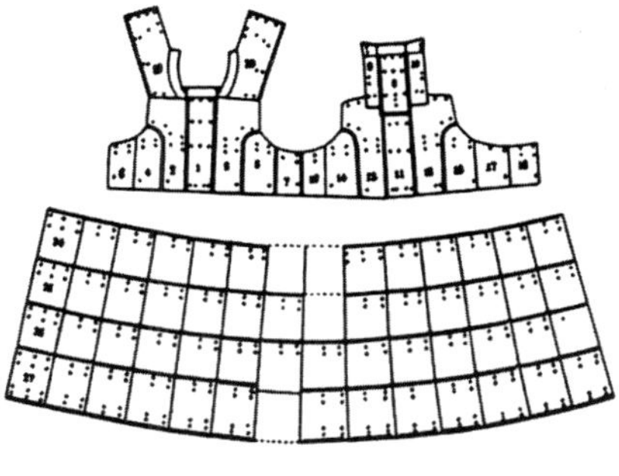

曾侯乙墓出土的甲胄复原图，选自彭浩《楚人的纺织与服饰》

至于说“桂林山水甲天下”的“甲”字，那是从“天干”的第一位引申过来的，是“占第一”之义，也就是说桂林山水居天下第一。由此义而来，旧时称头号的世家大族为“甲族”，称最显贵的住宅为“甲第”，科举的第一等也为“甲第”。

在《说文》中，“甲”字被列为部首字，但在这个部首之下并无从属之字。

皿部

① ② ③ ④

“援笔成篇，理趣不凡。”这个“凡”字是个象形字。甲骨文①和金文②都像侧视的盘形，左为盘口。③是小篆的形体，已失去了盘形。④是楷书的写法。

《说文》：“凡，最括也。”其实“凡”的本义是“盘”，只是后世其本义消失了。在古籍中，“凡”字多用作“统括之词”，如《韩非子·解老》：“凡兵革者，所以备害也。”这是说：凡是武器与铠甲之类，都是用来防备侵害的东西。由“凡是”义又可以引申为“总共”义，如《齐民要术·序》：“凡九十二篇。”也就是说：总共有九十二篇。从“总共”义又可以引申为“平凡”义，如《三国志·蜀书·诸葛亮传》：“尽众人凡士。”即“都是一些普通平凡的人”的意思。

请注意：《世说新语·简傲》中记载，吕安在嵇喜的门上题了个“鳳”字，这是对他的讽刺。因为把“鳳”拆开，就是“凡”与“鳥”，所以后世也多用“凡鸟”比喻热衷名利的“庸才”。

① ② ③ ④

甲骨文①是个“器皿”的“皿”字，是个象形字。金文②的右边像皿形，左边加了个金字旁，表示皿是用金属做的，这是表意部分，这就组成了一个左形（金）右声（皿）的形声字。其实这个“金”字旁是多此一举，因为上古的器皿不都是用金属做的。③是小篆的形体，类似甲骨文的样子。④是楷书形体。

“皿”字的本义就是装东西（多为液体）的器具，是碗、碟、杯、盘一类用器的总称。“皿”字是个部首字。在汉字中凡由“皿”字所组成的字大都与“器皿”有关，如“盂”“盈”“盆”“盟”“益”“盛”“盏”等。那么“盔”字为什么也从“皿”呢？因为头盔实际上就是倒过来的皿形。能盛什么呢？可以说“盛头”，也就是有保护脑袋的作用。

请注意：“皿”字与“血”字形体很相似，“血”字的上部多一撇，不要搞混。

① ② ③ ④ ⑤

“满城尽带黄金甲。”这个“尽”字本为会意字。甲骨文①的右上方是一只右手，手中拿一把炊帚，下部是食器（皿），表示刷洗食器的意思，洗刷干净即为“尽”。②是金文的形体，与甲骨文相似，但又比甲骨文繁杂一些。③是小篆的形体，与金文基本相同。④是楷书繁体字。⑤为简化字。

《说文》:“尽（盡），器中空也。”这种说法基本正确。但许慎认为这是个形声字，恐怕不妥。从甲骨文看，以炊帚洗刷食器，表示吃完而将饭具洗刷干净。所以“尽”字的本义应为“完”或“没有了”，如晁错《论守边备塞书》：“美草甘水则止，草尽水竭则移。”这是说：（胡人游牧）遇到好草和能喝的水就住下来，草吃完了，水喝枯了就搬家。由“完”又能引申为副词“全部”，如柳宗元《捕蛇者说》:“触草木，尽死。”这是说：只要碰到草木，草木也就全部死亡。至于“尽善尽美”中的“尽”，那是“尽”字本义的远引申，是达到了“顶点”或“尽头”的意思；不可解为“完”“全部”义。

① ② ③ ④

这是“碧血丹心”的“血”字，是个象形字。甲骨文①是一只盘形，其中的一个小圆圈是血的形象。②是战国陶文，与甲骨文相似。③是小篆的写法，“皿”中有一点，仍表示血滴。④是楷书的写法。

《说文》：“血，祭所荐牲血也。”“血”字的本义就是指“血液”，如《晋书·王濬传》：“兵不血刃，攻无坚城。”大意是：作战，武器不沾血；攻城，没有坚而不克的（意谓每战必胜）。

请注意，我们在《山海经·南山经》中可以见到这样的话：“仑者（山名）之山有木焉……可以血玉。”这里的“血”字由名词转化为动词，是“染”的意思，“血玉”就是染玉。“血气”一词，一般是指精力，可是《左传·昭公十年》“凡有血气，皆有争心”中的“血气”却指“生命”，这句话是说：凡是有生命的，都有争夺之心。

①　　②　　③　　④

这是个“盂”字。甲骨文①的下部就是个“皿”字，其上就是“于”字，可见“盂”是“从皿于声”的形声字。“盂”在古代是盛饮食或其他液体的圆口器皿，而今天的“盂”大都指痰盂。金文②和小篆③的形体是从甲骨文演变而来的，它们基本类似。④是楷书写法。

在古代，“盂”还可以盛酒，如《史记·滑稽列传》：“操一豚蹄，酒一盂。”这就是“提着一个猪蹄和一盂酒”的意思。

《左传·文公十年》中有“宋公为右盂，郑伯为左盂”，这里的“盂”是指打猎时摆的阵形。宋公带许多人在右边摆个“盂”形，“盂口”朝左向前包围；郑伯带许多人在左边摆个“盂”形，“盂口”朝右向前包围。这也就是围猎的意思。

请注意，在古代还有个“盂”（gān）字，与“盂”字极其相似，它是指古代的盘或大碗。这两个字的形、义不同，读音也不一样：“盂”字是从“于”得声，“盂”字是从“干”得声。

①　　②　　③

这是“大雨倾盆”的“盆”字。金文①的上部是个反“分”字，“刀”头朝右拐，下部是“皿”。可见这是个上声（分）下形（皿）的形声字。小篆②与金文的形体相似，不过把刀头转过来了。③是楷书的写法。

“盆”的本义就是较大的盛水器皿。在上古也是一种量器名，如杨倞注《荀子·富国》所引的《考工记》：“盆实二鬴（同釜）。”大概一盆相当于六斗四升。那么《礼记·祭义》中的“三盆手”又如何理解呢？这里的“盆”字当“淹没”讲，就是“浸没过三次手”的意思。

①　　②　　③　　④

所谓“江河横溢”，就是说江河的水越堤横流的意思。有人把“溢”写为“益”，这是写了古本字，不能算错。你看甲骨文①的下部就是“皿”，皿上的三个点儿就代表水，水一多就溢出来了。金文②的样子更为明显，水都高出了皿，当然要横溢了。小篆③皿上也是水，是“水”字横倒了的样子。④为楷书的写法。因后世“益”字当“利益”之“益”用了，所以又增加了“水”旁，新造了一个左形（水）右声（益）的形声字“溢”。

“益”的本义就是“水漫出来”的意思。“皿”上有很多“水”，太多了就要外流，所以这个“益”字是个会意字。如《吕氏春秋·察今》：“澭（yōng 拥）水暴益。”“暴益”即为“横溢”之义。从“漫”的本义引申为“富裕”“富足”，如《吕氏春秋·贵当》：“其家必日益。”大意是：他的家必定一天天富裕起来。从“富裕”又引申为“增加”，如《韩非子·定法》：“五年而秦不益一尺之地。”五年的时间，秦连一尺之地都不增加。从增加的东西又引申为“利益”“好处”，如《盐铁论·非鞅》：“有益于国，无害于人。”所谓“有益于国”，就是对国有好处。从“增加”又引申为副词“更加”义，如成语“精益求精”。

① ② ③ ④ ⑤

这个“监”字是个会意字。甲骨文①的左边是一个器皿，右边跪着一个面朝左的人，人头上是一只大眼睛（目），也就表示人利用皿中之水照照自己的模样。②是金文的形体，人的大眼睛已经移到“皿”上，当然这就看得更清楚了。③是小篆的形体，“人”跳到“皿”上，“目”已讹变为“臣”字，这就符合方块形体的要求了。④是楷书的写法，完全是由小篆演变而来。⑤是楷书简化字。

“监”字的本义读 jiàn（见），就是“照影子”。如：“人无于水监，当于民监。”（《尚书·酒诰》）意思是：人君不要到水中去照自己的影子，而应当到臣民中去照照自己的影子，意思是看看自己有什么缺点。从“照影”之义又可以引申为“影子”，如：“明监所以照形也。”（《新书·胎教》）也就是说：明镜可以照见自己的形象。这个意义又可以写作“鑑”或“鉴”，并引申为“借鉴”。如：“成汤监于夏桀。”（《荀子·解蔽》）就是：成汤从夏桀那儿借鉴治世之道。

《诗经·大雅·皇矣》中有“监观四方”一句，这个“监”字是“自上视下”之义。后来又引申为“监视”“监督”等。请注意：这里的“监”字，你若读为 jiàn（见）那就错了，这里必须读为 jiān（间）。另外，“监官”是古代主管检察的官名，其中的“监”字也必须读为 jiān（间）。

① ② ③ ④

盥（guàn 贯），甲骨文①的下部是个皿，装满了水，水中有一只手，表示在洗手。金文②同样下部是皿，上部的中间是水，两侧是左右两只手，这就合理多了，是双手在皿中互相洗的意思。这是个会意字。③是小篆的形体，和金文相似，也是表示洗手的意思。④是楷书的写法。

“盥”字的本义是“洗手”。段玉裁在注解《说文》的“皿部”时引用了《礼记·内则》说：“‘请沃盥’，沃者，自上浇之；盥者，手受之而下流于槃（盘）。”段氏的解释是：“盥”就是一个人给另外一个人倒水洗手，下面放置一个水盆。“盥”本来仅指洗手，可是到了后世洗脸洗手均称为“盥”，现在所用的“盥洗室”既可洗手也可洗脸。

① ② ③ ④ ⑤

这是“盗”字，本为会意兼形声的字。①是甲骨文的形体，右上部是一个面朝左而立的人，张口流出了滴滴涎水，亦表音；下部为舟形，上古文字从“舟”与从“皿”常无区别。这是形容人的贪饕，见利垂涎三尺，简直是口水都要以舟载了。②是金文的形体，“舟”变成了“皿”，上部由人的口水变成水流，于省吾先生说得好：“水流泛滥无方又与后世盗窃之义相因。”“皿”上还讹增一“火”字。③是小篆的形体，将金文的“火”字去掉了，有道理。④是楷书异体字，已废除。⑤为楷书通行体。

《说文》：“盗，私利物也。”“盗”字的本义为“极欲”，由此而引申为“盗窃”。如《荀子·修身》：“窃货曰盗。”也指用不正当手段营私或谋取，如“盗卖”“欺世盗名”等。抢劫财物的人也称“盗”，如《史记·项羽本纪》：“故遣将守关者，备他盗出入与非常也。”“盗”亦指“强盗”，如《庄子·盗跖》：“天下何故不谓子为盗丘。”这是说：天下为什么不称你（孔子）为盗丘。

请注意：“盗”与“贼”古今含义有别，古代的“盗”现在称为贼，现在所谓“强盗”古代一般称“贼”，有时也称“盗”。

① ② ③ ④ ⑤

“嘈嘈切切错杂弹，大珠小珠落玉盘。”这个“盘”字为形声字。①为金文的形体，上部为“般”（“般”本为“盘”义），其下部为“皿”，是“从皿般声”的形声字。②是《说文》中籀文的形体，其下部更像皿形。③为小篆的写法，下部变为“木”，古代盘子也有用木制的。④为楷书繁体字，是由金文、籀文演变而来。⑤为简化字。

宋狮纹瓷盘

《说文》：“槃，承槃也，从木般声。”“盘”字的本义原为古代的盥器，青铜做成，盛行于商周时代。后来引申为“盘子”，如李绅《悯农》：“谁知盘中餐，粒粒皆辛苦。”因“盘”为圆形，所以“盘”可以引申为“回旋”“弯曲”义，如《隋书·百济传》：“女辫发（fà）垂后，已出嫁则分为两道，盘于头上。”由此可以引申为“盘旋”，如《徐霞客游记·楚游日记》：“盘空而升。”这是说盘旋而上升。

请注意：《荀子·富国》“国安于盤石”中的繁体字“盤”是“磐”字的通假字，本应写作“磐”。

① ② ③ ④

这是“蛊惑人心”的“蛊”字，读作gǔ，本为会意字。①是甲骨文的形体，下部是皿（器皿），皿中有两条虫子。②是小篆的形体，皿中有三条虫子。③是楷书的繁体字。④为简化字。

河姆渡遗址出土的蚕纹象牙雕小盅

《说文》：“蛊（蠱），腹中虫也。”其实，“腹中虫”为“蛊”字的引申义。本义为“陈谷中所生之虫”，如王充《论衡·商虫》：“谷虫曰蛊，蛊若蛾矣。”谷久盛于皿中而生虫，所以“蛊”可以引申为“腹中虫”，也正是害人的“毒虫”，如《周礼·秋官·庶士》：“掌除毒蛊。”

“巫蛊”是指用巫术害人，有诱惑、欺骗的意思，如《墨子·非儒下》:“孔某盛容修饰以蛊世。”这是说孔丘乔装打扮以欺骗世人。《左传·庄公二十八年》:“楚令尹子元欲蛊文夫人。”大意是：楚国的令尹（官名）子元打算诱惑文王夫人。

请注意，“蛊”字另外还有一种说法，指一种由人工培养成的毒虫。如《本草纲目·虫部四》“蛊虫”，李时珍集解引陈藏器说：“取百虫人瓮中，经年开之，必有一虫尽食诸虫，即此名为蛊。”

① ② ③ ④

这是“海誓山盟”的“盟”字，本为会意字。①是甲骨文的形体，像在一器皿中盛血。古代结盟时有一种仪式，称为“歃（shà）血”，即以口含血。还有一说，以指蘸血涂于口边。②是金文的形体，变成了上“明”下“皿”的形声字。金文中也有下部为“血”的，更有道理。③是小篆的形体。④为楷书的写法，与《说文》中的古文形体类似。

《说文》:“盟，周礼曰：‘国有疑则盟。’”“盟”字的本义为“结盟”，即古代在神前立誓缔约。如《左传·僖公三十年》:“秦伯说（悦），与郑人盟。”《礼记·曲礼下》孔颖达疏：“盟者，杀牲歃血，誓于神也。盟之为法，先凿地为方坎，杀牲于坎上，割牲左耳，盛以珠盘，又取血盛以玉敦，用血为盟书，成，乃歃血而读书。”后世结拜兄弟也称“盟兄”“盟弟”。

请注意:“盟”字有时也读作 míng,“盟器”就称为“明器”，这是古代殉葬器物。“起个誓”也称为“盟（míng）个誓”。

田部

① ② ③ ④

这是“四海无闲田”的“田”字，是个象形字。甲骨文①是一块长方形的大田，其中割成六块小田，纵横的直线是田埂或田间小路。②是金文形体，比甲骨文简化了一些。小篆③是从金文变来的，字形基本相似。④是楷书的写法。

“田”字的本义就是“农田”，如“稻田、麦田”等。从“农田”的本义又能引申为“耕种”，如《史记·高祖本纪》：“令人得田之。”就是令人耕种之。不过，《韩非子·难一》中所说的“焚林而田”的“田”可不是指耕种，而是指打猎（因古代的围猎似“田”形）。

上古骨刻上的田的模型

请注意：在古代，“田”“佃”(tián)“畋”（tián）三个字的词义又通又不通。在打猎或者耕种的意义上，三个字可以通用。“田”有“麦田”“良田”“田地”的意义，可是“佃”“畋”二字却没有这种意义。当“佃”字读diàn（电）的时候，就是指旧社会被迫租种官府或地主的土地的人家，称为“佃户”，这个意义“田”“畋”二字是不具备的。

“田”字是个部首字，在汉字中凡是由“田”字所组成的字大都与田地或耕种有关，如“畴”“畛（zhěn 诊）”“畔”“畦”等字。

① ② ③ ④ ⑤

这个“亩”字是个形声字。①是金文的形体，左为“田”，右为“每”，即“从田每声”的形声字。②是小篆的形体，与金文极相似。③是小篆的重文，段玉裁认为中间的“十”字为田间阡陌，“从田久声”。④为楷书繁体字，这是由小篆的重文演变而来的。⑤为简化字。

《说文》：“晦，六尺为步，步百为晦。秦田二百四十步为晦。”许慎认为“亩”的本义是土地的单位量词，这不妥。其实，“亩”字的本义为“田垄”，如《左传·成公二年》：“使齐之封内尽东其亩。”所谓“东其亩”，就是让田垄都是东西向的。由“垄”引申为土地单位量词，如《孟子·梁惠王上》：“五亩之宅，树之以桑，五十者可以衣帛矣。”这是说：在五亩大的宅园中，都栽上桑树，那么，五十岁以上的人都可以穿上丝绵衣了。

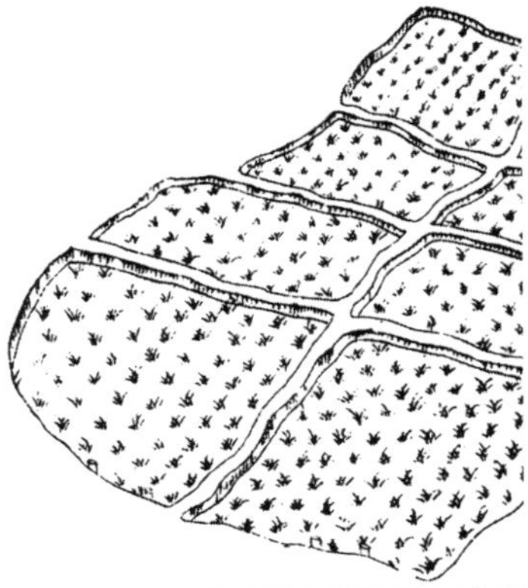

《天工开物》中的田形

请注意：古书所谓的“陇亩”一般是指农田，如《三国志·蜀书·诸葛亮传》：“亮躬耕陇亩。”而“南亩”本为田垄南北向的土地，后来也泛指农田。

① ② ③ ④

这是“台甫”的“甫”字，读作 fǔ，本为象形字。①是甲骨文的形体，像田中生苗，可见这个“甫”实为“圃（pǔ）”之本字。②是金文的形体，与甲骨文相似。③是小篆的形体，下部的“田”讹变为“用”了。④为楷书的写法。

《说文》:“甫，男子之美称也。”许说不妥。“甫”的本义应是“圃”，指田中生苗。“圃”字后引申为种植蔬菜、花果或苗木的绿地。“生苗”有禾蔬开始生长之意，所以“甫”可以引申为“刚刚”“开始”，如《汉书·匈奴传上》:“伤痍者甫起。”这是说：受伤的人开始能站起来了。在古代，“父”是男子的美称，而“甫”可通“父”，在男子的名字下加“甫”，亦是作为男子的美称。如《诗经·大雅·烝民》:“肃肃王命，仲山甫（人名）将之。”大意是：威严的王之命令，仲山甫奉行它。以后，人们在写信或见面时尊称别人的表字，就叫“台甫”，如“请问尊姓台甫”。“美”与“大”有关，所以“甫”又可以引申为“大”，如《诗经·齐风·甫田》:“无田甫田。”“无”通“勿”，第一个“田”字同“佃”，为“耕治”义，大意是：不要耕治那大田。

① ② ③

这个“甸”字本为会意字。①为金文的形体，左田右人，表示人在田中劳作。②是小篆的形体，“人”变成了“勹（包）”形。③为楷书的写法。

《说文》:“甸，天子五百里地。”许慎所言为引申义，本义应为“田中劳作”，即为“佃”字（古代“佃”“甸”同字）。上古时代郭外称“郊”，郊外称“甸”。如张衡《西京赋》:“郊甸之内。”后来也泛指都城的郊外。如谢朓《晚登三山还望京邑》:“杂英满芳甸。”这是说：各种花草满郊外。

《天工开物》中的插图

请注意，古乐府《孔雀东南飞》有这样几句诗：“府吏马在前，新妇车在后；隐隐何甸甸，俱会大道口。”这里的“甸甸”，是指车马的喧闹声，应读作 tián tián。另外，“甸”字还可以读作 shèng，那是“乘”的通假字，是指古代划分田地或居住的单位。如《汉书·刑法志》:“四丘为甸。”“丘”也是古代一种划分田地的单位，“丘”比“甸”小，四丘为一甸。

① ② ③ ④ ⑤

这是“翠屏画堂”的“画”字，这个字是个会意字。甲骨文①的上部是一只右手，左边是一支笔，下部的两条曲线是描画的图形。金文②也是这个意思，其上是右手执着笔，其下部左右交叉的两条曲线及曲线之中的“田”字，都是表明用笔描画的图形。③是小篆的形体，是由金文直接演变而来，形体变得更复杂了。④是楷书的写法。⑤是截取小篆的下部而成简化字。

“画”字的本义是画分界线，如：“芒芒禹迹，画为九州。”（《左传·襄公四年》）就是说：大禹当年走过的辽阔大地，共画分为九个州。这个意义后来写作“劃”，现在简化为“划”。由“画分”之义又可以引申为绘画，如：“请画地为蛇，先成者饮酒。”（《战国策·齐策二》）大意是：请大家都在地上画一条蛇，先画成的人则喝酒。《史记·留侯世家》：“为我画计。”这里的“画”字是“谋划”或“筹划”的意思，现在均写为“划”。

古书中常有“画卯”一词，那是“签到”的意思。旧时官署例于卯时（晨五时到七时）开始办公，吏役都必须按时到衙门签到，这就叫“画卯”，现在人们也还常说“点卯”“应卯”。

① ②

这是个“界”字，原为形声字。①是小篆的形体，左为“田”，表形，右为“介”，表声。②是楷书的写法，由并列结构变成上下结构。

《说文》：“畍，境也。”所谓“境”也就是地域的边界。如《史记·秦始皇本纪》：“发兵守其西界。”又可以引申为“极限”，如《几何原本》：“点为线之界，线为面之界，面为体之界，体不可为界。”此界也为彼界，所以“界”也有“连接”之意，如《史记·吴起列传》：“与强秦壤界。”这是说：与强秦的边界相连接。

在古代汉语中常用“界说”一词，如《马氏文通·正名》：“凡立言，先正所用之名以定命义之所在者，曰界说。”可见这个“界说”，也就是指“定义”。

① ② ③ ④

这个“畴”字是个象形字。甲骨文①中的曲线像耕田时所留下的痕迹(或是田垄),其左右两个半圆形表示耕田的犁具。小篆②则在甲骨文的基础上又增加了表意的部分“田”,这就变成了左形右声的形声字了。可是到了楷书③则把小篆的声符部分换成声符“壽”,仍然是个形声字。可是这个字共有十九画,书写麻烦,因此后来又简化为楷书④。

“畴”字的本义是指已经耕作的田地,如《荀子·富国》:“其田畴秽。”也就是说:已经耕种过的田地又荒芜了。后来又引申为“农作物种植的分区”,如左思《蜀都赋》所说的“瓜畴芋区”就是。从“分区”又能引申为“种类”等。有时“畴”字又通“俦”,如在《荀子·劝学》中有这样几句话:“草木畴生,禽兽群焉,物各从其类也。”这里的“畴生”就是“俦生”,“同类都生活在一起”的意思。至于说“畴官”,可不是指同类的官,那是指过去世代都做同样的官,特别是指父子相传的太史官,如《史记·龟策列传》:“父子畴官,世世相传。”

① ② ③ ④

这个“畯”字读作 jùn,本为会意兼形声的字。①是甲骨文的形体,左边是“田”,右边是一个面部朝左的人形。所以上古看管田亩的人叫“田畯”。②是金文的形体,与甲骨文极为相似。③是小篆的写法,右边变为“夋”,完全失去了人形。④为楷书的形体。

《说文》:“畯,农夫也,从田夋声。”其实“畯”字的本义应为“管田的小官”,也称“田大夫”“农正”“啬夫”“田官”等。许慎单提“农夫”,不妥。《诗经·豳风·七月》:“同我妇子,馌(yè)彼南亩,田畯至喜。”“馌”是以食给人吃,这诗的大意是:妻子孩子一同来,送饭送到农田中,大管家吃喝好自在!

“田畯”也指神农,如《周礼·春官·籥章》:“击土鼓,以乐田畯。”大意是:敲起土鼓,让神农高兴。到了后世“田畯”才泛指“农民”,如《宋书·袁豹传》:“薄畴亩之赋……而田畯喜矣。”也就是说:减少农田的赋税……而农民是非常高兴的。

目部

①　②　③　④

商代人面玉饰

这就是“欲穷千里目”的“目”字。甲骨文①是侧竖的一只眼睛。金文②是横着的一只眼睛。这两种形体都是逼真的象形字，不需分析，一目了然。小篆③则把表示黑眼球的圆形线拉平了，变成了竖目。楷书④则非常像小篆的形体，但不太像眼睛的样子了。

由以上的形体分析得知，“目”的本义就是“眼睛”。从名词“眼睛”又可引申为动词“看”，如《史记·项羽本纪》：“范增数目项羽。”这是说：范增多次地看项王（即用眼色示意）。另外，由于“目”的形象与鱼网的网眼很相似，所以网眼也称“目”，如：“举一纲，而万目张。”（郑玄《诗谱序》）这是说：把鱼网的纲一提，所有的网眼就撑开了。今天所说的“纲举目张”的成语就是从这里来的。

“目”字是个部首字，在汉字中凡是由“目”字所组成的字大都与眼睛或眼睛的动作有关，如“见（見）”“眼”“看”“臣”“眉”“盾”“面”等字。

①　②　③　④　⑤

这是“犹见落花随水流”的“见”字。这是一个突出重点的象形字。你看甲骨文①的下部是一个面朝右跪坐的人，人的头上是一只大眼睛（横着的“目”），非常突出。金文②的下部是一个半站立的人，面朝左，头部的大眼睛炯炯有神。小篆③下部的“人”变得不像了，人头上的大眼睛变成了“目”。④是楷书的形体，是由小篆直接演变而来，其上仍然是“目”，其下部的“人”根本看不出来了。⑤是简化字。

“见”字的本义就是“看见”，由“看见”引申为“会见”，如：“一日不见，如三秋兮。”(《诗经·王风·采葛》)这就是说：一天不见面，好像隔了三年似的。由“会见”又可以引申为“接见”，如《史记·廉颇蔺相如列传》：“秦王坐章台，见相如。”意思是：秦王坐于章台，接见了蔺相如。一样东西被看见就有被动之义，所以“见”字可以表示“被”，如：“盆成括见杀。”（《孟子·尽心下》）就是说：盆成括这个人被杀了。

《史记·项羽本纪》：“军无见粮。”这是“军队没有看见粮食”的意思吗？不对了。这句话的意思是：军队没有现成的粮食可吃。这里的“见”字必须读为 xiàn（现），是“现成”的意思。请留意，当读 xiàn（现）的时候，有时也当“引见”或“推荐”讲，如《墨子·公输》：“胡不见我于王？”意思是：为什么不向王推荐我？在上古没有“現”字，凡“出现”的意义也都写作“見”。

另外，在古代“视”和“见”的含义是不同的，“视”表示看的动作，“见”表示看的结果。

① ② ③ ④

这个“臣”字是个象形字。甲骨文①就像竖起来的一只眼睛，这就是说，只有当人侧面低头时，眼睛才能竖起来，这是奴隶的形象（奴隶是不能抬头正面看主人的），所以上古的奴隶（男奴）就叫“臣”。金文②的形体也基本上与甲骨文相同。③是小篆的形体，与甲、金文字有些相似，但是当中的黑眼珠没有了。④是楷书的写法，与小篆大致相似。

“臣”字的本义就是奴隶（男奴），如：“臣十家。”（《令鼎》）就是说奴隶十家。孔安国传《书经·费誓》时说：凡是奴隶，“男曰臣，女曰妾”。由“奴隶”又可以引申为“俘虏”。孔颖达在注解《礼记·少仪》时说：“臣，征伐所获民虏也。”就是说：在征战时所捉的俘虏叫“臣”。因为“臣”当“奴隶”或“俘虏”讲，所以都是指下贱之人。也正因为这样，古代的官吏在君主面前自称为“臣”，如：“臣闻之，鬼神非人实亲，唯德是依。”（《左传·僖公五年》）宫之奇对虞公说：我听说，鬼神不亲近人，而只是依附那些有德的人。

商代盘辫玉人，河南信阳出土

请注意：另一个“𦣝”（yí 夷）字与“臣”字的形体非常相似。“𦣝”字的本义是下颌（即下巴的象形字），后世均写作“颐”。由“𦣝”字所组成的字如“熙”“颐”“姬”等，由“臣”所组成的字如“卧”“宦”等。

① ② ③

这个“艮”读作 gèn，本为象形字。甲骨文①的上部是一只大眼睛（横目），下部是一个面朝右而立的人，表示人回头看。②是小篆的形体。③是楷书的写法。

《说文》:“艮，很也。”这不对。“艮”字的本义为“回顾”，如《易经》:“艮其背。”也就是“反顾其背”的意思。由“回顾”义，又可以引申为“限”，如《易经·艮》：“艮，止也。”“艮”为八卦之一，又可以代表方位名，如《易经·说卦》：“艮，东北之卦也。”可见“艮”是代表东北方。另外，在山东省一带的口语中，经常用“艮”字，读作 gěn。如“花生米艮了”是指花生米不松脆。

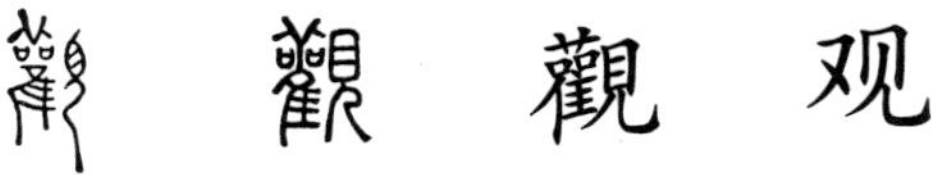

① ② ③ ④

“莫道昆明池水浅，观鱼胜过富春江。”这个“观”字是个会意兼形声的字。①是金文的形体，左边是猫头鹰之类猛禽的形象，两耳竖起，双目炯炯，右边是“見”字，表示观察意。②是小篆的形体，与金文相似。③是楷书繁体字。④为简化字。

《说文》:“观（觀），谛视也。”所谓“谛视”，就是详细地观察的意思。许慎又说：“从見，雚声。”这是把“观”看成是一个纯形声字，不妥。因为“雚”本身就有“明目而视”之义。“观”的本义为“看”，如《史记·孙武传》:“吴王从台上观……大骇。”这是说：吴王从台上看……大惊。由“自己看”又可引申为“给人看”“示人”，如《汉书·宣帝纪》:“观以珍宝。”也就是说以珍宝之物示人。“观”又能引申为“游览”之义，如《诗经·郑风·溱洧》：“女曰观乎？”大意是：姑娘说，前去游览一下吧？

请注意：古籍中常见“观海”一词，这并非我们现在所说的观览大海之意，而是比喻所观者甚大，如沈约《武帝集序》：“事同观海。”

① ② ③ ④

这是“正直”的“直”字，本为会意字。甲骨文①的下部是一只横的眼睛，上部有一直线，表示视线之直。②是金文的形体，虽然变得复杂了些，但横目依然在，仍表“直”的意思。③是小篆的形体，与金文相似。④为楷书的写法。

《说文》:“直，正见也。”“直”字的本义与“曲”相对，如《荀子·劝学》:“木受绳则直。”这是说:木头按墨线去锯割就是直的。由此又可以引申为“正直”,如《荀子·修身》:“是谓是，非谓非，曰直。”大意为：是就说是，非就说非，这就叫作正直。不过，《汉书·张汤传》“家产直不过五百金”中的“直”是“值”的通假字，当“价值”讲。有时还能做副词“只”的通假字，如《孟子·梁惠王上》：“直不百步耳，是亦走也。”意思是：只是不到百步罢了，但这也算跑了。

“直指”一词一般是“直接指向”义，但《汉书·江充传》“拜为直指绣衣使者”中的“直指”却是指官名，这种官是汉朝政府的特派官，身穿绣衣，持节发兵，有权诛杀不称职的官员，称“直指绣衣使者”。

① ② ③ ④

这是“以子之矛攻子之盾”的“盾”字，是个象形字。甲骨文①的方块形即为盾牌，中间的竖线表示手执的把手，这是古代作战时挡御刀箭的武器，借以保护身体。金文②的形体基本上同于甲骨文。小篆③则发生了较大的变化，在盾形之中又增加了一个“目”，这正如《说文解字·盾部》所说：“所以扞身蔽目。”就是说：盾可以保护身体，掩蔽眼睛。④是楷书的写法，是由小篆直接演变而来的。

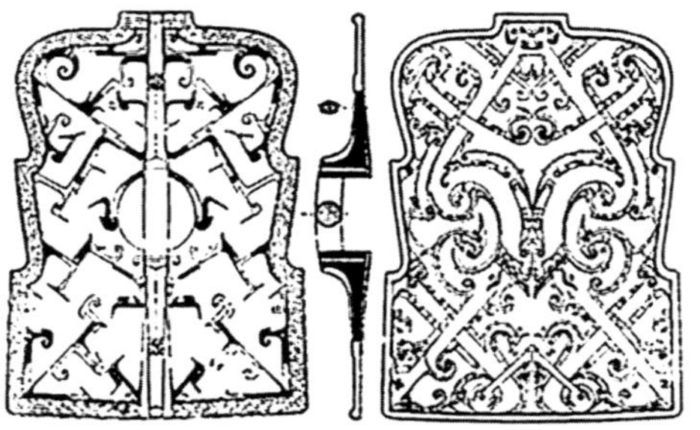

包山楚墓出土的木盾（左）和革盾（右）

“盾”字的本义就是“盾牌”，如《史记·项羽本纪》：“哙（kuài 快）即带剑拥盾入军门。”就是说：樊哙马上带着剑拿着盾进入军门。因为盾牌有木头的成分，所以“盾”字到了后世又可以写为左形（木）右声（盾）的形声字“楯”。

① ② ③ ④

这是“吾日三省吾身”的“省”字，本来就是个形声字。甲骨文①的上部是个“生”

《甲金篆隶大字典》中的“省”字

字，下部是一只大眼睛（横目），这是上声下形的形声字。②是金文的形体，基本上同于甲骨文。③是小篆的写法，增加一大撇。④为楷书，与小篆相类似。

《说文》：“省，视也，从眉省，从屮。”许慎认为“省”字的本义是“视”，这是对的，但析形则是错的，因为“省”字本写作“眚（shěng）”，其上部是“生”，下部是“目”，与“眉”字无涉。“省”字的本义就是“视”或“察看”，如《史记·秦始皇本纪》：“皇帝春游，览省远方。”这里的“省”就为“视察”“察看”义。在这个意义范围内，“省”字应读作 xǐng，如现在还说的“内省”“反省”“省亲”等。

后世“省”与“眚”在使用上有区别，“眚”字的本义是眼睛上长膜，也可以引申为“天灾”义。在“天灾”的意义上，“省”字可代“眚”字而用，如《公羊传·庄公二十二年》：“大省者何？”也就是说：大的灾难是什么呢？这里是以“省”代“眚”。

① ② ③

这就是“甲胄”的“胄”字，读作 zhòu（宙）。金文①的下部画了一只眼睛（目），眼睛之上是一顶大帽子，这个帽子就是古代武士所戴的头盔（用以保护头），其最上端还有类似铜制的装饰品。所以“胄”就是古代的头盔。小篆②则变为上声（由）下形（冃）的形声字了。③是楷书的写法，是直接从小篆演变而来的，下面是“冃”（冒），而不是“月”（肉）。

“胄”字的本义是头盔，金文①的样子很形象，把个眼睛（目）保护得安然无恙。

另外还有一个“胄”字，其下部为“月”（肉），而不是“冃”（冒）。从“月”（肉）是很有道理的，因为这个“胄”字是指有血缘关系的帝王或贵族的后代。这个字也读 zhòu（宙），如诸葛亮《草庐对》：“将军既帝室之胄。”就是说：将军既然是帝王的后代。这两个字在《说文》《康熙字典》等古代工具书中都从形体上分得很清楚。可是到了《新华字典》《汉字常用字典》等现代工具书中就不分了，当“头盔”讲也好，当“后裔”讲也好，都写为“胄”，其下部都从“月”（肉）。

商代铜盔

有人把《左传·僖公三十三年》里的“左右免胄而下”误为“左右免胃而下”，那可就成为笑话了。请注意：“胃”字上部是个“田”字，“胄”字上部是个“由”字，不能混淆。

① ② ③ ④

“六军不发无奈何，宛转蛾眉马前死。”这是“蛾眉”的“眉”字。①是甲骨文的形体，下部是眼睛的象形（横目），眼上就是眼眉，如果没有眼睛在下，很难看出眼眉的样子，这就叫“衬托性的象形字”。金文②的眼眉就更形象了，三根有代表性的眉毛直接长在上眼皮上，眉下是“目”。小篆③不太像眉毛的样子了。楷书④通过隶变，完全变为符号性的象形字了。

“眉”是生在眼睛之上，所以在上面的则往往称为“眉”，比如在书的上部加上批语就称为“眉批”等。

现在形容一位富有表情的姑娘，则往往说她的“眼睛会说话”，可是古代则常说这是“眉语”（眼眉会说话）。如李白有这样两句诗：“眉语两自笑，忽然随风飘。”（《上元夫人》）

① ② ③

唐诗人崔护写过这样一首名作：“去年今日此门中，人面桃花相映红。人面不知何处去，桃花依旧笑春风。”这“人面”的“面”字是个象形字。甲骨文①外部画了一张脸的轮廓，中间是一只大眼睛（目），这正是后世所说的，有面有目，谓之“面目”。小篆②的形体基本上同于甲骨文，只是变得更复杂了。③为楷书形体，是由小篆的形体蜕变而来。

“面”的本义是“脸”，从“脸”又引申为“面向”，如“面山而居”，即面对着大山而居住的意思。

商代青铜器上的人面拓片

请注意：在汉字简化以前，“脸面”的“面”写为“面”，而“面粉”的“面”写为“麵”或“麪”，简化以后均写为“面”。再者，在古代“脸”与“面”含义不同，脸最初指“颊”，即妇女目下颊上搽胭脂的地方，后来则渐渐与“面”同义了。

《庄子》中有“面誉”一词，是当面赞誉人的意思，这是个好词。《法言·学行》中说“友而不心，面友也”，虽是朋友，但不知心，貌合神离，表面敷衍，是为“面友”。

①　②　③　④

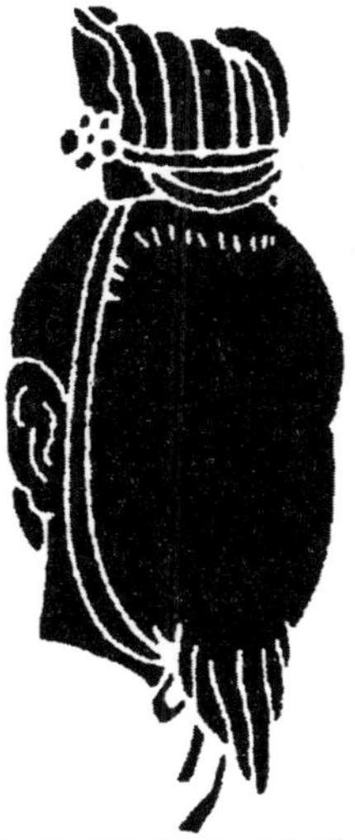

古代帽饰之一——小冠

在《红楼梦》中有这样两句歌词：“因嫌纱帽小，致使锁枷扛。”这“纱帽”的“帽”字本是个会意字。金文①的上部是一顶帽子的形象，帽子之下有一只明亮的大眼睛（横的“目”），可见这个“冒”字本来就是“帽”的初文。②是小篆的形体，“目”上之“帽”则不太像帽子的形状了。楷书③的上部写为“冃”，根本不像帽子了。到了后世因“冒”字被借作“冒烟”“冒充”“感冒”之“冒”，所以当“帽子”用时，只好在“冒”字之左增加一个“巾”字。“巾”在上古即为“布”，表示帽子是用布做的。这就形成了一个新的左形（巾）右声（冒）的形声字“帽”④了。

“冒”字本义是“帽子”，因为帽子戴在头上，就有“覆盖”之意，如曹植的《公宴》诗：“朱华冒绿池。”意思是：红花覆盖在绿池之上。“帽子”是顶在头上的，所以“冒”字也能引申为“顶着”，如在《三国志·蜀书·王连传》中有这样一句话：“不宜以一国之望冒险而行。”也就是说：不应当以一个国家的威望而顶着危险去干。“顶着”又能引申为“冒失”“冒昧”，如王安石《上皇帝万言书》：“冒言天下之事。”就是说：冒昧地议论天下的事情。凡“冒昧”就有“不明”之义，由“不明”就可以引申为“冒充”或“假冒”，如：“故青冒姓为卫氏。”（《汉书·卫青传》）这是说，卫青是冒充姓卫。

①　②

这是“画龙点睛”的“睛”字。①是小篆的形体，是一个“从目青声”的形声字。②为楷书的写法。

“睛”字在古书中较为罕见。“睛”字的本义当为“瞳子”（眼珠），如《洛阳伽蓝记·城内》：“植枣种瓜，须臾之间，皆得食之。士女观者，目乱睛迷。”又如《神异记》："张僧繇（yóu）常（尝）于金陵安乐寺画四龙而不点睛。"

"睛"由"眼珠"义可引申为"视力"，如《灵枢经·邪气藏府病形》："阳气上走于目而为睛，其别气走于耳而为听。"这里的"睛"为视力，"听"为听力。

① ② ③

这是"众目睽睽"的"睽"字，读作 kuí，本为会意兼形声的字。①是金文的形体，上部是两只大眼睛，下部是三锋的长矛之形（癸），表示睁大双眼注视着尖锐的矛锋。其结构是"从䀠（jù）从癸，癸亦声"。②是小篆的形体，由双目变成了单目，移至左侧，其意义不变。③是楷书的形体。

《说文》："睽，目不相听也，从目癸声。"首先，许慎认为"听"为"顺"义，"相听"即为"相顺"；其次，许慎认为"睽"字是单纯的形声字。这均不妥。其实，"睽"字是个会意兼形声的字，本义是睁大双眼"注视"，如韩愈《郓州溪堂诗序》："万目睽睽。"后世成语"众目睽睽"的意思是许多人都睁大眼睛注视着，多指在广大群众的注视之下，坏人坏事无法隐藏。

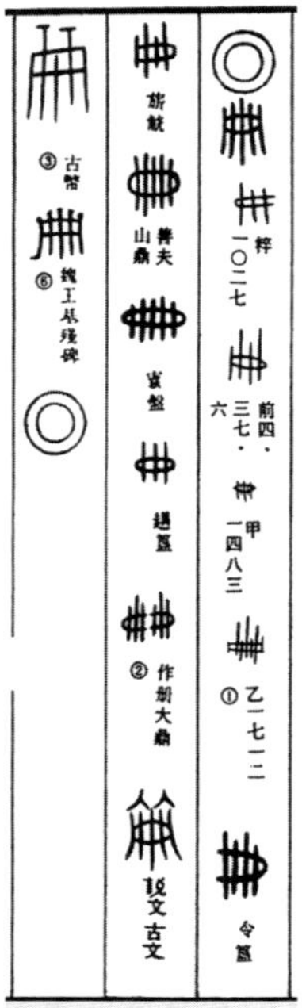

《甲金篆隶大字典》中的"册"字

册部

① ② ③ ④

这个"册"字是个象形字。甲骨文①当中的长方形是表示编串竹简或木简的绳索或皮条（古代称"韦"），上下贯穿的五条线就像刻有文字的竹简或木简。金文②和小篆③与甲骨文的形体相类似。④是楷书的写法。

"册"字的本义就是"简册"（编串在一起的许多竹简），如："殷先人有册有典。"（《尚书·多士》）我们现在还说"账册""纪念册"。由"简册"之义又可以引申为古代帝王封官授爵的诏书，如："册太子则授玺绶。"（《新唐书·百官志二》）这是说：封太子官，就授给他印章。《汉书·赵充国传》中有这样一句话："此全师保胜安边之册。"这里面的"册"字是什么意思呢？实际上就是"策"字的假借字,当"计策"或"计谋"讲。这句话的意思是：这就是保全军队打胜仗和安定边防的重要计策。

请注意："册"字还有一个异体字写作"冊"，这个字在整理异体字的时候就废掉了，现在只能写作"册"。

"册"字是个部首字，在汉字中凡由"册"字所组成的字大都与书册或名籍有关，如"典""嗣""扁"等字。

① ② ③ ④

这是"经典"的"典"字，是个会意字。甲骨文①的上部是"册"，下部是左右两只手，也就是说双手郑重捧献的册就叫"典"。金文②则发生了讹变，把手变为"六"形之物，类似现在的书架，也就是说放置于书架上的"册"亦称为"典"。③是小篆的形体，与金文基本相同。④是楷书的写法。

"典"的本义就是指典范的重要的书籍，如《后汉书·蔡邕传》："续成后史，为一代大典。"我们现在还常说"经典""法典""药典"等等。从"经典"之义又可以引申为"法则"或"制度"。如曹操说："但赏功而不罚罪，非国典也。"这是说：只赏功劳而不惩罚罪过，那就不是国家的制度。至于"专典机密"(《三国志·吴书》)中的"典"字,是"主管"的意思,这是因为"制度"有"约束"之义,那么"主管"就是从"约束"义引申出来的。

所谓"典雅"，一般是指文辞有典据而雅驯的意思，如："辞义典雅。"(《与吴质书》)可是马融在《长笛赋序》中说的"博览典雅"，这个"典雅"仍指"典籍"。

请注意，关于"典型"一词古今含义是不同的。段玉裁在《说文解字注》中说："以木为之曰模，以竹曰範（范），以土曰型，引申之为典型。"原指模型或模范。可是现在却指在同类中最具有代表性的人或事物，如"典型人物""典型性格""典型环境""好典型""坏典型"等等。

① ② ③ ④

这个"龠"字读作 yuè，本为象形字。①是甲骨文的形体，像是将两根管乐器编在一起的样子，其上部为两个管口。②是金文的形体，较甲骨文复杂一些。③是

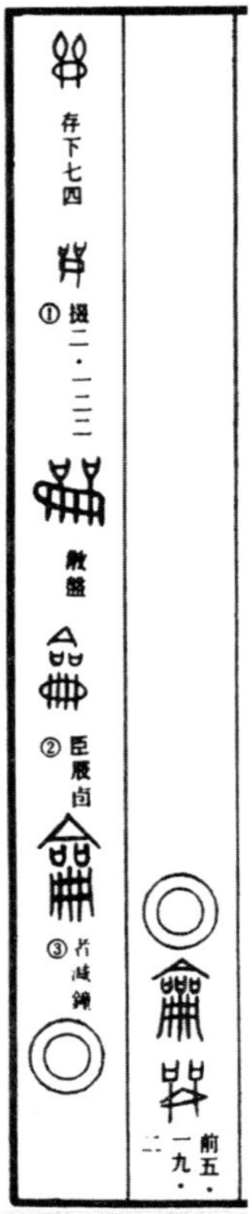

《甲金篆隶大字典》中的“龠”字

小篆的形体，由原来的两个管口变成了三个管口，上部又增加了一个“盖子”。④是楷书的形体。

《说文》：“龠，乐之竹管，三孔，以和众声也。”这是对的。“龠”字的本义就是古代的一种三孔竹管乐器。因为这种乐器是用竹管做的，所以后世就增加了“竹字头”而写作“籥”。这种乐器很可能就是最初的排箫。相传禹时的乐舞《大夏》就是用籥伴奏的，如《诗经·邶风·简兮》：“左手执籥，右手秉翟。”大意是：左手拿着排箫，右手举着野鸡羽。也正因为古代吹火器上的管子类似于籥，所以这种管子也叫“籥”。

另外，“龠”还是古代的容量名，汉尺方九分，深一寸，容量为八百一十立方分，如《汉书·律历志上》：“合龠为合，十合为升，十升为斗。”

且　部

①　②　③　④

这个“且（zǔ 祖）”字是个象形字。甲骨文①就像古代祭祀时放置祭品的礼器。金文②和小篆③与甲骨文的形体一脉相承。④是楷书的写法，与小篆大体相同。

“且”字的本义就是祭祀时用的礼器，如《说文·且部》：“且，荐也。”就是说：在祭献时所用的礼器。

至于做连词用的“且”字，是个形体借用问题（音、义不借，只借形）。借用以后应当读为 qiě，如“并且”“况且”“尚且”“姑且”等，其义与“且（zǔ）”毫无关系。

那么《诗经·郑风·出其东门》“匪我思且”中的“且”字又是什么意思呢？其实这个“且”字仅是个语气词，没有实在意义。它既不读 zǔ 也不读 qiě，而必须读为 jū。《诗经》中这句话的意思是：不是（“匪”通“非”）我想念的。

“且”字是个部首字，在汉字中凡由“且”字所组成的字大都与祭献有关，如“俎”字等。

阴山岩画中的神主

① ② ③ ④

这个“刀俎”的“俎（zǔ阻）”字是个象形字。甲骨文①的外形就像古代祭祀时盛牛羊等祭品的礼器，中间那两个“A”字形代表祭品（牛羊肉）。金文②当中的祭品牛羊肉就更像了。③是小篆的形体，把肉形物移于祭器之外。④是楷书写法，基本上与小篆相同。

“俎”字本义即为祭器，如《左传·隐公五年》：“鸟兽之肉不登于俎。”就是说：鸟兽之肉是不能盛在祭器中祭祀祖先的。这个“俎”字从“祭器”之义又可以引申为切肉用的砧板，如《韩非子·难言》：“身执鼎俎为庖（páo）宰。”大意是：厨师一天到晚与鼎俎（锅、砧板）打交道。

在古书中所谓“俎上肉”，大都用其比喻义，即比喻受人欺凌压迫，但又无逃避的余地。如《晋书·孔坦传》：“今由（犹）俎上肉，任人脍截耳。”就是说：现在好像是砧板上的肉，任人宰割罢了。

白 部

① ② ③ ④

这是“黑白分明”的“白”字。从甲骨文①可以看出，中间的三角形是火苗燃烧的形象，外面上尖下宽的圆圈则是光环。金文②则把圈内的火苗简化了。小篆③则又有火苗上升的样子。楷书④则看不出火盛的样子了。

“白”的本义就是“明亮”，从“明亮”之义引申为“说清楚”，又引申为下对上的陈述。如有的人不了解“白”有“陈述”或“告诉”的意思，对柳宗元《童区寄传》中的句子“虚吏白州，州白大府”就不懂了。把这两句话翻译一下就是：管理集市的小官（把情况）告诉了州长，州长又告诉了上级观察使。现在所说的“表白”，也是从这里引申出来的。

“白”字是个部首字，在汉字中凡由“白”字所组成的字大都与白色及明亮有关，如“皇”“皎”“皑”“皤”等字。

①　②　③　④

这个“皇”字是个象形字。金文①就像一盏灯，其上部是盛油的灯盘，盘上有三支火焰上冒，真是灯火辉煌，光芒四射，灯盘之下是个“土”字形的灯座。小篆②是秦始皇改的，“自王为‘皇’”，这个字只有秦始皇能用。③是由小篆变来的楷体。④是由金文变来的楷体。

“皇”字的本义就是“光亮”。“光亮”是很大的,所以“皇”有“大”义,如:“皇矣上帝。”(《诗经·大雅·皇矣》）就是说:大啊上帝！对已故长辈尊称为“皇考”“皇祖”，都是与“大”义有关。在古代“皇皇”经常连用，语义有时不完全一样。如：“皇皇者华。”(《诗经·小雅·皇皇者华》)“华”就是“花”，这个“皇皇”是形容美盛鲜明的样子。“皇皇焉，如有求而弗得。”(《礼记·檀弓下》）这里的“皇皇”是心神不安的样子。“征夫皇皇”中的“皇皇”实为“遑遑”，那是匆匆忙忙的样子。

当“皇”字引申为“大”的意思之后，那么当“光亮”讲的“皇”就只好增加一个“火”字旁写为“煌”，两个字有了明确分工。

母 部

①　②　③　④

这是“慈母手中线”的“母”字。甲骨文①是面部朝左半跪的女人，双手交叉在胸前，两个黑点儿表示乳房。金文②的形体与甲骨文基本上一样。小篆③变得面朝右了，还能看出屈膝的半跪形。④是楷书的写法，大轮廓就似一个“女”字，两个乳房的象征依然存在。

“母”字的本义就是“母亲”，也可泛指女性的长辈，如《史记·淮阴侯列传》:“信钓于城下，诸母漂。”就是说：韩信在城下垂钓，见老大娘们都在洗衣服（漂：洗衣服)。由“女性”又可引申为“雌性”，如《齐民要术·养猪》:“母猪,取短喙(huì 会)无柔毛者良。”这是说:母猪以短嘴巴无绒毛的为良种。现在我们还常说“母鸡”“母狗”“母牛”等等。至于《商君书·说民》所说的“慈仁,过之母也”中的“母”字，应解释为“根源”。就是说：慈善和仁爱，都是过错的根源所在。

在古书中常有“母难（nàn）日”一词,这是个什么日子呢？这是指自己的生日，意谓自己的出生之时，就是母亲痛苦受难之日。

“母”字是个部首字，在汉字中凡由“母”字所组成的字大都与母亲及生育有关，如“每”“毓”等字。

① ② ③ ④

“独在异乡为异客，每逢佳节倍思亲。”这个“每”字在上古也就是“母”字，同样是一个象形字。甲骨文①是一个面朝左跪着的妇女形，两手抱在胸前，胸部的点儿表示母亲的乳房，头上戴有装饰品。②是金文的形体，基本上与甲骨文的形体相同。小篆③变得更艺术了，但书写反而繁杂了。④是楷书的写法，是直接由小篆变来的。

“每”字原始义是“母”。这个词义早已消失。后世多用其假借义表示“逐个”的意思,如：“每鼓三、十击之。”（《墨子·旗帜》）也就是说：每个鼓打三下或者十下。从“每个”之义又可以引申为“往往”的意思，如：“每逢佳节倍思亲。”（王维《九月九日忆山东兄弟》）。从“往往”之义又可以引申为“常常”,如：“每用耿耿。”（曹操《让县自明本志令》）大意是：心中常常不能忘却。

“每每”一词，多是“往往”的意思，古今都用。如陶潜《杂诗》：“每每多忧虑。”就是说：往往多忧虑。但“原田每每”（《左传·僖公二十八年》）中的“每每”，若理解为“往往”就错了。这里的“每每”是肥美的样子，是说晋军美盛，好像原田之草那样肥美。不过，这个“每每”不能读为měi měi（美美），而必须读为mèi mèi（昧昧）。

请注意：成语“每下愈况”，原出于《庄子·知北游》,“况”是比照而显明,“愈”是“越”或“更加”之义。可是后世却把它误写为“每况愈下”。久而久之，“每况愈下”倒是变成正确的了，其实这是一种误解。当然，今天看来，“每况愈下”的说法已经约定俗成了，也不必非还原不可。

① ② ③ ④

这个“毓”字是个会意字。甲骨文①的左边是个“每”字（在甲骨文中就是“母”字），头上戴有饰物，胸部的两个点儿是表示母亲的乳房，下部弯曲的部分是腿。

这个字的右下方（母的臀部之后）是一个倒了个儿的“子”字，也就是一个头朝下的孩子，周围三个点儿表示生子时流下的血水，这宛如一幅生育图。金文②将“母”简化为“女”，刚生下来的孩子（倒“子”）及流出的血水都还在。小篆③的左边继承了甲骨文的形体，仍然是个“每”（母）字，不过那个倒“子”移到了右上角，血水的遗迹变成了弯弯曲曲颇似头发的三根线条。楷书④的形体基本上与小篆相同。

“毓”字的本意就是“生养”，后来引申为养育。如班固《东都赋》：“丰圃草以毓兽。”这个“毓兽”就是“养兽”的意思。从“养育”也可以引申为“孕育”，如《国语·晋语四》：“怨乱毓灾。”就是说：怨乱就能孕育灾难。到了后世，“毓”字的“生育”义被“育”字所代替，就多做人名字使用了。

矛 部

① ② ③

殷墟出土的铜矛，选自周纬《中国兵器史稿》

这是“以子之矛，攻子之盾”的“矛”字。金文①是上有锋利的矛头、下有长柄的一个象形字。小篆②则在金文的基础上加以美化，后世的舞台上也真有这种样子的兵器。楷书③则完全看不出矛的样子了。

“矛”在古代是一种最早的也是最常用的武器，大约在新石器时代就已经出现了。有人在读《考工记》时，见有“夷矛”的武器，认为这是古代东方人所执之矛（古代叫东方人为“东夷”），这是“望文生义”。其实，在古代叫两丈长的矛为“酋矛”，叫二丈四尺长的矛为“夷矛”——“夷”字是“夷灭”的意思，说明这种长矛很厉害，真可谓“吾矛之利，于物无不陷也”（《韩非子·难一》）。

“矛”字是个部首字，在汉字中凡由“矛”字所组成的字往往与矛或割杀的动作有关，如“矜”（矛柄）。

羊部

① ② ③ ④

民间年画《九羊开泰》

这是“牛羊”的“羊”字。甲骨文①是正面看羊头形，其上部是一对左右下弯的羊角，下部像箭头一样的部分是羊的嘴巴，所以“羊”字是个象形字。金文②就更像羊头了，一对大角向下弯曲，看来是个绵羊头，中间的一横是表示左右的两只耳朵，最下端是羊的嘴巴。小篆③是由金文的圆笔变为直笔而成。④是楷书的形体。

上古人过着游牧生活，羊生活得好，繁殖得多，是一件很吉祥的事情。所以，我们如果见到古器物的铭文中有“吉羊”一词的话，那就是“吉祥”（“祥”字是个后起字）。

“羊角”一词在我国的古典作品中是屡见不鲜的。《庄子·逍遥游》中所说的“扶摇”，就是旋转直上的“羊角”大风。梁简文帝《赋咏枣》诗中的“风摇羊角树”，这个“羊角”是什么意思呢？是指三寸长的大枣，所以“羊角树”就是“枣树”的别名。另外“羊角”还是复姓，如战国时的燕国有个人叫羊角哀。

“手执羊毫言如泉”，这是“手拿毛笔有写不完的话”的意思。所以“羊毫”就代表毛笔（毫：细毛，古代多用羊毛做笔）。

“羊”字是个部首字，在汉字中凡由“羊”字所组成的字大都与羊有关，如“羔”“羚”“羝”“羯”“群”等字。

① ② ③ ④

在王之涣的《出塞诗》中有这样两个名句：“羌笛何须怨杨柳，春风不度玉门关。”什么叫“羌笛”呢？这是指古代羌族人吹的笛子。“羌”字在甲骨文①中，上部是一对羊角，下部是个人，表明人头上有两只角就代表古代的“羌族”。这个羌族据说是以牧羊为生的。金文②的形体基本上同于甲骨文，只是当中多了一横，表示人的头部。③是小篆的写法，其下部不太像“人”形了。楷书④的上部是“羊”，下部是“儿”，“儿”在上古文字中就是表示人的形象，如“先”“見”“兒”“光”等，下部像人形（另做分析）。

不过“羌”字用在句首，往往做语助词用，无义。这种用法在屈原的《离骚》、钟嵘的《诗品序》中都有。如《离骚》：“羌内恕己以量人兮，各兴心而嫉妒。”大意是：用自己的心去揣度别人，如果有与自己不同的，就产生了嫉妒之心。这里面的“羌”字就是个句首语助词。

① ② ③ ④ ⑤

这是“学养有术”的“养”字。甲骨文①的左边是个大羊头（即表示“羊”），右边是个“攴”字，是手（又）拿鞭子放羊的意思，所以这是个会意字。②是金文的形体，与甲骨文的形体基本相同。上古牧民过着游牧生活，不能定居，“以牧为养”。凡“养”就要给食物，所以到了小篆③时，则把“攴”去掉了，在“羊”下加上了一个“食”字，变成了会意兼形声的字。说它是会意，有羊有食，表示给羊食物吃；说它是形声：那就是上声（羊）下形（食）。④是楷书的写法，其结构与小篆同。由于这个字笔画繁多，后来即简化为“养”⑤了。

牧羊犬，选自盖山林《阴山岩画》

“养”从本义“养羊”引申为“培养”，如白居易《寓意诗》：“养材三十年，方成栋梁姿。”这是说：培育了三十年，才成为栋梁之材。当你读《礼记·月令》时，有“群鸟养羞”的话。“羞”是“馐”的本字，“美食”的意思，那么“养羞”就是“培养美食”吗？讲不通。其实，这个“养”字是“积蓄”的意思，当然，这个“积蓄”义也是从积蓄草养羊之义引申出来的。“群鸟养羞”是说冬天到了，群鸟都知道把好的食物积蓄起来，准备过冬了。

① ② ③ ④

这是“美妙称绝”的“美”字，是个象形字。甲骨文①的下部是人，人的头上戴着羽毛之类的装饰物，很像现在京戏中武将头上所戴的雉鸡翎，显得威武而好看，这就是“美”。②是金文的形体，人头上的饰物更为复杂了。③是小篆的形体，是直接由金文演变而来的。④是楷书的写法。

“美”字的本义是“美丽”，如：“娶妻而美。”（《左传·昭公二十八年》）由“美丽”义又可以引申为“味道鲜美”，如《韩非子·扬权》：“香美脆味。”好的、美的也能称为“美”，如《离骚》：“好蔽美而称恶。”意思是：喜欢遮掩善的而宣扬恶的。

“美人”一词，后世一般指容貌美丽的女子。可是在旧诗文中，“美人”也多指自己所怀念的人，如苏轼《前赤壁赋》：“望美人兮天一方。”再者，《尔雅·释天》中的“美人”，那就根本不是指人了，而是指虹，因为虹有各种颜色是很美丽的。

① ② ③ ④

这是“羊羔美酒”中的“羔”字。甲骨文①的上部是“羊”，下部的“山”字形是火的形象。金文②的形体与甲骨文相似，“羊”字中间多了两横，下部的火由虚变实了。③是小篆的形体。④是楷书的形体，其下部的“火”变为“四点底”。

从甲骨文的形体看，“羔”就是用火烤羊。《楚辞·招魂》中有“炮羊”一词，就是烤整羊的意思，而所烤整羊往往都是小羊。《诗经》毛传说：“小曰羔，大曰羊。”足资说明。

“恙”字与“羔”字的形体很相似，容易相混。“恙”字的下部不是四个点儿，而是“心”，疾病义。“贵体无恙乎？”就是说：您的高贵的身体健康吗？

① ② ③ ④

这个“羞”字是个会意字。甲骨文①的左边是羊形，右边是一只手，手持羊表示进献。金文②的形体也与甲骨文基本上相同。③是小篆的形体，也是手持羊形。

楷书④则发生了较大的变化，“又”变为“丑”，已经看不出手持羊之形了。

“羞”字的本义是“进献”，如：“羞玉芝以疗饥。”（张衡《思玄赋》）意思是：进献灵芝草以止住饥饿。后来又引申为称进献的食品为“羞”，如“珍羞”就是指美好的食品。

至于“羞耻”之“羞”与“进献”之义无关，因为“羞”与“丑”古音相近，所以以“羞”为“丑”，也就是说，“羞”通“丑”，并由此而引申为“羞惭”或“耻辱”。如：“四者不除，吾以为羞。”（曹操《整齐风俗令》）也就是说：这四方面不除掉的话，我是觉得耻辱的。由“羞惭”之义又可以引申为“害羞”等。如李白《长干行》：“十四为君妇，羞颜未尝开。”

请注意：“羞”字只是“羞惭”之义，在程度上是不如“耻”和“辱”重的。

①　　②　　③　　④

《诗经·小雅·无羊》：“谁谓尔无羊？三百维群。”大意是：谁说你没有羊？有三百群呢！（维：句中语助词，无义。）这个“群”字就是羊众多的意思。金文①的上部是“君”，下部是“羊”，可见这是上声（君）、下形（羊）的形声字。小篆②与金文大体相同。③是楷书的形体，也是楷书的异体字。在整理异体字时，把上下结构的“羣”字废除了，现在只用左右结构即④“群”字。

“群”字从“羊群”的本义，引申为同类物都可称“群”，如《易经·系辞上》：“物以群分。”由此又引申为“众多”义，如今天说的“群众”“群山”“群书”等。凡是“众多”就有“会合”的意味在内，如《荀子·非十二子》：“群天下之英杰。”其大意是：把天下的英雄豪杰会合在一起。这个“群”字是做动词用的。

有人读到白居易的《喜敏中及第》诗时，见到了“自知群从为儒少，岂料词场中第频”两句，认为“群从”为“群众”之误。其实原句一点也没有误，因为堂房的亲属在古代称“从”，如堂弟兄称为从兄弟，堂伯叔称为从伯叔，所以这个“群从”就是指同族中的兄弟子侄辈。原诗是说：白居易得知自己的族弟白敏中试场考中了，高兴地赋诗说：本来自以为族弟中读书人很少，哪知在考场上考中的人频频出现，甚为欣慰。

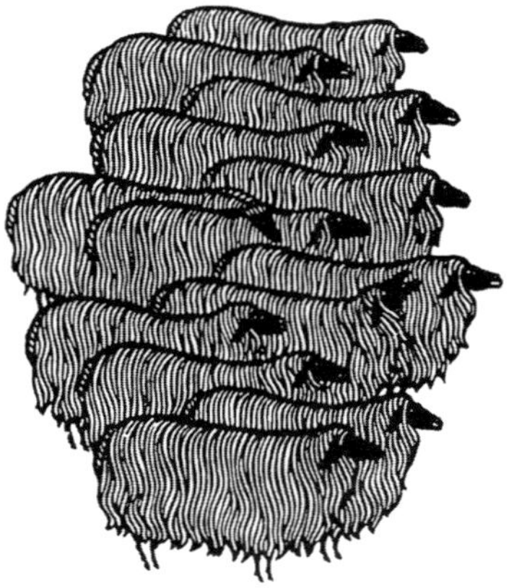

绵羊群，美洲木刻

①　　②　　③　　④

这个字很有意思。从甲骨文①的形体看，上部是两个“羊”，下部是一个“羊”，真可谓一堆羊。羊多了，必有一种难闻的味道(称羶气或羊臊气)，这就是“羶”(shān)字的初造字，是个会意字。金文②只用了上下两个“羊”。小篆③仍然是三个“羊”，只是为了适应书写习惯的要求，把甲骨文的上下部位颠倒了一下。楷书④则类似小篆的写法。

“羴”字为三羊，表示羊多，这又可能与“群”字的词义发生混淆，所以后来就改为“羶”字，这就成为左形右声的形声字了。此后，又因为羊的肉也有“膻”味，这就成为左形(月)右声(亶)的新形声字了。到整理异体字时，则只保留了“膻”字，其他形体全废弃了。从“羊臊气”的臭，又引申到感情上的恶臭，也称“膻恶”。如《列子·周穆王》：“王之嫔御，膻恶而不可亲。”这是说：王所宠幸的人，满身散发恶臭，不可亲近。这是指感情上的厌恶。

而　部

①　　②　　③

这个“而”字是个象形字。金文①向下垂的四条线，就像下垂的颊毛之形。小篆②的形体基本上与金文相同。但是到了楷书③则看不出颊毛之形了。

“而”字的本义，在《说文》中释义说：“而，颊毛也，象毛之形。”在上古用“而”字代表“颊毛”的记载是有的，如戴震注《周礼》说：“颊侧上出者曰之，下垂者曰而。”其大意是：颊侧向上出的毛称为“之”，向下垂的称为“而”。但是这种本义在今天根本不用了，所用的多是“而”字的假借义，如“而”通“尔”，当“你”讲。《左传·昭公二十年》：“余知而无罪也。”就是说：我知道你是无罪的。有时也当假设连词“如果”讲，如《左传·襄公三十年》：“子产而死，谁其嗣之？”这是说：子产如果死了，有谁来接替他的职务呢？“而”字在文言文中大都做连词用，如《吕氏春秋·察今》：“舟已行矣，而剑不行。”这是说：船已经走了，但是剑没有走。这里的“而”字表示转折之意，相当于“但是”。

当我们读《庄子·逍遥游》时，会见到“德合一君，而征一国”的话。这里的“而”应读为 néng，因为“而”的古音通“耐”，“耐”又通“能”，当“能力”讲。所以这两句话的大意是：道德符合一君之心，能力取信于一国之人。

“而”字是个部首字。在汉字中凡由“而”所组成的字都与“颊毛”“胡须”有关。

① ② ③ ④

在《三国志·蜀书·关羽传》中有这样的记载：“羽美须髯（rán)，故亮（诸葛亮）谓之髯。”大意是：关羽面部长有很好看的须髯，所以诸葛亮就称关羽为“髯”。

“冉”字就是“髯”字的先造字，而这个“冉”字本为象形字。甲骨文①就像面部两颊旁边的髯毛下垂的样子，所以“冉”字是面颊毛的象形字。金文②和小篆③都与甲骨文的形体相类似。④为楷书形体，变得完全没有髯毛的样子了。

这个“冉”字本义就是“髯毛”，后来则引申为毛下垂的样子，如《说文》说：“毛冄冄（冉冉）也。”这是说：颊旁之毛飘动的样子。这样就由名词变成形容词了。那么要表示“冉毛”（名词）可怎么办呢？这就只好在“冉”上再加一个“彡”（biāo，凡有毛发之意的字多从彡)，组成了“髯”字。因此，“冉”字到了后世就不代表颊旁之毛的意思了。

“冉冉”是表示“慢慢地”或“渐渐地”的意思，这是由毛发慢慢地飘动之义引申出来的，如屈原《离骚》：“老冉冉其将至兮，恐修名之不立。”这个“冉冉”就是“渐渐”的意思。屈原这两句话是说：我的老境在渐渐地到来，我恐怕不能够建树好名声了。《陌上桑》“冉冉府中趋”的“冉冉”，则是“慢慢”的意思。

请注意：这个字过去一般写为“冄”，但现在则均写为“冉”，前者已废除了。

衣 部

① ② ③ ④

“东方未明，颠倒衣裳。”这是《诗经·齐风》中的两句诗。现在的“衣裳”是一个词，但在古代却是两个词，上为“衣”，下为“裳”（裙子、下衣）。甲骨文①

就像衣服之形，上部的“人”字形部分就是衣领，两侧的开口处就是衣袖。金文②的形体也基本上同于甲骨文。小篆③没有多大变化，只是下部的衣襟部分是向右拐。④为楷书形体，完全失去了衣服的样子了。

西周衮服示意图

“衣”字的本义是指“上衣”，如《诗经·邶风·绿衣》：“绿衣黄裳。”这是说：绿色的上衣，黄色的裙子。从“上衣”又可以引申为衣服的总称，如《诗经·豳风·七月》：“无衣无褐。”“衣”是名词，又可以引申为动词“穿”，如《庄子·盗跖》：“不耕而食，不织而衣。”这是说：不耕种却吃粮，不织布却穿衣。

当你读陆游的《小园独立》诗时，会见到“细雨湿莺衣”一句。难道黄莺还穿衣吗？当然不是，这个“莺衣”是指黄莺的羽毛。

在古诗文中常有“衣香”一词，如庾信《春赋》：“屋里衣香不如花。”你若把“衣香”理解为“衣服的香味”，那就错了。因为古代妇女的衣服上要系挂香囊，使衣服也有香味，所以“衣香”就代表“妇女”。在修辞学上，这种以物代人就叫“借代”。

“衣”字是个部首字，在汉字中凡由“衣”字所组成的字大都与衣服或布匹有关，如“初”“衬”“衫”“袄”“裘”等字。

请注意，“衤”(衣)旁与“礻”(示)旁非常相似，所不同的是“衤”旁多一个点儿。我们在书写的时候一定要分辨清楚。当我们还没有把握的时候，就多想一下：这个字是与衣服有关还是与鬼神、祭祀及精神方面的意思有关。如果是前者，那就要写作“衤”旁。这个考虑大致是可行的。

① ② ③ ④

这是“初日照高林”的“初”字。甲骨文①的左边是“衣”的象形字，右边是一把刀，其意思是用刀裁衣服，为“作衣之初”，可见这是个会意字。后来就引申为一切事情的开始都是“初”。金文②与甲骨文的形体相似。小篆③也大体上同于甲、金文字的写法。④是楷书的形体，仍然是左“衣”右“刀”。

“初”的本义当“开始”讲，如柳宗元《封建论》：“天地果无初乎？”就是说：天地果真没有个开始吗？从“开始”引申为“当初”的意思，如：“初，郑武公娶于申。”

(《左传·隐公元年》)意思是：当初，郑武公向申国娶（妻）。不过，《史记·秦始皇本纪》中的“天下初定”也能解释为“天下当初定下来之时”吗？这就不妥当了。这个“初定”是“刚刚安定”的意思，所以“初”又引申为时间副词，当“刚刚”讲。

在古史籍中，还经常出现“初服”一词，如《尚书·召诰》：“王乃初服。”这里的“初”字有“新”的意思，是从“开始”这个本义引申出来的，《尚书》里这句话的意思是“王新执政”。

① ② ③ ④

“至尊尚蒙尘，几日休练卒。”这个“卒”字本为象形字。①是甲骨文的形体，是一件带有特殊花纹的衣服。②是金文的形体，较甲骨文简化了一些，其下部的一斜画表示有特别的标记。③是小篆的形体，与金文相似。④为楷书的形体。

《说文》：“卒，隶人给事者衣为卒。”朱骏声解释说：“本训当为衣名，因即命著此衣之人为卒也。”在古代供隶役穿的一种衣服的胸前或背部常著有标记，以区别于常人，正如后世当兵的则在其衣的背上写有“兵”字或“卒”字。“卒”多指步兵，如《孙膑兵法·篡卒》：“兵之胜在于篡卒。”“篡”为“选用”义。大意是，军队要取胜，就必须选用精锐的步兵。由“步兵”义可以引申为古代军队编制，即一百人为“卒”，如《韩非子·显学》：“猛将必发于卒伍。”古代军队编制五人为“伍”，大意是：猛将必产生于军队的基层。

另外，“卒”可当“死”讲，如《礼记·曲礼下》：“天子死曰崩，诸侯曰薨，大夫曰卒。”《新唐书·百官志一·礼部》又有更具体的解释：“凡丧，三品以上称薨，五品以上称卒，自六品达于庶人称死。”其实到了后世一般人死也可以称“卒”，如“生卒年月”。“死”为人的生命的结束，所以“卒”又能引申为“完毕”。如《史记·匈奴列传》：“语卒而单于大怒。”由“完毕”义又可以引申为副词“终于”义，如《史记·李斯列传》：“卒成帝业。”

请注意，上古的“兵”“卒”“士”三者的意义有别：“兵”多指武器，有时也可泛指军队。“卒”指步兵。“士”指乘战车而作战的士兵。

① ② ③

“素月分辉，明河共影，表里俱澄澈。”这个“表”字本为象形字。①为古陶文的形体，上部为一“毛”，下部为“衣”，毛在衣上。古时衣裘以毛为表，故有“表”

《甲金篆隶大字典》中的“表”字

义。②是小篆的形体，毛在衣中，其义未变。③为楷书的形体。

《说文》：“表，上衣也，从衣从毛，古者衣裘，以毛为表。”“表”字的本义是指“穿在外面的衣服”，如《论语·乡党》：“必表而出之。”也就是说：一定要加上外衣，而内衣还要露出一点。《庄子·让王》：“中绀而表素。”也就是说：里面穿红黑色的衣服，而外面穿白色的衣服。又可以引申为“外”，如《尚书·立政》：“至于海表。”这里的“海表”也就是指“海外”。由“外”又可以引申为“标志”，如《墨子·备城门》：“城上千步一表。”意思是：在城墙上每一千步立一标志。

在古代，“表”还是文章的一种，是臣下给皇帝的奏章，如李密的《陈情表》、诸葛亮的《出师表》等。“表彰”为“表扬”“显扬”之意，古代则常写作“表章”。

① ② ③

“庭树日衰飒。”这个“衰”字本为象形字。①是古玺文的形体。外面是“衣”形。中间为编织雨衣的蓑（suō）草下垂之形，所以“衰”本为草雨衣的象形字。②为小篆的形体。③为楷书的写法。

《说文》：“衰，草雨衣。”“衰”的本义为“用草编织的雨衣”，因为与草有关，所以后来增加了一个草字头，写作“蓑”，即“蓑衣”。如《诗经·小雅·无羊》：“何蓑何笠，或负其糇（hóu）。”“糇”是干粮。这两句诗的大意是：穿上蓑衣，戴上雨笠，有的还背上他的干粮。

“衰”后被借作“衰老”“衰弱”义，如《楚辞·九章·涉江》：“年既老而不衰。”由“衰弱”义可以引申为“减少”，如《战国策·赵策四》：“日食饮得无衰乎？”这是说：一天的饮食能够不减少吗？不过这里的“衰”应读作 cuī。“衰”有时还代“缞”字用，是古代丧服的一种，如《荀子·礼论》：“无衰麻之服。”这里的“衰”字也应读 cuī。

① ② ③

这是“生活富裕”的“裕”字，本为会意兼形声的字。①是金文的形体，外部是“衣”，表形，衣内裹一“谷”，“谷”有“多”义，所以“谷”既表意又表声，衣物很多为“裕”。②是小篆的形体，“谷”移于“衣”右，其义未变。③是楷书的写法。

《说文》：“裕，衣物饶也，从衣谷声。”许慎说的“裕”字的本义是对的，不过他把会意兼形声的字误为单纯的形声字了。“裕”字的本义就是“富饶”“富足”，如《诗经·小雅·角弓》：“绰绰有裕。”《荀子·富国》：“足国之道，节用裕民。”也就是说：使国家富足的办法，就是要节约开支，使老百姓富裕。由“富裕”可以引申为“宽宏”，如贾谊《新书·道术》：“包众容物谓之裕。”大意是：能包容众多的东西就叫作宽宏。

请注意：有人曾说，“裕”字是个会意字，有“衣服”有“五谷”，所以就“富裕”了。这是错的，因为“谷”本为“山谷”之“谷”，而绝非“五穀”之“穀”，只是在推行简化字时借“谷”代“穀”罢了。

① ② ③

这是“后裔”的“裔”字，本为象形字。①是《说文》中古文的形体，上为“衣”，下为裙形。②是小篆的形体，上为“衣”，下部为“冏”，成为上形下声的形声字了。③为楷书的写法。

《说文》：“裔，衣裾也，从衣，冏声。”“裾”（jū）为衣服的前襟。其实，“裔”字的下部即像裙形，由此而引申为“衣服的边缘”，有时也就当“边”讲，如屈原《九歌·湘夫人》：“蛟何为兮水裔？”大意是：蛟为什么在水边呢？《淮南子·原道训》：“游于江浔海裔。”由“边”义又可以引申为“边远之地”义，如《左传·文公十八年》：“流四凶族……投诸四裔。”这就是说：流放四个凶恶的家族……把他们赶到四方的边远之地。由“边远”又可以引申为“后代”，如屈原《离骚》：“帝高阳之苗裔兮。”意思是：我本是古帝高阳氏的后代。又如左思《吴都赋》：“顾、陆之裔。”这是说，顾姓、陆姓的后代。“裔胄”也为“后代”义。

“裔裔”为四处散布的样子，但有时也形容舞态袅娜，如左思《蜀都赋》：“翩跹跹以裔裔。”

① ② ③ ④ ⑤

《论语》中说：“乘肥马，衣轻裘。”这个“裘”是什么意思呢？你看甲骨文①多像一件皮衣啊！上部两侧的缺口处就是衣袖，下部是皮衣朝外的毛。金文②反而复杂了，外面是个“衣”形，衣内有一个“求”字，是表声音的，这就组成了外形（衣）内声（求）的形声字了。小篆③与金文完全一致（“衣”内有“求”）。④是由小篆直接变来的楷书体。⑤则是把④上部的一点一横移到“求”字之下，写为“裘”，这就是现在的标准写法。

“裘”的本义是“皮衣”，如《后汉书·严光传》：“有一男子，披羊裘，钓泽中。”就是说：有一个男子，披着羊皮衣，在池塘中钓鱼。

在古书中常会遇到“裘马”一词，如杜甫《壮游》诗中有“裘马颇清狂”一句，你若理解为“裘马跑得很狂”，那可就搞错了。其实“裘马”是“乘肥马，衣轻裘”的缩写语，形容生活奢华。

米 部

① ② ③

“歉年米盐贵，黎民受熬煎。”这个“米”字是象形字。甲骨文①周围的六个点儿就像米形，中间的“一”是表示将米粒连结在一起的意思。在甲骨文中也有不用“一”连结的写法，实际上同是“米”字。②是小篆的形体，大体上同于甲骨文字。③是楷书的写法，把下部的两个点儿变成了一撇和一捺。

去掉皮、壳的谷类和其他植物的子实都可称为米，如“小米”“玉米”“大米”等等。但有时也称小粒而又像米的食物为米，如“虾米”等。

在《汉书·咸宣传》中有“其治米盐”的话。这个“治米盐”可别认为是做米制盐或“管理米盐”之事，其实这话是特指管理一些细小之事。颜师古说：“米盐，细杂也。”这个解释很正确，因为“米”“盐”都是颗粒非常细小的东西。

“米”字是个部首字，在汉字中凡由“米”字所组成的字大都与粮食有关，如“籼”“粒”“粳”“糠”“粟”等字。

① ② ③ ④

“贫交犹不弃，何况糟康妻！”这个“康”字是个象形字。甲骨文①的上部是簸

《农政全书》中的筛谷场景

箕之类的用具，下部的四个点儿是表示扇出的米糠。②是金文的形体，大致与甲骨文相似。小篆③变化较大，其左右两侧变成了上举的两只手，其内变成了“米”字。④是楷书的形体，其中的“米”字又讹变成了“水”字。

“康”的本义就是“米糠”，所以是“糠”字的初文。如《穀梁传·襄公二十四年》：“四谷不升谓之康。”就是说：谷物长得不好,就称为“糠”(这里的“糠”字亦有“空”“荒”之义)。因为后来“康”字被借作“安康”“健康”用，所以当“谷皮”讲时就在“康”字的左边加上个“禾”字表义，这就出现了一个左形（禾）右声（康）的新形声字“穅”。后来人们又感到对于“谷皮”来说，“米”比“禾”更贴切，所以改写作“糠”了。

我们现在常说的“康庄大道”是什么意思呢？《尔雅·释宫》中说得明白：“五达谓之康，六达谓之庄。”就是说能向五个方向通达的路叫作“康”，能向六个方向通达的路叫作“庄”。由此可见，“康庄大道”就是指宽阔平坦、四通八达的道路。

① ② ③

李绅的《悯农》诗说：“春种一粒粟，秋收万颗子。”我们看甲骨文①的样子，也真有点儿像这句诗所说的形象，中间是一棵成熟了的谷子，上下左右的小圈儿表示谷粒脱落的样子。②是小篆的形体，其上已不像谷粒，其下变成了“米”。到了楷书③，其上又变为“覀”,其下仍为“米”。

罂粟，选自《本草纲目》

“粟”本指小米，后来引申为泛指粮食。如李斯《谏逐客书》：“地广者粟多。”也就是说：土地广阔粮食多。因粟为粮食，再引申一步，就当“俸禄”讲，如《广雅·释诂》：“粟，禄也。”因为粟粒很小,所以很小之物也可以用“粟”做比喻，如苏轼《赤壁赋》:“沧海一粟。”大海之中的一粒小米，可真是微乎其微了。

请注意，“粟”字与“栗”字的形体非常相似，稍一粗心就会写错。要想写正确，必须想一想：“粟”是指小米，所以其下部是“米”；“栗子”是长在树上的，所以其下部是“木”。这就区别得一清二楚，再也不会写错了。

① ② ③ ④ ⑤

这是“粪土当年万户侯”的“粪”字，本为会意字。①是甲骨文的形体，上部的三点为污秽之物(或脏土)，中间为簸箕，下部为两手形。这就表示扫除污秽的东西。②是战国印文的形体，是双手拿簸箕清除脏物，上部的“米”形即甲骨文中的三点讹变而成。③是小篆的形体，与印文相类似。④为楷书繁体字。⑤为简化字。

《说文》：“粪（糞），弃除也。”许说正确。“粪”字的本义为“扫除”，如《荀子·强国》杨倞注：“堂上犹未粪除，则不暇瞻视郊野之草有无也。”意思是：堂屋里还没有大扫除，那就没有工夫去看郊野的草是否还存在。由“扫除”可以引申为“被扫除的脏物”，如《战国策·秦策五》：“身为粪土。”由“粪土”可以引申为“粪便”，如贾思勰《齐民要术·耕田》：“其美与蚕矢（屎）熟粪同。”“熟粪”是经过发酵的粪便。由“粪便”又能引申为“施肥”，做动词用。如沈括《梦溪笔谈》：“一亩之稼，则粪溉者先牙（芽）。”也就是说：同一亩庄稼，施肥灌溉过的最先发芽。

㫃 部

① ② ③ ④

这是“㫃（yǎn 眼）”字，是个象形字。甲骨文①中直立部分是一条旗杆，其右边弯曲而下垂的一笔是表示飘动的旗帜。②是金文的形体，与甲骨文的形体基本相似。③是小篆的形体，变得更繁杂了。④是楷书的写法，由小篆直接演变而来。

“㫃”字到了后世一般都不单独使用，仅做一个字的部首。在汉字中，凡由“㫃”所组成的字基本上都与旗帜有关，如“旗”“旄”“旆”“旌”“旃”“旋”“族”等字。

① ② ③

甲戌神将旗

“六盘山上高峰，旄头漫卷西风。”这个“旄头”的“旄”（máo）字是古代的常用字。金文①的旗帜下部是“毛”，表示在古代旗杆头上用牦牛尾做装饰品的旗帜，用以指挥打仗。②是小篆的形体，其下也是“毛”。③是楷书的写法。这个“旄”字是会意兼形声的字。

“旄”字的本义就是上古的战旗，如岑参《轮台歌》：“上将拥旄西出征，平明吹笛大军行。”这就是说：大将军挥动着旄头向西出征，天亮吹起军笛，部队开始出发。在古代，“旄头”也往往是指先驱的骑兵，但是李白《幽州胡马客歌》中的“旄头四光芒”里的“旄头”却是指星名。古代有个迷信说法，说什么旄头星特别亮的时候，预示将有战事发生。在现代的旧体诗词中，“旄头”一词仍在沿用，如毛主席的词《清平乐·六盘山》原稿中有“旄头漫卷西风”一句，后来“旄头”改为“红旗”。

① ② ③ ④

战旗下的战士，战国铜器纹样

这个“旅”字的本义，你可别认为是“旅行”，咱们现在就分析它的形体。甲骨文①很清楚地表明战旗之下有两个人，这是战士守卫大旗的意思。金文②是战车上插着大旗的形象，战士聚集在大旗的周围。小篆③类似于甲骨文，在大旗下站着两个士兵。楷书④则发生了较大的变化，其中的两个人变成了“氏”。

“旅”字的本义就是保卫战旗的意思。到后来引申为古代军队编制，五百人为一旅。如《左传·哀公元年》：“有众一旅。”这里的“众”即指军队，即“有军队一旅”。从军队的出征之行，又引申为在外旅行，如杜甫有“题书报旅人”的诗句。从“旅行”义又引申为“寄旅”“寄居”，如《史记·陈杞世家》：“羁（jī 机）旅之臣。”也就是说：寄居在外的人。从“寄居”又能引申为旅客，如范仲淹《岳阳楼记》：“商旅不行。”这里的“商旅”

就是指商人和旅客。但是有人认为《论语·八佾》中“季氏旅于泰山”是说“季氏到泰山去旅行”，这就错了，这里的“旅”是“祭山”义，是一种特殊用法。

① ② ③ ④

这是“万族各有托”的“族”字。甲骨文①是一杆大旗下两支箭（矢），表示很多箭同时射向大旗，这有“聚集”之意。金文②则在大旗下仅留一支箭，书写方便。小篆③则是从金文演变而来，箭形仍在旗下。④是楷书的形体。

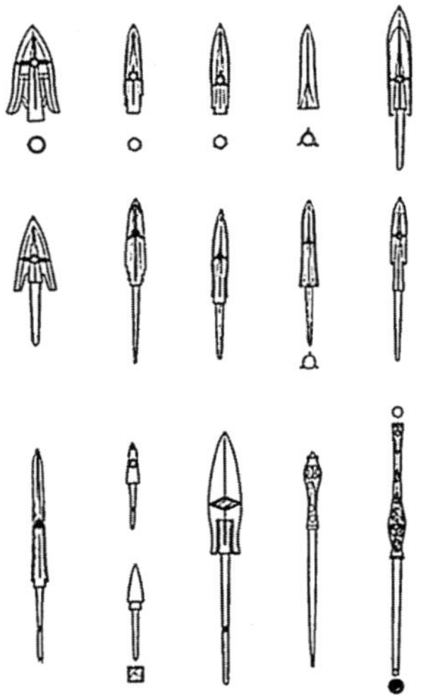

古代镞形一组

“族”字的本义是“聚集”，后又引申为“家族”，同一家族的人聚结在一起也就称为“同族”。元结《与瀼溪邻里》诗：“昔年苦逆乱，举族来南奔。”“举族”就是全家族的意思。从“家族”又可以引申为“同类”的意思，如《淮南子·俶真训》：“万物百族。”不过《史记·秦始皇本纪》中有“以古非今者族”的话，这个“族”是什么意思呢？是“灭族”的意思，这是说：对以古非今的人要处以灭族之罪。

正因为“族”字本与箭有关，所以“族”字再加个“金”旁，即成为左形右声的形声字“镞”（zú），就是箭头。因为“族”字本有“聚集”之义，所以在“族”字之上再加个“竹字头”，又产生了一个上形下声的新形声字“簇”（cù 醋），仍表示“聚集”的意思，如韦庄《听赵秀才弹琴》：“蜂簇野花吟细韵。”

① ② ③ ④

这个“旋”字很有意思。甲骨文①的上部是向右飘动的旗子，中间的“口”表示回旋的意思，“口”下的止（脚）是表示举着旗子挥舞走动之意。金文②则把“口”省掉了。小篆③则把“止”变成了“足”，楷书④又把“足”字变成了“疋”了。

“旋”字的本义是“旋转”，如《荀子·天论》：“列星随旋，日月递炤。”也就是说：

群星旋转，日月交替照耀。从旋转又引申为“归”的意思，如李商隐《行次西郊作》：“未知何日旋。”即“不知何日归”。归心似箭，由“归”义又引申为“一会儿”，如《后汉书·董卓传》：“卓既杀琼、珌，旋亦悔之。”这是说：董卓已经杀了琼、珌这两个人，一会儿又后悔了。《左传·定公三年》：“夷射姑旋焉。”这个“旋”字又可以当“小便”讲，因为“旋”的引申义是“一会儿”，而小便也是一会儿就结束。在汉语中还有个习惯，人们往往用做一件小事的时间来表示时间很短，如“一顿饭的时间”“一支烟的工夫”等等。

① ② ③ ④

这是“旌旗”之“旗”的初造字“旂”字。金文①的左边是一根旗杆，旗杆的上端三叉形的部分是个装饰品（相当于后世在旗杆的顶端所装的枪尖），连着旗杆向右下弯的一条折线表示飘起来的旗帜，其中间的部分是把大斧头（斤），大斧头是古代的武器，代表军队，这就表明军队都在战旗的周围。小篆②则发生了较大的变化，金文中的旗形部分变为“㫃”字，右下部的“斤”（斧头）也类似于甲骨文中的“斤”。③是早期楷书的形体。④是后期的楷书形体。

“旂”字本为会意字，它没有表音部分，后来把“斤”换成了“其”，这就产生了新形声字“旗”。如贾谊《过秦论》：“斩木为兵，揭竿为旗。”就是砍根木棍为武器，举起竹竿为军旗的意思。而《左传·闵公二年》：“佩，衷之旗也。”这里的“旗”字则是“标志”之义。“旗”本来就有标志作用，所以这个“标志”之义也是由本义引申出来的。原话的意思是：身上佩带的东西，是内心的标志。

自 部

① ② ③ ④

这就是“野渡无人舟自横”的“自”字。甲骨文①就像人的大鼻子的形象，上部为鼻梁，下头为鼻孔，中间的二横为鼻纹。金文②也像鼻子的模样儿。③是小篆的形体，其上部还与甲、金文字相似，可是下部则没有鼻孔的样子了。④是楷书写法，从表面上看已经不像鼻子了。

要讲清“自”字的词义必须先讲清“自”与“鼻”的关系。古人为什么用鼻子的象形字“自”来代表鼻子呢？前人说法不一致。一般认为“自”与“鼻”在古代读音相同，如《说文解字》说：“自读若鼻。”因此在经典中多借用“自”为第一人称代词。既然“自”字被借作人称代词用了，那么要写“鼻子”时，可怎么办呢？于是又在“自”下加上个“畀”作为声符，这就产生了一个新形声字“鼻”了。从此以后，“自”“鼻”各有各的职务，分工明确。有人见《说文解字》中有“今俗以始生子为鼻子”的话，于是就指着自己脸上的鼻子说：“这就是我的第一个儿子。”其实第一个儿子称“鼻子”的“子”应读为 zǐ（上声），而这个“鼻”字是“最初”的意思，如对最初的祖先称“鼻祖”一样。可是脸上的“鼻子”的“子”是名词后缀，应该读轻声 zi，没有实在意义。

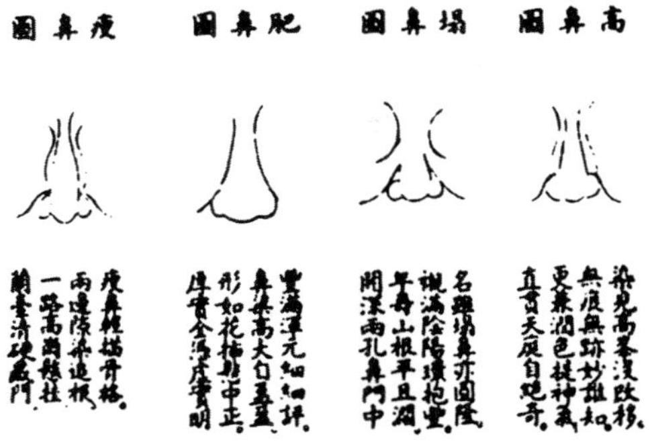

古画谱中鼻子的画法

自从有了上形（自）下声（畀）的形声字“鼻”以后，“自”字就多用作第一人称代词了，如《老子》：“知人者智，自知者明。”这是说：知人的人才算智，知己的人才算明，也就是说一个人要有“知人之智”“自知之明”。“自”字由“自己”之义又可以引申为“亲自”义，如《史记·萧相国世家》：“高祖自将。”大意是：汉高祖亲自统帅部队。到了后世，“自”字又往往被借做介词用，当“从”讲。如《论语·学而》：“有朋自远方来。”就是有朋友从远方来的意思。由介词又可以引申为连词，当“由于”讲。如《汉书·灌夫传》：“侯自我得之，自我捐之，无所恨。”大意是：侯的职位，由于我自己的本事而得，也由于我自己的过错而失，没有什么值得遗憾的。

“自”字是个部首字，在汉字中凡由“自”字所组成的字大都与鼻子或鼻子的功能有关，如“臭”“息”等字。

①　②　③

这个“臭”字是个会意字。从甲骨文①看得很清楚：上部是个大鼻子（自）的形象，下边是一只头朝上、腿朝右、尾朝下的犬。看来古人早就懂得狗的嗅觉最灵敏，用鼻子和犬来会嗅味之义，很有意思。小篆②是由甲骨文演变而来，也是由“自”

与“犬”组合而成。③是楷书形体，也与甲骨文一脉相承。

“臭”字的本义是“嗅”，是动词，相当于现在所说“闻味”的意思。如《说文》：“禽走臭而知其迹者，犬也。”就是说：狗用鼻子一闻，就能知道是什么动物从这里走过。凡“闻”就要先有个“气味”,所以“臭”字也当“气味”讲,是名词，如《诗经·大雅·文王》：“无声无臭。”也就是没有声音没有气味的意思。以上所说的当动词和名词用的“臭”都应读为 xiù（嗅），可是当它读为 chòu 的时候，也就是“香臭”的“臭”，如《昌言·理乱》:“三牲（牛、羊、猪）之肉，臭而不可食。”这个“臭”又变成形容词了。

一个“臭”字有名词、动词、形容词三种词性。后世人们为了在形体上加以区别，凡当动词“闻”讲时，“臭”旁就加个“口”写作“嗅”，这就由原来的上“自（鼻）”下“犬”的会意字，变成左形（口）右声（臭）的新形声字了。

①　　②　　③

这个“辠”字读作 zuì，是个会意字。①是金文的形体，上为“自（鼻子）”，下为“辛（平口刑刀）”，以刀割鼻子，是对罪犯的一种酷刑。“辠”为“罪”的本字，经传中二字通用，只因“辠”字与“皇”字相似，所以秦始皇就以“罪”代“辠”，将“辠”字废除了。②是小篆的形体。③为楷书的写法。

《说文》：“辠，犯法也，从辛从自。”犯了法就有罪，如《墨子·经说上》：“罪，犯禁也。”《荀子·王制》:“无功不赏，无罪不罚。”也就是说：没有功劳就不予奖赏，没有犯罪就不应惩罚。由“罪过”可以引申为“过失”，如《荀子·非十二子》：“是则子思、孟轲之罪也。”大意为：这就是子思、孟轲的过失了。犯了罪就要给予惩处，所以又可以引申为“惩处”义，如《韩非子·五蠹》:“以其犯禁也，罪之。”也就是说：根据他犯的禁令来惩处他。

请注意：“罪过”一般为“过失”“错误”义，但王建《山中惜花》“罪过酒醒迟”中的“罪过”为“幸亏”义，是一种特殊含义。

舟 部

①　②　③　④

“君看一叶舟，出没风波里。”这个“舟”字是个象形字。你看甲骨文①多像一条小船的样子。金文②把舟放平了，是“一叶轻舟行于水”的形象。小篆③又把“舟”竖了起来，上端的曲线真像船尾的舵，其实这是艺术化了。楷书④是从小篆演变来的，基本上同于小篆的写法。

“舟”字的本义就是“船”，如《易经·系辞下》：“刳木为舟。”这就是说：古代人把一条很粗的木头从中间一剖两半，再从剖开的平面上把中间的木头刳(kū)去，像半个瓢一般能浮在水面上，这就是舟（船）。“舟”是被水托起来的，所以搁茶碗的小托盘被古人叫作“茶舟”，今天也叫“茶船”。

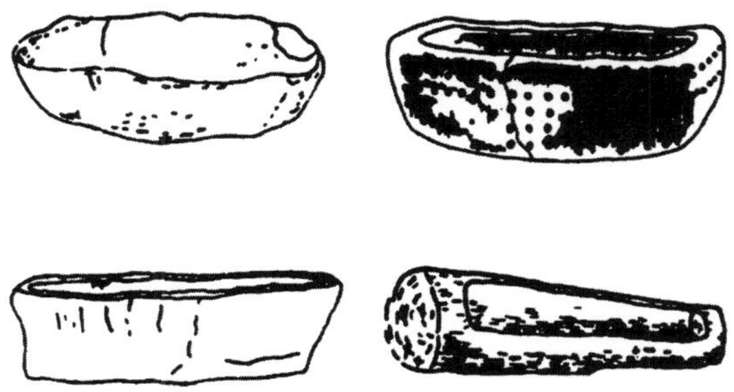

新石器时期陶舟和独木舟（右下）

“舟楫”本为船桨的意思，后来则泛指船只。“若济巨川，用汝作舟楫。”（《书经·说命上》）这当中的“舟楫”不是指桨或船，而是比喻宰辅大臣或帮助上级做事的得力助手。原话的意思是：“好像渡越大川时用你当桨（或船）。”这是用“舟”字的比喻义。

“舟”字是个部首字，在汉字中凡由“舟”字所组成的字大都与船有关，如“舢”“航”“舫”“舰”“舸”“舵”等字。

①　②　③　④

这个“服”字是一个会意字。甲骨文①的左边是跪着的一个面部朝左的人，右上部是一只右手，这就表示用手按住一个人的头部令其服从之意。金文②的左边又增加了一条船（舟），好像令这个屈服之人上船之意。小篆③左边的“舟”和右边的“手”都很像，可是中间的屈服之人形就不像了。到了楷书④则发生了讹变，将小篆左边的“舟”字误变为“月”字。

“服”字的本义就是“降服”，如：“夫虎之所以能服狗者，爪牙也。”(《韩非子·二柄》) 这是说：老虎之所以能降服狗，是因为它有锋利的爪牙。由“降服”之义又可以引申为“服从”，如：“甲兵不劳而天下服。”(《荀子·王制》) 大意是：虽然不动武器，可是天下之人都来服从了。由“服从”又可以引申为“服事”，即为他人奔走效劳、悉心侍候之意。

至于“服装”之“服”是“服事”之义的远引申，因为服装、衣服对人的躯体来说，那也是一种服事。在屈原《九章·涉江》中有这样一句：“余幼好此奇服兮。”这个“服”字即指服装。《史记·魏其武安侯列传》“会仲孺有服”里的“服”字是什么意思呢?这是特指丧服，这句话的意思是：适逢仲孺有丧服在身。

“服臆”一词在古代医书上常见到，凡因哀愤忧伤而气郁结，就叫“服臆”，也可写作“幅臆”，如：“因嘘唏服臆……悲不能自止。”(《史记·扁鹊仓公列传》) 请注意：这里的“服”字若读为 fú (伏) 那就错了，而必须读为 bì (币)。

①　②　③

“西塞山前白鹭飞，桃花流水鳜鱼肥。”这个“前”字是个会意字。金文①的上部是一只脚趾朝上的脚 (止)，脚下是一条船 (舟)，脚站在船上表示前进。②是小篆的形体，与金文基本相同。③是楷书的写法。这是因为经过隶变以后，小篆上部的“止”变成了两点一横，下部的“舟”误成了“月”字。后来在“月”旁再加上个“刂”(“立刀旁”)，就变成了“前”，这是“剪”字的初文。可是到了后世，“前”字的“立刀旁”不像刀了，因此在“前”字下又加了一个“刀”字，这就变成了现在的“剪”字，这真是一个字有“两把刀”。可真巧呀，现在所用的剪刀也就是由两片刀组成。

“前”字的本义是“前进”，如《史记·魏其武安侯列传》：“及出壁门，莫敢前。”就是说：等到出了营垒的门以后，没有一个敢前进的。从“前进”的本义又可以引申为“前后”的“前”。如《商君书·更法》：“前世不同教，何古之法? ”大意是：前世的主张不同，还效仿什么古法呢?

在古书中常有“前车”一词，这个词并非指前面行驶的战车，而大都是比喻可以引为教训的往事。比如《汉书·贾谊传》：“前车覆，后车诫。”意思是：前车已经翻了，后车就要提高警惕。也就是说，过去的教训，应当成为今后的鉴戒。

竹 部

① ② ③

“岁寒三友松竹梅。”这里的“竹”字是个象形字。金文①多像两枝下垂的竹叶。小篆②也是竹叶的样子。楷书③是直接由小篆演变来的。

“竹”自古以来就被人们所喜爱，歌颂竹子的诗词是很多的。“梅开五福，竹兆三多。”竹有耐寒抗风的品格，“嘉木”“美竹”经常连用。比如柳宗元《钴鉧潭西小丘记》：“嘉木立，美竹露，奇石显。”不过“竹”字是个多义词，偶有不慎，也会误解，如《盐铁论·利议》：“抱枯竹，守空言。”这里你若理解为怀抱枯萎的竹子那可就错了。这里的“竹”字是指上古记载文字所用的竹简，所以“竹帛”一词即代表书籍，如《史记·孝文本纪》：“请著之竹帛，宣布天下。”“八音”（八种乐器）之中的“竹”，那是指“管”“箫”“笛”等用竹子做的乐器。

另外，“竹”也可以用为姓（《百家姓》中所无），如汉朝的竹晏就姓竹。

“竹”字是个部首字，在汉字中凡有“竹”字头的字大都与竹有关，如“笛”“箫”“笔”“箕”“筍”“筷”“管”“箭”等字。

① ② ③ ④ ⑤

“文房四宝，笔墨纸砚。”从“笔”字的最初形体看也是一个会意字。甲骨文①的右上侧是一只手，其左是一支笔形，竖者为笔杆，下部的三叉形为笔头。金文②的形体同于甲骨文。小篆③的上部是手指伸过了笔杆，表示把笔握住了，下部的笔头中间又误增了一横，毫无意义。④是楷书的形体。因为小篆根本看不出笔形，所以楷书又在其上部增加了一个“竹字头”（竹），变成了上形（竹）下声（聿）的形声字。但因笔画太繁，所以在简化汉字的时候简化为⑤“笔”，由原来的形声字变成了新的会意字：毛笔是由“竹”与“毛”做成的。

“笔”的本义就是写字用的笔，本为名词，又可以引申为动词，当作“书写”或“记载”讲，如“笔则笔，削则削。”（《史记·孔子世家》），也就是说记则记，删则删。

在《南史·沈约传》中有这样的话：“谢玄晖善为诗，任彦升工于笔，约兼而有之。”这里的“诗”和“笔”对言，这个“笔”是指散文，这两句话的意思是：

谢玄晖善于作诗，任彦升善于写散文，而沈约则诗和散文都写得很好。

“笔札”一词，一般是指笔和纸，可是在《宋史·钱熙传》中所说的“善谈笑，精笔札”，却指的是“书信”。这是说：钱熙不仅善于谈笑，而且还精于写书信。

① ② ③ ④

从甲骨文①的形体看，很像一只簸箕的形状，口朝上，其中的“乂”表示用柳条等编织的样子。金文②也类似甲骨文。③是小篆的形体，上加“竹字头”，表义，下加“丌”（qí 其）表音，这样就从象形变成了上形下声的形声字了。④是楷书的写法。

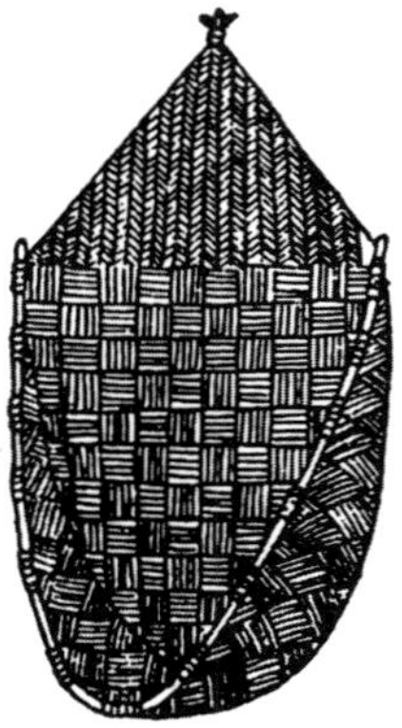

《农政全书》中的簸箕

“箕”的本义就当“簸箕”讲，是扬米去糠的器具。如李尤《箕铭》：“箕主簸扬，糠秕乃陈。”这是说：簸箕的用处就是簸扬粮食，一经簸扬，糠秕之物也就分离出来了。从簸扬粮食而又引申为“粪箕”，即装肥料的用具。因为簸箕的形状是后部狭小，前部开阔，这就引申出“箕踞”（或“箕坐”）一词，也就是屈膝张足而坐的样子，表现了一种轻慢态度。如《史记·游侠列传》：“有一人独箕倨（踞）视之。”表现了一个人的傲气。

另外，还须说及一点：“箕”字本应读 jī（击），可是有很多北方人都读 qí（其），这是不对的。

① ② ③ ④

这个“箙（fú 服）”字今天不常用了，但是在古典作品中还是常见的，所以有分析一下的必要。从甲骨文①中我们大概能够看出它的意思，其周围是个插箭的架子，中间插着一支头朝下的箭。金文②是插了两支箭。可是小篆③则发生了讹变，变为上形（竹）下声（服）的形声字了。④是楷书的写法。

这种箭架子是用竹木或兽皮等做成的，所以“箙”字是竹字头。《周礼·夏官·司弓矢》中有记载：“中秋献矢箙。”即在中秋之时献上箭架子（准备冬天狩猎或攻伐等）。

缶 部

① ② ③ ④

这是“缶”字，读 fǒu（否）。从甲骨文①看，上面是一个器皿的盖，下部是一个器皿，这就是古代的一个盛酒浆的瓦器。金文②上部的盖子变成了“午”字（即“杵”），也就是说用杵在器皿中捣黏土，准备做陶器。小篆③与金文的形体相类似。④是楷书的写法，由小篆的曲笔变成了直笔，但“万变不离其宗”。

“缶”本为盛酒浆的瓦器，小口大腹。李商隐《行次西郊作一百韵》诗：“浊酒盈瓦缶。”就是说：没过滤的酒装满了瓦缶。当然也有铜制的缶。另外还有打水用的瓦器也称缶，如《左传·襄公九年》：“具绠（gěng 梗）缶。”即准备好提水用的绳子和缶。“缶”还可以作为乐器用，如李斯《谏逐客书》：“击瓮（wèng）叩缶。”“瓮”和“缶”都是古代的打击乐器。

春秋铜缶，上有蟠龙纹

那么《国语·鲁语下》中所说的“缶米”是什么意思呢？这里的“缶”是古量器名，十六斗为一缶，可见容量是相当大的。

“缶”字是个部首字，在汉字中凡由“缶”字所组成的字大都与瓦器有关，如“缸”“钵”“陶”“罄”等字。

① ② ③

这个“匋”字是个会意字。金文①的上右部是一个面朝左的人，下面是缶，也就是人执杵在捣黏土准备做匋器。小篆②外面的人形讹变为“勹”，其中的“缶”字仍同于金文的形体。③是楷书的写法。

“匋”字的本义就是“瓦器”，如《说文·缶部》所说：“匋，瓦器也。”可是后来又在其左增加了“阝”（阜），写作左形（阝）右声（匋）的形声字“陶”了。（“阜”

为高土坡，也可表示制匋时从高土坡上取黏土之义。所以“陶”字也可以说是形声兼会意。）这样，后世也就多以“陶”字代替“匋”字。

制作陶、瓦器就称为“陶”，如梅尧臣的《陶者》诗中有这样两句：“陶尽门前土，屋上无片瓦。”这就是说：制陶瓦用完了门前的土，可是制陶人的屋上却没有一片瓦。这表明诗人对制陶工人寄寓着无限的同情。王安石在《上皇帝万言书》中有这样一句：“陶成天下之才。”这个“陶”字的引申义实为“培养”或“造就”的意思。原话的意思是：造就天下的人才。至于《齐民要术》里说“净陶种子”的“陶”字实为“淘”字，“陶”为“淘”的通假字。

臼 部

① ② ③ ④

这个“臼”字是个象形字。①与②是甲骨文、金文“舂”字的下部形体，就像一个舂米用的石臼形。③是小篆形体，与甲、金文的形体基本相同。④是楷书的写法，与甲、金文字一脉相承。

“臼”字的本义就是舂米用的石臼。如贾思勰《齐民要术·作酱》：“择满臼，舂之而不碎。”大意是：选择好的装满了臼，舂击但不舂碎。“臼”大都是用石头凿成的，是定形的、使所舂之物不易跳出来的容器，所以可以引申为“陈旧的格调”之义，这种陈旧格调在古代都称为“臼科”，今天多作“窠臼”。

“臼”字是个部首字，在汉字中凡由“臼”字所组成的字大都与臼类或坑类有关，如“舀”“臽”“臿”“舂”等字。

① ② ③

这是个“舀（yǎo 咬）”字。①是金文的形体，就像一只手到一个器皿中去舀取水的样子。②是小篆的形体，与金文的形体相类似。③是楷书的写法。

“舀”字的本义就是“舀取”的意思，直至今日我们仍然说“舀水”“舀油”等。段玉裁在注解《说文》时说得很清楚：“既舂之，乃于臼中挹出之，今人凡挹彼注此皆曰舀。”其大意是：已经舂好了米，就要从舂米的臼中把米舀出来。今天的人凡是从那里舀到这里，都可称为“舀”。

有人把这个“舀”字读为 tāo（涛），这就不对了。如果说是“波浪滔天”的“滔”，那就必须在“舀”旁再加上“三点水”；如果说是从口袋里探取的意思，那就必须写作“掏（tāo 焘）”而不能写作“舀”。所以“舀”与“掏”二字不仅形、义不同，而且读音也是大不一样的。

① ② ③ ④

这个“舂”字是很有意思的。你看甲骨文①上部的左右两侧是两只手，中间一条竖线是杵，下部向两侧上弯的一条曲线表示臼形，在臼上的左右两个点儿代表米。所以这个字总的意思是两手拿着杵在臼中舂米，真是形象生动，一目了然，可见这个字是个会意字。②是金文的形体，杵的上部又绑了一条横木，可能这样使用更方便。小篆③是直接从金文变来的，形体的各部分基本上与金文相同。可是到了楷书④，却通过隶变而把上部变成了毫不相干的“春字头”，不过下部的“臼”却完好地保留了下来。

“舂”字的本义是捣去谷物外皮的动作，即为“舂米”。如李白《宿五松山下荀媪家》诗：“田家秋作苦，邻女夜舂寒。”这第二句就是说：晚上虽然很寒冷，可是邻家女儿还要忙着舂米。《墨子·天志下》：“丈夫以为仆……妇人以为舂。”这里是说男的做“仆”（男奴），女的做“舂”（女奴）。当然，女奴之所以称“舂”，也是因为在古代女仆多从事于舂米的劳役。请注意：“舂”和“舂”二字的形、音、义均不相同，“舂”应读为 chōng（冲）。

《天工开物》中的舂米插图

耒部

① ② ③

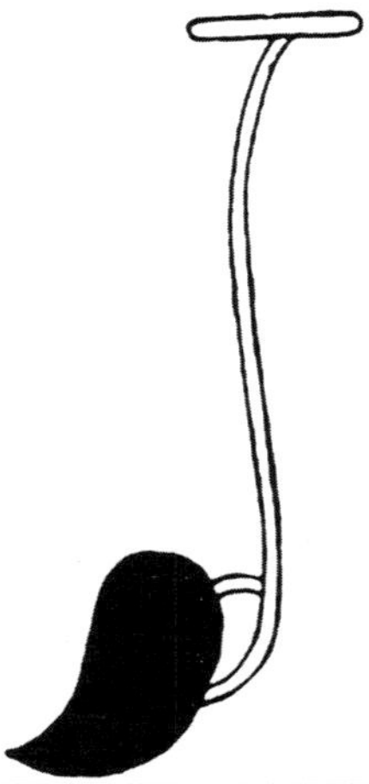

《农政全书》中的耒

这是“扶耒而作”的“耒”字，读作“lěi”，本为象形字。①是金文的形体，左上方是一只手，右边是一个像杈形的农具，是手握农具劳动的意思。②是小篆的形体，已失去了农具之形。③是楷书的写法。

《说文》：“耒，手耕曲木也。”这是对的。也就是说，这是一种耕田用的曲木。如《汉书·郦食其传》：“农夫释耒。”就是说：农民放下手中的耒。由“耒”又能引申为一种像犁的农具，称为“耒耜（sì）”，其木制把手称“耒’，而前部的犁头称“耜”。“耒耜”是我国最原始的翻土工具，后世也曾把各种耕地用的农具都称为“耒耜”。

“耒”字是个部首字，一个汉字凡有“耒”字作为它的组成部分，那么这个字就往往与农具及农业劳动有关，如“耕”“耘”“耪”“耙”“耧”等字。

① ② ③ ④

这个“耤”字读作 jí，本为会意字。①是甲骨文的形体，其右边是一个面朝左站立的人，手中执一耒耜而劳作。②是金文的形体，在其下部增加了“昔”，表示读音。③为小篆的形体，将人形部分去掉，变成“从耒昔声”的形声字。④是楷书的写法。

《说文》：“耤，帝耤千亩也。古者使民如借，故谓之耤。”其实，“耤”字的本义为“耕田”，后来引申为“耤田”，即古代天子亲耕之田。据《礼记》记载：“天子为藉千亩。”但实际上天子是不可能亲耕的，所以《诗经》序云：“藉之言借也，借民力治之。”由此可以得知“耤”字通“藉”，又可以引申为“借”，当“借助”讲，如《汉书·郭解传》：“以躯耤友报仇。”

请注意：当“藉”作“借”用时，必须读作 jiè，而不应读 jí。

页 部

① ② ③ ④

这是“蜻蜓飞上玉搔头”的“头”字，是一个形声字。①是战国印文的形体，其上部为“頁(头)”，下部是器皿“豆”，表声。②是小篆的写法，将“頁”移到了“豆”的右边，变上下结构为左右结构。③为楷书繁体字。④为简化字。

《说文》：“头（頭），首也。”许慎的说法正确。“头”本指人体的最上部或动物体的最前部。动物只有一个头，所以又可以引申为计量牲畜的单位，如《汉书·西域传》：“马、牛、羊……七十余万头。”我们读古籍时，常见“头口”一词，这往往是指大牲畜而言，即“牲口”，如高文秀《须贾大夫谇范叔》：“这个是头口吃的草料。”

请注意：“头面”现在多指有一定社会地位的人，如“头面人物”等，可是在古代却多指妇女头上的装饰品，如《百花亭》：“妾身止（只）有这副头面。”也就是说：我现在只有这副首饰。

① ② ③ ④ ⑤

这个“页”字实在形象得很。甲骨文①的上部像一个头，中间有眼睛，头顶有三根毛，头下是朝左半跪的一个人身。金文②变得不太像了，仍然上部是头，下部是臂、身、腿。小篆③的上部是头，下面的部分变得一点不像人形，而是艺术化了。④是楷书形体。⑤为简化字。

“页”字的本义就是“头”。许慎的《说文》说：“页（頁），头也。”至于“一页书”的“页”，那是同音假借问题，与本义无关。

“页”字是个部首字，在汉字中凡由“页”字所组成的字，大都与其本义“头”有关，如“首”“须”“颈”“额”“颧”等字。

① ② ③ ④ ⑤

“行者见罗敷，下担捋髭须。”这个“须”字多么形象。金文①像是面朝右的一个大头人，头顶上戴着个尖顶小帽，嘴巴上翘着三根硬胡须，真像京戏舞台上的小丑。可见这就是胡须的“须”字，是个象形字。小篆②右边是“頁”字（“頁”就是头形），嘴边的三根胡须在左。因为“须”字与毛发有关，所以后来又在“须”字上部增加了代表长发的“髟（biāo 标）”字，这就成为繁体字③了。但后来感到书写不便，所以又改回去写为楷书④。又因“頁”字已经简化，所以最后又产生了一个新简化字⑤，这就是现在的“须”字通用形体。

“须”的本义为“胡须”，如《史记·高祖本纪》：“美须髯（rán 然）。”就是说：很漂亮的须髯（“髯”是两颊上的胡子）。这个“须”字后来又假借为“必须”或“应当”义，如杜甫《闻官军收河南河北》：“白日放歌须纵酒，青春作伴好还乡。”也就是说：在这艳阳高照的日子里，应当高歌猛饮，然后再与明媚的春光结伴还故乡。

《红楼梦》第一回中有“我堂堂须眉”的话，若理解为“我的漂亮的胡须和眼眉”那可就不对了。古时男子以须眉稠秀为美，所以常以“须眉”作为男子的代称，因此，“我堂堂须眉”就是“我堂堂男子汉”的意思。

① ② ③ ④

“首”就是头。甲骨文①就是“首”字的初形，多像一个羊头，有眼睛有嘴巴，头顶上还有三根毛。金文①有些变形，不太像头的样子，但眼睛还非常像。小篆③是从金文蜕变而来，头上的三根毛还在。④是楷书形体，一点也看不出头的样子，头上的三根毛也变成两个点儿了。

甲骨文中的“首”字，右为古陶器羊头

“首”字的本义就是“头”，如《列子·黄帝》：“牛首虎鼻。”

由“头”又引申为一伙人的头目为“首领”，如做坏事的头子就称为“罪魁祸首”。由“头”义又可以引申为“第一”义，如“头一次”又可称为“首次”。“首尾”一词，一般都当“前后”或“始末”讲，可是因为首尾交结在一起，往往表示一种不正当的关系，所以引申出“勾结”之义，如《京本通俗小说·错斩崔宁》：“你既与那妇人没甚首尾，却如何与他同行同宿？”

① ② ③ ④

这是“濒临深渊”的“濒”字，读作“bīn”，本为会意字。①是金文的形体，右边是“頁（人形）”，左边是“涉（两脚过水）”。这就表示人走近水边要渡水之意。②是小篆的形体，仍如金文，左“涉”右“頁”。③是楷书繁体字。④为简化字。

《说文》：“濒，水厓，人所宾附，频蹙不前而止。”“濒”字的本义是人走近水边，所以“濒”字可当“水边”讲。如《汉书·隽不疑传》：“窃伏海濒。”所谓“海濒”也就是“海边”义。又《汉书·贾山传》：“江皋河濒。”“皋”为“岸”义，这是说：江岸河边。

“濒”字由“走近水边”义又可以引申为“临近”“靠近”义，如《汉书·地理志下》：“濒南山，近夏阳。”又如有些动物“濒临灭绝”，后世也将临近危险称为“濒危”。

① ② ③

这是“颠扑不破”的“颠”字，是个形声字。①是小篆的形体，是一个“从頁真声”的形声字。②是楷书繁体字。③为简化字。

《说文》：“颠（顛），顶也。”“颠”的本义为“头顶”，如《诗经·秦风·车邻》：“有车邻邻（辚辚），有马白颠。”大意是：大车驰骋哗哗响，高大骏马白头顶。“颠”也泛指顶部，如陶潜《归园田居》：“鸡鸣桑树颠。”由“顶”可以引申为“本”“始”，如“颠末”就是“本末”义。“颠”可做“蹎”的通假字，为“颠仆”义，如《尚书·盘庚上》：“若颠木之有由蘖。”大意是：好像已倒下的树木又发出了新芽。至于张籍《罗道士》“持花歌咏似狂颠”中的“颠”，那是“癫”字的通假字，是指精神失常，行为放荡不羁。

请注意：“颠沛”一词，一般是指动荡、变乱，可是《诗经·大雅·荡》中的“颠沛”，却是“跌倒”“倾仆”的意思，而《后汉书·臧宫传》中的“颠沛”，却是“狼狈困顿”的意思。到底作何解，应根据文意而定。

老部

① ② ③ ④

曹操有两句名诗：“老骥伏枥，志在千里。”（《步出夏门行》）这是说老了的良马虽然伏处马房中，但仍想着跑千里的远路。诗句是比喻有志之士年虽老但仍有雄心壮志。

甲骨文①好像是一个弯腰驼背的老汉，头发很长，面部向左，手持拐杖。金文②的头部的毛发更长，像一条竖起来的长辫子似的，不过手中拐杖却变得不像了。小篆③的形体基本上同于金文。④是楷书的写法，一点也看不出老人的样子了。

“老”是个象形字，是老人手持拐杖的样子。可是《红楼梦》中所说的“京中老了人口”的“老”字是什么意思呢？它是“死”的讳称。杜甫说：“枚乘文章老。”（《奉汉中王手札》）难道文章也有“老”“嫩”之分吗？其实这是说枚乘写文章很老练。

“老”字是个部首字，在汉字中凡由“老”字所组成的字大都与“老”义有关，如“考”“孝”“寿”等字。

① ② ③ ④ ⑤

“情短柳丝长，人远天涯近。”这个“长”字也很形象。甲骨文①的上部是向右弯曲的两根长头发，其下的一横表示人头，再下是朝左站立的一个人，手臂向左下方伸展，手中拄着一根拐杖，身子与腿都作弯曲形，这就表示一个老年人持杖而立，所以“长”字是个象形字。金文②则把拐杖扔掉了，似乎表示老当益壮。小篆③又发生了讹变，其下变为“止”形，其上据许慎说从倒“亡”，这是犯了望形生义的毛病，解释错了。④是楷书形体，连一点老人的影子都没有了。⑤是简化字。

“长”字的本义是“老年人”，即“长者”，应该读 zhǎng（掌），如《荀子·荣辱》：“长幼之差。”也就是说：长幼之间的差别。再如“长吏”“长老”“长雄”“长子”“长房”“年长”“长孙”（复姓）等词中的“长”字，也都应当读 zhǎng（掌）。因长者的头发很长（cháng 常），所以就有“长短”之“长”了，如屈原《九歌·国殇》：“带长剑兮挟秦弓。”大意是：带着长剑，夹着秦国制造的弓。在《晋书·王恭传》中有“吾平生无长物”的话，这里的“长”字不读 cháng，必须读为 zhàng，所谓“长物”就是多余的东西，原话的意思是：我平生没有多余的东西。

① ② ③ ④

这个“考”字比“老”字更像老人的形象了。甲骨文①很像一位面朝左的驼背老人，头上长着三根长头发，手臂向左下方伸展，手中拄着一条拐杖。金文②老人头上的长发好像一条向上直竖的长辫子，手中的拐杖是“丁”字形。小篆③的形体也基本上与金文相同。④是楷书的写法，根本看不出老人的形象了。

“考”字的本义就是“老”，如《新唐书·郭子仪传》：“富贵寿考。”这个“考”就是“老”的意思。由“老”义又引申为“死”义，旧时称已死去的父亲为“考”，有的称“显考”，有的称“先考”。《礼记·曲礼下》：“生曰父，曰母，曰妻；死曰考，曰妣，曰嫔。”这是说：活的时候称父、母、妻，死后就称考、妣、嫔。请注意：《庄子·天地》篇中有这样的话：“故金石有声，不考不鸣。”若把这个“考”字当“老”字解释讲不通，其实是“敲”字的假借字，因“考”与“敲”读音相近。这话的原意是：金石之类的乐器，不敲是不响的。

① ② ③

这是“耋老之年”的“耋”字，读作 dié，本为会意字。①是甲骨文的形体，左边为“至”，右边为一个面朝左的老人之形（即“老”），表示人到了老年。②是小篆的形体，“老”移于“至”上，变左右结构为上下结构，但是意思不变。③为楷书的形体。

《说文》：“耋，年八十曰耋。”“耋”字的本义为“年老”，许说为具体引申义，如《诗经·秦风·车邻》:“今者不乐，逝者其耋。”大意是：现在行乐不及时，明日衰老空悲伤。毛传：“耋，老也，八十曰耋。”再如《左传·僖公九年》:“以伯舅耋老，加劳，赐一级，无下拜。”大意是：因为伯舅年纪大了，加以慰劳，赐给一等，不用下阶跪拜。杜预注：“七十曰耋。”

《诗经》毛传与许慎的说法一致，即“年八十曰耋”，而杜预说“七十曰耋”，恐不妥。不管七十还是八十，均指年老。

耳部

① ② ③ ④ ⑤

这是“文杰诗圣”的“圣”字。“圣”的繁体字“聖”是个会意字。甲骨文①的上部是人的一只大耳朵，左下部是一个“口”(嘴巴)，右下方是一个面朝右而侧立的人，这就表明，在上古，耳聪口辩、精明能干的人即为“聖人”。金文②的下部是一个面朝左的人，其上部的左侧为“耳”、右侧为“口”，仍然是表示“聖人”的意味。小篆③也基本上同于金文的形体，只是下部不太像人了。楷书④的上部仍然是左“耳”右“口”，下部的“人”变成了“王”字。⑤是简化字。

“圣”字的本义就是指“聪明非凡的人”。《说文》说:“圣(聖)，通也。”也就是说，无所不通的人才算是“圣人”。后来又引申为才能超群的人为“圣贤”、写诗出众的为“诗圣”等。孙光宪在《北梦琐言》中说：“圣善疾苦，未果南行。”这个“圣善”怎样理解呢？“圣善”是对母亲的美称。大意是说：因为母亲疾苦，而没能立即南去。后来“圣善”也就成为“母亲”的代称了。

请注意：在古代本来就有一个“圣”(kū 枯)字，这并不是“聖”字的简化字，而是“掘土”的“掘”字的古代方言字，我们在阅读时应根据上下文的意思加以区别。

① ② ③ ④

“鸟语耳中旋，花艳目间明。”这个“耳”字是个象形字。甲骨文①多像一个人耳朵的样子。金文②则更像耳朵了。小篆③则变得不太像耳朵的形状。④是楷书的形体。

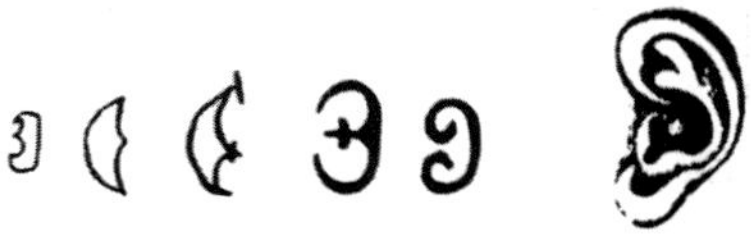

古文字中的“耳”字

“耳”字的本义就当“耳朵”讲，如《老子》：“五音令人耳聋。”那么《荀子·劝学》中所说的“则四寸耳”是什么意思呢？多大的耳朵有四寸长？其实这话是说口与耳之间至多有四寸的距离罢了。可见这个“耳”字与“耳朵”之义毫无关系，它在这里是个语气词，相当于现代汉语的“罢了”。

在古典作品中，我们常会见到“耳顺”一词。如庾信写的《伯母李氏墓志铭》中有这样的话：“夫人年逾耳顺，视听不衰。”这个“耳顺”是什么意思？这是一个典故。《论语·为政》篇有“六十而耳顺”的话。这是说：人到了六十岁，不管听到什么话，都能辨别真伪、分清是非。所以后世人就把“耳顺”作为六十岁的代称，所谓“年逾耳顺”就是年过六十的意思，这跟“年逾花甲”的说法完全一致。

“耳”字是个部首字。在汉字中凡由“耳”字所组成的字大都与耳朵义有关，如“圣(聖)”“取”“聆”“聋”“闻”“声（聲）”等字。

① ② ③ ④

“夜来风雨声，花落知多少。”这个“声”字，是个会意字。甲骨文①是由五个部分拼合组成的一个字，左上部是磬的形状，右边是一只手拿着一个敲打磬的小槌，中间有“耳”和“口”，表示“话音入耳”就是“聲”。这整个的“聲”字，就是敲打石磬、传声入耳的意思。到了小篆②则把“口”字去掉了，其他各部分均在。楷书③是“声”的繁体字。④是简化字。

“声”字的本义是“声音”，如：“生而同声，长而异俗。”（《荀子·劝学》）也就是说：（人）生下来时声音相同，但是长大之后风俗习惯就不一样了。由“声音”之义又可以引申为“声誉”，如：“声施千里。”（《淮南子·修务训》）其意是：声誉扩展到千里之外。至于《国语·晋语》“声其罪”中的“声”字，若理解为“声音”或“声誉”都不对，这里的“声”字是“宣扬”的意思，也就是“宣扬他的罪过”。

今天所说的“声色”是指说话的声音和脸色，如“不动声色、声色俱厉”等。可是《淮南子·时则训》“去声色，禁嗜欲”中的“声色”，不是指声音和脸色，而是指歌舞和女色，原话的意思是：去掉歌舞和女色，禁止嗜好和奢欲。

① ② ③ ④

“分文不取”的“取”字是个会意字。甲骨文①的左边是一只耳朵，右边是一只手，手抓着一只耳朵就是“取”。金文②也是这个意思，只是耳朵的模样不太像了，右边仍是一只手。③是小篆的形体，左边的耳朵更不像了，右边仍然是手。④是楷书的形体，是由小篆直接演变而来。

“取”字的本义就是“割取耳朵”，如《周礼·夏官·大司马》：“获者取左耳。”也就是说：割下被俘者的左耳朵。由此又可以引申为“拿”，与“舍”义相对，如：“可取三升饮之。”（《后汉书·华佗传》）从“拿”又能引申为“拿下”或“攻下”，如：“兴兵而伐必取。”（《商君书·去强》）大意是：发兵而攻打，一定能够攻下来。至于《史记·吴起传》“吴起取齐女为妻”中的“取”字，实为“迎娶”的“娶”，这个意义后世均写为“娶”，而不写作“取”。

我们在阅读古乐府《孤儿行》时，会见到“行取殿下堂”一句。这里的“取”字若用以上所列的义项都讲不通。实际上它是“趋”字的假借字，即“快走”的意思。原话的意思是：很快地走过殿下堂。

① ② ③ ④ ⑤

这是“震耳欲聋”的“聋”字，本为形声字。①是甲骨文的形体，右边是一条巨龙之形，表音，左边是“耳”，表义。②是金文的形体，与甲骨文相似，只是改成左边为龙，右边为“耳”。③是小篆的形体，成为上声下形的形声字了。④是楷书繁体字的写法。⑤为简化字。

《说文》：“聋（聾），无闻也，从耳龍声。”可见“聋”字的本义为“耳聋”。如《左传·僖公二十四年》：“耳不听五声之和为聋。”由听不见可以引申为“不明事理”，如《左传·宣公十四年》：“宋聋。”这是说：宋国不明事理。“聋聩”是比喻“愚昧无知”，如焦延寿《易林》：“牛马聋聩，不知声味。”

古书中常见“聋虫”一词，并不是说失聪的虫子为“聋虫”，而是指无知的禽兽，如《淮南子·说林训》：“狂马不触木……虽聋虫而不自陷，又况人乎？”大意为：发狂的奔马也不往树上撞……虽说它们是无知的牲畜，但懂得不让自己陷于困境，况且万物之灵的人呢？

虫 部

① ② ③ ④

“星临万户动，月旁九霄多。”这个“九”字原为象形字。甲骨文①左边就像虫头，右边像虫向上曲尾的形状。②是金文的形体，更像一条长虫上曲其尾。③为小篆的写法。④为楷书。

《说文》：“九，阳之变也。”这是许慎用阴阳之变来解释文字，没有道理。“九”字的本义与虫有关，但后世其本义消亡，而被借为数字用。凡用“九”字，大都泛指多数、多次，如司马迁《报任安书》：“若九牛亡一毛。”这是说：就像九头牛而只丢掉了一根毛一样。屈原《离骚》：“虽九死其犹未悔。”也就是说：即使死许多次，也还是不后悔。

请注意：《庄子·天下》“而九杂天下之川”中的“九”是什么意思呢？这个“九”与数字毫无关系，而只是“鸠”字的假借字，当“聚合”讲。原话的大意是：夏禹聚合了天下的河流。

① ② ③ ④ ⑤

“金风月夜虫鸣。”这个“虫”字是个象形字。从甲骨文①看，实在像一条虫，上部为头，下部是虫身子。②是金文的形体，与甲骨文相似，只是显得体形更粗壮一些。可是到了小篆③就繁杂化了，从一条虫变成了三条虫。④是楷书的写法，没有虫子的模样了。⑤是简化字，去掉了两条虫，书写方便。

“虫”本来指“昆虫”。可是到了后世，词义扩大了，这就应当引起我们的注意，如《大戴礼记·曾子天圆》：“羽虫之精者曰凤，介虫之精者曰龟，鳞虫之精者曰龙。”这就是说：有羽毛之虫，最高级的是凤凰；甲壳之虫，最高级的是乌龟；鳞片之虫，最高级的是龙。可见，古人把凤、龟、龙等都称为“虫”。还有《水浒传》中武松打的那只大老虎，就称为“大虫”。

古代的“虫”与“豸”（zhì 至）经常连用，有足的称为“虫”，无足的称为“豸”，有时也泛指禽兽以外的小动物。

请注意：《山海经·南山经》中有这样一段话：“其下多水，其上多雨，无草木，多蝮虫。”这里的“虫”字可以写作“虺”，必须读 huǐ（毁），是专指一种毒蛇，也就是今天所说的蝮蛇。

“虫”字是个部首字，在汉字中凡由“虫”字所组成的字大都与虫豸类有关，如“蚁”“蚕”“蛇”“禹”“蜀”等字。

① ② ③

这个“虬”字读作 qiú，是古代传说中的一种龙。①是小篆的形体，是一个“从虫丩声”的形声字。②是楷书的写法，根据小篆而变来的。③为简化字。

《说文》：“虯，龙子有角者。”但王逸注《天问》及高诱注《淮南子·览冥训》都说：“有角为龙，无角曰虬。”不管是否有角，“虬”的本义是古代传说中的一种龙，如屈原《天问》：“焉有虬龙？”就是说：哪有虬龙？因为虬是弯曲的，所以又可以引申为像虬龙那样的“盘曲”义，如杜牧《题青云馆》：“虬蟠千仞剧羊肠。”就是说：盘曲千仞高，比羊肠还要曲折。《旧五代史·皇甫遇传》：“遇少好勇，及壮，虬髯，善骑射。”这当中的“虬髯”是指弯曲的颊须。原话的大意是：皇甫遇少年时好勇，到了壮年，则留着弯曲的颊须，又善于骑马射箭。

周代青铜器中的虬纹

① ② ③

“茫茫禹迹，画为九州。”这个“禹”字是个会意字。金文①带“箭头”形的那条曲线就是一条毒蛇的形状，横的一条是一根带杈的木棍，这就表示用木棍打蛇的意思。②是小篆的形体，蛇形犹在，而木棍形则变得更复杂了。③是楷书的写法。

“禹”的本义早就消失了，其引申义就是能打蛇的勇士可称为“禹”。所以“禹”又成为“勇士”的美称。也正因为如此，所以传说夏朝第一代有才能的君主的名字就叫“禹”。他的本领极高，奉舜之命治服了洪水。

在古书中有“禹迹”之词，本来是指大禹治水时的足迹，后来就借指中国的疆域。如《左传·襄公四年》：“芒芒禹迹，画为九州。”也就是说：辽阔的中国，分为九个大州。

① ② ③

“雨后斜阳，长虹飞架。”这个“虹”字是个象形字。甲骨文①就像一条长虹出现在天空，类似一条长蛇。不过一般说来蛇的身子是蜷曲的，只有一个头，而虹却像一座拱桥，并且有两个头。古人认为虹像长蛇形，所以小篆②就变成了左形（虫）右声（工）的形声字。③是楷书的形体，直接由小篆演变而来。

也正因为虹像一座拱桥，所以古人也常把虹当作桥的代称，如陆龟蒙《和袭美咏皋桥》诗：“横截春流架断虹。”这个“断虹”就是“断桥”的意思。

在古典文学中常见“虹采”一词，这大都是指高空出现的光带。但《楚辞·九叹·远游》“建虹采以招指”里的“虹采”却不是光带，而是指旗帜。因为古代的旗帜色彩鲜艳，类似“虹采”。这句话的意思是说：举起旗帜进行指挥。

另外，“虹”字有两读，既可以读 hóng（洪），又可以读 jiàng（降），后一种是山东及河北一带的人对虹的叫法，但词义不变。

① ② ③ ④

“蚕吐丝，蜂酿蜜。”这个“蚕”字本为象形字。①是甲骨文的形体，上部是头，很像一条大蚕。②是小篆的形体，变成了上声下形的形声字。③是楷书繁体字。④为简化字。

蛾及茧，选自《本草纲目》

《说文》：“蚕（蠶），任丝也，从䖵朁声。”“蚕”字原非形声字，而是象形字，其本义就是能吐丝的蚕。如《诗经·魏风·硕鼠》：“国人刺其君重敛蚕食于民，不修其政，贪而畏人，若大鼠也。”所谓“蚕食”，就是说像蚕吃桑叶时一样，一点一点地吃掉，多比喻“逐渐侵占”。

“蚕室”一般是指养蚕的地方，可是古代受宫刑的人所进的牢狱亦称蚕室，如《后汉书·光武帝纪下》李贤注：“蚕室，宫刑狱名。有刑者畏风，须暖，作窨室蓄火如蚕室，因以名焉。”

“蚕花”一般指刚孵出的幼蚕，可是古代也把小虾称为“蚕花”，如谢肇淛《西吴枝乘》：“吴兴以四月为蚕月……又有小虾，亦以蚕时出市，民谓之蚕花。”这是因为四月也正是小虾上市的时候。

① ② ③ ④

唐代蛇俑

“烟雨莽苍苍,龟蛇锁大江。”“蛇”字的本来形体是“它”字。甲骨文①的上部是个蛇头，下部是蛇的身子，可见“它”字原来就是“蛇”的象形字。②是金文的形体，仍然能够看出蛇头在上，蛇身在下，而且变粗了。小篆③的蛇头变得很大,身短而小，不像蛇的模样了。也正因为“它”字不像“蛇”了，所以后世便加上一个“虫”字旁，表示“蛇”是“虫”一类的东西，这就是楷书④的形体。加上“虫”字边是很有道理的，直到现在东北、山东等地的人仍称“蛇”为“长虫”。

“它”字的本义是“蛇”，后世既然有了“蛇”字，那么“它”就被借作“其它”的“它”字使用，于是“它”“蛇”二字有了明确的分工。

在我国，白话文开始以后，凡代表动物一类的第三人称都写为“牠”(左边是“牛”字旁)。后来在整理异体字时，则把“牠”字废除了。现在除了人类以外，所有第三人称代词均用一个“它”字代表。

① ② ③

蜘蛛，选自《本草纲目》

这是“蛛网尘埃”的“蛛”字，原为形声字。金文①的外形就是蜘蛛的形象，其上部的中间是“朱”字，表示读音。②是小篆的形体，其下为“黽（黾，měng)”，蛙的一种，从蜘蛛又讹变为蛙了，因其外形类似，其上仍为“朱”，表示读音。③为楷书的写法，变为“从虫朱声”的形声字。这非常合理，因为蜘蛛是“虫”类。

《说文》:“鼄，蜘蛛也。”这正是本义，如葛洪《抱朴子》:“太昊师蜘蛛而结网。”大意是：太昊学习蜘蛛而结网。古代多用“蛛”,作为词素构成合成词,如“蛛网”“蛛丝”以及成语“蛛丝马迹”等等。

请注意：在古籍中常见到“蛛煤”一词，这是指蜘蛛网和灰尘，如杨万里《登凤凰台》：“只有谪仙留句处，春风掌管拂蛛煤。”“谪仙”指李白，也就是说：只有当年李白赋诗的地方，春风负责吹掉了蛛网和灰尘。另外，古书中所说的“蛛蝥（máo）”是蜘蛛的别名。

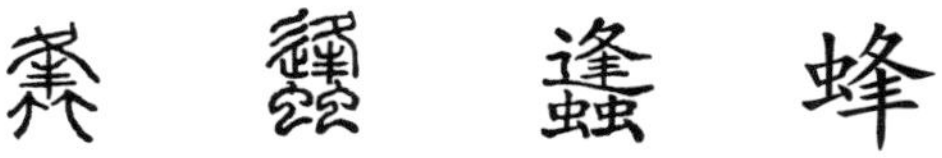

① ② ③ ④

绳梯上的采蜜人

这是“蜂目豺声”的“蜂”字，本为形声字。①是《说文》中古文的形体。上为“夆”，表声；下部是两条虫形，是“从䖵夆声”的形声字。②是小篆的形体，上为“逢”，下为两条虫，变得比古文复杂。③是楷书繁体字。④为简化字。

《说文》：“蠭，飞虫螫（shì）人者。”所谓“螫人”也就是蜇人。“蜂”是一种昆虫名，有蜜蜂、胡蜂等，如《管子·轻重戊》：“蜂螫也。”也就是说：蜂蜇人呢。蜂为群居，所以有不少用“蜂”字组成的词，都有“纷然成群”的意思。如《汉书·艺文志》：“蜂出并作。”是形容像蜂群那样倾巢而出。《史记·项羽本纪》：“豪杰蜂起。”形容天下豪杰像蜂群齐飞那样，纷纷而起。《红楼梦》：“蜂拥而上。”形容很多人一拥而前，像蜂成群而飞一样。但是《新唐书·高睿传》“突厥蜂锐”中的“蜂”，却与昆虫的“蜂”无关，而是“锋”字的通假字，当“锋利”讲。

① ② ③ ④

“蜀道之难，难于上青天。”这个“蜀”字是个象形字，就像野蚕之形。甲骨文①的上部是蚕的头，下部是蚕身子。金文②的外部因为不大像蚕形了，所以又在中间增加了一个“虫”形字。③是小篆的形体，基本上与金文的形体相似。④是楷书的形体。

“蜀”的本义就是“野蚕”。《说文》说：“蜀，葵中蚕也。”后因“蜀”字与“獨（独）”

《甲金篆隶大字典》中的“蜀”字

字的读音相近，所以“蜀”字也可以被借为“獨”，如郭璞注《方言》第十二：“‘蜀’犹‘獨’耳。”

为什么四川的简称是“蜀”呢？中国古代有一个民族居住在今四川的西部，最早的一名首领叫“蚕丛”，因为蚕的象形字是“蜀”字，所以他就称“蜀王”，共传了十二世。到公元前316年归并于秦，秦朝就在四川设了蜀郡，所以后世一直以“蜀”代表四川。到三国时代，刘备在成都称帝，史称“蜀”或“蜀汉”，自此以后，“蜀”字也就被定为四川省的简称了（当然现在也可以称“川”）。

① ② ③ ④

“微风拂面，蝉吟柳枝。”这个“蝉”字本为象形字。甲骨文①像一只寒蝉的形状，上为头，下为腹，腹的两侧为翼（或足）。②是小篆的形体，变成了左形右声的形声字。③是楷书繁体字。④为简化字。

《说文》：“蝉（蟬），以旁鸣者。”说得很不明确。许慎的所谓“以旁鸣”，很可能就是《考工记》正义中所说的“蝉鸣在胁”的意思，也就是指蝉靠摩擦腹部两侧发出叫声。“蝉”又名“知了”或“蜘蟟”，《史记·屈原贾生列传》：“蝉蜕于浊秽，以浮游尘埃之外。”这是说：蝉从污泥中解脱出来，能够高飞于尘埃之上。

请注意：“蝉蜎”一词本来是指烟焰飞腾的样子，可是《文选·成公绥〈啸赋〉》“荫修竹之蝉蜎”中的“蝉蜎”，却是“婵娟”的假借字，是指高竹妍雅多姿的样子。

商代晚期青铜器上的蝉纹

① ② ③

“我有蟊贼，岑君遏之。”这个“蟊”字读作máo，本为形声字。①是《说文》中古文的形体，是一种虫名，左边是“虫”，表义，右边是“牟”，表声。②是小篆的形体，同样是一个形声字，上部为“矛”，下部为三条虫，词义未变，只是将古文的声符“牟”换成了读音相近的“矛”。③是楷书的写法。

《说文》：“蟲，虫食草根者。”许慎的说法正确。蟊虫，为一种吃稻根的害虫。在古书中多见“蟊贼”一词，“蟊”与“贼”原为吃禾苗的两种虫子，如《诗经·小雅·大田》毛传：“食根曰蟊，食节曰贼。”后世常用“蟊贼”比喻对人民对国家有害的人，如李白《酬裴侍御对雨感时见赠》：“蟊贼陷忠谠。”“忠谠”是指忠贞而又勇于坚持真理的人，诗句的大意是：那些奸佞之人陷害国家的忠良之士。

请注意：“蟊贼”也可以写作“蝥贼”。

肉 部

①　②　③

唐诗人聂夷中的《伤田家》诗中有这样两句：“医得眼前疮，剜却心头肉。”这个“肉”字也实在像刀切下来的一块肉。甲骨文①就像一块肉的形状。②是小篆的形体，也像一块肉，中间的两条线可能是当腰肉中的肋条。③是楷书的写法。

“肉”字的本义是动物肌肉，如《汉书·樊哙传》：“拔剑切肉食之。”从动物的肌肉又能引申蔬菜瓜果等去皮去核而中间可食的部分为肉，如“枣肉”“笋肉”“龙眼肉”等。在《聊斋志异·西湖主》中有这样一句话：“肉竹嘈杂。”这里的“肉”字是指从口中发出的歌声（因“口”是肉长的），而“竹”是指管乐（因古代管乐器是竹子做的）。这句话的意思是：歌声与乐器声交织在一起。

另外，古代圆形有孔的钱币和玉器，孔内叫“好”（hào 耗），孔外叫“肉”。如《尔雅·释器》：“肉倍好谓之璧，好倍肉谓之瑗，肉好若一谓之环。”其意思是：凡玉器，孔外大于孔内一倍者，就叫作“璧”；孔内大于孔外一倍者，就叫作“瑗”；孔外孔内都一样，就叫作“环”。

请注意：“肌”字和“肉”字在先秦时代各有各的含义。一般说来，“肉”是指禽兽的肉，“肌”是指人的肉。可是到了汉代以后，除了“肌”字仍不能指禽兽的肉而外，“肉”也能用来指人的肌肉了。

“肉”字是个部首字，凡由“肉”字所组成的字都与肉有关。可是到了后世，从“肉”的字和从“月”的字混为一谈，均写作“月”，不过还可以从词义上加以区别：如“朗”“期”“腊”“朣”“朦”“胧”等等是由“月亮”的“月”所组成的字，都与时间或“明亮”之义有关；而“肠”“肚”“肝”“肺”“脚”“腋”“脸”等字中的“月”都与肉有关，所以这些字中的“月”字本为“肉”字。

① ② ③

汉画像石上的烤肉图

这是“脍炙人口”的“炙”字，读作 zhì，本为会意字。①是战国印文的形体，上部是“肉”，下部是“火”，表示肉在火上烤。②是小篆的形体。③是楷书的写法，其上的“月”仍为“肉”。

《说文》：“炙，炮肉也，从肉在火上。”“炙”字的本义为烹饪法的一种，即烤，如枚乘《梁王菟园赋》：“煎熬炮炙，极乐到暮。”古乐府《西门行》：“饮醇酒，炙肥牛。”烤的肉也可称“炙”，如李白《侠客行》：“将炙啖朱亥，持觞劝侯嬴。”大意是：拿烤的肉给朱亥吃，举杯劝侯嬴喝酒。

“炙手可热”是说热得烫手，旧时多用以比喻权贵们的气焰之盛，如杜甫《丽人行》：“炙手可热势绝伦，慎莫近前丞相嗔。”这是描述唐丞相杨国忠的气焰太盛。

请注意：“炙”与“灸”的形体极为相似，但音、义迥别，应分别清楚。

① ② ③ ④

这是“视作股肱”的“肱”字，读作 gōng，本为指事字。甲骨文①是一条手臂，其上部是一只大手，其下部的拐弯处有一个小圆圈是指事符号，表示肱部所在。②是金文形体，与甲骨文极相似。③是小篆的另一种写法，在其左边增加了个“月(肉)”字，变成了形声字。④为楷书的形体。

《说文》：“厷，臂上也。”“肱”字的本义是指从手腕到肘的部分，如《诗经·小雅·无羊》：“麾之以肱。”“麾”同“挥”，意思是：挥动手臂赶它们。又如《左传·定公十三年》：“三折肱知为良医。”也就是说，手臂折了三次才能成为良医，义近今语“久病成医”。

① ② ③

这是“肠胃”的“胃”字。金文①的上面就是胃的象形，外部圆圈是表示胃囊，其中像“米”字的部分表示胃中的食物，下部是月（肉），表示胃与“肉”有关。所以“胃”字是象形兼会意。小篆②的上部艺术化了，下部仍是“肉”。楷书③则把上部像胃的部分简化为“田”，下部仍是“肉”。

另外，古代有一种星的名字称为“胃宿”，是二十八宿之一。

可千万别把“胄”字与“胃”字混了。“胄”读 zhòu，是古代的头盔，字的形体是上“由”下“冃（冒）”（详见“胄”字）；“胃”的形体是上“田”下“月（肉）”。

① ② ③

这个“胤”字读作“yìn”，本为会意字。①是金文的形体，从“八”从“幺”从“肉”，朱骏声说：“按从八犹从分，分祖父之遗体也，从幺如丝之继续也。”阐明了“胤”是子孙相承续的意思。②是小篆的形体，与金文相似。③是楷书的写法。

《说文》：“胤，子孙相承续也。”可见“胤”字的本义即为“子孙相承”。如《国语·周语下》：“胤也者，子孙蕃育之谓也。”由“子孙相承”义可以引申为“嗣”“继承”义。如《诗经·大雅·既醉》：“君子万年，永锡祚胤。”“祚”为“福”义，“锡”为“赐”义，其大意是：只愿主人寿无疆，后代的幸福永继承。由“继承”义又可以引申为“后代”，如《左传·僖公二十四年》：“蒋、邢……周公之胤也。”所谓“周公之胤”就是指周公的后代。

至于左思《魏都赋》“延阁胤宇”中的“胤”字，则为“引”字的假借字，为“相互连引”之意。这里的“胤”字应读 yǐn，而不能读作 yìn。

① ② ③ ④

这个“骨”字原为象形字。甲骨文①左右的小竖画，像骨头转折处突出之形，其中的斜线像骨架支撑之形。②是战国印文的形体，下部增加了“肉”，这说明骨头与肉是有联系的。③为小篆的写法。④为楷书的形体。

《说文》中收有“冎”字，这是“骨”字的初文，完全是个象形字。同时《说文》又收了“骨”字，并解释说：“从冎有肉。”这是把形声兼会意的字，误为单纯的会意字。

“骨”字的本义就是“骨头”,如《战国策·燕策一》:“马已死，买其骨五百金。”从“骨头”又能引申为文学作品具有刚健有力的风格，比如李白《宣州谢朓楼饯别校书叔云》：“蓬莱文章建安骨。”《文心雕龙》中有《风骨篇》，这都是指文章的风格。

请注意：古书中常见到“骨董”一词，一般是指“古董”，但有时也做象声词用，如孙棨《北里志·张住住传》：“若逼我不已，骨董一声即了矣。”大意是：假若你一直逼我，我咕嘟一声(跳井)也就结束了。现在北方口语中还常用做象声词。

恐龙骨骼化石

① ② ③

这是“脊骨”的“脊”字，本为会意字。①是古陶文的形体，上部很像脊骨，两边是肋条分布之形，其下部为“肉”。②是小篆的形体，与古陶文基本相似。③是楷书的写法。

《说文》：“脊，背吕（膂）也。”这是对的。“脊”字的本义就是“脊骨”。如李白《大猎赋》：“或碎脑以折脊。”这是说：有的脑袋碎了而且脊骨也断了。因为脊骨突出于脊背，所以物体中间高起的部分往往亦称“脊”。如陈秀民《瀞州望古北居庸诸山》:“曦车夜转昆仑脊。”所谓“昆仑脊”也就是昆仑山的山脊。现在还说“屋脊”“山脊”“脊梁”等。

“脊令”是一种小鸟，如《诗经·小雅·常棣》:“脊令在原。”这里的“脊令”实为“鹡鸰”的通假字，后世均写作“鹡鸰”。

① ② ③ ④

这个“豚（tún 屯）”字是个会意字。甲骨文①是头朝上、尾朝下、腹朝左的一头猪,在猪的腹部还有一个“月”（肉）字。有“月”有“豕”,表明这是“肉猪”（而不是“种猪”)。金文②中间是猪的形象(头上尾下),左边是“月”,右边比甲骨文多了一只手,表示用手捉拿肥猪的意思。小篆③也基本上与金文相同。④为楷书的写法,把右边的手省去了。

“豚”字本义是“肉猪”,后引申为“小猪”。如《说文》:“豚,小豕也。”旧时还用“豚儿”作为谦词在客人面前称呼自己的儿子。另外,我们读《三国志·魏书·蒋济传》时,会见到“预作土豚,遏断湖水”的话,这个“豚”字应读为 dūn(墩),是“墩”字的假借字。原话的大意是:预先做好土墩,把湖水隔断。

① ② ③ ④

这是“腥气恶人”的“腥”字,本为会意字。①是甲骨文的形体,上部是“自(鼻子)”,下部是“鱼”,这就表示鼻子闻到了鱼的腥气。②是小篆的形体,成为“从鱼生声”的形声字。③为楷书形体。④为“从月(肉)星声”的形声字,这也有道理,因为“肉”有肉腥味。“腥”是后世通行的楷书字。

《说文》:“鮏,鱼臭也,从鱼生声。”许说正确。“腥”字的本义是“鱼的腥气”,如《尚书·酒诰》:“腥闻在上。”这是说:酒肉的腥味熏到天上。后世则往往以“腥闻”比喻丑恶的名声。不过这里的“闻”字应读作 wèn。《荀子·荣辱》:“鼻辨芬芳腥臊。”这里的“腥”字也指腥气。

① ② ③ ④

“良田无晚岁,膏泽多丰年。”这个“膏”字本为形声字。①是甲骨文的形体,上从“高”省,下部为“肉”,因为膏脂与肉有关。②是古陶文的形体,其上部完全是个“高”字,下部仍从“肉”。③为小篆的形体。④为楷书的写法。

《说文》:“膏,肥也,从肉高声。”“膏”字的本义为“脂肪”“油脂”。如《三国志·吴书·周瑜传》:“实以薪草,膏油灌其中。”也就是说:用柴草塞满,再往里面灌上油脂。因为油脂有滋润作用,所以“膏”又可以引申为“滋润”义。如《诗经·曹风·下泉》:“芃芃(péng)黍苗,阴雨膏之。”“芃芃”为“茂盛”义。这是说:黍苗蓬勃生长,全靠雨露滋润着它。不过,这里的“膏”字应读作 gào。因为“膏”有“肥”义,所以“膏腴”就当“肥沃”讲。如《后汉书·公孙述传》:“蜀地沃野千里,土壤膏腴。”

请注意：古书中常见“膏肓”一词，古代医学把心尖脂肪叫“膏”，心脏与隔膜之间叫“肓”。成语“病入膏肓”是说病势极重，无法医治。后世也用以比喻事态严重到无法挽救的地步。“肓”读作 huāng，不能与“盲”相混。

艸 部

①　②　③　④　⑤

蝎子，选自《本草纲目》

“窗含西岭千秋雪，门泊东吴万里船。”这个“万”字原是个象形字。甲骨文①就像一个蝎子形，上部是两个钳子，中间是蝎的身子，下部是蝎尾。金文②也基本上是甲骨文的形体。可是到了小篆③则没有蝎子的形状了。④是楷书的形体，是由小篆演变来的。⑤是简化字。

“万”字的本义是“蝎子”。可是后来被假借为数词用，本义完全消失了。从“数目”之义又能引申为“多”。如《荀子·富国》：“古有万国。”表示古代有很多国家之义。又可以引申为极言其“甚”之义，如今天还说“万难不辞”“万不得已”等等。

“万”字并不是近代新创造的简化字，而是古代就有这种写法。如《六书正伪》中就写作“万”。

请注意：“万俟”是复姓，若读 wàn sì 就错了，必须读作 mò qí（莫其）。

①　②　③

“我爱珠江好，骈罗杂卉多。”这个“卉”字读作 huì，本为象形字。①是楚帛书的形体，像众多花草蓬勃生长的样子。②是小篆的形体，与帛书相类似。③为楷书的写法，皆将曲笔改为直笔。

《说文》："卉，草之总名也。"许说正确。如《诗经·小雅·出车》："春日迟迟，卉木萋萋。"大意是：春季的白天渐渐长，草木蓬勃多茁壮。"花卉"一般是指花草，由此可以引申为特指花。如王禹偁《桂阳罗君游太湖洞庭诗序》中所说的"奇卉怪草"，就是指奇花异草。再如梅尧臣《寄题周源员外衢州萃贤亭》："卉萼人未识。"这里的"卉萼"就是指花萼。

"卉"从三草，所以"卉"字也有"众多"义。如《广雅·释诂》："卉，众也。"凡是"众多"，就有"蓬勃"之义，所以在古籍中常见"卉然"一词。这与"勃然"同义，均可以理解为"蓬勃的样子"。

请注意："卉"字过去多写作"卉"（六画），古文写作"芔"，今天则规范为"卉"，共五画。

① ② ③ ④ ⑤

"弦动别曲，叶落知秋。"这个"叶"字原为象形字。①是金文的形体，像一棵大树，树的上部的小点就是树叶的形象，其下为"木"，表树身。②是战国石印文的形体，与金文大致相似。③是小篆的写法，又增加表义的"草字头"。④为楷书繁体字，据小篆演变而来。⑤为简化字。

《说文》："葉，草木之葉也，从艸枼声。"说"叶"字的本义为"草木之叶"是对的。说"从艸枼声"，这是仅就小篆的形体而言。其实"叶"字本为象形字，就是"树叶"，如屈原《九歌·少司命》："秋兰兮青青，绿叶兮紫茎。"大意是：青青的秋兰呀，绿绿的叶子，紫色的花茎。

请注意：在古代"葉"与"叶（xié）"是形、音、义完全不同的两个字："树叶"，一个世纪的"中叶""末叶"等的"叶"字本应写作"葉"；而"叶（xié）"字是"协"的古字，为"和洽"义，如"叶韵""叶句"等。后世则借"叶"代"葉"了。

① ② ③ ④ ⑤

"旧时王谢堂前燕，飞入寻常百姓家。"这就是"旧时"的"旧"字。甲骨文①的中间是一只鸟，鸟的头上是两只向下弯的小耳朵，鸟的下部是一个鸟巢。这个字很像鸱鸮（猫头鹰）毁室取子的形象。金文②和小篆③都还有点儿甲骨文的模样。楷书④变化较大，最上部的两个小耳朵竟变成了“草字头”。到了简化汉字时，就根据草书的形体简化为⑤“旧”了。后世猫头鹰侵鸟巢的“旧”字被假借为当“新旧”的“旧”字用，它的原始义也就消失了。

“旧”字从“新旧”之“旧”的词义，又引申为“从前”的意思。如杜甫《散愁二首》诗：“收取旧山河。”这就是收复原来的山河的意思。古书上所说的“吾与汝有旧”又是什么意思呢？这个“旧”是老交情的意思，也就是说：我和你已经是老交情了。

① ② ③ ④

“春城无处不飞花”的“花”字本写作“華（华）”。金文①的上部就像花的形状，下部是花蒂。②是小篆的形体，其上仍有花形，其下为花蒂形。③是楷书的形体，变得很复杂。④是楷书简化字。

“华”字的本义就是“花”。如《礼记·月令》：“（季春之月）桐始华。”就是说：春末季节梧桐树才开花。在《尔雅·释草》中又说：“木谓之华，草谓之荣。”也就是说，树木开的花叫作“华”，草开的花叫作“荣”。因为花有各种颜色，所以黑白相间的头发亦称“华发”。如辛弃疾《清平乐·独宿博山王氏庵》词：“平生塞北江南，归来华发苍颜。”大意是：平生奔波于塞北江南，回归故乡时头发花白、容颜苍老。又因花儿是美丽的，所以“华”字又可引申为“华丽”，如：“生存华屋处，零落归山丘。”（《晋书·谢安传》）

“花”字是后起字，到了后世凡开花之“华”均写为“花”，而不写“华”了。

请注意：当地名用的“华山”之“华”和当姓氏用的“华”均应读为huà（化），若读为huā（花）就不对了。

① ② ③ ④

“月光疏已密，风来起复垂。”这个“垂”字本为象形字。甲骨文①多像草木花叶下垂的形象。②是战国印文的形体，其上仍为草木下垂形，但下部又增一“土”形，表示草木生于土上。③是小篆的形体。④为楷书形体，变得复杂了一些。

“垂”的本义就是“垂挂”。如柳宗元《三戒·临江之麋》:“群犬垂涎。”这是说：一群狗嘴边都挂着口水。由“垂挂”义又可以引申为“临近”。如杜甫《垂老别》:“垂老不得安。”就是说：临近老年也不得安宁。由“临近”义再扩大引申,就有“流传”义。如《荀子·王霸》：“名垂乎后世。”即名声流传于后世。

请注意：“边陲”之“陲”最初也写作“垂”。如《荀子·臣道》：“疆垂不丧。”就是说，边境也不丢失。“垂”的这个语义，后世均写作“陲”。

① ② ③ ④

“行廉不为苟得，道义不为苟合。”这个“苟”字本为会意字。①是金文的形体，其右为“羌”，其左为“口”，“羌”本为牧羊人，这就表示以口吆喝惊敕羊群之意。②是《说文》中古文的形体，“口”字移入“羌”内，其义未变。③是小篆的形体。④为楷书的写法。

《说文》：“苟，自急敕也。”许慎讲的是“苟”字的引申义，其实本义应是“惊敕羊群”。后世“苟”字又产生了反义引申，即为“不严肃”“苟且”。如陈亮《上孝宗皇帝第一书》：“一日之苟安，数百年之大祸也。”“苟活”即苟且偷生之意，如司马迁《报任安书》：“仆虽怯懦欲苟活。”这是说：我虽怯懦打算苟且偷生。

“苟”字还可以做连词用，当“如果”“假设”讲。如《商君书·更法》：“苟可以利民，不循其礼。”意思是：如果对老百姓有好处，就不遵循那旧的礼制。《论语·里仁》：“苟志于仁矣，无恶也。”也就是说：如果立定志向去实行仁德，总是没有坏处的。

① ② ③ ④

这是《诗经》中“曾孙是若”的“若”字，本为象形字。甲骨文①是一个面朝左而跪坐的人，举起双手理顺头发。②是金文的写法，与甲骨文极为相似。③是小篆的写法，讹变为“从草右”的会意字了。④是楷书的写法。

《说文》：“若，择菜也，从艸右。右，手也。”此说不妥。“若”本像人举手理顺头发之形，其本义应为“顺”。如《诗经·小雅·大田》：“曾孙是若。”这是说：曾孙就觉得顺意舒服。“若”字后世多假借为“像”“如”义，如王勃《送杜少府之任蜀州》："海内存知己，天涯若比邻。"由"如"义又可以引申为"及"。如《国语·晋语五》："病未若死。"这是说：病还没有达到死的程度。

"若"字又可借为第二人称代词用。如《史记·项羽本纪》："吾翁即若翁。"这是说：我的父亲也就是你的父亲。"若"字又可做假设连词用，相当于现代汉语中的"假如"。如李贺《金铜仙人辞汉歌》："天若有情天亦老。"

① ② ③ ④

这是"作茧自缚"的"茧"字，本为会意兼形声的字。①是《说文》中的古文形体，"从糸从見，見亦表音"。②是小篆的写法，内部有"虫（蚕）"有"糸（丝）"，外部像蚕结茧时的草山之形。③为楷书繁体字。④为简化字。

《说文》："茧（繭），蚕衣也。""茧"就是昆虫蛹期的囊形保护物，通常由丝腺分泌的丝织成。如《礼记·月令》："（季春之月）蚕事既登，分茧，称丝。"因为茧小丝细，所以"茧茧"是形容说话声音细微，如《礼记·玉藻》："言容茧茧。"

手脚掌因磨擦而生的硬皮，本来写为"趼"，可是后世一般却用"茧"字来代替。如《战国策·宋卫策》："墨子闻之，百舍重茧，往见公输般。"大意是：墨子听说（公输般来了），便走了很多路，脚上都磨起厚茧，去见公输般。

① ② ③ ④

"离离原上草，一岁一枯荣。野火烧不尽，春风吹又生。"这个"草"的古体字多形象啊！①是甲骨文的写法，真像春回大地、百草丛生的样子，所以这是个象形字。②是金文（部首）的形体。小篆③也大体上像草的样子。可是到了楷书④变成上形下声的形声字（"早"与"草"的读音相近，故从"早"得声）。

"草"字的古今词义基本相同，但有两处值得注意：第一，古代未开垦的荒地称"草"。如在《韩非子·显学》中说："耕田垦草以厚民产也。"这就是说：耕田开荒使黎民百姓增加收入。第二，当"粗糙"讲，如司马迁的《史记·陈丞相世家》："以恶草具进楚使。"有人理解成"给楚国的使者吃草"，这实在不近情理。实际上这个"草"字是"粗糙"义，也就是"给楚国的使者吃粗糙的饭"的意思，这与"草"的本义没有多大关系。

请注意，“草字头”原为四画（“艹”），现在改为三画（“艹”）。

“艸”字是个部首字，在汉字中凡由“艸”字所组成的字大都与植物有关，如“芝”“茴”“荷”“菽”“菜”“萱”“莫”“蒂”等字。

① ② ③ ④ ⑤

这是“毛遂自荐”的“荐”字，本为会意字。①是金文的形体，中间有一“廌(zhì)”。“廌”是传说中的独角怪兽，周围有草，表示食草兽所吃的草叫“荐”。②是石鼓文的形体，与金文相似。③是小篆的形体，下部省掉了“艸”。④是楷书的繁体字。⑤为借体简化字。

《说文》：“薦，兽之所食草。”如《庄子·齐物论》：“麋鹿食荐。”食草兽也常常以草为窝，所以“荐”字又可以引申为草席或草垫等。如刘向《九叹·逢纷》注：“荐，卧席也。”上古野祭时常将祭品置于席上，所以“荐”又可以引申为“献”。如《左传·襄公三十一年》：“若获荐币，修垣而行，君之惠也。”就是说：如果允许献上礼物，我们愿把围墙修好了再走，这是贵国君主的恩惠。由“进献”物品义可以引申为荐举人才，如《后汉书·郎颉传》：“颉又上书荐黄琼、李固。”这是说：郎颉又上书荐举黄琼和李固这两个人。

请注意：现在是以“荐”代“薦”，但在古代两个字却是不同的。在“进献”和“荐举”的意义上只能写“薦”，而不能写“荐”。

① ② ③ ④

这个“莫”字是会意字。甲骨文①的上部是“艸”，下部也是“艸”，中间是个太阳。其意是太阳落入草中，表示天色已晚。金文②同于甲骨文。③是小篆形体，与甲、金文字的形体结构相似，仍然是“日落草中”之义。楷书④发生了讹变，“日下之草”变成了“大”，这是为了书写方便。

“莫”字本义是日落的时候，如《诗经·齐风·东方未明》：“不夙则莫。”“夙”是早，“莫”是晚，这个“莫”字应当读“mù”（木）。后来因为音近的关系，“莫”字被假借为否定词使用，当“不要”或“没有谁”讲。所以要表示太阳下山的意义时，只好在“莫”下加上个“日”字写作“暮”。这就产生了一个上声（莫）下形（日）的新形声字。这样“莫”与“暮”有了明确的分工，“暮”字只表示日落的时候。

在古汉语中，“莫”字做否定词用最为习见，如李白说：“一夫当关，万夫莫开。”（《蜀道难》）“莫”有时也当“不要”讲。如“闲人莫入”。由否定词又可以引申为无定代词，当“没有什么”或“没有谁”讲。如《荀子·天论》：“在天者莫明于日月。”就是说：在天上的东西，没有比日月更明亮的。

至于《庄子·逍遥游》中所说“广莫之野”里的“莫”字，实为“漠”字的借字，是广大之义，原意是“广阔的田野”。

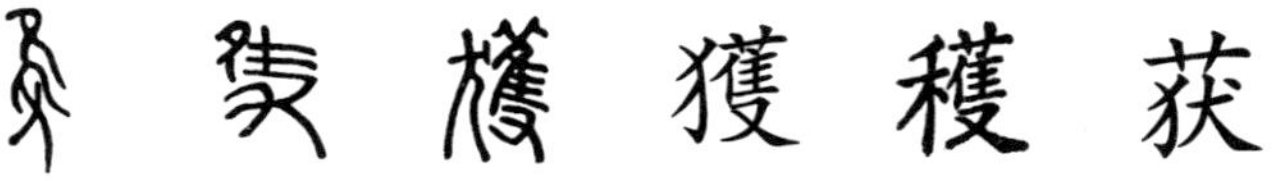

① ② ③ ④ ⑤ ⑥

这是“春耕秋获”的“获”字。甲骨文①的上部是一只鸟（头朝上，嘴巴向左），下部是一只手，表明用手抓住了一只鸟。所以这是个会意字，是“捕获”的意思（甲骨文时期，“隻”字也表示“獲”字的意思，到了后世才分开）。金文②的形体略有变化，但上部仍是一只鸟（隹），下部是一只手。小篆③则繁杂化了，“隻”字的左边增加了一条犬，表明围猎时有所捕获，在鸟（隹）头上又增加了几条漂亮的冠羽，当然这还是个会意字。楷书④是由小篆演变过来的，笔画没有增减。楷书⑤则把楷书④左边的“犭”换成了“禾”，这是古人为了在意义上加以区别：猎获野兽用楷书④，收获庄稼用楷书⑤。可是到了简化汉字的时候，人们认为这两个字用不着分工，索性合二为一，都简化成“获”字。你看简化字⑥，在草下埋伏了两条猎犬，更有把握地“捕获”了。

另外，在书写“获”字时，有些人写为“犾”，这不对，是自造的不规范的简化字，正确的写法只能是“获”。

① ② ③ ④

“莽莽万重山，孤城山谷间。”这个“莽”字本为会意字。①是甲骨文的形体，其左右为“木”，中间是头部朝上的一条狗（犬），表示“犬在林中”之意。②是金文的形体，由“林”变为“艸”（在上古文字中，“艸”与“木”往往无别）。③是小篆的形体，在“犬”之上又增加了“艸”，犬在草中。④为楷书的形体。

《说文》：“莽，南昌谓犬善逐兔草中为莽。”此说不妥。“莽”字的本义应为犬藏草中而暂（突然）出，这就可以引申为“卤莽”“不细致”。如《庄子·则阳》：“昔予为禾，耕而卤莽之。”其大意为：从前我种稻谷，耕作极不细致。（“卤莽”也可以写作“鲁莽”。）“莽”本为“犬藏草中”，可见草很稠密，所以“莽”又有“草丛”义，如《周易·同人》：“伏戎于莽。”也就是说：把军队埋伏于草丛之中。

“莽莽”一词一般为“无边无际”之义，可是屈原《九章·怀沙》中的“草木莽莽”，却为草木繁茂的意思。

① ② ③ ④

这个“黄”字是个象形字。甲骨文①像展开的一张野兽的皮，头、腹、腿俱在。②是金文的形体，较甲骨文复杂一些。③是小篆的形体，与金文基本相同。④是楷书的写法。

“黄”字的本义是指展开的兽皮，晒干可用。这个字实际上就是“鞹”（kuò 扩，去了毛的兽皮）字的初文。当有了“鞹”字以后，“黄”字就被借为代表“黄颜色”的意义了（“黄”“鞹”古音相近）。如李商隐《行次西郊作一百韵》诗：“旱久多黄尘。”也就是说：大旱日久，黄尘飞扬。

古代史籍中用“黄”字组成的词很多，要细心加以区别。如“黄口”一词多指雏鸟，因为幼鸟的口角都是黄色的。可是我们读《淮南子·氾论训》时，会见到这样两句：“古之伐国，不杀黄口。”这个“黄口”是指儿童。而“黄发（fà）”正相反，是指老人，因为老人的头发由黑变黄，再由黄变白。

请注意，“黄帝”与“皇帝”要区别清楚：在上古传说中的“黄帝”（如尧、舜等）应写作“黄”，可是到了秦始皇时，他自己造了一个新字，“自王为‘皇’”。到了后世，人们均写为“皇”。

① ② ③ ④

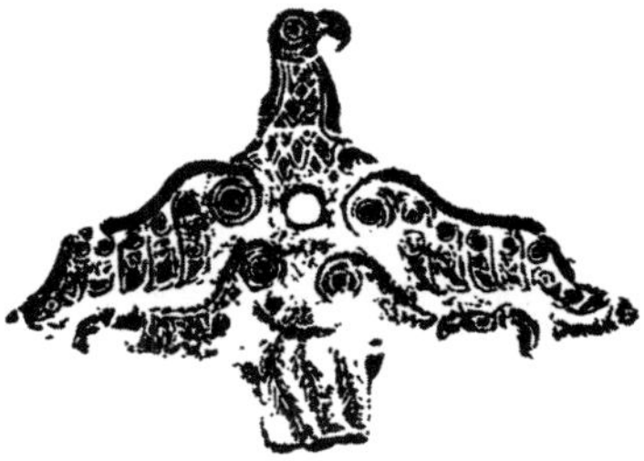

战国铜器上的鹰纹

这是“雚（guàn 贯）”字。甲骨文①的上部是两只下垂的耳朵，耳朵下是一对大眼睛，下部是一只鸟（隹），显然是猫头鹰一类的猛禽的形象。爪子锋利，双目有神，便于夜间觅食，这就是“雚鸟”，后世写为“鹳”。金文②和小篆③与甲骨文的形体大同小异。④是楷书的写法。

“雚鸟”最突出的特点是眼睛大而明，所以“雚”字也可引申为“看”。为了能表示出“看”的意思来，又在右边加上个表意的“見”字，这就产生了“觀”字，后来被简化为“观”。从此以后，“观”行而“雚”废了。

另外，上古的一种药草“芄兰”也称为“雚”，一名“萝藦”，河北人称之为“雀瓢”，其茎、叶、种子都可供药用。

① ② ③

这个“葩”字读作“pā”，本为象形字。①是古玺文的形体，就像一朵盛开的鲜花，上为花瓣，下为花萼。②是小篆的形体，又增加了“巴”，表示读音，这就变成形声字了。③是楷书的写法。

《说文》：“葩，华（花）也。”“草木之花”为“葩”。如嵇康《琴赋》：“迫（近）而察之，若众葩敷荣曜春风。”所谓“众葩”，指万紫千红的花朵。张衡《思玄赋》：“百卉含葩。”这是说：百草都开了花儿。由“花”可以引申为“华丽”“华美”。如韩愈《进学解》：“诗正而葩。”意思是：《诗经》义正而词美。所以旧时常把《诗经》称为“葩经”。古但作“葩”，六朝以后始有“花”字。

① ② ③

这个“葬”字本为会意字。①是甲骨文的形体，左边像死者身下的垫板之形，右边是枯骨形，代表死人。②是小篆的形体，上下为“茻”，中间为“死”，即尸体，“死”下的“一”象垫板，这就是“埋葬”义。可见上古时人死后放在野外，用草席覆之而已。③是楷书的写法。

《说文》：“葬，藏也。”“葬”字的本义为“埋葬”。如《大戴礼记·保傅》：“身死不葬。”《楚辞·渔父》：“葬于江鱼之腹中。”

“葬送”现在一般是当“断送”解，含有“毁灭”的意思，可是古代则指“掩埋死者”“出殡”等事宜。如《宋书·谢方明传》：“数月之间，葬送并毕。”这是说：几个月的时间，出殡、埋葬等事情全办完了。

① ② ③ ④ ⑤ ⑥

这是“嘉气恒葱葱”的“葱”字,本为指事字。①是甲骨文的形体,“I”在“心”之上，为心之多遽悤悤。②是金文的形体，与甲骨文相似。③是古玺文的形体，过去误释为“芯”，其实应是“蔥（葱）”字。④是小篆的写法，是“从艸悤声”的形声字。⑤为楷书繁体字的写法。⑥为简化字。

《说文》:“葱（蔥），菜也。”也就是大葱、青葱等，如《淮南子·说山训》:“见青葱则拔之。”“葱”为青色,青色则为茂盛之色,所以“葱葱”就是“茂盛”或“气象旺盛”义。如王充《论衡·吉验》:“见其郁郁葱葱耳。”也就是说：已见到了他那极为旺盛的气象。

请注意,《左传·定公九年》疏:“两旁开蔥，可以观望。”这个“蔥”字是“窗”字的假借字。原话的意思为：两旁都开窗户，可以向外观望。

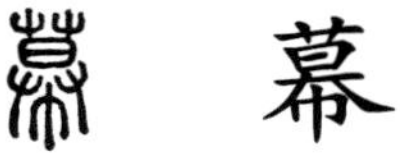

① ②

“风动将军幕，天寒使者裘。”这个“幕”字本为形声字。①是小篆的形体，为上声（莫)、下形（巾）的形声字。②为楷书的写法。

《说文》:“幕，帷在上曰幕，覆食案亦曰幕。”“幕”的本义为“帐篷等的顶布”，如《战国策·齐策一》:“举袂（mèi）成幕。”这是说：把衣袖举起来可以成为帐幕（形容人众)。因为帐幕可以覆盖，所以“幕”能引申为“覆盖”义。如《易·井》:“勿幕。”就是说：用不着覆盖。后世“幕”又可当“帘幕”讲。如鲍照《拟行路难十八首·三》:“文（纹）窗绣户垂绮（丝织品）幕。”

请注意,《史记·匈奴传》:“以精兵待于幕北。”这里的“幕”是“漠”字的通假字，代“漠”字用。原话的意思是：派遣精兵驻扎于沙漠以北。

① ② ③

这个“蓐”字读rù，本为会意字。①是甲骨文的形体，上部是“林”（在上古，“林”与“艸”往往无别)，中间为“辰”（一种除草的工具)，下部为“又（手)”，这就表示手拿工具在田间除草。郭沫若认为："蓐、農古为一字。"②是小篆的形体。③为楷书的写法。

《说文》："蓐，陈草复生也。"其实，"蓐"字是"薅（hāo）"字的本字，是除去田草的劳动。如《诗经·周颂·良耜》："以薅荼蓼。"意思是：来铲除田间荼蓼之类的杂草。

① ② ③ ④

这个"蔑"字本为会意兼形声的字。①是甲骨文的形体。左边为人形，人的头部是一只大眼睛，眼睛上面有眉毛，这个有意突出眼眉的人形，既表意亦表声；右下部为"戈"，很像斫人之胫。②是金文的形体，与甲骨文相似。③是小篆的形体，讹变为从"苜"从"戍"。④为楷书的写法。

《说文》："蔑，劳目无精也。"段玉裁曰："目劳则精光茫然，通作眛。"这不是本义。"蔑"与"伐"义相近，如《国语·周语》："蔑杀其民人。"经传中通作"眛"，训为"目不明"，如宋玉《风赋》："其风中人……得目为蔑。"由"目不明"引申为"目不正视""瞧不起"。如《韩非子·外储说左上》："吾闻宋君无道，蔑侮长老。""瞧不起"则为"小看"，就可以引申为"小""微小"。如扬雄《法言·学行》："视日月而知众星之蔑也。"也就是说：看到太阳、月亮才知道众星的微小。由"小"义则可以引申为"无""没有"。如《左传·僖公十年》："臣出晋君，君纳重耳，蔑不济矣。"大意是：下臣赶走晋国国君，君王让重耳（人名）回国即位，这就没有不成功的了。

请注意："蔑"下是"戍"，"茂"下是"戊"，不能相混。

网 部

① ② ③ ④ ⑤

这是"买卖"的"买"字。甲骨文①的上部是一架网，下部是个"貝"，所以是以网捞取贝即为"买"。金文②大致同于甲骨文的形体，但网形简化而"貝"形

远古人用来捕鱼的网

复杂了。③是小篆的写法，上为“网”下为“貝”。楷书④是直接从小篆变来的。⑤是简化字。

“买”字的原始义是“以网捞取贝”的意思，是个会意字。又因为在上古贝曾被用作货币，可以购买东西，所以这就可引申为“购买”义,是与“卖”相对而言的。

① ② ③ ④ ⑤

这是“网罟入长水”的“网”字。甲骨文①的左右两边是插在地上的两条木棍，中间挂的是一面网，可见我们的祖先最初是在陆地上张网捕兽的，如《盐铁论·刑德》：“网疏而兽失。”这就是说：网的空隙大，兽就逃跑了。后来网又用于水中捕鱼，小篆②就像一面纲举目张的鱼网。到了楷书③则变成中间加“亡”而表声的形声字了，这个字看不出像鱼网的样子了，后来④又在左边加了一个“糸”字旁来表示网是用丝结成的，真是越变越繁。到最后，简化为⑤“网”。但这不是新造的字，而实际上是借用了古代的小篆形体，只有六画，书写方便。

“罗”本为捕鸟的网,可是由“网”和“罗”组成“网罗”一词之后，则往往比喻“招罗搜求”的意思。如司马迁《报任安书》：“网罗天下放失旧闻。”也就是说搜集天下早已散失的陈旧见闻,这里并无什么贬义。但是今天的“网罗”一词多用作贬义词，如“网罗党羽”等。

“网”字是个部首字，在汉字中凡由“网”字所组成的字大都与网和网的作用有关，如“买（買）”“罗”“罟”“署”等字。

① ② ③ ④

这就是“天罗地网”的“罗”字。甲骨文①的上部是个网，网下是一只鸟，鸟被网扣住有翅难飞，可见这是个会意字。小篆②的网中除了鸟（隹）之外，还增加了“糸”（丝），这就表示网是用丝织的。楷书③是直接由小篆变来的，笔画很繁，后来就简化为楷书④的形体。

“罗”的本义就是捕鸟的网，如《韩非子·难三》：“以天下为之罗，则雀不失矣。”“天罗地网”的成语也就是从这里来的。后来又引申为“搜罗”或“招致”的意思，如韩愈《送温处士赴河阳军序》：“罗而致之幕下。”就是说：搜罗来以后，安排在幕下。后来又因罗是丝织的，所以又可以指轻软的丝织品。如张俞的《蚕妇》诗：“遍身罗绮者，不是养蚕人。”这个“罗绮”就是指有花纹的丝织品。我们在读王充的《论衡·辨祟》篇时会见到“罗丽刑法”的话。请注意：这个“罗”字是“罹”（lí离）字的借字，是“遭受”的意思，这句话的意思是：遭受到触犯刑律之罪。

① ② ③ ④

这个“罝”字读作 jiē 或 jū，本为会意字。①为甲骨文的形体，上为网，下为兔，表示以网捕兔。②是小篆的异体字。网与丝有关，增一“糸”旁，“兔”讹变为“且”，表声，这就变成会意兼形声的字。③是小篆的形体。④为楷书的写法。

《说文》：“罝，兔网也，从网且声。”此说正确。“罝”的本义就是“兔网”。如《诗经·周南·兔罝》：“肃肃兔罝，施于中林。”“肃肃”为“严密”义。这句诗的大意是：严严密密张开兔网，把它布置在树林里。

“罝”有时也泛指捕兽的网。如《礼记·月令》：“（季春之月）田猎罝、罘（fú）、罗、网。”“罘”也是兽网，这是说：畋猎时所用的各种工具都要准备好。

① ② ③

这是“罹其凶害”的“罹”字，读作 lí，本为会意字。①是古陶文的形体，其上部为网形，下面右侧为“隹（鸟）”，左侧为“忄（心）”，这就表示鸟儿进入罗网，内心百般忧愁。②是小篆的形体，与古陶文的结构一致。③是楷书的写法。

《说文》的正文没有收“罹”字，后来将它收入《说文》的“新附字”中，释为“心忧也”。这是对的，“罹”字本义为“忧愁”，如《诗经·王风·兔爰》：“我生之后，逢此百罹。”大意是：在我出生以后，遇到了这数不清的愁事。遭到不幸也可以称“罹”，如《三国志·魏书·武帝纪》：“河北罹袁氏之难。”这是说：河北遭遇到了袁绍带来的灾难。

请注意：在古籍中，“罹”字在“遭遇”的意义上可以被“离”字所代替，如班固《离骚赞序》：“离，犹遭也，骚，忧也，明己遭忧作辞也。”可见“离骚”也就是“遇到忧愁”的意思。

羽　部

①　②　③　④

这是“学习”的“习”字。甲骨文①的上部是两根“羽毛”，代表鸟的翅膀，下部是个“太阳”，表示百鸟在日光下练习飞翔的意思，可见是个会意字。②是小篆的形体，由于“日”字与“白”字很相似，所以由“日”误变为“白”。楷书③由小篆沿袭而来。④是简化体，为了书写方便只取了半个“羽”字为代表。

许慎在《说文》中说：“习（習），数飞也。”这里的“数”字应读为 shuò（硕），是“多次”之义，“数飞”就是多次飞翔练习的意思。当你看到《礼记·月令》中“鹰乃学习”的话，不要理解为“老鹰也学习”，这里的“习”字也就是多次练习飞翔的意思。“习”字从“多次”义又引申为“习惯”，今天仍用，如“习见”就是“常见”。

左思的《咏史》诗有“习习笼中鸟，举翮（hé 何）触四隅”一句。“习习”是练飞吗？是飞的声音吗？都不对。这句诗应译为：“飞来飞去的笼中鸟，一动翅膀就要碰到（鸟笼）每个角落。”

①　②　③

这是“羽毛”的“羽”字。甲骨文①是两根羽毛的象形字。②是小篆的形体，还是羽毛的样子。楷书③把小篆的曲笔变成了直笔。

周代铜器上的狩猎图案，战车后面是长长的羽饰

“羽”的本义就是禽类翅膀上的长毛。从“羽毛”又可引申为“翅膀”的意思（在

修辞上称为“借代”)。如《诗经·豳风·七月》:“六月莎鸡(昆虫名)振羽。”所谓“振羽”就是鼓动翅膀。从“羽”代表“翅膀”再引申为代“鸟类”,如:“奇禽异羽。”(张充《与王俭书》)这个“羽”即代表“鸟”,这句话是“奇禽异鸟”之意。

江淹《别赋》中有“负羽从军”的话,这是说背上“羽毛”参军的意思吗?错了。这个“羽”代表“箭”,因为古代的箭尾上绑上雕翎,使箭在飞行时定向,故称“雕翎箭”。由此可见,“负羽从军”就是背负着“箭”(或武器)参军的意思。

请注意:在古代,“羽”“翼”“翅”是有区别的。“羽”能当“翼”讲,如“奋翼”也可说“奋羽”,但“羽毛”却不能叫“翼毛”。“翼”与“翅”是同义词,但有文、白之别,如果把“在天愿作比翼鸟”改为“在天愿作比翅鸟”就不对了。

“羽”字是个部首字,在汉字中凡由“羽”字所组成的字大都与羽毛或翅膀有关,如“习(習)”“翎”“翔”“翟”“翼”等字。

① ② ③ ④

“春城无处不飞花。”这个“飞”字的本字实为“非”。从甲骨文①看,就像鸟向两侧伸展的一对翅膀,可见这是个象形字。戴侗的《六书故》和周伯琦的《说文字原》都认为上古“非、飞同字”。②是金文的形体。③是小篆的写法。④为篆书。看来“非”字的形体自古至今一脉相承。

《篆刻字典》中的“非”字

《说文》:“非,违也。从飞下翅,取其相背。”许慎认为“非”的本义是“违”,不妥。“非”的本义却应该是“飞”,当“飞”字产生以后,后人就取“非”的“两翅相背”的形象而赋予其“违”的意义。所以《说文》所说的“违”,只能算是“非”的引申义。

“非”当“飞”讲的本义早已消失。从“违背’义引申为“不对的”“非难”“不是”等,均为否定副词。

请注意:古书中常有“非笑”一词,但并非今天所谓的“似笑非笑”意,而实为“讥笑”的意思。如《颜氏家训·音辞》:“递相非笑。”也就是互相讥笑的意思。

① ② ③

这个“翟（dí 敌）”字是个象形字。金文①的下部是一只头朝左独趾而立的鸟，其头部的“羽”就是一撮鸡冠形的毛。②是小篆的形体，上部仍然是“羽”，下部是隹（鸟）。③是楷书的写法。

“翟”字的本义是“长尾巴的野鸡”，读 dí（敌），如孔安国传《书经》说：“夏翟，翟雉名。”就是说，“夏翟”是一种长尾巴野鸡的名字。有人认为“右手秉翟”（《诗经·邶风·简兮》）是说“右手提着一只野鸡”，这就错了。这里的“翟”是指“野鸡毛”，是说古代乐舞时右手执着野鸡的长尾羽毛。

“翟”字有时也通“狄”字，是指我国古代北部的一个民族。“翟”字当作姓氏字用时，必须读为 zhái（宅）。

① ② ③ ④

“在天愿作比翼鸟，在地愿为连理枝。”这个“翼”字本为形声字。①是金文的形体，上部为“飛”，表形，下部为“異”，表声。②是金文的另一种形体，上部为“非”字，像一双翅膀的样子。③是小篆的形体，上部为“飛”，飞与翅有密切关系。小篆中另有一种形体，其上部讹变为“羽”，下部为“異”，为楷书所本。④是楷书的写法。

战国玉器上的鸟纹

《说文》：“翼，翅也。”此说正确。“翼”字的本义就是“翅膀”，如贾谊《鹏鸟赋》：“举首奋翼。”也就是说抬头振翅。“翼”也泛指一切翅状物，如飞机的两翼。“两侧”亦可称为“翼”，如《史记·廉颇蔺相如列传》：“张左右翼击之。”

请注意：“翅”与“翼”是同义词，均指翅膀，但“羽”与“翼”却不是同义词。“羽”有时也能当“翅膀”讲，但其主要义是指翅膀上的长毛，“翼”却没有“长毛”的意义。

辛 部

① ② ③ ④

这个“辛”字是个象形字。甲骨文①就是一把平头刀的样子，上部是刀头，下部是一个长刀把。金文②基本上同于甲骨文的形体，最上部加了一横，表示铲割的东西。③是小篆的写法，其下部增添的一横，实为刀把的“挡手”。④是楷书的写法。

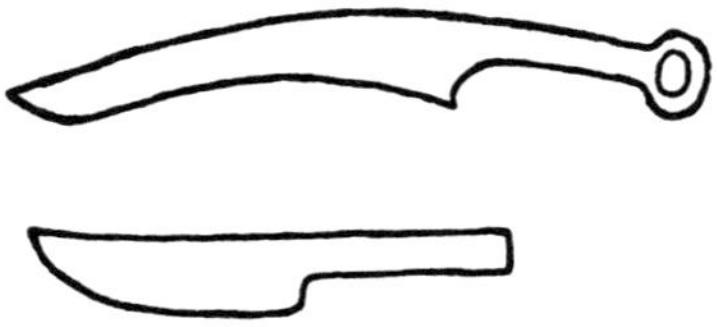

商代铜刀，选自周纬《中国兵器史稿》

“辛”的本义是“刀”。用刀劳动是一件辛苦的事，所以“辛苦”即成为一个词，如白居易《苦热》诗：“农夫更苦辛。”由“辛苦”又可以引申为“悲痛”，如李白《中山孺子妾歌》：“万古共悲辛。”“悲辛”也就是“悲痛”或“悲伤”的意思。另外，由本义“辛苦”中的“苦”字又可引申为“辣”义，如《楚辞·招魂》：“大苦咸酸，辛甘行些。”这句话的大意是：苦、咸、酸、辣、甜五味都用。至于天干第八位的“辛”字，那是假借字的问题，与本义毫无关系。

“辛”字与“幸”字形体相近，一不注意就会写错，如把“辜负”中“辜”的下面错写为“幸”，把“屠宰”中“宰”的下面也错写成“幸”，等等。

“辛”字是个部首字，在汉字中凡由“辛”字所组成的字大都与苦劳或辛辣有关，如“宰”“妾”“童”“辣”等字。

① ② ③ ④

“啼时惊妾梦，不得到辽西。”这个“妾”字是个象形字。甲骨文①的下部跪着一个面朝左的女人，其头顶上是一把平头铲刀之形，郭沫若说：“黥刑亦无法表现于简单之字形中，故借施黥刑之刑具……以表现之。”也就是说：上古人把捉来的战俘当奴隶使用，要在他们头上刺字，此为黥（qíng 情）刑，但这种刑罚又不好表示，这就只好借刑具（刺字用的刀）放在人的头上而表现之。由此可见，代表奴隶的字如“童”字等其上部就是刑刀之形。金文②和小篆③也都是由甲骨文演变而来，其下部都是“女”，只是其上部的刑刀之形不太像了。④是楷书的写法，其上部由“辛”讹变为“立”。

“妾”字本为“女奴隶”，如：“臣妾逋逃。”（《书经·费誓》）这里的“臣”是指男奴隶，“逋逃”就是“逃跑”的意思。这句话的原意是：男奴隶和女奴隶逃跑了。因女奴隶的地位非常低贱，所以引申为旧社会男人的小妻为“妾”（也称“侧室”或“偏房”），如：“毋以妾为妻。”（《穀梁传·僖公九年》）也就是说：不要把小老婆当成妻。因妾被视为下贱之人，所以“妾”字又可以做旧社会妇女自称的谦词，如：“君家何处住，妾住在横塘。”（崔颢《长干行》）这里的“妾”字就是女子自谦之称。

① ② ③ ④

“铁肩担道义，妙手著文章。”这个“章”字本为会意字。①是金文的形体，从“辛”从“曰”，林义光认为：“辛（刑刀），罪也，以⊖束之，法以约束有罪也。”这就是说“章”字的本义当为“法”。②是石鼓文的写法，讹为“从音从十”。③是小篆的形体。④为楷书的写法。

《说文》：“章，乐竟为一章，从音从十。十，数之终也。”许慎认为“章”字的本义为“乐章”，不妥。“章”字的本义应为“规章”“法”，如《三国志·蜀书·诸葛亮传》：“不能训章明法。”也就是说：不能申明规章法令。《汉书·高帝纪下》：“张苍定章程。”这里的“章程”是指各种制度，当然也有“规章”之意。“乐章”是引申义，如《史记·吕后本纪》：“王乃为歌诗四章，令乐人歌之。”《礼记·曲礼下》：“读乐章。”歌曲的一段即为一章。

请注意：在先秦、两汉时期，“章”与“彰”字在“表彰”“显著”的意义上可以通用，汉以后就有所区别，彰明、表彰等均应写作“彰”，而不能写作“章”。

① ② ③

“松下问童子，言师采药去。”这个“童”字比较复杂。金文①的上部是“辛”（刑刀），当中是“目”，下部是“東”（表示“童”读若“东”），意思是用刑刀刺瞎奴隶的一只眼睛，所以“童”字在上古就代表奴隶。②是小篆的形体，中间省略了“目”，其下增加了“土”字。③是楷书的写法，其上部由“辛”讹变为“立”。

“童”字的本义就是“奴隶”，如：“丧其童仆。”（《易经·旅》）后世所说的“书童”“琴童”等，都是指奴仆之类的人。这个意义后来多写作“僮”，如《史记·货殖列传》：“富至童千人。”大意是：富的人家竟养奴仆达到千人之多。

古代犯了罪的人往往是要剃掉头发的，故有“削发为奴”之言。草木就好像是山的头发，所以山无草木也可以称为“童”，如《荀子·王制》：“故山林不童而百姓有余材也。”就是说：所以山林不被砍光而老百姓有充足的生活用木材呀。那么韩愈《进学解》中“头童”的“童”字是什么意思呢？那是从“山无草木”为“童”而引申为“头顶无发”为“童”，所以“头童”就是“头秃”之意。

请注意：“童子”一般是指未成年的人。可是《汉书·项籍传》中所说的“项羽又重童子”，这里的“童子”是什么意思呢？这个“童”实为“瞳”，也就是说：项羽不是凡人，他一个眼睛有两个黑眼球（瞳仁）。

言部

① ② ③ ④

这是“鹦鹉前头不敢言”的“言”字。甲骨文①的上部是箫管之类乐器的吹嘴子，其下的“口”就表示用嘴巴吹。②是金文的形体，其上部的吹嘴子稍微复杂了一点。小篆③的形体又复杂了一点，但仍然是金文的变体。④是楷书的写法。

战国铜器上的吹箫手

“言”字的本义是指“大箫”，如《尔雅》：“大箫谓之‘言’。”但后来“言”字的这个本义消失，就当“说”讲了，如成语“知无不言，言无不尽”中的“言”字，都是“说”的意思。由“说”又可以引申为“议论”，如《商君书·更法》：“拘礼之人不足与言事。”就是说：拘泥于旧的典章制度的人，是不足以与他议事的。由“议论”

这个动词又可以引申为名词“言论”，如《商君书·君臣》：“言不中法者，不听也。”意思是：言论凡是不符合法的，则不听。言语总是与写字有关系，所以“言”字也可以当“字”讲，如五个字一句的诗叫“五言诗”，七个字一句的诗叫“七言诗”。一句话也可以称为“一言”，如《论语·为政》：“诗三百，一言以蔽之，曰‘思无邪’。”大意是：《诗经》三百篇，用一句话来概括它，就是“作者的思想完全是纯正的”。成语“一言为定”中的“言”也是当一句话讲。另外，“言”字在上古还可以当动词的词头用，如：“言归于好。”（《左传·僖公九年》）这句话就是“归于好”的意思，“言”字仅是动词“归”的词头，没有实在意义。

“言”字是个部首字，在汉字中凡是从“言”的字多与说话有关，如“话”“语”“议”“论”“说”“评”“讽”等等。

① ② ③ ④ ⑤

这个“讯”字是个会意字。甲骨文①左边是“口”，中间是“人”，面朝左而跪，右边是“糸”，为绳索形，这就表示捉来的俘虏受审讯。②是金文的写法，中间不像人了。③是小篆的形体，变成左形右声的形声字了。④是楷书形体。⑤为简化字。

吴大澂《说文古籀补》：“讯……执敌而讯之也。”可见“讯”字的本义是“审问”。而《说文》认为“讯”的本义是“问也”，其实“问”只是“讯”字的引申义，如《三国志·吴书·吕蒙传》：“私相参讯，咸知家门无恙。”也就是说：私下互相询问，都知道家中平安无事。从“问”又可以引申为“音信”，如陆机《赠冯文罴》：“良讯代兼金。”所谓“兼金”就是指好金子，这句话的意思是，好的音信简直可以与好金子相比。至于《汉书·扬雄传上》所提到的“猋骇云讯”中的“讯”，那是“迅”字的假借字，是说白云迅速飞过的意思。

请注意：“讯”与“汛”的形、义不同，不能相混。

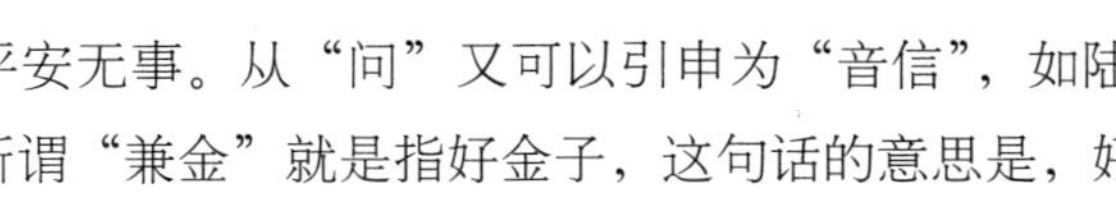

① ② ③ ④

这个“许”字是个左形（言）右声（午）的形声字。金文①左边的“午”是声符（上古“许”与“午”音近），右边的“言”是义符（表示说话）。②是小篆的形体，“言”字放在“午”字的左边，与金文中的位置完全相反。③是楷书的写法，是由小篆直接演变而来。④是楷书简化字。

“许”字的本义是“答应”，如《左传·僖公五年》：“许晋使。”也就是说：答应了晋国的使者。由“答应”之义又可以引申为“赞许”，如《三国志·蜀书·诸葛亮传》：“时人莫之许也。”意思是：当时的人没有赞许他的。由“赞许”之义又可以引申为“期望”，如陆游《书愤》诗：“塞上长城空自许，镜中衰鬓已先斑。”自己徒然期望能成为卫国之良将，对镜一看已是白发泛霜鬓了。因“许”字有“期望”义，而“期望”就不一定能够实现，所以由“期望”又可以引申为“大概”，或表示大约的数量，如：“潭中鱼可百许头。”（柳宗元《至小丘西小石潭记》）意思是：潭中的鱼大约有百余条。

我们读陶潜的《五柳先生传》时会见到这样一句话：“先生不知何许人也。”这个“许”字当“地方”或“处所”讲，就是说：先生不知是什么地方的人。凡这种情况，在“许”字之前总要冠以疑问代词“何”或“恶”等。

请注意：“许许”连用，是指劳动时共同出力的呼声，如《诗经·小雅·伐木》：“伐木许许。”不过，这里的“许”字必须读 hǔ hǔ（虎虎）。

① ② ③ ④

杜甫诗：“惟天有设险，剑门天下壮。”这个“设”字本为会意字。①是甲骨文的形体，左边的“言”是说话，右边的“殳”为敲击用的兵器，这是表示作战得胜或畋猎获物，就要陈列祭品进行祭祀，祭祀时要有祝祷之词。②是小篆的形体。③是楷书繁体字。④为简化字。

《说文》：“设（設），施陈也。”这是对的。“设”字的本义就是“陈设”“设置”，如甲骨卜辞中有“设六人”，也就是说：陈列六人作为祭祀的祭品。再如《战国策·秦策一》：“张乐设饮，郊迎三十里。”由“陈设”又可以引申为“筹划”，如孔颖达疏《尚书·禹贡》：“禹必身行九州，规谋设法。”

“设”字还可以由动词转化为假设连词，是“假如”“如果”的意思，如《汉书·灌夫传》：“设百岁后，是属宁有可信者乎？”大意是：假如死后，这些人难道有可以信赖的吗？

请注意：“设备”一词古今含义不同。古代的“设备”是“设防”义，如《左传·僖公二十二年》：“公卑邾，不设备而御之。”这是说：僖公轻视邾人，不设防抵御他。

① ② ③ ④

“诺诺复尔尔。”这个“诺”字本为会意兼形声的字。①是金文的形体，左边为“口”，右边为“若”，“若”有“顺”义，答应亦有“顺从”意，所以“若”字表义兼声，“诺”是“答应”义。②是小篆的形体，将“口”换为“言”，其义不变。③为楷书的写法。④为简化字。

《说文》:“诺（諾),应也,从言若声。”许慎认为“诺”字的本义为“答应”,正确，但认为“诺”是单纯的形声字则不妥。“诺”实为会意兼形声的字，本义是“答应”，如《老子》：“夫轻诺必寡信。”也就是说：那种轻易答应别人的人，一定是很少讲信用的人。“诺”又可以引申为“答应声”，如《战国策·赵策四》：“太后曰：‘诺，恣君之所使之。’”大意是：赵太后说：“是，听凭您去安排他吧。”

“诺诺”连用，就是连声答应，如古乐府《孔雀东南飞》：“媒人下床去，诺诺复尔尔。”

① ② ③ ④

“往者不可谏，来者犹可追。”这个“谏”字本为会意兼形声的字。①是金文的形体，“从言从門从柬，柬亦表声”，表示开门以纳谏。②是小篆的形体，把“門”省掉了，又变上下结构为左右结构。③是楷书繁体字。④为简化字。

《说文》:“谏（諫），证也。”这里的“证”并非“验证”义，而是“劝说”义，也正是“谏”字的本义，如《战国策·赵策四》：“大臣强谏。”所谓“强谏”也就是竭力规劝的意思。又如《周礼·地官·保氏》：“保氏掌谏王恶。”这是说：保氏主管规劝君主改正错误之事。“谏书”是臣子向君王进谏的奏章,如岑参《佐郡思旧游》：“谏书人莫窥。”

古籍中有“谏果”一词，这是橄榄的别名。《本草纲目·果部三》引王祯的话，说橄榄果初尝时“其味苦涩，久之方回甘味”，以此比拟谏言初听时逆耳，可是细加思索以后则是金玉良言，所以人们也就把橄榄果称为“谏果”了。

① ② ③ ④

这个“感谢”的“谢”字本为象形字。①是甲骨文的形体，左边是两只手，右边是一张席子之形，商承祚先生认为这是上古的“赐席之礼”，所以“从两手持席”。②是小篆的形体，讹变为“从言射声”的形声字。③是楷书繁体字。④为简化字。

《说文》:“谢（謝),辞去也,从言射声。”“谢”字的本义为“辞谢”,如《史记·吕太后本纪》：“欲徙王赵，代王谢。”这是说：打算把代国的国王迁到赵国去做王，代王辞谢。又可引申为“辞别”，如李白《留别金陵崔侍御》:“挥手谢公卿。”由“辞别”义可以引申为“凋落”，如杜牧《留赠》:“蔷薇花谢即归来。”“谢”还有“道歉”义，如《战国策·赵策四》：“至而自谢。”这是说：到了之后亲自道歉。

请注意:《荀子·王霸》“台谢甚高”中的“谢”字是“榭”字的通假字，实为“台榭甚高”。至于古诗《孔雀东南飞》“多谢后世人”中的“谢”，则为“劝告”义。

① ② ③ ④

这是“誓死不二”的“誓”字，本为形声字。①是金文的形体，为“从言折声”的形声字。②是古陶文的形体,左边是“二”“ 心”，右边是“斤(斧子)”。吴大澂说：“誓无二心，故从斤。”也就是以斧头砍去二心为“誓”(立誓只能一心)。③是小篆的形体，与金文相类似。④是楷书的写法。

《说文》:“誓,约束也。”其实,“誓”字的本义是古代“告诫将士的言辞”,如《周礼·秋官·士师》：“(五戒）一曰誓，用之于军旅。”再如商汤讨伐夏桀时告诫将士的言辞就称为“汤誓”。告诫之辞决不能动摇，而盟约、诺言也不能变动，因此这就可以引申为“盟约”“诺言”义，如曹植《武帝诔》：“张陈背誓。”也就是说：张耳、陈馀背叛了盟约。后又可以引申为“发誓”“立誓”,如《三国志·吴书·吴主传》：“必先盟誓。”

请注意，古籍中常见“誓墓”一词，如《晋书·王羲之传》：“遂称病去郡，于父母墓前自誓。”这是说王羲之辞官之意。后世人们也就称归隐、誓不做官为“誓墓”。

① ② ③ ④

这个“雔(chóu 仇)”字很有意思。金文①是面对面的两只鸟(隹),中间是个“言”字,表示“双鸟对言”,可见这是个会意字。②是小篆的形体,是由金文直接演变而来。③是楷书的写法。④是简化字。

“雔”字的本义是“应答”之义,如《诗经·大雅·抑》:“无言不雔。”由“应答”之义又可以引申为“应验”,如《史记·封禅书》:“其方尽,多不雔。”也就是说:他的方术全用完了,但是多不应验。凡是“应答”就要有双方,凡是双方就有可能是同等,所以又可以引申为“同等”义,如:“皆雔有功。”(《汉书·霍光传》)这句话的意思是:都同等有功。

正因为“雔”字有“双方”之义,而“双方”就要有一种关系,其中当然也包括敌我关系,所以又可以引申为“仇敌”或“仇人”,如《尚书·微子》:“小民方兴,相为敌雔。”这就是说:奴隶和平民正在起来,和奴隶主做仇敌。请注意:“雔”字也可以写成“讐”,今天都写作“仇”,而“仇”字在古代则主要当“同伴”或“配偶”讲,应当读作 qiú(求)。

龟 部

① ② ③ ④ ⑤

这个“乌龟”的“龟”字是个象形字。甲骨文①的上部是乌龟的头,朝左的是乌龟的两只脚,朝右的是乌龟背,这是龟的侧视图。金文②是龟的上视图,更像乌龟的形象,上部是头,中间是圆形背,左右两侧是乌龟的四只脚,最下部是一条小尾巴。小篆③是从甲骨文演变过来的,也是乌龟的侧视图。楷书④是从小篆演变来的,二者极为相似,笔画繁多,书写不便。⑤是简化字。

“龟”字的本义就是“乌龟”,如《史记·龟策列传》:“江傍(旁)家人常畜龟。”意思是:住在江边的人家经常养乌龟。在古代,人们常在印章的上部刻龟形,所以

商周礼器上的龟神纹

"龟纽""龟绶"就是印章的代称。现代人有的对乌龟没有好感，可是古代则不然，人们特别崇拜龟，主要因为龟的寿命长，有的可活千年以上，所以用"龟年"作名字的人很多，如"崔龟年""赵龟年"等。

"龟"字是个多音多义字：作"乌龟"用时读作 guī（归），可是当读为 jūn（军）时，那是指皮肤冻裂，如范成大《次韵李子永雪中长句》诗："手龟笔退不可捉。"这是说：手的皮肤冻裂，连笔都拿不住了。这个意义后来多写作"皲"（jūn 军）。另外，汉代西域有一国，国名叫"龟兹"，应当读作 qiū cí（丘词）。

"龟"字是个部首字，在汉字中凡由"龟"字所组成的字大都与龟属有关。

① ② ③ ④ ⑤

这个"黾"字读作 mĕng，本为象形字。①是甲骨文的形体，很像一只青蛙。②是战国文字的形体，已看不出蛙形了。③是小篆的写法。④为楷书繁体字。⑤为简化字。

《说文》："黾（黽），蛙黾也。"实际上"黾"是蛙的一种，如《尔雅·释鱼》："在水者黾。"又如《国语·越语下》："蛙黾之与同渚。""渚"是水中的小洲，这是说：各种青蛙都在同一个小洲上。请注意：古籍中的"黾勉"一词，为"勤勉""努力"之义，这里的"黾"应读作 mĭn，如《诗经·邶风·谷风》："黾勉同心，不宜有怒。"大意为：（本应）共同努力心心相印，对我发怒实在不应该。又地名"黾隘"是古代的军事要地，即今河南信阳西南平靖关，这里的"黾"应读作 méng。

仰韶文化中的蛙纹

皀 部

① ② ③

这是个“皀（bī 逼）”字，是个象形字。甲骨文①的下部是食器之形（或高脚盘），其上装满了食品，左右两点表示就要外溢。小篆②则发生了讹变，变成上形（白）下声（匕）的形声字了。③是楷书的写法，是由小篆直接演变而来的。

“皀”字的本义就是表示装满食品的食器，如《说文·皀部》说：“皀，谷之馨香也。”《集韵》也说：“皀，谷香也。”五谷与食品当然都是香的。

“皀”字是个部首字，在汉字中凡由“皀”字所组成的字大都与馨香、就食、享受有关，如“即”“卿”“既”等字。

① ② ③ ④

这是个“即”字。从甲骨文①看，左边是一件食器，上面盛满了美味食品，右边跪坐着一个人，好像在美美地饱餐。金文②的左边有所简化，不过还能看出装食品的样子，右边的人则变为半立形。小篆③发生了讹变，经过这一番美化，看不出人进食的样子了。楷书④有点像小篆的形体，同样看不出人就食的形象了。

“即”的本义是“人就食”。要就食就必须走近食物，所以又引申为“走近”“靠近”，如柳宗元《童区寄传》：“以缚即炉火烧绝之。”就是说：把捆在（区寄）手上的绳子靠近炉火而烧断它。我们现在所说的“若即若离”“可望而不可即”，其中的“即”都是“靠近”的意思。后又引申为副词，当“马上”“立刻”讲，如《三国志·蜀书·诸葛亮传》：“即遣兵三万人以助备。”就是马上派三万兵帮助刘备的意思。那么《史记·高祖本纪》：“萧相国即死，令谁代之？”这当中的“即”字又该怎样理解呢？这是特殊的用法，当假设连词“如果”“倘若”讲，原话的意思是：萧相国倘若死了，让谁接替他呢？

① ② ③ ④

这是“既”字。甲骨文①的右边是一个高脚的食器，其中尖尖的部分表示装满了食品，左边是一个背向食品而跪坐的人，张着个大嘴巴，表示已经吃饱了。金文②的食器部分有点变形，右边是半站着的人，面部仍然朝向背后，张着口，表示吃饱了。小篆③则讹变得更厉害，左边的食器和右边的人都不像了，但是文字的形体却更为突出。楷书④则类似小篆的形体，左边的形体是“食”字的中间部分，还是表示吃东西。

商代青铜食器

“既”字的本义是“吃完了”，由这个本义即引申为“尽”“完”义，如孙樵《书褒城驿壁》：“语未既，有老甿（méng 蒙）笑于旁。”也就是说：话还没有说完，有个老农就在一旁笑了。从“完”又引申为时间副词“已经”，如《韩非子·外储说左下》：“三军既成陈，使士视死如归。”即三军已经摆成阵，使将士们视死如归。后又引申为连词，常组成“既……又……”“既……且……”的格式。

① ② ③ ④

这个“卿”字是个会意字。甲骨文①的两边是面对面坐着的两个人，中间放着一个食器，食器中装满了食品，两人正在享用。金文②基本上是这个形象。小篆③中间的食器变得走了样，而两边的人也都站起来，看不出吃东西的意味了。楷书④变错了，完全看不出“对食”的模样了。

“卿”的本义就是“两人对食”，实际上也就是“饗”的本字。后来因为“卿”字被借为官名用（位在“公”之下，“大夫”之上），当“对食”用的“卿”字就被“饗”字所代替了。这个“饗”字也就是用酒食款待人的意思。这个字现在简化为“飨”，有时也与“享”字通用。

古代对其他诸侯国来本国做官的人称作“客卿”，如《史记·李斯列传》：“秦王拜斯为客卿。”就是说：秦王拜李斯为客卿。“卿”字也是一种爱称，如《古诗为焦仲卿妻作》中的“我自不驱卿”的“卿”，是焦仲卿对其妻表示亲热的称呼。

后来秦篆又造出一个“鄉（鄉）”字来代表乡村，因意与市镇有关，所以左右两边都从“邑”。这个“鄉”字后来简化为“乡”。请注意：“卿”字与“鄉”字的形体相类似，但细加分析，它们的左中右三部分都不同：“卿”字的左中右三部分是“𠂎”“皀”“卩”，而“乡”字的左中右三部分是“乡”“皀”“阝”，不能相混。

角部

①　②　③　④

这是牛羊角的“角”字。甲骨文①和金文②的样子像割下来的一只牛角。③是小篆的形体。④为楷书的写法。

“角”的本义就是指“牛角”与“羊角”，后来又扩大为“鹿角”“犀角”等。牛羊之类的角是护身的一种武器，所以引申为“比武”叫作“角力”，如《礼记·月令》：“天子乃命将帅讲武……角力。”这个“角力”就是指“比武”。至于《三国志·吴书》中的“今当角力中原”中的“角力”，是以武力战胜的意思，原话的意思是：现在必须以武力夺取中原。

另外，“角”在上古也曾当过量器，所以后来也就用“角”作为计量单位，如《水浒传》第十回：“先取两角酒来。”这个“两角酒”相当于现在所说的“两杯酒”。后来又从计量单位引申为货币的单位，如十分为“一角”，“十角”为一元。

“角”字是个部首字，在汉字中凡由角字所组成的字大都与角类或量器有关，如“斛”“觚”“觞”“解”等字。

西汉铜酒尊上的牛形纹饰

① ② ③ ④

这是个“解剖”的“解”字。从甲骨文①的形体看，中间是一只大牛角，两边是两只手，角的下面是一个牛头，是用双手把牛角掰下来的意思，在掰的过程中还有血溅出，见于角的上端的两点儿。金文②的形体与甲骨文基本相同，只是变得简单了一些。③是小篆的写法，比甲骨文简化了，并且将手变为“刀”了，也正如许慎说的，以刀判牛角就是“解”。④是楷书的形体。

“解”的本义就是“判牛角”（割牛角）或将东西剖开的意思，如《庄子·养生主》：“庖丁为文惠君解牛。”从“解剖”引申为“解开”“脱去”义，如“解甲归田”，就是脱去战服回到乡村去。从“解开”又引申为“停止”义，如杜甫《八哀》诗：“战伐何当解？”就是说：战争到什么时候才能停止呢？

“解手”一词有时当“小便”讲，如《京本通俗小说·错斩崔宁》：“叙了些寒温，魏生起身去解手。”那么秦观所说的“不堪春解手”是指什么意思呢？原来，这里的“解”字当“分”讲，“解手”就是“分手”，原话的意思是说：在美好的春光中分手是很伤心的。

另外，“解”字也是个多音多义字：表示“押送”之意的“押解”应读为 jiè（介）；作为姓氏用时，则应读为 xiè（械）。至于《诗经·大雅·烝民》中的“夙夜匪解”的“解”，实为“懈”字的借字，原话的意思是：早晨、晚上都不松懈。

① ② ③ ④

这是“一触即溃”的“触”字，本为形声字。①是金文的形体，左边为“角”，表形，右边为“蜀”，表声。②是小篆的形体，与金文相似。③是楷书繁体字。④为简化字。

《说文》：“触（觸），抵也。”许慎的说法正确。“触”字的本义为“用角抵”，如《淮南子·兵略训》：“有角者触。”由“抵”义可以引申为“碰撞”，如《韩非子·五蠹》：“兔走触株，折颈而死。”这是说：兔子奔跑时碰撞到树桩上，脖子折断而死去。由“碰撞”可以引申为“触犯”“冒犯”，如《三国志·魏书·卫觊传》：“触忌讳。”也就是说：冒犯了所忌讳的事情。《汉书·食货志下》：“民摇手触禁。”大意是：老百姓稍有举动就要触犯禁令。

身部

① ② ③ ④

杜甫在《秦州杂诗》中有“俯仰悲身世”的名句。这个“身世”的“身”字颇有些讲究。甲骨文①是面朝左的一个人，手臂向左下方伸展，中间的椭圆形就是“身子”，所以“身”字是个象形字。金文②就更像了，肚子挺起来，中间还有一个点儿，这是个指事符号，表示身子在这里，下部一条横线，是一条腿翘起来的意思。③是小篆的形体，基本上与金文相同，下部的两条腿更清楚了。④是楷书的写法，上部根本看不出身子的形象，只是下部的两条腿好似迈步前进。

“身”字的本义是指人或动物的躯体。由躯体引申为“身体”，如《荀子·非相》：“身长七尺。”由“身体”又可引申为“自己”，如《韩非子·五蠹》：“兔不可复得，而身为宋国笑。”这是说：没有再得到兔子，而自己被宋国（人）所笑。从“自己”又能引申为“我”，如《三国志·蜀书·张飞传》：“身是张翼德也。”即“我就是张翼德”。《史记》《汉书》中有“身毒”一词，那是我国古代对印度的称呼。

① ② ③ ④

这是“只识弯弓射大雕”的“射”字，本为象形字。①是甲骨文的形体，箭在弦上，表示射箭。②是金文的形体，在弓箭之后又增加一只手，表示用手射。③是小篆的写法，将“弓”讹变为“身”。④为楷书的写法，又将右边的“矢”讹变为“寸”。

古代岩画上的攻战场面

《说文》:“射，弓弩发于身而中于远也。”“射”的本义为“射箭”，如《北齐书·斛律光传》：“光引弓射之，正中其颈。”大意是：斛律光拉弓射大鸟，（箭）正中在大鸟的脖子上。晁错《言兵事疏》：“且驰且射。”这是说：边跑边射箭。由此可以引申为光的“照射”，如《徐霞客游记·楚游日记》:“光由隙中下射，宛如钩月。”射出的箭直奔目标而去，故又可引申为“追逐”义，如《新唐书·食货志四》:“盐估益贵，商人乘时射利。”“射利”即为追逐财利义。

请注意：在《吕氏春秋·重言》中有这样一段话:“有鸟止于南方之阜，三年不动，不飞，不鸣，是何鸟也？王射之。”这里的“射”并非用箭射，而是猜度的意思。“射”字还有另外两个读音：1. 读 yè，如《荀子·劝学》：“西方有木焉，名曰射干。”2. 读 yì，无射，中国古代音乐十二律之一。

① ② ③

这个“殷”字是个会意字。金文①的左边站着一个面朝右而挺腹的人（实为“身”字），右边是一只右手拿着一根针往人的身上刺，这是表示医治之意。小篆②左边的人身之下又增加了一条腿，右边已发生了讹变，看不出手执针之形了。③是楷书的写法，是由小篆直接演变而来。

“殷”字的本义是“治理”，由“治理”引申为“确定”之义，如《书经·尧典》：“以殷仲春。”也就是说以确定仲春之节气的意思。“殷”还有“盛大”之义，如:“五年而再殷祭。”（《公羊传·文公二年》）其意思是:五年后举行第二次大祭。由“盛大”又可以引申为“众多”之义，如:“士与女殷其盈矣。”（《诗经·郑风·溱洧》）意思是：男男女女实在多得很。

请注意：以前的“慇懃”二字下面都有“心”字，后来废除异体字时，只保留“殷勤”的形体。

在《左传·成公二年》中有“左轮朱殷”的话，就是说：战车的左轮都被血染红了。这个“殷”就是黑红色，必须读作 yān（烟）。再者，司马相如的《上林赋》中有“殷天动地”的话，这里的“殷”字是“震动”的意思，应读 yǐn（引）。

辵部

① ② ③ ④ ⑤

这是个“辵（chuò 辍）”字。甲骨文①和金文②都做一个字的部首用，没有单独用过。其左上是“彳”，右下是“止”，合起来是表示“走”或“跑”的意思。③是小篆的写法。④是楷书的写法。⑤是楷书在做部首用时的写法。

“辵”字的本义是走或跑及运动。这是个部首字，凡是由“辵”所组成的字大都与行动有关，如“逐”“追”“过”“进”等等。

请注意：在旧《辞源》以及《康熙字典》等老的字典、词典的部首中，只有“辵”而没有“辶”，所以要检查从“辶”的字，只能到“辵”部中找。

① ② ③ ④

“行香暂出天桥上，巡礼常过禁殿中。”这个“巡”字本为会意兼形声的字。①是甲骨文的形体。左边为“彳”，表示“走动”义，右边为“川”，“川”为“水”，故水的流动为“巡”，同时“川”与“巡”读音相近，所以也是从川得声。②是战国玺印文的形体，“川”下增“止（足）”，仍为“行动”义。③是小篆的形体。④为楷书的形体。

《说文》：“巡，延行貌，从辵川声。”说“巡”字的本义为“延行”，基本正确，但认为它是个单纯的形声字则不妥，实为会意兼形声的字。由“延行”义可以引申为“巡视”，如《左传·襄公三十一年》：“仆人巡宫。”《史记·秦始皇本纪》：“三十有七年，亲巡天下。”所谓“亲巡”就是“亲自巡视”之意。

请注意：《礼记·祭义》“终始相巡”中的“巡”字不是“巡视”，而是“互相衔接”的意思。这是说：末了与开头是互相衔接的。实际上，这里的“巡”是“沿”的通假字，不读 xún，而必须读作 yán。

①　②　③　④

“沉舟侧畔千帆过，病树前头万木春。”这个“过”字本为形声字。①是金文的形体，其上像枯骨的“冎”形，在此只表音，其下是“止（脚）”，表意，指要经过、走过就要用脚。②是小篆的形体，声符稍有变化，形符改为“走之”旁（辶）。③是楷书繁体字。④为简化字。

《说文》：“过（過），度也。”用“度”解“过”的本义是对的，如《韩非子·外储说左上》：“乘白马而过关。”由本义“度”又可以引申为“过去”，如杜甫《阻雨不得归瀼西甘林》：“三伏适已过。”这是说：三伏天恰好已经过去了。过了“正”就是“误”，所以“过”又可以引申为“错误”义，如《商君书·开塞》：“过有厚薄。”大意是：过错有大有小。至于《史记·魏公子列传》中所说的“愿枉车骑过之”的“过”，那是“探望”的意思，这句话是说：请让车马跟我绕绕道去探望一下。

请注意：古书中的“过差”不是“过错”的意思，而是说“过度”了，如嵇康《与山巨源绝交书》：“惟饮酒过差耳。”大意是：只是酒喝多了而已。

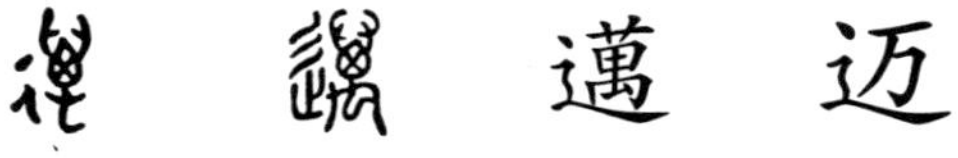

①　②　③　④

“迈迈时运，穆穆良朝。”这个“迈”字，本为会意兼形声的字。①是金文的形体，右边是“萬”，即蝎子，左边为“彳”，表示行动。这就表示蝎子爬行的意思。②是小篆的形体，由“彳”变成了“辵”，仍为行动义。③是楷书繁体字。④为简化字。

《说文》：“迈（邁），远行也。”“迈”字的本义是“行”，如《诗经·王风·黍离》：“行迈靡靡，中心摇摇。”“靡靡”为“慢慢”义，大意是：徐徐地向前走啊，内心恍惚不安。由“行”可以引申为“超过”，如《三国志·魏书·高堂隆传》：“三王可迈，五帝可越。”时间的推移亦有“行”义，所以“迈”又可以引申为“时光消逝”，如《诗经·唐风·蟋蟀》：“今我不乐，日月其迈。”大意是：现在我若不及时行乐，岁月就要无情地消逝。由“时光消逝”可以引申为“年老”，如《后汉书·皇甫规传》：“年齿之不迈。”这是说：年龄还不算老。

①　②　③　④　⑤

这是“明月何时照我还”的“还”字，本为形声字。甲骨文①的左边从“彳”，表示行动，右边为“睘”，表声。②是金文的形体，中间增加环状物。③是小篆的形体，与金文相类似。④是楷书繁体字。⑤是简化字。

《说文》:“还（還），复也。”这是说，“还”字的本义是“返回来”，这是对的，如陶潜《归去来兮辞》:“鸟倦飞而知还。”这是说：鸟儿飞疲劳了也还知道再飞回来。李白《蜀道难》:“问君西游何时还。”又可以引申为“归还”“交还”,如《三国志·吴书·吴主传》:“当奉还土地民人。”“还”又可以假借为“环”,如《汉书·食货志上》:“还庐树桑。”也就是说：环绕房舍植上桑树。《庄子·庚桑楚》:“寻常之沟，巨鱼无所还其体。”这里的“还”是“旋”的通假字，应读作 xuán，是“旋转”义，原话的大意是：一般的水沟中，大鱼没有地方旋转它的身体。

①　②　③　④　⑤

这是“前进”的“进”。甲骨文①的上部是“隹”(鸟)，其下是一只脚根朝下、脚趾朝上的人脚（止)，这就是能飞善走谓之“進”。金文②的中间也是一只飞鸟，下部是一只人脚（止)，这还嫌不够，左边又增加了一个表示行动的符号“彳”，就更能表明前进的意思了，所以“進”字是一个会意字。③是小篆的形体，“隹”(鸟)的部分基本上没有变，“彳”与“止”合而为“辵”。④是楷书的写法。⑤是简化字。

“进”字的本义就是“前进”，与“后退”义相反，如：“勇者不得独进，怯者不得独退。”(《孙子兵法·军争》）后来又引申为到朝廷上去也称“进”，如：“进则曲主，退则虑私。”(《商君书·农战》）这两句话的意思是：进朝廷则曲意讨好君主，退朝居家则专谋私利。由上面的引申义还可以引申为“推荐”义，如《国语·晋语九》:“献能而进贤。”所谓“进贤”是推荐贤人的意思。

我们读《史记·高祖本纪》时，会见到这样的话:“萧何为主吏,主进。”这里的“进”字是“赆（jìn 尽)”的假借字，当“赠送”讲。原话的意思是：萧何做主吏官，主管赠送的路费和礼物。

“进取”一词古今都用，一般是指“上进”，即努力向前、力图有所作为的意思，如《三国志·魏书·武帝纪》中所说的“进取之士”，就是指有作为的人。但《三国演义》第八十四回中所说的“以图进取”，是指进攻。

① ② ③

这是“述而不作”的“述”字，本为会意字。①是金文的形体，右上部是一只大手，其四周的小点儿表示探深洞穴所滴的水点（本是“探”字右下部的“术”，用手探）；其左部和下部组成“辵”，表示移动。所以这个“述”字就表示用手遵循着一定规律向前移动的意思。②是小篆的形体，近似于金文。③是楷书的写法。

《说文》：“述，循也。”这个本义讲得正确，如《后汉书·顺烈梁皇后纪》：“述遵先世。”也就是遵循先世的意思。说话也要按一定的次序说，这就引申出“陈述”或“记述”的意义，如范仲淹《岳阳楼记》：“前人之述备矣。”也就是说：前人所记述的已经很完备了。

现在所说的“叙述”，就是把事情的前后经过，按照一定的顺序记载下来或说出来，可见这里面的“述”字仍保留其“循”的本义。

① ② ③ ④

“往者不可谏，来者犹可追。”这个“追”字本为会意兼形声字。①是甲骨文的形体，上部为“弓”形，下部为“止（足）”，表示持弓追赶的意思。②是金文的形体，“弓”下的“止”变为“辵”，仍为追逐之意。③是小篆的形体。④为楷书写法。

《说文》：“追，逐也。”许慎的说法正确。“追”字的本义就是“追逐”（“追”本指追人，“逐”本指逐兽，二者原有区别，后来混而不分了），如《史记·田单列传》：“齐人追亡逐北。”“亡”“北”指战败时的逃兵。这句话的大意是：齐国的军队追击逃亡的敌人。由“追逐”义可以引申为“追究”“回溯”，如《左传·成公十三年》：“以追念前勋。”后来，还可以引申为“补救”，如陶潜《归去来兮辞》：“悟已往之不谏，知来者之可追。”这是说：我明白了已经过去的事是不能挽回了，可是我也懂得未来的事还是可以补救的。

请注意，“追琢”即“雕琢”义，如元稹《华原磬》：“华原软石易追琢。”但这里的“追”字若读为 zhuī 那就错了，而必须读作 duī。

① ② ③ ④

这是“逆水行舟”的“逆”字，是个象形字。甲骨文①是一个脚朝上、头朝下的人。金文②更像一个倒人之形。小篆③则发生了讹变，在倒人的腰部变为一横。④是楷书的形体，反而变得繁杂化了，由原来的倒人之形的象形字变成了上声（屰亦兼义）下形（辵）的形声字了（加上“辵”表示“动”义）。

“逆”字的本义是“倒”，与“顺”相对，如“逆风”“逆水”等。由“倒”又可以引申为“不顺”或“违背”，如：“恐不任我意，逆以煎我怀。”（《孔雀东南飞》）也就是说：恐怕不由我的心愿，不顺我意，使我胸怀忧煎。再如《史记·留侯世家》：“忠言逆耳利于行”中的“逆”也是“不顺”之义。由“不顺”又可以引申为“迎着”，与“送”相对，如：“宣伯如齐逆女。”（《左传·成公十四年》）这里的“如齐”就是到“齐国去”，“逆”就是“迎”。

古书中常有“逆命”一词，一般说来是接受命令的意思，如《仪礼·聘礼》：“众介皆逆命，不辞。”也就是说：众战士都接受了命令而并不推辞。至于“庆封惟逆命”（《左传·昭公四年》）的“逆命”，是不服从命令的意思。到底是接受还是不服从，这要依上下文的意思来判断。

① ② ③ ④

“把酒酹滔滔，心潮逐浪高。”这个“逐”字是个会意字。甲骨文①的上部是一头猪（豕），下部是一只脚趾头朝上的脚（止），意思是跑着追赶一头野猪就叫“逐”。金文②是由甲骨文演变而来的，猪（豕）与脚（止）都在，只是左边又增加一个表示行动的符号“彳”，反而繁杂化了。小篆③则把“彳”与“止”变成“辵”，就是“走之旁”。④是楷书的形体。

汉画像砖上的狩猎图，河南南阳出土

“逐”字的本义是“追逐”，如《商君书·定分》：“一兔走，百人逐之。”大意是：一只兔子狂奔，一百人追逐。由“追逐”义又可引申为“随”，如：“逐水草移徙。”（《汉书·匈奴传》）这就是说：随着水草而搬家。由“随”义又可以引申为“挨着次序”，如“逐条说明”“逐一检点”。

另外，“文公逐卫侯而立叔武”（《公羊传·僖公二十八年》），这里的“逐”字是“驱逐”的意思，原话是说：文公驱逐卫侯而立了叔武。有“驱逐”就有“反驱逐”，因此“逐”字又能引申为“竞争”义，如《韩非子·五蠹》：“中世逐于智谋，当今争于气力。”所谓“逐于智谋”，也就是在智谋方面竞争的意思。

请注意：“逐”与“遂”的形体相似，“遂”字的上部多两个点儿，若不注意会写错。

① ② ③ ④

“造化钟神秀，阴阳割昏晓。”这个“造”字本为会意兼形声的字。①是金文的形体，外为房屋之形，内部的左边为“舟”，本为在房内造舟之意，右边的“告”表读音。②是《说文》中古文的形体，其外部的房屋之形去掉了，变成一个“从舟告声”的单纯形声字了。③是小篆的形体，由“舟”讹变为“辵”。④为楷书的写法。

《说文》：“造，就也。”“造”字的本义应为“造舟”，如《尔雅·释水》：“天子造舟。”又可引申为“制造”，如《诗经·郑风·缁衣》：“缁衣之好兮，敝予又改造兮。”“缁衣”即黑色衣服，诗句的大意为：你的黑衣非常好啊，破了我另去做新的啊。由“制造”可以引申为“成就”，如《诗经·大雅·思齐》：“小子有造。”意思是小子们也有成就。

在古代，“造”字有“往”“到”的意思，如《周礼·地官·司门》：“四方之宾客造焉。”《战国策·宋策》：“造大国之城下。”成语有“登峰造极”。

请注意：“造”可做“曹”字的通假字，表示“诉讼的双方”，如《尚书·吕刑》：“两造具备。”这是说：诉讼的双方都到齐了。

① ② ③ ④

这个“逢凶化吉”的“逢”字本为会意兼形声的字。①是甲骨文的形体，上部是脚趾朝下的一只脚（倒“止”），左下角的“彳”表示行动，右下角的“丰”表示行进遇到之物，亦表声。②是石鼓文的形体，其左边为“辵”。③是小篆的形体。④为楷书形体。

《说文》：“逢，遇也。”“逢”字的本义为“遇见”“遭遇”，如《诗经·王风·兔爰》：“我生之后，逢此百凶。”大意是：在我出生之后，遇到了百难临头。李白《古风·二十四》："路逢斗鸡者。"由"遇见"义又可以引申为"迎接"等义。

"逢迎"现在多用为贬义，如"阿谀逢迎"。但是古代也有"接待""迎接"之义，是中性词，如《史记·刺客列传》："太子逢迎。"王维《与卢象集朱家》："主人能爱客，终日有逢迎。"

请注意："逢逢"连用应读作 péng péng，是"蓬蓬""嘭嘭"的通假字，如《墨子·耕柱》："逢逢白云。"是说白云很厚的意思。

① ② ③

这个"逮"字的本字"隶（dǎi 歹）"，原是个会意字。金文①是上下直竖的一条大尾巴，上部是一只右手，意思是用手捉住了一条大尾巴，这就叫"逮住了"。②是小篆的形体，手指已经捉住了尾巴。因为要逮住就需要追赶，所以楷书③又加了一个"辵"表示行动。

"逮"字的本义就是"逮捕"或"捉拿"，如："诏狱逮徙系长安。"（《史记·孝文本纪》）大意是：下诏书命令狱吏捉拿后押送长安拘禁起来。要"捉拿"就必须追得上，所以"逮"又引申为"及"（或"到达"）的意思，如："逮夜至于齐。"（《左传·哀公六年》）也就是说：及夜到达了齐国。

"逮"字当"捉住了"讲，若读为 dài（代）就不对了，而必须读为 dǎi（歹）。若"逮逮"当"棣棣"（雍容娴雅的样子）用时，又必须读为 dì（帝）。

① ②

这是"逼其就范"的"逼"字，是个形声字。①是小篆的形体，左为辵，表意，右为畐，表音。②是楷书的形体。

《说文》："逼，近也，从辵畐声。""逼"字的本义为"靠近""逼近"，如李嘉祐《常州韦郎中泛舟见饯》："逼岸随芳草。"陈子昂《度峡口山》："逼之无异色。"以上两个例句中的"逼"字均为"靠近"义。由"靠近"又可以引申为"逼迫""强迫"义，如古乐府《孔雀东南飞》："自誓不嫁，其家逼之。""逼"字还可以由"靠近"义而引申为"狭窄"义，如《荀子·赋篇》："入郄（裂缝）穴而不逼者。"《淮南子·兵略训》："入小而不逼。"以上两个例句中的"不逼"，均为"不狭窄"义。

① ② ③

这是“任重道远”的“道”字,本为会意字。①是金文的形体，其两侧是个“行”字,“行”字原表示十字路口，在这十字路口的内部有个“人”(上“首”下“止”),这就表示人在道路上行走。②是小篆的形体，变为从“首”从“辵”，其实，也正是金文的省变。③为楷书的形体。

《说文》:“道，所行道也。”“道”字的本义为“路”，如《史记·项羽本纪》:“从此道至吾军，不过二十里耳。”《史记·陈涉世家》：“会天大雨，道不通。”由“路”可以引申为“规律”，如《荀子·天论》：“循道而不贰。”也就是说：遵循事物的发展规律而不背离。由“规律”可以引申为“途径”“方法”，如《商君书·更法》:“治世不一道，便国不必法古。”这是说：治世不只是一条途径，有利于国家不一定要去学习古代。治国有方,有主张,所以“道”又能引申为“主张”“学说”等,如《孟子·滕文公上》:“从许子之道。”这是说:根据许子的主张。“道”也可做“导”字的通假字，读作 dǎo,如《左传·襄公三十一年》:“不如小决使道。”意思是:不如决开一个小口，把河水疏导出去。

① ② ③

“避其锐气,击其惰归。”这个“避”字本为会意兼形声的字。①是甲骨文的形体，左边为“彳”，中间为“人”，右边是一把刑刀，这就表示罪人逃避刑罚之意，其形体结构为“从彳从辟，辟亦声”。②是小篆的形体，将“彳”换成了“走之”，其意义不变。③为楷书的形体。

《说文》:“避，回也。”“避”字的本义应为“躲开”“逃避”，如《韩非子·有度》：“刑过不避大臣。”也就是说：惩罚有过的人，决不能因为他是大臣就躲避开。《史记·廉颇蔺相如列传》：“望见廉颇，相如引车避匿。”意思是：蔺相如望见了廉颇，便赶快调转车头而躲避。由“避开”义可引申为“避免”,如《吕氏春秋·介立》:“脆弱者拜请以避死。”《荀子·富国》：“足以避燥湿。”以上两例中的“避”字均为“避免”义。

豸 部

① ② ③

这是个“豸（zhì 至）”字。金文①的上部是头，张口而见利齿，头的右上侧有个圆耳，其下部有腿有尾，可见这是一种面朝左的动物的形象。许慎《说文·豸部》：“豸，兽长脊，行豸豸然，欲有所司杀形。”从这个解释看也可能是猫这一类动物。在我国第一部词典《尔雅·释虫》中说：“有足谓之‘虫’，无足谓之‘豸’。”其实这是从“兽类”转移为“虫类”。

“豸”字是个部首字，在汉字中凡由“豸”字所组成的字大都与兽有关，如“豺”“豹”“貂”“貉”“貘”“貔”等字。

① ② ③

这是“一丘之貉”的“貉（hé 河）”字，是个形声字。金文①的左边是“各”字，表示读音，右边是“豸”字，表意。②是小篆的形体，“各”与“豸”改变了结构的位置，成了左形（豸）右声（各）的形声字了。③是楷书的写法。

“貉”的本义是指一种动物，俗称“狗獾”，是一种重要的皮毛兽。

“貉”字也与“貊”字相通，这是我国古代统治阶级对东北部的一个民族的称呼。为什么加上“豸”字旁呢？这是古代对少数民族的辱称。当“貉”字代替“貊”字用时，则应当读为 mò（墨），而不能读为 hé（河）。

请注意：在上古“貉”字也通“祃”，是古代的祭名，见于《周礼·春官·肆师》，必须读为 mà（骂）。可是“貉子”（小貉）一词中的“貉”字，应当读 háo（豪）。

把成语“一丘之貉”中的“貉”字读为 luò（落）或 gè（各），那都是不对的。

① ② ③ ④

这是“金钱豹”的“豹”字，原为象形字。甲骨文①就是豹子的形象，旧释虎，不妥。②是战国文字。③是小篆的写法。④是楷书写法。

《说文》:“豹，似虎圜文（圆纹），从豸勺声。”许慎的说法正确，从战国文字起，豹就由象形字变成形声字了。“豹”字的本义就是“豹子”，如《正字通》对“豹”有形象的描绘 :“豹，状似虎而小，白面，毛赤黄，文（纹）黑如钱圈，中五圈左右各四者，曰金钱豹。”

汉画像砖上的豹纹

请注意 :我们在阅读古诗文时,常见到“豹隐”一词，如在唐骆宾王的《秋日别侯四》诗中就提到过“豹隐”，那都是指人要爱惜其身，有所不为，所以后世多用“豹隐”来比喻隐居。这个典故最初见于《列女传》二中的《陶答子妻》。

豆 部

① ② ③ ④ ⑤

“五谷丰登”的“丰”字十分形象。甲骨文①在“豆”（食器）上装有丰富的东西，这就是“丰盛”的意思。②是金文的形体，较甲骨文稍有变化。③是小篆的形体。④为楷书写法。楷书有十八画，书写不便，后又借另外一个“丰”⑤作为简化字用，仅有四画，易认易写。

“丰”的本义是“丰盛”，后又引申为“茂盛”，如曹操《步出夏门行·观沧海》:“树木丛生，百草丰茂。”从“茂盛”又引申为“丰收”“富足”，如《齐民要术序》:“家家丰实。”这里需要注意的是 :在古代本来就有“丰”字，是形容容貌丰满、美好的样子，如《聊斋志异·娇娜》:“偶过其门，一少年出，丰采甚都。”这个“都”字也是美好的意思。

① ② ③ ④

这个“豆”字，从甲骨文①的形体看，就像一只高脚盘的形状。金文②也与甲骨文相似，只不过其上部多了一横，表示这个高脚盘中装有东西。小篆③与金文②相类似。④为楷书的形体。

战国蟠兽纹豆器

在上古，“豆”字就是指一种盛食品的器皿。《国语·吴语》：“觞酒豆肉箪食。”觞：古代酒器，箪：古代盛饭的圆竹器，这是说：一觞酒，一豆肉，一箪饭。可见这个“豆”就是盛肉的器皿。由“器皿”引申为容量单位，如《左传·昭公三年》：“齐旧四量：豆、区、釜、钟，四升为豆。”意思是齐国原来有四种容量单位：豆、区、釜、钟，四升等于一豆。至于说豆类植物的总称为“豆”,是个假借字的问题。上古的“豆类”称为“菽”，汉代以后“豆”字才渐渐代替了“菽”。

“豆”字是个部首字，在汉字中凡由“豆”字所组成的字大都与器皿有关,如“丰(豐)”“梪”“登”等字。

① ② ③ ④

这是“五谷丰登”的“登”字，本为会意字。①是甲骨文的形体。上部有两只脚，表示上升意，中间是“豆”，指食器，下部是两只手，大意是双手高高地举起食器，表示进献。②是金文的形体，原来上部表示上升的两只脚形省掉了，仅有双手举食器之形。③是小篆的形体，上部的双脚形依然在，但下部的双手形被省掉了。④是楷书的写法。

《说文》：“登，上车也。”其实，“登”字的本义并非单指上车，由低处到高处均可以称为“登”，如《荀子·劝学》：“故不登高山，不知天之高也。”顾炎武《与人书》:“断不能登峰造极。”所谓“登峰造极”,是说学问等上升到最高境界。由“登上”义可以引申为“记载”义，如《周礼·秋官·司民》:“司民掌登万民之数。”这是说：

司民官是主管登记百姓数目之事的。庄稼成熟就要登上场院进行晾晒脱粒等活动，所以“登”又能引申为“成熟”义，如《孟子·滕文公上》：“五谷不登。”也就是说：五谷还不成熟。

请注意：“登遐”本指到最远的地方去，难以再回来，所以古代常用“登遐”作为帝王死亡的讳称。

酉部

① ② ③ ④

西周陶器

这个“酉（yǒu 有）”是个象形字。甲骨文①像个酒瓶的模样。金文②变得复杂了一些，当中的两条横线是酒瓶上的花纹。③是小篆的形体，酒瓶上的花纹变得更美观了。④是楷书的写法。

“酉”字的本义是“酒瓶”，后来这个本义消失了，却被假借代表地支（即子、丑、寅、卯、辰、巳、午、未、申、酉、戌、亥）的第十位。一昼夜是十二个时辰，酉时是十七点到十九点。

“酉”字是个部首字，在汉字中凡由“酉”字所组成的字大都与酒有关，如“酌”“酤”“酣”“醉”“酿”等字。

① ② ③

这个“酋”字本为象形字。①是甲骨文的形体，其下部像一个大酒瓶，其上部的三个点儿表示酒熟香气外溢。②是小篆的形体，与甲骨文有点类似。③是楷书的写法。

《说文》：“酋，绎酒也，从酉，水半见于上。”所谓“绎酒”就是陈酒，段玉裁说是“日久之酒”。后来“酋”引申为“掌管酒的长官”，如《淮南子·时则训》：“乃命大酋。”高诱注：“大酋，主酒官也。”由“官”又可以引申为“部落的首领”“酋长”，如颜延之《三月三日曲水诗序》：“卉服之酋。”所谓“卉服”就是用草做的衣服，特指落后的部落。原话的大意是：落后的部落的酋长。

“酋”亦可做“就”的通假字，是“完成”之意，如《汉书·叙传上》：“《说难》既酋，其身乃囚。”也就是说：把《说难》刚写完，自己就被囚禁起来了。

周代铜觥

① ② ③ ④

这个“配”字是个会意字。甲骨文①的左边是个酒瓶，右边是一个半跪着的人，表示抱着酒瓶配酒之意。金文②仍是这个意思，形体结构类似于甲骨文。③是小篆的形体，右边的人形根本不像了。④是楷书的形体，右边的“人”已讹变成“己”了。

“配”字的本义是“调配”，如陶宗仪《南村辍耕录·黄道婆》：“错纱配色，综线挈花，各有其法。”大意是：使纱线交错而配以各种颜色，再综绒提花，都是有一定方法的。由此可以引申为“男女婚配”之义，如李白《感兴六首》：“安得配君子，共乘双飞鸾（luán 栾）。”意思是：怎么能够婚配于君子，共乘鸾凤而飞呢？由“婚配”又可引申为“配合”之义，如陆游《村居初夏》：“梅青巧配吴盐白。”至于杜甫所说“除名配清江”（《敬寄族弟唐十八使君》）中的“配”字，那是指充军、发配，原意是：除去名籍而发配到清江一地。

① ② ③ ④

这个“酒”字是个会意字。甲骨文①的中间是一个酒瓶，两侧的曲线表示酒有溢出的形象。金文②用一个大酒瓶代表酒。③是小篆的形体，左边的“水”表示酒是液体，右边是个酒瓶，合成“酒”的意思。④是楷书的写法，是由小篆直接演变来的。

“酒”的本义就是喝的酒，用现在的话说就是白酒、黄酒、啤酒、葡萄酒等等。

古人在诗词中常用“酒兵”一词，这是古人谓酒能消愁，就像兵能克敌一样，如唐彦谦《无题》诗：“酒兵无计敌愁肠。”也就是说好酒也冲不掉自己内心之愁。

在古代，“酒人”一般是指好喝酒的人，可是《周礼·天官·酒人》中所说的“酒人”却是官名，是指掌管酒的官。

① ② ③ ④

“唯世妇命于奠茧。”这个“奠”字是个会意字。①是甲骨文的形体，像酒瓶下垫物，使酒瓶稳定。②是金文的形体，③是小篆的形体。④为楷书的写法，酒瓶下部的垫物变成了“大”字。

《说文》：“奠，置祭也。”许慎的说法是引申义，其本义应为“酒瓶下垫物”，有“稳定”“放置”义，如《礼记·内则》：“奠之而后取之。”“稳定”义现在还用，“定基”就称为“奠基”，如某建筑物要破土动工，先要举行奠基礼的仪式。“奠”字又引申为“用酒食祭祀死者或鬼神”，如《仪礼·士丧礼》：“奠脯醢醴酒。”所谓“脯”就是干肉，“醢(hǎi)”就是肉酱，“醴酒”就是甜酒，也就是说：用干肉、肉酱和甜酒等祭祀死者。由“祭”义又可以引申为“献”，如《仪礼·乡饮酒》：“主人坐，奠爵于阶前。”“爵”就是酒器，这句话的大意是：主人坐，在阶前献上美酒。

现在给死者所献的花圈的中间，往往写上一个大大的“奠”字，这是什么意思呢？其实这正是我们祖先风俗习惯的沿袭，为“祭祀”义，用以寄托生者的哀思。

豕 部

① ② ③ ④

古书上说：“马牛羊，鸡犬豕，此六畜，人所饲。”可见“豕”是六畜之一。甲骨文①像个大肚子的猪，所以“豕”就是猪的象形字。金文②的上部是个猪头，头的两侧是两只左右张开的大耳朵，其下有腿、有尾。③是小篆的形体，已经失去了猪的模样了。④是楷书的写法，根本没有猪的形象了。

河姆渡遗址出土的方形陶器上的猪纹

“豕”的本义是“猪”，如《左传·庄公八年》：“齐侯游于姑棼，遂田于贝丘，见大豕。”这是说：齐侯在姑棼那里游玩，后来到贝丘地方打猎，看见了大野猪。“豕牢”一词一般是指猪圈，可是《国语·晋语》中有“少溲（sōu 搜）于豕牢”的话，这里的“豕牢”却是指“厕所”。

请注意：我们现在所说的“猪”是不管大小的，但是古代却有不同的叫法，一般说，“豕”和“彘”是指大猪，“猪”和“豚”是指小猪。

“豕”是个部首字，在汉字中凡由“豕”字所组成的字大都与“猪”有关，如“亥”“象”“豣”“豟”“豨”“豭”“豵”等字。

① ② ③ ④

“亥”字是个象形字。甲骨文①像个猪形，上为头，下为尾，腹部朝左。金文②也基本同于甲骨文。可见甲、金文的“亥”字均类似于“豕”字。③是小篆的形体，根本看不出猪的形象了。④是楷书的写法。

“亥”字当“猪”讲的本义在后世消失了，而被假借为地支的第十二位，在十二属相中代表“猪”，如子鼠、丑牛、寅虎、卯兔、辰龙、巳蛇、午马、未羊、申猴、酉鸡、戌狗、亥猪。在一昼夜的十二个时辰当中，亥时是二十一点到二十三点。

请注意：古代隔日交易一次的市集称为“亥市”，这里的“亥”字应读为 jiē(阶)。

① ② ③ ④

这个“兕”字读作 sì，本为象形字。甲骨文①的形体就像犀牛一类的兽。②为金文的形体，其上部很像角形。③是小篆的形体。④为楷书的写法，其下从“儿”，发生了讹变。

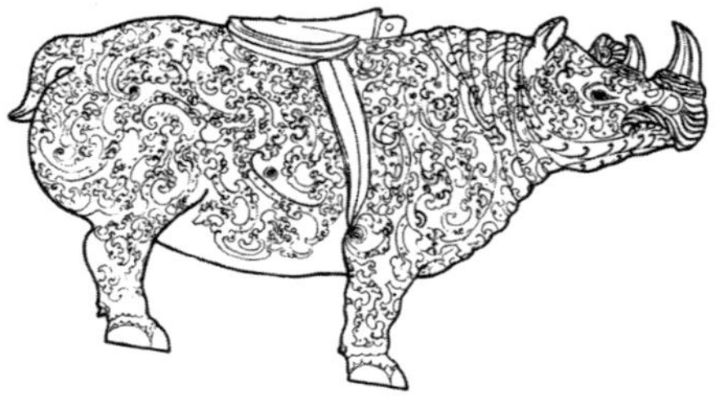

周代青铜犀尊

《说文》：“舄，如野牛而青，象形。”许慎解其本义是对的，如《左传·宣公二年》：“犀兕尚多。”《诗经·小雅·何草不黄》：“匪兕匪虎。”“匪”通“非”。再如《论语·季氏》：“虎兕出于柙，龟玉毁于椟中，是谁之过与？”大意是：老虎和犀牛从槛中逃跑了，龟壳和美玉在匣子里毁坏了，这都是谁的过错呢？

古书中多见“兕觥（gōng）”一词，这是指用犀牛角做的酒杯，也称作“兕爵”“角爵”，如《诗经·周南·卷耳》：“我姑酌彼兕觥，维以不永伤。”意思是：我只好把那酒杯斟满，这能使人少伤怀。

① ② ③ ④

“马跳厩，豕出圂。”这个“圂”字读作 hùn，本为会意字。甲骨文①的外部像猪圈形，其中有两头“豕（猪）”。②是金文的形体，像猪圈中养了一头猪。③是小篆的形体，圈内的“豕”不大像猪形了。④为楷书的写法。

《说文》：“圂，厕也。从囗，象豕在囗中也。”“厕”只是“圂”的引申义，本义应是“猪圈”，如《汉书·五行志第七中之下》：“豕出圂。”这是说：猪跳出了猪圈。由“猪圈”可以引申为“厕所”，后世一般都写作“溷”，如《南史·范缜传》：“（花）自有关篱墙落于粪溷之中。”“关”是穿过，这句话的意思是：花儿穿过篱墙落在厕所里了。

“圂腴”是指猪、犬的内脏，如《礼记·少仪》：“君子不食圂腴。”不过，这里的“圂”应读作 huàn，是“豢”的通假字。

① ② ③ ④

这个“象”字是个象形字。甲骨文①的上部是大象的头，象的长鼻子向左上方伸展，下部是身子，最下端是尾。金文就更像大象的形状了，如②。小篆③就看不出大象的样子，楷书④是从小篆的形体直接演变来的。

“象”字本义就是指“大象”，有时当“景象”讲，如范仲淹《岳阳楼记》：“朝晖夕阴，气象万千。”成语中还有“万象更新”。在《韩非子·显学》篇中有“象人百万，不可谓强”的话，这个“象人”是专有名词，即木偶人。这话的大意是：木偶人虽多，实际上不能抵御敌人，所以不可以称强大。

商代象尊

请注意：“象”与“像”二字在使用时既有区别又有联系。作“大象”“形象”“景象”“象征”等用时只能写作“象”，而不能写作“像”。作“画像”“塑像”等用时写作“像”。凡在“象”与“像”二字的意义可能混淆时，用“像”字为宜。

  豢

① ② ③

赶猪图

这是“豢养犬豕”的“豢”字，读作huàn，本为会意字。①是甲骨文的形体，中间是一只头朝上腹朝左的猪，而且是有孕的母猪，其腹中有“子(猪仔)”，前后有两只手，表示管理喂养之意。②是小篆的形体，成为“从豕𢍏声”的形声字了。③是楷书的形体。

《说文》：“豢，以谷圈养豕也。”“豢”字的本义就是“养猪”，如《礼记·乐记》：“豢豕，为酒。”这是说：养猪，做酒。后世“豢”字不单指养猪，用粮食喂养牲畜均可以称“豢”，如《礼记·乐记》郑玄注：“以谷食犬豕曰豢。”现在“豢养”已成为双音词了，常用来比喻“收买”“利用”，如鲁迅《二心集·“丧家的”“资本家的乏走狗”》：“凡走狗，虽或为一个资本家所豢养，其实是属于所有的资本家的，所以它遇见所有的阔人都驯良，遇见所有的穷人都狂吠。”

  蒙

① ② ③

“草木蒙茏，枝叶茂接。”这个“蒙”字本为会意字。①是甲骨文的形体，上部

是蒙布或帽子之形，其中有一只大眼睛，眼下有人形，可见，“冖”下就是“見”字，这就表示把人的眼睛蒙起来。②是小篆的形体，其内部又变作“豕”，但意义未变。③是楷书的形体。

《说文》：“冡，覆也。”这是对的。《说文》将“冡”与“蒙”分为两个字。“蒙”是草名，在典籍中借“蒙”为“覆盖”义，“蒙”行而“冡”废，如《左传·昭公十三年》：“晋人执季孙意如，以幕蒙之。”也就是说：晋人捉住了季孙意如这个人，用幕布把他裹起来。天气阴蒙也有“覆盖”义（甲骨文中有“蒙日”一词，就是指天气阴蒙蔽日），由此又引申为“欺骗”“隐瞒”，如《左传·僖公二十四年》：“上下相蒙。”这是说：上下互相欺骗。由此又可以引申为“包庇”，如《汉书·卫绾传》：“常蒙其罪。”即经常包庇他的罪过。由“包庇”又能引申为“遭”“受”，如《易·明夷》：“以蒙大难。”即遭受大难的意思。

请注意，“蒙”字由“遭”“受”义可以反训为敬词，当“承蒙”讲，如王安石《答司马谏议书》：“昨日蒙教。”

① ② ③ ④

这个“豭”字读作 jiā，本为象形字。①是甲骨文的形体，像一只头朝上、尾朝下、腹朝左的猪，腹下有势形，表示这是一头公猪。②是金文的形体。③是小篆的形体，变成了“从豕叚声”的形声字了。④是楷书的写法。

《说文》：“豭，牡豕也，从豕叚声。”许说正确。不过许慎没有见到甲骨文，所以他只好依据小篆解为形声字。“豭”字的本义是“公猪”，如《左传·隐公十一年》：“郑伯使卒出豭，行出犬、鸡，以诅射颍考叔者。”古代百人为“卒”，二十五人为行（háng）。这就是说：郑庄公让一百人拿出一头公猪，二十五人拿出一条狗和一只鸡，来诅咒射颍考叔（人名）的人。

后来，“豭”由公猪的本义引申为泛指猪，如《经典释文》：“豭，音加，猪别名。”

辰 部

① ② ③ ④ ⑤

“敬农时，典物利。”这个“农”字本为会意字。甲骨文①的上部是“林”，下部是“辰（农具）”，以农具垦荒即为农业。②是金文的形体，上部为“田”，下部仍为“辰”，是以农具耕田义。③是小篆的形体，上部在“田”的两侧又增加了一双手，表示田间劳作。④是楷书繁体字，其上部的“手”和“田”讹变为“曲”。⑤为简化字。

汉画像砖上的农耕图

《说文》：“农（農），耕也。”“农”字的本义是指“除草播种之事”，也就是农业，如《商君书·垦令》：“民不贱农，则国安不殆。”也就是说：老百姓不轻视农业，那么国家就安宁，不会有危险。再如《汉书·食货志上》说得更明确：“辟土殖谷曰农。”

请注意：我们读《管子·大匡》时，会见到“用力不农”的话，这里的“农”当“勤勉”讲，大意是：用力但不勤勉。

① ② ③ ④

这个“辰”字本为象形字。甲骨文①略像蚌壳之形。②是金文的形体，极像蚌壳的样子。③是小篆的写法，与甲骨文的形体类似。④为楷书的形体。

《说文》：“辰，震也。”此说不妥。“辰”字的本义应为“贝壳”。上古以大蚌壳做农具，所以“农”的繁体字“農”以及“耨”等字都从“辰”。当“辰”字被假借为地支的第五位时，它的本义即由后起的形声字“蜃”字所代替，如“海市蜃楼”。后世一般多用“辰”的假借义，即地支的第五位。又可做十二时辰之一，相当于现在的上午七点至九点。时间往往与星的运行有关，所以“辰”又可以当“星”讲，如《荀子·礼论》：“星辰以行，江河以流。”所谓“北辰”，也就是指北极星，如谢灵运《拟魏太子邺中集诗·魏太子》：“众星环北辰。”这是说：众星都环绕着北极星转。

《诗经·齐风·东方未明》：“不能辰夜，不夙则莫。”“莫”即古“暮”字，这两句诗是说：不分早晨和深夜，不是早起就是晚睡。可见原诗的“辰”字是“晨”的通假字。

①　　②　　③

这个“晨”字本为会意兼形声的字。①是古玺文的形体，下部为“日”，表示天刚亮，上部是“辰（大蚌壳，上古人用来做农具）”，也表声，这就表示清晨持农具去田间劳作。②是小篆的写法，“日”移于“辰”上，其义不变。③为楷书的形体。

《说文》：“辰，房星。”许慎将“辰”字作为房星的专用字，而在“晨”字下训为“早昧爽也”，当为“晨”字的本训。所以，“晨”字的本义实为“清晨劳作”，后可以引申为“早晨”，如《淮南子·天文训》：“日出于旸谷（地名）……是谓晨明。”所谓“晨明”即黎明。《尚书·牧誓》中有“牝鸡无晨”的话，意思是：母鸡不能报晓。可见这里的“晨”是鸡啼报晓的意思。雄鸡有司晨报晓的本领，母鸡则不能，所以在古书中常用“晨牝”一词比喻干预朝政的后妃。

古籍中的“晨乌”，指初升的太阳，这是因为古代神话谓日中有“金乌”，所以“晨乌”也就成为“朝（zhāo）阳”的代称了。

《论语·宪问》：“晨门曰：‘奚自？’”这里的“晨门”是什么意思呢？实际上，掌管早晚开闭城门的人叫“晨门”，原话的意思是看门人说：“你从什么地方来？”

釆部

①　　②　　③　　④

这个“釆”字读作biàn，是个象形字。甲骨文①的周围四点就像兽类的脚趾着地之迹，中间的“十”表示脚趾之间的分界。②是金文的形体，与甲骨文相似。③是小篆的写法，其上好像增加了一个脚趾头，变成了一足五趾，似更合理些。④是楷书的形体。

《说文》:“釆，辨别也，象兽指爪分别也。”这是对的。上古要辨别什么兽走过，先看地面上的足迹。“釆”字是个部首字，在汉字中凡由“釆”字所组成的字，大都有分辨的意思，如“悉”“释”“審”等。后来，“釆”字不单独使用，而以“辨”字代替。

请注意：“釆”与“采”的写法是不同的，前者七画，后者八画，不能相混。

① ② ③

这是“何惧几番秋霜过”的“番”字，本为象形字。①是金文的形体，上部为兽趾之形，下部为兽脚掌之形（非为“田”字），整个“番”就象兽脚着地的脚印之形。②是小篆的形体，与金文极相似。③是楷书的写法。

《说文》:“番，兽足谓之番。”可见“番”就是“蹯”的初文。几足交替前进，所以这就可以引申为“轮流更代”之意，如《北史·贺若弼传》:“请广陵顿兵一万，番代往来。”也就是说：请在广陵这个地方驻守一万军队，定时换防。由“更替”“轮流”可以引申为动量词，作“回”“次”解，如庾信《咏画屏风》:“行云数番过，白鹤一双来。”辛弃疾《摸鱼儿·置酒小山亭》:“更能消几番风雨。”

请注意，《史记·秦本纪》:“黄发（fà）番番。”这里的“番番”应读作 pó pó，实通“皤”字，形容头发白了。可是《诗经·大雅·崧高》“申伯（人名）番番”中的“番番”，又应读作 bō bō，是形容勇武的样子。另外，广州番禺区中的“番”，则应该读作 pān。以上的读音应区别清楚。

足 部

① ② ③ ④

这个“足”字是个象形字。甲骨文①的下部是一只脚趾朝上、脚跟朝下的左脚，上面“口”形至今未详。②是金文的形体，③是小篆的形体，都与甲骨文的形体相似。④是楷书的写法。

“足”的本义就是“脚”。由人的脚可以引申为物的脚，如“三足鼎立”等。至于当“足够”讲的“足”，那是假借义。从“足够”之义又可引申为“值得”，如《荀子·劝学》：“百发失一，不足谓善射。”大意是：射出一百支箭，而只有一支没有射中，也不算是善射的人。现在所说的“微不足道”，是说低微得不值一提。这都是“足”字的词义的沿用。

《列子·杨朱篇》中有“以昼足夜”的话，这个“足”字当“补足”讲，也就是说：以白天补足晚上。古代的“足恭”一词，是过分地恭顺以取媚于人的意思。这里的两个“足”字，都必须读作 jù（据）。

“足”字是个部首字，在汉字中凡由“足”字组成的字大都与脚有关，如“跟”“蹈”“路”“踵”“跳”“践”等字。

① ② ③ ④

这个“践”字本为会意字。甲骨文①的左边是“彳”，右边是“戈”，本为负戈以行之意。②是小篆的形体，又增加了一个“戈”。在《说文》中，另外还收有“踐”字，其实“踐”与“後”本是一个字，后世则只保留了“踐”字。③是楷书繁体字。④为简化字。

《说文》：“践（踐），履也。”“践”字的本义为“踩”“践踏”，如《诗经·大雅·行苇》：“敦（tuán 团）彼行（háng）苇，牛羊勿践履。”大意是：路边那丛生的芦苇，牛羊不要踩伤踏毁。贾思勰《齐民要术·收种》：“以马践过为种。”所谓“践过”就是踩过了。由“踩”义又可以引申为“履行”“实践”，如《左传·文公元年》：“践修旧好。”

“践”字可做“翦”字的通假字，当“灭”讲，如《尚书·成王政（征）》：“遂践奄。”这是说：于是就把奄国消灭了。另外，“践”还可以做“浅”的通假字，如《诗经·郑风·东门之墠》：“有践家室。”这是说：家室浅陋。

请注意：“践”与“蹈”都有“踩踏”义，但“蹈”常常带有冒险的意思，如“蹈火”“蹈海”等。

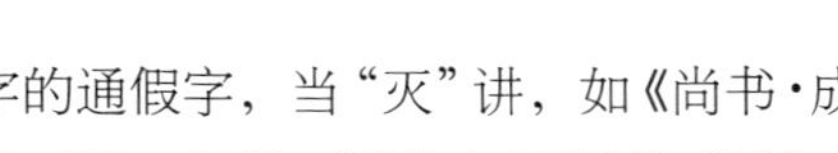

① ② ③

这是个道路的“路”字。金文①的左边是“足”，表示走路，右边是“各”，表示读音，所以这个字是左形(足)右声(各)的形声字。小篆②的形体与金文基本一致。③是楷书的写法。

“路”字的本义是“道路”。从脚步所走之路，又可引申为思想或行为的途径，如：“以塞忠谏之路也。”（诸葛亮《出师表》）也就是说：以堵塞用忠言直接规劝君主的道路。可是“筚(bì 毕)路蓝缕，以启山林”(《左传·宣公十二年》)中的“路”，却是当“车”讲，“筚路”就是“柴车”。这句话的意思是：拉着柴车，穿着破烂衣服去开发山林。“路”字所以当“车”讲，是因为路能行车，这叫“功能性的引申义”，属于远引申。那么《史记·孝武本纪》中“路弓乘矢”里的“路”是什么意思呢？这个“路”是“大”的意思，这是由路的“宽广”而引申为“大”，所谓“路弓”也就是“大弓”。

在古书中常见“路寝”一词，若理解为“在路上睡大觉”就错了，那是特指古代君主处理政事的宫室。

① ② ③ ④

汉画像砖上的人物形

这是“长跽而叹”的“跽”字，读作 jì，本为形声字。①是甲骨文的形体，其上为“已”，下部为“止（足)”，表示跪意。②是金文的形体。③是小篆的形体，左边又增加一“足”,右边变为“忌”,这就变成了“从足忌声”的形声字。④是楷书的写法。

《说文》:“跽，长跪也，从足忌声。”上身挺直，双膝着地，臀部离开脚跟，就叫作“跽”，是古代的一种坐姿。如《史记·范雎蔡泽列传》：“秦王跽而请曰：‘先生（指范雎）何以幸教寡人？’”也就是说：秦王长跪而请求说，先生用什么来教诲我呢？再如《史记·项羽本纪》:“项王按剑而跽曰：‘客何为者？’”以上的“跽”均为“长跪”义，古人对话时常作这种姿势。

邑 部

① ② ③ ④

这是“戍守边邑”（保卫边疆）的“邑（yì 易）”字。甲骨文①和金文②的上部都是一个代表围墙的方框，而下部都是面朝左跪着的一个人，整个字是表示上古人聚居之地，所以“邑”字是个会意字。小篆③的上部变成“口”，下部变成“巴”，看不出会意的样子。④是楷书的形体。

“边邑”就是边疆的市镇，后来又从市镇引申为国都的意思，如《诗经·商颂·殷武》：“商邑翼翼。”这是说：商的国都很整齐（“翼翼”表示整齐的样子）。到了后世，一般的城市亦可称“邑”，如宋朝苏洵的《六国论》：“小则获邑，大则得城。”

青铜器上的铭文“邑”字

无论国都还是城镇，对于一个国家来说都是非常重要的，能否保卫得好呢？故“邑”有“心中不安”之义，又由“不安”之义引申出“愁闷不安”的意思，如《史记·商君列传》：“安能邑邑待数十百年以成帝王乎？”有人认为这个“邑邑”系“悒悒”之误，其实这是一种误解。本来“邑”字就有不安愁闷之意，后世在其左加上个“竖心旁”是为了更好地表意，这就产生了一个左形右声的新形声字“悒”了。

“邑”字是个部首字，当由“邑”字作为部首使用时，大都出现在一个字的右边，写作“阝”。在汉字中凡由“阝”（右边的）所组成的字大都与城镇、地名有关，如“邦”“都”“郭”“邻”“郡”“鄙”等字。

① ② ③ ④

这是“治国安邦”的“邦”字。从甲骨文①的形体看，“邦”字就是“圃”字，所以“邦”与“圃”在殷商时代是一个字，都是在田地上栽植树苗的形象。围绕封界栽一周树苗，表示界线以内即为“邦国”，可见“邦”就是“分封的诸侯国”的意思。到了金文②发生了较大的变化，其左边是栽种的树苗，其右为“邑”，表示地方或区域，这同样是代表分封之地区。③是小篆的形体，与金文相类似。④是楷书的写法，左边已讹变得看不出树苗形，右边的“邑”也变为“阝”了。

“邦”的本义代表分封的诸侯国，做名词用，如《诗经·大雅·皇矣》：“王（wàng）此大邦。”这里的“王”是管辖或统治的意思。这句话的大意是：统治这个大国。由此也可以引申为“分封”，做动词用，如柳宗元《封建论》：“邦群后。”这个“后”是指诸侯。这句话的意思是：分封了许多诸侯。至于说“民为邦本”中的“邦”字，就是指国家，也就是说：“老百姓是国家的根本。”

① ② ③ ④ ⑤

“战士指看南粤，更加郁郁葱葱。”这个“郁”字本为会意字。甲骨文①的中间是一个人站在另一个人的背上，左右为“木”，即在野外蹂躏人之意。②是金文的形体。③是小篆的形体，变得极为复杂，其上的“人”形变为“缶”，其下部又增加“鬯”和“彡”。④为楷书繁体字。⑤借本来已有的“郁”字作为简化字。

《说文》：“郁（鬱），木丛者。”不妥。“郁”字的本义为“蹂躏”，凡被蹂躏必不乐，这就可以引申为“心情忧愁”，如《管子·内业》：“忧郁生疾。”屈原《九章·抽思》：“心郁郁之忧思兮。”由“愁思无绪”可以引申为“丛生”义，如《诗经·秦风·晨风》：“郁彼北林。”这是说：那北山上的丛林多茂盛。“郁郁”一词在古籍中多见，有的是指“富有文采”义，有的是指“繁盛”义，有的是指“香气浓”义，有的是指“忧伤”“沉闷”义，究竟采用何义，这要看上下文而定。

请注意：在古代的“郁”与“鬱”本为二字，词义也不相同，树木丛生义、忧愁义、草木腐烂义等均写作“鬱”。现在“鬱”字已经简化为“郁”。

① ② ③ ④ ⑤

“鄭”字在甲、金文中与“奠”字是一个字，是个象形字。甲骨文①就像一个酒瓶形（酉），表示用酒瓶装满了酒放在平地上，祭祖祭鬼神，这就称为“祭奠”。

②是金文的形体，与甲骨文基本相似，只是其下用石块等物将酒瓶搁起来。小篆③增加了“阝（邑）”旁。④为楷书形体。⑤为简化字。

“鄭”字本为“奠”字，因为祭奠就要郑重其事，因此有“认真严肃”义，如白居易《庾顺之以紫霞绮远赠以诗答之》：“千里故人心郑重。”《三国志·魏书·高堂隆》：“殷勤郑重。”这都是用的“郑”字的本义。

另外，因“鄭”字是在“奠”的右边增加了偏旁“阝（邑）”，而“邑”指一般城市，所以也往往用为地名，如《说文》：“鄭，京兆县……今新鄭是也。”

① ② ③

这是“郡安邦宁”的“郡”字，本为会意字。①是古玺文的形体，左边为“尹”，是“治理”义，右边为“邑”，是“城市”“地方”义，所以“郡”字本为“受邑以治其事”的意思。②为小篆的形体，其左边由“尹”讹变为“君”，词义未变。③是楷书写法。

《说文》：“郡，周制，天子地方千里，分为百县，县有四郡。……至秦初置三十六郡，以监其县。从邑君声。”“郡”就是古代的行政区域，如《史记·秦始皇本纪》：“分天下以为三十六郡。”

请注意：“郡主”不同于“君主”，也不是指一郡之主如郡守。唐封太子之女、宋封宗室之女为郡主，明、清均以亲王之女为郡主。

① ② ③ ④ ⑤

汉画像砖上的城门，四川大邑出土

这是“城郭森严”的“郭”字，本为象形字。①是甲骨文的形体，象城有相对的两座城楼之形。②是金文的形体。③是小篆的形体。④也是小篆的形体，其右边增加了“邑”。⑤为楷书的写法。

《说文》：“𩫏，度也……象城𩫏之重，两亭相对也。”基本正确。但《说文》又训：“郭，齐之郭氏虚。”不妥。“郭”字的本义是外城加筑的城墙，即外城，如《管子·度地》:“内为之城，城外为之郭。”《说苑·指武》:“五里之城，十里之郭。”由“外城”义又可以引申为“物体的外壳”，如《汉书·食货志下》颜师古注引如淳曰:“以赤铜为其郭也。”《广雅·释器》:“郭，剑削（鞘）也。”又可以引申为“物体的四周”，如《汉书·食货志下》:“肉好（hào）皆有周郭。”“肉”是指钱边，“好”指钱孔，这是说：钱的边和孔都有个边界。

请注意：古代的“城”与“郭”的含义是不同的。如果分开提时，那么“城”是内城，“郭”是指外城；“城郭”作为一个词使用时，那就是泛指城。

① ② ③ ④

这个“鄙”字本为会意字。①是甲骨文的形体，上部的“口”表示都邑所在，下部是仓廪之形，古代称都邑四周的土地为“鄙”。②是金文的形体，与甲骨文相似。③是小篆的形体，右边又增加“邑”，成为形声字了。④为楷书的写法。

《说文》:“五酇为鄙。”“酇”是周代的地方组织之一，一百家为一酇，五百家为一鄙，这是“鄙”的远引申义。“鄙”的本义是“都邑四周的土地”，引申为“采邑”“小邑”，如《周礼·天官·大宰》郑玄注：“都鄙，公卿大夫之采邑，王子弟所食邑。”在都邑四周土地上从事农业生产的人称为“鄙人”，后来“鄙人”成为自称的谦词，如《南史·蒯恩传》:“与人语……自称鄙人。”由“都鄙”还可引申为“边远之邑”，如《春秋·庄公十九年》:“冬，齐人、宋人、陈人伐我西鄙。”这是说：冬季，齐国、宋国、陈国人（军队）攻打我们西边的城镇。

京 部

① ② ③ ④

这是贺词“乔迁之喜”中的“乔”字，本为指事字。①是金文的形体，在“高”字之上的一条小曲线是指事符号，仍为“高”义。②是小篆的写法，与金文相似。③是楷书的写法。④为简化字。

《说文》："乔（喬），高而曲也，从夭从高省。"许慎的说法不足为据。"乔"字的本义为"高"，如《诗经·周南·汉广》："南有乔木，不可休思。""思"是助词，大意是：南山有高大的树木，却不能在树下休息。又如《诗经·小雅·伐木》："伐木丁丁，鸟鸣嘤嘤，出自幽谷，迁于乔木。"诗的大意是：伐木的斧声响丁丁，鸟儿惊飞鸣嘤嘤，从深山幽谷飞出来，迁居于高大的树木上。后世也就因"迁于乔木"的诗句产生了"乔迁"一词，一般用于贺人新居或指官职升迁。

"乔"为"高"义，所以由"乔"字所组成的词也大都有高的意思。"乔松"指高大的松树，如《诗经·郑风·山有扶苏》："山有乔松。""乔岳"指高峻的山岳，如杨载《寄维扬贾侯》："气蒸云雾藏乔岳。"这是说云雾蒸气把高峻的山岳都遮蔽了。

① ② ③ ④

"万事亨通。"这个"亨"字本为象形字。①是甲骨文的形体，象一座宗庙之形，上部是宗庙的屋顶，中间为墙壁，下部是地基。②是金文的形体，与甲骨文相似。③是《说文》中"享"的小篆形体。④为楷书的写法。

在《说文》中未收"亨"字，只收了"亯"字（"亯"与"亨"本为一个字，参见"亯"字）。"亨"字的本义为"宗庙"，由"宗庙"义又能引申为向宗庙祭祀之"亨（烹）饪祭品"，如《易·鼎》："亨饪也。"《诗经·小雅·楚茨》中的"烹"也写作"亨"。后来因为"亨"被借作"亨通"义，所以在"亨"下加上"灬（火）"，这就产生了新形声字"烹"了。"烹"有烧煮的意思，如《左传·昭公二十年》："以烹鱼肉。"由"烹鱼肉"又可以引申为"烹人"，这是用鼎煮杀人的一种极端残酷的刑罚，如《战国策·齐策一》："臣请烹。"由此又能引申为"消灭"，如《史记·秦始皇本纪》："烹灭强暴。"也就是消灭强暴的意思。

① ② ③ ④

这是"享受"的"享"字，本为象形字。甲骨文①也像宗庙的形状，上部像屋顶，中间为墙壁，下部是高台地基。②是金文的形体，与甲骨文相似。③是小篆的形体。④为楷书形体。

《说文》："享，献也。"其实，"献"并不是"享"字的本义，而是引申义，即由"宗庙"这个本义引申为用祭品供奉鬼神，如《尚书·盘庚上》："兹予大享于先王。”也就是说：现在我要大祭先王。由“祭鬼神”又引申为用食品招待人，为“宴享”之意，如《左传·襄公二十七年》：“郑伯享赵孟（人名）于垂陇（地名）。”由此又可以引申为“享受”，如《晋书·傅玄传》：“天下享足食之利。”洪秀全《原道醒世训》：“天下一家，共享太平。”

在古籍中常见“享国”一词，这是“享有其国”的意思，即指帝王在位，如《尚书·无逸》：“肆祖甲之享国三十有三年。”“肆”即“因此”义，这是说：因此祖甲执政达三十三年。

① ② ③ ④

汉画像砖上的建筑纹样

这是“京都”之“京”。甲骨文①像个人工建筑起来的土堆，在土堆上有个瞭望塔，用以观敌情、察民事，这就是“京”。金文②基本上和甲骨文相同，只是塔壁上加了两横，代表窗户。小篆③的下部变得不太像土堆了，其上部尚存有塔顶的形象，中部的“方口”仍然代表窗户。楷书④是从小篆的形体楷化而来，已看不出原形了。

古代的京城必须建在高处，以便观察外面的情况，所以“京”字就有“高”义，如《尔雅·释丘》：“绝高为之京。”“京”字从“高”义又引申为“大”，如《左传·庄公二十二年》：“八世之后，莫之与京。”其大意是：等八世以后，没有人比他更大的。请注意：“京辇”一词不能理解为京都的车子，我们知道，皇帝坐的车子叫“辇”，“京辇”就代表京城，如《后汉书·袁绍传》：“子弟生长京辇。”也就是子弟们生长在京城的意思。“京辇”有时也称为“辇下”。

“京”字是个部首字，在汉字中凡由“京”字或“京”字头（亠）所组成的字大都与高或亭有关，如“就”“高”“亭”等字。

① ② ③ ④

“何处是归程，长亭更短亭。”这个“亭”字原是个象形字。金文①很像一座瞭望台，用以观察敌情。古陶文②的形体与金文相似，只是在“亭”的墙壁上增加了二横代表窗户，便于向远处瞭望。其下部的“丁”形表读音，变成上形下声的形声字。小篆③也是从“丁”得声的形声字,书写也方便了。④是楷书的形体。

《说文》:“亭,民所安定也。”此说正确。“亭”的本义就是“瞭望亭”,所以,在边疆用来观察敌情的建筑物也称为“亭”,如《后汉书·光武帝纪》:“筑亭候。”“候”亦作“堠”,“亭候”就是用作瞭望的岗亭。后世又引申为“凉亭”“书亭”“亭子”等等。“亭午”即为“正午”,如李白《古风》诗:“大车扬飞尘,亭午暗阡陌。”这是说:大车飞驰扬起尘土,正午时分也看不清道路。“亭亭”一词是形容高而耸立,如曹丕《杂诗》:“西北有浮云,亭亭如车盖。”当然,这个“高耸”义,也是由本义引申而来的。

《三希堂画谱》中亭的画法

① ② ③ ④

这个“亳”字读作 bó,本为形声字。甲骨文①的上部像高楼重屋,其下部中间的部分为“乇”的初文,表声。②是金文的形体,与甲骨文相似。③是小篆的写法,由金文直接演变而来。④为楷书的写法。

“亳”字的本义为“广室高楼”。据古代文献记载和以后的考古发掘,都证明商代已经有了类似于楼房的高大建筑,而这种建筑就是“亳”,能够在亳中居住的绝非一般的人,而是帝王。所以“亳”字在上古即成为商代首都的专用名词,如《史记·殷本纪》:“汤始居亳。”这是说:商汤开始在亳建起国都。既然商王居亳,那么“亳王”是否就是指商王呢?不是的。我国古代西戎族君主的名号称“亳王”,正如《史记·秦本纪》索隐所说:“西戎之君,号曰亳王。”

请注意:“亳”字与“毫”字形体近似,应加区别,不要混淆。“亳”字现在仅用于地名,如安徽省亳州市。

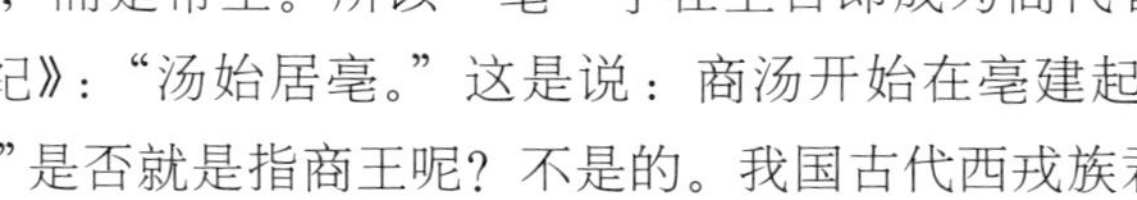

① ② ③ ④

“高山流水”的“高”是个形容词,实在难于画出来,我们的祖先就巧妙地用高物来表示。甲骨文①像一个楼阁的形象,它从具体的楼阁的“高”的词义,再普遍演化为代表所有的“高”的意义。金文②的上部更像楼阁的屋顶。小篆③则变得不太像楼阁形了，但屋顶还是像的。楷书④是直接从小篆演变来的，看不出楼阁形了。

“高”的本义与低相对，如《列子·汤问》：“太行、王屋二山，方七百里，高万仞。”由“高”再引申为“大”的意思，特别指年龄，如《汉书·戾太子据传》：“是时上春秋高。”这里的“上”是指汉武帝，“春秋”指年岁，“高”即“大”义。这句话的意思是：这个时候，汉武帝年岁很大了。从“高”的本义又可引申为抽象的“高超”“高尚”之义，如《汉书·晁错传》：“臣窃观皇太子材智高奇。”就是说：我私下看太子的才智高超出众。

单 部

① ② ③ ④ ⑤

“可怜身上衣正单，心忧炭贱愿天寒。”这个“单”字是个象形字。甲骨文①和金文②的上部是带有两个耳朵的拍子，下部是木柄，古人用它打鸟，所以“单”的本义是捕鸟的工具。③是小篆的形体，与甲骨文、金文基本相同，只是其下部多了一横。④是楷书的形体，由小篆直接演变来的。⑤是简化字的写法。

“单”是古代捕鸟的工具，而用这种工具捕鸟一次往往只能捕到一只，所以“单”字有“单独”或“单一”之义。从“单独”又可以引申为“单薄”，如《晋书·光逸传》：“家贫衣单。”

请注意：“单”字是一个多音多义字，当读 shàn（扇）的时候，则用于地名和姓氏，如在山东省西南部有个单县，这个“单”不能读 dān（丹），必须读作 shàn（扇），姓氏也是如此。另外，古代匈奴最高首领的称号叫“单于”，这里的“单”字必须读作 chán（蝉），若读作其他的音也不对。

“单”字是个部首字，在汉字中凡由“单”所组成的字大都与捕、打有关，如“战（戰）”“兽”等字。

① ② ③ ④ ⑤

这个“兽”原为会意字。甲骨文①很形象，其左是捕捉禽兽的猎具，其右下部是一条头朝上、尾朝下、腹朝左的猎犬（狗），有猎具有猎犬，这就表明是打猎。②是金文的形体，猎具中间又增加了网形的部分（实为“单”），其余皆同于甲骨文。小篆③变得更繁杂了，但基本上还是与金文相类似。④是楷书的写法，由小篆直接演变而成。⑤是简化字。

战国嵌镶铜壶上的狩猎纹

“兽”字的本义是“打猎”，是动词。但后来把它当名词“野兽”用了，所以只好又造一个新形声字“狩”当打猎讲，这样“兽”“狩”二字就有了明确的分工。《尔雅·释鸟》说得很明确：“二足而羽，谓之禽；四足而毛，谓之兽。”后来借喻野蛮凶狠谓之“兽性”。

古书中的“兽环”一词，若理解为“猎犬的项圈”是不对的，其实是指旧时大门上的铜环。因为大门铜环底座往往铸成兽头形，兽头的口中衔的铜环就称为“兽环”。

隹 部

① ② ③ ④

这是个“隹”字。甲骨文①的形象像鸟的样子，上部是鸟头，嘴向左方，向右的两笔是翅膀，向下的两笔像爪子。依《说文》的说法，“隹”就是短尾巴鸟的总名。金文②就更像一只头朝左的短尾巴鸟，其下部是一只爪子。小篆③也还有点鸟的样子，可是到了楷书④就很难看出鸟的模样了。

在上古“隹”与“鳥（鸟）”实为一个字。但请注意不要把“佳”字误成“隹”字。“佳”字的右边是个“圭”（guī）字，由两个“土”字组成，而“隹”字的右边是一点四横一竖。

商周青铜器上鸟纹的演变

“隹”字是个部首字，在汉字中，凡由“隹”字所组成的字大都与禽类有关，如“焦”“集”“雉”“雕”“雀”等字。

① ② ③ ④ ⑤

这是“孤身只影”的“只”字。甲骨文①的上部是“隹”（鸟），其下是一只手，这是一只手逮住了一只鸟的意思。金文更为形象，如②。③是小篆的形体，还是手捉鸟的形象。可是楷书④就不象形了，但其组成部分的“隹”“又”都未变。简化字⑤是借“只”字来代替繁体字“隻”字。

“只（隻）”字的本义，正像《说文》中所说的“鸟一枚也”。称一只鸟为“一枚鸟”，现在看来有点别扭，不过由此可知“枚”字就是“只”字的意思。《宋史·张洎传》：“肃宗而下，咸只日临朝，双日不坐。”这个“只”字是什么意思呢？它与“双”相对，是“单”的意思。这是说：从唐肃宗李亨以下，都（咸）是单日上朝，双日就不坐朝问政。可见这里的“只”可引申为“单”。

值得我们注意的是：在古代“隻”“只”本为二字，词义大不相同。“只”字是表示“仅仅”“只有”义，在宋代以前多写为“衹”“秖”“祗”，如杜甫《示姪佐》：“只想竹林眠。”而“隻”字却做单位量词用，因为写起来太繁，在简化汉字时便借用了仅有五画的“只”来代替。

① ② ③ ④

“剪不断，理还乱，是离愁。”这个“离”字本为会意字。①是甲骨文的形体，上部为鸟，下部是捕鸟的长柄网，表示捕鸟之意。②是小篆的形体，左边是“网”的讹变，右边是“隹（鸟）”。③是楷书繁体字。④为简化字。

《说文》："离（離），离黄仓庚也。"所谓"离黄""仓庚"，就是黄莺、黄鹂，此说不妥。"离"字的本义并非鸟名，而是"以网捕鸟"，引申为"擒获"义，假借为"离开"义，如《礼记·檀弓上》："吾离群而索居，亦已久矣。"《史记·文帝本纪》："今右贤王离其国。"由此又可以引申为"背离"，如《商君书·画策》："失法离令。"

请注意：在《诗经·邶风·新台》中有这样两句诗："鱼网之设，鸿则离之。"这里的"离"是"罹"字的通假字，当"遭受"讲，"鸿"是指癞蛤蟆。这两句诗的大意是：张开捕鱼的大网，那癞蛤蟆却遭了殃。

① ② ③

"朱雀桥边野草花，乌衣巷口夕阳斜。"这个"雀"字为象形字。从甲骨文①的形象看，就像一个鸟头，头顶上有一撮羽毛。小篆②与甲骨文有点类似。楷书③上部的冠羽形变成了"大小"的"小"字，下部仍然是"隹"（鸟）。

麻雀，选自《本草纲目》

"雀"字本指麻雀或山雀。这类鸟的体形都较小，所以有时也泛称雀形的多种小鸟为"小雀儿"，如在《文选》中有宋玉的《高唐赋》："众雀嗷嗷，雌雄相失。"李善的注解说："雀，鸟之通称。"

在上古的"爵"是一种酒杯，其形很像"雀"，读音也近于"雀"，所以到了周朝末年，人们往往借"爵"为"雀"，如《孟子·离娄》有"为丛驱爵"的话，这个"爵"字就是"雀"字。

① ② ③ ④

"草木无存，满目焦土。"这个"焦"字是个会意字。金文①的上部是"隹"（鸟），下部是"火"，即用火烤鸟。小篆②的形体变得很繁杂，增加了两个"隹"，表示烤了很多鸟。③是楷书的形体，直接由小篆演变而来。④为楷书简化字，模仿金文，上部只保留了一个"隹"。

“焦”字的本义是“烫焦”，即烤黄，并非烤焦，如《世说新语·德行第一》：“母好食铛底焦饭。”“铛”是平底铁锅，“焦饭”是指烤黄了的饭，而并非烤成炭的饭，这与现在所说的“焦”的词义不尽相同。由“烤黄”之义又引申为“黄黑之色”，如陶弘景《真诰·运象》：“心悲则面焦。”比喻干燥到极点，也可称焦，如：“舌敝唇焦。”在引申为表示心情时，也可用“焦”字，如阮籍《咏怀》诗：“谁知我心焦？”这个“心焦”就是表示烦躁、忧急之意。

① ② ③ ④

汉画像砖上的鸟栖于枝图

这是“集合”之“集”。从甲骨文①的形体看，上为“隹”，下为“木”，“集”字的本义就是“鸟集于枝头”的意思，可见是个会意字。金文②基本上与甲骨文相同，不过有的在“木”上是三个“隹”。小篆③的“木”上，也与金文一样有两种写法。④为楷书的形体，只留下一个“隹”。

《诗经·周南·葛覃》：“黄鸟于飞，集于灌木。”这个“集”字就是用其本义。从这个本义引申为“聚集”“集合”，如把某人的诗、文汇编在一起即为“诗集”“文集”。

我们读《史记·秦始皇本纪》时，会见到“天下初定，远方黔首未集”的话，这个“集”字是“辑”字的同音假借字，是“安定”或“和睦”的意思。

① ② ③ ④ ⑤

“家门雍穆。”这个“雍”字本为会意字。①是甲骨文的形体，左上部为“水”形，右上为“隹（鸟）”，下部的“口”像水被壅塞而成的池泽。②是金文的形体，水的下面增加一个“口”，其义不变。③是小篆的形体，两个“口”讹变为“邑”。④为楷书异体字（已废除）。⑤是现在使用的形体。

《说文·隹部》：“雝，雝渠也。”所谓“雝（雍）渠”是一种鸟的名字，即鹡鸰。

朱骏声《说文通训定声·丰部》：“此鸟喜飞鸣作声，其音邕邕而和。”由此就可以引申为“和谐”义，如《尚书·无逸》：“言乃雍。”意思是：一说话，则群臣都非常赞成（和谐）。由“和谐”可以引申为“奏乐”，即古代撤膳时所奏的音乐，如《淮南子·主术训》：“奏雍而徹（撤）。”也就是说：奏起雍乐而撤下膳食。

请注意：“雍”字可做“壅”的通假字，为“阻塞”义，如《穀梁传·僖公九年》：“毋雍泉。”就是“不要堵塞泉水”之意。另外，“雍”字还可以作“拥（擁）”的通假字，为“拥有”义，如《战国策·秦策五》：“（始皇）雍天下之国。”

鱼 部

① ② ③ ④ ⑤

“鹰击长空，鱼翔浅底。”这个“鱼”字是个典型的象形字。甲骨文①就是一条鲜鱼的形状，上头下尾，背部和腹部各有一鳍（qí 其）。②为金文的形体。小篆③则比金文简单一些，但还能看出鱼的样子。楷书④则完全变成笔画了，鱼尾变成了四个点儿。⑤是简化字，把四点变成了一横。

在古诗文中用“鱼”字组成的词很多，如果我们单从字面上去理解往往容易出错，如李贺的《题归梦》诗：“花灯照鱼目。”这并不是说用花灯照鱼的眼睛，这里的“鱼目”是指“泪眼”，因为泪珠像鱼目。“鱼肉”一词也往往不是指鱼的肉，而是化为动词用来比喻残害，如《后汉书·仲长统传》：“鱼肉百姓，以盈其欲。”也就是说：残害老百姓，以满足他的欲望。

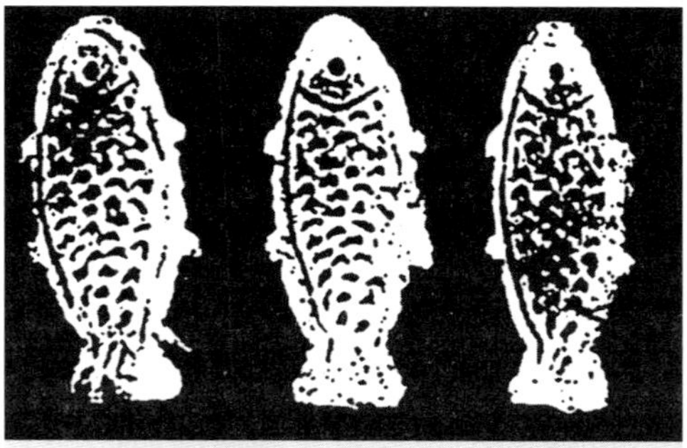

汉画像砖上的鱼形纹

现在说“鱼水”之情，一般是指军民关系，可是在古代还有其他意义，如李白《读诸葛武侯传怀赠长安崔少府叔封昆季》诗：“鱼水三顾合，风云四海生。”这个“鱼水”比喻刘备和诸葛亮的关系，即君臣之情。又如《聊斋志异·罗刹海市》：“妾亦不忍以鱼水之爱，夺膝下之欢。”这个“鱼水”比喻夫妻关系。

“鱼”字是个部首字，在汉字中凡由“鱼”字所组成的字大都与鱼有关，如“鲁”“鲨”“鲢”“鲫”“鲜”等字。

① ② ③ ④ ⑤

这个“鲁”字是个会意字。甲骨文①的上部是鱼，下部是个锅之类的器具，把鱼烹熟做嘉肴，所以“鲁”字的本义为“嘉”“美”。金文②的形体基本上同于甲骨文。小篆③则发生了讹变，其下部的锅形器具变成了“白”字。楷书④又把“白”字变为“日”字，这是没什么道理的。⑤是简化字。

“鲁”字当“嘉”讲的本义后世逐渐消失了，而当“卤莽”讲的假借义倒是普遍使用（“鲁莽”也可写为“卤莽）。从“鲁莽”又可引申为“愚笨”“迟钝”，如《论语·先进》：“参也鲁。”就是说：曾参（孔子的学生）是很迟钝的。

① ② ③ ④

这是“鲜美”的“鲜”字。金文①的上部是“羊”，下部是“鱼”。《说文》说，“鲜”字本为“鱼名”，所以这并不是说鱼与羊最鲜，后世只是借鱼名之“鲜”为“新鲜”的“鲜”罢了。②是小篆形体，变“羊魚”的上下结构为“魚羊”的左右并列结构。③是楷书的写法。④是简化字。

汉画像砖上的双鱼纹

“鲜”字的基本词义就是“新鲜”。从“新鲜”义引申为“鲜艳”义，如陶潜《桃花源记》：“芳草鲜美。”请注意，“鲜”字还有个特殊义，当“夭折”“短命”讲，如《左传·昭公五年》：“葬鲜者自西门。”这个“鲜者”就是早死的人。

至于“鲜”当“少”讲，那还是从本义“新鲜”引申出来的，因为东西多了，也就无所谓“鲜”了。当“少”讲的“鲜”字应该读 xiǎn（显）。

我们在阅读古书时，会遇到“鱻”“尠”“尟”字，其实这都是“鲜”的异体字，现已废除不用。

① ② ③ ④ ⑤

这个“鲧”字读作 gǔn，本为会意字。①是甲骨文的形体，像手持长竿钓鱼。②是金文的形体，将手持钓竿之形变为“糸”，也有道理，因为钓鱼要用丝线系鱼钩。③是小篆的形体，与金文相似。④为楷书繁体字。⑤为简化字。

《说文》：“鲧（鯀），鱼也。”其实，“鲧”字的本义为“钓鱼”。由“钓鱼”可以引申为“大鱼”，如《玉篇》：“鲧，大鱼。”再者，鲧为传说中我国原始时代的部落首领，曾奉尧命治水。

阜部

① ② ③ ④ ⑤

这个“队”是个会意字。甲骨文①的陡崖旁边是个头朝下的“人”，这就表明人从陡崖之上掉下去了。金文②的陡崖还在，只是在周秦时已把“人”换成了“豕（猪）”。③是小篆的形体，基本上与金文相同，只是笔画增加了一些。④是楷书的形体。⑤是简化字，实际上是甲骨文的借用。

“队”字的本义是“墜（zhuì 坠）”，也就是从高处坠落的意思，如《荀子·天论》：“星之队（zhuì 坠），木之鸣，是天地之变。”就是说：星辰的坠落，树木发出响声，这是天地的反常现象。从“坠落”之义又可引申为“失掉”，如《国语·楚语下》：“自先王莫队其国。”也就是说，从先王开始，没有一个人能失掉自己的国家。以上这些例句中的“队”字都应读 zhuì（坠）。后来“隊”字被假借为“军隊”之义，所以又在“隊”字之下增加个“土”字，表示掉到地面上，这就产生了一个上声（隊）下形（土）的新形声字“墜（坠）”了。自此以后，“隊”“墜”二字有了明确分工：“隊”当“队伍”讲，“墜”当“坠落”讲。

① ② ③ ④ ⑤

“阳春之季香正浓。”这个“阳”字本为会意兼形声的字。①是甲骨文的形体，左边是“阜”，表示升高的意思，右边是一盏明灯，明灯升高，光明至极。②是金文的形体，与甲骨文基本相似，灯下增加了三撇，表示灯光四射。③是小篆的形体，同于金文。④为楷书繁体字。⑤为简化字。

《说文》:“陽，高明也。”此说正确。但又说“从阜昜声”则欠妥，因为“昜”字不仅表音而且表义。所以“陽”字是一个会意兼形声的字。“阳”由“光明”之本义引申为“太阳”，如《诗经·小雅·湛露》:“匪阳不晞（xī）。”“匪”通“非”，“晞”为“晒干”义，也就是说：没有太阳则不蒸发（晒干）。由“太阳”又能引申为“温暖”，如《诗经·豳风·七月》：“春日载阳，有鸣仓庚。”“仓庚”即黄莺，这是说：春日温暖，黄莺鸣叫。山的南面、水的北面亦称“阳”，如《穀梁传·僖公二十八年》：“水北为阳，山南为阳。”

请注意，《汉书·高帝纪》：“阳尊怀王为义帝。”这里面的“阳”字是“假装”的意思，实为“佯”的通假字。

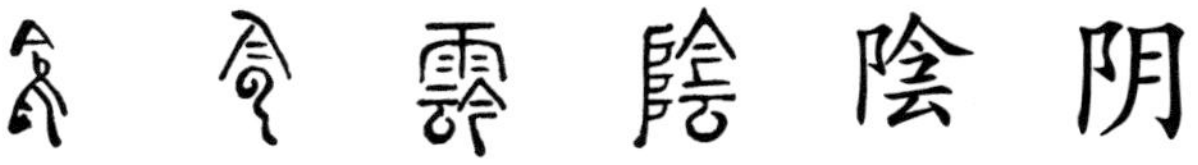

① ② ③ ④ ⑤ ⑥

“唯有教坊南草绿，古苔阴地冷凄凄。”这个“阴”字本为形声字。①是甲骨文的形体，上部是省写的“今”字，表声，下部是“隹（鸟)”，表形，这就表示将要阴天，鸟鸣不已。②是《说文》中古文的形体，下部由甲骨文中的“隹”变成了“云”，也甚有道理，因为天阴则必有浓云。③是小篆的形体，下部将古文的“今”“云”并列，而且上部又增“雨”，显然“霒”与“雨”是有关系的。④为小篆的异体字。⑤为楷书繁体字。⑥为简化字。

《说文》：“陰，闇也。”这是指阴暗的意思。而阴晴之“阴”，《说文》作“霒”，并谓：“霒，雲覆日也，从雲今声。”现在只用一个“阴”字了。“阴”的本义为“阴天”，如晁错《论贵粟疏》:“秋不得避阴雨。”山的北面与水的南面蔽不见日，亦称“阴”，如《韩非子·说林上》：“夏居山之阴。”也就是说：夏天要居住在山的北面。由“天阴”又可以引申为“阴暗”，如项斯《晚春花》：“阴洞日光薄，花开不及时。”由此而引申为诡秘的计谋就称为“阴谋”，如《史记·陈丞相世家》:“我多阴谋。”可见“阴谋”本无贬义，然而后世则多指暗中策划做坏事，遂成贬义词了。

“阴”与“阳”是相对的，古代朴素的唯物主义思想家也就把在矛盾运动中的万事万物概括为阴、阳两个对立的范畴，并以阴阳变化来说明物质世界的运动和发展。

① ② ③ ④ ⑤

这个“阱”字是会意兼形声的字。①是甲骨文的形体，其上为一只鹿形，下部是一个大陷阱，当然陷的不仅是鹿，还有另外的野兽（甲骨文中有多种形体）。②是《说文》中的古文形体，“井”下有“水”。③是小篆的异体字，“井”上有“穴”，说明井与穴有关。④也是小篆的形体，“井”的左边为“阜”，说明井下是一层一层的，很深。⑤为楷书的形体。

古岩画上的动物与陷阱，发现于新疆地区

《说文》：“阱，陷也，从阜从井，井亦声。”许慎的说法正确。“阱”的本义为“陷阱”。古代人常设陷阱来捕捉野兽，防御敌人，如《后汉书·赵壹传》：“毕网在上，机阱在下。”“毕”是长柄网。这是说：上面有网，下面有陷阱。又如李白《君马黄》：“猛虎落陷阱。”

① ② ③ ④

“毛群陆离，羽族纷泊。”这个“陆”字，本为会意字。①是金文的形体，右上部是一层高过一层的土丘之形，右下部为“土”，左边是“阜”，表示“高”义。②是小篆的形体，与金文相似。③为楷书繁体字。④为简化字。

《说文》：“陆(陸)，高平地。”这是说：高而平的地方就是陆地。如左思《吴都赋》：“水浮陆行。”土丘是有起有伏的，因此“陆”又可以引申为“跳跃”义，如《庄子·马蹄》：“翘足而陆，此马之真性也。”大意是：翘足而跳跃，这是马的本性。不过，在“跳跃”的意义上，后世均写作“踛”。

请注意：我们读《后汉书·应劭传》时，会见到“陆掠残害”的话。这里的“陆”是“擄”的通假字，所谓“陆掠”也就是“擄掠”。

① ② ③ ④

这是个“阜(fù 负)”字。甲骨文①是一层一层的台阶，有人认为是一层层的山崖，也有人认为是石阶之形，其实与阶梯、山崖、土山都有关，所以这是个象形字。②是金文的形体。小篆③的写法与甲骨文、金文相似。楷书④则完全看不出阶梯的样子了。

从以上的分析可以看出，“阜”的本义是阶梯或不太高的土山，如《荀子·赋篇》：“生于山阜。”这个“阜”字就是土山的意思。凡是山总有高大、盛多之意，如张衡的《西京赋》中有“百谷殷阜”的话，也就是说“百谷盛多”的意思。

请注意：在楷书汉字中，凡有“阜”作为偏旁使用时，它就写成左“阝”，如“降”“陟”“陵”“陡”“阶”等，而这些字也大都与阶梯、升降、地名等有关。由此可见左“阝”也是个部首字，但查《康熙字典》或旧本《辞海》时只能到部首“阜”部中才能找到。

① ② ③ ④

“霜打三千，雨降八百。”这个“降”字是个会意字。甲骨文①的高坡旁边是两只脚趾朝下的脚，其意是从高坡上走下来。金文②的各个组成部分与甲骨文差不多。③是小篆的写法，其结构位置同于金文，两脚之形完全看不出来了。④是楷书的形体。

“降”字的本义是“从高处往下走”，如《左传·僖公二十三年》：“公降一级而辞焉。”这个“降一级”不是“降低一等”，而是“走下一层台阶”之义。由此可以引申为“降落”，如《荀子·议兵》：“若时雨之降，莫不说（悦）喜。”就是说：像下了一场及时雨，没有一个人不高兴。从“降落”之义，又能引申为“降生”，如龚自珍的《已亥杂诗》中有这样两句：“我劝天公重抖擞，不拘一格降人才。”

“降”是个多音多义字。“投降”的“降”应读 xiáng（详），如《左传·庄公八年》：“降于齐师。”就是“向齐军投降”的意思。《诗·召南·草虫》“我心则降”中的“降”

字也读 xiáng，却是“欢悦”“悦服”之义。

请注意，“降服”一词中的“降”字有两读：当读作 jiàng(匠)时,“降服”就是“解衣谢罪”之义，如《左传·僖公二十三年》：“公子惧，降服而囚。”就是说：公子害怕了，自己脱去上衣把自己拘囚起来；当读作 xiáng（详）时，“降服”就是“投降顺从”之义。

① ② ③

这是“无限春光”的“限”字，是个会意字。金文①的左边是“阜”,像高丘形，右边的上部是一只大眼睛，其下是一个面向右侧立的“人”，这表示一个人回头看，但被高丘所阻限，无法极目远眺。②是小篆的形体，其左的“阜”并无多大变化，右上部的眼睛就写作“目”形，可是其右下角的“人”则看不出来了。③是楷书的形体，其右部发生了很大的讹变，根本没有“人”“目”之形了。

“限”字的本义是“阻隔”，如：“南有巫山、黔中之限。”(《战国策·秦策一》)也就是说：南面被巫山和黔中所阻隔。由“阻隔”引申为“限制”，如杜甫的《别赞上人》诗中有这样一句：“是身如浮云，安可限南北。”大意是：自己像天空飘动的浮云一般，怎么能限制于南或北呢？由“限制”之义又可引申为“界限”，如：“东限琅邪台。”(谢朓《和王著作融八公山》）就是说：东面是以琅邪台（地名）为界限。那么，孟郊《征妇怨》“渔阳千里道，近如中门限”的“限”又是什么意思呢？若用以上的义项做解都不通。其实,这个“限”字当“门槛”讲,因为“门槛”本身就有“限制”之义，这句诗的意思是：渔阳虽在千里之外，但就像中门的门槛那样近。

① ② ③ ④

“陟（zhì 治）”字是个会意字。甲骨文①的一边是两只脚，脚趾朝上，脚跟朝下，脚的旁边是“阜”（高坡），这是两只脚登上高坡的意思。金文②的形体略有变化，两只脚或在左边或在右边，并不固定。③是小篆的形体，与金文大致相似。④是楷书的写法，根本看不出两只脚登高的样子了。

“陟”字的本义就是“升”“登”，如《诗经·周南·卷耳》：“陟彼高冈，我马玄黄。”

意思是：登上那个高冈，我的骏马病了（玄黄）。从“登高”又可引申为“提拔”“进用”之义，如《三国志·蜀书·诸葛亮传》：“陟罚臧否（pǐ）。”所谓“臧”就是好的，所谓“否”就是坏的，这句话的意思是：提拔好的，惩罚坏的。

① ② ③ ④

“仰瞻陵霄鸟，羡尔归飞翼。”这个“陵”字本为会意字。①是甲骨文的形体，左边是“人”，右边是“阜”，表示人登上大土山。②是金文的形体，其结构与甲骨文基本一致，“人”面向大土山，更有登山之意。③是小篆的形体，右边的人形已变得根本不像人了，仅下面的一只人脚（夊）变化不大。④是楷书的写法。

《说文》说“陵”字是“从阜夌声”的形声字，不妥，其实它本是个会意字。又说“陵”的本义是“大阜”，也不妥，“陵”字的本义是“登山”，如张衡《西京赋》：“陵重巘（yǎn），猎昆駼（tú）。”“巘”为重山，“昆駼”是像马一样的兽。大意是：攀登重山，猎取昆駼。由“登山”引申为“大土山”，如《诗经·小雅·天保》：“如冈如陵。”大意是：像高冈，像大土山。因陵墓像土山形，所以“陵”又可以引申为“陵墓”义，如《晋书·琅邪悼王焕传》：“营起陵园。”即修造起墓地的意思。又如十三陵、中山陵的“陵”均为“墓地”义。至于《左传·昭公元年》“无礼而好陵人”中的“陵”，是“凌”字的通假字。

请注意：“山”“岭”“陵”“丘”四个字，古时的含义有所区别。“山”是指石头大山，“岭”是小而尖的山，“陵”是大土山，“丘”是夹在大山中间的小土山。

① ② ③

这是“深秋隆冬”的“隆”字，本为会意字。①是金文的形体，上部为“日”，有“高”义，中间为“土”，有“大”义，其两侧组成“降”字。②为小篆的形体，下部的“土”讹变为“生”。③为楷书的写法。

《说文》：“隆，丰大也。”其实，“隆”字的本义是指山中央之“高峰”，如《孙子兵法·行军》：“战隆无登。”也就是说：在作战时，敌人占领高峰，则不要硬去仰攻。由此又可以引申为“高”，如《后汉书·张衡列传》：“合盖隆起，形似酒尊。”

由“高大”又可以引申为“兴盛”“兴隆”，如曹操《褒枣祇令》：“克定天下，以隆王室。”大意是：平定天下，以兴隆王室。由“兴盛”义又可以引申为“程度深”，如欧阳建《临终诗》：“松柏隆冬悴，然后知岁寒。”这里的“隆冬”是指深冬、严冬。

① ② ③ ④ ⑤

这是“白驹过隙”的“隙”字，本为象形字。①是金文的形体，中间为“日”，“日”字上下的线是墙的裂缝，表示自缝隙射入的光线。②是古玺文的形体，与金文相似。③是小篆的形体。④为小篆的异体字。⑤为楷书的写法。

《说文》：“隙，壁际孔也，从阜从𡭴，𡭴亦声。”可见“隙”字的本义为“墙的裂缝”，如《商君书·修权》：“蠹众而木折，隙大而墙坏。”大意是：蠹虫多了树木就会折断，墙壁的缝隙大了就要倒塌。由“缝”可以引申为“洞”，如徐宏祖《徐霞客游记·楚游日记》：“石隙低而隘。”这是说：石洞既矮又狭小。由此又可以引申为“空闲”，如《左传·哀公十二年》：“有隙地焉。”所谓“隙地”就是空地。《汉书·刑法志》：“皆于农隙以讲事焉。”也就是说：都要在农闲之时搞军事训练。

因墙缝两边的墙壁是很近的，所以“隙”又可引申为“接近”义，如《汉书·地理志》：“北隙乌丸、夫余。”这是说：北面接近乌丸和夫余这两个民族。

金部

① ② ③

“疾风知劲草，烈火见真金。”这个“金”字是个会意字。金文①的右上部是个箭头，其下是个斧头形，左边的两个黑点是冶炼的金属块，这就表明箭头和斧头为金属所作。小篆②则变成了上声（今）下形（土中有金属块）的形声字了。③是楷书的写法，基本上同于小篆。

“金”的本义不是指黄金，而是指金属（青铜），如《荀子·劝学》：“锲（qiè 窃）

而不舍，金石可镂（lòu 漏）。”就是说：若能用刀一直刻下去而不停止，就是金石之物也是可以雕刻出东西来的。“金”到了后世才代表“黄金”，如《史记·孝文本纪》：“不得以金、银、铜、锡为饰。”这里的“金”就是指黄金。后来又引申为金属制的乐器和兵器，如《汉书·李陵传》:“闻金声而止。”这个“金”是指铜锣，也就是说：古代作战，听到锣声就要停止。古代乐器统称“八音”，其中的“金”就是指“钟”“铃”等金属乐器。因为黄金是贵重之物，所以后世比喻贵重有“金言”“金诺”等，比喻坚固有“金城”“金汤”，等等。至于古诗词中所说的“金兔”，那是“月亮”的别称（当然，古时也有称“月亮”为“玉兔”的）。

“金”字是个部首字，在汉字中凡由“金”所组成的字大都与金属有关，如“针”“铁”“铜”“铸”等字。

① ② ③ ④

这个“庸”字本为形声字。甲骨文①的上部就像一个大钟，下部为“用”，表声。②是金文的形体，是个外形内声的形声字。③是小篆的形体，基本上同于金文。④为楷书的写法。

《说文》：“庸，用也。”许慎把“庸”字的本义解为“用”，不妥。“庸”的本义是上古的一种类似于钟的乐器，如《诗经·商颂·那》:“庸鼓有斁（yì）。”“斁”为“盛”义。这句诗的大意是：大钟大鼓演奏得非常热烈。当大钟讲的“庸”字，后世增加了形符“金”，变成新形声字“镛”，如《尔雅·释乐》：“大钟谓之镛。”“庸”亦可借为“用”义，如《国语·吴语》：“王其无庸战。”“其”为语气词，这句话的大意是：王用不着作战。至于《管子·大匡》：“庸必能用之乎？”“庸”与“用”同时出现，那么“庸”字就成为副词，当“难道”讲，原话的大意是：难道一定能用他吗？

① ② ③ ④ ⑤

“铸”字本为会意字。甲骨文①的上部是左右两只手，拿着一个器皿，向下面的一个模子里倒铁水之类的东西，这就表示铸造之义。②是金文的形体，与甲骨文非常相似，只是上部把两只手省略了，当中的几个黑点儿是表示金属的液体。到了小篆③变得复杂多了，成了左形（金）右声（壽）的形声字。④是直接由小篆演变来的楷书体，笔画实在太多，一共有二十二笔，后来简化为楷书⑤的形体。

“铸”字的本义就是“铸造”，如《国语·齐语》：“美金以铸剑戟。”《左传·昭公二十九年》：“铸刑鼎，著范宣子所谓刑书焉。”大意是说：铸造刑鼎，把范宣子所做的法令铸在上面。

在古书中的“铸人”一词是什么意思呢？实为培养造就人才之义，如《法言·学行》：“或曰：‘人可铸与？’曰：‘孔子铸颜渊矣。’”大意是：有人问，人可以铸造吗？回答说：孔子就把他的学生颜渊铸造出来了。由“铸”可引申为“造”，“造成重大错误”就可写成“铸成大错”。

①　②　③

“当窗理云鬓，对镜贴花黄。”这个“镜”字本为形声字。①是小篆的形体，为“从金竟声”的形声字。②是楷书繁体字。③为简化字。

战国四山铜镜，合肥出土

《说文》：“镜，景也，从金竟声。”“景”是“影”的古字，这里说镜子照物而呈现影像。因为古代没有玻璃，都是用金属制镜，尤以铜制居多，所以“镜”字从“金”。“镜”字的本义就是“镜子”，如《北史·齐本纪下》：“宫女宝衣玉食者五百余人，一裙直万匹，镜台直千金。”所谓“镜台”也就是装着镜子的梳妆台。古代诗词中多见“镜花水月”一词，用以比喻诗中所谓空灵的意境。谢榛在《诗家直说》中说：“诗有可解不可解，不必解，若水月镜花，勿泥其迹可也。”其大意是：凡是诗，有的可以细解，有的不可以细解，有的则不应细解，好像水中之月、镜中之花，不要拘泥于实迹。因此，后世也常以“镜花水月”比喻虚幻。

①　②　③　④　⑤

这个“镬”字读作 huò，本为会意字。①是甲骨文的形体，外部是一只大鼎，下有三足，鼎内有一只鸟，表示煮鸟之义。②是金文的形体，变成了会意兼形声的字了。③是小篆的写法，与金文相似。④为楷书繁体字的写法。⑤为简化字。

《说文》：“镬（鑊），鑴（xī）也。”“鑴”是盆类，许说近是。“镬”字的本义是古代无足的鼎，可以煮肉用，如《淮南子·说山训》：“尝一脔肉，知一镬之味。”也就是说：尝一块肉，就能知道一锅肉的味道。现在南方话锅子就常称作“镬子”。

雨 部

① ② ③ ④ ⑤

汉代云纹瓦当

“黑云压城城欲摧。”这个“云”字是个象形字。甲骨文①就象空中卷曲的云形。金文②基本上同于甲骨文。到了小篆③反而复杂化了，在“云”字之上又增加了一个“雨”字，表示“云”“雨”相关。这就由原来的象形字变成了上形（雨）下声（云，也兼义）的新形声字了。④是楷书的形体，与小篆相同。⑤是简化字。

在古代史籍中，凡是写成“雲”字，都是指天空中的云；凡写成“云”，一般都是当“曰”（说）讲，如“子曰诗云”，现在所说的“人云亦云”。后几个“云”字，都是假借字的问题，与天空的云霞毫无关系。不过，有的“云”字也用作语助词，有时出现在句首，如《诗经·邶风·简兮》：“云谁之思？西方美人。”大意是：思谁呢？思西方美人。当然，也有用在句中和句末的。另外，有的人认为现在的简化字“云”是简化“雲”字而成的，其实不是这样，而是借鉴甲骨文、金文的形体而用之。

① ② ③ ④

这个“申”字本为象形字。甲骨文①就象雷雨天闪电之状，所以“申”字和“电”字在上古同文。②是金文的形体，与甲骨文极为相似。③是小篆的写法。④为楷书的写法。

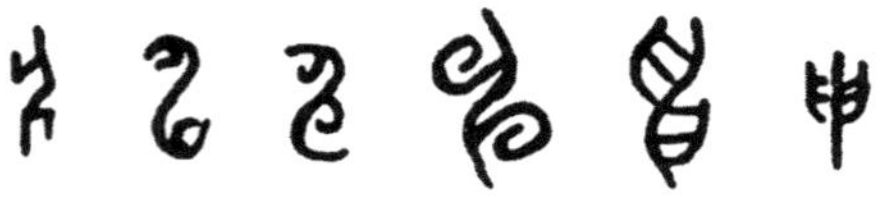

金文中的“申”字

《说文》：“申，神也。”是许慎附会之说，不可信。“申”本为电闪光的样子，所以其本义应为“明”，由此可以引申为“明白”等，如《后汉书·邓骘传》：“罪无申证。”也就是说：其罪并没有明白的证据。班彪《北征赋》：“行止屈申。”这里的“申”用“明”和“明白”均讲不通，其实为“伸”的通假字。所谓“屈申”就是“屈伸”。由“明”义又可以引申为“申明”，也就是陈述或说明的意思，如《三国志·魏书·高允传》：“允事事申明，皆有条理。”大意是：高允把每件事都说明白，而且都非常有条理。

请注意：“声明”不同于“申明”，“声明”是公开表明态度或说明真相，“申明”则不一定需要公开。

① ② ③ ④ ⑤

这是“雷电交加”的“电”字，本为象形字。甲骨文①是闪电发光的形象，中间的三个小点儿表示雨点。②是金文的形体，将甲骨文的雨点变成了“雨字头”，成为会意兼形声的字了。③是小篆的形体，类似于金文。④为楷书繁体字。⑤为简化字。

电母，选自《中国迷信研究》

《说文》：“电（電），阴阳激耀也。”这是说，阴阳电相合而击发出强烈的亮光，这个说法是对的。正因为电是很快的，所以常比喻“迅速”，如《晋书·孙绰传》上疏：“南北诸军，风驰电赴。”这是说：南北各路大军，急速奔赴。

请注意：“电影”一词古今都用，但词义迥别。古代的“电影”基本上有两个意思，一是指“电光”，如《宋之问集·内题赋得巫山雨》：“电影江前落，雷声峡外长。”二是一种箭的名称，如《六韬·虎韬·军用》：“电影，青茎赤羽，铁为首。”就是说：“电影”这种利箭，有青色的箭竿，红色的箭尾，用铁做的箭头。

① ② ③ ④

这是“清明时节雨纷纷”的“雨”字。甲骨文①上部一条横线表示高空的云层，下垂的六条短线表示下落的雨水，可见是个象形字。②是金文的形体，与甲骨文相类似，线条有断有续。③是小篆形体，变化较大，在金文之上又增加了一条横线，很可能是表示天。楷书④则基本上与小篆相同。

“雨”的本义是“雨水”，是个名词，又可以引申为动词“下”，不过当动词“下”字用的时候，这个“雨”字就不能读 yǔ（宇），而只能读 yù（育），如《淮南子·本经训》：“昔者仓颉作书，而天雨粟，鬼夜哭。”大意是：从前仓颉造字的时候，天上像下雨一样的降落粮食，晚上还有鬼哭。

“雨露”一词，在古代指恩情、恩泽，如李白《书情》诗：“愧无横草功，虚负雨露恩。”

“雨”字是个部首字，在汉字中凡由“雨”字所组成的字大都与云、雨有关，如“云（雲）”“霜”“霞”“露”等字。

① ② ③

“不是雪中须送炭，聊装风景要诗来。”这个“雪”字本为会意字。①是甲骨文的形体，上部为“雨”，其下为雪片状。②是小篆的形体，为“从雨彗声”的形声字。③是楷书的写法。

《说文》：“雪，凝雨说（悦）物者，从雨彗声。”许慎说的“雪”为“雨”所凝是对的，但是下雪并非万物皆悦。因为雪为白色，所以古诗常以雪喻“白”，如李白《将进酒》：“君不见高堂明镜悲白发（fà），朝如青丝暮成雪。”由“白”可以引申为“洗除”义，如李白《独漉篇》：“国耻未雪，何由成名。”

① ② ③ ④

这是“于无声处听惊雷”的“雷”字。①是甲骨文的形体，中间弯曲的曲线是表示闪电的金光，左右两个方块表示响雷所发出的巨大声音。②是金文的形体，变得极为复杂，甲骨文中的两个小方块竟变成了四个“田”字状，其上又增加了个“雨”字，表明既有倾盆大雨，又有雷电交加。小篆③的形体比金文稍简略，但形体结构仍然很复杂。楷书④则省掉了小篆的两个“田”字。

“雷”字的本义就是雨天的雷电，有时也通“擂”，如古乐府《巨鹿公主歌辞》“官家出游雷大鼓”中的“雷”字，实为“擂”字。

① ② ③ ④

这个“雹”字本为象形字。①是甲骨文的形体，上为“雨”，下为冰雹之形。②为《说文》中古文的形体，其下部更像冰雹之形。③是小篆的形体，上为“雨”，下为“包”，变为“从雨包声”的形声字。④为楷书的写法。

《说文》：“雹，雨冰也。”“雹”字的本义为“冰雹”，如《左传·昭公四年》：“大雨雹，季武子问于申丰曰：‘雹可御乎？’”大意为：天下大雨和冰雹，季武子向申丰询问说：冰雹可以防止吗？

在古籍中有“雹箭”一词，不是以雹当箭，而是以骨为镞的箭，也就是说，把硬而重的骨片磨制成箭头，如《南史·齐本纪》：“（苍梧王）乃取雹箭，一发即中帝脐。”“雹箭”本为“骲箭”，可见“雹”为“骲”字的通假字。

① ② ③ ④ ⑤

“花边雾鬓风鬟满，酒畔云衣月扇香。”这个“雾”字本为会意兼形声的字。①是甲骨文的形体，其上部为天空有雾之覆盖形，亦表声，下部是“隹（鸟）”，表意，这就表示鸟鸣则天有大雾。②是《说文》中的籀文形体，上部为“雨”，下部的“隹”讹变为“矛”。③是小篆的形体，变为“从雨敄声”的形声字。④为楷书繁体字。⑤为简化字。

《说文》：“霚，地气发，天不应。”“雾”是接近地面的水蒸气遇冷而凝结成的微细水点，如云烟状。张衡《羽猎赋》：“雾合云集。”这是云雾笼罩的意思。

古书中常见“雾豹”一词，本义是说一种豹子在雾雨天不吃东西长出花纹来躲避天敌，后来则常用“雾豹”来比喻退隐避害的人，如白居易《与元九书》：“时之不来也，为雾豹……奉身而退。”也就是说：没有好时运，就要像雾豹……退隐不仕。

① ② ③ ④

这是“晚电明霍霍”的“霍”字，本为会意字。①是甲骨文的形体，上部为“雨”，下有三“隹（鸟）”，表示群鸟在雨中疾飞。②是金文的形体，与甲骨文基本相同。③是小篆的形体，“雨”下省去了一“隹”。④是楷书的写法，“雨”下只有一“隹”，但意义未变。

《说文》：“靃，飞声也。”此说不确。“霍”字的本义应为“群鸟在雨中疾飞”，如《玉篇》：“霍，鸟飞急疾貌。”因为鸟在大雨中快飞，发出霍霍之声，这就引申为象声词，如古乐府《木兰诗》：“磨刀霍霍向猪羊。”“疾飞”则有“快”义，这就可以引申为“突然”“忽然”，如司马相如《大人赋》：“焕然雾除，霍然云消。”枚乘《七发》：“霍然病已。”也就是说：病突然好了。顾云《天威行》中的“霍闪”是指闪电而言，当然也是极快的意思。

① ② ③

“霖雨泥我涂，流潦浩纵横。”这个“霖”字本为会意兼形声的字。商承祚先生认为①是甲骨文“霖”字的形体，上为“雨”，下为“林”，林中有雨点，表示雨落山林，绵绵不停。②是小篆的形体，仍为雨落山林之意。③是楷书的写法。

《说文》：“霖，雨三日已往，从雨林声。”许慎的说法是“霖”字的引申义。“霖”字的本义为“雨落山林”，后来才引申为“多日雨”。许慎认为“霖”字是个单纯形声字，其实“霖”为会意兼形声的字，即“从雨从林，林亦声”。

“霖”字由本义引申为“久下不停的雨”，如《左传·隐公九年》：“凡雨，自三日以往为霖。”也就是说，接连下了三天以上的雨就叫作霖。

“霖雨”本指连绵大雨而言，可是《尚书·说命上》“若岁大旱，用汝作霖雨”中的“霖雨”，则为殷高宗夸奖大臣傅说时说的话，说明贤臣的重要。因此，后世就多以“霖雨”比喻济世之臣。

虎部

① ② ③ ④

“薄暮冥冥，虎啸猿啼。”这里的“虎”字是个象形字。甲骨文①是头朝上、尾朝下、腿朝左的一只虎，身上有花纹。②是金文的形体，也还有虎的形象。③是小篆的写法，就不太像虎了。④是楷书形体。

在阅读古典文学时我们常会遇到“虎臣”一词，如《诗经·鲁颂·泮水》：“矫矫虎臣。”《汉书·叙传下》中有“武贤父子，虎臣之俊”。这里的“虎臣”就是古代比喻有胆略、武艺高强的勇武之臣。另外，“虎贲（bēn）”一词也常见到，据注释家孔颖达说：“若虎贲（奔）走逐兽，言其猛也。”因此“虎贲”也是对猛士的称呼。到了汉代，有“虎贲中郎将”的官名，实际上就是皇宫卫戍部队的将领。

周代青铜器上的虎纹

“虎”字是个部首字，在汉字中凡由“虎”所组成的字大都与虎有关，如“彪”等字。

① ② ③

“文体相辉，彪炳可玩。”这就是“彪炳”的“彪”字。从金文①的形体看，其左是头朝上、尾朝下、腿朝左、背朝右的一只虎，其右的三道撇是虎背上的三道花纹。②是小篆的形体，老虎的形状是难以看出了，但是虎背上的花纹还是清晰的。③是楷书的写法。

“彪”字的本义就是虎身上的斑纹。从“斑纹”可引申为“文采焕发”，如钟嵘《诗品》：“文体相辉，彪炳可玩。”在萧统《七契》中还有“珠帘彪焕”的话，这个

阴山岩画中的虎群

“彪焕”就是光华灿烂、耀眼夺目的样子。

另外，从“彪”字本义又可引申为“小老虎”的意思，如庾信的《枯树赋》：“熊彪顾盼，鱼龙起伏。”但我们读《水浒传》时常碰到“彪形八尺”的话，若理解为小老虎有八尺长可就错了。这个“彪”字是比喻人的身材高大。那么《水浒传》中常提到的“一彪军马”又怎样理解呢？这里的“彪”是“标”的假借字，是军队的计量单位，在清代相当于今天的一个团。

① ② ③

“幽香淡淡影疏疏，雪虐风饕亦自如。”这个“虐”字本为会意字。①是金文的形体，虎头下部是人形。②是小篆的写法，上为虎头，左下为虎爪，右下为人，表示虎之最为虐者在爪。③是楷书的写法，“虎字头”还在，其下部仅保留了虎爪的侧视形。

《说文》：“虐，残也。”可见“虐”字的本义为“残暴”，如《汉书·百官公卿表》：“亦多虐政。”所谓“虐政”就是暴政的意思。由“残暴”的本义又可引申为“虐待”，如《尚书·洪范》：“无虐茕（qióng）独。”“茕独”是无依无靠的人，这句话的大意是：不要虐待无依靠的人。由“残暴”还能引申为“灾害”，如《左传·襄公十三年》：“乱虐并生。”这是说：战乱与灾害一起出现。

请注意，古代常有“疟疾”一词，如《尚书·金縢》：“遘厉疟疾。”“遘”是遇到，“厉”是“恶”，这是遇到了恶病的意思，绝非现在所说的“疟疾”。

① ② ③

“朱弦绛鼓罄虔诚，万物含养各长生。”这个“虔”字读作 qián，本为会意字。①是金文的形体，上部为“虎”，下部为“文（纹）”，虎身有纹，使人敬畏。②为小篆的形体，与金文相似。③为楷书的形体。

《说文》："虔，虎行貌。"不妥。"虔"字的本义为"畏"，由"畏"又可以引申为"敬畏""恭敬"，如《左传·成公十六年》："虔卜于先君也。"大意是：这是在先君的神主前恭敬地占卜。"虔"可通"劫"，当"杀"讲，如《左传·成公十三年》："虔刘（劉）我边陲。""刘"亦为"杀"义，其大意为：杀戮我边疆的百姓。

① ② ③

这个"虢"字读作 guó，本为会意字。①是金文的形体，左上方是一只手，中间似一把长戈，右边是一只老虎，表示手持长戈打虎的意思。②是小篆的形体，左边的"戈"又变成了一只手（寸），用双手与老虎搏斗。③是楷书的形体。

战国铜镜纹样中的刺虎图

《说文·虎部》："虢，虎所攫画明文也。"此说含糊。"虢"字的本义应为"与虎搏斗"。后世其本义消失，而被借为周代的诸侯国名。

齿 部

① ② ③ ④ ⑤

这是"唇齿相依"的"齿"字，是个象形字。甲骨文①像人张开了一个大口，上下各露出了两颗牙齿，可见门牙才能为"齿"。金文②反而变得复杂了，其上又增加了"止"字，这就由原来的象形字变成了下形（㓁）上声（止）的形声字了。小篆③的形体是直接由金文演变而来的。④是楷书的写法。⑤是简化字。

"齿"的本义就是"门牙"。因为牙齿的数量多少与年龄有关，所以"齿"又可以当“年龄”讲，如：“子之齿长矣，不能事人。”（《左传·昭公二十年》）意思是：您的年龄很大了，不能事奉人了。那么“百官以此相齿”（《庄子·天下》）是什么意思呢？这是说：百官要依照这个次序相排列。这是牙齿按照一定次序排列的引申义。

在古书中常有“齿冷”一词，开始是“牙齿受凉”的意思，可是后来就变为“耻笑”的意思了，因为要笑就必须张口，时间久了牙齿就有冷的感觉。后人所说的“令人齿冷”，也就是“令人耻笑”的意思。

“齿”字是个部首字，在汉字中凡由“齿”所组成的字大都与牙齿或年龄有关，如“龈”“啮”“龄”等字。

兔部

①　②　③

这是“兔死狗烹”的“兔”字。甲骨文①是个兔子的形象，头朝上，耳下垂，腹部朝左，还有前后腿，下部是向右弯曲的小尾巴。②是小篆的形体，从线条变为笔画，看不出兔子的形状了。③是楷书的写法。

毫无疑问，从甲骨文①的形体看，“兔”字是个象形字，即象那善于奔跑的兔子。到了后世用“兔”做比喻的词很多，如“兔死则狐悲”“狡兔死，走狗烹”。

我们在阅读古诗词时，经常会遇见“兔魄”一词，因为传说月中有白兔捣药，所以古时称月亮为“兔魄”，如刘基《怨王孙》词中的“兔魄又满”，就是“月亮又圆了”。“兔”与“免”最大的差别就在于有无右边的点。有点的为“兔”，因为这个点就是代表兔子的小尾巴。

“兔”字是个部首字，在汉字中凡由“兔”字构成的字大都与兔有关，如“逸”“冤”等字。

北京泥玩具：兔儿爷

食部

① ② ③ ④

“天下良辰、美景、赏心、乐事，四者难并。”这个“良”字本为象形字。①是甲骨文的形体，下部为“豆”(食器) 形，上部的两条线表示豆中的食物散发着香气，所以“良”字的本义为“香味”。②是金文的形体，与甲骨文相似。③是小篆的形体。④为楷书的写法。

《说文》:“良，善也，从富省，亡声。”许说不妥。“良”本为象形字，而非形声字。“良”字的本义为“香味”，后引申为“善”“良好”，如《韩非子·外储说左上》:“良药苦于口。”由此又可以引申为“和悦”，如《荀子·非十二子》：“其衣逢（宽敞)，其容良。”

“良”字还可做程度副词用，当“很”“甚”讲，如《汉书·冯唐传》:“良说 (悦)。”也就是很高兴的意思。“良久”也就是“很久”义。

在古籍中常见“良人”一词，其含义很广，可指优秀人才，可指丈夫，可指美人，可指平民，可指善人等。具体指什么，要根据文意而定。

① ② ③ ④

“卖炭得钱何所营，身上衣裳口中食。”这个“食”是个象形字。甲骨文①的下部就是一个食器装着丰盛的食物，两侧的两个点儿表示已经装满后外流了，最上部的三角形是个食器的盖子。金文②为了书写方便，稍加简化。小篆③不太像食器的样子，但写得更美观了。楷书④则完全没有食器的模样，成为单纯的文字符号了。

“食”字的本义为“食品”，是名词。后来又从名词引申为动词“吃”，如《礼记·大学》：“食而不知其味。”

我们若读《诗经·小雅·绵蛮》时，会见到“饮之食之”的话。这里的“饮”字应读为 yìn（印)，“食”字应读为 sì（寺)，通“饲”，“饮之食之”就是“给他喝，给他吃”的意思。太阳被遮住了称为“日食”，月亮被遮住了称为“月食”，这里的

“食”字也是“吃”义。在这个意义上，后世也常写作“蚀”，含有“亏损”的意思。

《诗经·卫风·氓》中有“三岁食贫”的诗句，这里的“食”是“居”的意思，因为“食”与“居”关系很近，现在我们还把“吃”与“住”连在一起，所以“三岁食贫”，也就是“三岁居贫”。

“食”字是个部首字，在汉字中凡由“食（饣）”所组成的字都与食品或吃有关，如“饭”“饮”“饱”“饼”“飨”等字。

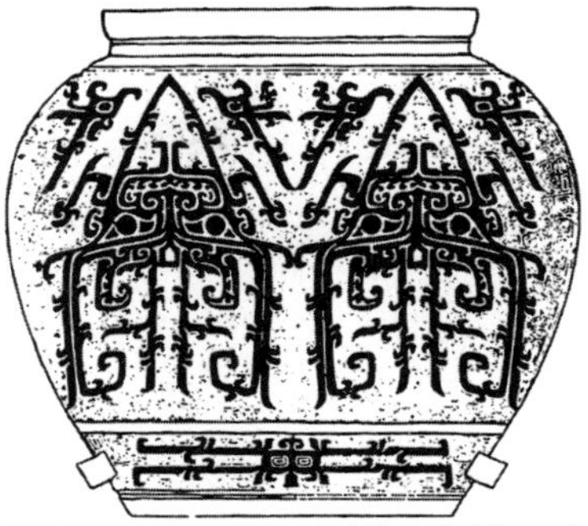

周代青铜食器

① ② ③ ④ ⑤

这个“飨”字原是个会意字。从甲骨文①的形体看，中间是一个食器装满了美味的佳肴，左右两个人面对面地坐着在宴飨。金文②与甲骨文的形体非常相似。小篆③则发生了较大变化，两个人形变成了两个“邑”字（一正一反），中间的食器也不太像了，在整个字的下部又加上了个表意的“食”字，整个儿变成了上声（鄉）、下形（食）的形声字了。④是楷书的写法，与小篆基本相同，但是笔画都太繁，所以后来简化为⑤“飨”字。

“飨”字的本义是用酒款待客人的意思，由此而引申为“供奉鬼神”，如《礼记·月令》：“(冬季之月）以共（供）皇天上帝社稷之飨。”“飨”字有时也可通“享”。

① ② ③ ④

这个“馈赠”的“馈”字读作kuì，本为会意字。①是金文的形体，左边与下边组成“辵”，为“走动”义，中间为食器之形，这就表示以食物送人。②是小篆的形体，左边为“食”，右边为“貴”，变成了“从食貴声”的形声字了。③是楷书繁体字。④为简化字。

《说文》：“馈（饋），饷也，从食、从贵。”“馈”字的本义是“以食物送人”，如《左传·桓公六年》：“齐人馈之饩（xì）。”“饩”是生肉，这是说：齐人送生肉给他。由“馈食”而引申为一般赠送，如《孟子·公孙丑章句下》:“王馈兼金一百，而不受。”“兼金”就是好金，大意是:齐王送上等金一百镒，您不接受。可是《淮南子·氾论训》中“一馈而十起”里的“馈”又做何解呢？这里的“馈”当吃饭讲,也是从“馈食物”之义引申出来的，大意是：吃一顿饭要站起来十次。

革 部

① ② ③

这是“马革裹尸”的“革”字。①是金文“勒”字的偏旁“革”，它的上部是一把直刃的平头铁铲，下面拖着一条尾巴代表铲的曲柄，柄的两侧是两只手相对形的连指写法，所以“革”字就是表示用平头铲刀剥兽皮的意思（“皮”字的金文形体的右边也是一把平头铁铲的样子）。小篆②与楷书③的形体相似，但都完全失去手拿铁铲的样子了。

“革”字从表示剥皮之义，引申为去了毛的兽皮，“有毛曰皮，无毛曰革”，如《诗经·召南·羔羊》:“羔羊之革。”因上古亦用革做武士护身的甲胄，就产生了“兵革”一词，代表军队的意思，如:“兵革大强，诸侯畏惧。”（《战国策·秦策》）至于《易经》上说：“天地革而四时成。”即由于天地的变化而产生春、夏、秋、冬四个节令，这个“革”是“改变”“变革”的意思，是由皮制为革的改变之义而引申出来的，以至于发展为后世的“革命”一词。

“革”是个部首字，在汉字中凡由“革”字所组成的字大都与皮革有关，如“靴”“鞋”“靶”“鞍”“鞘”“鞭”等字。

① ② ③ ④

“学只要鞭辟入里。”这个“鞭”字本为象形字。①是金文的形体，左边为“人”，右边是手执鞭形，表示以鞭击人背。②是《说文》中古文的形体，其上为鞭形，其下部为手，表示手执马鞭。③是小篆的形体，左为革（鞭为皮革制成)，右为“便

(僈)”，这就成了“从革便声”的形声字了。④为楷书的写法。

《说文》:“鞭，驱也。”许说正确。从古文形体看，就是手持马鞭而鞭打的意思，如《左传·庄公八年》:“鞭之见血。”由此又可引申为“皮鞭”，如《左传·宣公十五年》:“虽鞭之长，不及马腹。”也就是说：虽说皮鞭长，但连马的腹部也打不到。后世则以“鞭长莫及”来比喻力所不及。

“鞭策”本为名词，但后世多用为动词，为“督促”之义,如归有光《示庙中诸生》:“愿更加鞭策，以成远大。”

壴 部

① ② ③ ④

这是“钟鼓齐鸣”的“鼓”字，是个象形字。甲骨文①的上部是“鼓”的装饰物，中间是个圆形鼓，下部是鼓架子。②是金文的偏旁字，其形体与甲骨文基本相同。③是小篆的写法，④是楷书的写法，与甲骨文、金文一脉相承。

“壴”字是个部首字，一般不能单独使用（若单独使用均写为“鼓”）。在汉字中凡是由“壴”所组成的字大都与鼓有关，如“鼓”“彭”等字。

① ② ③ ④

这是“红豆生南国”的“南”字，本为会意字。甲骨文①是瓦制的乐器之形，可以手执小槌敲打。②是金文的形体。③是小篆的形体，与金文极为相似。④为楷书的写法。

《说文》:“南，草木至南方有枝任也。”此说不妥。“南”的本义为一种敲打乐器，后来引申为乐舞名，如《诗经·小雅·鼓钟》：“以雅以南。”这是说：无论乐舞是雅是南。作方向用的“南”，是假借义，如宋之问《经梧州》:“南国无霜霰。”《墨子·贵义》：“南之人不得北，北之人不得南。”

古代所说的“南面”，并非现代所说的南面、北面，而是指面朝南，古代帝王的座位面朝南，所以称居帝位为“南面”，如贾谊《过秦论》：“秦并海内，兼诸侯，南面称帝，以养四海。”《论语·雍也》：“雍也，可使南面。”这是说：冉雍这个人，可以让他做首领。

汉画像砖上的击鼓宴乐图

① ② ③ ④

“喜从天降，笑逐颜开。”这个“喜”字本为会意字。①是甲骨文的形体，上部为鼓形，下部的“口”为盛鼓之器，鼓搁在器上便于敲打。②是金文的形体，与甲骨文相似。③为小篆的写法。④为楷书的写法。

《说文》：“喜，乐也。”“喜”的本义为“欢悦”，如《诗经·郑风·风雨》：“既见君子，云胡不喜？”大意是：已经见到了喜欢的人，为什么不欢喜开心？由此又可以引申为“喜好”，如《诗经．小雅·彤弓》：“我有嘉宾，中心喜之。”又可以引申为“值得庆贺的事情”，如“贺喜”“道喜”等。在《红楼梦》中有这样的话：“叫大夫瞧了，又说并不是喜。”这里的“喜”是指妇女怀孕，现在农村还仍然这样说。

① ② ③ ④

这是“彭”字。甲骨文①的左边是鼓的象形字，右边的三个点表示敲鼓发出的声音。金文②基本上与甲骨文相似，只是中间多了一横。小篆③则是从金文演变而来，楷书④类似小篆的写法。

战国青铜器上的击鼓纹样

“彭”字是个象声词，表示鼓音。从这个本义又引申为“水流的急湍”，如《史记·司马相如列传》：“汹涌彭湃。”（“彭”

也写作“澎”）

“彭彭”也可以引申为强壮有力的样子，如《诗经·大雅·烝民》：“四牡彭彭。”也可引申为“盛多”的意思，如《诗经·齐风·载驱》：“行人彭彭。”

① ② ③ ④

汉画像砖上的击鼓图（局部）

“渔阳鼙鼓动地来，惊破霓裳羽衣曲。”这就是“鼙鼓”之“鼓”字。古代作战敲鼓进击，甲骨文①的左边就象鼓形，右边是一只手拿着鼓槌敲打的样子，可见“鼓”字是个会意字。金文②是左手拿槌，击右边的鼓。③是小篆的形体，鼓槌和手变为“支”字形，仍然是手拿鼓槌敲鼓的样子。④是楷书的写法。

“鼓”的本义是“战鼓”，后来也作乐器用，如《荀子·礼论》中的“钟、鼓、管、磬、琴、瑟、竽、笙”，都是指乐器。后来又从名词引申为动词，当“弹奏”讲，如《盐铁论·相刺》：“师旷鼓琴。”就是说师旷这个乐师在弹奏琴。至于《庄子·盗跖》所说的“摇唇鼓舌，擅生是非”，这里面的“鼓”字应为“转动”之意，这两句是说：摇着嘴唇，转着舌头，擅长于拨弄是非。

鬼 部

① ② ③ ④

这是“丑恶”之“丑”，其繁体字是个形声字。甲骨文①的左边是个“酉”字，表读音，其右是“鬼”字，表意义。②是小篆的形体。③是楷书的形体。④是简化字。

“丑”字的本义是相貌难看，如《史记·滑稽列传》：“呼河伯妇来，视其好丑。”“好丑”就是容貌美丑的意思。由容貌之丑又可以引申为事物的“恶劣”或“不好”，如《汉书·项籍传》中所说的“丑地”，即为不好（瘠薄）之地。由“不好”又引申为“耻辱”，如：“终身之丑。”（《庄子·外物》）后来，又引申为“憎恶”之义，如：“我甚丑之。”（《荀子·荣辱》）大意是：我非常憎恶他。

“丑类”一词一般是指恶人或坏人，可是，“比物丑类”（《礼记·学记》）中的“丑”字却当“比较”讲，是以同类事物相比况的意思。这是因为“美”与“丑”由比较而来，所以“丑”字就能引申为“比”的意思。

请注意：古代的“丑”和“醜”是意义完全不同的两个字，“丑”用于地支的第二位，又是一天的十二时辰之一（相当于凌晨一时至三时）。

① ② ③ ④

“娇儿不离膝，畏我复却去。”这个“畏”字本为会意字。甲骨文①的右边是“鬼”，左边是棍棒之形，表示鬼执棍棒以使人畏。②是金文的形体，与甲骨文相似。③是小篆的形体，因讹变而失去原形。④是楷书的写法。

《说文》：“畏，恶也。……鬼头而虎爪，可畏也。”从甲、金文看，并没有“鬼头而虎爪”的形象，许说不妥。“畏”字的本义为“恐惧”，如《商君书·错法》：“不畏强暴。”《左传·文公十七年》：“畏首畏尾。”由“恐惧”可以引申为“吓唬”，如《汉书·广川惠王传》：“前杀昭平（人名），反来畏我。”所谓“畏我”也就是吓唬我的意思。“畏”字又可以引申为“敬服”义，如《左传·襄公三十一年》：“其下畏而爱之。”所谓“后生可畏”并不是说后生可怕，而是说对后生可敬服的意思。《韩非子·主道》：“其行罚也，畏乎如雷霆。”这里的“畏”字实为“威”的通假字，当“威严”讲，原话的大意是：在实行刑罚之时，其威严像雷霆一般。

① ② ③ ④

“忍看朋辈成新鬼，怒向刀丛觅小诗。”这个“鬼”字是个象形字。照古代的迷信说法，人死后变为鬼，所以“鬼”和人是有关系的。甲骨文①是面朝左跪坐的一个人，上部的“田”字就表示鬼，头特大且怪，所以有人把“鬼”释为“大头人”。

金文②仍像大头人，只是人已经站立起来了。小篆③则又在其背后加上一个“厶”，表示“鬼”的“阴私”特别重，专门干坏事。④为楷书写法，看不出有“大头人”的形象了。

“鬼”的本义就是指人死后的“精灵”,许慎在《说文·鬼部》中说:“人所归为鬼。”从本义又能引申为“不好捉摸”的意思，如《韩非子·八经》“其用人也鬼”，“鬼鬼祟祟”。

“鬼”字本来不是个好字眼，一般说来，凡由“鬼”字组成的词往往有贬义。但是“鬼工”一词却有褒义，它形容制作精巧，似非人工所能及，如岑参有“峥嵘如鬼工”的诗句,袁枚的《随园诗话》中也有“神工鬼斧,愈出愈奇”的话。这个“鬼斧”同样也是形容技艺的精巧。

“鬼”字是个部首字，在汉字中凡由“鬼”所组成的字大都与鬼、神有关，如“魂”“魄”“魔”“魅”等字。

① ② ③ ④ ⑤

这个“魅”字本为象形字。①是甲骨文形体，象大头人形，头上冒汗，表示这是鬼怪。②是《说文》中籀文的形体，表示鬼身上长毛。③为小篆异体字，左边是“鬼”，右边的“彡”是毛形。④为小篆的通行体，变成了“从鬼未声”的形声字了。⑤为楷书的形体。

《说文》:“彪，老精物也。”古代迷信者认为，物成“精”即为鬼魅，如《韩非子·外储说左上》:“齐王问曰:‘画孰最难者?’曰:‘犬马最难。’‘孰最易者?’曰:‘鬼魅最易。’”其所以画鬼魅最易，是因为谁都没有见过。

鬲 部

① ② ③ ④

这个“鬲（lì 力）”字是个象形字。甲骨文①就像是烹饪之类的用具，下部有三足，上端有盖子，中间能装东西。②是金文形体，大致与甲骨文相似。小篆③则不尽像“鬲器”之形了。④是楷书的写法。

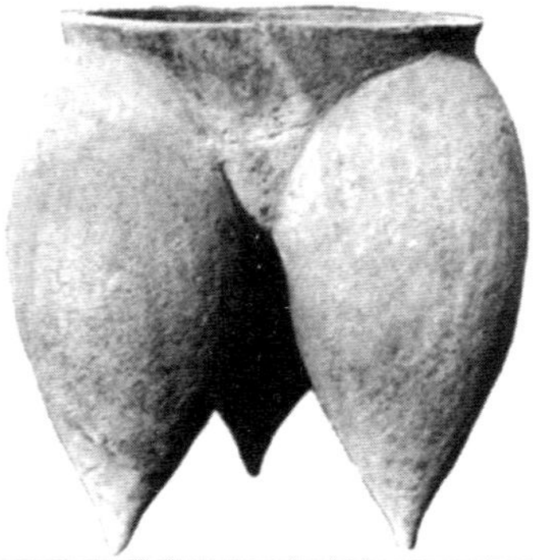
夏代陶鬲

“鬲”字的本义即指古代的一种陶制炊具，圆口，有三空心足。《汉书·郊祀志上》说，鼎之类的用器“空足曰鬲”。

这个“鬲”字是个多音多义字。当读作 gé（革）的时候，就是“隔”的意思，如《汉书·薛宣传》：“阴阳否（pǐ 痞）鬲。”这里的“否”字是“不通”，这句话的意思是：阴阳隔离不通。当读 è（厄）的时候，它就是“軛”的假借字，所谓“軛”就是两根车辕前端驾在牲口颈上的横木，所以《考工记·车人》中的“鬲长六尺”，就是说这条横木有六尺长。

请注意：这个“鬲”字很容易错写成“鬲”，即下部多了一横，这是受“南”字的影响而写错的。

“鬲”是个部首字，在汉字中凡由“鬲”所组成的字大都与炊器有关，如“融”“鬺”“鬻”等字。

壶部

① ② ③ ④ ⑤

周代硬质陶酒壶

这个“壶”字是个象形字。甲骨文①真像一个酒壶，上部的“大”字是壶盖，当中是壶腹，下部是壶的底。②是金文的形体，大致与甲骨文相似。小篆③也大体上像甲、金文字的形体，还有点酒壶的模样儿。④是楷书的写法。⑤是简化字。

“壶”的本义是指盛酒浆之类的器皿，如茶壶、酒壶等等。可是“八月断壶”(《诗经·豳风·七月》)中的“壶”，是“瓠”(hù 互）的假借字（因读音相同），所谓“八月断壶”，就是指到了八月开始摘瓠瓜（即葫芦）。

请注意：“壶”与“壸”是形、音、义完全不同的两个字。

“壸”读作 kǔn（捆），是宫里的路，旧时也用来称女人所住的内室。从形体上看，它仅仅比“壶”字多一横。

“壶”字是个部首字，按理讲在汉字中应该有由“壶”字组成的字，但《说文》中并没有从“壶”字的字，仅有一个“壹”（yún 云）字勉强地放在“壶部”。

鬯 部

① ② ③ ④

这个“鬯”字读作 chàng，本为象形字。甲骨文①像一个器皿形，其下盛酒浆，其上为酒糟。②是金文的形体，比甲骨文简化了一些，其义未变。③是小篆的写法。④为楷书的写法。

《说文》：“鬯，以秬酿郁草，芬芳攸服以降神也。”“秬”为黑黍，“郁”是郁金草。也就是说：用郁金草酿黑黍而成的用来祀神的酒叫“鬯”，如《诗经·大雅·江汉》：“厘尔圭瓒，秬鬯一卣。”大意是：赏给你玉制的酒器，黑黍郁金香酒一卣。

“鬯”字可以做“畅”字的假借字，如在古籍中经常将“畅茂”写为“鬯茂”，将“畅遂”写为“鬯遂”。

另外，“鬯”亦可通“韔”，当“弓袋”讲，如《诗经·郑风·大叔于田》：“抑释掤（bīng）忌，抑鬯弓忌。”“掤”是箭筒盖，“抑”为发语词，“忌”为助词，其大意为：揭开箭筒，箭装好啦，解下弓袋把弓收好啦。

能 部

① ② ③

这个“能”是个象形字。金文①很像熊的样子，左部的上方是耳和头，下方是个大嘴巴，臀部有一条小尾巴，下部有熊掌。②是小篆的形体，不大像熊的样子了。

汉画像砖上的熊纹

③是楷书的写法，是直接由小篆演变来的。

“能”的本义就是“熊”，如《后汉书·谢该》：“梦黄能入于寝门。”也就是说：梦到了一只黄熊进入卧室的门。《说文·能部》说：“能兽坚中，故称贤能，而强壮称能杰也。”这就进一步说明“能”这种动物是野兽中的强者，所以其引申义即为“贤能”，对那些强壮之人也可以称为“能杰”。既然后世都用作“贤能”等，那么要表示这种猛兽该怎么办呢？这就只好借用“烈火熊熊”的“熊”字来表示狗熊，自此以后，“能”字再也不代表“熊”了。

我们读晁错的《论守边备塞书》时，会见到这样的话：“鸟兽希毛，其性能暑。”这里的“希”字就是“稀”义，所谓“能暑”就是“耐暑”，因此，这里的“能”应该读 nài（奈），即通“耐”字。到了后世，“能”与“耐”连结成一个词，表示本领或技能很高。

“能”是个部首字，在汉字中凡由“能”所组成的字大都与熊字有关，如“羆（罴）”字等。

鹿 部

① ② ③ ④ ⑤

这是“风和日丽”的“丽”字，本为借物喻意的会意字。①是甲骨文的形体，鹿头上有一对装饰美丽的鹿角。②是金文的形体，与甲骨文极相似。③是小篆的写法，直接由金文演变而来。④为楷书繁体字。⑤为简化字。

《说文》：“丽（麗），旅行也。鹿之性，见食急则必旅行。”此说不妥。从以上的形体看，“丽”字的本义为“美丽”，如杜甫《丽人行》：“长安水边多丽人。”这个“丽人”即指美貌的人。张舜徽先生说：“麗犹两也，麗、两一语之转。”所以“丽”可假借为“两”，表示“成双”“成对”之意，如刘勰《文心雕龙·丽辞》：“丽辞之体，凡有四对。”也就是说：词句对偶的文体，共有四种对偶的方法。凡是成对的必有互相依存的双方，由此可以引申为“附着”，如《周易·离》：“日月丽乎天。”意思是：日月附着天。

请注意：“丽”又假借为“厉”。古籍中常见“丽风”一词，这并不是说还有什么美丽的风，那是指“厉风”，就是西北风、严酷的风，如《淮南子·地形训》：“西北曰丽风。”

①　②　③　④

这个“鹿”字是一个象形字。甲骨文①就是头朝左尾朝右的一只鹿，鹿的头上长着很美观的鹿角。金文②也很像一只梅花鹿。小篆③的形体变化较大，不太像鹿的形象。楷书④已看不出鹿的样子了。

“鹿”本指鹿科的动物。但《国语·吴语》中的“困鹿空虚”，那是什么意思呢？这个“鹿”字其实就是“簏”字，《广雅·释室》解释得很明确：“簏，仓也。”在古代，圆形的粮仓称“囷”，方形的粮仓称“鹿”。所以这话是说粮仓都空了。

周代青铜器上的鹿纹

古代用鹿拉的车子称为“鹿车”。但是《后汉书·鲍宣妻传》“挽鹿车，归乡里”中的“鹿车”，却是“小车”的意思。李贤注引《风俗通》：“俗说鹿车窄小，裁（才）容一鹿。”可见刚刚能装下一只鹿的小车才称为“鹿车”。

“鹿”字是个部首字，在汉字中凡由“鹿”字所组成的字大都与鹿科动物有关，如“麂”“麋”“麝”“麞”等字。

①　②　③

这个“麀”字读作 yōu，本为象形字。①是石鼓文的形体，像一头大鹿的样子，腹下有“匕”，郭沫若认为“匕”是雌性符号，“土”为雄性符号，所以“麀”为牝鹿，也就是母鹿。②是小篆的形体。③为楷书的写法。

双鹿纹印花白瓷盘

《说文》:“麀,牝鹿也。”“麀”的本义就是“母鹿”,如《诗经·大雅·灵台》:“王在灵囿,麀鹿攸伏。”大意是:文王来到灵囿休息,母鹿在里面睡着了。后来由“母鹿”义又引申为泛指野兽,如《左传·襄公四年》:“在帝夷羿(后羿),冒于原兽,忘其国恤,而思其麀牡。”这几句话的大意是:后羿身居帝位,贪婪于狩猎,忘了国家的忧患,所想到的只是飞禽走兽。

① ② ③

这个“麋”字原是个象形字。甲骨文①是头朝左、尾朝右的一只麋鹿,头上还有两只角,眼睛圆睁,短尾上翘,像要奔跑的样子。小篆②的上部就是个“鹿”字,其下又加上一个“米”字表示读音,所以由象形字变成了上形(鹿)下声(米)的形声字。③是楷书的形体,根本看不出麋鹿的样子了。

汉瓦当上的鹿

“麋”的本义是指“麋鹿”。但是,我们在阅读古书时则必须注意,这个“麋”字当假借字用的机会较多,如《诗经·小雅·巧言》:“居河之麋。”这个“麋”是“湄”的假借字,原意是:居于河边。那么《荀子·非相》“伊尹之状,面无须麋”里的“麋”字,又是什么意思呢?若理解为“麋鹿”无论如何也讲不通。其实这个“麋”是“眉”的假借字,原意是:伊尹这个人的样子,无胡须也无眉毛。这些地方如果不细心,就容易犯望文生义的错误。

① ② ③ ④

这个“麕”字读作 jūn,也作“麇”,本为会意字。①是甲骨文的形体,上为“鹿”,下为“禾”,表示鹿在禾中。②是籀文的形体,其下部变为“囷”,成为“从鹿囷声”的形声字了。③是小篆的形体,继承并发展了甲骨文的形体。④为楷书的写法,

獐，选自《本草纲目》

直接由籀文演变而来。

《说文》:“麇，麞也。”“麇”也就是后世所说的獐子，像鹿的一种兽，如《诗经·召南·野有死麇》:“野有死麇，白茅包之。”大意是：在野外打死了一只獐子，用白茅把它包起来。

请注意：颜延之在《皇太子释奠会作诗》中所说的“麇至”,并不是说“獐子来了”,这里的“麇”字实为“群”的通假字，应读为 qún。“麇至”的意思是“成群地来到了”。“麇”又能读作 kǔn，可做“捆”的通假字，如《左传·哀公二年》:“罗无勇，麇之。”这是说：赵罗这个人无勇，把他捆起来。

① ② ③

这个“麑”字读作 ní 或 mí，本为象形字。①是甲骨文的形体，就是一只没有长角的小鹿，表示“鹿子”之意。②是小篆的形体，上为“鹿”，下为“兒（儿）”，表示是小鹿。③是楷书的写法。

《说文》:“麑，狻（suān）麑兽也。”这种说法不妥。“狻麑”是狮子。《尔雅·释兽》说，“狻麑”能食虎豹，根本不是鹿类。“麑”的本义是“小鹿”，如《国语·鲁语上》韦昭注：“鹿子曰麑。”

另有一个“麛（mí）”字也指小鹿，又可做小兽的通称，如《礼记·曲礼下》孔颖达疏：“麛乃是鹿子之称，而凡兽子亦得通名也。”

啬 部

① ② ③ ④ ⑤

这个“啬”字原是个会意字。你看甲骨文①是很形象的，其上是两棵穗子下垂的小麦，下部是“田”，田中长着已经成熟的小麦，表明将要收割了。金文②则有些讹变，其上不太像麦形，其下也不太像“田”形，但大体上还像庄稼的样子。小篆③上部的麦形很清楚，可是下部的“田”却讹变成“回”字。④是楷书的写法，把本来为“麦根”的部分变成了一横。⑤是简化字，只减少了两笔，写起来还是相当麻烦。

“啬”字下部的“回”，也有人解释为收藏粮食的谷仓。这有一定道理。“啬”字本义是收庄稼，从这个本义又引申为节省钱粮，如《韩非子·解老》：“少费之为啬。”也就是少浪费叫“啬”。可见“啬”字本为褒义词。但是后来又往相反的方向引申，变成了“吝啬”，如《战国策·韩策》：“仲（人名）啬于财。”这是说：公仲这个人特别吝啬钱财。我们读《汉书·成帝纪》时会看到“服田力啬”的话，“服田”就是“耕田”，“啬”代“穑”，是收割了庄稼的意思，所以“服田力啬”的原意是“耕田和收割庄稼”的意思。

“啬”字是一个部首字，在汉字中凡由“啬”字组成的字往往与庄稼有关，如“穑”。

鼎　部

①　　②　　③　　④

“疾风知劲草，烈火见真金。”这个“真”字本为形声字。①是金文的形体，上部为“参”字古文“”的反写，表读音，下部为鼎，表示“宝贵”之义，所以“真”应是“珍”的初文，当“珍贵”讲。②是石鼓文的形体。③是小篆的写法。④为楷书的写法。

《说文》：“真，仙人变形而登天也。”此说不妥。“真”字的本义应为“珍贵”，后来又造“珍”字代替了“真”，所以“真”就被借作“真假”之“真”用了，如《汉书·宣帝纪》：“使真伪毋相乱。”就是说：不要使真假相混淆。又可以引申为“的确”“实在的”，如杜甫《莫相疑行》：“牙齿欲落真可惜。”

“真相”本为佛教用语，是“本来面目”之意，如《洛阳伽蓝记·修梵寺》：“得其真相也。”后来则引申为“事情的真实情况”，如“真相大白”等。“真相”也可写作“真象”。

①　②　③　④

“三足鼎立”的“鼎”是古代的炊器，多用青铜制成，圆形，三足两耳，也有方形四足的。“鼎”字是个象形字。甲骨文①上端是鼎的双耳，中间为腹部，下面是三足。金文②的形体稍有变化。小篆③已经美化得不像鼎形了，上部的双耳似在，下部为四足之形，“目”就表示圆腹。楷书④是由小篆的圆笔楷化而来的。

周代青铜鼎

“鼎”最初用作烹煮的炊器，后来发展为统治阶级表示尊严的庙堂礼器。而这种礼器只有国君才可拥有，它是政权的象征，所以“楚子问鼎”（问周鼎之轻重）就表示楚子要篡夺周的政权。因“鼎”原是烹煮之器，所以能引申为“鼎沸”之义，用来形容局势不安定，如《三国志·蜀书·谯周传》：“秦末鼎沸之时，实有六国并据之势。”这是说：秦末动荡不定的局面，实有六国并据之势。现在我们还用“人声鼎沸”一语形容嘈杂。又因鼎是三足，所以三方并立常称为“鼎立”，如《三国志·吴书·潘濬陆凯传》：“近者汉之衰末，三家鼎立。”又因周王的鼎很重、很大，所以重臣、大臣就被称为“鼎臣”。那么“鼎鼎”就有“盛大”义，这就引出了“大名鼎鼎”一语。

“鼎”为部首字，在汉字中凡由“鼎”组成的字都与鼎器有关，如“鼐”“鼒”等字。

笔画检字表

音序检字表